D1985584

Fundamente
der Mathematik

Ausgabe B
Gymnasium · Klasse 8

Herausgegeben von
Dr. Andreas Pallack

Cornelsen

Begleitmaterialien zum Lehrwerk

für Schülerinnen und Schüler

Arbeitsheft
mit Lösungen
978-3-06-009255-0

Begleitmaterial auf USB-Stick
(inkl. Unterrichts-manager und E-Book)
978-3-06-040266-3

für Lehrerinnen und Lehrer

Serviceband
978-3-06-009601-5

Lösungen
zum Schülerbuch
978-3-06-009570-4

Autoren: Dr. Frank Becker, Prof. Dr. Ralf Benölken, Dr. Wolfram Eid, Dr. Lothar Flade, Klara Götte, Brigitta Krumm, Dr. Hubert Langlotz, Arne Mentzendorff, Martina Müller, Dr. Andreas Pallack, Dr. habil. Manfred Pruzina, Melanie Quante, Dr. Ulrich Rasbach, Anna-Kristin Rose, Reinhard Schmidt, Christian Theuner, Dr. Christian Wahle, Florian Winterstein, Anne-Kristina Wolff, Dr. Wilfried Zappe

Berater: Günter Dreeßen-Meyer, Cordula Kollotschek, Detlef Missal, Heidrun Rodner

Herausgeber: Dr. Andreas Pallack

Redaktion: Maya Brandl, Dr. Sonja Thiele

Illustration: Gudrun Lenz, Niels Schröder

Technische Zeichnungen: Christian Böhning

Umschlaggestaltung und Zwischentitel: hawemannundmosch, Berlin

Layoutkonzept: klein & halm GbR

Technische Umsetzung: CMS – Cross Media Solutions GmbH, Würzburg

www.cornelsen.de

Die Webseiten Dritter, deren Internetadressen in diesem Lehrwerk angegeben sind, wurden vor Drucklegung sorgfältig geprüft. Der Verlag übernimmt keine Gewähr für die Aktualität und den Inhalt dieser Seiten oder solcher, die mit ihnen verlinkt sind.

1. Auflage, 3. Druck 2017

Alle Drucke dieser Auflage sind inhaltlich unverändert und können im Unterricht nebeneinander verwendet werden.

© 2016 Cornelsen Schulverlage GmbH, Berlin
© 2017 Cornelsen Verlag GmbH, Berlin

Das Werk und seine Teile sind urheberrechtlich geschützt.
Jede Nutzung in anderen als den gesetzlich zugelassenen Fällen bedarf der vorherigen schriftlichen Einwilligung des Verlages.
Hinweis zu den §§ 46, 52 a UrhG: Weder das Werk noch seine Teile dürfen ohne eine solche Einwilligung eingescannt und in ein Netzwerk eingestellt oder sonst öffentlich zugänglich gemacht werden.
Dies gilt auch für Intranets von Schulen und sonstigen Bildungseinrichtungen.

Soweit in diesem Buch Personen fotografisch abgebildet sind und ihnen von der Redaktion fiktive Namen, Berufe, Dialoge und Ähnliches zugeordnet oder diese Personen in bestimmte Kontexte gesetzt werden, sind diese Zuordnungen und Darstellungen fiktiv und dienen ausschließlich der Veranschaulichung und dem besseren Verständnis des Inhalts.

Druck: Mohn Media Mohndruck, Gütersloh

ISBN 978-3-06-009235-2 (Schülerbuch)
ISBN 978-3-06-009892-7 (E-Book)

PEFC
PEFC/04-31-1033

PEFC zertifiziert
Dieses Produkt stammt aus nachhaltig bewirtschafteten Wäldern und kontrollierten Quellen.

www.pefc.de

Inhaltsverzeichnis

Bauplan zu „Fundamente der Mathematik“

Aktivieren

Dein Fundament:
An die Auftaktseite des Kapitels schließt sich eine Doppelseite mit Wiederholungsaufgaben zur Vorbereitung auf das neue Kapitel an.
Die Lösungen dazu findest du im Anhang.

90 **Dein Fundament** 4. Terme

Lösungen ↗ S. 249

Termwerte ermitteln

1. Berechne.
a) $3 \cdot (-7)$ b) $-3-(-7)$ c) $-2 \cdot (-0{,}75)$ d) $-0{,}2+(-2{,}8)$
e) $43-28-39$ f) $4 \cdot (-5) \cdot 8$ g) $-40:5$ h) $-36:(-24)$

2. Verwende das Distributivgesetz (zum Ausklammern bzw. Klammern auflösen), um das Ergebnis zu berechnen.
a) $3 \cdot 17 - 3 \cdot 7$ b) $5 \cdot (-8) - 2 \cdot (-8)$ c) $(-4) \cdot 7{,}5 - (-4) \cdot (-2{,}5)$ d) $1{,}2 \cdot 3 - 1{,}2 \cdot 4$
e) $3 \cdot \left(\frac{1}{6} - 2\right)$ f) $6 \cdot \left(\frac{2}{3} - 5\right)$ g) $-12 \cdot \left(\frac{5}{6} - 4\right)$ h) $\left(7 - \frac{5}{8}\right) \cdot (-4)$

3. Bestimme den Wert des Terms.
a) $3a + 7a + 7$ für $a = 5$ b) $0{,}5x - 5y$ für $x = 4$ und $y = 2$
c) $(a+b) \cdot (a-b)$ für $a = 7$ und $b = 5$ d) $8y \cdot (3x + y)$ für $x = 0{,}5$ und $y = 0{,}25$

Aufbauen

Einstiegsaufgaben:
Jedes Unterkapitel beginnt mit einer Aufgabe, die dich in das neue Thema hineinführt.

154 6. Zufall und Wahrscheinlichkeit

6.1 Zufallsexperimente und Wahrscheinlichkeit

■ Elias und Laura wollen auslosen, wer von ihnen den neuen Rechner zuerst ausprobieren darf.
Sie haben zum Losen mehrere Gegenstände gesammelt.
Beschreibe, wie du die abgebildeten Gegenstände für eine Auslosung nutzen würdest. ■

Zufallsexperimente

Beim Werfen eines Spielwürfels kann man nicht vorhersagen, welche Augenzahl gewürfelt wird. Das Ergebnis hängt vom Zufall ab. Mögliche Ergebnisse sind die Zahlen von 1 bis 6, man fasst sie zusammen zur **Ergebnismenge** $\Omega = \{1; 2; 3; 4; 5; 6\}$.
Das Würfeln ist ein Beispiel für ein **Zufallsexperiment** im Unterschied zum naturwissenschaft-

Wissenskästen:
Hier findest du wichtigen Merkstoff.

Wissen: Ausklammern gemeinsamer Faktoren
Bei einer Summe (oder Differenz) von Produkten kann man gemeinsame Faktoren nach dem Distributivgesetz ausklammern.

$a \cdot b + a \cdot c = a \cdot (b + c)$ $a \cdot b - a \cdot c = a \cdot (b - c)$

Beispiel:
Neues wird an Beispielaufgaben mit Musterlösungen erklärt.

Beispiel 1: Klammere gemeinsame Faktoren des Terms aus.
a) $6x + 4y$ b) $6xy - 9x^2$

Lösung:
a) Ein gemeinsamer Faktor von 6x und 4y ist 2, denn $6x = 2 \cdot 3x$ und $4y = 2 \cdot 2y$.
$6x + 4y = 2 \cdot 3x + 2 \cdot 2y$
$= 2 \cdot (3x + 2y)$
b) „Zerlegt“ man alle Produkte, kann man nach gemeinsamen Faktoren suchen.
$6xy - 9x^2 = 2 \cdot 3 \cdot x \cdot y - 3 \cdot 3 \cdot x \cdot x$
$= 3x \cdot 2y - 3x \cdot 3x$
$= 3x \cdot (2y - 3x)$

Basisaufgaben:
Du kannst die Aufgaben nutzen, um dein neu erworbenes Wissen und Können sofort auszuprobieren.

Basisaufgaben

1. Klammere die größtmögliche Zahl aus.
a) $2a + 4$ b) $15t + 55s$ c) $24n + 54m$ d) $81u - 9v$
e) $42x - 35y$ f) $84r + 108s$ g) $60a + 75b$ h) $-54u + 162v$

2. Finde einen gemeinsamen Faktor und klammere ihn aus.
a) $8ab + 7a$ b) $12s - 17st$ c) $13uv - 24u$ d) $9xy + 14yz$
e) $23bc - 51ac$ f) $-29rt - 31rs$ g) $83a^2b + 14ac$ h) $-47yz^2 + 88x^2z$

3. Zerlege in Faktoren, unterstreiche gleiche Faktoren mit gleicher Farbe und klammere sie aus. Kontrolliere dein Ergebnis durch Ausmultiplizieren.

Weiterführende Aufgaben:
Die Aufgaben werden anspruchsvoller. Zwei der Aufgaben sind besonders gekennzeichnet: Stolperstelle und Ausblick

Etwas schwierigere Aufgaben sind mit einem blauen Kreis ● gekennzeichnet.

Löst Aufgaben mit 👥 in Partnerarbeit, Aufgaben mit 👥👥 in Gruppenarbeit.

13. Prüfe, ob hier so weit wie möglich ausgeklammert wurde. Falls nicht, hole dies nach.
a) $18x^2 - 30x^3 = 6x(3x - 10x^2)$ b) $10b^2 - 10ab + 16a^2b = 2b(5b - 5a + 8a^2)$
c) $-ab^2 - a^2b = ab(-b - a)$ d) $8xy^2 + 14xy^3 - 22y^3 = y^2(8x + 14xy - 22y)$

👥 ● 14. Wie würdest du den Term vereinfachen? Vergleiche mit deinem Nachbarn.
a) $8a \cdot 2b + 8a^2 - 8ab$ b) $14xy - 21y + 7xy$ c) $-3rs + 6sr - rs$
d) $2b \cdot a^2 - 4a^2 - 8a \cdot ab$ e) $\frac{1}{4}x^2y + \frac{1}{2}x^2 + \frac{1}{4}yx^2$ f) $-\frac{1}{2}x \cdot \frac{2}{3}x + x^2 \cdot \frac{1}{3}x + \frac{1}{3}x^2$

● 15. **Ausblick:** „Die Summe einer Zahl und deren Quadratzahl ist immer eine gerade Zahl.“
a) Prüfe diese Behauptung für verschiedene natürliche Zahlen: $1 + 1^2, 2 + 2^2, 3 + 3^2, \ldots$
b) Vereinfache den Term $n + n^2$ durch Ausklammern. Begründe mithilfe des Terms, dass die Behauptung stimmt. Unterscheide dabei die beiden Fälle, dass n gerade ist oder dass n ungerade ist. Was folgt dann jeweils für $(1 + n)$?

9. **Stolperstelle:** Nicole zeichnet einen Kreis und außerhalb des Kreises einen Punkt P.
Sie behauptet: „Es gibt unendlich viele Sekanten, unendlich viele Passanten und unendlich viele Tangenten des Kreises, die durch den Punkt P verlaufen".
Untersuche, ob Nicole Recht hat.

10. Zeichne einen Kreis mit dem Mittelpunkt M und markiere einen Punkt P auf dem Kreis.
 a) Versuche eine Tangente zu zeichnen, die den Kreis im Punkt P berührt.
 b) Miss den Winkel zwischen der Strecke $\overline{MP}$ und deiner Tangente. Vergleicht die Ergebnisse eurer Messungen in der Klasse.

11. **Eine Tangente im Punkt eines Kreises konstruieren:** Zeichne einen Kreis mit dem Radius r = 5 cm. Markiere einen beliebigen Punkt T auf dem Kreis.
 a) Erkläre anhand der Bildfolge, wie sich eine Tangente des Kreises im Punkt T konstruieren lässt.
 b) Konstruiere eine Tangente im Punkt T.

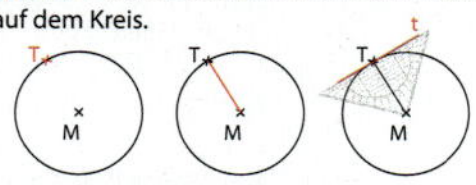

12. Zeichne zwei einander schneidende Geraden und einige Kreise, die beide Geraden berühren. Beschreibe die Lage der Mittelpunkte dieser Kreise.

Stolperstelle:
Bei diesen Aufgaben sollst du typische Fehler erkennen.

Ausblick:
Die letzte Aufgabe in der Lerneinheit ist die schwierigste. Viel Spaß beim Knobeln.

2.6 Vermischte Aufgaben

1. Berechne die fehlenden Größen eines Kreises. Runde auf zwei Stellen nach dem Komma.

	a)	b)	c)	d)	e)	f)	g)
Radius r	12 cm					$\frac{3}{5}$ cm	
Durchmesser d				6 m			
Umfang u			22,62 mm				4,4 dm
Flächeninhalt A		19,63 dm²			272,89 m²		

2. Ermittle den Radius der Kreise. Überschlage zunächst im Kopf.
 a) u = 36 cm b) A = 48 dm² c) u = 90 mm d) A = 363 m²

Vermischte Aufgaben:
Für diese Aufgaben benötigst du das Wissen aus allen Lerneinheiten des Kapitels.
Eine besondere Aufgabe ist die „Blütenaufgabe". Hier kannst du selbst entscheiden, in welcher Reihenfolge du die Teilaufgaben lösen willst.

Sichern

222 **Prüfe dein neues Fundament** 7. Körper

Lösungen ↗ S. 258

1. Welche der Körper sind Prismen? Begründe.
a) b) c) d) e)

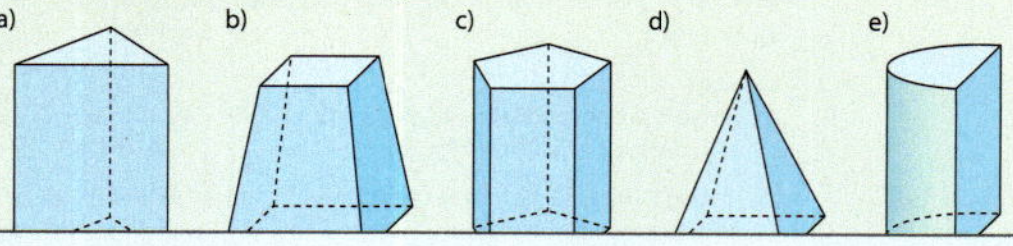

Prüfe dein neues Fundament:
Hier kannst du dein Wissen selbstständig überprüfen, auch in Vorbereitung auf Tests und Klassenarbeiten. Die Lösungen der Aufgaben findest du im Anhang.

224 **Zusammenfassung** 7. Körper

Prisma

Ein geometrischer Körper heißt (gerades) **Prisma**, wenn seine Seitenflächen Rechtecke und die **Grundflächen** parallele, kongruente Vielecke sind. Alle Seitenflächen zusammen bilden die **Mantelfläche**. Den Abstand zwi-

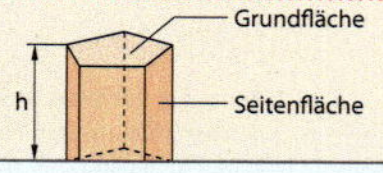

Zusammenfassung:
Die letzte Seite eines Kapitels enthält kurz und knapp das Wichtigste aus dem Kapitel. Sie dient dem schnellen Nachschlagen des gelernten Stoffes.

Zusätzliches

36 **Streifzug** 2. Kreis

Peripherie- und Zentriwinkel

■ Paula konstruiert mit einer dynamischen Geometrie-Software ein gleichseitiges Dreieck ABC mit seinem Umkreis. Der Winkel ∢ ACB über der Basis AB ist 60° groß. Sie überlegt: „Wenn ich den Punkt C auf dem Kreis verschiebe, dann wird der eine Winkel an der Basis größer und der andere im gleichen Maße kleiner. Also müsste der Winkel an der Spitze immer 60° groß sein."
Was meinst du dazu? ■

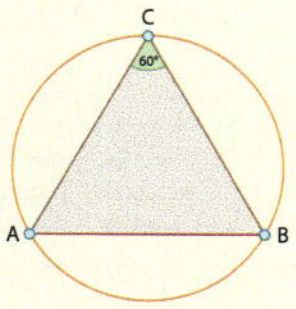

Peripherie- und Zentriwinkel erkennen

Streifzüge:
An manchen Stellen des Schülerbuchs befinden sich Sonderseiten, die Ergänzungen zum regulären Lernstoff beinhalten.

1. Potenzen und Wurzeln

Die Erde hat einen Durchmesser von etwa 12 700 Kilometern. Unsere Sonne ist einer von mehr als 150 Milliarden Sternen der Milchstraße. Unser Sonnensystem hat einen Durchmesser von 150 astronomischen Einheiten.
1 astronomische Einheit ist der mittlere Abstand von der Erde zur Sonne.
Die Milchstraße hat einen Durchmesser von etwa 100 000 Lichtjahren, das sind etwa $9{,}5 \cdot 10^{17}$ Kilometer.

Lösungen ↗ S. 242

Multiplizieren und Dividieren

1. Rechne im Kopf.
a) $1{,}7 \cdot 2$ b) $0{,}1 \cdot 3{,}6$ c) $0{,}11 \cdot 0{,}03$ d) $12 \cdot 0{,}5$ e) $0{,}3 \cdot 10$
f) $2{,}2 : 2$ g) $2{,}7 : 9$ h) $3{,}6 : 0{,}4$ i) $11{,}8 : 10$ j) $0{,}4 : 8$
k) $\frac{1}{3} \cdot \frac{3}{5}$ l) $\frac{3}{5} \cdot \frac{2}{3}$ m) $\frac{4}{7} \cdot \frac{7}{4}$ n) $0{,}25 \cdot \frac{2}{3}$ o) $0{,}75 \cdot \frac{1}{2}$
p) $\frac{2}{3} : \frac{4}{5}$ q) $\frac{1}{2} : \frac{1}{4}$ r) $1 : \frac{1}{3}$ s) $0{,}25 : \frac{1}{8}$ t) $\frac{2}{5} : 0{,}75$

2. Löse die Gleichung.
a) $3 : x = 0{,}3$ b) $\frac{2}{3} \cdot x = \frac{1}{3}$ c) $x : 0{,}2 = 10$ d) $x \cdot 1{,}5 = 0{,}3$ e) $\frac{4}{5} : x = \frac{14}{5}$

3. Setze das Komma im Ergebnis an die richtige Stelle. Füge, falls nötig, noch Nullen ein.
a) $3{,}2 \cdot 2{,}4 = 768$ b) $0{,}1 \cdot 0{,}97 = 97$ c) $3{,}0 \cdot 1{,}97 = 591$ d) $5{,}1 \cdot 0{,}123 = 6273$

4. Rechne schriftlich. Führe zunächst einen Überschlag durch.
a) $2{,}63 \cdot 3{,}1$ b) $7{,}9 \cdot 2{,}05$ c) $0{,}49 \cdot 0{,}12$ d) $2{,}61 \cdot 0{,}048$ e) $4{,}6 \cdot 18$

Zehnerpotenzen

5. Schreibe als Zehnerpotenz. Beispiel: $100 = 10 \cdot 10 = 10^2$
a) Tausend b) Zehntausend c) Hunderttausend d) 1 Milliarde

6. Berechne. Gib das Ergebnis – falls möglich – als Zehnerpotenz an.
a) $10^2 \cdot 10$ b) $10^3 \cdot 10^2$ c) $10^2 : 100$ d) $0{,}1 \cdot 10^3$ e) $\frac{10^4}{10}$ f) $\frac{10^4}{10^2}$ g) $10^3 - 10^2$

7. Setze für ■ eines der Zeichen >, < oder = richtig ein.
a) $10^2 \cdot 10^3$ ■ 10^5 b) $10^3 : 10^2$ ■ 10 c) $10^3 + 10^2$ ■ 10^5 d) $10^4 - 10^2$ ■ 10^2

Größen

8. Rechne in die angegebene Einheit um.
a) 70 cm in mm b) 23 t in kg c) 7 min in s d) 470 cm in dm
e) 800 dm in mm f) 420 min in h g) 10 kg in mg h) 550 000 mm in m

9. Schreibe in einer kleineren Einheit ohne Komma.
a) 5,6 dm b) 14,5 t c) 2,875 m d) 10,90 € e) 0,04 kg f) 30,15 km

Zahlbereiche

10. a) Gib jeweils drei ganze Zahlen (rationale Zahlen, natürliche Zahlen) an.
b) Stelle die Zahlenmengen $\mathbb{N}$, $\mathbb{Q}_+$, $\mathbb{Z}$ und $\mathbb{Q}$ in einem Mengendiagramm dar.

11. Welche der Zahlen -3; $-1{,}7$; -1; $-\frac{2}{3}$; $0{,}5$; $\frac{5}{8}$; 2; $3{,}\overline{3}$; 4; 5; $5{,}123123\ldots$ sind
a) natürliche Zahlen, b) ganze Zahlen,
c) Primzahlen, d) rationale Zahlen?

Flächeninhalt von Quadraten – Volumen von Würfeln

12. Ermittle den Flächeninhalt eines Quadrats mit der angegebenen Seitenlänge.
a) 3 cm b) 0,5 m c) 1,2 km d) 1 m e) 1,1 dm

13. Ermittle das Volumen eines Würfels mit der angegebenen Kantenlänge.
a) 2 cm b) 4 cm c) 0,2 dm d) 1 m e) 0,3 cm

14. Gib die Seitenlänge eines Quadrats mit dem gegebenen Flächeninhalt an.
a) $A = 25\,cm^2$ b) $A = 100\,m^2$ c) $A = 0{,}04\,km^2$ d) $A = 144\,dm^2$ e) $A = 1\,ha$

15. Gib die Kantenlänge eines Würfels mit dem gegebenen Volumen an.
a) $V = 27\,cm^3$ b) $V = 0{,}064\,m^3$ c) $V = 1000\,m^3$ d) $V = 125\,dm^3$ e) $V = 0{,}001\,m^3$

16. Die farbige Figur besteht aus Quadraten.
Der Flächeninhalt des blauen Quadrats beträgt $1\,cm^2$, der des gelben $25\,cm^2$. Welchen Flächeninhalt hat das grüne Quadrat?
(Zeichnung nicht maßgenau)

17. Gib das Volumen eines Würfels an, dessen Seitenfläche einen Flächeninhalt von $9\,cm^2$ hat.

18. Ermittle durch Probieren die Seitenlängen eines Rechtecks, dessen eine Seite 3 cm länger als die andere ist und dessen Flächeninhalt $40\,cm^2$ beträgt.

Vermischtes

19. Gib einen Term an, mit dem man den Flächeninhalt des Rechtecks ermitteln kann.

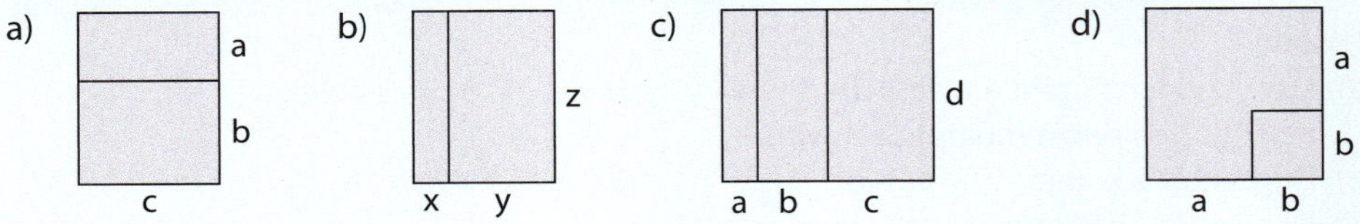

20. Fasse so weit wie möglich zusammen.
a) $x \cdot x + y \cdot y \cdot y$ b) $a \cdot b \cdot a \cdot b \cdot a \cdot b$ c) $s \cdot s \cdot s + t + t$ d) $a \cdot b \cdot 7 \cdot b \cdot a \cdot 7 \cdot b$

21. Überprüfe, ob die in Klammern angegebenen Zahlen Lösungen der Gleichung sind.
a) $x^2 = 81$ (9; −9) b) $x^3 - 8 = 0$ (2; −2) c) $x^3 + 25 = -2$ (3; −3)

22. Ein Quader ist 2 cm lang, 4 cm breit und 8 cm hoch. Welche Kantenlänge hat ein Würfel mit dem gleichen Volumen?

23. Paul behauptet: „60 ist durch alle natürlichen Zahlen von 1 bis 12 teilbar, denn es gilt 60 : 1 = 60; 60 : 2 = 30; 60 : 3 = 20; 60 : 4 = 15…“ Überprüfe Pauls Behauptung.

24. Gib – falls möglich – zwei Zahlen an, für die die Aussage zutrifft (nicht zutrifft).
a) $a^2 > a$ b) $a^2 = a$ c) $a^2 < a$ d) $a^3 = a$ e) $a^3 = a^2$ f) $a^3 < a^2$

1.1 Potenzen

■ Tina stellt Konfetti mit einem Locher her. Sie faltet ein großes, quadratisches Papier entlang einer Diagonalen zu einem Dreieck. Dieses faltet sie in der Mitte, sodass ein kleineres Dreieck entsteht, das sie mit einem Ein-Loch-Locher locht. Durch zweimaliges Falten vor dem Lochen hat sie vier Konfetti hergestellt.
Wie viele Konfetti erhält Tina durch einmaliges Lochen, wenn sie das Papier 4-mal bzw. 6-mal faltet? ■

Ein Produkt wie $2 \cdot 2 \cdot 2 \cdot 2$, bei dem alle Faktoren gleich sind, kann man kürzer als **Potenz** 2^4 schreiben.

Wissen: Potenzen

Ein Produkt aus gleichen Faktoren a kann als **Potenz** a^n (Sprechweise: „a hoch n") geschrieben werden.
Die **Basis a** ist der Faktor, der **Exponent n** gibt die Anzahl der Faktoren an.
Es gilt $a^0 = 1$ für $a \neq 0$.

$\underbrace{a \cdot a \cdot \ldots \cdot a \cdot a}_{n \text{ Faktoren}} = a^n$

Potenz – Exponent – a^n – Basis

Wo keine Klammern stehen, werden Potenzen zuerst berechnet: Potenzrechnung geht vor Punkt- und Strichrechnung.

Beispiel 1:

a) Schreibe die Potenz 3^5 als Produkt und berechne.
b) Schreibe das Produkt $2 \cdot 2 \cdot 2 \cdot 2$ als Potenz und berechne.
c) Schreibe die Potenz $(-7)^3$ als Produkt und berechne. Begründe, ob das Ergebnis positiv oder negativ ist.
d) Berechne $5 \cdot 2^3 + 14$.

Lösung:

a) Der Exponent 5 gibt an, dass die 3 fünfmal mit sich selbst multipliziert wird. $3^5 = 3 \cdot 3 \cdot 3 \cdot 3 \cdot 3 = 243$
b) Der Faktor 2 kommt viermal vor. $2 \cdot 2 \cdot 2 \cdot 2 = 2^4 = 16$
c) Der Faktor -7 kommt dreimal vor. Da der Exponent 3 ungerade ist, ist das Ergebnis negativ. $(-7)^3 = (-7) \cdot (-7) \cdot (-7) = -343$
d) Berechne zuerst die Potenz: $2^3 = 2 \cdot 2 \cdot 2 = 8$ $\quad 5 \cdot 2^3 + 14 = 5 \cdot 8 + 14 = 40 + 14 = 54$

Hinweis:
Der Wert einer Potenz mit negativer Basis ist positiv, wenn der Exponent gerade ist, und negativ, wenn der Exponent ungerade ist.

Basisaufgaben

1. Schreibe die Potenzen als Produkt und die Produkte als Potenzen. Berechne.

a) 2^4 b) 2^6 c) 4^2 d) 4^4 e) 3^4
f) $3 \cdot 3 \cdot 3$ g) $12 \cdot 12$ h) $6 \cdot 6$ i) $5 \cdot 5 \cdot 5$ j) $7 \cdot 7 \cdot 7$

2. Berechne im Kopf.

a) 2^2 b) 2^3 c) 3^2 d) $(-5)^2$ e) 10^3
f) 4^3 g) $(-2)^5$ h) 10^5 i) 5^0 j) 0^5

TR **3.** Schreibe als Potenz und berechne. Überprüfe mit einem Taschenrechner.

a) $2 \cdot 2 \cdot 2$ b) $5 \cdot 5 \cdot 5$ c) $3 \cdot 3 \cdot 3$ d) $6 \cdot 6 \cdot 6 \cdot 6$ e) $7 \cdot 7 \cdot 7 \cdot 7 \cdot 7$
f) $14 \cdot 14$ g) $12 \cdot 12 \cdot 12$ h) $25 \cdot 25 \cdot 25$ i) $17 \cdot 17 \cdot 17$ j) $0{,}5 \cdot 0{,}5 \cdot 0{,}5$

Hinweis:
Taschenrechner haben zum Eingeben von Potenzen eine besondere Taste:
x^n oder x^y, z. B.
2 x^n 6 für 2^6.

4. Berechne. Beachte die Vorrangregeln.

a) $5^2 - 15$ b) $8 + 2^4$ c) $10 \cdot 9^2$ d) $4^3 \cdot 4$
e) $2 \cdot 3^3 + 48$ f) $150 - 72 : 6^2$ g) $2 + 7^3 : 7$ h) $10^4 \cdot 2^3$

5. Berechne die Quadratzahlen von 1 bis 20: 1^2, 2^2, … Lerne sie auswendig. Fragt euch gegenseitig ab.

6. a) Gib den Flächeninhalt eines Quadrats mit der gegebenen Seitenlänge an.
① 5 cm ② 1,5 cm ③ $\frac{1}{4}$ cm
b) Ein Quadrat hat einen Flächeninhalt von 36 cm². Gib die Seitenlänge an.

7. a) Gib das Volumen eines Würfels mit der gegebenen Kantenlänge an.
① 5 cm ② 2,5 cm ③ 8 cm
b) Ein Würfel fasst ein Volumen von 1 Liter (1 Milliliter). Bestimme die Kantenlänge.

Weiterführende Aufgaben

8. Berechne. Orientiere dich am Beispiel: $\left(\frac{1}{2}\right)^3 = \left(\frac{1}{2}\right) \cdot \left(\frac{1}{2}\right) \cdot \left(\frac{1}{2}\right) = \frac{1 \cdot 1 \cdot 1}{2 \cdot 2 \cdot 2} = \frac{1^3}{2^3} = \frac{1}{8}$.

a) $\left(\frac{1}{3}\right)^2$ b) $\left(\frac{1}{2}\right)^5$ c) $\left(\frac{2}{3}\right)^3$ d) $\left(\frac{7}{9}\right)^2$ e) $\left(\frac{1}{5}\right)^4$ f) $\left(2\frac{1}{2}\right)^2$

TR **9.** Schreibe die Potenzen als Produkt und berechne anschließend. Überlege zuerst, ob es sinnvoll ist, einen Taschenrechner zu verwenden.

a) 13^3 b) $(-5)^4$ c) -5^4 d) $\left(\frac{3}{7}\right)^2$ e) $\left(-\frac{1}{9}\right)^8$ f) $2^{10} \cdot \left(\frac{1}{2}\right)^5$
g) $(-1)^4 \cdot 5^3$ h) $2^4 \cdot 3^2$ i) $\left(\frac{1}{2}\right)^4 \cdot 4^3$ j) $(-x)^6$ für $x = 7$ und $x = -8$

Hinweis zu 9:
Auf der rechten Seite des Buches findest du die Lösungen zu a) bis e), auf der linken zu f) bis i).

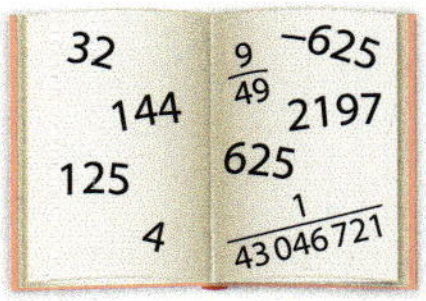

10. Schreibe als Potenz.

a) $a \cdot a \cdot a$ b) $s \cdot b \cdot b \cdot s \cdot b$ c) $\frac{1}{c} \cdot \frac{1}{c} \cdot \frac{1}{c} \cdot \frac{1}{c} \cdot \frac{1}{c}$ d) $\frac{c}{d} \cdot \frac{c}{d} \cdot \frac{c}{d} \cdot \frac{c}{d} \cdot c \cdot c$

11. Bestimme für jeden Würfel, aus wie vielen Teilwürfeln er zusammengesetzt ist.
Gib an, aus wie vielen Teilwürfeln die nächsten sechs Würfel bestehen.

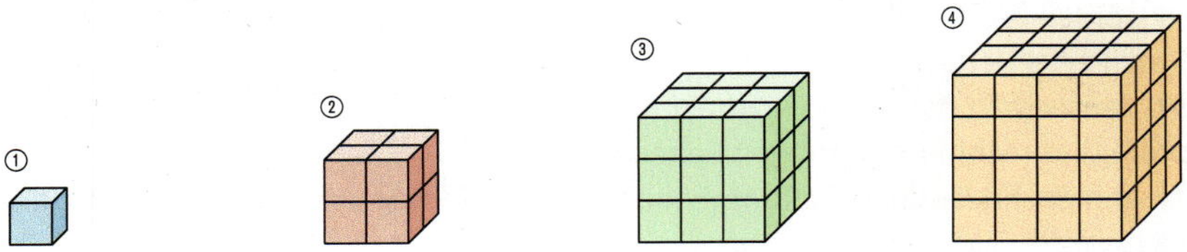

12. Bestimme die fehlende Zahl.

a) $\blacksquare^2 = 16$ b) $\blacksquare^2 = 49$ c) $\blacksquare^2 = 400$ d) $\blacksquare^3 = 64$ e) $\blacksquare^3 = 216$

TR **13.** a) Berechne im Kopf. Überprüfe mit einem Taschenrechner.
① 2^2 ② $0{,}2^2$ ③ $0{,}02^2$ ④ $0{,}002^2$ ⑤ $0{,}2^3$
b) Formuliere eine Regel, wie viele Nachkommastellen das Ergebnis hat, wenn die Basis eine (zwei, drei) Nachkommastellen hat und quadriert wird.

TR **14. Stolperstelle:**

a) Die Potenz $(-5)^6$ soll mit dem Taschenrechner berechnet werden. Tims Ergebnis ist −15625 und Marius' 15625. Welcher Tippfehler könnte zum falschen Ergebnis geführt haben? Notiere für deinen Taschenrechner die richtige Tastenfolge.

b) Berechne $(-5)^7$ mit dem Taschenrechner. Überlege, ob das Ergebnis positiv oder negativ sein muss.

15. Ergänze die fehlende Zahl so, dass die Gleichung erfüllt ist.

a) $3^x = 243$ b) $7^x = 343$ c) $x^4 = 16$ d) $x^3 = \frac{1}{27}$ e) $x^3 = -125$

f) $123^x = 1$ g) $4^x = 2^4$ h) $x^3 = \frac{27}{64}$ i) $\left(\frac{-2}{4}\right)^5 = \frac{x}{32}$ j) $2 \cdot (5)^x = 1250$

16. Um etwa 400 n. Chr. wurde in Indien das Schachspiel erfunden.
Der indische König wollte dem Erfinder Sissa einen Wunsch erfüllen. Sissa sagte, er wünsche sich Reiskörner. Auf das erste Feld sollte der König ein Korn legen lassen, auf das zweite Feld zwei, auf das dritte Feld dann vier Körner. Auf jedes weitere Feld sollten immer doppelt so viele Reiskörner wie auf das vorherige gelegt werden.

a) Berechne, wie viele Reiskörner auf dem vierten, fünften und zehnten Feld liegen müssen. Gib das Ergebnis als Potenz und als Zahl an.

b) Berechne, wie viele Reiskörner auf dem letzten, also dem 64. Feld, liegen.

c) Berechne die Masse der Reiskörner auf dem letzten Feld, wenn 100 Reiskörner etwa 3 g wiegen. Vergleiche die Masse mit der Weltjahresmenge an Reis (620 Millionen Tonnen).

d) Bestimme durch Ausprobieren, ab welchem Feld mehr als 1 Millionen Reiskörner auf einem einzigen Feld liegen.

17. Gib für die Zahlen zwei Potenzen wie im folgenden Beispiel an: $64 = 8^2 = 4^3$

a) 16 b) 81 c) 10 000 d) 1 000 000 e) 256 f) 625 g) 1

18. a) Berechne 5^2 und 5^3. Berechne $5^5 : 5^2$ und $5^8 : 5^6$. Erkläre den Zusammenhang.

b) Löse die Aufgabe $5^{400} : 5^{398}$. Mit einem Taschenrechner ist das nicht möglich.

19. Ausblick: Anzahlen von Punkten werden als Dreieckszahlen bezeichnet, wenn sie in Form eines Dreiecks angeordnet sind. Im Bild sind die ersten fünf Dreieckszahlen dargestellt.

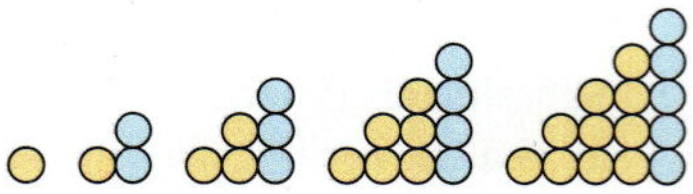

a) Übernimm das Muster in das Heft und ergänze es um zwei weitere Dreiecke. Gib die ersten sieben Dreieckszahlen an.

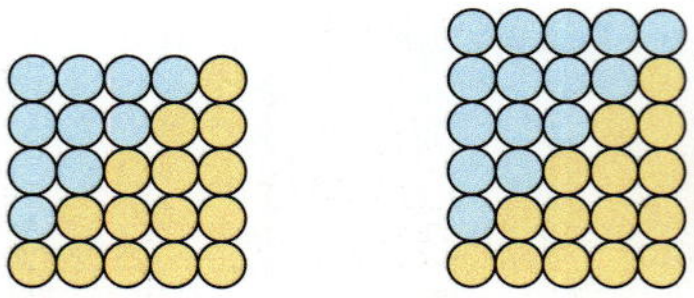

b) Wenn man zwei benachbarte Dreieckszahlen addiert, dann erhält man eine Quadratzahl. Überprüfe dies rechnerisch mit den ersten sieben Dreieckszahlen. Erkläre den Zusammenhang für die Addition der vierten und fünften Dreieckszahl am Bild.

c) Die fünfte Dreieckszahl kann man auch anders bestimmen: Ihr Muster wird verdoppelt und so zusammengesetzt, dass sich die Form eines Rechtecks ergibt. Berechne die fünfte Dreieckszahl mithilfe des Rechtecks.

d) Die Dreieckszahlen kann man nicht nur durch Abzählen der Punkte bestimmen, sondern auch mithilfe der folgenden Formel berechnen: Die n-te Dreieckszahl ist $D(n) = \frac{n \cdot (n+1)}{2}$.
Berechne mithilfe der Formel die siebte und achte Dreieckszahl (also für n = 7 und n = 8). Erläutere mithilfe der Ergebnisse aus c), dass die Formel richtig ist.

1.2 Zehnerpotenzen

■ Sandra berechnet mit einem Taschenrechner verschiedene Produkte.
Prüfe, ob diese Ergebnisse genau sind.
Berechne die fehlende Lösung ohne Taschenrechner und überprüfe anschließend mit einem Taschenrechner. ■

111 x 111 = 12321
1111 x 1111 = 1234321
11 111 x 11 111 = 123.454.321
111 111 x 111 111 = 1,234565432 x 10^{10}
1 111 111 x 1 111 111 = 1,234567765 x 10^{13}
11 111 111 x 11 111 111 =

Häufig werden in naturwissenschaftlichen Texten sehr große und sehr kleine Zahlen mithilfe von Zehnerpotenzen geschrieben, damit man die Zahlen leichter lesen kann und die Größenordnung sofort erkennbar ist.

Zehnerpotenz	Dezimalzahl	Name	Vorsilbe
10^9	1 000 000 000	1 Milliarde	Giga
10^6	1 000 000	1 Millionen	Mega
10^3	1 000	1 Tausend	Kilo
10^2	100	1 Hundert	Hekto
10^1	10	Zehn	Deka
10^0	1	Eins	
10^{-1}	$0{,}1 = \frac{1}{10}$	1 Zehntel	Dezi
10^{-2}	$0{,}01 = \frac{1}{100}$	1 Hundertstel	Zenti
10^{-3}	$0{,}001 = \frac{1}{1000}$	1 Tausendstel	Milli

(Pfeile zwischen den Zeilen: :10)

Wird eine Dezimalzahl durch 10 dividiert, dann wird der Exponent der Zehnerpotenz um 1 vermindert.
Setzt man dies fort, so wird der Exponent negativ und die Zahlen liegen zwischen null und eins.

Erinnere dich:
$10^4 = 10\,000$
Zehntausend
$10^5 = 100\,000$
Hunderttausend
$10^{12} = 1\,000\,000\,000$
Billion
$10^{15} = 1\,000\,000\,000\,000$
Billiarde

Wissen: Wissenschaftliche Darstellung von Dezimalzahlen mit Zehnerpotenzen
Sehr große und sehr kleine Zahlen können mithilfe von Zehnerpotenzen dargestellt werden.
Für alle natürlichen Zahlen n gilt:

$$10^n = \underbrace{10 \cdot 10 \cdot \ldots \cdot 10}_{\text{n-mal}} = \underbrace{100\ldots00}_{\text{1 mit n Nullen}} \qquad 10^{-n} = \frac{1}{10^n} = \underbrace{0{,}0\ldots01}_{\text{n Nullen, eine davon vor dem Komma}}$$

Bei der **wissenschaftlichen Schreibweise** wird eine Zahl als Produkt $r \cdot 10^m$ geschrieben mit einer rationalen Zahl r mit $1 \le r < 10$ und $m \in \mathbb{Z}$.
Beispiel: $5{,}2 \cdot 10^6 = 5\,200\,000$ $\qquad 2 \cdot 10^{-4} = 0{,}0002$

Beispiel 1:
a) Gib die Zahl 241 000 in wissenschaftlicher Schreibweise an.
b) Gib die Zahl $1{,}345 \cdot 10^2$ ohne Zehnerpotenz an.
c) Gib die Zahl $2{,}3 \cdot 10^{-4}$ ohne Zehnerpotenz an.

Lösung:
a) Schreibe 241 000 als Produkt, in dem eine Dezimalzahl mit einer Ziffer vor dem Komma vorkommt: Der erste Faktor ist 2,41. Der zweite Faktor ist dann 100 000 mit 5 Nullen, also $100\,000 = 10^5$.

$$241\,000 = 2{,}41 \cdot 100\,000 = 2{,}41 \cdot 10 \cdot 10 \cdot 10 \cdot 10 \cdot 10 = 2{,}41 \cdot 10^5$$

b) 10^2 bedeutet, dass das Komma um 2 Stellen nach rechts verschoben wird. $\quad 1{,}345 \cdot 10^2 = 134{,}5$

c) 10^{-4} bedeutet, dass das Komma um 4 Stellen nach links verschoben wird. $\quad 2{,}3 \cdot 10^{-4} = 0{,}00023$

Basisaufgaben

1. Schreibe die Zahl in Worten und als Zehnerpotenz auf.
a) 10 b) 1000 c) 50 000 d) 9 000 000 e) 6 000 000 000 000

Hinweis zu 2:
Die Lösungen findest du in der Birne.

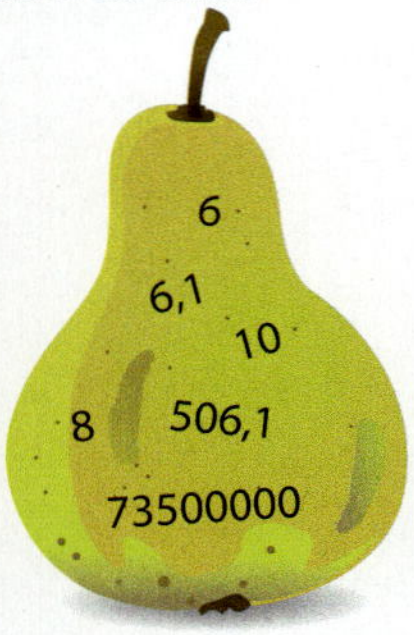

2. Ergänze die fehlende Zahl für x.
a) $x \cdot 10^5 = 610\,000$ b) $x \cdot 10^3 = 506\,100$ c) $0{,}0251 \cdot 10^x = 25\,100$
d) $735 \cdot 10^5 = x$ e) $1{,}89 \cdot 10^x = 189\,000\,000$ f) $3{,}4 \cdot 10^x = 34$ Milliarden

3. Schreibe in wissenschaftlicher Schreibweise.
a) 12 000 b) 14 500 c) 2 731 000 d) 453 500 000 e) 320 500
f) 8,2 Milliarden g) 1 050 000 000 h) 89 Milliarden i) 7,2 Millionen j) 987 000 000

4. Schreibe ohne Zehnerpotenz.
a) $7 \cdot 10^3$ b) $3{,}02 \cdot 10^6$ c) $7{,}123 \cdot 10^5$ d) $1{,}2 \cdot 0^3$ e) $9{,}1245 \cdot 10^9$

5. Schreibe die Zahl in Worten und als Zehnerpotenz auf.
a) 0,01 b) 0,001 c) 0,055 d) 0,0004 e) 0,00 0007

6. Schreibe in wissenschaftlicher Schreibweise.
a) 0,002 b) 0,0007 c) 0,000 004 d) 0,001 007 e) 0,000 000 009 34

7. Schreibe ohne Zehnerpotenz.
a) $2{,}5 \cdot 10^{-3}$ b) $1{,}8 \cdot 10^{-2}$ c) $5 \cdot 10^{-6}$ d) $7{,}35 \cdot 10^{-10}$ e) 10^{-9}

Weiterführende Aufgaben

8. In der Tabelle findest du Daten über Planeten unseres Sonnensystems.

Planet	Abstand zur Sonne in Millionen km	Durchmesser in m	Masse in kg
Merkur	58	$4{,}90 \cdot 10^6$	$33 \cdot 10^{22}$
Venus	108	$1{,}21 \cdot 10^7$	$0{,}49 \cdot 10^{25}$
Erde	150	$1{,}27 \cdot 10^7$	$6{,}0 \cdot 10^{24}$
Mars	228	$6{,}77 \cdot 10^6$	$0{,}64 \cdot 10^{22}$
Jupiter	778	$1{,}38 \cdot 10^8$	$1{,}9 \cdot 10^{27}$
Saturn	1433	$1{,}15 \cdot 10^8$	$57\,000 \cdot 10^{22}$
Uranus	2872	$5{,}05 \cdot 10^7$	$870 \cdot 10^{23}$
Neptun	4495	$4{,}9 \cdot 10^7$	$10{,}2 \cdot 10^{24}$

a) Gib den Abstand der Planeten zur Sonne in Metern in der wissenschaftlichen Schreibweise an.
b) Ordne die Planeten nach dem Durchmesser, beginne mit dem kleinsten.
c) Gib den Durchmesser der Planten in km ohne Zehnerpotenz an.
d) Schreibe die Masse der Planeten in wissenschaftlicher Schreibweise auf.
e) Ordne die Planeten nach ihrer Masse. Beginne mit dem schwersten.
f) Tim behauptet: „Wenn ein Planet einen größeren Durchmesser hat als ein anderer, dann ist er auch schwerer." Überprüfe, ob Tim immer Recht hat.
g) Katharina behauptet: „Die Planeten Venus und Erde sind zusammen immer noch leichter als der Planet Uranus." Prüfe durch eine Rechnung, ob sie Recht hat.

9. Lies die Zahlen in der Stellenwerttafel.

10^{11}	10^{10}	10^9	10^8	10^7	10^6	10^5	10^4	10^3	10^2	10^1	1
					2	0	8	4	0	1	3
		5	4	6	8	9	0	0	1	3	1
1	1	1	2	2	3	4	4	2	0	0	4

10. Ordne die Zahlen der Größe nach. Beginne mit der kleinsten Zahl.
a) $1{,}2 \cdot 10^7$; $345 \cdot 10^3$; $0{,}078 \cdot 10^8$; $12{,}7 \cdot 10^3$
b) $0{,}0067 \cdot 10^9$; -10^7; $234 \cdot 10^4$; $\frac{4}{10^3}$

11. Schreibe in der wissenschaftlichen Schreibweise, also mit einem Faktor, der größer als 1 und kleiner als 10 ist.
a) $4{,}5 \cdot 2 \cdot 10^4$ b) $200 \cdot 3 \cdot 10^5$ c) $7{,}5 \cdot 4 \cdot 10^3$ d) $3 \cdot 8 \cdot 10^{10}$ e) $9 \cdot 5 \cdot 10^6$

12. Stolperstelle: Das New Century Global Center in China ist eines der größten Gebäude der Welt. Es ist 400 m lang und 500 m breit und ist näherungsweise ein Quader. Eine Zeitung berichtet: „Die Fläche beträgt $2 \cdot 10^5$ Quadratmeter, dies sind 20 000 Quadratmeter, also 2 Hektar."

Svenja wundert sich über die Angaben in der Zeitung, weil 2 Hektar gar nicht so groß sind, sondern nur etwa drei Fußballfeldern entsprechen.
a) Korrigiere die Aussage zur Grundfläche aus dem Artikel.
b) Das Gebäude ist 100 m hoch. Gib das Volumen des Quaders als Zehnerpotenz an.

Erinnere dich:
1 ha (Hektar) = 10 000 m^2

13. Bei Einheiten von Größen wird oft eine Vorsilbe verwendet. Du kennst schon die Vorsilbe k für „Kilo": Sie steht für den Faktor 1000 oder die Zehnerpotenz 10^3; 1 kg sind 1000 g. Weitere Vorsilben stehen in der Tabelle. Gib die Größe in der angegebenen Einheit an.
a) 5 km (m) b) 9 kW (W) c) 2 hPa (Pa) d) 3 m (dm)
e) 40 kg (g) f) 10 GW (W) g) 20,7 mm (m) h) 35 mg (g)
i) 8 MW (W) j) 670 000 g (kg) k) 5 TByte (Byte) l) 1 GW (kW)

Hinweis zu 13:

Vorsilbe	Potenz
Milli m	10^{-3}
Zenti c	10^{-2}
Dezi d	10^{-1}
Hekto h	10^2
Kilo k	10^3
Mega M	10^6
Giga G	10^9
Tera T	10^{12}

Zum Beispiel:
1 kW = 10^3 W
W = Watt (Leistung)
Pa = Pascal (Druck)
1 Hektar (ha) = 10 000 m^2

14. Berechne wie in diesem Beispiel:
$8{,}5 \cdot 10^5 + 2{,}1 \cdot 10^4 = 8{,}5 \cdot 10^5 + 0{,}21 \cdot 10^5 = (8{,}5 + 0{,}21) \cdot 10^5 = 8{,}71 \cdot 10^5$
a) $3 \cdot 10^4 + 6 \cdot 10^4$ b) $5{,}9 \cdot 10^5 - 10^5$
c) $8{,}7 \cdot 10^6 - 4{,}2 \cdot 10^5$ d) $6{,}8 \cdot 10^5 - 6{,}28 \cdot 10^5 + 5{,}8 \cdot 10^4$
e) $2{,}3456 \cdot 10^{-2} - 10^{-3}$ f) $6{,}57 \cdot 10^{-3} - 6{,}57 \cdot 10^{-4}$

15. a) Schreibe die Zehnerpotenzen als Dezimalzahl und berechne. Gib das Ergebnis wieder in der wissenschaftlichen Schreibweise an.
① $2{,}5 \cdot 10^3 \cdot 10^4$ ② $1{,}35 \cdot 10^6 \cdot 2{,}2 \cdot 10^3$ ③ $\frac{8 \cdot 10^9}{2 \cdot 10^6}$ ④ $\frac{7 \cdot 10^8}{14 \cdot 10^7}$
b) Betrachte die Rechnungen aus a). Erkläre, wie man zwei Zahlen in wissenschaftlicher Schreibweise multiplizieren bzw. dividieren kann, ohne die Zehnerpotenzen als Dezimalzahl zu schreiben.
c) Berechne geschickt, also ohne die Zehnerpotenzen umzuwandeln.
① $5 \cdot 10^7 \cdot 10^3$ ② $4 \cdot 10^4 \cdot 5 \cdot 10^5 \cdot 6 \cdot 10^6$ ③ $\frac{7{,}5 \cdot 10^{16}}{12{,}5 \cdot 10^5}$ ④ $\frac{8{,}64 \cdot 10^{17} \cdot 10^3}{3{,}6 \cdot 10^{14} \cdot 2{,}4 \cdot 10^6}$

16. Berechne geschickt ohne Taschenrechner. Vereinfache die Brüche so weit wie möglich.
a) $6 \cdot 4 \cdot 10^7 \cdot 10^3$ b) $22{,}5 \cdot 10^3 \cdot 10^7 \cdot 10^5 \cdot 2$ c) $33 \cdot 10^3 \cdot \frac{1}{3} \cdot 10^6 \cdot 11$
d) $\frac{16 \cdot 10^7}{2 \cdot 10^4 \cdot 4}$ e) $\frac{1 \cdot 10^{50} \cdot 7{,}8}{7{,}8 \cdot 10^{25} \cdot 50}$ f) $\frac{625 \cdot 10^{16}}{5 \cdot 10^5 \cdot 5 \cdot 10^6 \cdot 5 \cdot 10^2 \cdot 50}$
g) $3 \cdot 4 \cdot 10^{-3} \cdot 10^{-2}$ h) $2 \cdot 10^{-5} \cdot 5 \cdot 10^{-3}$ i) $\frac{36 \cdot 10^{-4}}{6 \cdot 10^{-2} \cdot 6 \cdot 10^{-2}}$

17. Schreibe als Dezimalzahl.
a) Masse der Sonne: $1{,}989 \cdot 10^{30}$ kg
b) Volumen der Sonne: $1{,}4 \cdot 10^{18}\,km^3$
c) Sonnendurchmesser: $1{,}39 \cdot 10^{9}$ m
d) Kleinster Abstand der Erde von der Sonne: $147{,}1 \cdot 10^{6}$ km
e) Temperatur im Sonnenkern: 16,6 Millionen °C

18. Die Masse der Erde beträgt $6{,}0 \cdot 10^{24}$ kg und die Masse der Sonne beträgt $2{,}0 \cdot 10^{30}$ kg.
a) Berechne, welchen Bruchteil an Masse die Erde im Vergleich zur Sonne besitzt.
b) Berechne, welchen Bruchteil an Masse der Mond ($7{,}4 \cdot 10^{22}$ kg) im Vergleich zur Erde besitzt.
c) Berechne den Bruchteil der Masse aller acht Planeten des Sonnensystems im Verhältnis zur Sonnenmasse. Begründe, wo vermutlich der Massenmittelpunkt des Sonnensystems liegt. Die Massen der Planeten findest du bei Aufgabe 8 in der Tabelle.

Hinweis:
1 Nanometer = 1 nm = 10^{-9} m

● **19.** Die Abbildung zeigt das elektromagnetische Spektrum des Lichtes. Es sind die Wellenlängen des sichtbaren Lichtes und die Grenzen zum infraroten und zum ultravioletten Licht angegeben.

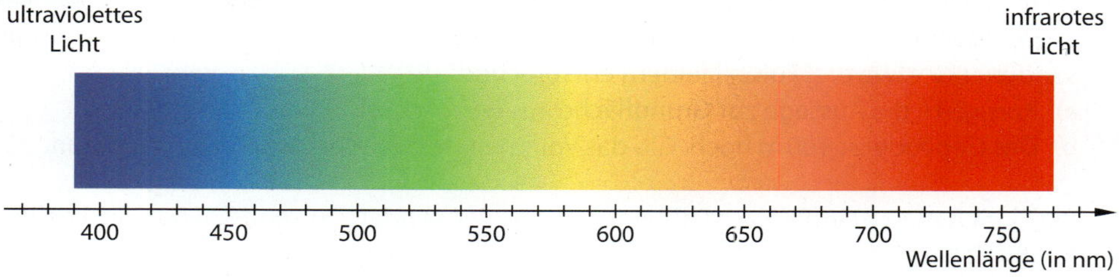

a) Gib den Bereich der Wellenlängen des sichtbaren Lichts und der Grenzen in wissenschaftlicher Schreibweise an.
b) Gib die Wellenlängen der einzelnen Farben des sichtbaren Lichtes in wissenschaftlicher Schreibweise an.

Hinweis zu 20:
Die Abkürzung a steht für annum, das lateinische Wort für Jahr.

● **20. Ausblick:** Im Weltall sind die Entfernungen so groß, dass sie nicht in Kilometern, sondern in Lichtjahren (Lj) gemessen werden. Ein Lichtjahr ist die Entfernung, die das Licht in einem Jahr (a) zurücklegt. Das Licht legt in 1 Sekunde etwa 300 000 Kilometer zurück. Es hat also eine Geschwindigkeit von $300\,000\,\frac{km}{s}$.

a) Zeige, dass ein 1 Lj ungefähr einer Entfernung von $9{,}5 \cdot 10^{12}$ Kilometern entspricht.
b) Die Sterne, die zu einem Sternbild gehören, sind nicht alle gleich weit von der Erde entfernt. Zum Sternbild des großen Wagens gehören sieben Sterne. Der Stern Mizar ist nur 78 Lj, aber der Stern Dubhe ist 124 Lj entfernt. Berechne, wie viele Kilometer diese Sterne von der Erde entfernt sind.
c) Der Polarstern ist $4{,}1 \cdot 10^{15}$ km von der Erde entfernt. Berechne, wie viele Lichtjahre dies sind.

1.3 Quadratwurzeln und Kubikwurzeln

■ Für den Flächeninhalt A eines Quadrats mit der Seitenlänge a gilt: $A = a^2$
Für das Volumen V eines Würfels mit der Kantenlänge a gilt: $V = a^3$
Ermittle die Seitenlänge eines Quadrats mit einem Flächeninhalt von 25 m² und die Kantenlänge eines Würfels mit einem Volumen von 8 m³. ■

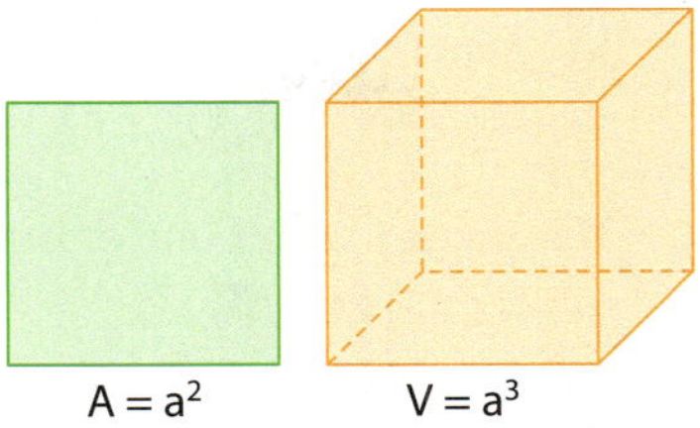

Quadratwurzeln berechnen

Beim Ermitteln des Flächeninhalts A eines Quadrates mit der Seitenlänge a wird a mit sich selbst multipliziert (a wird quadriert). Es gilt: $A = a \cdot a = a^2$
Beim Ermitteln der Seitenlänge a eines Quadrates aus dem zugehörigen Flächeninhalt A muss man umgekehrt vorgehen. Es ist eine Seitenlänge a zu ermitteln, deren Quadrat a^2 gleich A ist.

Erinnere dich:
Ist x eine natürliche Zahl, so nennt man x^2 eine Quadratzahl.

Wissen: Wurzelziehen
Quadratwurzelziehen (kurz: **Wurzelziehen**) aus einer nichtnegativen Zahl a bedeutet, eine nichtnegative Zahl b zu finden, für die gilt: $b^2 = a$
Schreibweise: $b = \sqrt{a}$ oder $b = \sqrt[2]{a}$ (a wird als **Radikand** bezeichnet.)
Sprechweise: b ist gleich der **Quadratwurzel** (kurz: **Wurzel**) **aus a.**

Hinweis:
Das **Wurzelziehen** (auch Radizieren genannt) ist eine **Umkehroperation des Quadrierens.**
Quadrieren
a → *a*²
a ← *a*²
Quadratwurzelziehen

Beispiel 1: Berechne die Quadratwurzeln.
a) $\sqrt{36}$ b) $\sqrt{(-2)^2}$ c) $\sqrt{3^2 - 4^2}$

Lösung:
a) Prüfe, ob der Radikand eine nichtnegative Zahl ist. Ermittle eine nichtnegative Zahl, deren Quadrat gleich dem Radikanden ist.
$36 \geq 0$
$\sqrt{36} = 6$, denn $6^2 = 36$

b) Prüfe, ob der Radikand eine nichtnegative Zahl ist. Ermittle eine nichtnegative Zahl, deren Quadrat gleich dem Radikanden ist.
$(-2)^2 = 4;\quad 4 \geq 0$
$\sqrt{(-2)^2} = \sqrt{4} = 2$, denn $2^2 = 4$

c) Prüfe, ob der Radikand eine nichtnegative Zahl ist.
$3^2 - 4^2 = 9 - 16 = -7;\quad -7 < 0$
Dazu existiert keine Quadratwurzel.

Hinweis:
Aus einer negativen Zahl kann keine Quadratwurzel gezogen werden, da a^2 immer positiv ist.

Bei $\sqrt{2}$ ist der Radikand keine Quadratzahl. In solchen Fällen kann der Wert der Wurzel mit beliebiger Genauigkeit durch systematisches Einschachteln ermittelt werden:

1. Schritt (auf Einer genau)	Es gilt: $1 < \sqrt{2} < 2$ denn: $1^2 = 1 < 2 < 2^2 = 4$	$\sqrt{2} \approx 1$
2. Schritt (auf Zehntel genau)	Es gilt: $1{,}4 < \sqrt{2} < 1{,}5$ denn: $1{,}4^2 = 1{,}96 < 2 < 1{,}5^2 = 2{,}25$	$\sqrt{2} \approx 1{,}4$
3. Schritt (auf Hundertstel genau)	Es gilt: $1{,}41 < \sqrt{2} < 1{,}42$ denn: $1{,}41^2 = 1{,}9881 < 2 < 1{,}42^2 = 2{,}0164$	$\sqrt{2} \approx 1{,}41$
4. Schritt (auf Tausendstel genau)	Es gilt: $1{,}414 < \sqrt{2} < 1{,}415$ denn: $1{,}414^2 = 1{,}999396 < 2 < 1{,}415^2 = 2{,}002225$	$\sqrt{2} \approx 1{,}414$

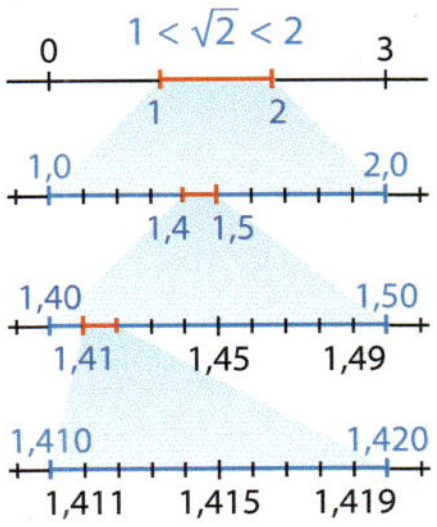

Dieses Verfahren kann beliebig lange fortgesetzt werden. Der genaue Wert für $\sqrt{2}$ ist eine unendliche Dezimalzahl, der man sich so immer mehr annähert. Mit einigen Taschenrechnern erhält man in solchen Fällen einen Näherungswert für die Quadratwurzel.
Die meisten Taschenrechner haben dafür eine Taste: [√] oder [√x].

Basisaufgaben

1. Berechne die Aufgaben ohne Taschenrechner.

a) $\sqrt{64}$ b) $\sqrt{81}$ c) $\sqrt{0{,}09}$ d) $\sqrt{-16}$ e) $\sqrt{(-3)^2}$ f) $\sqrt{11^2}$
g) $\sqrt{4 \cdot 100}$ h) $\sqrt{9^2 - 81}$ i) $\sqrt{4} : \sqrt{49}$ j) $\sqrt{800 + 100}$ k) $2\sqrt{49}$ l) $-2 : \sqrt{(-6)^2}$

2. Übertrage ins Heft und ersetze ■ so durch <, > oder =, dass eine wahre Aussage entsteht.

a) $\sqrt{16} + \sqrt{9}$ ■ $\sqrt{16 + 9}$ b) $\sqrt{16} \cdot \sqrt{9}$ ■ $\sqrt{16 \cdot 9}$ c) $\sqrt{100 - 36}$ ■ $\sqrt{100} - \sqrt{36}$
d) $\sqrt{36} : \sqrt{9}$ ■ $\sqrt{36 : 9}$ e) $\sqrt{64} : \sqrt{4}$ ■ $\sqrt{64 : 4}$ f) $\sqrt{0 \cdot 16}$ ■ $\sqrt{0} \cdot \sqrt{16}$

3. Berechne die Aufgaben ohne Taschenrechner.

a) $\sqrt{4 + 3 \cdot 7}$ b) $\frac{\sqrt{49}}{2 \cdot 3 + 1}$ c) $\frac{\sqrt{81}}{\sqrt{9}}$ d) $\sqrt{\frac{81}{9}}$ e) $\sqrt{(-6)^2 + (-5)^2}$
f) $\sqrt{0{,}09} \cdot \sqrt{100}$ g) $\sqrt{0{,}36} - 2 \cdot \sqrt{0{,}04}$ h) $-2 + 0{,}5 : \sqrt{0{,}16}$ i) $\frac{\sqrt{625}}{\sqrt{0{,}25} \cdot \sqrt{0{,}01}}$

TR **4.** Berechne die Aufgaben mit einem Taschenrechner. Runde auf Hundertstel.

a) $\sqrt{37}$ b) $\frac{\sqrt{491}}{23{,}7}$ c) $\frac{\sqrt{8123}}{\sqrt{91}}$ d) $\sqrt{\frac{63}{9}}$ e) $\sqrt{-6{,}12^2 + (-5{,}1)^2}$
f) $\sqrt{0{,}09} \cdot \sqrt{10}$ g) $\sqrt{0{,}3} - 2 \cdot \sqrt{0{,}4}$ h) $-2 + 0{,}5 : \sqrt{0{,}1}$ i) $\frac{\sqrt{600}}{\sqrt{0{,}25} \cdot \sqrt{20}}$

Quadratische Gleichungen

Tritt in einer Gleichung die Variable im Quadrat auf, so nennt man diese Gleichung quadratische Gleichung.

Wissen: Quadratische Gleichungen der Form $x^2 = a$

Die **quadratische Gleichung $x^2 = a$** hat für $a > 0$ die beiden Lösungen $\mathbf{x_1 = \sqrt{a}}$ und $\mathbf{x_2 = -\sqrt{a}}$, denn $(\sqrt{a})^2 = a$ und $(-\sqrt{a})^2 = a$.

Für $a < 0$ hat die Gleichung keine Lösung.

Beispiel 2: Löse die quadratische Gleichung.

a) $x^2 = 1{,}44$ b) $x^2 = -64$

Lösung:

a) Gesucht sind alle Zahlen x, die quadriert 1,44 ergeben. Als Lösungen ergeben sich die positive und die negative Wurzel aus 1,44.

$x^2 = 1{,}44$
$x_1 = \sqrt{1{,}44} = 1{,}2$ und $x_2 = -\sqrt{1{,}44} = -1{,}2$
$L = \{1{,}2; -1{,}2\}$

b) Gesucht sind alle Zahlen x, die quadriert −64 ergeben. Es gibt aber keine Zahl, deren Quadrat negativ ist.

$x^2 = -64$
Keine Lösung; $L = \{\,\}$

Basisaufgaben

5. Löse die quadratische Gleichung.

a) $x^2 = 256$ b) $x^2 - 4 = 0$ c) $x^2 + 36 = 0$ d) $x^2 - 48 = -12$

6. Löse die quadratische Gleichung.

a) $x^2 = 0{,}81$ b) $x^2 - 34 = 15$ c) $1 - a^2 = 0{,}75$ d) $x - x^2 = -169 + x$
e) $-x^2 - 1 = 0$ f) $4y^2 = 16$ g) $5x^2 - x = 5 - x$ h) $9 + 2y^2 = 36 - y^2$

Kubikwurzeln berechnen

Beim Ermitteln des Volumens V eines Würfels mit der Kantenlänge a wird a dreimal mit sich selbst multipliziert (a wird mit 3 potenziert). Es gilt: $V = a \cdot a \cdot a = a^3$
Beim Ermitteln der Kantenlänge a eines Würfels aus dem zugehörigen Volumen V muss man umgekehrt vorgehen. Es ist eine Kantenlänge a zu ermitteln, deren Produkt $a \cdot a \cdot a$ gleich V ist.

Hinweis:
Potenzen, wie a^3, können mit einem Taschenrechner beispielsweise mit folgenden Tasten berechnet werden:
y^x oder ^

Wissen: Kubikwurzelziehen

Kubikwurzelziehen aus einer nichtnegativen Zahl a bedeutet, eine nichtnegative Zahl b zu finden, für die gilt: $b^3 = a$

Schreibweise: $b = \sqrt[3]{a}$ (a wird als **Radikand** bezeichnet.)

Sprechweise: b ist gleich der **Kubikwurzel aus a** oder
b ist die **dritte Wurzel aus a**

Hinweis:
Das **Kubikwurzelziehen** ist eine **Umkehroperation des Potenzierens mit 3.**
Potenzieren mit 3
$a \rightarrow a^3$
$a \leftarrow a^3$
Kubikwurzelziehen

Bei $\sqrt[3]{25}$ ist der Radikand keine „einfache" Kubikzahl. Auch in solchen Fällen kann der Wert der Wurzel mit beliebiger Genauigkeit durch systematisches Einschachteln ermittelt werden. Einfacher geht es mit einem Taschenrechner. Manche Taschenrechner haben dafür eine Taste $\sqrt[3]{x}$. Andere Taschenrechner erfordern eine Tastenkombination aus y^x und 1/x.

Hinweis:
Erkunde, bei welcher Tastenfolge dein Taschenrechner Kubikwurzeln berechnet.

Beispiel 3: Berechne die Kubikwurzel.

a) $\sqrt[3]{27}$ b) $\sqrt[3]{120}$ c) $\sqrt[3]{8-16}$

Lösung:

a) Prüfe, ob der Radikand eine nichtnegative Zahl ist. Ermittle eine Zahl, deren dritte Potenz gleich dem Radikanden ist.
$27 \geq 0$
$\sqrt[3]{27} = 3$, denn $3 \cdot 3 \cdot 3 = 27$

b) Prüfe, ob der Radikand eine nichtnegative Zahl ist. Ermittle eine Zahl, deren dritte Potenz gleich dem Radikanden ist. Nutze gegebenenfalls einen Taschenrechner.
$120 \geq 0$
Ohne Hilfsmittel ist die Aufgabe nur schwer lösbar. Mit einem Taschenrechner findet man:
$\sqrt[3]{120} \approx 4{,}93242$

c) Prüfe, ob der Radikand eine nichtnegative Zahl ist.
$8 - 16 = -8$; $-8 < 0$
Dazu existiert keine Kubikwurzel.

Hinweis:
Eine Kontrolle ist auch beim Arbeiten mit Taschenrechnern ratsam:
$\sqrt[3]{125} = 5$
$\sqrt[3]{120} < \sqrt[3]{125}$

Basisaufgaben

7. Berechne die Aufgabe ohne Taschenrechner.

a) $\sqrt[3]{64}$ b) $\sqrt[3]{8}$ c) $\sqrt[3]{0{,}008}$ d) $\sqrt[3]{1000}$ e) $\sqrt[3]{-8}$
f) $\sqrt[3]{0{,}001}$ g) $\sqrt[3]{0{,}1^3}$ h) $\sqrt[3]{0{,}027}$ i) $\frac{\sqrt[3]{8}}{\sqrt[3]{25}}$ j) $\left(\sqrt[3]{27}\right)^3$

8. Berechne die Aufgaben ohne Taschenrechner.

a) $\sqrt[3]{\frac{8}{125}}$ b) $\sqrt[3]{2 \cdot \frac{32}{27}}$ c) $\sqrt[3]{\frac{8}{27}}$
d) $\sqrt[3]{3 \cdot 8 + 40}$ e) $\sqrt[3]{125} - 3 \cdot \sqrt[3]{0{,}27}$ f) $\sqrt[3]{6 \cdot \left(1 + \frac{1}{3}\right)}$

TR **9.** Berechne die Kubikwurzeln mit einem Taschenrechner. Runde auf Tausendstel. Gib zunächst einen Überschlag an.

a) $\sqrt[3]{37{,}5}$ b) $\sqrt[3]{100}$ c) $\sqrt[3]{133{,}5}$ d) $\sqrt[3]{1{,}2}$ e) $\sqrt[3]{211}$
f) $\sqrt[3]{31}$ g) $\sqrt[3]{493}$ h) $\sqrt[3]{0{,}02 \cdot 0{,}3}$ i) $\sqrt[3]{0{,}017 + 0{,}047}$ j) $\sqrt[3]{\frac{9}{36}}$

Rationale Zahlen und irrationale Zahlen

Eine beliebige rationale Zahl ist immer als Bruch in der Form $\frac{a}{b}$ (a, b ∈ ℤ und b ≠ 0) darstellbar.
Nach Umwandlung in eine Dezimalzahl erhält man:
- entweder eine **abbrechende Dezimalzahl** (z. B. $-\frac{3}{8} = -0{,}375$) oder
- eine **nicht abbrechende periodische Dezimalzahl** (z. B. $\frac{2}{3} = 0{,}6666666\ldots = 0{,}\overline{6}$)

Beim Wurzelziehen erhält man oft nicht abbrechende und nicht periodische Dezimalzahlen.
Solche Zahlen lassen sich nicht durch einen Bruch darstellen.

Wissen: Irrationale Zahlen
Zahlen, die sich nicht durch einen Bruch $\frac{a}{b}$ (a, b ∈ ℤ und b ≠ 0) darstellen lassen, heißen **irrationale Zahlen.**
Irrationale Zahlen lassen sich durch **nicht abbrechende nicht periodische Dezimalzahlen** darstellen. Die rationalen und die irrationale Zahlen bilden zusammen die Menge der reellen Zahlen **(Symbol: ℝ).**

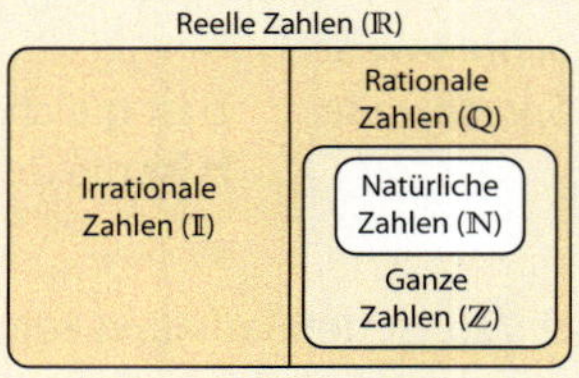

Zu den irrationalen Zahlen gehören z. B. $\sqrt{2}$; $\sqrt{3}$; $\sqrt{5}$ …, aber auch $\sqrt[3]{2}$; $\sqrt[3]{3}$; $\sqrt[3]{4}$; $\sqrt[3]{5}$…

Beispiel 4: Entscheide, ob die angegebene Zahl rational oder irrational ist. Begründe deine Entscheidung.
a) 0,33333… b) 1,31311311131113…

Lösung:
Prüfe, ob die Zahl abbricht und wenn nicht, ob sie periodisch ist.
a) $0{,}33333\ldots = 0{,}\overline{3}$ hat die Periode 3. Es ist eine periodische Dezimalzahl.
$0{,}\overline{3}$ ist somit eine rationale Zahl.
b) 1,313113111311113… hat keine Periode (es kommt immer eine 1 dazu) und ist nicht abbrechend.
1,313113111311113… ist eine irrationale Zahl.

Basisaufgaben

10. Entscheide, ob die Zahl rational oder irrational ist. Begründe deine Entscheidung.
a) 0,125 b) 1,234567891011… c) $\sqrt{36}$ d) 123,01001000100001…

11. Entscheide, ob die Aussage wahr ist. Begründe deine Entscheidung.
a) −3 ist rational b) $\sqrt{8}$ ist rational c) 0,7777777… ist irrational
d) $\sqrt[3]{0{,}001}$ ist rational e) 123,45733333… ist rational f) 0,12123123412345… ist rational
g) $\frac{1}{3}$ ist irrational h) $\sqrt[3]{-1}$ ist irrational i) 1, 4141141114111… ist irrational

Weiterführende Aufgaben

12. Ermittle die benachbarten natürlichen Zahlen, zwischen denen die angegebene Zahl liegt.
Beispiel: $1 < \sqrt[3]{5} < 2$, denn $1^3 < 5 < 2^3$.
a) $\sqrt{5}$ b) $\sqrt{40}$ c) $1{,}2^2$ d) $\sqrt[3]{26}$ e) $\sqrt[3]{2{,}6}$ f) $\sqrt[3]{120}$ g) $0{,}9^3$

TR **13.** Paula gibt für $\sqrt[3]{2515{,}456}$ den Wert 29,6 an. Zeige durch einen Überschlag, dass diese Angabe falsch sein muss. Ermittle den richtigen Wert.

TR

14. Berechne die Aufgaben. Runde gegebenenfalls auf Hundertstel.

a) $\sqrt{3{,}5 \cdot 7 - 5} - 10$ b) $10 - 3{,}5 \cdot \sqrt{49 - 6{,}3^2}$

c) $3 - 0{,}5 \cdot \sqrt[3]{49}$ d) $\sqrt[3]{3{,}7 + 1{,}5^3} - 10$

e) $\sqrt[3]{3 + 4 \cdot 0{,}25} - \left(-\sqrt[3]{81}\right)$ f) $-\frac{2}{5} \cdot \sqrt[3]{19 - 5 : 2}$

g) $\sqrt{17} - 0{,}3 : \sqrt[3]{24}$ h) $\sqrt{15} + 0{,}5 \cdot \sqrt[3]{15}$

Hinweise zu 12:
Die Lösungen findest du in den Batterien.

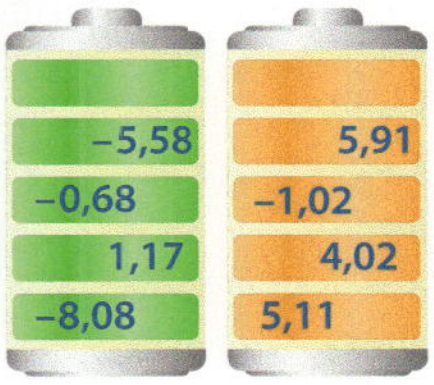

15. Löse die Gleichung durch inhaltliche Überlegungen.

a) $\sqrt{x} = 4$ b) $\sqrt[3]{x} = 5$ c) $\sqrt{\sqrt{x}} = 4$ d) $\sqrt[3]{x^2 + 18} = 3$

e) $\left(\sqrt[3]{x}\right)^3 = 3$ f) $\sqrt{\sqrt{\sqrt{x}}} = 2$ g) $(-3)^x = -27$ h) $\sqrt[3]{x} = 9$

i) $\sqrt[3]{-4x} = 2$ j) $\sqrt{2x} = \frac{1}{4}$ k) $\sqrt{x} + \sqrt{x} = 10$ l) $\sqrt[3]{x} - 3 = 0$

16. Welche der Terme sind nicht definiert? Begründe deine Antwort.

① $\sqrt{25}$ ② $\sqrt{-8}$ ③ $\sqrt[2]{0}$ ④ $\sqrt[3]{3} : \sqrt[3]{0}$ ⑤ $\sqrt{|-9|}$

17. Gib eine Zahl zwischen 0 und 1 an, die eine

a) abbrechende Dezimalzahl ist;

b) eine periodische Dezimalzahl ist;

c) eine nicht abbrechende nicht periodische Dezimalzahl ist.

18. Stolperstelle: Nimm zu folgenden Behauptungen Stellung.

a) Da sowohl $(-3)^2$ gleich 9 ist als auch 3^2 gleich 9 ist, gilt: $\sqrt{9} = 3$ und $\sqrt{9} = -3$

b) Da $(-3)^3 = -27$ ist, gilt: $\sqrt[3]{-27} = -3$

19. Stelle die Menge der reellen Zahlen, die Menge der irrationalen Zahlen und die Menge der rationalen Zahlen in einem Mengendiagramm dar.

20. Eine 40 000 m^2 große quadratische Weide soll eingezäunt werden.
Berechne, wie viele Rollen Maschendrahtzaun mindestens gebraucht werden, wenn auf einer Rolle 30 m sind.

● **21.** Ein würfelförmiger geschlossener Behälter soll ein Fassungsvermögen von 1,45 hℓ haben. Zum Bau eines solchen Behälters werden Bleche mit einer Stärke von 4 mm verwendet. Ermittle die innere und die äußere Kantenlänge des Behälters.

Hinweis zu 21:
Ein Hektoliter hℓ sind 100 ℓ.

● **22.** Das Grundstück von Karl hat die Form eines Rechtecks mit den Maßen 25 m mal 64 m. Philipp hat ein quadratisches Grundstück mit gleichem Flächeninhalt.
Zeige, dass Philipp weniger Material zum Einzäunen seines Grundstückes benötigt als Karl.

● **23.** Es soll ein Würfel aus Stahl und ein Würfel aus Aluminium zu Anschauungszwecken mit jeweils einer Masse von 100 g hergestellt werden. Berechne die jeweilige Kantenlänge.

Hinweis zu 23:
Dichte von Stahl:
$7{,}85\,\frac{g}{cm^3}$
Dichte von Aluminium:
$2{,}7\,\frac{g}{cm^3}$

● **24. Ausblick:** Das blaue Quadrat hat einen Flächeninhalt von 1 dm^2. Vom darunter liegenden grünen Quadrat ist noch 1 dm^2 zu sehen. Das gelbe Quadrat hat insgesamt den doppelten Flächeninhalt wie das grüne Quadrat. Ermittle die Flächeninhalte und die Seitenlängen des grünen und des gelben Quadrates.

1.4 Vermischte Aufgaben

1. Ordne den Potenzen ihre Endziffern zu.

Endziffer 9 | $1{,}8^3$ | Endziffer 3 | $0{,}3^5$ | Endziffer 1 | $232{,}5^2$ | 2327^2

$1{,}9^2$ | Endziffer 5 | 134^4 | Endziffer 6 | 15^4 | Endziffer 2 | 14^2

2. a) Welche der folgenden Zahlen stimmt mit 10^9 überein? Begründe.

① Eine Million ② eine Milliarde ③ 100 000 000
④ 1 000 000 000 ⑤ $10^4 \cdot 10^3 \cdot 10^2$ ⑥ 1000^2
⑦ 100^3 ⑧ 1000^3 ⑨ $1000^2 \cdot 100^2$

b) Gib selbst vier weitere gleichwertige Ausdrücke zu 10^6 an.

3. Zehnerpotenzen

a) Ein Lichtjahr ist eine Längeneinheit, die zur Angabe sehr weiter Entfernungen im Weltall verwendet wird. Der Durchmesser unserer Galaxie, der Milchstraße, beträgt etwa 100 000 Lichtjahre, die Lichtgeschwindigkeit $300\,000\,\frac{\text{km}}{\text{s}}$. Gib den Durchmesser als Zehnerpotenz in Metern an.

b) Wasserstoff ist mit einer Masse von etwa $1{,}67 \cdot 10^{-27}$ g das leichteste Atom. Wie viele Atome sind in 1 g Wasserstoff enthalten?

Hinweis zu 4:
Hier kann man die Ich-Du-Wir-Methode verwenden (Methodenkarte 8A).

4. Erläutere an dem Würfel, dass $(5a)^3 = 5^3 \cdot a^3$ gilt.

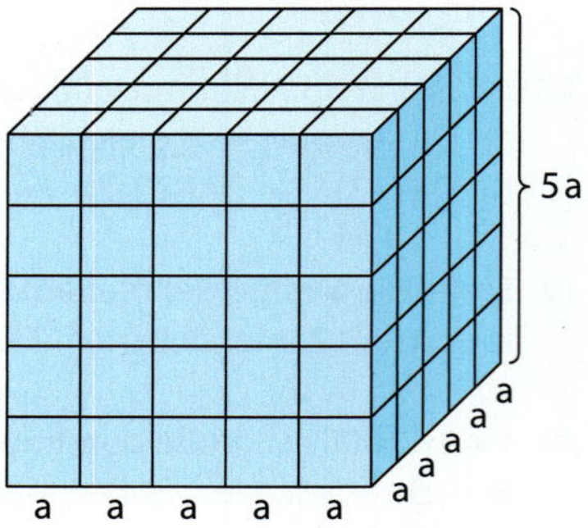

5. Übertragt ins Heft und ersetzt ■ so durch <, > oder =, dass eine wahre Aussage entsteht.
Arbeitet zunächst ohne Taschenrechner, tauscht dann eure Ergebnisse untereinander aus kontrolliert euch gegenseitig. Dabei könnt ihr einen Taschenrechner nutzen.

a) $3{,}3^2$ ■ $3{,}4^2$ b) $\left(\frac{3}{4}\right)^2$ ■ $0{,}75^2$ c) $\sqrt{3}$ ■ $\sqrt[3]{3}$ d) $(-1{,}2)^2$ ■ $1{,}1^2$

6. Übertrage die Tabelle ins Heft und fülle sie aus. Runde, falls erforderlich, auf Hundertstel.

x	4					$\sqrt{10}$
x^2			0,04			
x^3					8	
$\sqrt{x}$		3				
$\sqrt[3]{x}$				3		

7. Löse die Gleichungen durch inhaltliche Überlegungen.

a) $2 \cdot \sqrt{x} = 4$ b) $\sqrt[3]{x} + 4 = 6$ c) $-\frac{\sqrt[3]{x}}{3} = -1$ d) $-4 \cdot (-x) = 1$ e) $x^2 = -2$
f) $\sqrt{x} = x$ g) $36 : \sqrt{x} = \sqrt{x}$ h) $\sqrt{x} = \sqrt[3]{x}$ i) $\sqrt{x} : \sqrt{x} = 1$ j) $\sqrt[3]{|-1|} = x + 1$

8. Überprüfe die Aussage. Begründe deine Antwort.

a) Die Wurzel aus einer rationalen Zahl ist immer eine reelle Zahl.
b) Die Wurzel aus einer gebrochenen Zahl ist immer eine irrationale Zahl.
c) Aus jeder rationalen Zahl kann die Kubikwurzel gezogen werden.
d) Die Wurzel aus einer Zahl ist immer kleiner als die Zahl selbst.
e) Ist die Kubikwurzel aus einer Zahl kleiner als 1, so ist die Zahl auch kleiner als 1.

9. Rechnen mit Wurzeln

Berechne im Kopf.

① $\sqrt{6400}$
② $\sqrt{(-9)^2}$
③ $\sqrt{10^2 - 8^2}$
④ $\sqrt{0{,}0001 \cdot 25}$
⑤ $(\sqrt{3{,}34})^2$
⑥ $(-\sqrt{40})^2$
⑦ $\frac{\sqrt{81}}{\sqrt{121}}$
⑧ $\sqrt{\frac{-64}{-169}}$
⑨ $2\sqrt{\frac{288}{2}}$
⑩ $\sqrt{(\sqrt{2^2})^2}$

Ermittle, welche Zahlen in die Lücke eingesetzt werden dürfen.

① $\sqrt{\blacksquare} = 0{,}09$
② $\sqrt{16} = \blacksquare^2$
③ $\sqrt{8} \cdot \sqrt{\blacksquare} = 8$
④ $\sqrt{-18 \cdot \blacksquare} = 36$
⑤ $\sqrt[3]{\blacksquare} = 0{,}001$
⑥ $\sqrt[3]{4^3 - \blacksquare} = 27$
⑦ $\sqrt{\blacksquare^2} = 100$
⑧ $\sqrt{9 + \blacksquare^2} = 5$
⑨ $\sqrt[3]{126 - \blacksquare^3} = 1$
⑩ $\sqrt{\blacksquare} + 7 = -\sqrt{7}$

Informiere dich über die Wurzelgesetze für Produkte und Quotienten. Entwirf ein Plakat. Schreibe auch Rechenbeispiele dazu, bei denen die Anwendung der Gesetze sinnvoll ist.

Arbeite mit deinem Nachbarn zusammen. Denke dir Aufgaben zum Rechnen mit Wurzeln aus. Löse sie zunächst selbst und stelle sie dann deinem Nachbarn.

10. Berechne die Kantenlänge eines kleinen Würfels und das Volumen der Würfelfigur.

a)

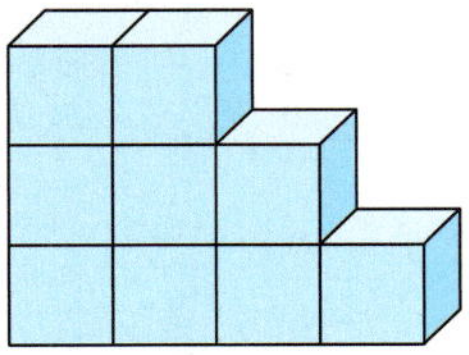

$O = 72\,cm^2$

b)

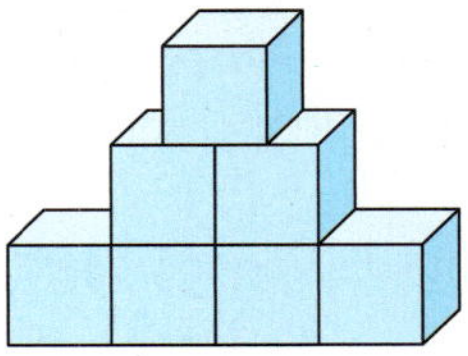

$O = 56\,cm^2$

11. Löse das Zahlenrätsel.

a) Das Quadrat einer Zahl ergibt 121.

b) Multipliziert man eine Zahl mit der Summe aus der Zahl und 1, so erhält man die Summe aus der Zahl und 49.

c) Subtrahiert man 9 von dem Quadrat der um 2 vergrößerten Zahl, so erhält man das Produkt der Zahl und 4.

d) Wird eine Zahl um 1 vermindert und die Differenz quadriert, so erhält man die Summe aus 2 und dem Produkt der Zahl und −2.

12. Marvin hat einen Artikel über das Intervallhalbierungsverfahren gelesen. Er möchte damit näherungsweise $\sqrt{11}$ bestimmen. Er beginnt wie folgt:

(1) $\sqrt{11}$ liegt zwischen 3 und 4, da: $3^2 < 11 < 4^2$

(2) Mitte des Intervalls zwischen 3 und 4: $\frac{3+4}{2} = 3{,}5$

(3) $3{,}5^2 = 12{,}25$; da $11 < 3{,}5^2$, liegt $\sqrt{11}$ zwischen 3 und 3,5 und nicht zwischen 3,5 und 4.

(4) Mitte des Intervalls zwischen 3 und 3,5: $\frac{3+3{,}5}{2} = 3{,}25$

(5) $3{,}25^2 \approx 10{,}56$; da $11 > 3{,}25^2$ liegt $\sqrt{11}$ zwischen 3,25 und 3,5 und nicht zwischen 3 und 3,25.

Beschreibe das Verfahren mit eigenen Worten und führe es so weit fort, bis du $\sqrt{11}$ gerundet auf eine Stelle nach dem Komma angeben kannst.

Prüfe dein neues Fundament

Lösungen
↗ S. 242

1. Schreibe alle Produkte als Potenzen und die Potenzen als Produkte. Berechne.

a) $2 \cdot 2 \cdot 2 \cdot 2$ b) 4^3 c) $(-3)^5$ d) $(-1{,}5) \cdot (-1{,}5) \cdot (-1{,}5) \cdot (-1{,}5)$

e) $0{,}3 \cdot 0{,}3 \cdot 0{,}3$ f) $\frac{1}{2} \cdot \frac{1}{2} \cdot \frac{1}{2} \cdot \frac{1}{2}$ g) $\left(\frac{2}{3}\right)^6$ h) a^4 für $a = 5; -0{,}8; \frac{1}{6}; \left(-\frac{4}{3}\right)$

2. Berechne ohne Taschenrechner.

a) 5^2 b) $0{,}4^2$ c) 1^2 d) $\left(\frac{1}{20}\right)^2$ e) $(-0{,}3)^2$ f) $(3-7)^2$ g) $(5 \cdot 0{,}3)^2$

3. Falte ein quadratisches Blatt Papier wie abgebildet. Im 1. Schritt entstehen zwei gleich große Rechtecke. Im 2. Schritt entstehen vier gleich große Quadrate. Im 3. Schritt entstehen acht gleich große Rechtecke. … Angenommen, du setzt diesen Faltprozess immer weiter fort: In wie viele gleich große Teilflächen (Quadrate oder Rechtecke) teilen die Faltlinien das große Quadrat nach dem 7. Schritt (12. Schritt; 100. Schritt)? Begründe deine Lösung.

4. Ordne die Zahlen der Größe nach. Beginne mit der kleinsten Zahl.

a) $0{,}5^2; 5^2; 0{,}1^3; 1{,}5^2; (-1)^2$ b) $\left(\frac{1}{2}\right)^3; \frac{3}{3^2}; 0{,}5^2; (-1)^3; (-2)^2$ c) $(-0{,}2)^3; \frac{1}{5}; 0{,}9^2; (-3)^3; (-4)^2$

5. Berechne . Beachte die Vorrangregeln.

a) $4^3 + 2^2$ b) $-4 + 3^4$ c) $10^2 \cdot 7^2$ d) $5^3 \cdot 5$

e) $3 \cdot 2^5 + 12$ f) $32 : 8^2 - 120$ g) $9 + 9^3 : 9$ h) $10^3 \cdot 4^3$

6. Schreibe in wissenschaftlicher Schreibweise.

a) 11 500 b) 14 Milliarden c) 27,1 Billiarden d) 121,8 Milliarden

7. Schreibe ohne Zehnerpotenz.

a) $0{,}001 \cdot 10^9$ b) $2 \cdot 10^8$ c) $0{,}91 \cdot 10^{12}$ d) $2 \cdot 10^5$ e) $1{,}12 \cdot 10^3$ f) $9{,}12 \cdot 10^7$

8. Schreibe in wissenschaftlicher Schreibweise.

a) 0,001 b) 0,0008 c) 0,000 001 5 d) 0,003 08 e) 0,000 000 000 123

9. Schreibe ohne Zehnerpotenz.

a) $1{,}2 \cdot 10^{-2}$ b) $3{,}9 \cdot 10^{-4}$ c) $2 \cdot 10^{-3}$ d) $6{,}3 \cdot 10^{-6}$ e) $2{,}3 \cdot 10^{-9}$

10. Schreibe den Zahlenwert der angegebenen Größen in wissenschaftlicher Schreibweise:
Die Internationale Raumstation umkreist die Erde mit einer Geschwindigkeit von 28 000 $\frac{km}{h}$. Sie hat zur Erde einen Abstand von 400 000 m und eine Masse von 450 000 kg. Im Vergleich dazu beträgt der Abstand Erde–Mond etwa 384 000 000 m und der Abstand Erde–Sonne etwa 149 600 000 000 m. Die Erde hat eine Masse von etwa 5 970 000 000 000 000 000 000 t.

11. Berechne ohne Taschenrechner.

a) $\sqrt{81}$ b) $\sqrt{56}$ c) $\sqrt{0{,}16}$ d) $\sqrt{-9}$ e) $\sqrt{9+40}$ f) $\sqrt{360\,000}$ g) $\sqrt{0{,}4 \cdot 0{,}1}$

12. Ein quadratisches Rasenstück hat einen Flächeninhalt von $64\,m^2$.
Bestimme die Seitenlänge.

13. Löse die quadratische Gleichung.
a) $x^2 = 169$ b) $y^2 - 9 = 0$ c) $x^2 + 81 = 0$ d) $x^2 - 7 = 42$ e) $25 + 6a^2 = a^2 + 150$

14. Berechne die Kubikwurzel ohne Taschenrechner.
a) $\sqrt[3]{125}$ b) $\sqrt[3]{8}$ c) $\sqrt[3]{27}$ d) $\sqrt[3]{64}$ e) $\sqrt[3]{512}$

TR **15.** Berechne mit einem Taschenrechner. Gib zuerst einen Überschlag an.
a) $\sqrt{37}$ b) $\sqrt{317}$ c) $\sqrt{4089}$ d) $\sqrt{170}$ e) $\sqrt{80}$ f) $\sqrt{3000}$

16. Gib zwei aufeinanderfolgende ganze Zahlen an, zwischen denen der Termwert liegt.
a) $\sqrt{43}$ b) $-\sqrt{39}$ c) $\sqrt{17{,}4}$ d) $\sqrt[3]{52{,}5}$ e) $-\sqrt[3]{12{,}1}$

17. Ermittle zwei Zahlen x, für die gilt:
a) $11 < x^2 < 12$ b) $4 < x^3 < 5$ c) $1{,}5 < \sqrt{x} < 1{,}6$ d) $7 < \sqrt[3]{x} < 8$

18. Entscheide, welcher Termwert nicht bestimmt werden kann. Begründe deine Antwort.
a) $\sqrt{12}$ b) $5{,}7 : 0$ c) $\sqrt{(-3)^2}$ d) $\sqrt{-3}$ e) $0 : 5{,}7$ f) $\sqrt[3]{-8}$

19. Berechne – falls möglich.
a) $\sqrt{2} \cdot \sqrt{8}$ b) $\sqrt{-3} \cdot \sqrt{27}$ c) $\sqrt{200} \cdot \sqrt{0{,}5}$ d) $\sqrt{125} \cdot \sqrt{5}$ e) $\sqrt{800} \cdot \sqrt{50}$
f) $\frac{\sqrt{300}}{\sqrt{3}}$ g) $\frac{\sqrt{125}}{\sqrt{500}}$ h) $\frac{\sqrt{-100}}{\sqrt{-4}}$ i) $\frac{\sqrt{12}}{\sqrt{147}}$ j) $\frac{\sqrt{121}}{\sqrt{361}}$

20. Ermittle die Kantenlänge a des Würfels.
a) Der Oberflächeninhalt beträgt $1176\,cm^2$. b) Das Volumen beträgt $6859\,cm^3$.

21. Gib an, welche der Zahlen rationale Zahlen und welche irrationale Zahlen sind. Begründe jeweils deine Entscheidung.
a) 1,333 b) $-230{,}\overline{01}$ c) 6,789101112… d) $\sqrt{\frac{4}{16}}$ e) 0,161616…

Wiederholungsaufgaben

1. Bei einer Umfrage unter 120 Schülern eines 8. Jahrgangs konnte zwischen vier Fächern gewählt werden. Folgende Fächer wurden als Lieblingsfächer gewählt.

Englisch	Geschichte	Mathematik	Sport
24	20	36	40

Stelle diese Daten in einem Kreisdiagramm dar.

2. Der Eintrittspreis für das Schwimmbad hat sich von 4 € auf 5 € verteuert. Berechne, um wie viel Prozent der Eintritt teurer wurde.

3. Der Klassenraum der 8c ist 6 m breit und 10 m lang.
a) Zeichne den Grundriss des Klassenraums in einem geeigneten Maßstab.
b) Berechne das Luftvolumen in dem Zimmer, wenn dessen Raumhöhe 3,50 m beträgt.

4. Konstruiere das Dreieck ABC mit $b = 4\,cm$, $c = 5\,cm$ und $\alpha = 38°$.

Zusammenfassung

Potenzen

Potenzen mit **natürlichen Exponenten n** ($n \in \mathbb{N}$ und $n > 0$):

$$a^n = \underbrace{a \cdot a \cdot a \cdot \ldots \cdot a}_{n \text{ Faktoren } a}$$

a heißt Basis.
Es gilt $a^1 = a$.

$0{,}5^3 = 0{,}5 \cdot 0{,}5 \cdot 0{,}5 = 0{,}125$
$-3^4 = -(3 \cdot 3 \cdot 3 \cdot 3) = -81$;
$(-3)^4 = (-3) \cdot (-3) \cdot (-3) \cdot (-3) = 81$
$(-2)^3 = (-2) \cdot (-2) \cdot (-2) = -8$

Zehnerpotenzen

Sehr große und sehr kleine Zahlen können mithilfe von **Zehnerpotenzen** dargestellt werden.
Für alle natürliche Zahlen n ($n > 1$) gilt:

$$10^n = \underbrace{10 \cdot 10 \cdot 10 \cdot \ldots \cdot 10}_{n \text{ Faktoren } 10} = \underbrace{1000 \ldots 0}_{1 \text{ mit } n \text{ Nullen}}$$

$10^6 = 10 \cdot 10 \cdot 10 \cdot 10 \cdot 10 \cdot 10 = 1\,000\,000$

$$10^{-n} = \frac{1}{10^n} = \underbrace{0{,}0 \ldots 01}_{\substack{n \text{ Nullen,} \\ \text{eine davon vor dem Komma}}}$$

$10^{-3} = \frac{1}{10^3} = \frac{1}{1000} = 0{,}001$

Beachte: $10^0 = 1$; $10^1 = 10$

Bei der **wissenschaftlichen Schreibweise mit abgetrennten Zehnerpotenzen** ist der Faktor vor der Zehnerpotenz größer als 1 (oder gleich 1) und kleiner als 10.

$6{,}34 \cdot 10^4 = 63\,400$
$18\,900\,000 = 1{,}89 \cdot 10^7$
$4{,}2 \cdot 10^{-3} = 0{,}0042$
$0{,}000\,005\,1 = 5{,}1 \cdot 10^{-6}$

Quadratwurzel

Die **Quadratwurzel** aus einer nichtnegativen Zahl a ist diejenige nichtnegative Zahl b, für die $b^2 = a$ gilt.
Schreibweise: $\sqrt{a}$ oder $\sqrt[2]{a}$
Für $a \geq 0$ gilt: $(\sqrt{a})^2 = a$ und $\sqrt{a^2} = a$
Beachte: Aus negativen Zahlen kann man keine Quadratwurzel ziehen.

$\sqrt{9} = 3$, denn $3^2 = 9$

$(\sqrt{7})^2 = 7$ und $\sqrt{7^2} = 7$

Lösungen quadratischer Gleichungen der Form $x^2 = a$

Die quadratische Gleichung $x^2 = a$ hat für $a > 0$ die Lösungen $x_1 = \sqrt{a}$ und $x_2 = -\sqrt{a}$, denn $(\sqrt{a})^2 = a$ und $(-\sqrt{a})^2 = a$.
Für $a < 0$ hat die Gleichung keine Lösung.

$x^2 = 25$
Lösung: $x_1 = 5$ und $x_2 = -5$
$L = \{-5; 5\}$
$x^2 = -9$; Die Gleichung hat keine Lösung.
$L = \{\}$

Kubikwurzel

Die **Kubikwurzel** aus einer nichtnegativen Zahl a ist diejenige nichtnegative Zahl b, für die $b^3 = a$ gilt.
Schreibweise: $\sqrt[3]{a}$
Für $a \geq 0$ gilt: $(\sqrt[3]{a})^3 = a$ und $\sqrt[3]{a^3} = a$
Beachte: Aus negativen Zahlen kann man keine Kubikwurzel ziehen.

$\sqrt[3]{27} = 3$, denn $3^3 = 27$

$(\sqrt[3]{5})^3 = 5$ und $\sqrt[3]{5^3} = 5$

Irrationale Zahlen

Die **Menge der irrationalen** Zahlen besteht aus allen positiven und negativen Dezimalzahlen, die nicht abbrechen und nicht periodisch sind.
Die Menge der rationalen Zahlen und die Menge der irrationalen Zahlen zusammen bilden die **Menge der reellen Zahlen ℝ**.

Zu den irrationalen Zahlen gehören z. B. die Zahlen $\sqrt{2}$; π; 0,123456789101112 …

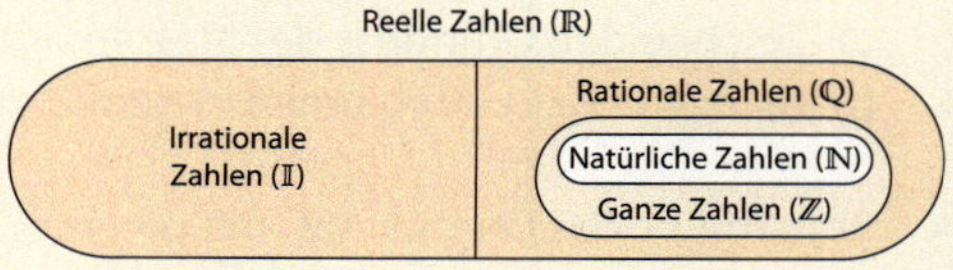

2. Kreis

Der Kreis ist eine der einfachsten geometrischen Figuren. Will man aber den Umfang oder den Flächeninhalt von Kreisen oder Kreisteilen berechnen, taucht immer wieder die geheimnisvolle Zahl π auf.

Dein Fundament

Lösungen
↗ S. 243

Rund um den Kreis

1. Ermittle Radius und Durchmesser des Kreises.

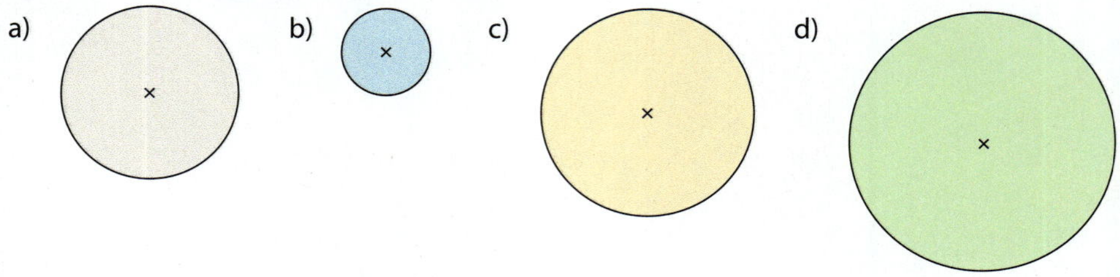

2. Zeichne ein Quadrat mit der Seitenlänge $a = 4\,cm$.
a) Zeichne in das Quadrat einen Kreis, der die Seiten in ihren Mittelpunkten berührt.
b) Zeichne einen Kreis durch alle vier Eckpunkte des Quadrates.
c) Beschreibe die Lage der Mittelpunkte beider Kreise, miss und vergleiche ihre Radien.

3. Zeichne einen Kreis mit $d_1 = 5\,cm$ und einen Kreis mit $r_2 = 3\,cm$. Zeichne beide Kreise so,
a) dass sie einander nicht schneiden;
b) dass der Abstand ihrer Mittelpunkte 5,5 cm beträgt;
c) dass sie den gleichen Mittelpunkt haben.

4. Zeichne ein gleichseitiges Dreieck mit einer Seitenlänge von 5 cm.
a) Konstruiere den Umkreis und den Inkreis des Dreiecks.
b) Beschreibe die Lage beider Kreise zueinander.
c) Erläutere, welchen Einfluss die Art des Dreiecks auf die Ergebnisse aus b) hat.

5. a) Zeichne zwei zueinander parallele Geraden g und h in einem Abstand von 6 cm.
b) Zeichne mehrere Kreise, die beide Geraden berühren.
c) Beschreibe die Lage der Mittelpunkte dieser Kreise.

Einheiten des Flächeninhalts

6. Entscheide, ob die Angabe eine Einheit des Flächeninhalts ist oder nicht.
a) cm b) cm^2 c) ℓ d) ha e) cm^3 f) a g) km^2 h) hℓ

7. Rechne in die Einheit um, die in Klammern steht.
a) $5\,cm^2$ (mm^2) b) $3{,}2\,m^2$ (cm^2) c) 1 ha (m^2) d) 2,3 a (m^2)

8. Ordne den Flächen die gerundeten Größen zu.
a) Fläche einer Seite deines Mathematikbuches
b) Fläche von Deutschland
c) Sitzfläche eines Stuhles
d) Handfläche eines Menschen
e) Fläche Brandenburgs

① $357\,000\,km^2$ ② $1\,dm^2$ ③ $29\,480\,000\,000\,m^2$ ④ $1600\,cm^2$ ⑤ $48\,000\,mm^2$

9. Gib an, wie oft die erste der beiden gegebenen Flächen in der zweiten Fläche enthalten ist.
a) $4\,mm^2$ in $16\,cm^2$ b) $25\,dm^2$ in $1\,m^2$ c) $4\,cm^2$ in $80\,cm^2$ d) $10\,m^2$ in 1 a

Umfang und Flächeninhalt von Figuren

10. Berechne den Umfang und den Flächeninhalt der gegebenen Figur.
a) Rechteck mit den Seitenlängen $a = 3\,\text{cm}$ und $b = 2{,}5\,\text{cm}$
b) Quadrat mit der Seitenlänge $a = 1{,}1\,\text{cm}$
c) Dreieck mit den Seitenlängen $a = 3\,\text{cm}$; $b = 4\,\text{cm}$; $c = 50\,\text{mm}$ und dem Innenwinkel $\gamma = 90°$
d) Parallelogramm mit den Seitenlängen $a = 3{,}0\,\text{cm}$; $b = 2{,}5\,\text{cm}$ und der Höhe $h_a = 2{,}0\,\text{cm}$

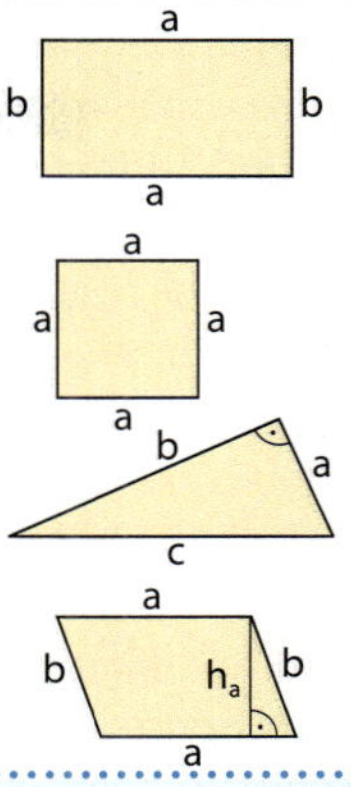

11. a) Ermittle den Umfang eines Quadrats, das einen Flächeninhalt von $144\,\text{dm}^2$ hat.
b) Gib drei mögliche Paare von Seitenlängen eines Rechtecks an, das einen Flächeninhalt von $30\,\text{cm}^2$ hat.

12. Gib den Flächeninhalt der Figur an. Der Flächeninhalt eines Kästchens beträgt $1\,\text{cm}^2$.

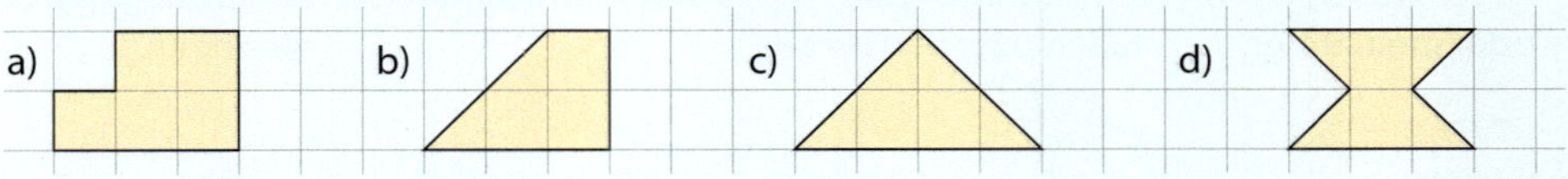

13. Berechne den Flächeninhalt der gelben Fläche, wenn die Seitenlängen der Quadrate 1,5 cm und 2,5 cm betragen. (Zeichnung nicht maßgenau.)

Vermischtes

14. Berechne im Kopf.
a) 9^2 b) 11^2 c) $0{,}1^2$ d) $1{,}1^2$ e) 12^2 f) $0{,}7^2$ g) $1{,}2^2$ h) $\left(\frac{2}{3}\right)^2$

15. Berechne im Kopf.
a) $\sqrt{4}$ b) $\sqrt{25}$ c) $\sqrt{0{,}01}$ d) $\sqrt{0{,}81}$ e) $\sqrt{196}$ f) $\sqrt[3]{8}$ g) $\sqrt[3]{64}$ h) $\sqrt[3]{0{,}027}$

16. Stelle die Gleichung nach der Variablen x um.
a) $2x = y$ b) $xy = z\ (y \neq 0)$ c) $\frac{x}{4} = r$ d) $\frac{5}{x} = a\ (x \neq 0, a \neq 0)$

17. Die Tabelle gehört zu einer proportionalen Zuordnung. Übertrage sie ins Heft und fülle sie aus. Gib den Proportionalitätsfaktor an.

a)

0,5	1	2	3	4
		6,2		

b)

1	1,5	2		5	7
			9,42	15,7	

18. Gib den Zusammenhang zwischen dem Durchmesser und dem Radius eines Kreises an.

19. Welchen Anteil hat der gefärbte Ausschnitt bezogen auf den ganzen Kreis?
Gib diesen Anteil als Bruch an.
Wie groß ist der zugehörige Winkel α?

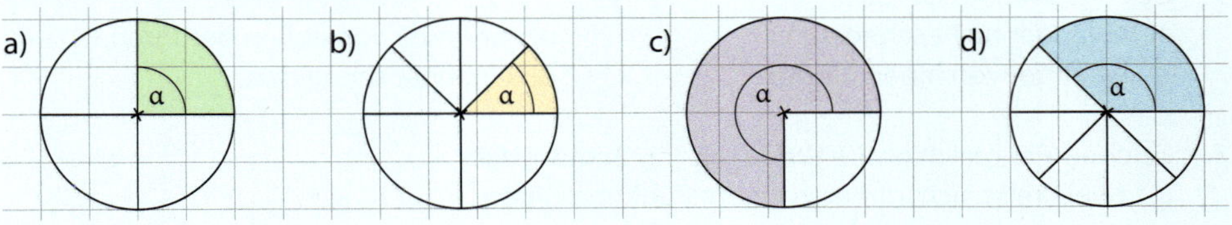

2.1 Kreise und Geraden

■ Früher war geplant, das ungefähr kreisförmige Zentrum Berlins von vier Straßen berühren zu lassen, einer West-, Nord-, Ost- und Südtangente. Aufgrund großer Proteste wurde von der geplanten Westtangente nur ein Abschnitt gebaut. Untersuche, wie viele Schnittpunkte ein Kreis und eine Gerade haben können. ■

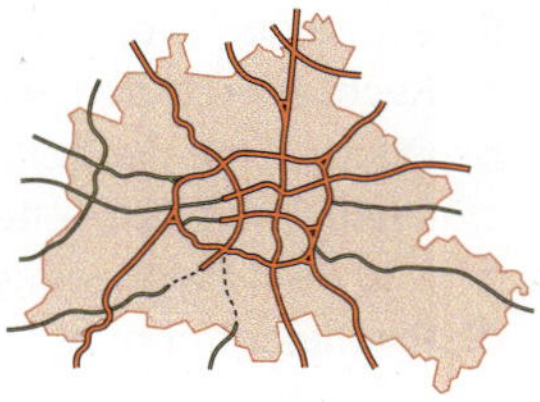

Lagebeziehungen von Kreisen

Wissen: Gemeinsame Punkte von Kreisen

Zwei Kreise, die keine gemeinsamen Punkte haben, liegen **neben- oder ineinander**.

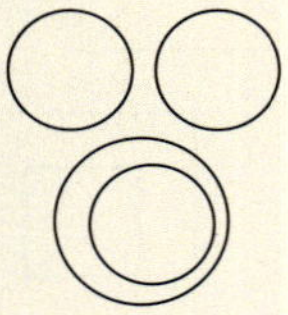

Zwei Kreise, die genau einen gemeinsamen Punkt haben, **berühren einander** von außen oder von innen.

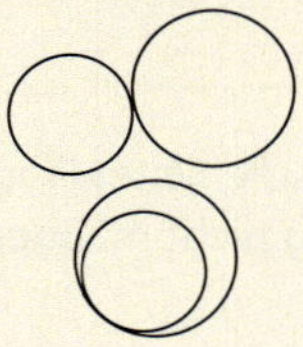

Zwei Kreise, die genau zwei gemeinsame Punkte haben, **schneiden einander**.

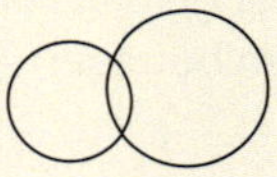

Zwei Kreise, die unendlich viele gemeinsame Punkte haben, **liegen übereinander**.

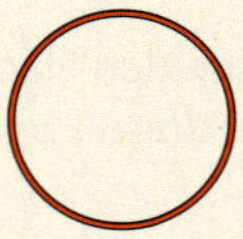

Beispiel 1: Zeichne vier Kreise mit dem Radius r = 2 cm so, dass möglichst viele Schnittpunkte entstehen.

Lösung:
Stelle den Zirkel auf den Radius 2 cm ein und zeichne den ersten Kreis. Zeichne den zweiten Kreis so, dass er zwei Schnittpunkte mit dem ersten Kreis hat. Zeichne den dritten Kreis so, dass er die beiden ersten Kreise jeweils in zwei Punkten schneidet. Zeichne auch den letzten Kreis so, dass er die anderen drei Kreise in jeweils zwei Punkten schneidet.

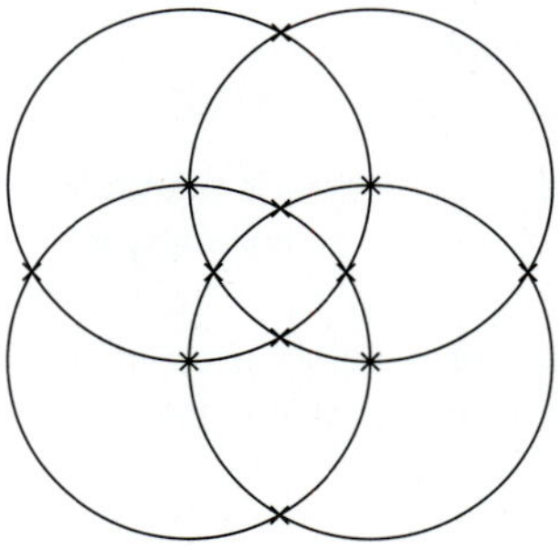

Basisaufgaben

1. Zeichne einen Kreis mit dem Radius $r_1 = 4\,\text{cm}$, einen Kreis mit dem Radius $r_2 = 5\,\text{cm}$ und einen Kreis mit dem Radius $r_2 = 6\,\text{cm}$ so, dass möglichst viele Schnittpunkte entstehen.

2. Zeichne zwei Kreise, die
   a) einander nicht schneiden,
   b) einander von außen berühren,
   c) einander von innen berühren,
   d) einander schneiden.

3. Zeichne vier gleich große Kreise mit r = 2 cm so, dass
   a) zwei Kreise sich immer in einem Punkt berühren.
   b) alle Mittelpunkte auf einer Geraden jeweils 4 cm voneinander entfernt liegen.

Lagebeziehungen von Kreis und Gerade

Eine Gerade kann mit einen Kreis genau einen Punkt, genau zwei Punkte oder gar keinen Punkt gemeinsam haben.

Wissen: Gemeinsame Punkte von Kreis und Gerade

Eine Gerade p heißt **Passante** eines Kreises, wenn beide keine gemeinsamen Punkte haben.

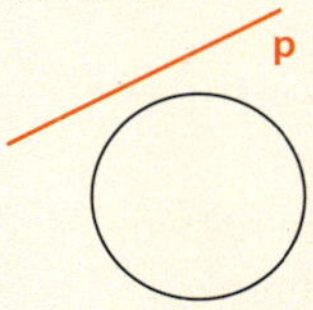

Eine Gerade t heißt **Tangente** eines Kreises, wenn beide genau einen gemeinsamen Punkt haben.

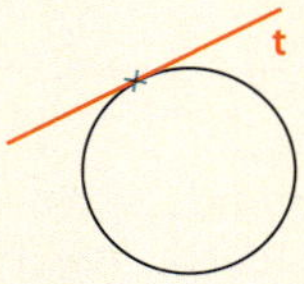

Eine Gerade s heißt **Sekante** eines Kreises, wenn beide genau zwei gemeinsame Punkte haben.

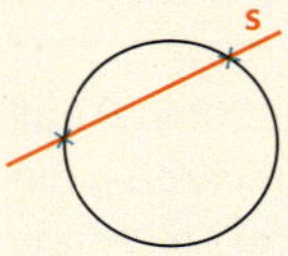

Eine Strecke, deren Endpunkte auf einem Kreis liegen, heißt **Sehne**.
Der Durchmesser eines Kreises ist die längste mögliche Sehne.

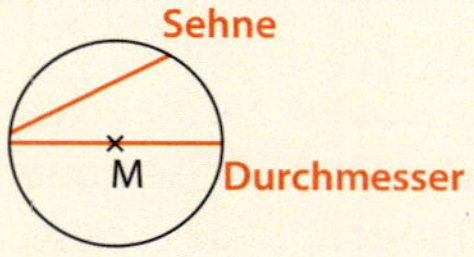

Beispiel 2: Betrachte den Kreis und die Geraden. Begründe jeweils, ob es sich um eine Passante, Sekante oder Tangente handelt.

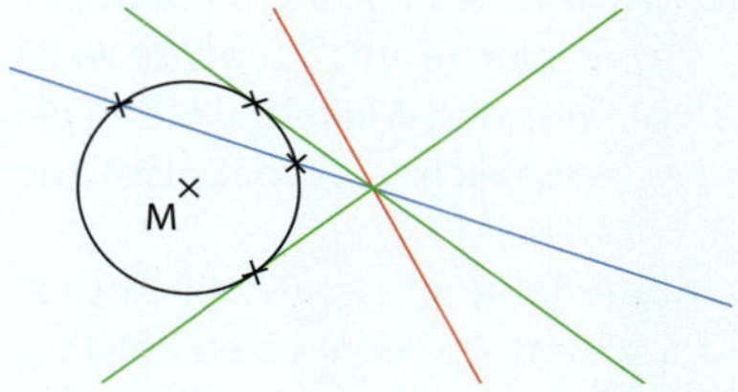

Lösung:
Prüfe bei jeder Geraden, wie viele Schnittpunkte sie mit dem Kreis hat:
Die rote Gerade hat keinen Schnittpunkt mit dem Kreis, sie ist eine Passante.
Die blaue Gerade hat zwei Schnittpunkte mit dem Kreis, sie ist eine Sekante.
Die beiden grünen Geraden haben jeweils einen Schnittpunkt mit dem Kreis, sie sind Tangenten.

Basisaufgaben

4. Welche der Geraden sind Tangenten, welche Sekanten und welche Passanten des Kreises?

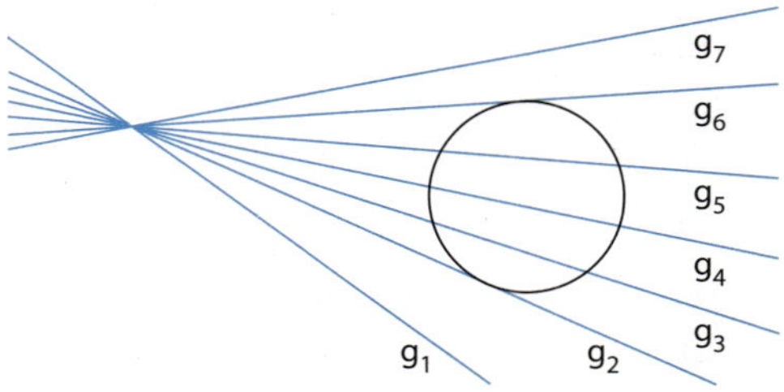

5. Zeichne in ein Koordinatensystem (1 LE = 1 cm) einen Kreis um M(4|3) mit r = 3 cm.
Zeichne Geraden durch A und B, durch C und D und durch E und F.
Entscheide, welche Gerade eine Tangente, Sekante oder Passante des Kreises ist.
a) A(1|1), B(8|4), C(1|0), D(1|6), E(0|6), F(4|8)
b) A(0|0), B(7|0), C(0|3), D(7|3), E(0|7), F(8|7)

6. Zeichne in einem Koordinatensystem um M(5|5) einen Kreis mit dem Radius r = 3 cm.
   a) Zeichne zwei Passanten durch den Punkt T(8|8).
   b) Zeichne eine Sekante durch T(8|8) und durch den Mittelpunkt des Kreises.

7. Zeichne einen Kreis mit dem Radius r = 4,5 cm und einen Punkt A im Inneren des Kreises, der nicht der Mittelpunkt des Kreises ist. Untersuche, ob es Sehnen durch A gibt, die 10 cm (9 cm, 8 cm, 7 cm) lang sind.

Weiterführende Aufgaben

8. Zeichne einen Punkt P auf einer Geraden g.
   a) Zeichne drei Kreise, die g jeweils berühren und alle einen Radius r = 2 cm haben.
   b) Zeichne drei Kreise mit unterschiedlichen Radien, die g im Punkt P berühren.
   c) Beschreibe jeweils die Lage der Mittelpunkte dieser Kreise bezogen auf die Gerade g.

9. **Stolperstelle:** Nicole zeichnet einen Kreis und außerhalb des Kreises einen Punkt P. Sie behauptet: „Es gibt unendlich viele Sekanten, unendlich viele Passanten und unendlich viele Tangenten des Kreises, die durch den Punkt P verlaufen".
   Untersuche, ob Nicole Recht hat.

10. Zeichne einen Kreis mit dem Mittelpunkt M und markiere einen Punkt P auf dem Kreis.
    a) Versuche eine Tangente zu zeichnen, die den Kreis im Punkt P berührt.
    b) Miss den Winkel zwischen der Strecke $\overline{MP}$ und deiner Tangente.
       Vergleicht die Ergebnisse eurer Messungen in der Klasse.

11. **Eine Tangente im Punkt eines Kreises konstruieren:** Zeichne einen Kreis mit dem Radius r = 5 cm. Markiere einen beliebigen Punkt T auf dem Kreis.
    a) Erkläre anhand der Bildfolge, wie sich eine Tangente des Kreises im Punkt T konstruieren lässt.
    b) Konstruiere eine Tangente im Punkt T.

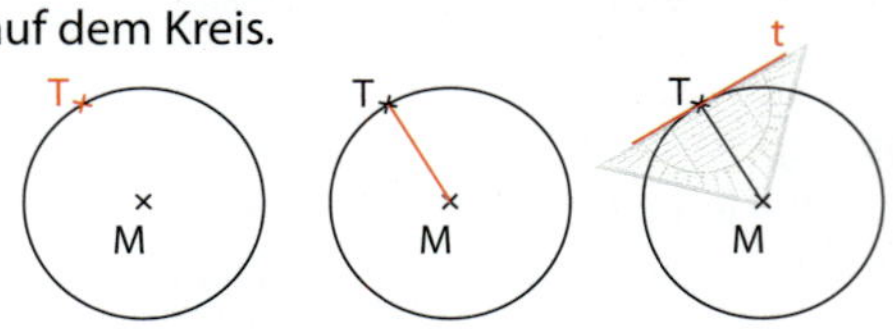

12. Zeichne zwei einander schneidende Geraden und einige Kreise, die beide Geraden berühren. Beschreibe die Lage der Mittelpunkte dieser Kreise.

13. **Mittelpunkt eines Kreises konstruieren:**
    a) Zeichne einen Kreis mit dem Mittelpunkt M und zeichne zwei verschiedene Sehnen $\overline{AB}$ und $\overline{CD}$. Konstruiere jeweils die Mittelsenkrechte der beiden Sehnen. Was fällt dir auf?
    b) Beschreibe, wie du das Ergebnis aus a) verwenden kannst, um den Mittelpunkt eines gegebenen Kreises zu konstruieren.
    c) Zeichne mithilfe eines kreisförmigen Gegenstandes einen Kreis. Konstruiere seinen Mittelpunkt.

14. **Ausblick:** Befestige eine Schnur, wie dargestellt, an zwei festen Punkten.
    Straffe die Schnur mit einem Stift und bewege den Stift, immer bei gestraffter Schnur, um die Befestigungspunkte.
    Beschreibe die dabei entstandene Linie.

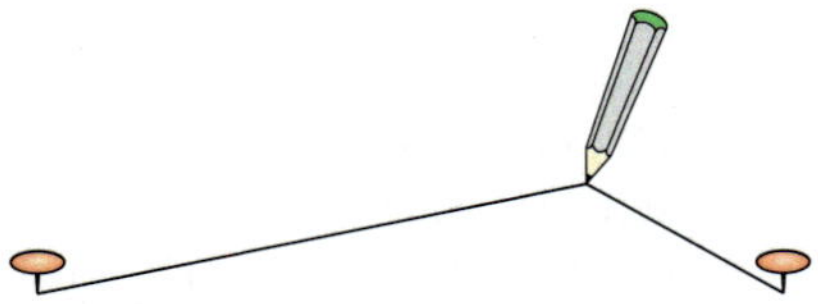

2.2 Satz des Thales

■ Mia zeichnet einen Halbkreis mit dem Durchmesser $\overline{AB}$. Dann zeichnet sie mehrere Dreiecke: ABC_1, ABC und ABC_2, deren dritter Eckpunkt einmal innerhalb des Kreises, einmal auf dem Kreis und einmal außerhalb des Kreises liegt.
Max hat die drei Winkel γ_1, γ und γ_2 in verschiedenen Zeichnungen gemessen. Er behauptet nun, dass immer gilt:
- $\gamma_1 > 93°$ (Winkel innerhalb des Kreises)
- $\gamma_2 < 87°$ (Winkel außerhalb des Kreises)
- $87° \leq \gamma \leq 93°$ (Winkel auf dem Kreis)

Überprüfe an einer selbst erstellten Zeichnung die Behauptung von Max. ■

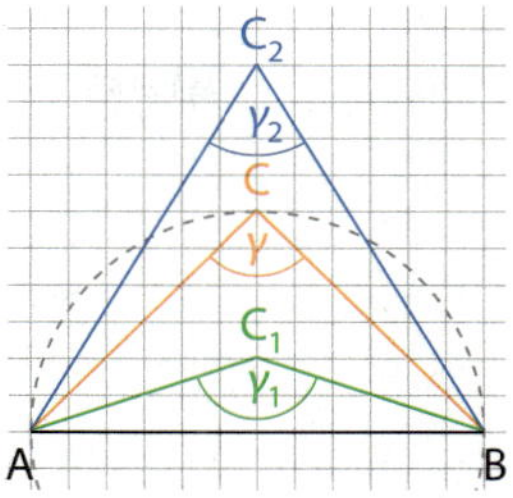

Wissen: Satz des Thales
Zu jeder Strecke $\overline{AB}$ mit dem Mittelpunkt M lässt sich ein Kreis konstruieren, der M als Mittelpunkt und $\overline{AB}$ als Durchmesser hat.
Dieser Kreis heißt **Thaleskreis** der Strecke $\overline{AB}$.
Wenn in einem Dreieck ABC der Punkt C auf dem Kreis mit dem Durchmesser $\overline{AB}$ liegt, dann ist das Dreieck ABC rechtwinklig mit $\sphericalangle ACB = \gamma = 90°$.

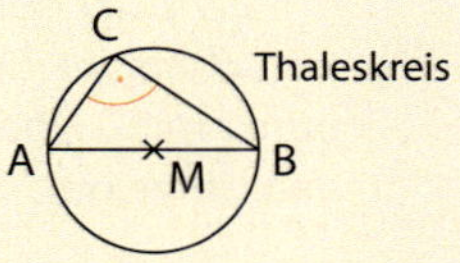

Erinnere dich:
Winkel lassen sich mit drei Punkten angeben:

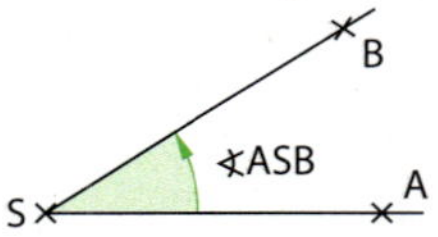

Dieser mathematische Satz wurde nach dem griechischen Mathematiker **Thales von Milet** benannt, der vor etwa 2500 Jahren Untersuchungen am Kreis durchführte.

Der Satz des Thales lässt sich mithilfe des Satzes über die Winkelsumme in Dreiecken beweisen:

Hinweis:
Thales von Milet, ein griechischer Mathematiker und Philosoph, hat auch für den 28.5.585 v. Chr. eine Sonnenfinsternis berechnet.

Voraussetzung:
A, B und C sind verschiedene Punkte, die auf einem Kreis mit dem Mittelpunkt M liegen.
$\overline{AB}$ ist Durchmesser des Kreises (s. Bild).

Behauptung:
Im Dreieck ABC gilt $\gamma = 90°$.

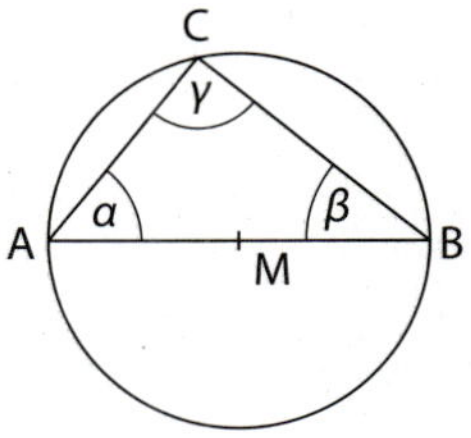

Beweis:
① $\alpha + \beta + \gamma = 180°$ (Winkelsumme im Dreieck ABC)

Der Radius $\overline{MC}$ zerlegt das Dreieck ABC in zwei gleichschenklige Teildreiecke AMC und MBC.
Somit gilt:
② $\alpha = \gamma_1$ und $\beta = \gamma_2$ (Basiswinkel im gleichschenkligen Dreieck)
③ $\alpha + \beta = \gamma_1 + \gamma_2 = \gamma$ Wegen ① und ③ gilt:
④ $\gamma + \gamma = 180°$
⑤ $2\gamma = 180°$
Also gilt: $\gamma = 90°$ q.e.d.

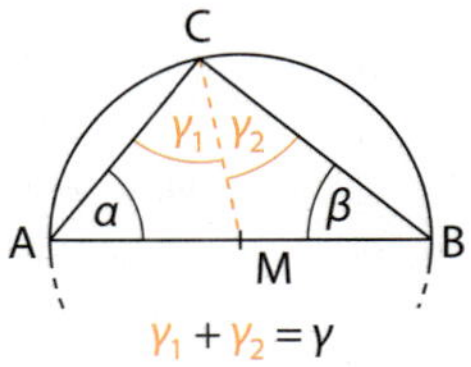

Für Konstruktionsaufgaben wird meist nicht der Satz des Thales selbst sondern seine Umkehrung verwendet. Für die Umkehrung vertauscht man Voraussetzung und Behauptung des Satzes des Thales. Auch die Umkehrung des Satzes des Thales lässt sich beweisen.

Wissen: Umkehrung des Satzes des Thales
Wenn ein Dreieck ABC rechtwinklig ist mit $\sphericalangle ACB = \gamma = 90°$, dann liegt der Punkt C auf dem Thaleskreis mit dem Durchmesser $\overline{AB}$.

Den Satz des Thales und seine Umkehrung kann man zur Konstruktion rechtwinkliger Dreiecke und zur Berechnung von Winkeln an rechtwinkligen Dreiecken nutzen.

Beispiel 1: Konstruieren rechtwinkliger Dreiecke mithilfe des Thaleskreises
Konstruiere ein rechtwinkliges Dreieck ABC mit $\gamma = 90°$ bei C aus
a) $c = 8\,\text{cm}$ und $b = 2\,\text{cm}$; b) $c = 8\,\text{cm}$ und $\alpha = 35°$.

Lösung:

a) Erstelle eine Planfigur.

Planfigur:

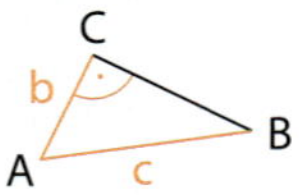

1. Zeichne die Strecke $c = \overline{AB}$ und konstruiere den Mittelpunkt M von $\overline{AB}$.
2. Zeichne den Thaleskreis mit $r = |\overline{AM}|$ um M.
3. Zeichne einen Kreis um A mit dem Radius $b = 2\,\text{cm}$, der den Thaleskreis in zwei Punkten schneidet. Benenne den oberen Schnittpunkt mit C (sodass das Dreieck ABC gegen den Uhrzeigersinn benannt ist).
4. Das Dreieck ABC ist das gesuchte Dreieck.

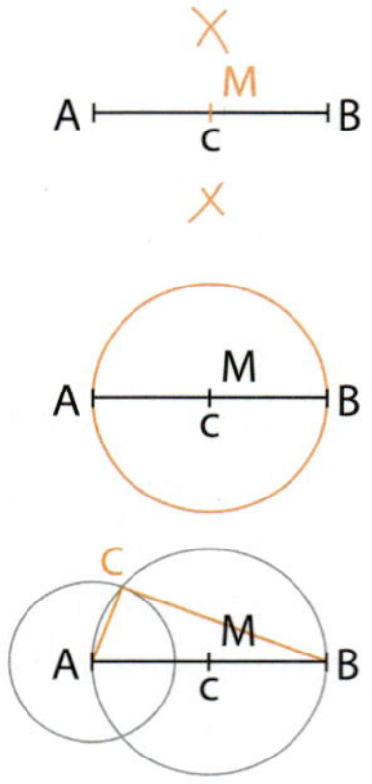

b) Erstelle eine Planfigur.

Planfigur:

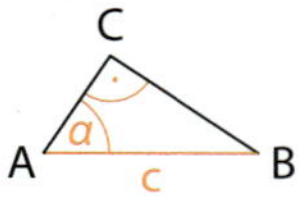

1. Zeichne die Strecke $= \overline{AB}$.
2. Zeichne den Thaleskreis mit $r = \frac{c}{2}$.
3. Trage an $\overline{AB}$ in A den Winkel α ab. Der freie Schenkel des Winkels α schneidet den Thaleskreis im Punkt C.
4. Das Dreieck ABC ist das gesuchte Dreieck.

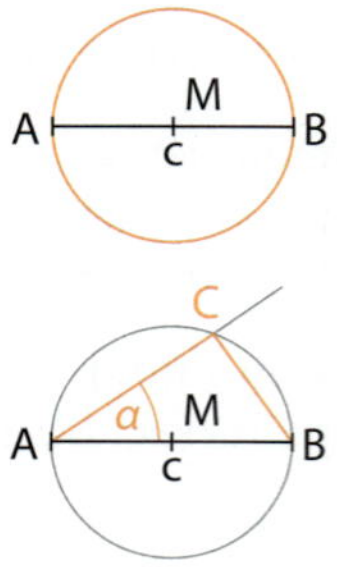

Basisaufgaben

1. Konstruiere jeweils ein Dreieck ABC mit $\gamma = 90°$ und den angegebenen Größen.
a) $c = 4\,\text{cm};\ a = 2\,\text{cm}$ b) $c = 6\,\text{cm};\ \alpha = 40°$ c) $c = 5\,\text{cm};\ b = 1{,}5\,\text{cm}$ d) $c = 4\,\text{cm};\ \beta = 60°$

2. Zeichne eine Strecke $\overline{AB}$ und konstruiere mithilfe eines Kreises fünf rechtwinklige Dreiecke, in denen $\overline{AB}$ die längste Seite ist.

3. Konstruiere drei verschiedene rechtwinklige Dreiecke mit $\gamma = 90°$ bei C mit $c = 4\,\text{cm}$.

4. Zeichne einen Kreis mit dem Radius $r = 1{,}5\,\text{cm}$. Zeichne in den Kreis zwei aufeinander senkrecht stehende Sehnen $\overline{AB}$ und $\overline{BC}$. Gib die Länge der Sehne $\overline{AC}$ an ohne zu messen. Begründe dein Ergebnis.

5. Ermittle die Größe von γ im nebenstehenden Dreieck ABC.

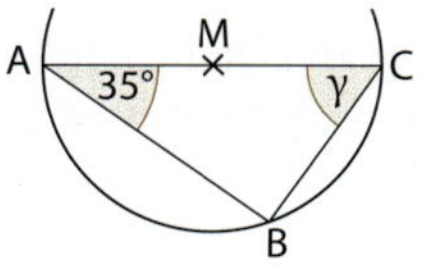

6. Berechne die Größen der gesuchten Winkel des Dreiecks ABC mit $\gamma = 90°$ bei C.

a) β für $\alpha = 75°$ b) α für $\beta = 37°$ c) α für $\beta = 45°$

d) α und β für $\alpha = 2\beta$ e) α und β für $\alpha = \beta$ f) α und β für $\alpha = 3\beta$

Weiterführende Aufgaben

7. Berechne die Größen der Winkel β, γ und δ, wenn α die gebenen Größe hat.

a) $\alpha = 30°$ b) $\alpha = 75°$ c) $\alpha = 45°$ d) $\alpha = 10°$

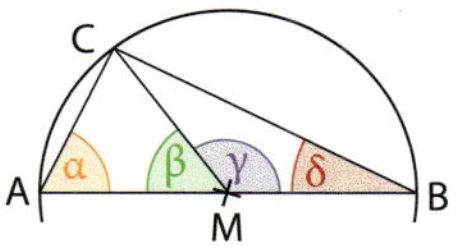

DGS **8.** Veranschauliche mithilfe einer dynamischer Geometrie-Software die Gültigkeit des Satzes des Thales und seiner Umkehrung. Zeichne dazu einen Kreis mit dem Durchmesser $\overline{AB}$ und die Punkte C auf dem Kreis, D innerhalb des Kreises und E außerhalb des Kreises. Überprüfe, indem du C auf dem Kreis bewegst, dass das Dreieck ABC stets rechtwinklig ist mit $\gamma = 90°$ und dass im Dreieck ABD immer $\delta > 90°$ und im Dreieck ABE immer $\varepsilon < 90°$ gilt.

Hinweis:
Eine Anleitung zum Erstellen eines neuen Werkzeugs „Thaleskreis" mit einer DGS findest du auf der Methodenkarte 8M.

9. Zeichne einen Halbkreis mit dem Radius r = 3 cm. Zeichne ein rechtwinkliges Dreieck ABC mit $|\overline{AB}| = 6\,cm$ und einem möglichst großen Flächeninhalt. Begründe dein Vorgehen.

10. Konstruiere unter Nutzung des Satzes des Thales ein rechtwinkliges Dreieck ABC ($\gamma = 90°$) mit

a) $c = 4\,cm$, $h_c = 1{,}5\,cm$; b) $p = 2\,cm$, $q = 3\,cm$;

c) $p = 1\,cm$, $q = 3\,cm$; d) $c = 4\,cm$, $h_c = 2\,cm$.

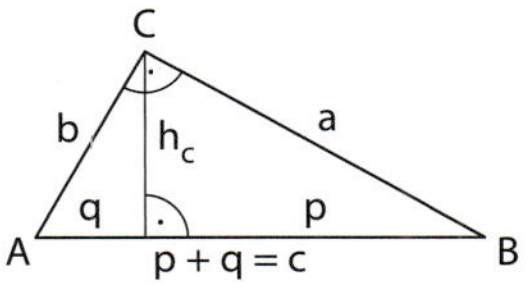

Hinweis zu 10:
Die Höhe verläuft senkrecht zu $c = p + q$, Punkt C liegt auf der Parallelen zu c im Abstand h_c.

11. Stolperstelle: Zeichne eine Gerade h und zwei Punkte A und B, die auf derselben Seite von h liegen. Kannst du einen Punkt C auf h konstruieren, sodass das Dreieck ABC rechtwinklig ($\gamma = 90°$) ist? Begründe deine Antwort. Welche Fälle sind möglich?

12. Gegeben ist ein Kreis mit dem Mittelpunkt M und ein Punkt P außerhalb des Kreises. Konstruiere alle Tangenten an den Kreis durch den Punkt P. Orientiere dich an der Bildfolge und begründe dein Vorgehen.

Planfigur:

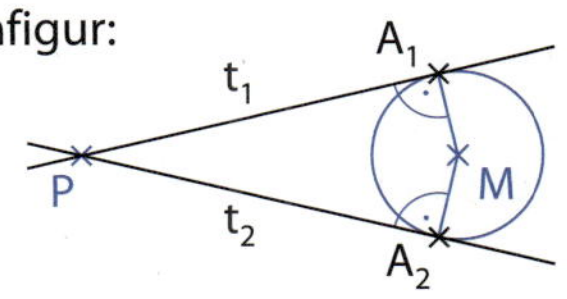

Erinnere dich:
Eine Gerade, die mit einem Kreis genau einen Punkt gemeinsam hat, heißt **Tangente** dieses Kreises.

Tangentenkonstruktion an einen Kreis durch einen Punkt außerhalb des Kreises

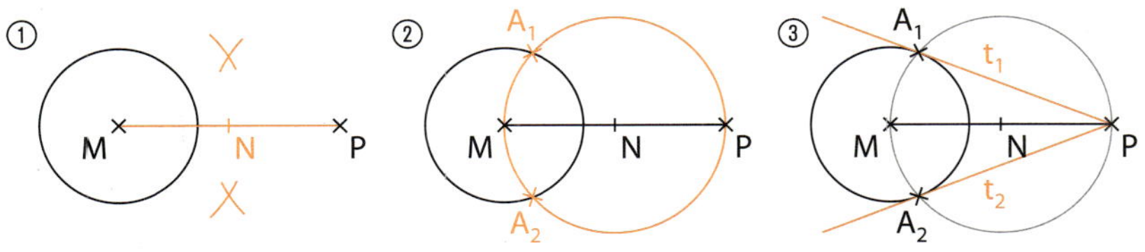

13. Zeichne einen Kreis mit d = 5 cm. Konstruiere von einem Punkt, der vom Mittelpunkt des Kreises 6 cm entfernt ist, Tangenten an den Kreis.

● **14.** Bereite einen Vortrag zum Beweis des Satzes des Thales vor.

Tipp zu 14:
Hinweise zur Vorbereitung eines Referats findest du auf Methodenkarte 8 L.

● **15. Ausblick:** Untersuche, wie viele gemeinsame Tangenten zwei Kreise haben. Zeichne dafür zwei Kreise und unterscheide, wie sie zueinander liegen (ob sie sich berühren, schneiden, ineinander oder nebeneinander liegen).

Peripherie- und Zentriwinkel

■ Paula konstruiert mit einer dynamischen Geometrie-Software ein gleichseitiges Dreieck ABC mit seinem Umkreis. Der Winkel ∢ ACB über der Basis AB ist 60° groß. Sie überlegt: „Wenn ich den Punkt C auf dem Kreis verschiebe, dann wird der eine Winkel an der Basis größer und der andere im gleichen Maße kleiner. Also müsste der Winkel an der Spitze immer 60° groß sein."
Was meinst du dazu? ■

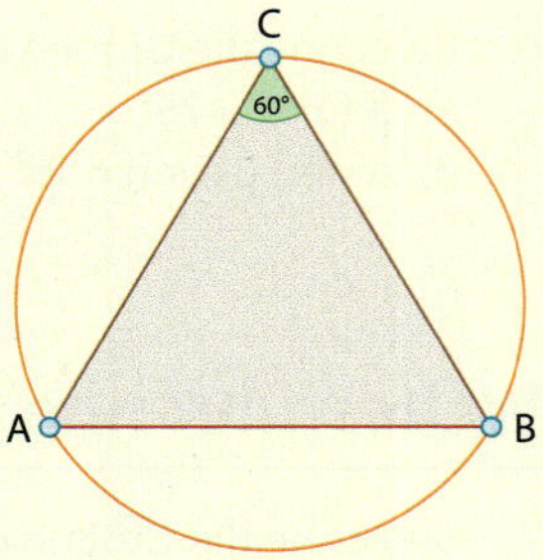

Peripherie- und Zentriwinkel erkennen

Wissen: Peripherie- und Zentriwinkel
Ein Winkel über einer Kreissehne heißt **Peripheriewinkel**, wenn sein Scheitelpunkt auf dem Kreis liegt.
Ein Winkel über einer Kreissehne heißt **Zentriwinkel**, wenn sein Scheitelpunkt der Kreismittelpunkt ist.

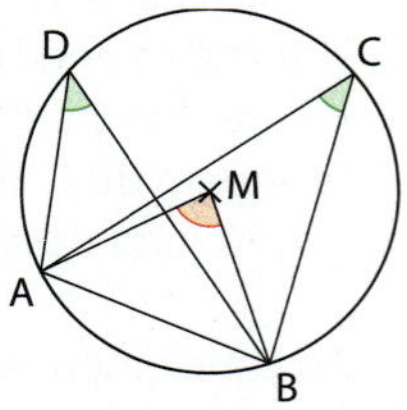

Beispiel 1: Gib an, welcher Winkel ein Peripheriewinkel und welcher ein Zentriwinkel ist. Begründe deine Antwort.

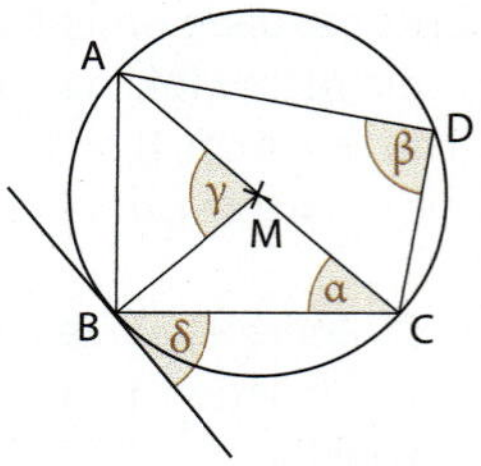

Lösung:
Prüfe zuerst, ob der Winkel über einer Kreissehne liegt. Unterscheide dann nach der Lage des Scheitelpunktes.

α liegt über $\overline{AB}$, der Scheitelpunkt C auf dem Kreis: α ist ein Peripheriewinkel.
γ liegt über $\overline{AB}$, der Scheitelpunkt ist der Kreismittelpunkt M: γ ist ein Zentriwinkel.
β liegt über $\overline{AC}$, der Scheitelpunkt D auf dem Kreis: β ist ein Peripheriewinkel.
δ liegt nicht über einer Kreissehne: δ ist weder ein Peripheriewinkel noch ein Zentriwinkel.

Basisaufgaben

1. a) Zeichne einen Kreis um M mit $r = 4\,cm$ und eine Sehne $\overline{AB} = 5\,cm$.
b) Zeichne über $\overline{AB}$ drei Peripheriewinkel und miss deren Größen.
c) Zeichne den Zentriwinkel zu $\overline{AB}$ und miss seine Größe.

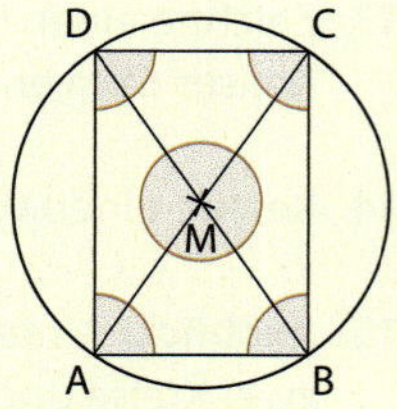

2. Gib drei Peripheriewinkel und drei Zentriwinkel, im Rechteck ABCD jeweils mit der dazugehörigen Sehne und dem dazugehörigen Scheitelpunkt an.

Eigenschaften von Peripherie- und Zentriwinkeln nutzen

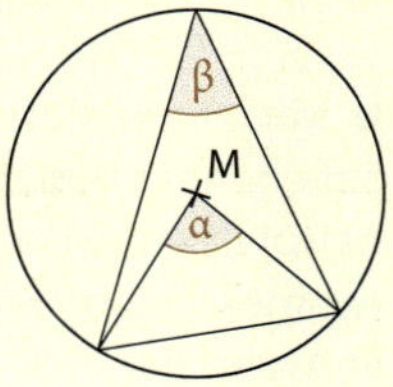

Über derselben Sehne gibt es unendlich viele Peripheriewinkel, aber nur einen Zentriwinkel. Liegt ein Peripheriewinkel über derselben Sehne wie der Zentriwinkel, bezeichnet man ihn als **zugehörig** zum Zentriwinkel.

Wissen: Peripherie- und Zentriwinkelsatz
Peripheriewinkelsatz: Peripheriewinkel über derselben Kreissehne sind gleich groß.

Zentriwinkelsatz: Ein Peripheriewinkel ist halb so groß wie der zugehörige Zentriwinkel.

Beispiel 2: Berechne die Größen der fehlenden Winkel.

α	60°	45°	180°		
β				60°	45°

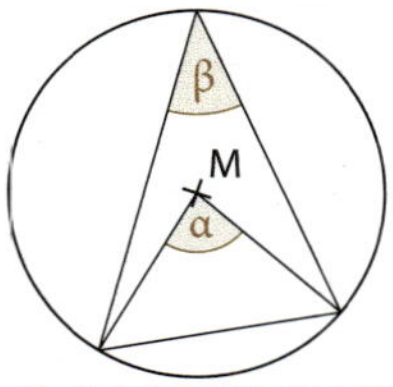

Lösung:
Da β Peripheriewinkel und α Zentriwinkel über derselben Sehne sind, gilt $\alpha = 2 \cdot \beta$.

α	60°	45°	180°	120°	90°
β	30°	22,5°	90°	60°	45°

Basisaufgaben

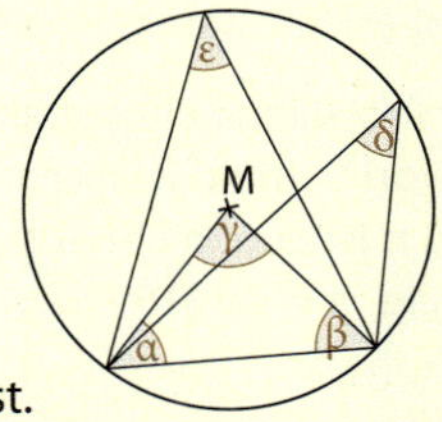

3. Ermittle die Winkelgrößen von β, γ, δ und ε für $\alpha = 40°$.

4. Gib an, wie groß der Peripheriewinkel β über dem Zentriwinkel α ist.
a) $\alpha = 45°$ b) $\alpha = 90°$ c) $\alpha = 180°$ d) $\alpha = 0°$

Weiterführende Aufgaben

5. Berechne die fehlenden Winkelmaße.

a)

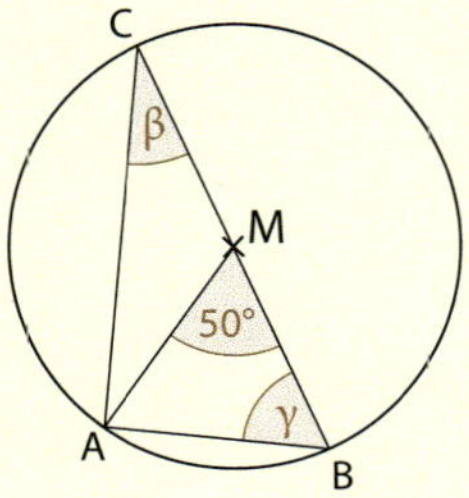

b)

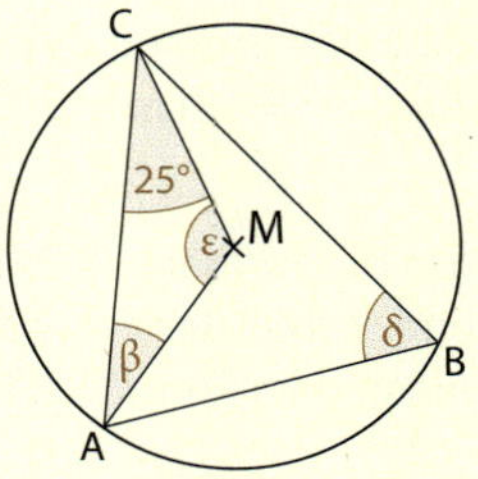

6. Zeige, dass sich der Satz des Thales als Spezialfall aus dem Zentriwinkelsatz ergibt.

7. **Forschungsauftrag:** Recherchiere nach einem Beweis des Zentriwinkelsatzes. Bereite ein Referat darüber vor.

Hinweis:
Tipps zum Vorbereiten findest du auf der Methodenkarte 8 L.

2.3 Umfang und Flächeninhalt eines Kreises

■ Mit einem Messrad lassen sich Streckenlängen auf ebenem Boden ermitteln. Messräder werden beispielsweise beim Straßenbau und beim Ausmessen von Bremswegen bei Verkehrsunfällen verwendet.
Erläutere, wie du mit einem runden Gegenstand wie einem Stift die Länge einer Strecke messen kannst. ■

Umfang eines Kreises berechnen

Die Schülerinnen und Schüler der Klasse 8a haben Durchmesser und Umfänge verschieden großer Kreise gemessen. Die Tabelle und das Diagramm zeigen einige Messwerte.

Durchmesser d (in cm)	Umfang u (in cm)
3,1	9,8
9,5	29,8
5,3	16,6
12,8	40,0
7,9	24,8
18,2	57,1

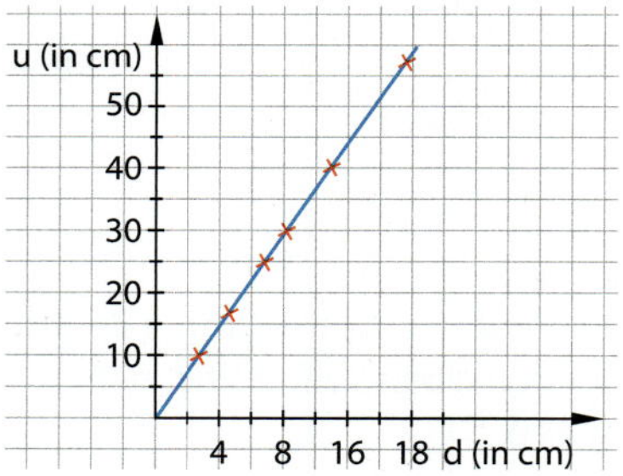

Es ist erkennbar, dass Kreisdurchmesser und Kreisumfang proportional zueinander sind.

Hinweis:
Als **Näherungswert** für π kann man 3,14 oder $\frac{22}{7}$ verwenden.

Der Proportionalitätsfaktor der Zuordnung $d \rightarrow u$ ist $\frac{u}{d}$. Egal wie groß ein Kreis ist, das Verhältnis von u und d ist immer gleich. Diese Zahl wird **Kreiszahl** π (gesprochen: Pi) genannt. Die Zahl π ist eine nicht abbrechende nicht periodische Dezimalzahl, π ist also eine irrationale Zahl.
Es gilt: $\pi = 3{,}14159265\ldots$

Wissen: Umfang eines Kreises
Für den **Umfang u eines Kreises** mit dem Radius r und dem Durchmesser d gilt:

$$u = 2 \cdot \pi \cdot r$$
$$u = \pi \cdot d$$

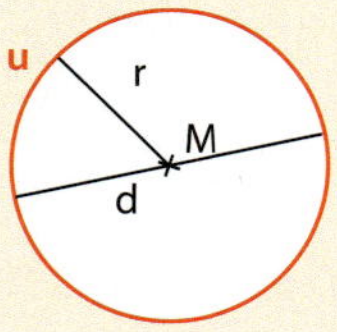

Beispiel 1: Berechne den Umfang des Kreises. Runde das Ergebnis auf Millimeter genau.
a) Kreis mit dem Radius $r = 38\,\text{cm}$ b) Kreis mit dem Durchmesser $d = 76\,\text{cm}$

Hinweis:
Verwende auf dem Taschenrechner die Taste π.

Lösung:
a) Setze $r = 38\,\text{cm}$ in die Formel $u = 2 \cdot \pi \cdot r$ ein und berechne. Runde das Ergebnis auf eine Stelle nach dem Komma.

$u = 2 \cdot \pi \cdot r$
$u = 2 \cdot \pi \cdot 38\,\text{cm}$
$u \approx 238{,}8\,\text{cm}$

b) Setze $d = 76\,\text{cm}$ in die Formel $u = \pi \cdot d$ ein und berechne. Die Ergebnisse von a) und b) sind gleich, da die Durchmesser beider Kreise gleich sind:
$d = 2 \cdot 38\,\text{cm} = 76\,\text{cm}$

$u = \pi \cdot d$
$u = \pi \cdot 76\,\text{cm}$
$u \approx 238{,}8\,\text{cm}$

Basisaufgaben

1. Berechne den Kreisumfang in der angegebenen Einheit. Runde das Ergebnis auf zwei Stellen nach dem Komma.
a) $r = 5\,cm$ b) $r = 0{,}1\,km$
c) $d = 2\,m$ d) $d = 20\,mm$

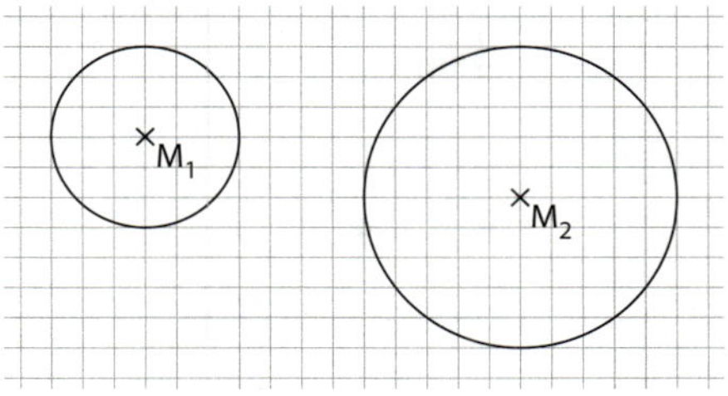

2. Berechne die Umfänge der abgebildeten Kreise. Eine Kästchenlänge beträgt 0,5 cm.

3. Übertrage die Tabelle ins Heft und berechne die fehlenden Größen der Kreise.

Radius r	6 cm		52 mm		0,5 m	
Durchmesser d		14 cm		75 dm		0,025 km
Umfang u						

Flächeninhalt eines Kreises berechnen

Die Flächeninhaltsformel für Kreise kann mithilfe der Umfangsformel für den Kreisumfang $u = 2 \cdot \pi \cdot r$ hergeleitet werden.

Ein in gleich große Teile zerlegter Kreis kann näherungsweise zu einem Rechteck zusammengesetzt werden. Die Breite dieses Rechtecks entspricht dann dem Kreisradius und die Länge etwa dem halben Kreisumfang.

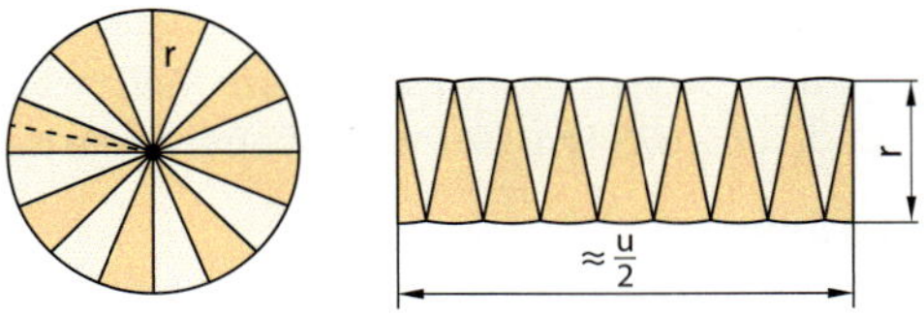

Je schmaler die Kreisteile werden, umso genauer wird die Annäherung an ein Rechteck. Es gilt: $A_{Rechteck} = \frac{u}{2} \cdot r = \frac{2 \cdot \pi \cdot r}{2} \cdot r = \pi \cdot r^2$

Da die Flächeninhalte des Rechtecks und des Kreises gleich groß sind, gilt diese Formel auch für den Kreis.

Wissen: Flächeninhalt eines Kreises
Für den **Flächeninhalt A eines Kreises** mit dem Radius r und dem Durchmesser d gilt:
$A = \pi \cdot r^2$
$A = \frac{\pi}{4} \cdot d^2$

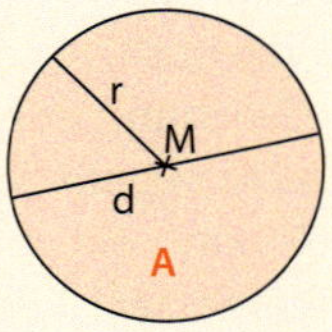

Hinweis:
Es gilt:
$r = \frac{d}{2} \Rightarrow r^2 = \left(\frac{d}{2}\right)^2 = \frac{d^2}{4}$

Beispiel 2: Berechne den Flächeninhalt des Kreises. Runde das Ergebnis auf eine Stelle nach dem Komma.
a) Kreis mit dem Radius $r = 4\,cm$ b) Kreis mit dem Durchmesser $d = 12\,cm$

Lösung:
a) Setze $r = 4\,cm$ in die Formel $A = \pi \cdot r^2$ ein und berechne. Runde das Ergebnis auf eine Stelle nach dem Komma.
$A = \pi \cdot r^2$
$A = \pi \cdot (4\,cm)^2 = \pi \cdot 16\,cm^2$
$A \approx 50{,}3\,cm^2$

b) Setze $d = 12\,cm$ in die Formel $A = \frac{\pi}{4} \cdot d^2$ ein und berechne. Runde das Ergebnis auf eine Stelle nach dem Komma.
$A = \frac{\pi}{4} \cdot d^2$
$A = \frac{\pi}{4} \cdot (12\,cm)^2 = \frac{\pi}{4} \cdot 144\,cm^2$
$A \approx 113{,}0\,cm^2$

Basisaufgaben

4. Berechne den Flächeninhalt des Kreises mit dem angegebenen Radius bzw. Durchmesser. Runde das Ergebnis auf Hundertstel.
a) $r = 2\,cm$ b) $r = 10\,dm$
c) $d = 2\,m$ d) $d = 20\,mm$

5. Berechne die Flächeninhalte der Kreise rechts.

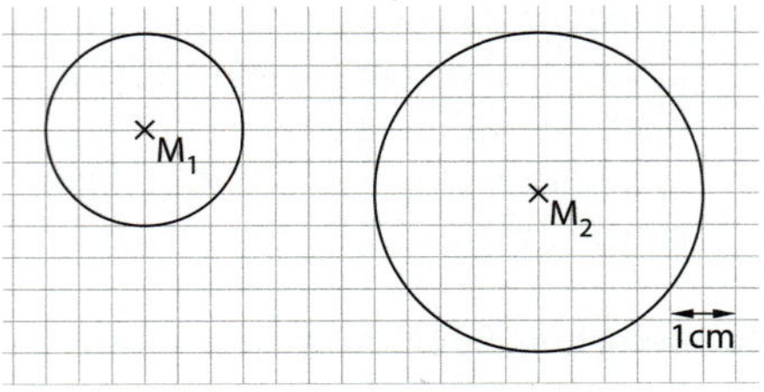

6. Übertrage die Tabelle ins Heft und berechne die fehlenden Größen der Kreise.

Radius r	6 cm		52 mm		0,5 m	
Durchmesser d		14 cm		75 dm		0,025 km
Flächeninhalt A						

Radius oder Durchmesser eines Kreises berechnen

Ist der Flächeninhalt oder der Umfang eines Kreises bekannt, so lässt sich der Radius oder der Durchmesser des Kreises berechnen, wenn die jeweilige Formel nach der gesuchten Variablen umgestellt wird.

Beispiel 3: Berechne den Radius des Kreises. Gib auch seinen Durchmesser an.
a) $u = 730$ mm (Runde auf ganze Millimeter.)
b) $A = 63{,}675\,km^2$ (Runde auf eine Stelle nach dem Komma.)

Lösung:

a) Stelle die Formel $u = 2 \cdot \pi \cdot r$ nach r um, setze $u = 730$ mm ein und berechne.
Der Durchmesser ist doppelt so groß wie der Radius.

$$u = 2 \cdot \pi \cdot r \quad |:2\pi$$
$$r = \frac{u}{2\pi}$$
$$r = \frac{730\,mm}{2\pi}$$
$$r \approx 116\,mm; \quad d = 2 \cdot r \approx 232\,mm$$

b) Stelle die Formel $A = \pi \cdot r^2$ nach r um. Nur die positive Lösung der quadratischen Gleichung ist eine Lösung, da der Radius nicht negativ sein kann. Setze $A = 63{,}675\,km^2$ ein und berechne.
Der Durchmesser ist doppelt so groß wie der Radius.

$$A = \pi \cdot r^2 \quad |:\pi$$
$$r^2 = \frac{A}{\pi} \quad |\sqrt{\ }$$
$$r = +\sqrt{\frac{A}{\pi}}$$
$$r = \sqrt{\frac{63{,}675\,km^2}{\pi}} \approx 4{,}5\,km; \quad d = 2 \cdot r \approx 9{,}0\,km$$

Basisaufgaben

7. Berechne den Radius r und den Durchmesser d des Kreises. Runde auf Zehntel.
a) $u = 27\,cm$ b) $u = 10\,dm$ c) $u = 12{,}3\,km$ d) $A = 314{,}159\,m^2$ e) $A = 31\,cm^2$

8. Übertrage die Tabelle ins Heft und berechne die fehlenden Größen der Kreise.

Umfang u	2,2 m	0,0025 km		
Flächeninhalt A			12,6 m²	0,08 m²
Radius r				
Durchmesser d				

Weiterführende Aufgaben

9. Von einem Kreis wurde jeweils eine der Größen gemessen. Berechne die fehlenden Größen. Runde auf eine Stelle nach dem Komma.

Durchmesser d	Radius r	Umfang u	Flächeninhalt A
3,2 m			
	14,5 dm		
		24 cm	
			$100\,cm^2$

10. Berechne den Umfang des Gegenstandes. Überschlage zunächst im Kopf, bevor du schriftlich oder mit dem Taschenrechner rechnest.

a) 2 Euro-Münze $d = 25{,}75\,mm$

b) Verkehrsschild $d = 420\,mm$

c) Autoreifen $d = 0{,}64\,m$

d) CD $d = 12\,cm$

Hinweis zu 10:
Rechne beim Überschlagen im Kopf mit 3 für π.

11. Die rote Linie besteht aus Halbkreisbögen. Berechne, wie lang die rote Linie bei einem Kreis mit einem Durchmesser von 24 cm ist.

a)

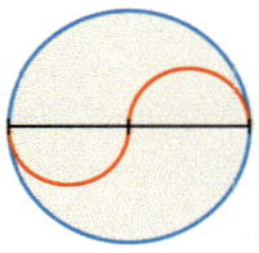

b)

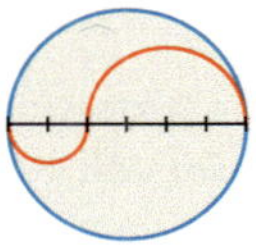

12. Beim Voltigieren wird eine 8 m lange Longierleine zum Führen des Pferdes verwendet. Das Pferd bewegt sich auf einer kreisförmigen Bahn.

a) Berechne die Weglänge, die das Pferd bei einer Runde maximal zurücklegt.
b) Wie viel Meter sind es insgesamt nach 25 Runden?
c) Wie lang ist die Longierleine, wenn bei 25 Runden insgesamt 1492 m zurücklegt werden?

13. Gib einen Term zur Berechnung des Flächeninhalts der gelblichen Fläche an.

a)

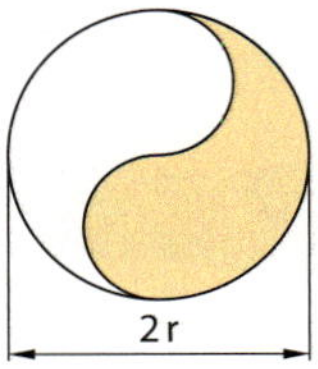

b)

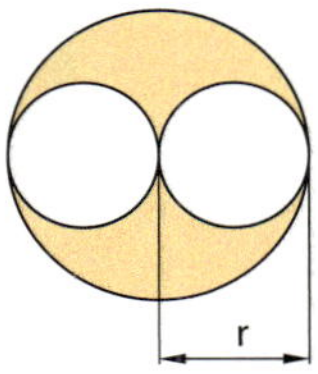

c)

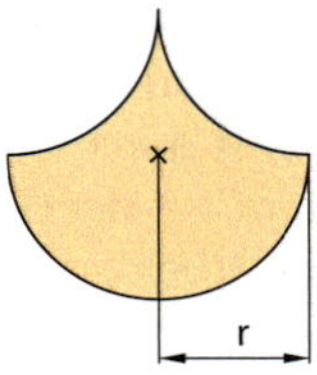

d)

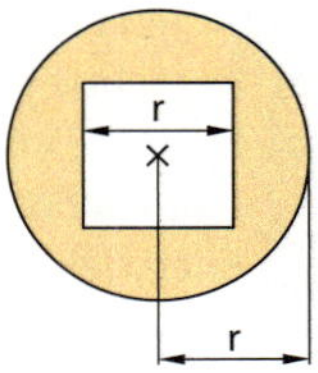

Hinweis zu 13:
Hier findest du die Lösungen.

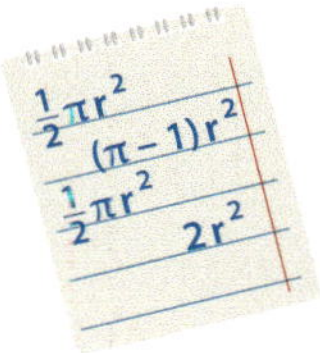

14. Ein Mobilfunksender hat eine Reichweite von 7 km. Berechne, wie groß das Gebiet ist, in dem der Sender empfangen wird.

15. Berechne den Flächeninhalt eines kreisförmigen Beetes mit einem Radius von 2,5 m. Entscheide, wie viele Rosen auf dieser Fläche eingepflanzt werden können, wenn für eine Rose $100\,cm^2$ benötigt werden.

16. Herr Arndt möchte einen kreisförmigen Swimmingpool im Garten bauen. Die Grundfläche soll einen Flächeninhalt von $80\,m^2$ haben. Berechne den Durchmesser der Grundfläche.

17. Julian beschwert sich bei seinem Vater darüber, dass sein Taschenrechner kein π-Symbol hat und er deshalb ungenaue Ergebnisse bekommt. Sein Vater weist ihn darauf hin, dass er bei der Kreisberechnung doch einfach den Durchmesser mit 3 multiplizieren und zum Ergebnis 5 % addieren könnte. Untersuche, ob dies eine gute Methode ist, um π anzunähern.

18. Stolperstelle: Überprüfe die Aussagen. Korrigiere, falls erforderlich.
a) Wenn sich der Radius eines Kreises verdreifacht, verdreifacht sich auch der Umfang.
b) Wenn sich der Radius eines Kreises drittelt, drittelt sich auch der Flächeninhalt.
c) Wenn sich der Umfang eines Kreises halbiert, halbiert sich auch der Flächeninhalt.

19. Kreisringe: Berechne den Flächeninhalt des Kreisringes.
a) $r_1 = 5\,cm$; $r_2 = 6\,cm$
b) $r_1 = 10\,cm$; $r_2 = 2\,cm$
c) $r_1 = 3{,}7\,cm$; $r_2 = 2{,}4\,cm$
d) $r_1 = 0{,}7\,cm$; $r_2 = 3\,mm$

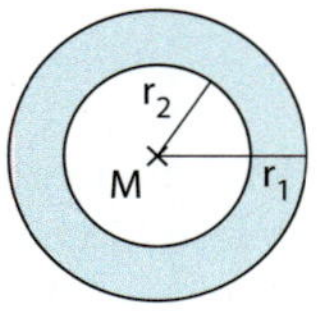

20. Ein Rohr hat einen äußeren Durchmesser von 11,5 cm und eine Wanddicke von 1,5 cm. Berechne den Flächeninhalt des Querschnitts des Rohres.

21. Eine Unterlegscheibe hat die Form eines Kreisringes mit dem äußeren Durchmesser $d_1 = 8{,}2\,mm$ und dem inneren Durchmesser $d_2 = 5{,}8\,mm$. Berechne den Flächeninhalt.

22. Die blaue Linie besteht aus Halbkreisbögen. Ermittle ihre Länge, wenn eine Kästchenlänge 0,5 cm beträgt.

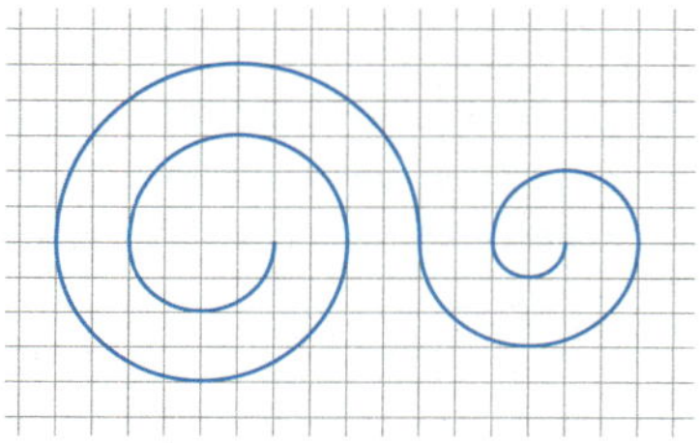

23. Um ein kreisförmiges Blumenbeet mit dem Durchmesser von 10 m verläuft ein 4 m breiter Weg. Am äußeren und inneren Rand des Weges sollen die Randsteine erneuert werden. Ein Randstein ist 30 cm lang. Auf 6 m Länge des äußeren Rands gibt es keine Randsteine, da dort Wege abgehen. Berechne die Anzahl der Randsteine, die für die Erneuerung etwa benötigt werden.

24. Der Umfang eines etwa kreisförmigen Eichenstamms misst 530 cm, der Umfang eines ebenfalls kreisförmigen Fichtenstamms 610 cm.
a) Berechne jeweils den Radius des Baumstamms.
b) Bei der Eiche beträgt die durchschnittliche Dicke eines Jahresrings 3 mm, bei der Fichte sind es 5 mm. Entscheide, welcher der beiden Bäume älter ist.

25. a) Der Äquator ist ungefähr 40 000 km lang. Berechne den Radius der Erde.
b) Stelle dir vor, das ein 40 000 km langes Seil straff um den Äquator gespannt wird. Dann wird das Seil um einen Meter verlängert und so gestrafft, dass der Abstand zwischen dem Seil und der Erde überall gleich ist. Kann eine Maus unter diesem Seil hindurchkriechen? Schätze ab und rechne danach.
c) Wie würde sich der Abstand zwischen Seil und Erde ändern, wenn das Seil um weitere 1 m, 2 m und 3 m verlängert würde?
d) Wie lang müsste das Seil sein, damit du aufrecht unter dem Seil hindurchgehen kannst?

26. Florian besitzt ein 24-Zoll-Fahrrad mit Rädern, die jeweils einen Durchmesser von 61 cm haben.

a) Die Reifen an Florians Fahrrad drehen sich durchschnittlich 105-mal pro Minute. Berechne, mit welcher Geschwindigkeit Florian unterwegs ist.

b) Florian benötigt für seinen Schulweg mit dem Fahrrad 20 Minuten. Ermittle die Länge seines Schulwegs, mit Florians Geschwindigkeit aus a).

c) Wie oft drehen sich die Räder pro Minute bei $15\,\frac{km}{h}$? Wie viele Minuten wäre Florian bei dieser Geschwindigkeit früher in der Schule?

d) Florian vermutet, dass er bei doppelt so großen Rädern schon nach der Hälfte der Zeit in der Schule wäre. Stimmt das? Begründe deine Antwort.

27. Für eine kreisförmige Tischplatte mit 1,20 m Durchmesser soll eine Tischdecke genäht werden. Die Decke soll 15 cm über die Tischkanten hängen.

a) Wie viel Quadratmeter Stoff werden für die Tischdecke benötigt?

b) Die Decke soll mit einer Spitzenbordüre eingefasst werden.
Wie viele Meter Bordüre werden benötigt?

● **28.** Viele Weltumsegler orientieren sich bei ihrer Fahrt am 60. südlichen Breitenkreis, da sie hier kein Festland kreuzen. Dieser Breitenkreis hat einen Radius von etwa 3185 km.

a) Wie lange würde ein Schiff mit einer Durchschnittsgeschwindigkeit von $25\,\frac{km}{h}$ für eine vollständige Umrundung dieses Breitenkreises ungefähr benötigen?

b) Es wäre auch möglich, entlang des 61. südlichen Breitenkreises mit einer Geschwindigkeit von $30\,\frac{km}{h}$ zu fahren. Der Radius dieses Breitenkreises beträgt ungefähr 3089 km. Da man hier jedoch Festland kreuzt, wäre ein Umweg von 500 km notwendig. Entscheide, auf welchem Breitenkreis die Umrundung theoretisch schneller wäre.

● **29.** Aus einer rechteckigen Spanplatte mit einem Umfang von 140 cm soll eine möglichst große Kreisscheibe herausgeschnitten werden.

a) Ermittle den Radius des Kreises für eine 50 cm lange und 20 cm breite Platte.

b) Ermittle für fünf andere Plattenlängen die zugehörige Plattenbreite und den Flächeninhalt der Kreisscheibe. Trage die Ergebnisse in eine Tabelle ein.

c) Finde heraus, bei welchen Plattenmaßen die Kreisscheibe am größten wird.

● **30. Ausblick:** Ein Spirograph ist ein geometrisches Spielzeug, mit dem man verschiedene Muster zeichnen kann. Im einfachsten Fall besteht er aus einem Festkreis und einem kleinen Rollkreis mit Löchern. Man zeichnet eine Figur, indem man den Festkreis festhält, einen Stift durch eines der Löcher des kleinen Kreises steckt, ihn innen abrollt und dabei auf ein Blatt Papier zeichnet. So können auch quadratische Muster entstehen.

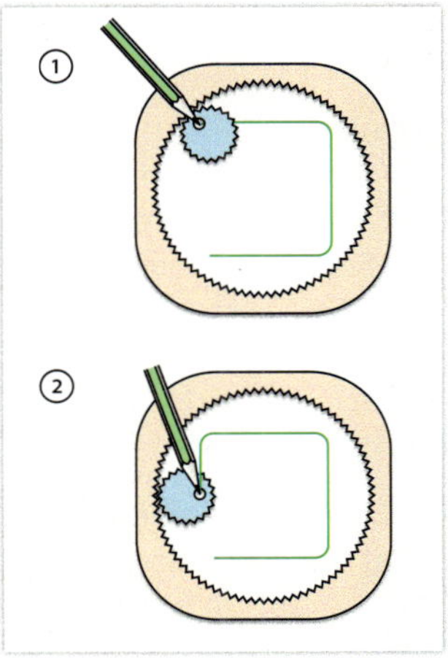

a) Wie oft muss sich der Rollkreis beim Zeichnen drehen, damit eine Quadratseite entsteht?

b) Ziehe daraus Rückschlüsse über das Verhältnis der Kreisumfänge.
Wie groß muss der Festkreis im Vergleich zum Rollkreis sein, damit ein quadratisches Muster entsteht? Begründe deine Antwort.

2.4 Kreisausschnitt und Kreisbogen

■ Welche der drei dargestellten Flächen hat den größten Flächeninhalt? Zeichne einen Kreisausschnitt mit einem kleineren Winkel als 30°, dessen Flächeninhalt größer als jeder dieser drei Flächen ist. ■

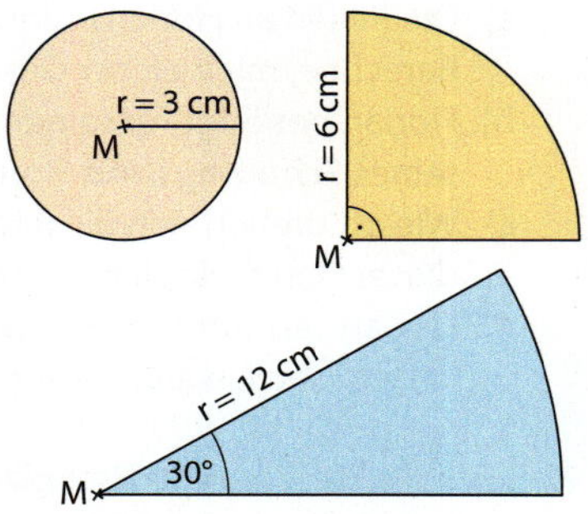

Ist ein Kreis mit dem Radius r gegeben, so wird jeder Kreisausschnitt durch den Winkel α am Mittelpunkt des Kreises bestimmt. Dieser Winkel heißt **Zentriwinkel**. Betrachtet man den Vollkreis als Kreisausschnitt mit dem Zentriwinkel 360°, so kann man den Flächeninhalt des Kreisausschittes A_α mithilfe eine Verhältnisgleichung berechnen:

Ist A der Flächeninhalt des ganzen Kreises, so gilt:

$\frac{A_\alpha}{A} = \frac{\alpha}{360°}$ $\quad | \; A = \pi \cdot r^2$ einsetzen

$\frac{A_\alpha}{\pi \cdot r^2} = \frac{\alpha}{360°}$ $\quad | \cdot \pi \cdot r^2$

$A_\alpha = \frac{\alpha}{360°} \cdot \pi \cdot r^2$

Auch ein Kreisbogens b_α wird durch den Zentriwinkel bestimmt.
Ist u der Umfang des ganzen Kreises, so gilt:

$\frac{b_\alpha}{u} = \frac{\alpha}{360°}$ $\quad | \; u = 2 \cdot \pi \cdot r$ einsetzen

$\frac{b_\alpha}{2 \cdot \pi \cdot r} = \frac{\alpha}{360°}$ $\quad | \cdot 2 \cdot \pi \cdot r$

$A_\alpha = \frac{\alpha}{360°} \cdot 2 \cdot \pi \cdot r = \frac{\alpha}{180°} \cdot \pi \cdot r$

Wissen: Kreisausschnitt und Kreisbogen

Für den Flächeninhalt A_α eines Kreisausschnittes mit dem Radius r und dem Zentriwinkel α gilt:
$A_\alpha = \frac{\alpha}{360°} \cdot \pi \cdot r^2$.
Für die Länge eines Kreisbogens b_α mit dem Radius r und dem Zentriwinkel α gilt:
$b_\alpha = \frac{\alpha}{180°} \cdot \pi \cdot r$.

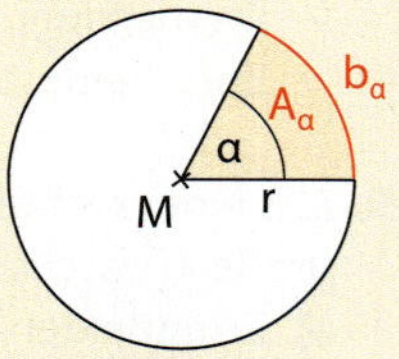

Beispiel 1: Berechne den Flächeninhalt
a) des gefärbten Kreisausschnitts,
b) des zugehörigen Kreisbogens.

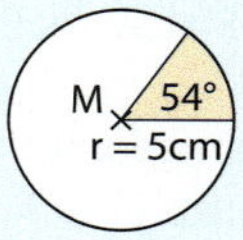

Lösung:
a) Setze α = 54° und r = 5 cm in die Formel $A_\alpha = \frac{\alpha}{360°} \cdot \pi \cdot r^2$ ein. $\quad A_{54°} = \frac{54°}{360°} \cdot \pi \cdot (5\,\text{cm})^2 \approx 11{,}8\,\text{cm}^2$
b) Setze α = 54° und r = 5 cm in die Formel $b_\alpha = \frac{\alpha}{180°} \cdot \pi \cdot r$ ein. $\quad b_{54°} = \frac{54°}{180°} \cdot \pi \cdot 5\,\text{cm} \approx 4{,}7\,\text{cm}$

Basisaufgaben

1. Ein Kreis hat einen Radius von 8 cm.
a) Berechne den Flächeninhalt des Kreisausschnitts mit dem angegebenen Zentriwinkel α.
① 36° ② 60° ③ 90° ④ 120° ⑤ 172° ⑥ 250°
b) Berechnen die Länge des Kreisbogens b_α mit dem angegebenen Zentriwinkel α (aus a)).

2. Berechne jeweils den Kreisbogen b_α und den Kreisausschnitt A_α.

a) $r = 7\,cm$, $\alpha = 72°$ b) $r = 12{,}6\,cm$, $\alpha = 125°$ c) $r = 4{,}5\,cm$, $\alpha = 220°$

d) $r = 2{,}24\,km$, $\alpha = 4°$ e) $r = 18{,}2\,m$, $\alpha = 2°$ f) $d = 25\,cm$, $\alpha = 135°$

Weiterführende Aufgaben

3. Die Bühne eines Freilichttheaters hat die Form eines Halbkreises mit einem Durchmesser von 41 m. Berechne, wie viel Quadratmeter die Bühnenfläche hat.

4. Zeichne einen Kreisausschnitt mit den gegebenen Größen. Berechne seinen Flächeninhalt und die Länge des zugehörigen Bogens.

a) $r = 6\,cm$, $\alpha = 36°$ b) $r = 4\,cm$, $\alpha = 85°$

c) $d = 8{,}4\,cm$, $\alpha = 112°$ d) $r = 0{,}42\,dm$, $\alpha = 45°$

5. Übertrage die Tabelle in dein Heft und ergänze die fehlenden Größen der Kreisausschnitte.

	a)	b)	c)	d)	e)	f)
Mittelpunktswinkel α	30°		210°			75°
Radius r	7 cm	5 m	50 cm	18 dm	12 cm	
Bogenlänge b_α		1 m		6 m		
Flächeninhalt A_α					45,2 cm²	140,8 cm²

Hinweis zu 5:
Die gerundeten Lösungen zu α, r und b_α findest du im Rauch, zu A_α in der Lok (ohne Einheiten).

6. **Stolperstelle:** Malte muss den Flächeninhalt der Treppenstufe einer Wendeltreppe berechnen. Prüfe seine Rechnung:

$A = \frac{25°}{360°} \cdot \pi \cdot (95\,cm)^2 \approx 1969\,cm^2$

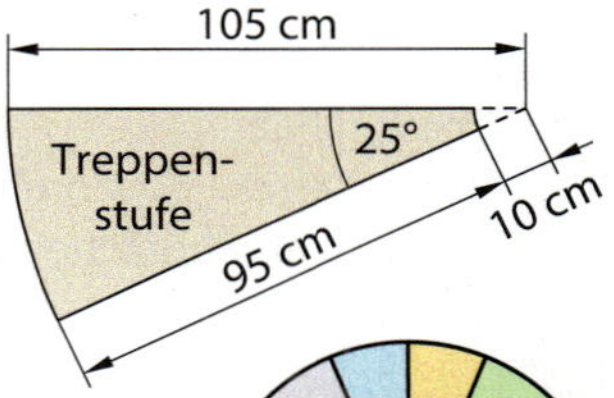

7. Ein Glaser muss für die Restauration eines Kirchenfensters mit Buntglas wie in der Darstellung acht verschiedene Glasfarben verwenden. Berechne die jeweilige Fläche für jede verwendete Farbe, wenn der äußere Durchmesser 1 m und der innere Durchmesser 40 cm beträgt.

8. Ist b_α der zum Zentriwinkel α und dem Radius r gehörende Kreisbogen, so gilt für den Flächeninhalt A_α des Kreisausschnitts $A_\alpha = \frac{1}{2} \cdot b_\alpha \cdot r$. Begründe diese Aussage. Vergleiche diese Formel mit der Formel zur Berechnung des Flächeninhalts eines Dreiecks.

9. **Ausblick:** Die Karte zeigt einen Teil von Karlsruhe im Maßstab 1 : 20 000.

a) Maria befindet sich am Punkt A. Sie möchte ihre Freundin Clara am Punkt B treffen. Ist der Weg entlang des Kreisbogens über den Neuen Zirkel oder der Weg über das Schloss in der Mitte kürzer? Miss die benötigten Größen und berechne beide Weglängen.

b) Wie groß müsste der Winkel α sein, damit beide Wege gleich lang sind?

2.5 Umfang und Flächeninhalt zusammengesetzter Figuren

Laufbahn im Berliner Olympiastadion

Hinweis:
Die Größe eines Fußballfelds ist nicht exakt festgelegt: Die Länge darf zwischen 90 m und 120 m, die Breite zwischen 45 m und 90 m variieren.

■ In manchen Fußballstadien gibt es rund um das Spielfeld eine Leichtathletiklaufbahn. Wie lang ist ihr äußerer Umfang? Wie groß ist ungefähr die Fläche, die für das Fußballfeld zur Verfügung steht? ■

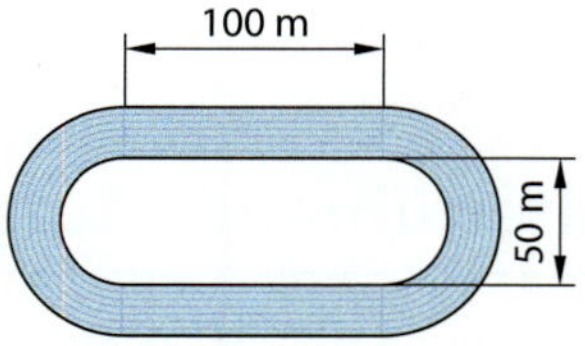

Die abgebildete Figur besteht aus **einem Halbkreis**, **einem Rechteck**, **einem (gleichschenkligen) Dreieck** und **zwei Kreissektoren**. Man spricht daher von einer zusammengesetzten Figur. Um den Umfang und den Flächeninhalt solcher Figuren zu berechnen, müssen die einzelnen (Teil-) Umfänge und Flächen berechnet werden.

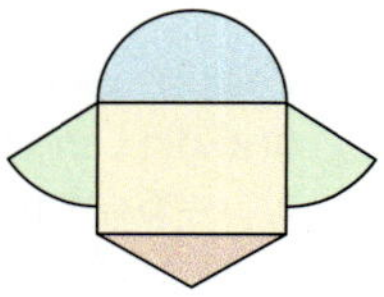

Beispiel 1: Gegeben ist die abgebildete zusammengesetzte Figur.
a) Berechne den Umfang der Figur.
b) Berechne den Flächeninhalt der Figur.

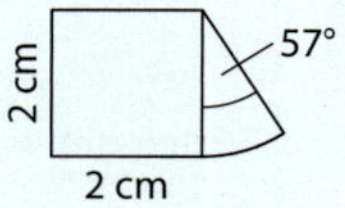

Lösung:

a) Überlege zunächst, aus welchen Teilfiguren sich die Figur zusammensetzt.

Die Figur setzt sich zusammen aus:
– einem Quadrat
– einem Kreissektor

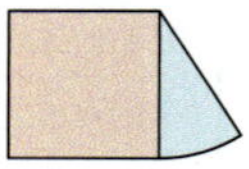

Überlege dann, welche Linien der Teilfiguren die Gesamtfigur begrenzen, und berechne damit den Gesamtumfang.

Die Figur wird durch **3 Seiten des Quadrats**, **den Kreisbogen** und **einen Radius des Kreissektors** begrenzt.

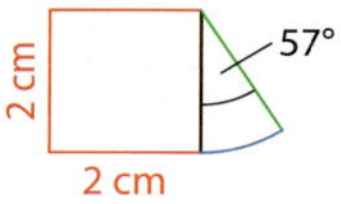

Es gilt: $u = 3 \cdot 2\,\text{cm} + \frac{57°}{180°} \cdot \pi \cdot 2\,\text{cm} + 2\,\text{cm} \approx 9{,}99\,\text{cm}$
Der Umfang der Figur beträgt 9,99 cm.

b) Stelle den Flächeninhalt der zusammengesetzten Figur mithilfe der Flächeninhalte der Teilfiguren dar. Berechne die Teilflächen. Addiere die Werte.

$A = A_{\text{Quadrat}} + A_{\text{Kreissektor}}$
$A_{\text{Quadrat}} = (2\,\text{cm})^2 = 4\,\text{cm}^2$
$A_{\text{Kreissektor}} = \frac{57°}{360°} \cdot \pi \cdot (2\,\text{cm})^2 \approx 1{,}99\,\text{cm}^2$
$A = 4\,\text{cm}^2 + 1{,}99\,\text{cm}^2 = 5{,}99\,\text{cm}^2$
Der Flächeninhalt der Figur beträgt 5,99 cm².

Basisaufgaben

1. Berechne den Umfang und den Flächeninhalt der zusammengesetzten Figur.

a)

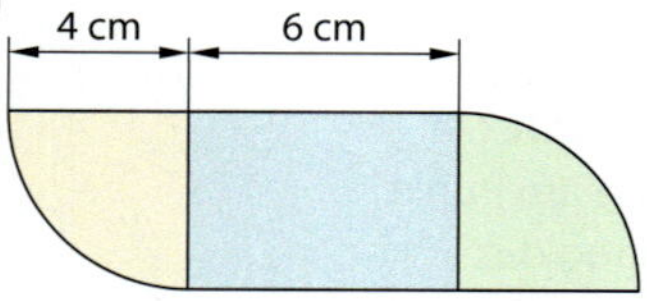

b)

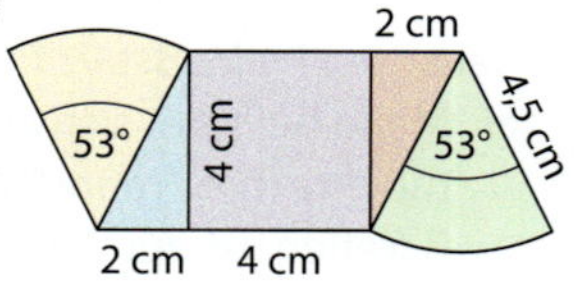

2. Ein Rechteck hat die Seitenlängen a = 6 cm und b = 4 cm. Daraus wird ein Halbkreis mit dem Durchmesser a an der oberen Seite ausgeschnitten. Ermittle Umfang und Flächeninhalt der auf diese Weise entstehenden zusammengesetzten Figur.

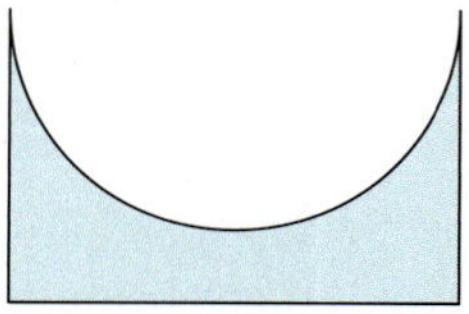

Weiterführende Aufgaben

3. Berechne den Umfang und den Flächeninhalt der zusammengesetzten Figur. Entnimm die erforderlichen Maße der Zeichnung.

a)

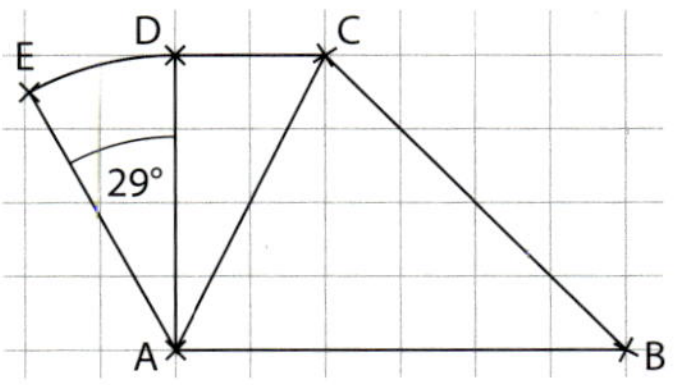

b)

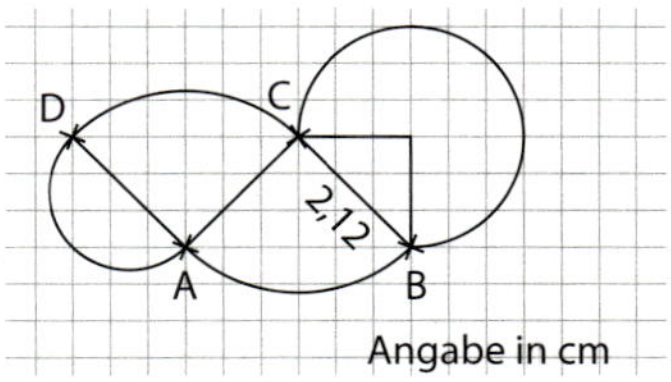

c)

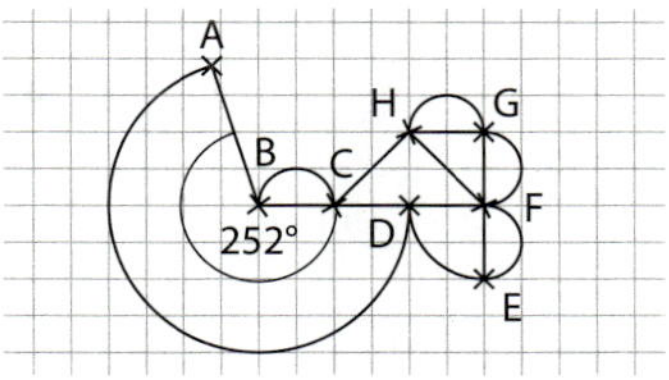

4. Berechne den Umfang und den Flächeninhalt der zusammengesetzten Figur.

a)

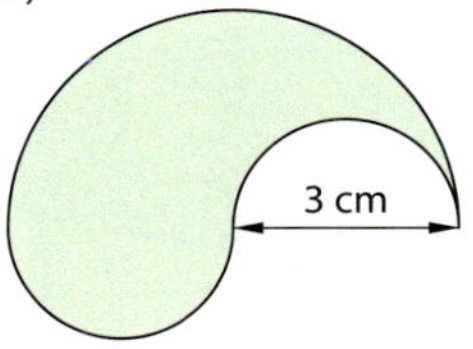

b)

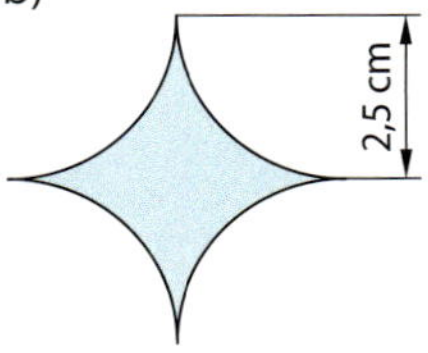

c)

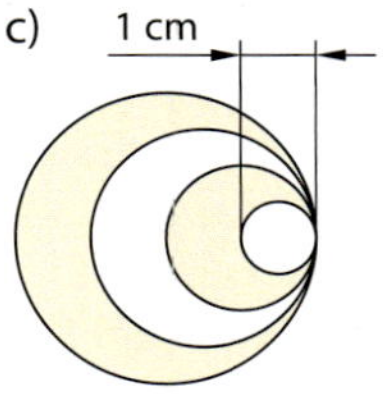

d)

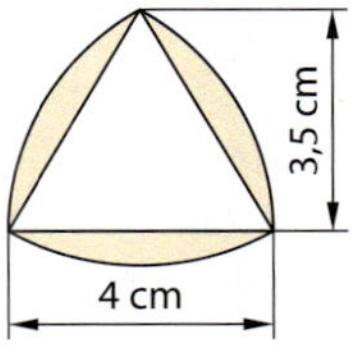

5. Herr Möller ist Landschaftgärtner. In einem Park soll er ein Beet anlegen, das die abgebildete Form eines Kleeblatts hat.

a) Der Durchmesser der Halbkreise beträgt 2 m. Fertige eine Planzeichnung an, in der 1 cm in der Zeichnung 1 m in der Wirklichkeit entspricht.

b) Herr Möller hat zur Gestaltung des Beets insgesamt ein Budget in Höhe von 1500 €. Das Beet soll mit einer Umzäunung umgeben werden. Die Kosten pro m^2 betragen 82 €. Berechne die Gesamtkosten für die Umzäunung.

c) Für die Pflanzenausstattung des Beets ist mit Kosten von etwa 30 € pro m^2 zu rechnen. Wird das Budget ausreichen? Begründe deine Antwort.

6. **Stolperstelle:** Jan hat den Umfang und den Flächeninhalt der zusammengesetzten Figur berechnet. Überprüfe seine Lösungen und korrigiere, falls nötig.
Geht Jan bei den Berechnungen geschickt vor? Begründe deine Antwort.

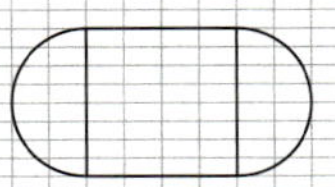

$U = U_{Halbkreis} + U_{Quadrat} + U_{Halbkreis}$
$= \frac{2\pi \cdot 1cm}{2} + 4 \cdot 2cm + \frac{2\pi \cdot 1cm}{2}$
$= 2\pi cm + 8cm$
$\approx 14{,}3cm$

$A = A_{Halbkreis} + A_{Quadrat} + A_{Halbkreis}$
$= \frac{\pi \cdot (1cm)^2}{2} + (2cm)^2 + \frac{\pi \cdot (1cm)^2}{2}$
$= \pi^2 cm + 4cm^2$
$\approx 13{,}87 cm^2$

● **7.** Berechne den Umfang und den Flächeninhalt der grün markierten Figur.
Überlege, wie du möglichst geschickt vorgehen kannst.

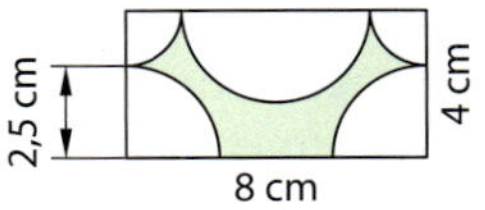

● **8.** **Ausblick:** Künstlerinnen und Künstler greifen bei der Komposition ihrer Werke oft auf geometrische Formen zurück.
Entwickle Objekte (menschliche oder tierische Figuren, Gebäude, Pflanzen, …), die sich aus geometrischen Formen zusammensetzen, und zeichne damit ein Bild.

Hinweis zu 8:
Du kannst die Objekte und Bilder auch mit einer dynamischen Geometrie-Software zeichnen.

2.6 Vermischte Aufgaben

1. Berechne die fehlenden Größen eines Kreises. Runde auf zwei Stellen nach dem Komma.

	a)	b)	c)	d)	e)	f)	g)
Radius r	12 cm					$\frac{3}{5}$ cm	
Durchmesser d				6 m			
Umfang u			22,62 mm				4,4 dm
Flächeninhalt A		19,63 dm^2			272,89 m^2		

2. Ermittle den Radius der Kreise. Überschlage zunächst im Kopf.
a) $u = 36$ cm b) $A = 48\ dm^2$ c) $u = 90$ mm d) $A = 363\ m^2$

3. Lena hat zum Geburtstag ein kreisförmiges Trampolin mit einem Durchmesser von 2,05 m geschenkt bekommen, das am Rand eine 20 cm breite Sicherheitsabdeckung hat.
Berechne den Flächeninhalt der Sprungfläche und den der Sicherheitsabdeckung.

4. Marie und Jonas backen Plätzchen. Sie haben den Teig zu einem 28 cm langen und 20 cm breiten Rechteck ausgerollt. Ihre Ausstecher haben einen Durchmesser von 4 cm.

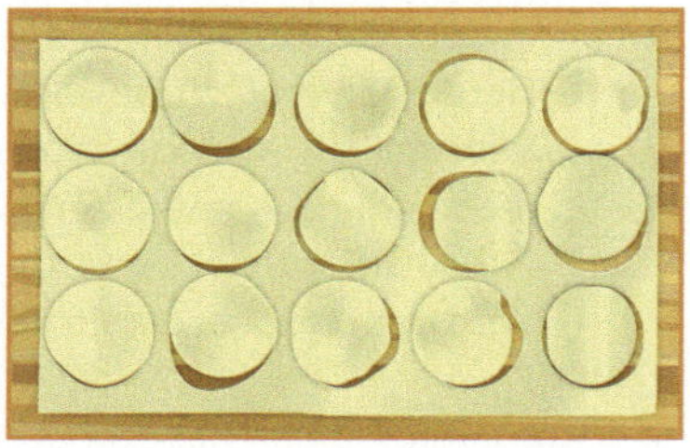

a) Berechne die Anzahl der Plätzchen, die Marie und Jonas ausstechen können, wenn sie die Plätzchen wie im Bild ausstechen und noch etwa 0,5 cm Teig zwischen den Plätzchen übrig bleibt.
b) Berechne den Flächeninhalt des Teigs, der übrig bleibt.
c) Berechne, für wie viele weitere Plätzchen der Teig noch reicht, wenn er immer wieder mit der gleichen Dicke ausgerollt wird.
d) Überprüfe zeichnerisch, ob die beiden beim ersten Ausrollen des Teigs mehr Plätzchen hätten ausstechen können, wenn sie den Ausstecher versetzt angelegt hätten. Könnten sie dann insgesamt mehr Plätzchen aus dem Teig erhalten?
e) Marie möchte die Plätzchen am Rand mit einem dünnen Marzipanstreifen verzieren. Berechne, wie lang dieser Streifen sein müsste, damit er für 20 Plätzchen reicht.

Hinweis zu 4 d:
Hier kann dynamische Geometrie-Software nützlich sein.

5. Berechne die fehlenden Winkelangaben im Viereck ABCD in nebenstehender Zeichnung.

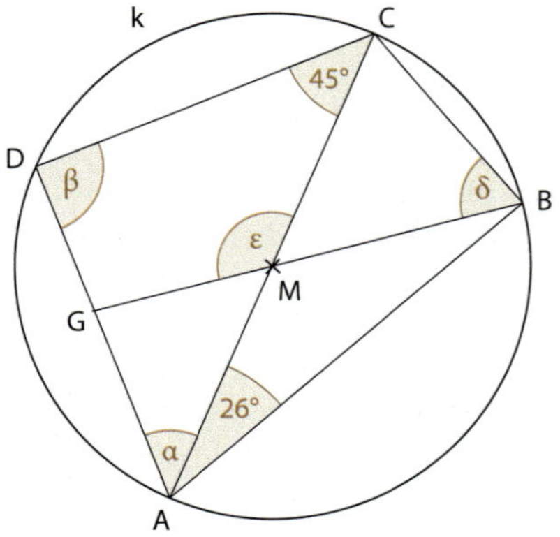

6. Löse folgende Aufgabe zunächst mithilfe einer Skizze rechnerisch, vergleiche dann mit der durch Konstruktion gewonnenen Winkelgröße:
Zeichne eine Strecke $\overline{AB} = 4$ cm und ergänze diese Strecke zu einem Dreieck ABC mit $\gamma = 90°$ und $\overline{AC} = 2$ cm.
Wie groß ist der Winkel, den $\overline{BC}$ und die Tangente an den Umkreis des Dreiecks ABC im Punkt C miteinander einschließen?

7. Gib die Größen aller auftretenden Winkel in nebenstehender Zeichnung an, wenn das Dreieck ABC gleichseitig ist.

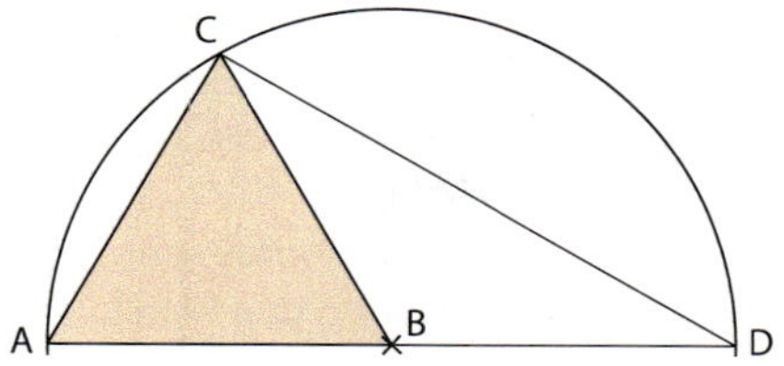

8. Erkläre, wie du mithilfe eines gleichseitigen Dreiecks einen Winkel von 30° sowohl innerhalb als auch außerhalb des Dreiecks konstruieren kannst. Orientiere dich dabei an Aufgabe 7.

9. Konstruiere ein rechtwinkliges Dreieck ABC mit $\gamma = 90°$, $c = 7\,\text{cm}$ und $h_c = 3\,\text{cm}$.
a) Beschreibe dein Vorgehen und begründe, weshalb die Konstruktion nicht eindeutig ist.
b) Gib Bedingungen für h_c an, bei denen es genau eine (keine) Lösung gibt.

10. Es soll ein rechtwinkliges Dreieck ABC mit $\gamma = 30°$ und $a = 6\,\text{cm}$ konstruiert werden.
a) Begründe, warum bei der Konstruktion kein eindeutiges Ergebnis zu erwarten ist.
b) Konstruiere für jeden der möglichen Fälle das Dreieck und beschreibe dein Vorgehen.

11. Entlang der Fahrbahn eines 8 m breiten Straßentunnels, dessen Querschnitt die Form eines Halbkreises hat, sind beidseitig 1 m breite Fußwege angeordnet. Fertige eine maßstäbliche Zeichnung des Sachverhaltes an und ermittle, welche Höhe ein Lkw maximal haben darf, um den Tunnel unbeschadet passieren zu können.

12. Betrachte die nebenstehenden Abbildungen und vergleiche die Größen der Kreise.
a) Schätze zunächst und überprüfe anschließend durch eine Rechnung mit den angegebenen Werten.
b) Beschreibe deine Beobachtung. Woran könnte diese optische Täuschung liegen?
c) Zeichne selbst ein Bild mit einer optischen Täuschung.

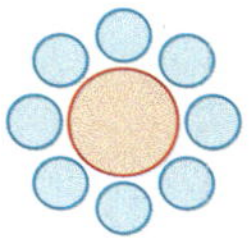

Blaue Kreise $d = 3\,\text{mm}$; roter Kreis $A = 9\pi\,\text{mm}^2$

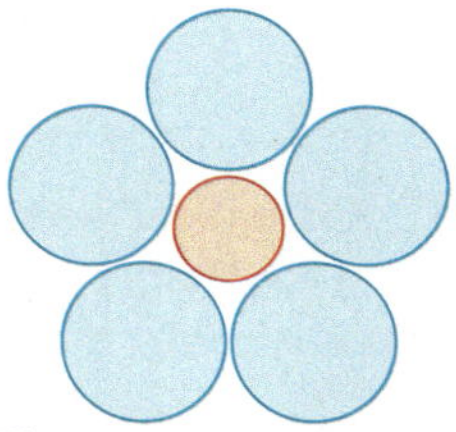

Blaue Kreise $u = 9\pi\,\text{mm}$; roter Kreis $u = 6\pi\,\text{mm}$

Hinweis zu 12 c:
Hier kann dynamische Geometrie-Software verwendet werden.

13. Das London Eye war 2013 mit einer Höhe von 135 m und einem Durchmesser von 121 m das höchste Riesenrad Europas.

- Berechne den Weg, den die Besucher bei einer Umrundung zurücklegen.
- Das London Eye hat 32 Kabinen, deren Aufhängungen außen auf dem Rad gleich weit voneinander entfernt sind. Bestimme den Abstand zweier Kabinen.
- Die Kabinen bewegen sich mit einer Geschwindigkeit von $0{,}26\,\frac{\text{m}}{\text{s}}$ auf einer Kreisbahn. Berechne die Zeitdauer für eine Umrundung.
- Das Riesenrad wurde vor dem Aufrichten liegend auf Schwimmkähnen zusammengebaut. Berechne die Kreisfläche, die es liegend einnahm.
- Das London Eye hält nur an, wenn beispielsweise Rollstuhlfahrer ein- oder aussteigen wollen. Nimm an, du steigst in das London Eye ein und fährst 10 Minuten mit einer Geschwindigkeit von $0{,}26\,\frac{\text{m}}{\text{s}}$, bis es anhält. Ermittle den Winkel, um den sich das Riesenrad bis dahin gedreht hat.

Lösungen
↗ S. 245

1. Zeichne drei Kreise mit einem Radius von r = 3 cm so,
a) dass möglichst viele Schnittpunkte entstehen,
b) dass sich je zwei Kreise in genau einem Punkt berühren.

2. Zeichne in einem Koordinatensystem den Kreis mit dem Mittelpunkt M(0|0) und dem Radius r = 5 cm und den Punkt P(5|5). Zeichne durch P
a) eine Sekante, b) eine Tangente, c) eine Passante.

3. Zeichne einen Kreis mit einem Radius r = 4 cm um einen Punkt M und markiere einen Punkt P auf dem Kreis.
a) Zeichne drei unterschiedliche Sehnen, die den Punkt P gemeinsam haben.
b) Prüfe, ob es unter solchen Sehnen wie bei a) auch eine längste (eine kürzeste) Sehne gibt, und zeichne gegebenenfalls solche Sehnen.
c) Zeichne eine Sehne des Kreises, die halb so lang wie der Durchmesser des Kreises ist.

4. Gib die fehlenden Winkelgrößen an.

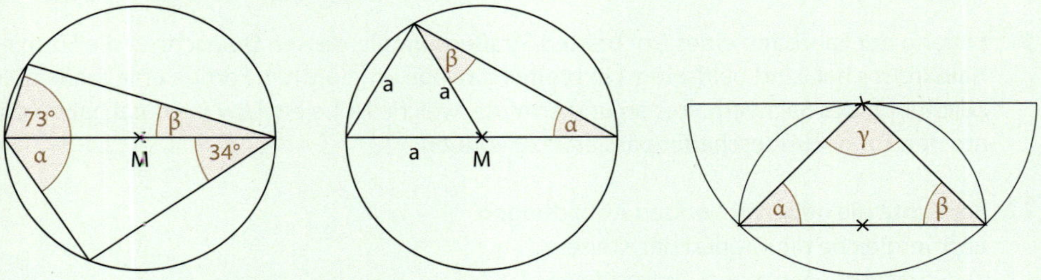

5. Konstruiere jeweils ein Dreieck ABC mit $\gamma = 90°$.
a) c = 3 cm; a = 2 cm
b) c = 4 cm; b = 2,5 cm
c) c = 3 cm; a = 2,5 cm
d) c = 4,5 cm; b = 1,5 cm

6. Konstruiere jeweils ein Dreieck ABC mit $\gamma = 90°$.
a) c = 4 cm; $\alpha = 50°$
b) c = 6 cm; $\beta = 40°$
c) c = 4,5 cm; $\alpha = 30°$
d) c = 6 cm; $\beta = 55°$

7. Berechne den Umfang des Kreises und runde das Ergebnis auf eine Stelle nach dem Komma.
a) r = 25 cm
b) r = 14 mm
c) d = 14 km
d) r = 2,8 km
e) r = 0,23 dm
f) d = 4,65 m
g) r = 0,045 km
h) d = 0,405 mm
i) d = 2π m
j) r = $\frac{1}{2\pi}$ km

8. Berechne die Länge der Äquatorkreise der acht Planeten unseres Sonnensystems aus ihren Durchmessern unter der Annahme, dass die Planeten perfekte Kugeln wären.

Merkur:	4878 km	*Venus:*	12104 km	*Erde:*	12756 km
Mars:	6790 km	*Jupiter:*	142984 km	*Saturn:*	120536 km
Uranus:	51118 km	*Neptun:*	49528 km		

9. Berechne den Flächeninhalt des Kreises mit dem Radius r bzw. mit dem Durchmesser d. Runde sinnvoll.
a) r = 4 cm
b) r = 7,8 m
c) d = 2 cm
d) r = 23,75 dm
e) d = 10,34 km
f) d = 0,004 m
g) r = 0,03 m
h) d = $2\sqrt{3}$ cm
i) r = π cm
j) d = $\frac{2\pi}{3}$ m

10. Die Sendereichweite eines Sprechfunkgeräts beträgt 5 km. Berechne, wie groß das Gebiet ist, in dem man das Funkgerät empfangen kann.

11. Ermittle den Radius des Kreises. Überschlage zunächst im Kopf.

a) $u = 36\,cm$ b) $A = 48\,cm^2$ c) $u = 90\,mm$ d) $A = 363\,m^2$

12. Berechne Umfang und Flächeninhalt. Überschlage zunächst im Kopf.

a) 1-Cent-Münze $d = 16{,}25\,mm$ b) Schallplatte $d = 30\,cm$ c) Steinkreis $d = 41{,}5\,dm$ d) Traktorreifen $d = 1{,}66\,m$

13. Berechne zu dem Kreisausschnitt mit dem Radius r und dem Zentriwinkel α den Flächeninhalt A_α und die Länge des Kreisbogens b_α. Runde sinnvoll.

a) $r = 5\,cm$; $\alpha = 16°$ b) $r = 11\,mm$; $\alpha = 58°$
c) $r = 14{,}7\,dm$; $\alpha = 90°$ d) $r = 0{,}25\,km$; $\alpha = 101°$
e) $r = 11\,cm$; $\alpha = 181°$ f) $r = 1{,}27\,km$; $\alpha = 240°$

14. Der Durchmesser des Halbkreises beträgt 6 cm.
Berechne den Inhalt der grün gefärbten Fläche.

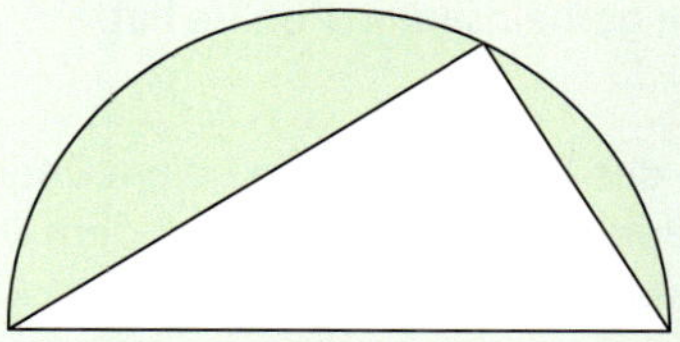

15. Berechne den Flächeninhalt der zusammengesetzten Figur.

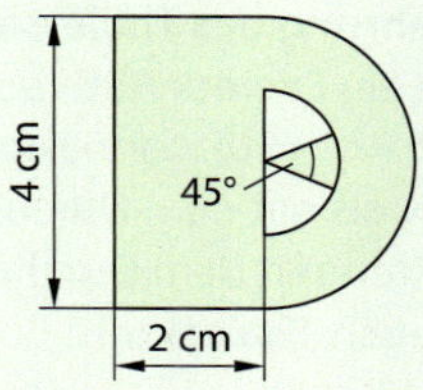

Wiederholungsaufgaben

1. Die Elbe hatte im April 2015 in Wittenberge folgende Wasserstände:

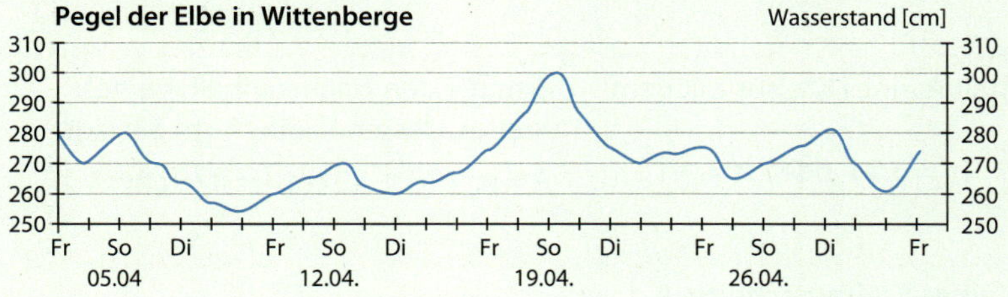

a) Lies den Wasserstand am 14. April und am 30. April ab.
b) Wann war im April der Pegelstand am niedrigsten?
c) Wann war der Pegelstand am höchsten?

2. Löse die Aufgaben möglichst geschickt.

a) $15 \cdot 8 + 85 \cdot 8$ b) $\frac{1}{7} \cdot (700 + 63)$ c) $\frac{2}{5} \cdot 9 \cdot 2 \cdot \frac{15}{2} \cdot 5$

3. Rechne im Kopf.

a) 7 % von 200 € b) 20 % von 20 kg c) 110 % von 50 m

4. Setze 1, −1 und 0 ein und gib den Wert des Terms an, falls möglich:
$(3x - (-x + 1)) \cdot \frac{1}{x}$

Zusammenfassung

Geometrische Zusammenhänge am Kreis

Kreis:
Alle Punkte haben den gleichen Abstand zum Mittelpunkt.

Sehne:
Strecke zwischen zwei Punkten eines Kreises.
Sekante:
Gerade, die einen Kreis in zwei Punkten schneidet.
Tangente:
Gerade, die einen Kreis in genau einem Punkt berührt.
Passante:
Gerade, die mit einem Kreis keine gemeinsamen Punkte hat.

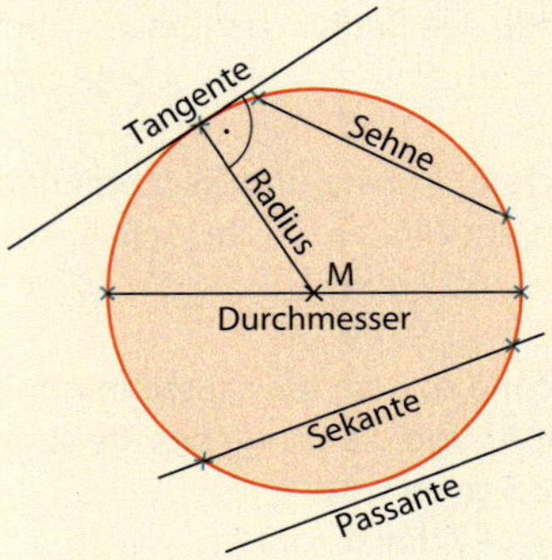

Der Durchmesser ist die längste Sehne.
Es gilt: $d = 2r$ bzw. $r = \frac{d}{2}$

Satz des Thales

Satz des Thales: Wenn in einem Dreieck ABC der Punkt C auf dem Kreis mit dem Durchmesser $\overline{AB}$ liegt, dann ist das Dreieck ABC rechtwinklig mit $\sphericalangle ACB = \gamma = 90°$.

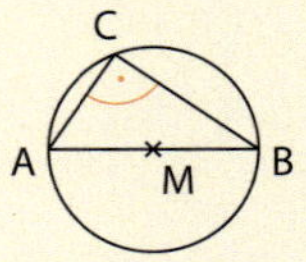

Umkehrung des Thalessatzes:
Wenn ein Dreieck ABC rechtwinklig ist mit $\sphericalangle ACB = \gamma = 90°$, dann liegt der Punkt C auf dem Kreis mit dem Durchmesser $\overline{AB}$.
Den Kreis mit dem Durchmesser $\overline{AB}$ nennt man auch **Thaleskreis**.

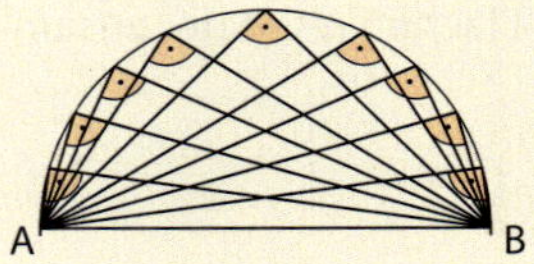

Umfang eines Kreises

Der **Umfang u eines Kreises** ist proportional zu seinem Durchmesser. Es gilt:
$u = \pi \cdot d = 2 \cdot \pi \cdot r \quad (\pi \approx 3{,}14 \text{ oder } \pi \approx \frac{22}{7})$

Ermittle den Umfang u eines Kreises, dessen Radius 12 cm beträgt.
$u = 2 \cdot \pi \cdot r = 2 \cdot \pi \cdot 12\,\text{cm} \approx 75{,}4\,\text{cm}$

Flächeninhalt eines Kreises

Für den **Flächeninhalt A eines Kreises** mit dem Radius r gilt:
$A = \pi \cdot r^2 = \frac{\pi}{4} \cdot d^2 \quad (\pi \approx 3{,}14 \text{ oder } \pi \approx \frac{22}{7})$

Ermittle den Flächeninhalt A eines Kreises, dessen Radius 3 cm beträgt.
$A = \pi \cdot r^2 = \pi \cdot (3\,\text{cm})^2 = \pi \cdot 9\,\text{cm}^2 \approx 28{,}3\,\text{cm}^2$

Kreisbogen, Kreisausschnitt

Der **Flächeninhalt eines Kreisausschnitts A_α** mit dem Radius r und dem Zentriwinkel α beträgt:

$A_\alpha = \frac{\alpha}{360°} \cdot \pi \cdot r^2$

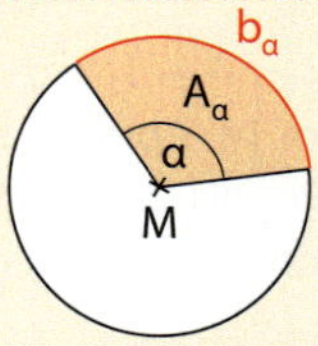

Die **Länge eines Kreisbogens b_α** mit dem Radius r und dem Zentriwinkel α beträgt:

$b_\alpha = \frac{\alpha}{180°} \cdot \pi \cdot r$

Berechne den Flächeninhalt A_α des Kreisausschnitts und die Bogenlänge b_α eines Kreises mit dem Radius 6 m und einem Zentriwinkel von 120°.

$A_\alpha = \frac{\alpha}{360°} \cdot \pi \cdot r^2 = \frac{120°}{360°} \cdot \pi \cdot (6\,\text{m})^2 \approx 37{,}7\,\text{m}^2$

$b_\alpha = \frac{\alpha}{180°} \cdot \pi \cdot r = \frac{120°}{180°} \cdot \pi \cdot 6\,\text{m} \approx 12{,}6\,\text{m}$

3. Funktionen

Mit Funktionen lässt sich beispielsweise bestimmen, wie steil der Weg ist oder wann man am Ziel ankommt.

Dein Fundament

Lösungen
↗ S. 246

Lösen von Gleichungen

1. Gib alle in Klammern stehenden Zahlen an, die Lösung der Gleichung sind.

a) $3x - 3 = -2$; $\left(-3; \frac{1}{3}; 3; -\frac{1}{3}\right)$ b) $-\frac{2}{x} = 4$; $\left(-8; -2; -\frac{1}{2}; \frac{1}{2}; 2\right)$

c) $x(x - 3) = 0$; $(1; -1; 0; -3; 3)$ d) $|x - 2| = 3$; $(-1; 0; 1; 2; 5)$

2. Löse die Gleichung.

a) $3(x + 2) = -7$ b) $2x - 4 = -6x + 12$ c) $0{,}5x - 2 = 0$ d) $3 - x = x - 6$

3. Anja und ihr Bruder Paul sind zusammen 18 Jahre alt. Paul ist halb so alt wie Anja. Ermittle das Alter der beiden Geschwister.

4. Gib alle Zahlen an, die die jeweilige Bedingung erfüllen.

a) Addiert man zum Dreifachen der Zahl die Zahl 6, so erhält man 15.

b) Vermindert man das Fünffache der Zahl um das Doppelte der Zahl, so erhält man das Vierfache der Zahl.

c) Die Hälfte der Zahl und ein Viertel der Zahl ergeben 9.

d) Vermindert man das Vierfache der Zahl um das Fünffache der Zahl, so erhält man die zur betreffenden Zahl entgegengesetzte Zahl.

Zuordnungen

5. Das Säulendiagramm stellt eine Zuordnung dar.

a) Schreibe die zugeordneten Größen in der Form *Ausgangsgröße → zugeordnete Größe*.

b) In welchem Monat scheint die Sonne am längsten, in welchem am kürzesten?

c) Stelle die Zuordnung in einer Wertetabelle dar.

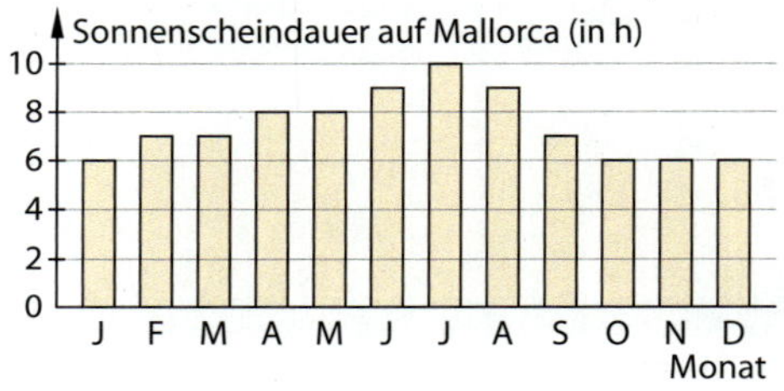

6. Eine Messstation hat die Temperaturen an einem Tag aufgezeichnet.

a) Wann war die Temperatur am höchsten, wann am niedrigsten und wie viel Grad wurden dann gemessen?

b) Erstelle eine Wertetabelle.

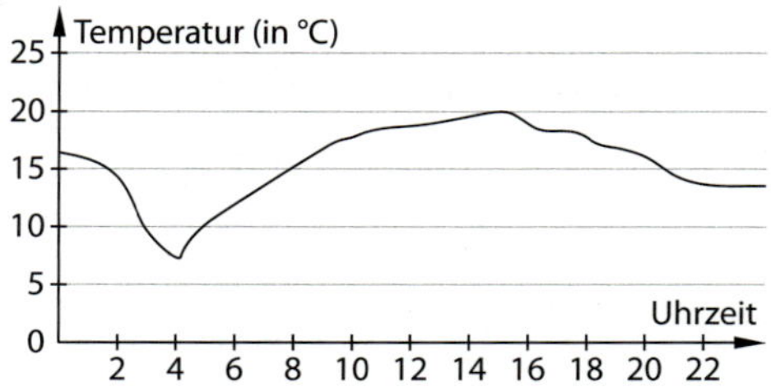

7. Zeichne einen Graphen zur Zuordnung *Monat → Wassertemperatur auf Kreta*.

Monat	1	2	3	4	5	6	7	8	9	10	11	12
Temp. (in °C)	19	18	18	18	19	20	21	22	23	23	21	20

8. Familie Blum will in ihrem Ferienhaus Thermofenster einbauen. Um die Fenster zu transportieren, mietet Familie Blum für einen Tag einen Kleintransporter. Der Preis beträgt (einschließlich einer Fahrstrecke von 150 km) 39 €. Jeder Zusatzkilometer kostet 23 ct. Ermittle den Mietpreis, wenn die Fahrstrecke für den Transport der Fenster 163 km beträgt.

Proportionale und antiproportionale Zuordnungen

9. Prüfe, ob die Tabelle zu einer proportionalen oder antiproportionalen Zuordnung gehören kann. Zeichne den Graphen, falls Proportionalität oder Antiproportionalität vorliegt.

a)

x	1	2	7	9
y	0,7	1,4	4,9	6,3

b)

x	4,5	5	9	15
y	10	9	5	3

c)

x	10	7	5	3
y	22	15,4	11	4,4

10. a) Ergänze die Tabelle im Heft so, dass eine proportionale Zuordnung entsteht.
b) Stelle die Zuordnung in einem Koordinatensystem dar.

x	1	2	3	6	7	8
y		4		12		

11. Übertrage die Tabelle in dein Heft und ergänze sie
a) zu einer proportionalen Zuordnung,
b) zu einer antiproportionalen Zuordnung.

x	5			12
y		9	8	6

12. Welche der Zuordnungen sind proportional, welche antiproportional? Begründe.
a) *Alter eines Kindes → Gewicht des Kindes*
b) *Fahrstrecke → Taxirechnung*
c) *Seitenlänge eines Quadrats → Umfang*
d) *Arbeitszeit → Arbeiter*
e) *Anzahl der Nachhilfestunden → Lohn*
f) *Geschwindigkeit → Tunneldurchfahrtszeit*

13. Paula und Anne machen gemeinsam eine Radtour. Wenn sie täglich 32 € ausgeben, reicht ihr gespartes Geld 14 Tage. Sie wollen aber 16 Tage unterwegs sein. Wie viel Geld dürfen sie täglich ausgeben?

14. Die Tabelle gibt die Länge a und die Breite b von flächengleichen Rechtecken an.

Länge a	1 m	2 m	3 m		8 m		
Breite b		18 m	12 m	9 m		3,6 m	2 m

a) Übertrage die Tabelle in dein Heft und vervollständige sie.
b) Gib den Flächeninhalt A der betrachteten Rechtecke an.
c) Ermittle die Länge eines flächengleichen Rechtecks, das 15 m breit ist.
d) Gib die Seitenlänge eines flächengleichen Quadrats an.
e) Zeichne den Graphen der Zuordnung *Länge a → Breite b*.

Vermischtes

15. Gib an, welche Zahl man – falls überhaupt möglich – für a einsetzen muss, damit die Gleichung $a \cdot x - 3 = 0$ die angegebene Lösung hat.
a) $x = 1$ b) $x = -1$ c) $x = \frac{1}{2}$ d) $x = 9$ e) $x = -3$ f) $x = 0$

16. Wasser von 20 °C wird in einem Becherglas erhitzt. Nach 3 Minuten ist die Temperatur des Wassers um 30 Grad gestiegen. Gib an, welche Temperatur das Wasser (bei gleichmäßigem Erhitzen) nach 6 Minuten und nach 9 Minuten hat.

17. Entscheide, in welchem Quadranten bzw. auf welcher Achse eines Koordinatensystems folgende Punkte liegen: $A(3|4)$; $B(-3|2{,}5)$; $C(0|4)$; $D(\frac{1}{4}|-4)$; $E(3|0)$; $F(-3{,}2|-4{,}3)$

3.1 Funktionen

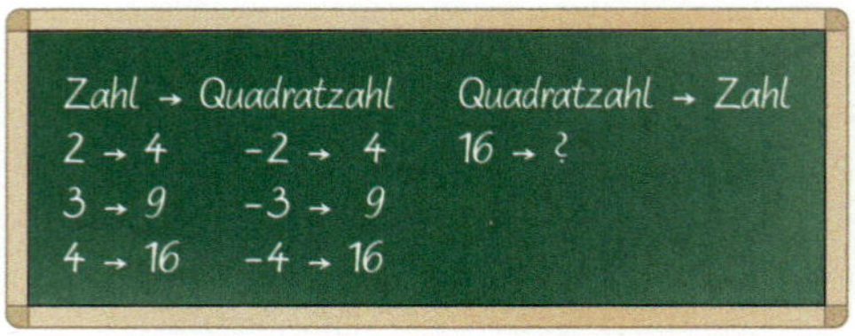

■ Miro hat einige Quadratzahlen an die Tafel geschrieben. Jetzt sucht er zu einer Quadratzahl die Zahl, die quadriert wurde.
Kannst du ihm helfen? ■

Wissen: Funktion
Eine **Funktion** ist eine **eindeutige Zuordnung:**
Es gibt zu jedem Wert x aus dem Definitionsbereich **genau einen** zugeordneten Wert y, der **Funktionswert** von x genannt wird.

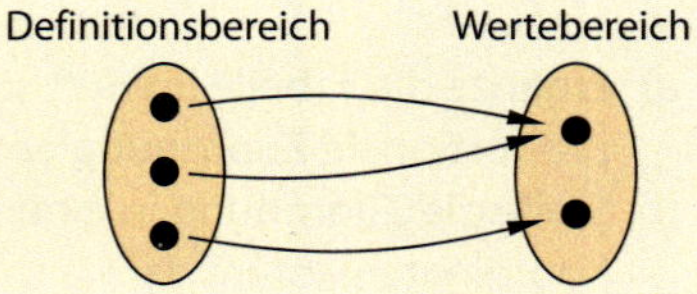

Beispiel 1: Stelle die Zuordnung als Pfeildiagramm dar. Entscheide, ob die Zuordnung eine Funktion ist.

a)

Note	1	2	3	4	5	6
Anzahl	3	8	7	7	3	0

b)

Zahl	5	6	7
Teiler (außer 1)	5	2; 3; 6	7

Lösung:

a)

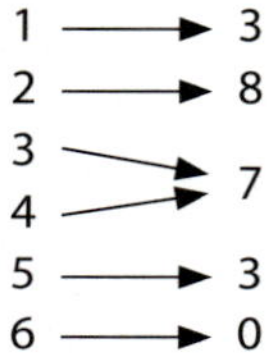

Von jeder Note geht genau ein Pfeil aus: zu der Anzahl Schüler mit dieser Note.
Diese Zuordnung ist eindeutig, also eine Funktion.

b)

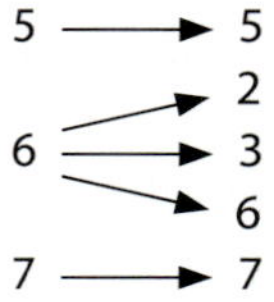

Von der Ausgangszahl 6 gehen mehrere Pfeile aus, denn die Zahl 6 hat mehrere Teiler.
Die Zuordnung ist nicht eindeutig, also keine Funktion.

Basisaufgaben

1. Entscheide jeweils, ob die Zuordnung eine Funktion ist.

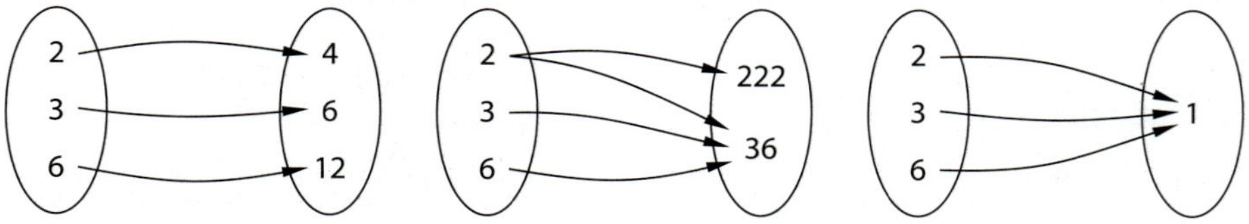

d) Jedem Mitglied der Fußballmannschaft wird seine Schuhgröße zugeordnet.
e) Jeder Schülerin wird ihre Augenfarbe zugeordnet.
f) Jeder Haarfarbe werden die Schüler der 7a zugeordnet.
g) *Zeit für das Befüllen eines Wasserbeckens → Höhe des Wasserstandes im Becken*

2. Prüfe, ob die Zuordnung eine Funktion ist. Begründe deine Entscheidung.
a) *Person → Körpergröße*
b) *Handymodell → Person*
c) *Jahreszahl → Anzahl der Regentage*
d) *Höhe des Taschengeldes → Person*
e) *Parkdauer → Parkgebühr*
f) *Schuhgröße → Körpergröße*
g) *Zahl → Quadratzahl*
h) *natürliche Zahl → Quersumme*

Funktionen darstellen

Beispiel 2: Die Wortvorschrift „Jeder Zahl wird das Doppelte zugeordnet." beschreibt eine Funktion.
a) Stelle zu der Funktion eine Wertetabelle auf.
b) Zeichne den Graphen der Funktion.
c) Schreibe als Vorschrift x → ■. Gib für das Kästchen ■ einen Term zur Berechnung der Funktionswerte an.

Lösung:

a) Der 1 wird die 2 zugeordnet.
Der 2 wird die 4 zugeordnet.
Der 3 wird die 6 zugeordnet. …

Wertetabelle:

Ausgangswert x	1	2	3	4	5
Funktionswert y	2	4	6	8	10

b) Trage jedes Wertepaar als Punkt in ein Koordinatensystem ein.
Da es auch für alle Zwischenwerte Funktionswerte gibt, kannst du den Graphen durchzeichnen.

Graph:

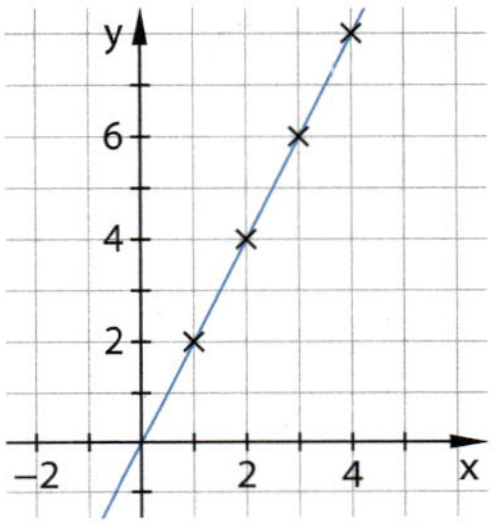

c) Jedem x wird das Doppelte, also 2x, zugeordnet.

Vorschrift:
x → 2x

Basisaufgaben

3. Die Wortvorschrift „Jeder Zahl wird die Hälfte zugeordnet." beschreibt eine Funktion. Stelle die Funktion
a) als Wertetabelle, b) als Graph und c) als Vorschrift dar.

Tipp:
Spielt „Stille Post":
Eine Funktion wird von Schüler zu Schüler „weitergegeben", aber immer in einer anderen Darstellung.

4. Jeder Zahl wird die Differenz aus 10 und dem Dreifachen dieser Zahl zugeordnet. Stelle die Funktion auf drei verschiedene Arten dar.

5. Ordne die Wertetabellen den Graphen zu. Begründe jeweils, warum die drei anderen nicht passen können.

Brenndauer einer Kerze

Zeit (in h)	2	4	6	8
Kerzenhöhe (in cm)	8	6	4	2

Gesamtgewicht eines LKWs

Ladung (in t)	2	4	6	8
Gewicht (in t)	12	14	16	18

Fallstrecke eines Fallschirmspingers

Zeit (in s)	1	2	3	4
Fallstrecke (in m)	5	20	45	80

Käsepreis

Käse (in g)	50	100	150	200
Preis (in €)	1,25	2,50	3,75	5

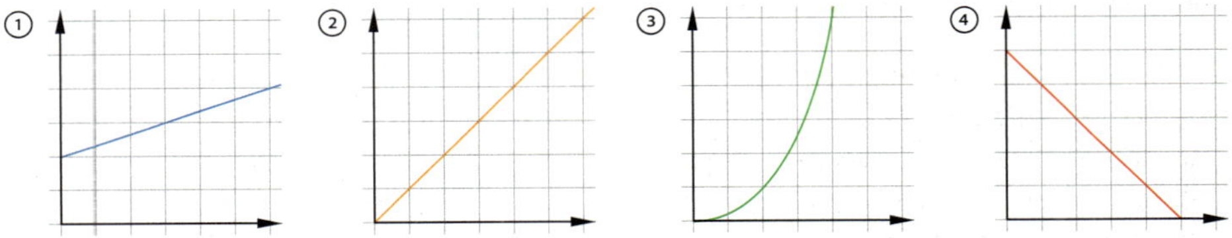

Weiterführende Aufgaben

6. a) Welche Vorschrift passt zu welchem Wertepaar? Ordne zu.

$x \rightarrow 1 - x$ $x \rightarrow 3 \cdot x$ $(1|3)$

$x \rightarrow x \cdot x$ $(1|0)$ $(1|1)$

b) Begründe, welcher Graph zu welcher Vorschrift aus Aufgabenteil a) passt.

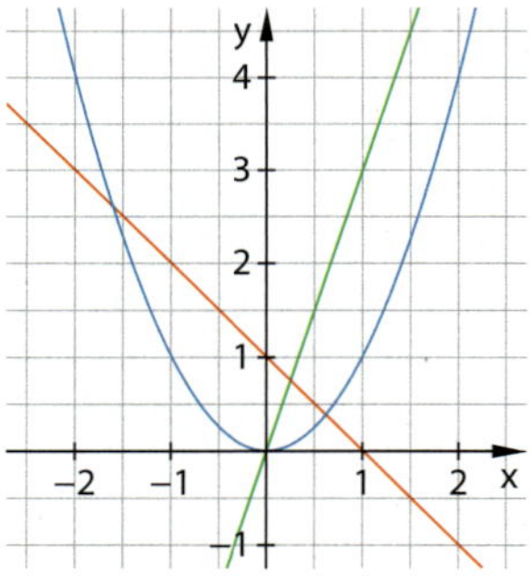

● **7.** Elias, Dennis und Jonathan sollen eine Audiodatei herunterladen. Elias' Downloadgeschwindigkeit wurde während des Downloads gedrosselt, Dennis hatte zweimal eine schlechte Verbindung und Jonathans Verbindung war gegen Ende am besten.

①
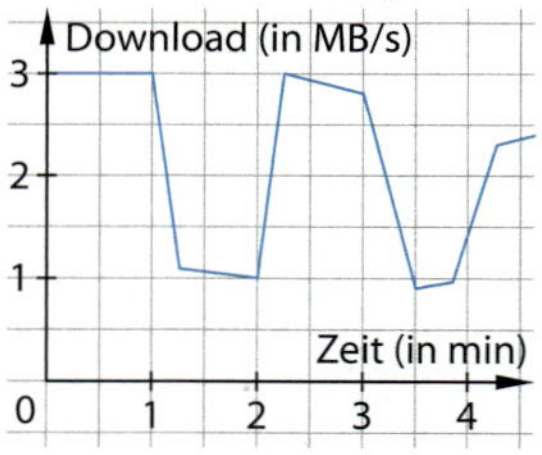

②
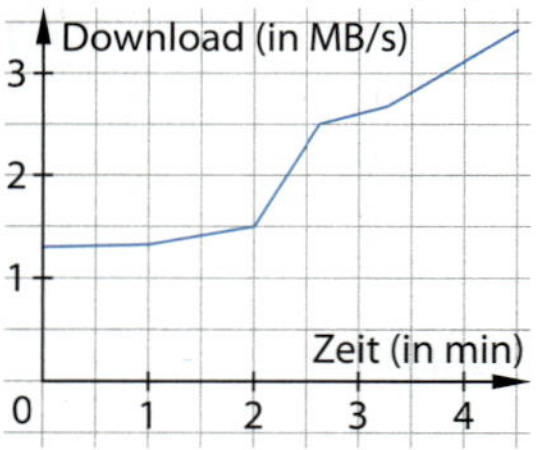

③
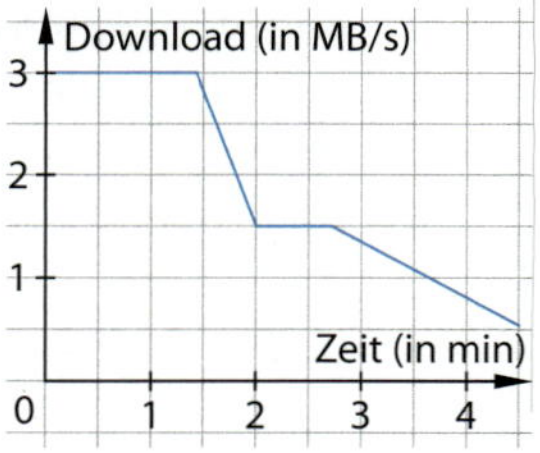

a) Ordne die Graphen den Downloads von Elias, Dennis und Jonathan zu und begründe deine Wahl.

b) Erstelle jeweils eine Wertetabelle für $x = 0$ bis $x = 4$ in 0,5er-Schritten.

8. Bei welchen Kurven handelt es sich um Funktionsgraphen? Begründe deine Antwort.

a)
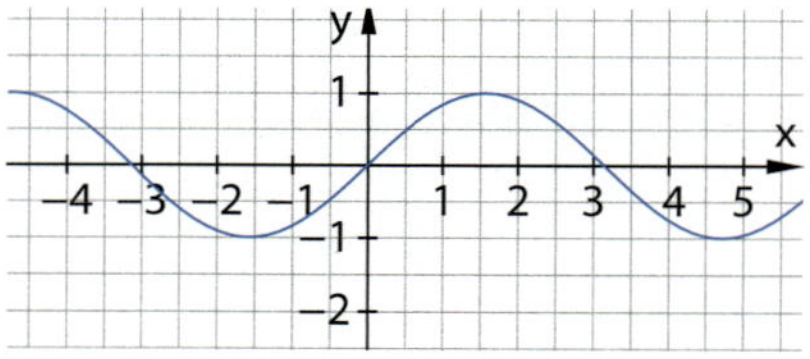

b)
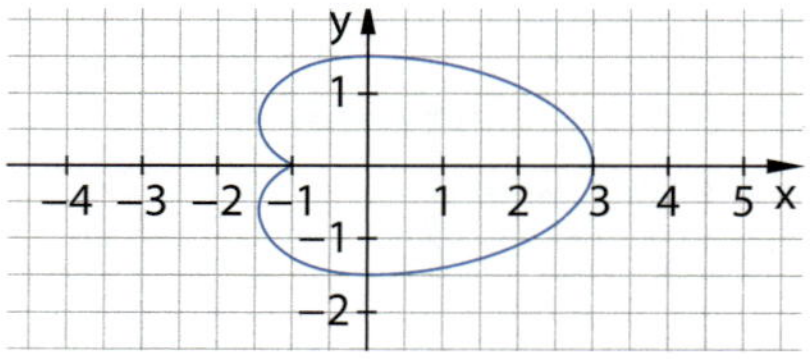

● **9.** Überprüfe und begründe, ob die Zuordnung und ihre Umkehrung Funktionen sind.

a) *Uhrzeit → Ampelfarbe* und *Ampelfarbe → Uhrzeit*

b) *Person → Alter* und *Alter → Person*

c) Überlege dir weitere Beispiele und stelle sie in der Gruppe vor.

10. Stolperstelle: Begründe, wo der Denkfehler liegt.
Julian sagt: „Die Zuordnung *Person → Geburtstag* ist keine Funktion, da es mehrere Personen geben kann, die an einem Tag Geburtstag haben."

● **11. Ausblick:** Finde die Regelmäßigkeit in der Tabelle. Gib eine Gleichung an, mit dem du weitere Wertepaare der Funktion berechnen kannst, und zeichne den Graphen der Funktion.

a)

x	−2	−1	0	1	2
y	−6	−3	0	3	6

b)

x	−4	−2	0	2	4
y	−5	−1	3	7	11

c)

x	−8	−4	0	4	8
y	3,5	3,5	3,5	3,5	3,5

d)

x	−6	−3	0	3	6
y	−5	−3	−1	1	3

3.2 Proportionale Funktionen

■ Bei welchem Sonderpreis bekommt man „mehr für sein Geld"? Berechne den Preis pro Liter. ■

Proportionalitätsfaktor

Die Zuordnungen *Äpfel (in kg) → Preis (in €)* ist proportional, den verdoppelt sich der Ausgangswert, so verdoppelt sich auch der Preis.

Wissen: Quotientengleichheit und Proportionalitätsfaktor
Bei einer proportionalen Zuordnung sind alle Wertepaare (x|y) **quotientengleich**.
Dividiert man y durch x, so ergibt sich immer dieselbe Zahl, der **Proportionalitätsfaktor m.**

Beispiel 1: Prüfe aus den Angaben der Tabelle, ob die Zuordnung proportional ist. Gib gegebenenfalls den Proportionalitätsfaktor an.

a) *Menge Käse (in kg) → Preis (in €)*

Menge	2	4	5	7
Preis	21,00	42,00	52,50	73,50

b) *Fahrchips für die Achterbahn → Preis (in €)*

Menge	1	2	5	8
Preis	5	8	11	14

Lösung:

a) Prüfe, ob sich beim Schluss auf den Grundpreis (Preis pro kg) immer derselbe Wert ergibt. Dies ist hier der Fall. Es wurden immer 10,50 € pro kg berechnet. Die Zuordnung ist daher proportional.

Menge	1	2	4	5	7
Preis	10,50	21,00	42,00	52,50	73,50

(:2, :4, :5, :7)

Der Wert 10,50 € pro kg ergibt sich immer aus dem Quotienten $\frac{\text{Preis}}{\text{Menge}}$.
Der Proportionalitätsfaktor ist 10,5.

$10{,}5 = \frac{21}{2} = \frac{42}{4} = \frac{52{,}5}{5} = \frac{73{,}5}{7}$

b) Prüfe, ob der Quotient $\frac{\text{Preis}}{\text{Anzahl der Fahrchips}}$ immer gleich ist. Da die Quotienten der ersten beiden Wertepaare nicht gleich sind, ist die Zuordnung nicht proportional.

$\frac{5}{1} = 5$, aber $\frac{8}{2} = 4$

Basisaufgaben

1. Prüfe, ob die Zuordnung proportional ist. Gib ggf. den Proportionalitätsfaktor an.

a) *Streusalz (in kg) → Preis (in €)*

Menge	5	8	15	30
Preis	5,50	8,80	16,50	33,00

b) *Länge der Taxifahrt (in km) → Preis (in €)*

Strecke	2	5	8	15
Preis	6,00	10,50	15,00	25,50

2. Ergänze die Tabelle so, dass Proportionalität vorliegt. Gib den Proportionalitätsfaktor an.

a)

x	2	3	5	7	10
y		12			

b)

x	1		6	7	
y		24	36		60

3. 6 Müsliriegel wiegen zusammen 150 g.
   a) Stelle eine Wertetabelle für 1, 2, 3, 4, 5 Müsliriegel auf.
   b) Gib den Proportionalitätsfaktor der Zuordnung *Anzahl Müsliriegel → Gewicht (in g)* an.
   c) Berechne das Gewicht von 8 (10, 15) Müsliriegeln.

Funktionsgleichung und Graph

Bezeichnet man in Beispiel 1 a) das Käsegewicht mit x und den Preis mit y, so gilt $\frac{y}{x} = 10{,}5$, also $y = 10{,}5 \cdot x$. Mit der Gleichung $y = 10{,}5 \cdot x$ kann man den Preis y zu jeder Menge x berechnen. Diese Zuordnung ist eindeutig und damit eine Funktion. Zum Beispiel kann diese Funktion von der Software einer Supermarktkasse genutzt werden, um den Preis der Ware zu berechnen. Allgemein gilt: **Jede proportionale Zuordnung ist eine Funktion.**

Wissen: Funktionsgleichung einer proportionalen Funktion
Die **Funktionsgleichung** einer proportionalen Funktion hat die Form $\mathbf{y = m \cdot x}$.
m ist der Proportionalitätsfaktor.

Beispiel 2: Funktionsgleichung aufstellen
Ein Planschbecken im Garten wird mit dem Gartenschlauch neu befüllt. Nach 4 Minuten beträgt der Wasserstand 6 cm. Ermittle eine Funktionsgleichung zur Situation.

Lösung:

Lege die Variablen x und y fest. — Variablen x und y: x: Zeit (in min); y: Wasserstand (in cm)

Den Proportionalitätsfaktor lässt sich aus dem Wertepaar (4 min | 6 cm) bestimmen. Berechne den Quotienten $\frac{\text{Wasserstand}}{\text{Zeit}}$. — Proportionalitätsfaktor: $\frac{y}{x} = \frac{6}{4} = 1{,}5$ (1,5 cm pro min)

Setze den Proportionalitätsfaktor m = 1,5 in die allgemeine Form $y = m \cdot x$ ein. — Funktionsgleichung: $y = 1{,}5 \cdot x$

Beispiel 3: Graph zeichnen
Erstelle zur Funktionsgleichung $y = 1{,}5 \cdot x$ aus Beispiel 2 eine Wertetabelle und zeichne den Graphen der Funktion.

Lösung:

Berechne einige Wertepaare. Setze dazu einige x-Werte in $y = 1{,}5 \cdot x$ ein. — Funktionsgleichung: $y = 1{,}5 \cdot x$; Wertepaar: $x = 6$ $y = 1{,}5 \cdot 6 = 9$

Stelle alle Wertepaare in einer Tabelle zusammen.

x	0	1	2	4	6
y	0	1,5	3	6	9

Zum Zeichnen genügt es, wenn du nur den Punkt (6|9) einzeichnest, denn der Graph geht durch den Ursprung (0|0).

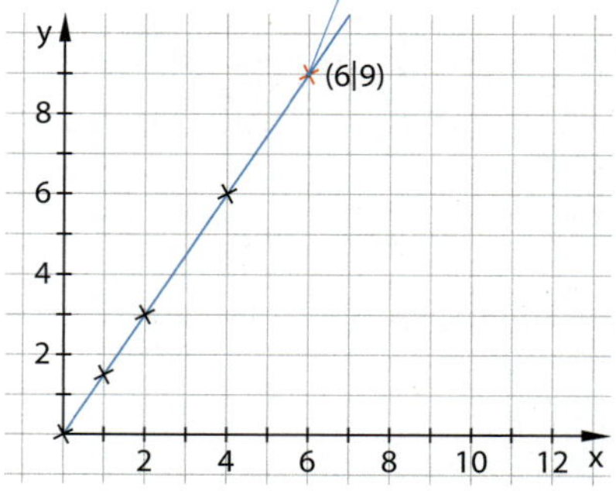

Wissen: Graph einer proportionalen Funktion
Der Graph einer proportionalen Funktion ist eine **Gerade**, die **durch den Ursprung** geht.

Basisaufgaben

4. Ermittle eine Funktionsgleichung zu der Situation.

a) Fünf Meter Rollrasen kosten 35 €.
b) Ein Kanuverleih berechnet für 3 Stunden 24 €.
c) Auf dem Markt kosten 1,5 kg Äpfel 4,50 €.
d) Auf der Autobahn reichen 50 Liter Diesel für 625 km.

5. Ergänze die y-Werte in der Wertetabelle. Setze dazu die x-Werte in die Gleichung ein.

a) $y = 1{,}2x$

x	1	2	3	5	10	20
y						

b) $y = \frac{1}{4}x$

x	1	2	4	8	10	16
y						

Hinweis zu 5a:
Statt $y = 1{,}2 \cdot x$ kann man auch kürzer $y = 1{,}2x$ schreiben.

6. Erstelle eine Wertetabelle und zeichne den Graphen der Funktion.
a) $y = 3x$ b) $y = 0{,}5x$ c) $y = 1{,}6x$ d) $y = -0{,}4x$

GTR **7.** Viele Taschenrechner bieten die Möglichkeit Wertetabellen zu erstellen. Probiere es aus und erstelle eine Wertetabelle für die Funktionsgleichung.
a) $y = 9{,}81x$ b) $y = \frac{5}{6}x$ c) $y = \pi x$

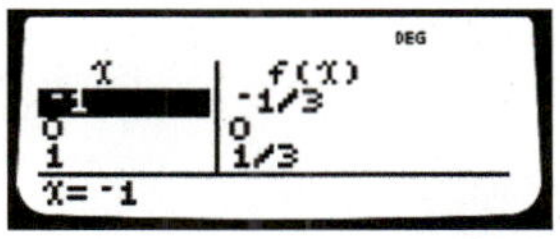

Hinweis zu 7:
$y = \frac{1}{3}x$ und $f(x) = \frac{1}{3}x$ sind zwei unterschiedliche Schreibweisen für dieselbe Funktionsvorschrift.

8. Der Graph beschreibt den Wasserzulauf in einen Pool. Bestimme aus einem Wertepaar des Graphen den Proportionalitätsfaktor. Gib die Funktionsgleichung an.

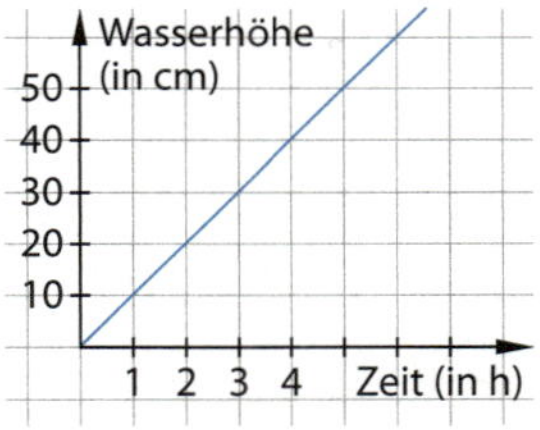

9. a) Begründe anhand der Funktionsgleichung $y = m \cdot x$, warum der Punkt $(0|0)$ immer zum Graphen einer proportionalen Funktion gehört.
b) Als Hausaufgabe sollte der Graph zur Gleichung $y = 0{,}4x$ gezeichnet werden. Vergleiche die drei Schülerlösungen. Nennen jeweils Vor- und Nachteile der Lösungen.

Lara

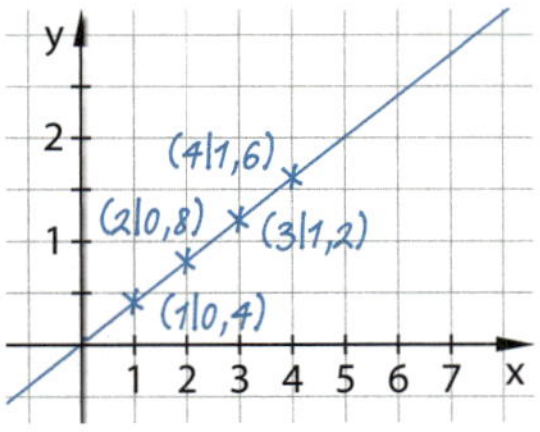

Klemens

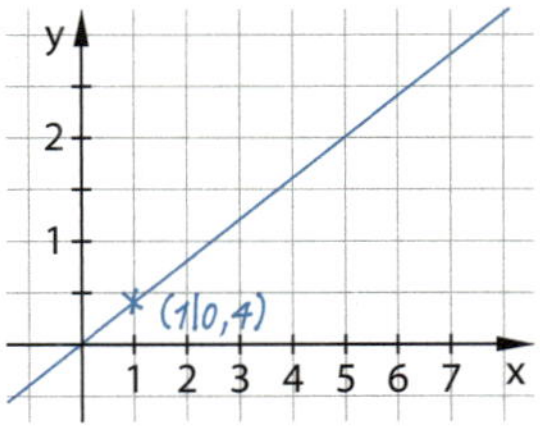

Torge

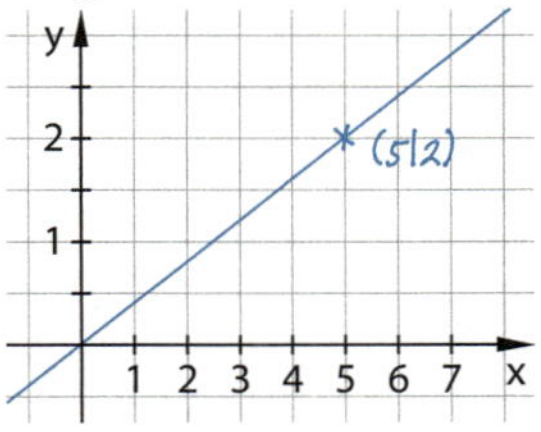

Hinweis zu 10:
Hier findest du die Lösungen.

10. Bestimme die Funktionsgleichung einer Geraden, die durch den Punkt $A(x|y)$ geht.
a) $A(1|1)$ b) $A(1|-3)$ c) $A(3|2)$ d) $A(100|-25)$

Punktprobe

Hinweis zu b):
Auch grafisch siehst du, dass (4|1) nicht auf der Geraden liegt.

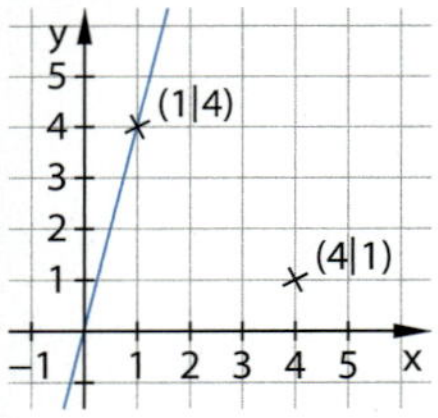

Beispiel 4: Prüfe rechnerisch, ob der Punkt auf der Geraden liegt, die zur Funktionsgleichung $y = 4 \cdot x$ gehört.

a) A(2|8) b) B(4|1) c) C(–4,5|–18)

Lösung:
Setze den x-Wert und y-Wert des Punktes in der Funktionsgleichung $y = 4 \cdot x$ ein.
Falls sich eine wahre Aussage ergibt, liegt der Punkt auf der Geraden.

a) (2|8) liegt auf der Geraden, denn:
$8 = 4 \cdot 2$
$4 = 4$ wahr

b) (4|1) liegt nicht auf der Geraden, denn:
$1 = 4 \cdot 4$
$1 = 16$ falsch

c) (–4,5|–18) liegt auf der Geraden, denn:
$-18 = 4 \cdot (-4{,}5)$
$-18 = -18$ wahr

Basisaufgaben

11. Prüfe rechnerisch, ob die Punkte auf der Geraden liegen.
a) Gerade mit $y = 2x$ A(4|2), B(2|4), C(7,5|10), D(–0,4|–0,8)
b) Gerade mit $y = -3x$ A(2|6), B(4|–12), C(–2|2), D(2,4|7,2)
c) Gerade mit $y = \frac{1}{4}x$ A(4|1), B(–2|–2), C$(3|\frac{1}{12})$, D$(5|1\frac{1}{4})$

12. Ordne die Wertepaare den passenden Funktionsgleichungen zu.

$y = -2{,}5x$ | $y = 5x$ | (3|–7,5) | (2|20) | (4|–10) | (1|5) | $(2|\frac{4}{5})$
$y = 10x$ | $y = \frac{2}{5}x$ | (–4|–20) | $(\frac{4}{5}|8)$ | (5|2) | (–2|–10) | (5|25)

13. Überprüfe, ob die Punkte auf dem Graphen einer einzigen proportionalen Funktion liegen.
a) A(1|3); B(3|9); C(–2|–6)
b) A(3|5); B(–6|–10); C(–10|–30)
c) A(3|–15); B(1|–5); C(–5|–25)
d) A(0,5|0,02); B(–2,4|–0,096); C(–4|–0,15)

14. Haben alle Kunden den korrekten Preis bezahlt, wenn der Kilopreis für Birnen 4 € beträgt? Überprüfe mit dem Taschenrechner.

0,765 kg
Birnen (lose) 3,06 €

0,475 kg
Birnen (lose) 1,90 €

0,505 kg
Birnen (lose) 2,20 €

Weiterführende Aufgaben

15. Denise legt seit Anfang des Jahres an jedem Sonntag 4 € in ihre Spardose. Mit der Funktion $y = 4x$ lässt sich berechnen, wie viel Denise bereits gespart hat.
a) Welche Bedeutung haben die Werte von x und y hier?
b) Berechne den Funktionswert für $x = 2$ ($x = 5$, $x = 52$). Erläutere, was der Wert aussagt.
c) Bestimme die Anzahl der Wochenenden, die Denise mindestens sparen muss, um mehr als 50 € in der Spardose zu haben.
d) Beurteile, was die Funktionswerte von $x = -3$ und $x = 2{,}5$ bedeuten. Lege fest, welche x-Werte in diesem Zusammenhang sinnvoll sind.
e) Ist es sinnvoll, beim Graphen dieser Funktion die Punkte zu einer Geraden zu verbinden? Begründe deine Antwort.

16. Die Wertetabelle gehört zu einer proportionalen Funktion. Ergänze die fehlenden Werte.

a)

x	−3	−2	−1	0	1	2
y					3	

b)

x	−3	−1			2	5
y	−15		0	1		

17. Stefanie behauptet, dass man die Punktprobe auch ohne Rechnung machen kann. Hat sie Recht? Begründe an einem Beispiel.

18. Stolperstelle: In einem Süßigkeitenladen kann man sich selbst eine Tüte mit Leckereien zusammenstellen. Pro 50 g bezahlt man 2,50 €. Berechne den Preis für 125 g Süßigkeiten. Erkläre die Lösungsansätze der Schüler. Korrigiere gegebenenfalls den Lösungsweg.

Benjamin:

Wertetabelle:

Menge (in g)	50	100	150
Preis (in €)	2,5	5	7,5

Proportionalitätsfaktor: $\frac{100}{5} = 20$

Gleichung: $y = 20x$

Rechnung: $20 \cdot 125 = 250$

Lösung: $x = 125$, $y = 250$

Lena:

Gleichung: $y = 50x$

Rechnung: $50 \cdot 125 = 625$

125 g kosten 625 €.

Paul:

50 g sind 2,50 €.

100 g sind 5,00 €.

25 g sind 2,50 € : 2 = 1,25 €.

125 g kosten also

5,00 € + 1,25 € = 6,25 €.

● **19.** Eine Klepshydra ist eine antike Wasseruhr. Aus dem oberen Behälter fließt Wasser in den unteren. Der untere Behälter ist 28 cm hoch und so geformt, dass der Wasserstand proportional zur verstrichenen Zeit ist.

a) Der Wasserstand nimmt in 3 Minuten um 1 cm zu. Gib eine Funktionsgleichung zur Zuordnung *Zeit (min) → Wasserstand (in cm)* an.

b) Berechne die Funktionswerte für die x-Werte 0; 1 und 9 und erkläre ihre Bedeutung.

c) Bestimme die Zeitspanne, in der sich die Höhe des Wasserstands um 4 cm verändert.

d) Berechne die längste Zeitdauer, die sich mit der Klepshydra abmessen lässt.

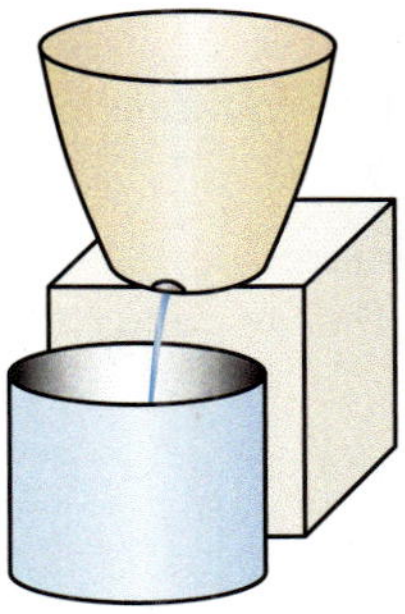

Hinweis zu 19:

In der Antike wurde die Klepshydra vor allem dazu verwendet, die Redezeit von sich streitenden Personen vor Gericht zu begrenzen.

● **20. Ausblick:**

a) Trage zu jedem Experiment die Ergebnisse in eine Wertetabelle ein und zeichne sie als Punkte in ein Koordinatensystem.

b) Kann man den Vorgang jeweils mit einer proportionalen Funktion beschreiben?

Experiment 1:
Bohre in eine Plastikflasche ein kleines Loch, sodass der Inhalt in einem feinen Strahl austreten kann.
Fange die Flüssigkeit in einem Messbecher auf und miss mit einer Stoppuhr, nach wie vielen Sekunden 100 mℓ 200 mℓ, 300 mℓ, … Flüssigkeit ausgelaufen sind.

Experiment 2:
Schneide ein Gummiband auseinander und befestige an einer Seite eine Plastiktüte. Wenn du jetzt Eineuromünzen in die Tüte legst, so ändert sich die Länge des Gummibandes. Befestige das Gummiband an der Wand (Nagel, Stecknadel) und miss die Längenänderung bei 2, 4, 6, … Münzen.

3.3 Steigung

■ Vergleiche die beiden Treppen. Welche der beiden Treppen ist steiler? Begründe deine Antwort. ■

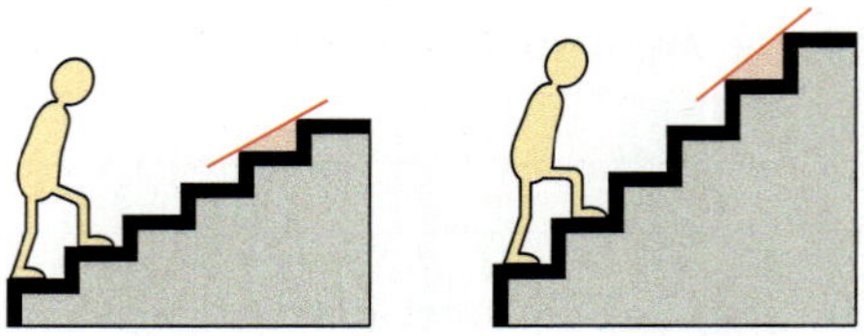

Der **Proportionalitätsfaktor m** einer proportionalen Funktion bestimmt die Änderung der Funktionswerte bei zunehmenden x-Werten. Werden die Funktionswerte immer größer oder immer kleiner? Nehmen die Funktionswerte schnell oder langsam zu? Im Zusammenhang mit einem Graphen spricht man aber nicht vom Proportionalitätsfaktor, sondern von der **Steigung m**.

Hinweis:
Die Steigung kann positiv und negativ sein.

Wissen: Steigung

Der Graph einer proportionalen Funktion mit $y = m \cdot x$ ist eine Gerade, die die **Steigung** m hat.

Die Steigung gibt die Änderung des y-Wertes an, wenn der x-Wert um 1 zunimmt.

Die Steigung lässt sich mit einem **Steigungsdreieck** darstellen.

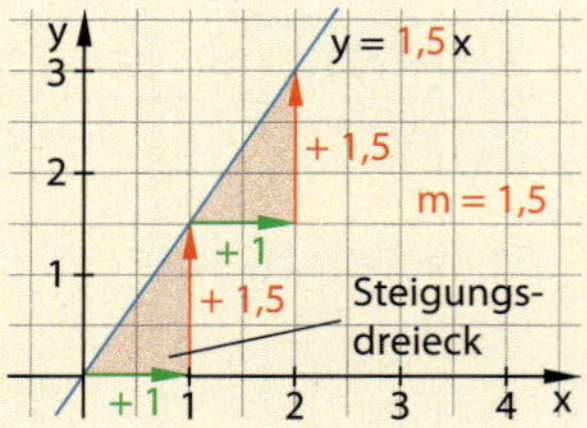

Von der Funktionsgleichung zum Graphen

Beispiel 1: Zeichne den Graphen zur Funktionsgleichung, indem du die Steigung abträgst.

a) $y = 2x$ b) $y = -0{,}5x$ c) $y = \frac{2}{3}x$

Lösung:

a) Die Steigung ist $m = 2$.

b) Die Steigung ist $m = -0{,}5$.

c) Zeichne für $m = \frac{2}{3}$ das Steigungsdreieck größer.

Erinnere dich:
Der Graph einer proportionalen Funktion ist eine Gerade, die durch den Ursprung (0|0) geht (Ursprungsgerade).

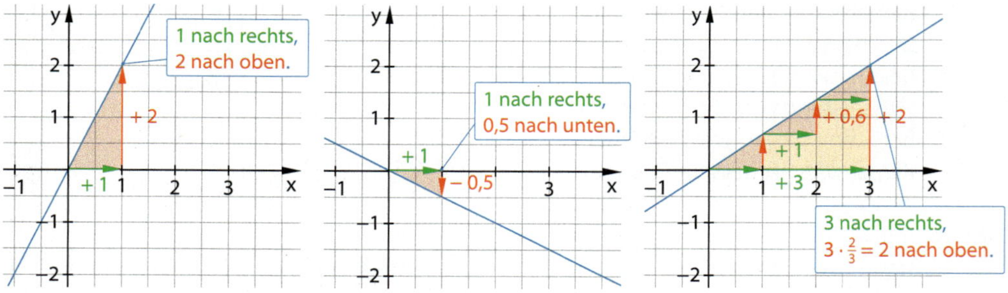

Basisaufgaben

1. Zeichne den Graphen zur Funktionsgleichung, indem du die Steigung abträgst.

a) $y = 3x$ b) $y = -2x$ c) $y = -1{,}5x$ d) $y = 4x$

2. Zeichne den Funktionsgraphen. Wähle ein geeignetes größeres Steigungsdreieck.

a) $y = \frac{3}{4}x$ b) $y = -\frac{2}{5}x$ c) $y = 1\frac{1}{3}x$ d) $y = -\frac{1}{4}x$

3. Zeichne eine Ursprungsgerade mit der angegebenen Steigung.

a) $m = 2{,}5$ b) $m = -0{,}75$ c) $m = \frac{1}{3}$ d) $m = 0{,}4$
e) $m = 0{,}25$ f) $m = -\frac{1}{6}$ g) $m = -1{,}2$ h) $m = 1\frac{1}{5}$

Vom Graphen zur Funktionsgleichung

Beispiel 2: Stelle eine Funktionsgleichung zum Graphen der proportionalen Funktion auf.

a) 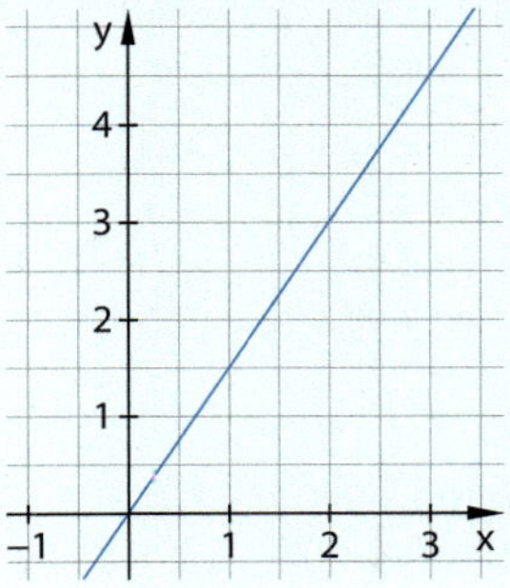

b) 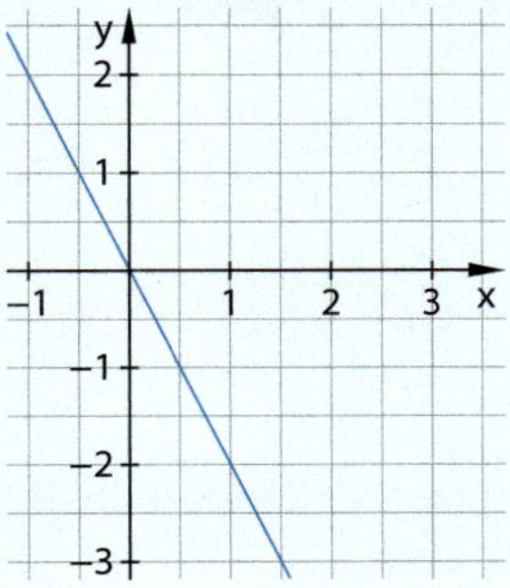

c) 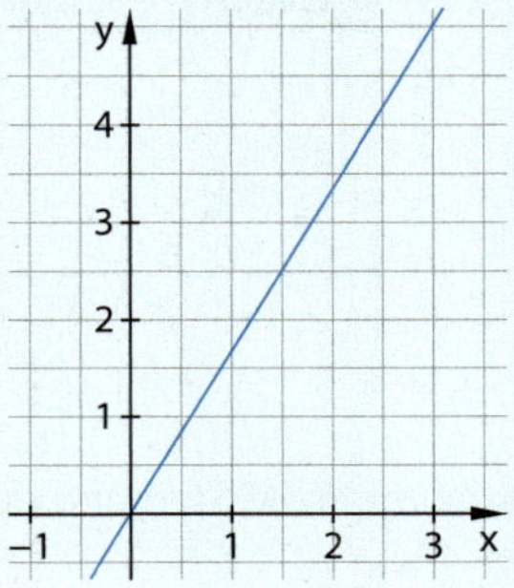

Lösung:

a) Lies die Steigung ab.

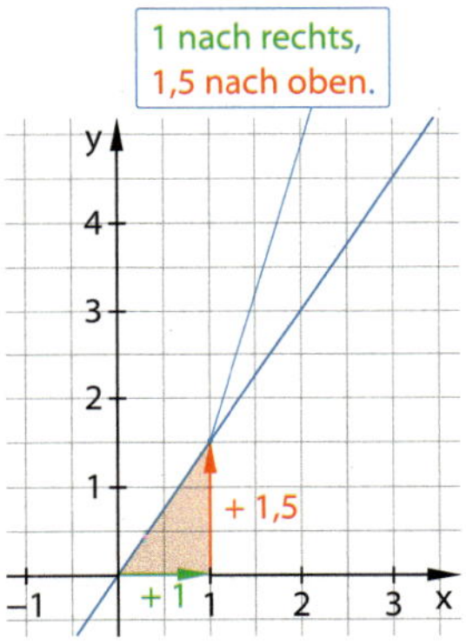

Steigung: $m = 1{,}5$

Gleichung: $y = 1{,}5 \cdot x$

b) Lies die Steigung ab.

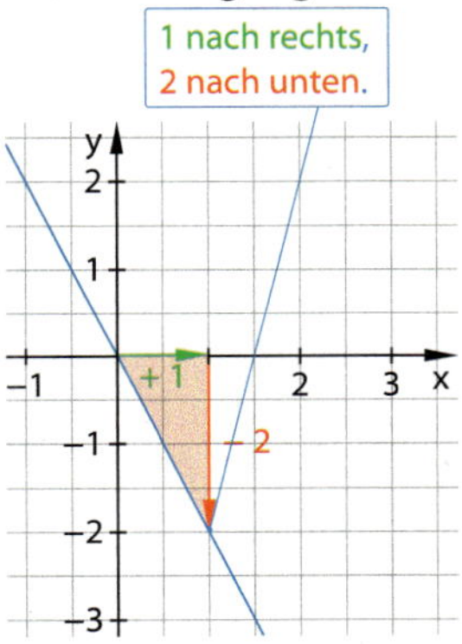

Steigung: $m = -2$

Gleichung: $y = -2 \cdot x$

c) Lies an einem größeren Steigungsdreieck ab.

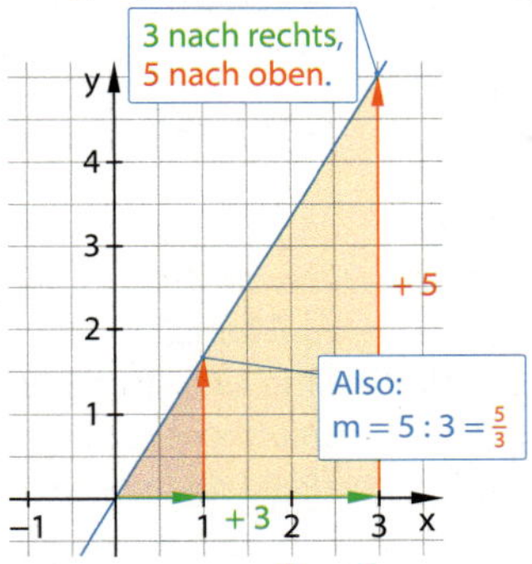

Steigung: $m = \frac{5}{3} = 1\frac{2}{3}$

Gleichung: $y = 1\frac{2}{3} \cdot x$

Basisaufgaben

4. Bestimme die Steigung des Graphen der proportionalen Funktion.

a) 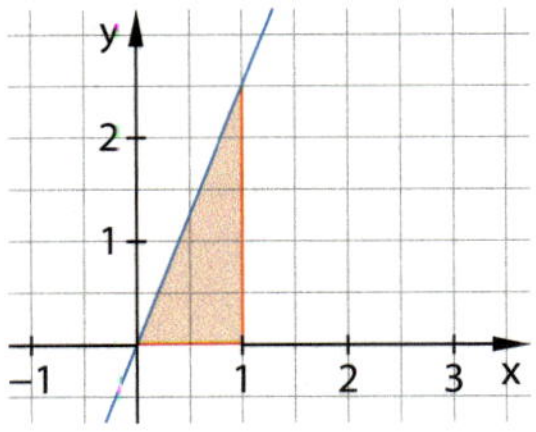

b) 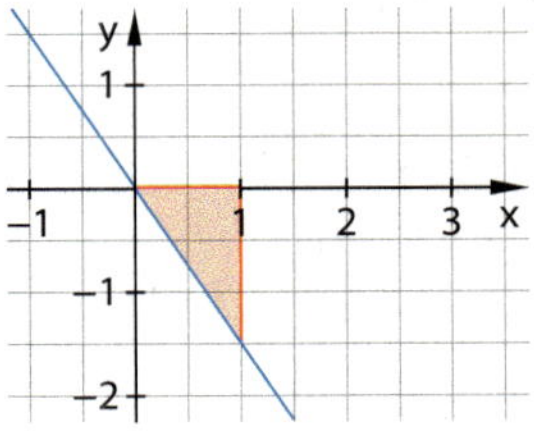

c) 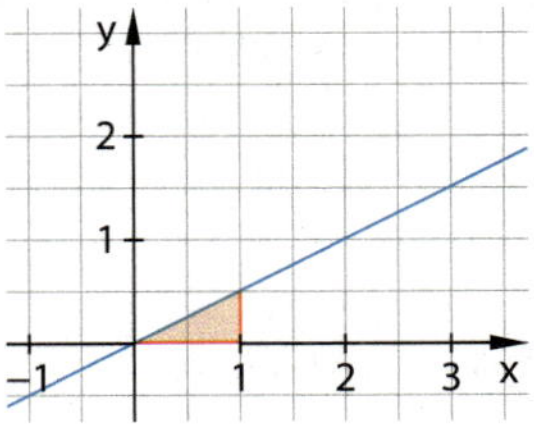

5. Bestimme zur Geraden eine Funktionsgleichung.

a) 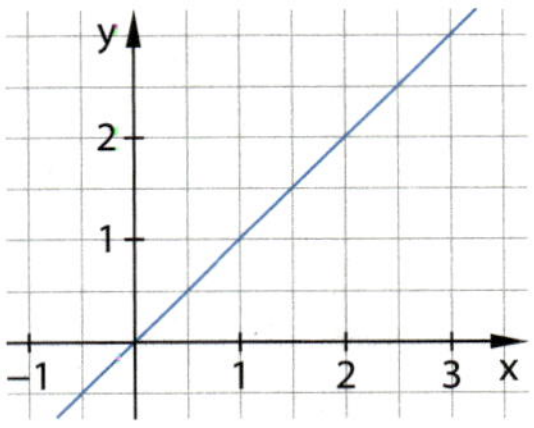

b) 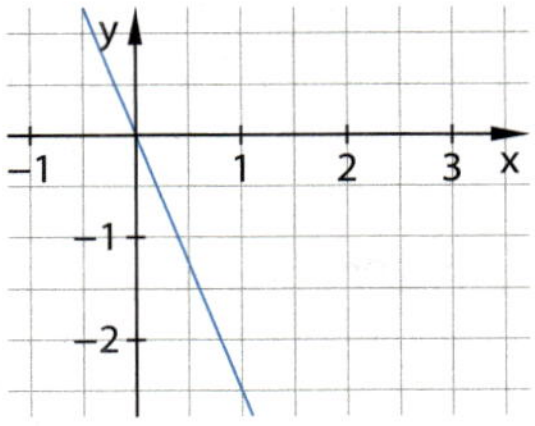

c) 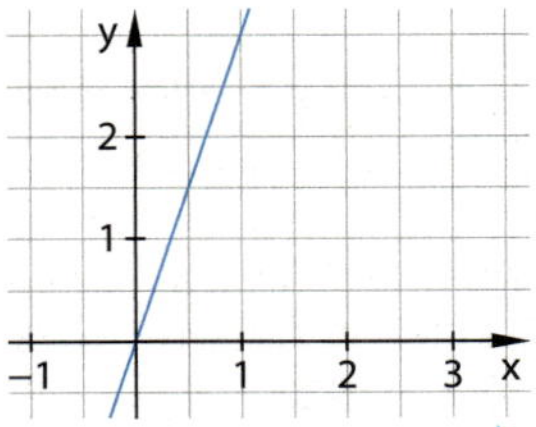

6. Übertrage die Zeichnung ins Heft. Zeichne ein Steigungsdreieck ein und bestimme zum Graphen eine Funktionsgleichung.

a)
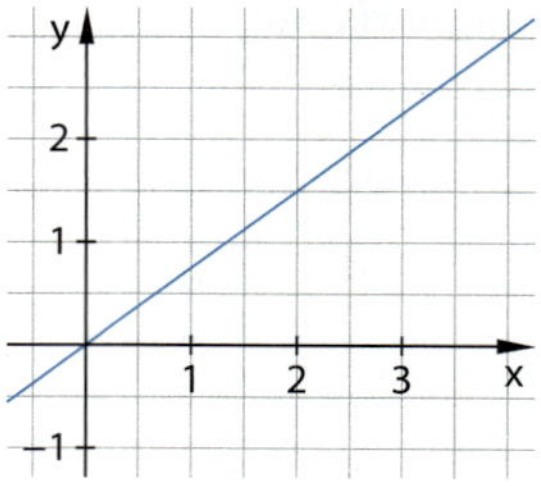

b)
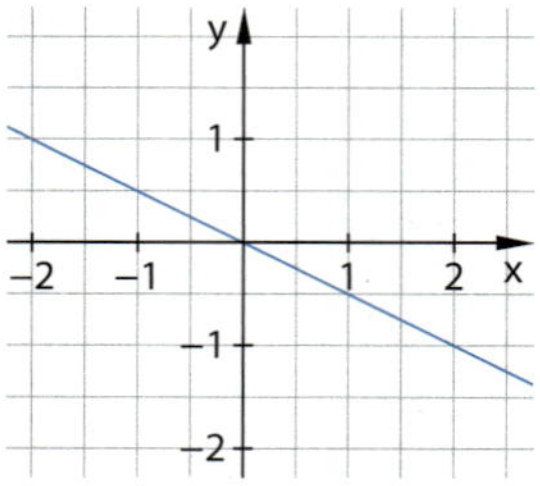

c)
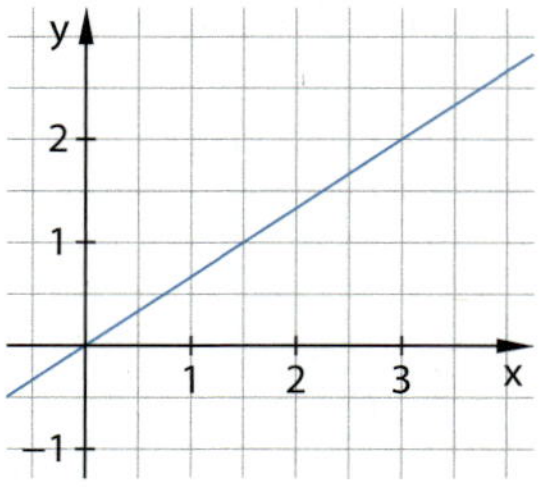

7. Bestimme die Steigung des Graphen der proportionalen Funktion.

a)
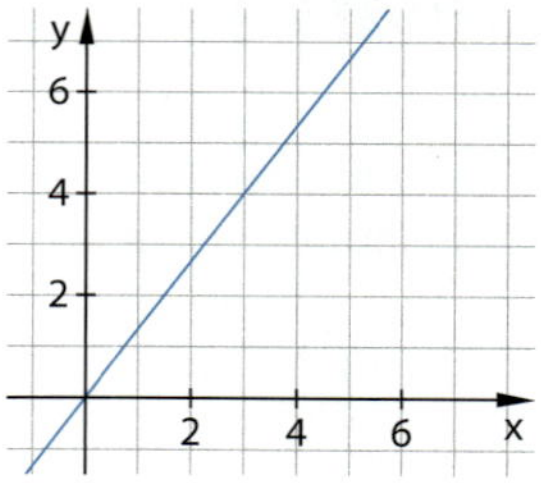

b)
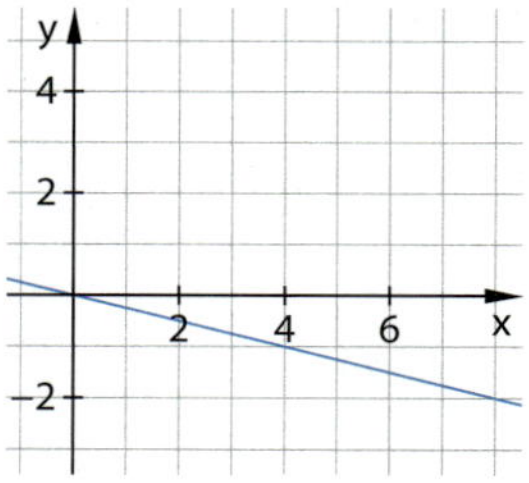

c)
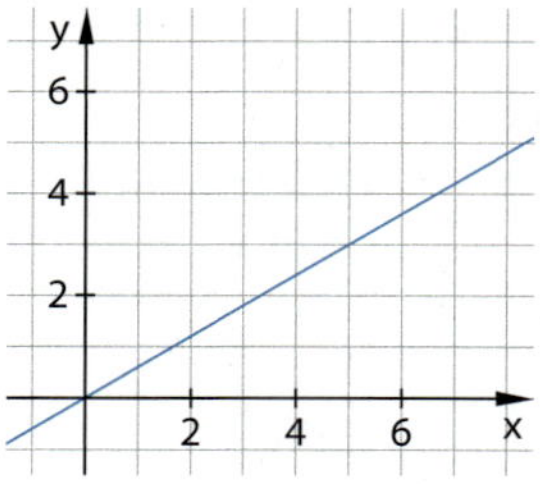

8. Bestimme die Steigungen der Graphen der proportionalen Funktionen. Beschreibe, wie sich der Graph bei unterschiedlichem m ändert. Überlege, welche Fälle du unterscheidest.

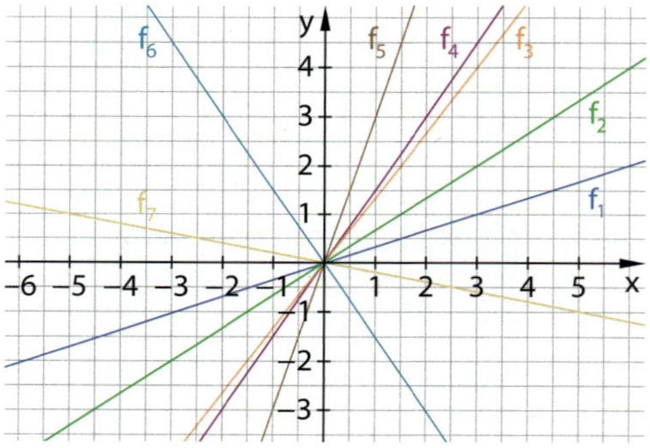

Weiterführende Aufgaben

9. Bei großem m muss man beim Zeichnen die Einteilung der y-Achse ändern. Welcher Schüler hat den Graphen zu $y = 40x$ richtig gezeichnet? Begründe.

Arvid:
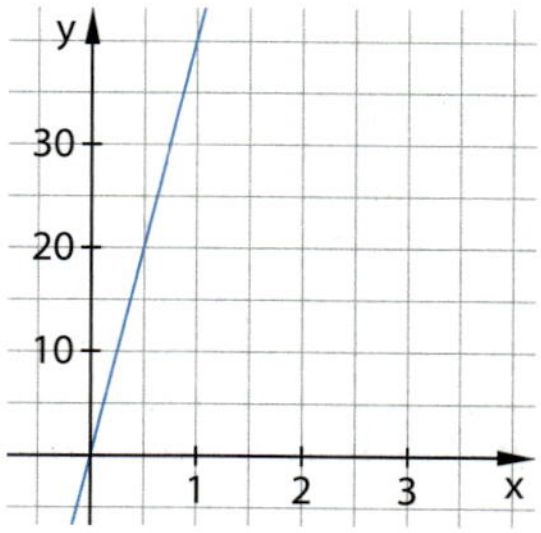

Björn:
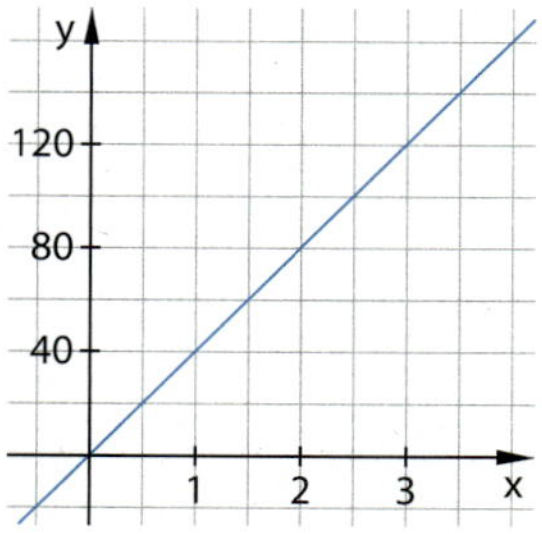

Christian:
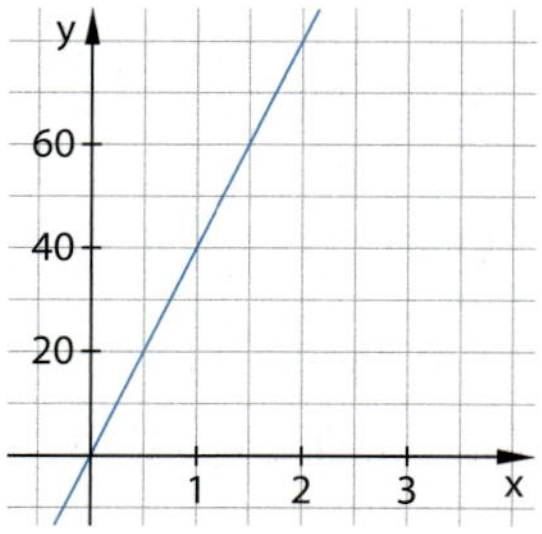

10. Zeichne den Graphen zur Funktionsgleichung. Teile die y-Achse geeignet ein.

a) $y = 20x$ b) $y = 50x$ c) $y = -12x$ d) $y = 0{,}02x$

11. Ordne alle Karten den Fällen ① $m > 0$ und ② $m < 0$ zu. Begründe, warum die Karte jeweils passt.

Die „Treppe" geht nach oben. | je mehr, desto mehr | steigend | Die „Treppe" geht nach unten. | fallend | je mehr, desto weniger

12. Der Punkt A(1|2) liegt auf dem Graphen einer proportionalen Funktion mit der Steigung $m = 2$. Berechne weitere Koordinaten, wenn x die Werte 2, 3 oder −1 annimmt.

13. Stolperstelle: Finde die Fehler, erkläre und korrigiere die Funktionsgleichungen.

a)
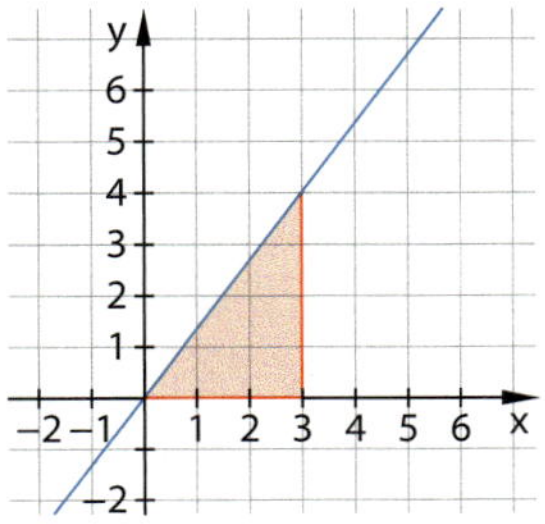
$y = 4x$

b)
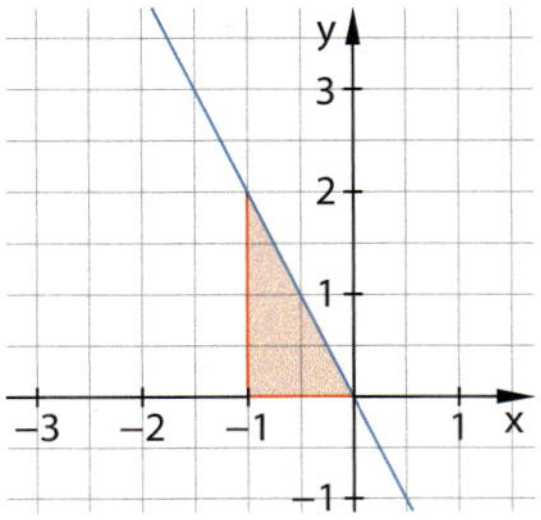
$y = 2x$

c)
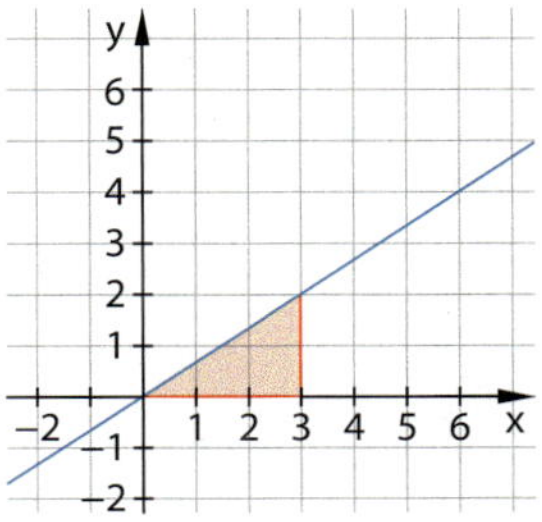
$y = \frac{3}{2}x$

● **14.** Die Graphen der Funktionen ①, ② und ③ geben die Richtung eines Stundenzeigers an. Ordne jeweils die passende Tageszeit zu und begründe deine Entscheidung.

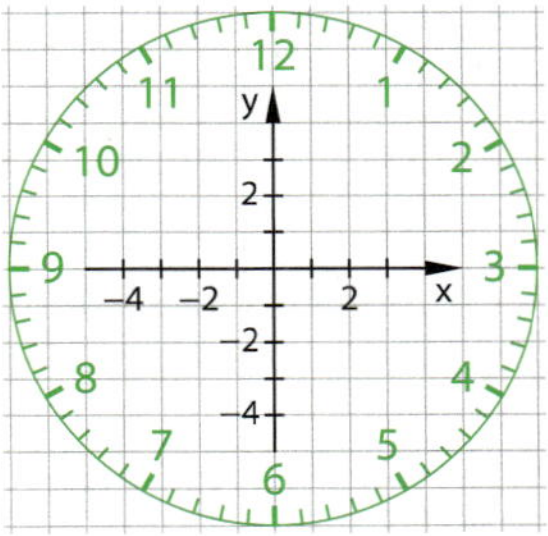

① $y = \frac{5}{3}x$ | ② $y = -\frac{3}{5}x$ | ③ $y = 0{,}5x$

ein Uhr | kurz nach acht | kurz nach zwei | vier Uhr

● **15.** Das Bild rechts zeigt die Funktionen

$$y = m \cdot x$$

für die Werte $m = -5$ bis $m = 5$ in 0,1-Schritten.

a) Zeichne selbst die Geraden für $m = 0; 1; 2; 3; 4; 5$.

b) In einigen Bereichen im Bild rechts liegen die Geraden dichter beieinander. Erkläre, wie es hierzu kommt.

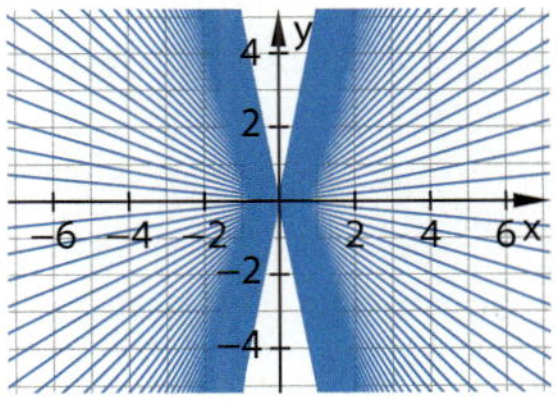

● **16. Ausblick:** Bei Straßen wird die Steigung in Prozent angegeben. 24 % Steigung bedeutet: auf 100 m in der Waagerechten steigt die Straße um 24 m.

a) Berechne, um wie viele Meter eine Straße mit 24 % Steigung auf 50 m (10 m, 1 m) ansteigt.

b) Wie hängen Prozentangaben, Anstieg auf 1 m und Steigung zusammen? Erkläre.

c) Stelle eine Funktionsgleichung auf, die eine Straße mit 24 % (15 %, 7 %) Steigung beschreibt.

d) Tien behauptet: „Eine Straße mit 100 % Steigung ist ja eine senkrechte Wand." Begründe, dass Tien nicht Recht hat.

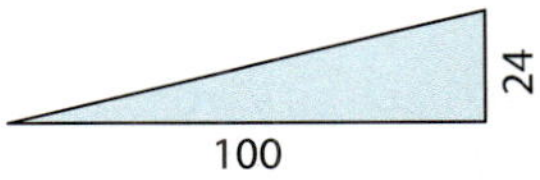

3.4 Lineare Funktionen

■ In einer Wakeboardanlage kostet eine Zeitkarte 15 € pro Stunde. Für die Ausrüstung (Board, Neoprenanzug, Schwimmweste) kommen noch einmal pauschal 20 € hinzu. Berechne den Preis für 4 Stunden Fahrzeit inkl. Ausrüstung. Verdoppelt sich der Preis bei 8 Stunden? ■

Funktionsgleichung aufstellen

Es gibt Situationen, bei denen sich eine Größe proportional ändert, aber ein fester Wert wie eine Grundgebühr oder ein Anfangsbestand zusätzlich berücksichtigt werden muss.

Beispiel 1: Ermittle zur Situation eine Funktionsgleichung und zeichne den Graphen.

a) Im Citytarif einer Autovermietung werden für einen Transporter 2,50 € pro Kilometer berechnet. Hinzu kommt eine Grundgebühr von 5 €. Betrachte die Gesamtkosten.

b) Ein voller Wasserkanister fasst 20 ℓ Wasser. Bei geöffnetem Hahn fließen 4 ℓ pro Minute ab. Betrachte die Wassermenge im Kanister.

Lösung:

a) Pro Kilometer werden 2,50 € berechnet. Dieser Zusammenhang ist proportional ($2{,}5 \cdot x$). Addiere die 5 € Grundgebühr, um die Gesamtkosten zu erhalten.

Zeichne den Graphen mithilfe einer Wertetabelle.

x: Strecke (in km)
y: Gesamtkosten (in €)

$y = 2{,}5 \cdot x + 5$

x	0	1	2	3	4
y	5	7,5	10	12,5	15

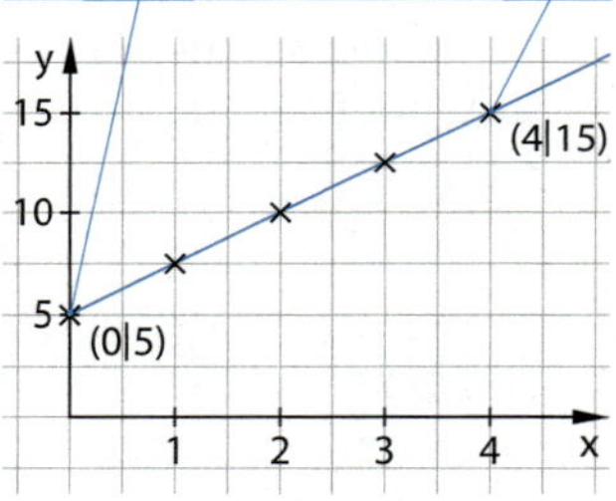

Hinweis:
Es genügt, wenn du zwei Wertepaare einzeichnest und verbindest. Je weiter die Punkte auseinander liegen, desto genauer wird die Zeichnung.

b) Pro Minute fließen 4 ℓ ab. Dieser Zusammenhang ist proportional ($4 \cdot x$). Das abgeflossene Wasser zieht man von der Anfangsmenge 20 ℓ Wasser ab.

Zeichne den Graphen mithilfe einer Wertetabelle.

x: Zeit (in min)
y: Restmenge Wasser (in ℓ)

$y = 20 - 4 \cdot x$
(oder $y = -4 \cdot x + 20$)

x	0	1	2	3	4	5
y	20	16	12	8	4	0

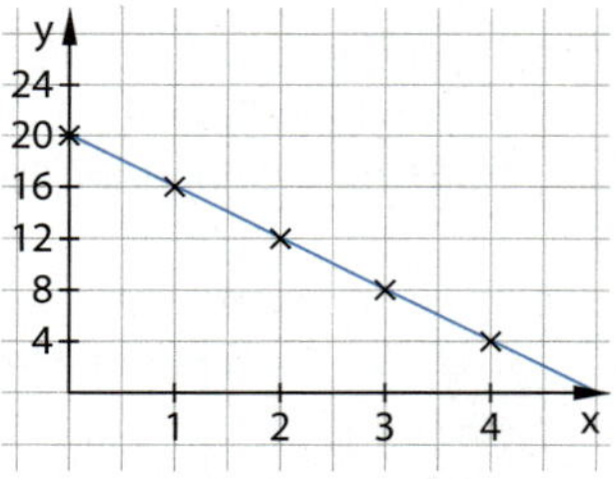

Die lineare Funktion mit der Gleichung $y = 0{,}5x + 3$ unterscheidet sich von der proportionalen Funktion $y = 0{,}5x$ nur durch die Zahl 3, die zu jedem Funktionswert addiert wird.

Der Graph zu $y = 0{,}5x + 3$ entsteht durch Verschiebung des Graphen der proportionalen Funktion um 3 nach oben.

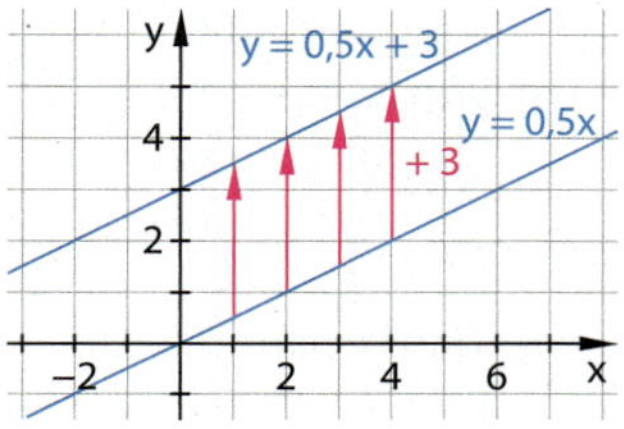

Wissen: Lineare Funktionen

Die Funktionsgleichung einer **lineare Funktion** hat die Form $y = m \cdot x + n$.

Der zugehörige Graph ist eine Gerade mit der Steigung m, die die y-Achse im Punkt $(0|n)$ schneidet. n wird als **y-Achsenabschnitt** bezeichnet.

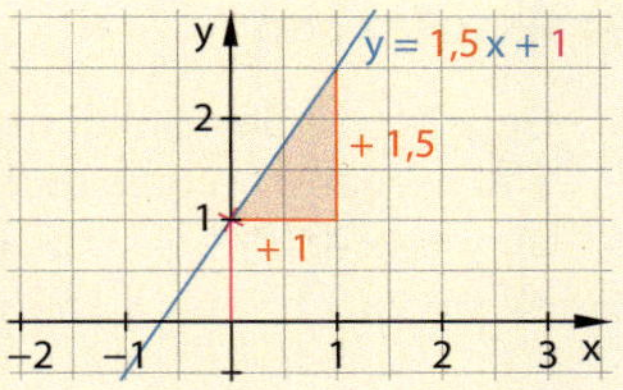

Basisaufgaben

1. Der Mietpreis von einem Ferienhaus an der Ostsee setzt sich zusammen aus der Miete von 60 € pro Übernachtung und der Endreinigung von einmalig 40 €.
   a) Erläutere, welcher Zusammenhang proportional ist und welche Größe den festen Wert darstellt.
   b) Berechne die Gesamtkosten für 7 Übernachtungen.
   c) Ermittle eine allgemeine Funktionsgleichung für x Übernachtungen.

2. Ein Fallschirmspringer sinkt nach dem Öffnen des Fallschirms gleichmäßig zu Boden. Betrachte den Zusammenhang *Zeit nach dem Öffnen → Höhe des Fallschirmspringers*.
   a) Entscheide, welche Funktionsgleichung den Sachzusammenhang beschreiben könnte. Begründe deine Auswahl.

   ① $y = 5x + 1500$ ② $y = 1500x - 5$ ③ $y = 1500 - 5x$ ④ $y = 1500 + 5x$

   b) Beschreibe die Bedeutung der Steigung und des y-Achsenabschnitts in diesem Zusammenhang.

3. Ermittle zur Situation eine Funktionsgleichung und zeichne den Graphen.
   a) Ein Kanuverleih verleiht Canadierboote zu 5 € pro Stunde. Für Schwimmwesten kommen pauschal 8 € Leihgebühr hinzu. Betrachte die Gesamtkosten.
   b) In einem Heizungskeller steht das Wasser 25 cm hoch. Mit einer Wasserpumpe wird Wasser gleichmäßig abgepumpt. Pro Stunde sinkt das Wasser um 2 cm. Betrachte den Wasserstand.
   c) Eine Kerze ist anfangs 15 cm hoch. Beim Brennen nimmt die Höhe um 15 mm pro Stunde ab. Betrachte die Höhe der Kerze.

Von der Funktionsgleichung zum Graphen

Beispiel 2: Zeichne den Graphen der Funktion mit der Funktionsgleichung $y = -1{,}5x + 4$.

Lösung:
Da der y-Achsenabschnitt $n = 4$ ist, verläuft der Graph durch den Punkt $(0|4)$.

Zeichne von dort ein Steigungsdreieck ein: 1 nach rechts und 1,5 nach unten oder 2 nach rechts und 3 nach unten.

Zeichne die Gerade durch den Punkt $(0|4)$ und durch den unteren Eckpunkt des Steigungsdreiecks.

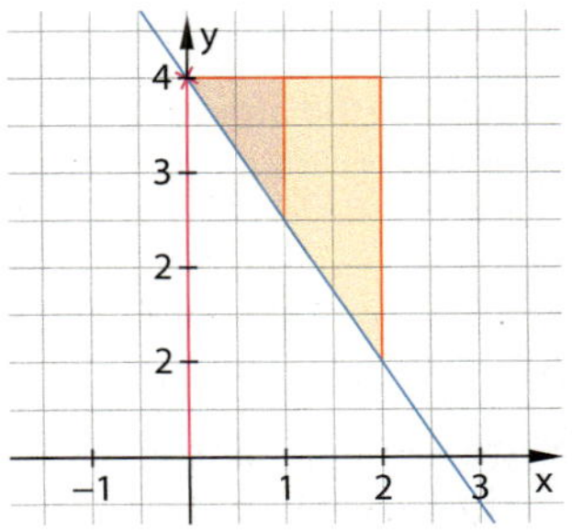

Hinweis:
Du kannst den Graphen auch mithilfe von zwei Punkten zeichnen wie im Beispiel 1.

Basisaufgaben

4. Gegeben ist die Funktionsgleichung einer linearen Funktion. Gib die Steigung und den y-Achsenabschnitt an und zeichne den Graphen.

a) $y = 4x - 1$ b) $y = -2x + 5$ c) $y = -3x + 3$ d) $y = x + 1{,}5$
e) $y = 2x - 1$ f) $y = 3x - 2{,}5$ g) $y = 2{,}5x - 3{,}5$ h) $y = 6{,}8 - x$

5. Zeichne den Graphen zur Funktionsgleichung. Wähle ein geeignetes Steigungsdreieck.

a) $y = \frac{1}{3}x + 2$ b) $y = \frac{3}{5}x - 2$ c) $y = -\frac{1}{3}x - 2$ d) $y = -\frac{5}{6}x + 2{,}5$

6. Zeichne die Graphen zu jedem Aufgabenteil in ein gemeinsames Koordinatensystem. Erkläre die Bedeutung der Werte von m und n.

a) $y = -1{,}5x + n$ für $n = 0; 1; 2; 3$ b) $y = mx + 1$ für $m = 0{,}5; 1; 1{,}5; 2$
c) $y = 2x + n$ für $n = -4; -3; -2; -1$ d) $y = mx + 8$ für $m = -1; -2; -3; -4$

7. Zeichne die Gerade mit der Steigung m und dem y-Achsenabschnitt n.

a) $m = 3{,}5; n = -3$ b) $m = \frac{3}{4}; n = 2$ c) $m = 0{,}25; n = 0{,}5$ d) $m = 0{,}3; n = 0{,}7$

8. Stelle dir vor, du möchtest das Foto nachzeichnen und verwendest ein Koordinatensystem. Die beiden Drahtseile können als Graphen linearer Funktionen beschrieben werden.
Was kann man über ihre y-Achsenabschnitte und ihre Steigungen sagen?

Vom Graphen zur Funktionsgleichung

Beispiel 3: Bestimme zu der Geraden eine Funktionsgleichung mithilfe eines Steigungsdreiecks und des y-Achsenabschnitts.

a)

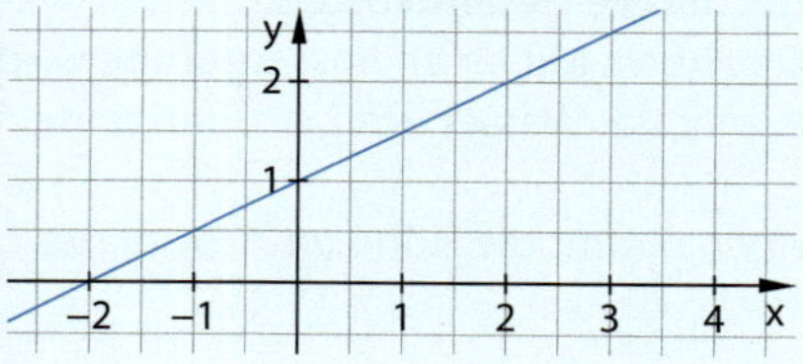

b)

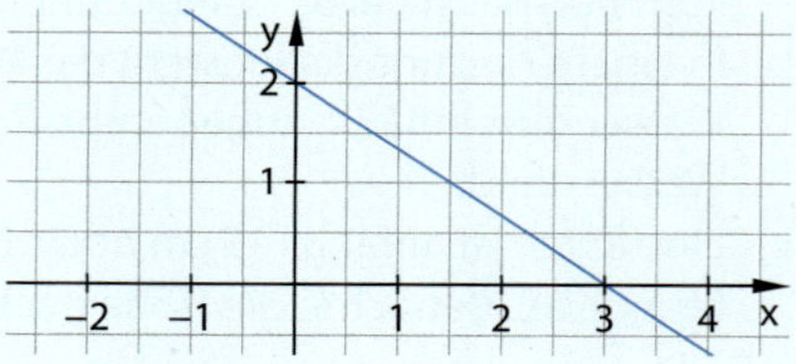

Lösung:

Lies den y-Achsenabschnitt an der Stelle $x = 0$ ab.

a)

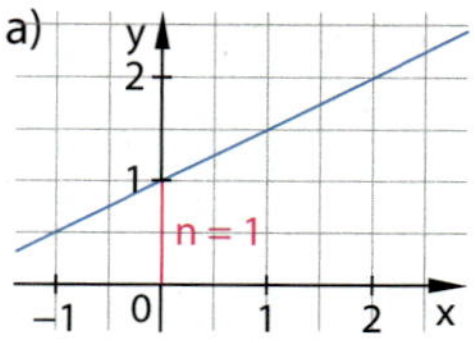

b)

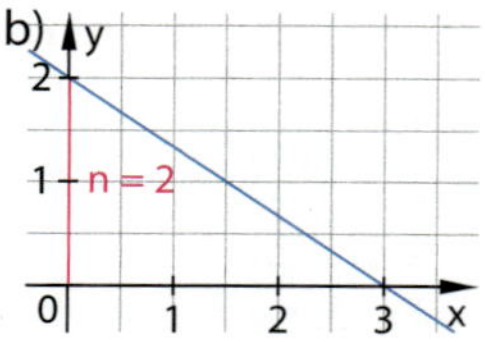

Bestimme die Steigung mithilfe eines geeigneten Steigungsdreiecks.

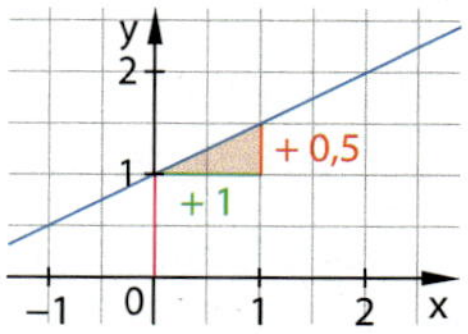

Setze n und m dann in die allgemeine Form $y = mx + n$ ein.

$y = 0{,}5x + 1$ $y = -\frac{2}{3}x + 2$

Basisaufgaben

9. Lies am Steigungsdreieck die Steigung und an der y-Achse den y-Achsenabschnitt ab. Bestimme daraus die Funktionsgleichung zur Geraden.

a) 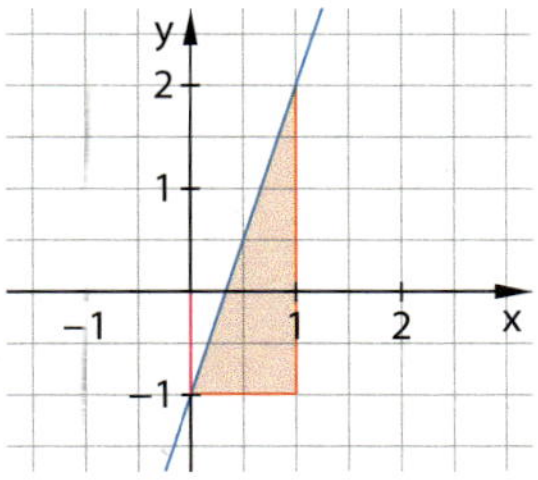
b) 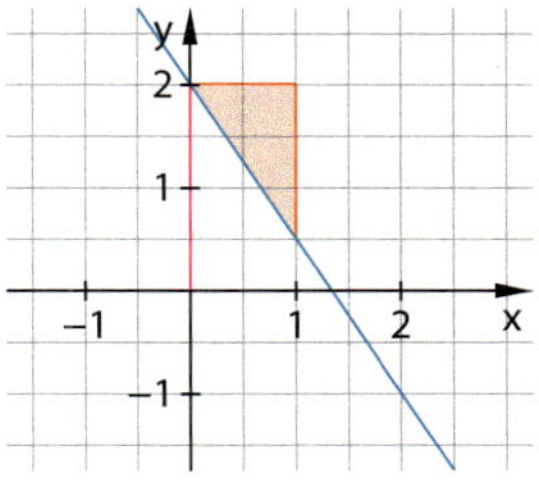
c) 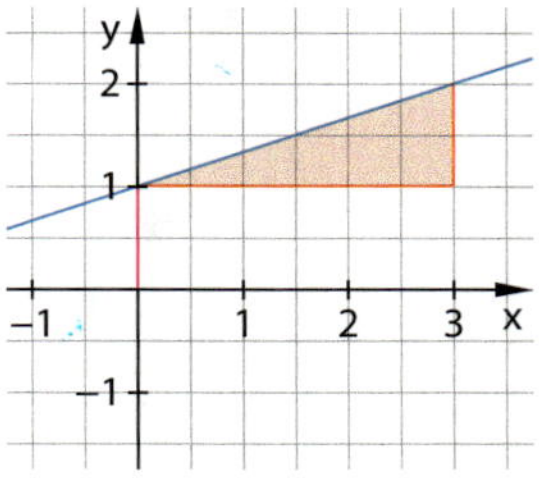
d) 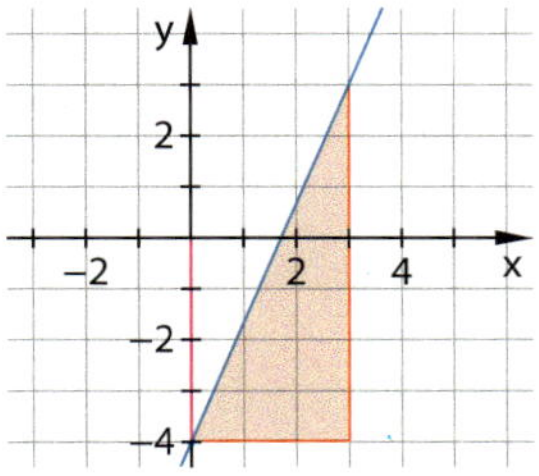
e) 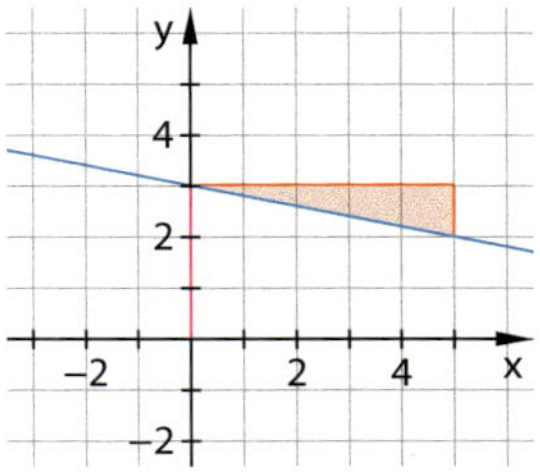
f) 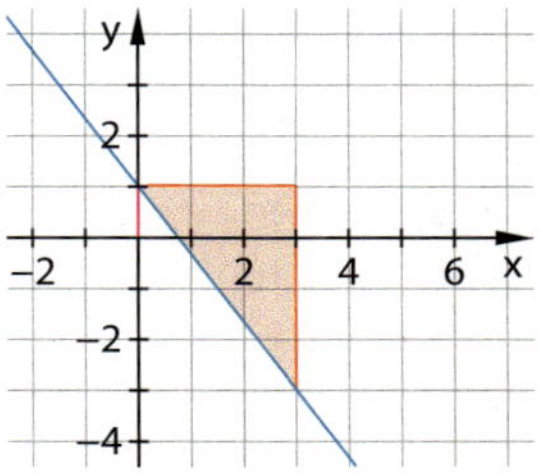

Hinweis zu 9:
Hier findest du die Steigungen und die y-Achsenabschnitte.

10. Stelle zu der Geraden eine Funktionsgleichung auf.

a) 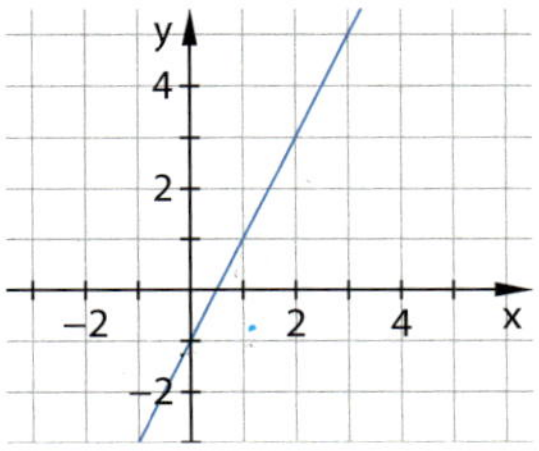
b) 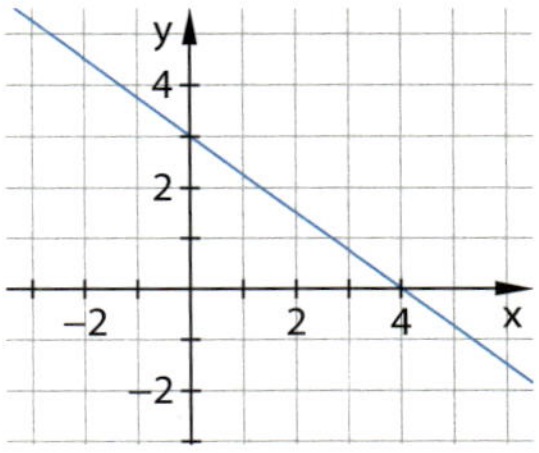
c) 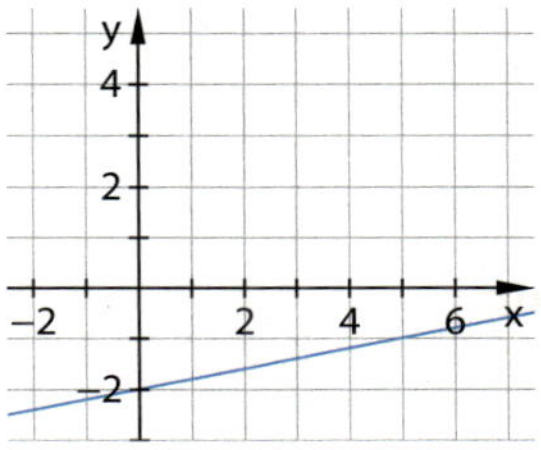

11. Zeichne die beiden Punkte in ein Koordinatensystem und verbinde zu einer Geraden. Bestimme dann die Funktionsgleichung zu der Geraden.

a) A(1|0), B(3|1)
b) C(0|−2), D(4|−4)
c) E(1|2), F(−1|−2)
d) P(−3|5), Q(2|−3)
e) R(1|−2,5), S(3,5|3,75)
f) $U\left(-\frac{1}{2}\middle|\frac{1}{2}\right)$, $V\left(3\frac{1}{2}\middle|0\right)$

12. a) Welche der Funktionsgleichungen gehört zu welchem Graphen? Ordne zu.

$y = -25x + 85$ | $y = -40x + 280$ | $y = -5x + 600$

① 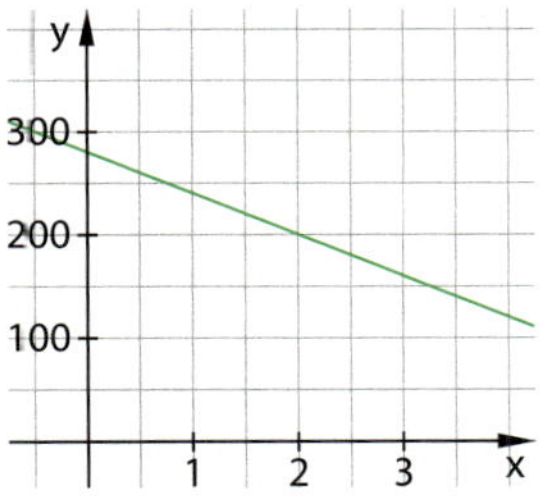
② 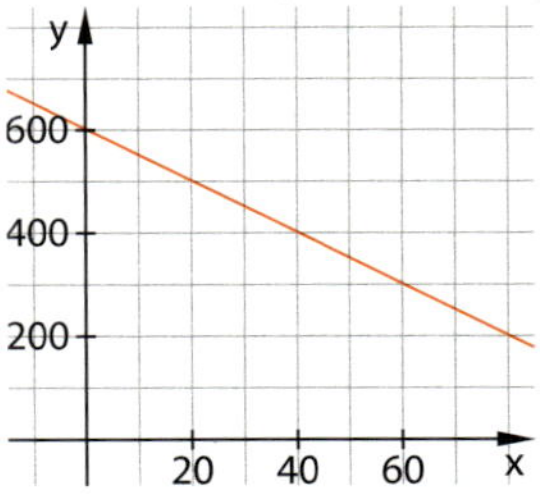
③ 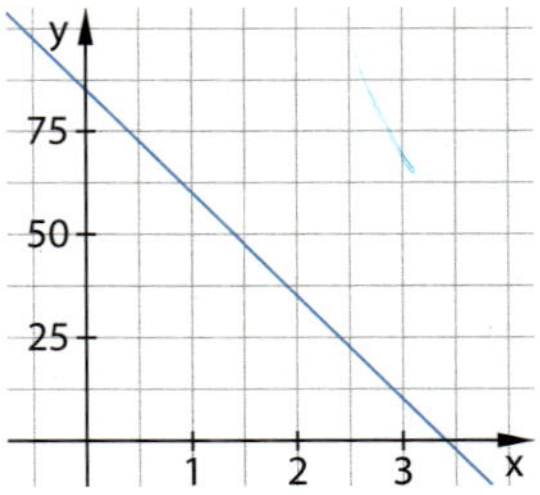

b) Welcher Graph hat die größte Steigung? Begründe.

13. Wähle eine geeignete Einteilung der y-Achse und zeichne den Graphen zur Gleichung.

a) $y = -10x + 80$
b) $y = 50x - 200$
c) $y = -7,5x + 1500$
d) $y = 0,2x + 2$

Weiterführende Aufgaben

14. Beschreibe die besondere Lage der Geraden. Stelle jeweils eine Funktionsgleichung auf. Finde Gemeinsamkeiten und Unterschiede bei den Funktionsgleichungen.

a)
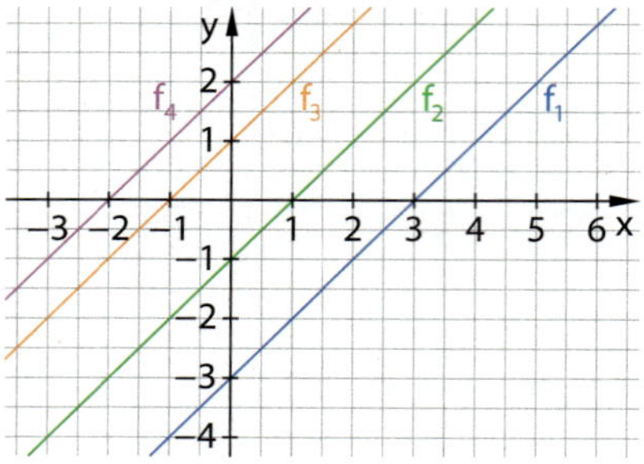

b)
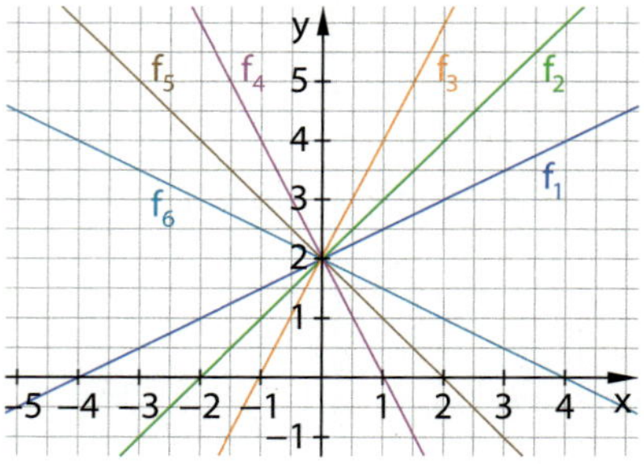

15. Zeichne den Graphen der linearen Funktion g.
Zeichne ebenfalls den verschobenen Graphen der Funktion f. Gib für f eine Funktionsgleichung an.

a) $g(x) = 2x$; f ist gegenüber g um 3 Einheiten nach oben verschoben.
b) $g(x) = -1{,}5x$; f ist gegenüber g um 6 Einheiten nach unten verschoben.
c) $g(x) = -3x + 2$; f ist gegenüber g um 1 Einheit nach oben verschoben.

16. Alexander behauptet: „Lineare Funktionen sind doch genau dasselbe wie proportionale Funktionen." Hat er Recht? Begründe deine Meinung.

17. Stolperstelle: In den Hausaufgaben sollte David jeweils die Funktionsgleichung einer linearen Funktion finden. Überprüfe seine Lösungen und korrigiere sie.

a)
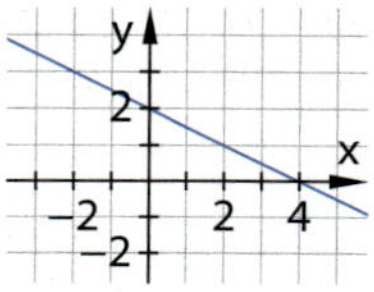

$y = -0{,}5 + 2x$

b)
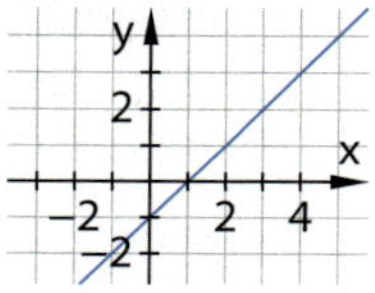

$y = x + 1$

c)
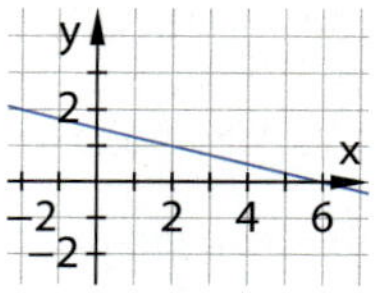

$y = \frac{1}{4}x + 1{,}5$

d)
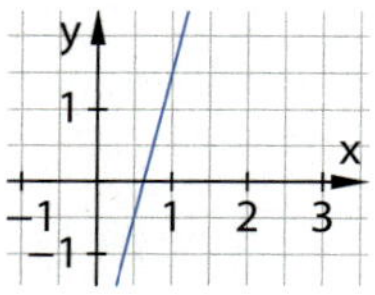

$y = 4x - 2{,}5$

18. Der Lehrer schreibt die Funktionsgleichung $y = 2$ an die Tafel.

a) Diskutiert die Kommentare der Schülerinnen und Schüler.

Anna: „$y = 2$ ist keine Funktion, da kommt rechts kein x vor."

Kevin: „Der Graph von $y = 2$ geht durch $x = 2$."

Lisa: „Ich zeichne:"
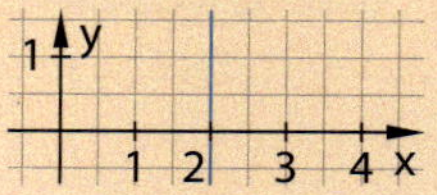

Torsten: „Ich kann $y = 2$ doch als $y = 0 \cdot x + 2$ schreiben."

b) Zeichne den Graphen zu $y = 2$ und gib die Steigung an.

19. Punktprobe: Prüfe, ob die Punkte auf der Geraden mit der Funktionsgleichung $y = 4x - 6{,}5$ liegen.
Beispiel: $P(2|0)$ liegt nicht auf der Geraden, denn: $0 = 4 \cdot 2 - 6{,}5$
$0 = 1{,}5$ falsch

a) $A(4|9{,}5)$ b) $B(10|34)$ c) $C(1{,}5|0{,}5)$ d) $D(-\frac{3}{4}|-9{,}5)$

20. Prüfe, ob die drei Punkte $A(2|3)$, $B(3|\frac{8}{3})$ und $C(5|1)$ auf derselben Geraden liegen.

21. Bestimme die Funktionsgleichung der linearen Funktion, die durch den Punkt A verläuft und die vorgegebene Steigung hat. Berechne dafür den y-Achsenabschnitt n.

Beispiel: A(2|3), Steigung m = 5.

Setze x = 2 und y = 3 in y = 5x + n ein:
$3 = 5 \cdot 2 + n$, also $-7 = n$
Funktionsgleichung: $y = 5x - 7$

a) A(1|−3); m = −1
b) A(4|0); m = 0,5
c) A(3|1); m = −0,5
d) A(−1,5|−1); m = 1,2
e) A(1|−1); m = −0,75
f) A(1|−1); m = 0,5

22. Bestimme die Gleichung der linearen Funktion, die zu der Wertetabelle gehört.

a)

x	−3	−2	−1	0	1	2
y	−2	−1,5	−1	−0,5	0	0,5

b)

x	−3	−2	−1	0	1	2
y	1,25	1	0,75	0,5	0,25	0

23. Die Wertetabelle gehört zu einer linearen Funktion. Ergänze die fehlenden Werte.

a)

x	−3	−2	−1	0	1	2
y	6			−3		−9

b)

x	−3	−1	0		2	5
y	−15	−7		1		17

24. Die Gerade f hat die Funktionsgleichung $f(x) = -2x + 4$. Gib die Gleichung der Geraden g an,
a) die gegenüber f um 4 Einheiten nach unten verschoben ist,
b) die parallel zu f ist und durch den Punkt A(−3|5) verläuft,
c) die y-Achse an der gleichen Stelle wie f schneidet und durch den Punkt B(4|0) verläuft,
d) die entsteht, wenn f an der y-Achse gespiegelt wird.

25. a) Das Dreieck ABC ist im Koordinatensystem durch die Punkte A(2|2), B(−4|1) und C(0|−2) gegeben. Bestimme die Gleichungen der Geraden, die das Dreieck begrenzen.
b) Arbeitet in Gruppen. Einer denkt sich eine einfache Figur aus Dreiecken aus und die anderen bestimmen die Gleichungen der begrenzenden Geraden.

26. Ein Mobilfunkanbieter verlangt für einen Mobilfunkvertrag mit SMS-Flatrate eine monatliche Grundgebühr von 10 € und 5 ct pro Gesprächsminute in jedes Netz.
a) Stelle eine Funktionsgleichung auf, mit der die monatlichen Kosten berechnet werden können.
b) Stelle eine Kostentabelle auf, in der die monatlichen Kosten für 40, 80 und 150 Gesprächsminuten enthalten sind.
c) Für den Preis von 26 € wird eine „All-net-Flat" angeboten. Ab wie vielen Gesprächsminuten lohnt sich dieses Angebot?

● **27.** Die Seilbahn „Unterstell" in Südtirol befördert Wanderer zum Meraner Höhenweg. Bestimme eine lineare Funktion, die eine Fahrt hinauf beschreibt, und eine Funktion, die eine Fahrt hinab beschreibt. Dabei soll x die Minuten seit Fahrtbeginn und y die Höhe in Metern beschreiben.

Höhe Bergstation	1282 m
Höhenunterschied zwischen den Stationen	774,62 m
Länge der schrägen Fahrstrecke	1304,89 m
Fahrgeschwindigkeit	6 Meter pro Sekunde

● **28.** **Ausblick:** Zeichne den Graphen der linearen Funktion und die dazu senkrechte Gerade durch den Punkt A. Bestimme die zugehörige Funktionsgleichung. Was fällt dir auf?

a) $y = 2x$; A(0|0)
b) $y = \frac{1}{3}x + 2$; A(0|2)
c) $y = -\frac{1}{2}x + 3$; A(1|2,5)

Stückweise lineare Funktionen

■ Laura und Jule haben mit einem Funktionenplotter experimentiert. Dabei ist der rechts abgebildete Graph entstanden. Ermittle zu einzelnen Abschnitten des Graphen passende Funktionsgleichungen. ■

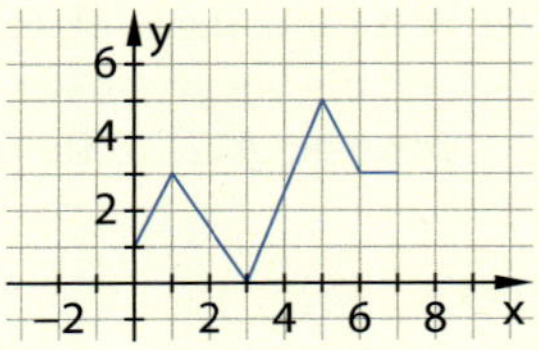

Manchmal besteht ein Graph aus mehreren Strecken. Dann bestimmt man für jeden Abschnitt eine Funktionsgleichung und setzt diese zusammen. Eine solche Funktion heißt **stückweise lineare Funktion**, weil ihre „Stücke" durch verschiedene lineare Funktionen gegeben sind.

Wissen: Stückweise lineare Funktion und Betragsfunktion
Eine Funktion, die aus linearen Funktionen zusammengesetzt ist, heißt **stückweise lineare Funktion.**

Ein wichtiges Beispiel ist die **Betragsfunktion** $b(x) = |x|$:

$$b(x) = |x| = \begin{cases} -x \text{ für } x < 0 \\ x \text{ für } x \geq 0 \end{cases}$$

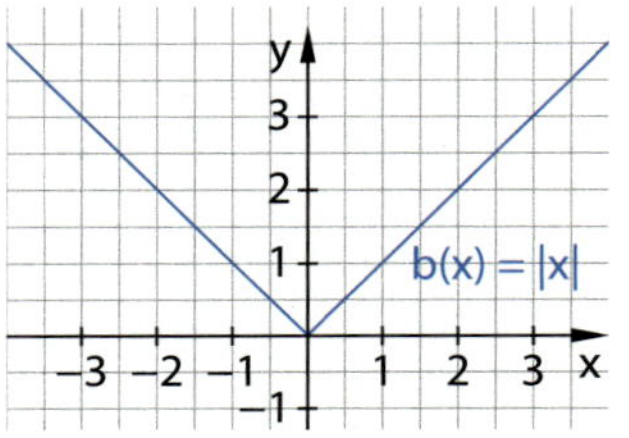

Aufgaben

1. Beschreibe die Funktion mit Worten. Zeichne anschließend den Graphen.

$$f(x) = \begin{cases} 2 \text{ für } 0 \leq x \leq 1 \\ 4 \text{ für } 1 < x \leq 6 \\ 6 \text{ für } 2 < x \leq 3 \end{cases}$$

2. Ermittle eine Funktionsgleichung zu dem Graphen.

a) 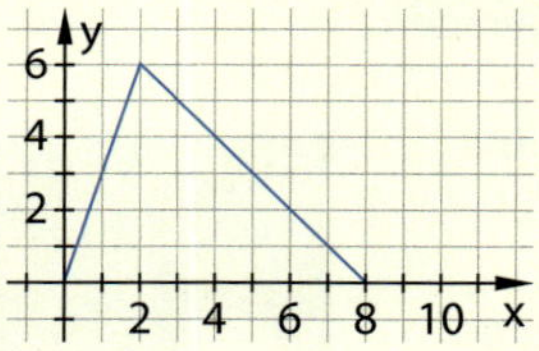

b) 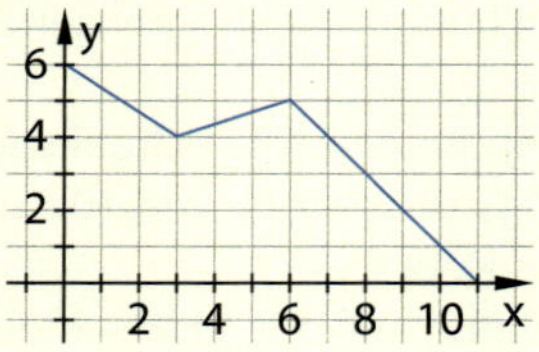

c) 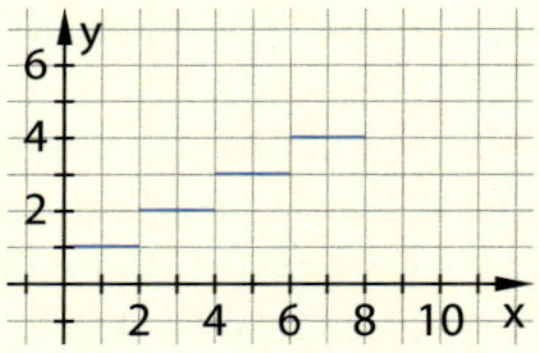

3. Zeichne den Graphen zur Funktionsgleichung. Beschreibe, wie du vorgegangen bist.

a) $f(x) = \begin{cases} x + 1 & \text{für } 0 \leq x \leq 4 \\ -\frac{1}{2}x + 7 & \text{für } 4 < x \leq 8 \end{cases}$ b) $f(x) = \begin{cases} -x & \text{für } -2 \leq x \leq 2 \\ 2x - 6 & \text{für } 2 < x \leq 4 \\ 2 & \text{für } 4 < x \leq 7 \end{cases}$ c) $f(x) = |x + 1|$

4. Zeichne den Graphen. Überlege zuerst, welchen Bereich des Koordinatensystems du wählst.
a) $f(x) = |5x|$ b) $g(x) = \left|-\frac{1}{3}x\right|$ c) $h(x) = |-x - 5|$ d) $i(x) = \left|\frac{1}{4}x + 8\right|$

5. Mithilfe der Graphen stückweise linearer Funktionen kann man am Bildschirm Gegenstände modellieren.
a) Suche dir einen Gegenstand aus, den du modellieren möchtest (z. B. einen Turm, einen Stuhl, ein Haus, …)
b) Zeichne passende Graphen in ein geeignetes Koordinatensystem.
c) Ermittle die Funktionsgleichungen.
d) Erstelle damit ein Bild am Bildschirm.

Funkionen mit einem CAS oder GTR zeichnen

■ Jan möchte den Graphen der Funktion f(x) = 0,001x mit einem grafikfähigen Taschenrechner zeichnen. Sein Rechner zeigt das Bild rechts an.
„Wieso zeichnet der Rechner die Funktion nicht?", fragt sich Jan. Finde eine Erklärung. ■

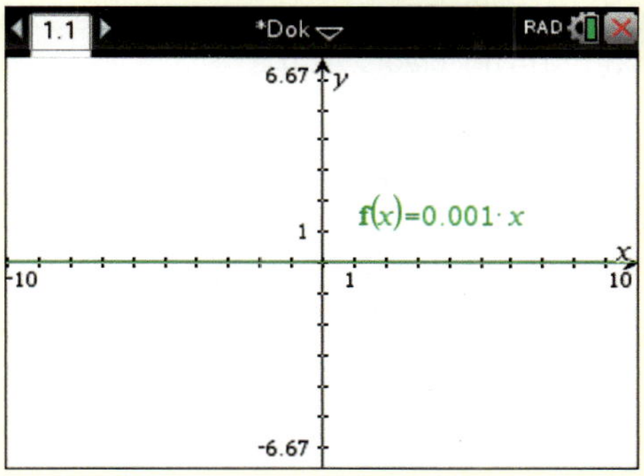

Das Zeichnen von Graphen mittels Wertetabellen ist häufig zeitaufwändig. Schnell und bequem lassen sie sich mithilfe von grafikfähigen Taschenrechnern (GTR) oder einem CAS zeichnen.

Beispiel 1: Stelle die Funktion $f(x) = -\frac{3}{5} \cdot x + 5$ grafisch mit einem GTR oder CAS dar.

Lösung:
Öffne die Anwendung *Graphs*. Gib hinter f1(x) = den Funktionsterm –3/5x + 5 ein.

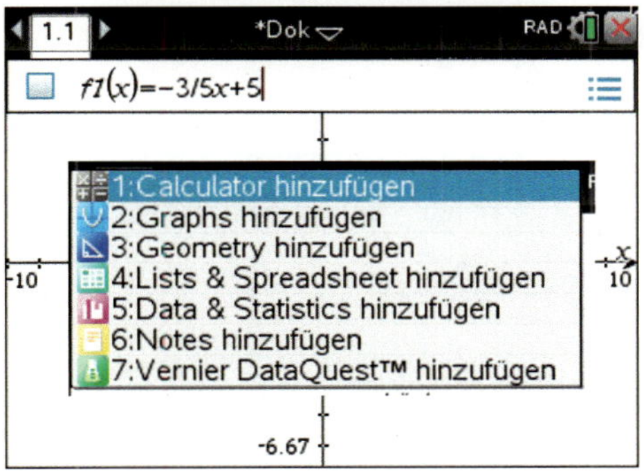

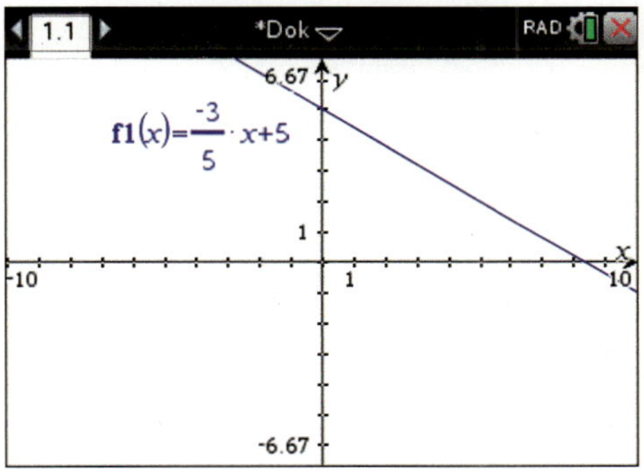

Hinweis:
Häufig sprich man beim Zeichnen mit einem GTR oder einem Computer vom Plotten statt vom Zeichnen (von englisch *„plot"* = zeichnen).

Aufgaben

1. Zeichne den Graphen der Funktion und bestimme einen Näherungswert für den Schnittpunkt mit der x-Achse durch Ablesen aus dem Graphen.
   Bei c) und d) musst du die Fenstereinstellungen anpassen.
   a) $f(x) = 2x - 3$ b) $f(x) = -\frac{1}{2}x - 2$
   c) $f(x) = x + 12$ d) $f(x) = -x - 20$

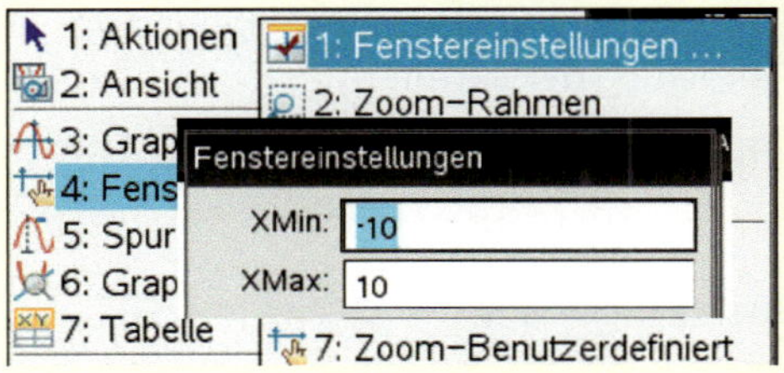

2. Zeichne den Graphen der Funktion f(x) = 2x – 3 mit einem GTR. Mit dem Befehl *Grafikspur* lassen sich einzelne Wertepaare ablesen, die auf dem Graphen der Funktion liegen. Ergänze die Wertepaare.
   a) (1,5 | ■) b) (■ | 1,8)
   c) (■ | –3) d) (–1,5 | ■)

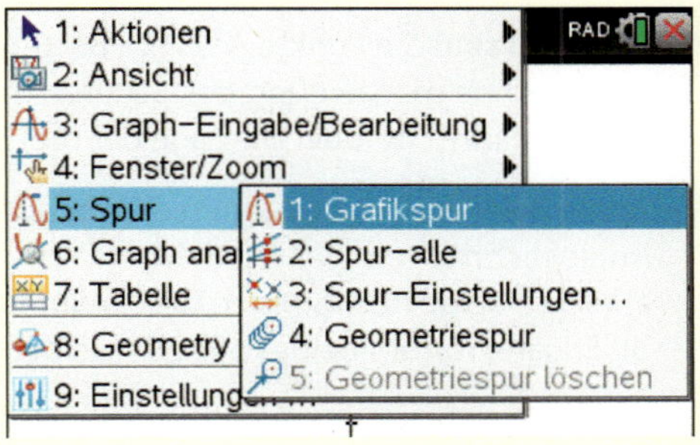

3.5 Geraden durch zwei Punkte

■ Beim steilsten Teilstück eines Geländelaufs geht es von 120 m hoch auf 270 m.
Die Steigung beträgt dort 50 m pro km.
Wie kann man diesen Wert aus den Angaben berechnen? Begründe.
Berechne weitere Steigungen der Strecke. ■

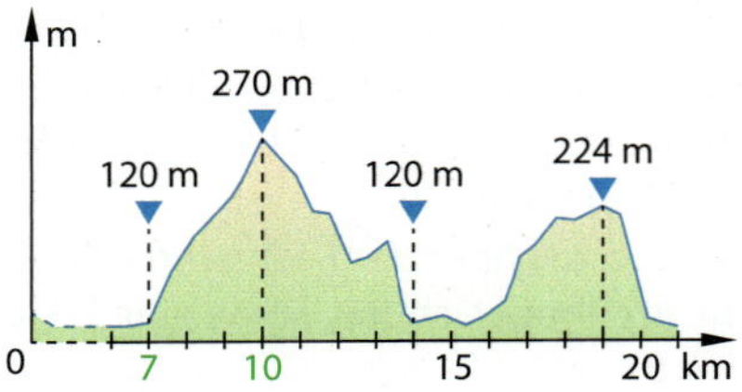

Steigung zwischen zwei Punkten bestimmen

Beispiel 1: Bestimme die Steigung der Geraden durch die Punkte A(1|2) und B(3|3)
a) zeichnerisch,
b) rechnerisch.

Lösung:

a) Verbinde A und B und ergänze zum Steigungsdreieck. Lies nun ab.

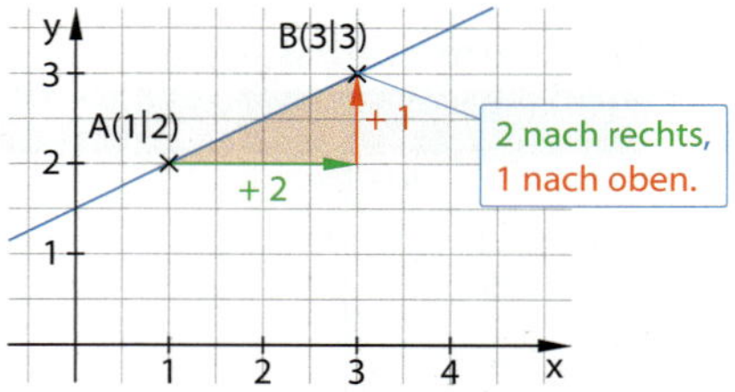

Die Steigung ist also $m = \frac{1}{2} = 0{,}5$.

b) Die Längen „nach rechts“ und „nach oben“ kannst du auch berechnen.

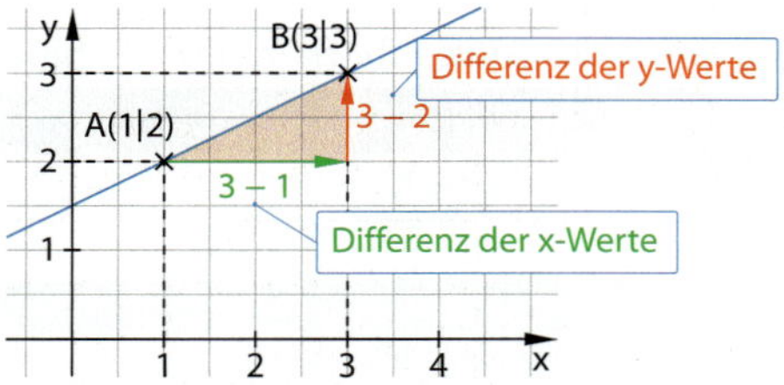

$m = \frac{y_2 - y_1}{x_2 - x_1} = \frac{3-2}{3-1} = \frac{1}{2} = 0{,}5$

Zwei Punkte genügen: Wenn zwei Punkte bekannt sind, die auf einer Geraden liegen, so kann man ohne zu zeichnen die Steigung dieser Geraden berechnen.

Wissen: Berechnung der Steigung
Die Steigung m einer Geraden lässt sich aus jedem beliebig großen Steigungsdreieck berechnen.
m ist der Quotient aus der Änderung der y-Werte und der Änderung der x-Werte.

$m = \frac{y_2 - y_1}{x_2 - x_1}$

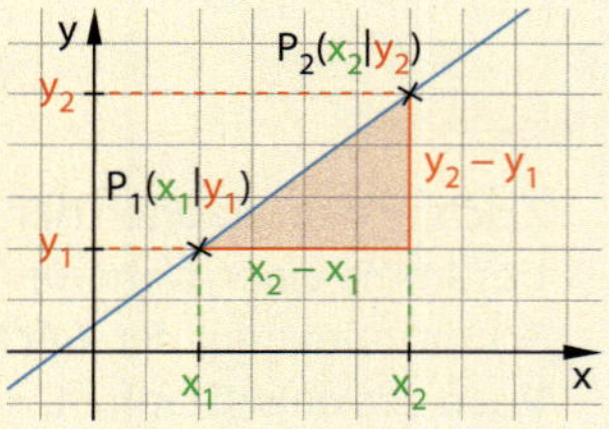

Basisaufgaben

Hinweis zu 1:
Hier findest du die Lösungen.

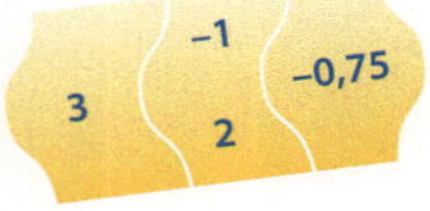

1. Berechne die Steigung der Geraden durch die beiden Punkte.
   a) A(1|5); B(4|14) b) A(1|10); B(7|4) c) P(−1|5,5); Q(1|9,5) d) $P_1(0|-3)$; $P_2(4|-6)$

2. Gegeben sind die Punkte A(2|12), B(10|6) und C(18|0).
   a) Berechne die Steigung der Geraden durch A und B und der Geraden durch B und C.
   b) Was kannst du über die Lage der drei Punkte aussagen? Prüfe zeichnerisch.

3. Annie und Laurent berechnen die Steigung der Geraden durch P(7|3) und Q(2|1).
   Annie rechnet $m = \frac{1-3}{2-7} = \ldots$ Laurent rechnet $m = \frac{3-1}{7-2} = \ldots$
   a) Setze beide Rechnungen fort. Erläutere Unterschiede in den Rechnungen.
   b) Erkläre, warum beide Fälle zum selben Ergebnis führen.

Funktionsgleichung aus zwei Punkten bestimmen

Beispiel 2: Die Punkte A (1|4) und B (5|−4) liegen auf einer Geraden.
Bestimme zu dieser Geraden rechnerisch eine Funktionsgleichung.

Lösung:

1. Berechne die Steigung m. $m = \frac{y_2 - y_1}{x_2 - x_1} = \frac{-4-4}{5-1} = \frac{-8}{4} = -2$
   Setze m in y = m · x + n ein. $y = -2 \cdot x + n$
2. Berechne den y-Achsenabschnitt n, indem du den x- und den y-Wert von einem der Punkte in die Gleichung einsetzt und nach n auflöst.
   $y = -2 \cdot x + n \quad | x = 1, y = 4$ von P(1|4) einsetzen
   $4 = -2 \cdot 1 + n$
   $4 = -2 + n \quad | +2$
   $6 = n$
   Setze n in y = m · x + n ein. $y = -2 \cdot x + 6$

Basisaufgaben

4. Berechne die Steigung und den y-Achsenabschnitt der Geraden, auf der die beiden Punkte liegen. Gib auch die Funktionsgleichung der zugehörigen Funktion an.
a) A(−4|1); B(4|5) b) A(−2|1); B(−4|2) c) P(−2|5,5); Q(0|−1,5) d) P_1(0,5|−1,5); P_2(2,5|0)

5. a) Bestimme die Steigung der Geraden auf zwei unterschiedlichen Wegen:
– mithilfe eines Steigungsdreiecks
– mithilfe der Berechnung aus zwei Punkten
b) Bestimme die Funktionsgleichungen der Geraden.

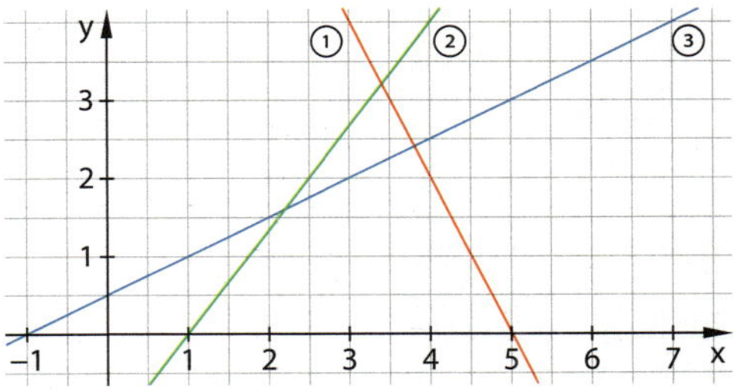

Weiterführende Aufgaben

6. Eine Königsetappe des Radrennsports ist die Bergetappe nach Alpe-d'Huez.
a) Berechne den steilsten Anstieg (die steilste Abfahrt) der Etappe.
b) Berechne die durchschnittliche Steigung der Etappe. Vergleiche und erläutere die Ergebnisse aus a).

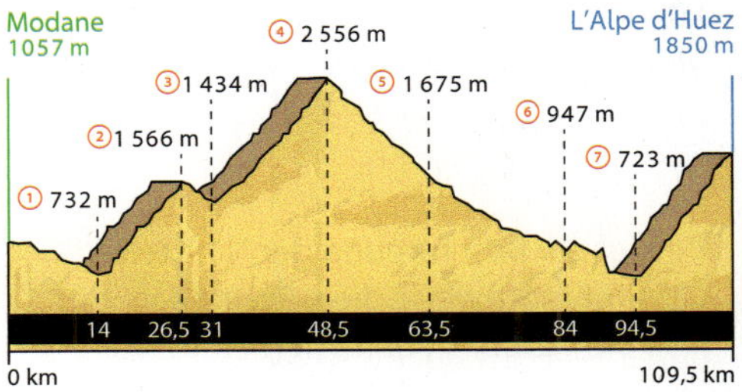

Hinweis zu 6:
Gib die Steigung in $\frac{m}{km}$ (Meter pro Kilometer) an.

7. Stolperstelle: Es soll die Steigung der Geraden durch die Punkte A(−2|5) und B(3|9) berechnet werden.
Nur eine Lösung kann stimmen. Erläutere die Fehler in den beiden anderen Rechnungen.

$m = \frac{9-5}{3-2} = \frac{4}{1} = 4$ $\quad m = \frac{-2-3}{5-9} = \frac{-5}{-4} = 1\frac{1}{4}$ $\quad m = \frac{9-5}{3-(-2)} = \frac{4}{5}$

8. Ausblick: Gegeben sind zwei beliebige, aber fest gewählte Punkte A(x_1|y_1) und B(x_2|y_2). Stelle die Funktionsgleichung der linearen Funktion auf, die durch diese Punkte verläuft. Verwende hierzu die Formel für die Steigung und bestimme den y-Achsenabschnitt n.

3.6 Nullstellen

■ Ein Bauer verfüttert täglich 1,5 kg Kraftfutter an seine Hühner. Wie viele Tage reicht das Futter, wenn er einen Vorrat von 90 kg hat? ■

Bei vielen Vorgängen interessiert es, wann ein linear verlaufender Prozess den Funktionswert Null annimmt: Wie lange dauert der Download, wenn die Downloadgeschwindigkeit konstant bleibt?

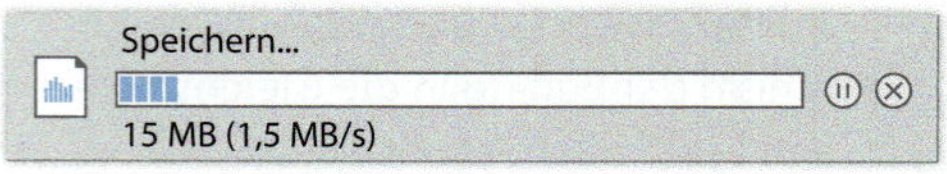

Um diese Fragen zu beantworten, muss man die Stelle x bestimmen, an der $f(x) = 15 - 1{,}5x$ den Wert 0 annimmt.
Die Stelle, die den Funktionswert 0 hat, ist die x-Koordinate des Schnittpunkts des Graphen mit der x-Achse.

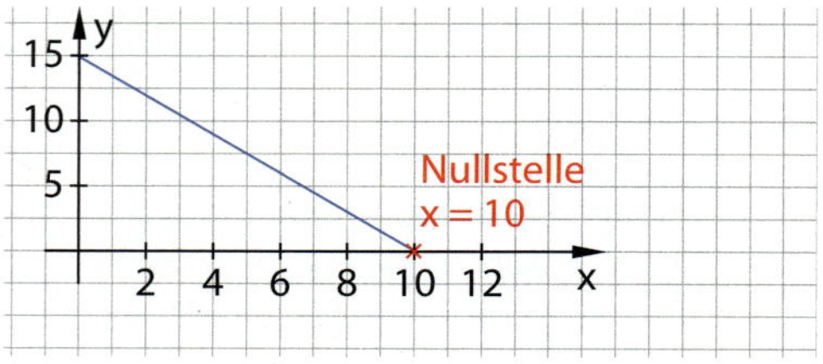

Wissen: Nullstelle
Eine Stelle x, an der eine Funktion f den y-Wert 0 hat, heißt **Nullstelle**. Es gilt: $f(x) = 0$

Nullstellen bestimmen

Zur Bestimmung der Nullstelle einer linearen Funktion f kann man den Graphen der Funktion zeichnen und näherungsweise die Stelle x ablesen, an der die Gerade die x-Achse schneidet. Man kann die Nullstelle auch berechnen, in dem man die Gleichung $f(x) = 0$ nach x auflöst.

Beispiel 1: Bestimme die Nullstelle der Funktion $f(x) = -\frac{4}{5}x + 3$
a) grafisch,
b) rechnerisch.

Lösung:

a) Zeichne den Graphen der Funktion.

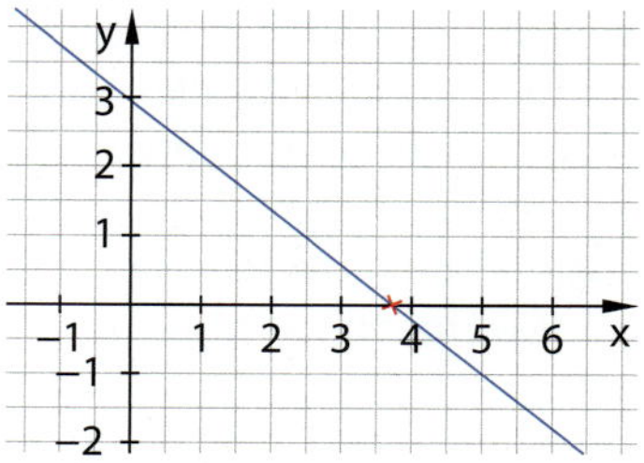

Lies zur Bestimmung der Nullstelle näherungsweise die x-Koordinate des Punktes ab, an dem die Gerade die x-Achse schneidet.

Die Nullstelle ist ungefähr $x \approx 3{,}8$.

b) Die Nullstelle lässt sich exakt mit der Gleichung $f(x) = 0$ berechnen. Schreibe anstelle von $f(x)$ den Funktionsterm $-\frac{4}{5}x + 3$. Löse dann die Gleichung nach x auf.

$$-\tfrac{4}{5}x + 3 = 0 \quad | -3$$
$$-\tfrac{4}{5}x = -3 \quad | \cdot \left(-\tfrac{5}{4}\right)$$
$$x = -3 \cdot \left(-\tfrac{5}{4}\right) = \tfrac{3 \cdot 5}{4} = \tfrac{15}{4} = 3{,}75$$

Die Nullstelle ist $x = 3{,}75$.

Setze zur Probe 3,75 ein.

Probe: $f(3{,}75) = -\frac{4}{5} \cdot 3{,}75 + 3 = -3 + 3 = 0$

Basisaufgaben

1. Zeichne den Graphen der Funktion in dein Heft.
Ermittle (falls möglich) einen Näherungswert für die Nullstelle der Funktion durch Ablesen am Graphen. Bestimme anschließend rechnerisch einen exakten Wert. Führe eine Probe durch.
a) $f(x) = 2x - 4$ b) $f(x) = -\frac{1}{2}x + 5$ c) $f(x) = 0{,}4x + 2{,}4$

2. Prüfe, ob die angegebene Zahl die Nullstelle der zugehörigen Funktion ist.
a) $f(x) = 3x - 9;\ x = 3$ b) $f(x) = 2x + 7;\ x = 3{,}5$ c) $g(z) = -z + 1;\ z = -1$

3. Bestimme die Nullstelle der Funktion sowohl grafisch als auch rechnerisch.
a) $f(x) = -2x + 6$ b) $f(x) = \frac{1}{4}x - 1{,}5$ c) $f(x) = \frac{5}{3}x + 2$

4. Berechne die Nullstelle. Überprüfe deine Lösung durch eine Probe.
a) $f(x) = 5x - 15$ b) $f(x) = 0{,}6x + 3$ c) $f(x) = -0{,}15x + 2{,}7$
d) $g(x) = \frac{3}{5}x - 2{,}4$ e) $g(z) = -7\frac{1}{3}z + 10$ f) $x(t) = -5t$

5. Ein Feuerlöschwagen enthält 3500 Liter Wasser. Ermittle, wie lange dieser Vorrat reicht, wenn pro Minute 175 Liter Wasser verspritzt werden.

Zu einem beliebigen y-Wert die Stelle x bestimmen

Beispiel 2: An welcher Stelle hat die Funktion $f(x) = -2x + 1$ den Wert 5? Bestimme die Lösung
a) grafisch,   b) rechnerisch.

Lösung:

a) Zeichne den Graphen der Funktion $f(x) = -2x + 1$.

Zeichne den Graphen von $g(x) = 5$, also eine Parallele zur x-Achse durch den Punkt $(0|5)$.

Im Schnittpunkt S der beiden Graphen nimmt $f(x)$ den Wert 5 an. Lies näherungsweise die zugehörige Stelle x ab.

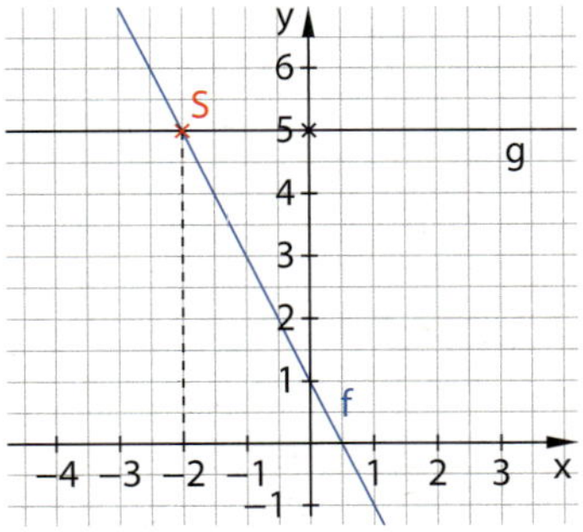

Lösung: $x \approx -2$

b) Setze, um die Lösung zu berechnen, den Funktionsterm $-2x + 1$ gleich 5.
Löse dann die Gleichung, so erhält man die exakte Lösung.

$$\begin{aligned} -2x + 1 &= 5 \quad &|-1 \\ -2x &= 4 \quad &|:(-2) \\ x &= -2 \end{aligned}$$

Lösung: $x = -2$

Setze zur Probe −2 in den Funktionsterm ein.

Probe: $-2 \cdot (-2) + 1 = 4 + 1 = 5$

Basisaufgaben

6. Ermittle grafisch und rechnerisch die Stelle x, an der die Funktion
a) mit der Gleichung $f(x) = 3x - 2$ den Funktionswert $y = 3$ hat;
b) mit der Gleichung $f(x) = -2 \cdot x + 7$ den Funktionswert für $y = 9$.

Hinweis zu 7:
Im Apfel findest du die Lösungen.

7. Bestimme jeweils die Stelle x, an der die Funktion den gegebenen Funktionswert annimmt.
a) $f(x) = 3x - 2;\ y = 4$ b) $f(x) = \frac{1}{4}x - 1;\ y = 1\frac{1}{2}$ c) $f(x) = -\frac{2}{3}x + 5;\ y = 2$
d) $f(x) = 5x + 2;\ y = 12$ e) $f(x) = -2x + 3;\ y = -3$ f) $f(x) = 1{,}25x + 9;\ y = 5{,}875$
g) $f(x) = -15x + 21;\ y = 18$ h) $f(x) = -x;\ y = -23$ i) $f(x) = -1{,}3x + 50;\ y = -4{,}6$

8. Eine Kerze ist 12 cm lang und brennt gleichmäßig ab. Nach 6 Minuten Brenndauer hat sie noch eine Länge von 9 cm. Nach welcher Brenndauer ist die Kerze noch 2 cm lang?

Weiterführende Aufgaben

9. Bestimme zu jeder Funktion den x-Wert, der zu dem vorgegebenen Funktionswert y gehört. Finde Regelmäßigkeiten und erkläre sie.
a) $y = 0$; $f(x) = 2x + 1$; $g(x) = 2x + 2$; $h(x) = 2x + 3$; $k(x) = 2x + 4$
b) $y = 7$; $f(x) = 2x + 1$; $g(x) = 2x + 2$; $h(x) = 2x + 3$; $k(x) = 2x + 4$
c) $y = 0$; $f(x) = x - 12$; $g(x) = 2x - 12$; $h(x) = 3x - 12$; $k(x) = 4x - 12$

10. Stolperstelle: Luca, Mia und Sophie sollten Nullstellen bestimmen. Finde die Fehler und korrigiere sie.

Luca:
$f(x) = 5x + 6 = 0 \quad | -6$
$5x = -6 \quad | -5$
$x = -11$

Mia:
$f(x) = -0{,}5x + 5 = 0 \quad | -5$
$-0{,}5x = -5 \quad | :0{,}5$
$x = -10$

Sophie:
$f(x) = -3x + 19 = 7 \quad | -19$
$-3x = -12 \quad | :(-3)$
$x = 4$
Punkt des Graphen von f: P(7|4)

11. Gib die Anzahl der Nullstellen der Funktion an.
a) $f(x) = 2$ b) $g(x) = 0$ c) $h(x) = -\frac{1}{100}x + 100$

12. Bestimme die Steigung m oder den y-Achsenabschnitt n so, dass f die vorgegebene Nullstelle hat.
a) $f(x) = mx + 3$; Nullstelle $x = 1{,}5$ b) $f(x) = 2x + n$; Nullstelle $x = -2{,}5$
c) $f(x) = mx + 40$; Nullstelle $x = 8$ d) $f(x) = -\frac{6}{5}x + n$; Nullstelle $x = 4$
e) $f(x) = 0{,}3x + n$; Nullstelle $x = \frac{10}{3}$ f) $f(x) = mx$; Nullstelle $x = 0$

13. Wahr oder falsch? Begründe.
a) Die Nullstelle einer Funktion ist der Schnittpunkt des Graphen mit der x-Achse.
b) Die Nullstelle einer linearen Funktion ist die Zahl 0.
c) Jede Funktion hat mindestens eine Nullstelle.

GTR CAS **14.** Berechne die Schnittpunkte des Graphen der Funktion mit den Koordinatenachsen. Lasse die Graphen von einem GTR oder CAS zeichnen und kontrolliere deine Rechnung anhand des Graphen.
a) $f(x) = x - 1$ b) $g(x) = \frac{1}{2}x + 2$ c) $h(x) = 2x - 0{,}8$
d) $k(x) = -0{,}4x + 0{,}5$ e) $m(x) = \frac{5}{2}x - 3$ f) $x + y - 4 = 0$

15. Akkus entladen sich, auch wenn sie nicht verwendet werden. Die Prozentzahlen in der Tabelle beziehen sich auf die Anfangsladung.

Akku	Selbstentladung pro Monat (ca.)
Lithium-Ionen	2 %
Lithium-Polymer	5 %
Nickel-Cadmium	15 %

a) Beschreibe die Selbstentladung für jeden Akku-Typ durch eine lineare Funktion.
b) Berechne, wie lange die verschiedenen Akku-Typen nach voller Aufladung gelagert werden können, bis sie vollständig entladen sind.

● **16.** Stelle die Funktionsgleichung zu zwei unterschiedlichen linearen Funktionen auf, die die angegebene Nullstelle haben.
a) $x = 1$ b) $x = -3$ c) $x = -0{,}5$ d) $x = 5\frac{2}{3}$ e) keine Nullstelle

● **17.** Bestimme die Gleichung $f(x) = m \cdot x + n$ der linearen Funktion f so, dass die Bedingungen erfüllt sind.
a) f hat die Steigung $m = 2$ und die Nullstelle $x = -3$.
b) f hat die Nullstelle $x = 4$ und den y-Achsenabschnitt $n = -3$.
c) Der Graph von f schneidet die Achsen in den Punkten $A(-4\,|\,0)$ und $B(0\,|\,5)$.

18. Eine Boeing 747 verbraucht während der Start- und Landephase ca. 3600 Liter Kerosin. Pro Flugstunde werden weitere 14 000 Liter Kerosin verbraucht.
a) Gib eine Funktionsgleichung an, mit der man den Kerosinverbrauch für den Flug einer Boeing 747 berechnen kann.
b) Berechne den Kerosinverbrauch für einen $2\frac{1}{2}$-stündigen Flug (8-stündigen Flug).
c) Der Tank einer Boeing fasst 198 000 Liter Kerosin. Berechne, wie lange man mit dieser Füllung fliegen kann, wenn zur Sicherheit 20 000 Liter Reserve im Tank bleiben müssen.

● **19.** Ein Fallschirmspringer sinkt nach dem Öffnen des Fallschirms jede Sekunde um 5 m. Er befindet sich 12 s nach dem sich der Fallschirm geöffnet hat in einer Höhe von 400 m über dem Landeplatz.
a) Berechne wie hoch über dem Landeplatz der Fallschirmspringer beim Öffnen des Fallschirms war.
b) Ermittle eine Gleichung der Funktion, die den Zusammenhang zwischen der Zeit und der Höhe über dem Landeplatz nach Öffnung des Fallschirms beschreibt.
c) Stelle die Funktion aus b) grafisch dar.
d) Bestimme grafisch und rechnerisch die Zeit, die der Fallschirmspringer vom Öffnen des Fallschirms bis zur Landung braucht.

● **20. Ausblick:** Betrachte die Funktionen mit Parameter a. a ist eine rationale Zahl ungleich Null. Beurteile, ob die Eigenschaften ① und ② gelten.
① Wird x um 1 verringert, so verringert sich auch y um 1.
② Wird x halbiert, sie halbiert sich auch y.
a) $y = a \cdot x$ b) $y = a \cdot x + a$ c) $y = a \cdot x^2$

Antiproportionale Funktionen

■ 12 ℓ Apfelsaft werden in 12 Flaschen zu je 1 ℓ abgefüllt. In wie viele Flaschen zu 0,5 ℓ (zu 0,75 ℓ) könnte man den Saft auch abfüllen? ■

Beispiel 1: Bei einem Bundesliga-Tippspiel können auch Tippgruppen mitspielen. Der Gesamtgewinn beträgt 60 €. Prüfe aus den Wertepaaren in der Tabelle, ob die Zuordnung antiproportional ist.

Anzahl der Personen in einer Tippgruppe → Gewinnanteil an 60 € pro Person (in €)

Personen	2	3	4	5
Anteil	30	20	15	12

Lösung:
Prüfe, ob sich beim Schluss auf die Eins immer derselbe Wert ergibt. Dies ist hier der Fall. Es sind immer 60 €, der Wert, den eine einzelne Person gewinnen würde. Die Zuordnung ist daher antiproportional.

Personen	1	2	3	4	5
Anteil	60	30	20	15	12

: 2 : 3 : 4 : 5

· 2 · 3 · 4 · 5

Der Gesamtgewinn von 60 € ergibt sich bei jedem Wertepaar genau aus dem Produkt Personen · Anteil.

$60 = 30 \cdot 2 = 20 \cdot 3 = 15 \cdot 4 = 12 \cdot 5$

Wissen: Produktgleichheit
Bei einer antiproportionalen Zuordnung sind alle Wertepaare $(x|y)$ **produktgleich**. Multipliziert man x und y, so ergibt sich immer dieselbe Zahl.

Jede antiproportionale Zuordnung ist auch eine Funktion. Die passende Funktionsgleichung zu Beispiel 1 ergibt sich aus dem Produkt $x \cdot y = 60$ also $y = \frac{60}{x}$, wobei x die Anzahl der Personen und y der Anteil an 60 € pro Person ist.

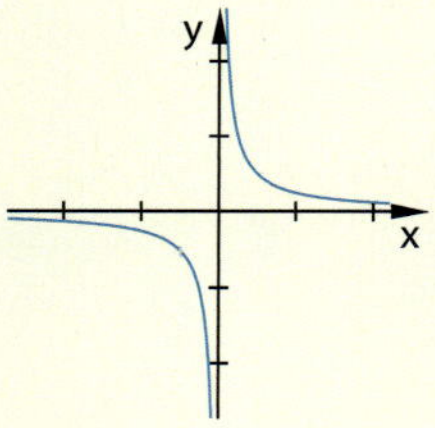

Wissen: Antiproportionale Funktionen
Eine antiproportionale Funktion wird durch die **Funktionsgleichung** $y = \frac{a}{x}$ für $x \neq 0$ beschrieben. Der Graph einer antiproportionalen Funktion ist eine **Hyperbel**.

Basisaufgaben

1. Prüfe auf Antiproportionalität und stelle gegebenenfalls eine Funktionsgleichung auf.

a)

x	2	5	15	20	35	50
y	100	40	20	25	15	4

b)

x	1	3	5	10	15	75
y	150	50	30	15	10	2

2. Die Wertetabelle beschreibt eine antiproportionale Funktion. Stelle die zugehörige Funktionsgleichung auf und zeichne den Graphen.

a)

x	1	2	5	10
y	2	1	0,4	0,2

b)

x	4	6	8	10
y	9	6	4,5	3,6

3. Prüfe, ob die Zuordnung antiproportional ist. Gib an, welche Bedeutung das Produkt hat.

a)

Anzahl gleich langer Teile	1	2	5	8	10	20
Länge eines Holzteils (in cm)	200	100	40	25	20	10

b)

Teilnehmer	5	10	15	20	25	30
Preis pro Teilnehmer (in €)	90,00	45,00	30,00	25,00	20,00	18,00

c)

Urlaubstage	3	5	7	10	12	14
Budged pro Tag (in €)	130,00	78,00	55,71	39,00	32,50	27,86

d)

Anzahl der Artikel	10	20	50	100	150	200
Preis pro Artikel (in €)	1,29	1,25	1,20	1,18	1,15	1,09

4. Erstelle eine Wertetabelle für die antiproportionale Funktion und zeichne ihren Graphen.

a) $y = \frac{2}{x}$ b) $y = \frac{5}{x}$ c) $y = \frac{1}{3x}$ d) $y = -\frac{2}{x}$

Hinweis:
Der Graph einer antiproportionalen Funktion besteht aus zwei Teilen.

5. Vincent hat 5 Stunden für ein 40 km lange Radtour gebraucht. Sein Handy zeigt eine Durchschnittsgeschwindigkeit von 8 $\frac{km}{h}$ an.

a) Welche Durchschnittsgeschwindigkeit würde angezeigt, wenn er doppelt so schnell (halb so schnell) gefahren wäre? Gib auch an, wie lange er dann jeweils gebraucht hätte.

b) Zeige, dass die Funktion *Zeit* → *Durchschnittsgeschwindigkeit* antiproportional ist.

c) Bestimme die zugehörige Funktionsgleichung.

Weiterführende Aufgaben

6. Bestimme die Funktionsgleichung einer Hyperbel, die durch den Punkt A geht.

a) A(3|7) b) A(2|−2) c) A(−1|$\frac{2}{3}$) d) A(3|0,25)

7. Katja hat eine Wertetabelle zur Funktion $y = -\frac{3}{x}$ aufgestellt.

x	−1	0	1	3
y	−3	0	−3	−1

a) Überprüfe die Werte und korrigiere ihre Fehler.

b) Ergänze zu allen ganzen Zahlen von −5 bis 5 die Funktionswerte und zeichne den Graphen.

8. Forschungsauftrag:

a) Ordne Funktionsgleichung und Graph einander zu.

① $y = \frac{1}{x}$ ② $y = \frac{3}{x}$ ③ $y = \frac{8}{x}$

b) An welchem Wertepaar kann man gut erkennen, welcher Graph passt? Begründe.

c) Beschreibe, wie der Parameter a sich auf den Graphenverlauf von $y = \frac{a}{x}$ auswirkt. Berücksichtige auch negative Werte für a.

d) Wie wirkt sich der Parameter b in $y = \frac{1}{bx}$ aus? Prüfe an eigenen Beispielen und beschreibe.

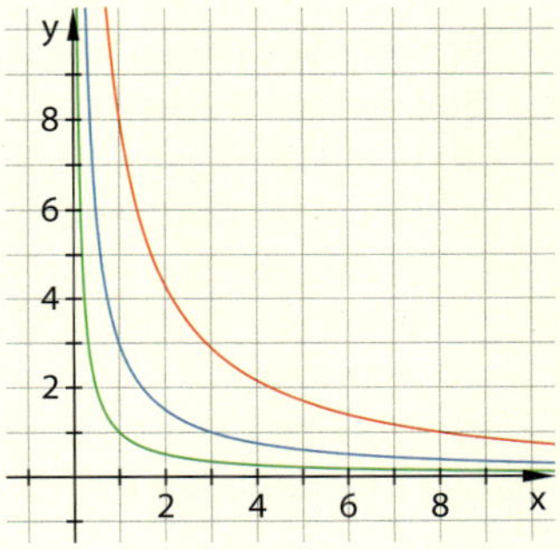

Hinweis zu 8:
Ein Parameter ist eine besondere Variable, deren Wert systematisch geändert wird, um Veränderungen im Verhalten der Funktion zu untersuchen.

3.7 Vermischte Aufgaben

1. Übertrage die Tabelle in dein Heft und ergänze die Felder.

<table>
<tr><td>Sachverhalt</td><td>Bei einem Taxiunternehmen kostet die Anfahrt 2,50 €. Jeder gefahrene Kilometer kostet 30 ct.</td><td></td><td></td><td></td></tr>
<tr><td>Wertetabelle</td><td></td><td></td><td><table><tr><td>x</td><td>3</td><td>4</td><td>6</td></tr><tr><td>y</td><td>6,5</td><td>7</td><td>8</td></tr></table></td><td></td></tr>
<tr><td>Funktions-gleichung</td><td></td><td></td><td></td><td>$y = -3x + 6$</td></tr>
<tr><td>Graph</td><td></td><td>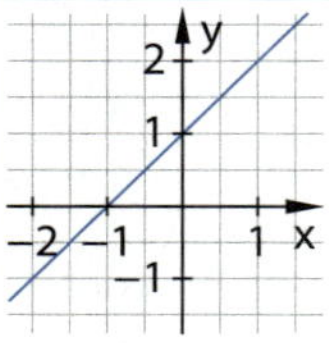
</td><td></td><td></td></tr>
<tr><td>Nullstelle</td><td></td><td></td><td></td><td></td></tr>
</table>

2. Entscheide, ob die Aussage wahr oder falsch ist. Begründe deine Antwort.
a) Bei einer Funktion wird jedem y-Wert genau ein x-Wert zugeordnet.
b) Zu jeder Zuordnung lässt sich eine Funktionsgleichung aufstellen.
c) Zum Zeichnen einer proportionalen Funktion genügen zwei Wertepaare.
d) Der Punkt $P(0|1)$ liegt auf den Graphen aller proportionalen Funktionen.
e) Den y-Achsenabschnitt einer linearen Funktion kann man an der Gleichung ablesen.

3. Ein Mobilfunkanbieter hat zwei verschiedene Tarife. Tarif A hat eine Grundgebühr von 10 € pro Monat und jede Gesprächsminute kostet 6 ct. Tarif B hat keine Grundgebühr, dafür kostet jede Gesprächsminute 15 ct. SMS sind bei beiden Tarifen gratis.
a) Stelle für beide Tarife eine Funktionsgleichung für die Zuordnung *Anzahl telefonierter Minuten → monatlicher Preis (in €)* auf.
b) Anna telefoniert durchschnittlich 250 Minuten pro Monat und schreibt 100 SMS. Welchen Tarif würdest du ihr empfehlen?
CAS GTR c) Bestimme mithilfe eines GTR oder eines CAS, bei wie vielen Gesprächsminuten pro Monat Tarif A günstiger ist als Tarif B.

4. Sinterröhrchen sind Tropfsteine, die durch Ablagerung von kalkhaltigem Wasser entstehen. In einer Höhle wachsen sie 15 mm in 100 Jahren. Es gibt zwei Formen: Stalaktiten hängen von der Decke herab, Stalagmiten wachsen vom Boden hoch.
a) Wann werden zwei Sinterröhrchen sich berühren, wenn der Abstand zwischen Boden und Decke an dieser Stelle 1 m beträgt?
b) Wann war ein heute 11 cm langes Sinterröhrchen 2 cm lang?
c) Wie lang ist ein neues Sinterröhrchen nach 12 (120, 1200) Jahren?

5. a) Bestimme eine Funktionsgleichung einer linearen Funktion, deren Graph durch die Punkte A und B verläuft.
① A(2|4); B(−3|−12) ② A(8,2|2,4); B(9,2|5,6)
b) Gib an, wie die Geraden aus a) zueinander liegen. Gib jeweils die Steigung an.

6. Gegeben ist die Funktionsgleichung $y = 5x + 7$.
a) Überprüfe, ob die folgenden Punkte auf dem Graphen der Funktion liegen.
A(1|2); B(0|7); C(12|67); D(−4,5|−14,5)
b) Bestimme die fehlenden Koordinaten, sodass die Punkte auf dem Graphen der Funktion liegen. E(2,5|■); F(■|−3); G(20|■); H(■|52)
c) Erkläre die rechnerische Lösung von b) in eigenen Worten.

7. Bei Infusionen im Krankenhaus nimmt die Menge der Lösung in der Infusionsflasche gleichmäßig ab.
a) In einer Infusionsflasche sind zu Beginn 0,5 ℓ Lösung, nach 20 min sind es noch 0,4 ℓ. Bestimme eine Funktionsgleichung der Zuordnung *Zeit (in Stunden) → Inhalt der Infusionsflasche (in Liter)* und zeichne den Funktionsgraphen.
b) Bei einer anderen Infusion sind nach 30 min noch 0,7 ℓ und nach 90 min noch 0,1 ℓ Lösung in der Flasche. Wie lange dauert es, bis die Flasche leer ist?

8. Ein aufblasbarer Swimmingpool wird mit einem Gartenschlauch befüllt. Der Pool fasst 1200 Liter Wasser. Aus dem Schlauch kommen 9 Liter Wasser pro Minute.
a) Stelle eine Funktionsgleichung auf, mit der sich die Füllmenge des Pools berechnen lässt.
b) Wie viel Liter Wasser befinden sich nach 10 min (20 min; 30 min; 60 min) im Pool?
c) Nach welcher Zeit befinden sich 225 ℓ (450 ℓ; 1000 ℓ; 3500 ℓ) Wasser im Pool?
d) Bestimme den Zeitpunkt, zu dem der Pool überläuft.

9. Familie Kreuzer möchte am Mittelmeer Urlaub machen. Jeder Tag im Hotel kostet 80 €. Hinzu kommen 620 € für Hin- und Rückflug.
a) Erstelle eine Funktionsgleichung der Zuordnung *Anzahl der Tage → Reisekosten (in €)*.
b) Wie teuer ist die Reise, wenn die Familie acht Tage (zwei Wochen) im Hotel bleibt?
c) Wie viele Tage kann die Familie für insgesamt 1500 € (2000 €) verreisen?

10. Familie Johanssen fährt in den Urlaub nach Südtirol. Die Autobahn-Route ist 831 km lang. Der durchschnittliche Benzinverbrauch ihres Wagens beträgt 6,4 ℓ pro 100 km.

Bestimme eine Funktionsgleichung, die die Zuordnung *Gefahrene Kilometer → Verbrauchte Benzinmenge (in ℓ)* beschreibt.

Die Tankfüllung kann ungefähr durch die Funktionsgleichung $y = -6{,}4x + 50$ beschrieben werden. Erkläre die Bedeutung von x und y. Berechne, nach wie vielen Kilometern sich noch 30 ℓ im Tank befinden.

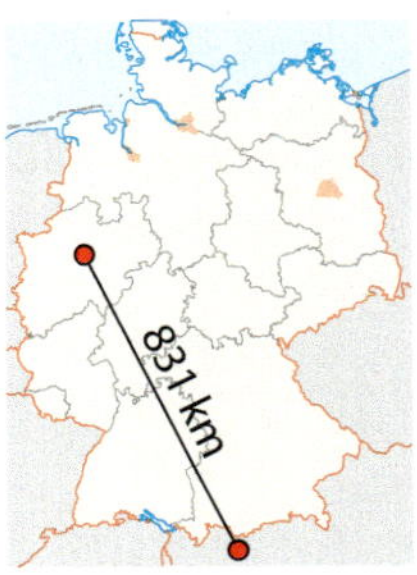

Auf der Landstraße verbraucht der Wagen durchschnittlich nur 5,9 ℓ pro 100 km. Wie viele Kilometer dürfte der Weg über die Landstraßen höchstens länger sein als die Autobahn-Route, damit insgesamt weniger Benzin verbraucht wird?

Nach 125 km sind noch 42 ℓ im Tank, nach 250 km sind es noch 34 ℓ. Berechne mithilfe einer geeigneten Funktionsgleichung, wie weit die Familie mit dieser Tankfüllung bei konstantem Verbrauch fahren kann. Beschreibe die Schwächen einer solchen Prognose.

Prüfe dein neues Fundament

Lösungen
↗ S. 247

1. Prüfe, ob die Zuordnung eine Funktion ist.
a) *Sprunghöhe beim Hochsprung → Schüler, die diese Höhe gesprungen sind*
b) *Anzahl Eiskugeln → Preis*

2. Stelle für die Funktion eine Wertetabelle für $x = -2$ bis $x = 4$ auf und zeichne den Funktionsgraphen.
a) $y = 1{,}5x + 1$ b) $y = -2x + 1$ c) $y = 0{,}5x - 1$

3. Bestimme die Steigung und eine Funktionsgleichung zum Graphen.

a) 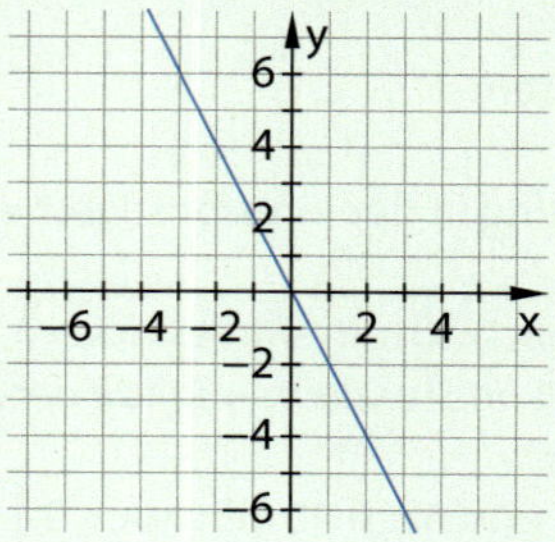

b) 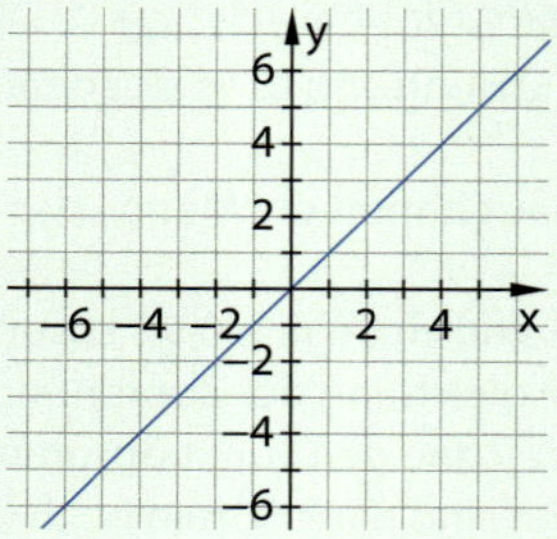

c) 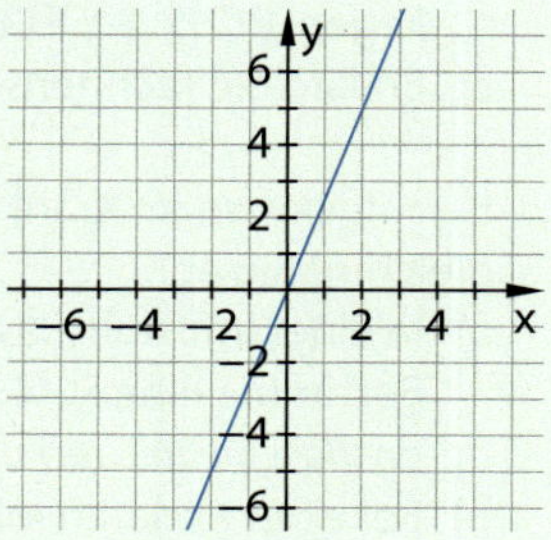

4. Zeichne den Graphen der proportionalen Funktion mit der angegebenen Funktionsgleichung.
a) $y = 4x$ b) $y = 2x$ c) $y = 0{,}4x$ d) $y = -0{,}3x$ e) $y = -\frac{7}{9}x$

5. Drei unterschiedliche Autos haben auf der Autobahn folgenden durchschnittlichen Benzinverbrauch:
– 7 Liter Benzin auf 100 km
– 8 Liter Benzin auf 100 km
– 9 Liter Benzin auf 100 km
Die Tabelle und der Graph stellen jeweils den Benzinverbrauch eines dieser Autos dar.

Strecke (in km)	Verbrauch (in ℓ)
50	4,0
80	6,4
200	16,0
250	20,0
300	24,0
360	28,8

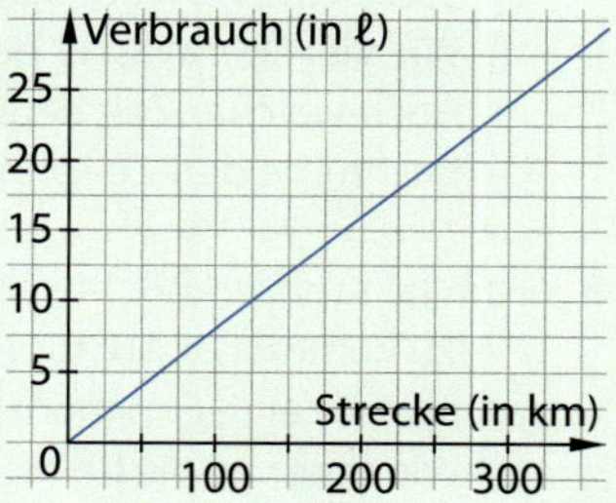

a) Gib an, zu welchem Auto die Tabelle passt. Begründe deine Antwort.
b) Gib an, zu welchem Auto der Graph passt. Begründe deine Antwort.

6. Zeichne den Graphen zur Funktionsgleichung.
a) $y = 2x - 3$ b) $y = -\frac{1}{2}x + 2$ c) $y = -3x + 9$ d) $y = \frac{1}{4}x + \frac{1}{2}$

7. Bestimme eine passende Funktionsgleichung zum Graphen.

a) 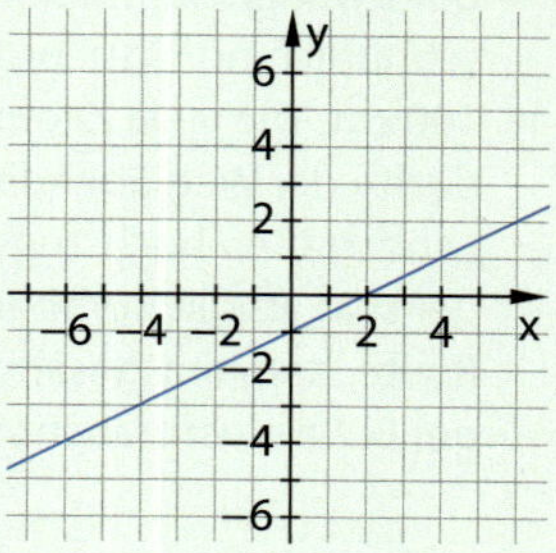

b) 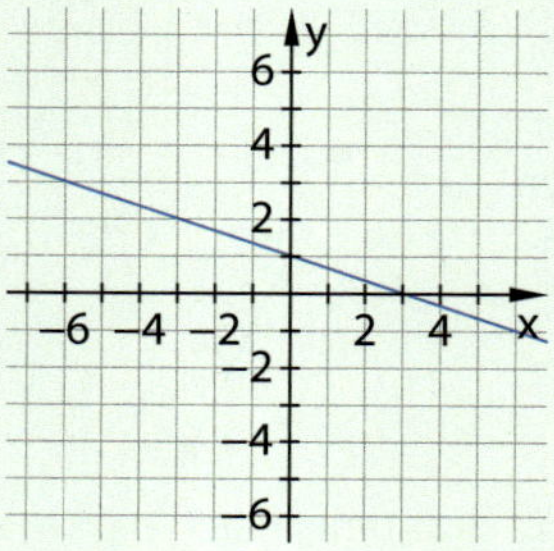

c) 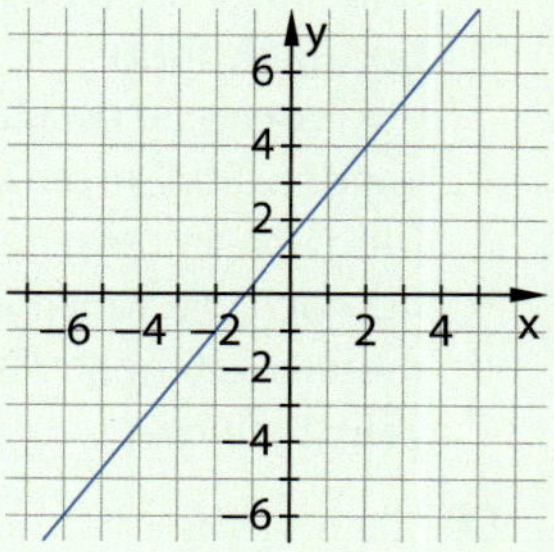

8. Bestimme eine Funktionsgleichung zur Geraden, auf der die Punkte A und B liegen.
a) $A(-6|0)$; $B(2|4)$ b) $A(-6|-4)$; $B(6|1)$ c) $A(-3|7)$; $B(3|-9)$ d) $A(0|-23)$; $B(-10|3)$

9. Bestimme sowohl grafisch als auch rechnerisch die Nullstelle der Funktion.

a) $y = \frac{1}{3}x - 1{,}5$ b) $y = \frac{5}{3}x + 5$ c) $y = 0{,}875x - 3{,}5$ d) $y = \frac{1}{6}x + \frac{1}{3}$

10. Bestimme sowohl grafisch als auch rechnerisch den x-Wert, an dem die Funktion den gegebenen y-Wert annimmt.

a) $y = 2x + 1;\ y = 7$ b) $y = -\frac{1}{5}x - 1;\ y = -2$

c) $y = 2{,}5x + 2{,}5;\ y = -2{,}5$ d) $y = 0{,}75x - 1\frac{1}{2};\ y = 3$

11. Beim Fotoanbieter A kostet ein Abzug 12 Cent zzgl. 2,95 € Versandkosten.
Beim Anbieter B kostet ein Abzug 17 Cent ohne Versandkosten.
Stelle dar, welcher Anbieter in Abhängigkeit von der Anzahl der Fotos der günstigere ist.

12. Die Funktion $y = -200x + 12\,000$ beschreibt die sich verringernde Flughöhe (in m) eines Passagierjets im Landeanflug auf einen Flughafen, wobei x die vergangenen Minuten seit Beginn des Sinkfluges angibt.

a) Berechne die Nullstelle der Funktion. Interpretiere das Ergebnis.

b) Wie viele Minuten vor der Landung befindet sich das Flugzeug in 1000 m Höhe?

13. Berechne die x-Koordinate des Schnittpunkts des Graphen mit der x-Achse für die Funktion mit der Funktionsgleichung $y = \frac{99}{100}x + \frac{100}{99}$.

Wiederholungsaufgaben

1. Runde die Zahl auf die angegebene Stelle.

a) Hundertstel: 43 856 b) Zehntel: 108,025 c) Tausendstel: 4,789789

2. Birgit findet im Atlas eine Karte mit dem Maßstab 1 : 2 500 000. Dieser Maßstab bedeutet, dass 1 cm in der Karte 2 500 000 cm in der Wirklichkeit entspricht.
Birgit misst auf der Karte den Abstand zwischen Frankfurt und München. Er beträgt 12 cm. Berechne mithilfe des Maßstabs, wie weit Frankfurt von München in der Wirklichkeit (Luftlinie) entfernt ist. Gib dein Ergebnis in Kilometern an.

3. Zeichne in ein Koordinatensystem die Punkte A (0|0), B (8|0) und C (4|3). Zeichne das Dreieck ABC. Bestimme seinen Flächeninhalt und seinen Umfang.

4. Berechne.

a) $\frac{5}{6} + \frac{3}{5}$ b) $\frac{5}{6} - \frac{3}{5}$ c) $\frac{5}{6} \cdot \frac{3}{5}$ d) $\frac{5}{6} : \frac{3}{5}$

5. Fasse den Term $3 \cdot x + 7 \cdot y - 4 + 3 \cdot y - 2 \cdot x + 2$ zusammen und vereinfache.

6. In einer Schülergruppe wurden die folgenden Größen gemessen (in cm):

160	176	157	183	176	161	176	177	178	176

Bestimme zu diesen Daten die Kennwerte arithmetisches Mittel, Maximum, Minimum, Spannweite und Modalwert.

7. Bestimme x.

a) $-2x = -8$ b) $3x = -4$ c) $\frac{1}{2}x = \frac{1}{3}$ d) $4x + 1 = -7$

Funktion

Eine **Funktion** ist eine **eindeutige Zuordnung**.
Bei einer Funktion wird jedem x-Wert (Argument) genau ein **Funktionswert** (y-Wert) zugeordnet.

Die Zuordnung
Zahl x → Quadrat der Zahl x
ist eine eindeutige Zuordnung, also eine Funktion. Durch diese Funktion wird der Zahl 4 eindeutig die Zahl 16 zugordnet.

Darstellung von Funktionen

Funktionen lassen sich darstellen durch
- eine Wortvorschrift,
- eine Funktionsgleichung,
- eine Wertetabelle,
- einen Funktionsgraphen im Koordinatensystem,
- ein Pfeildiagramm.

Jeder Zahl wird ihr Betrag zugeordnet.
$y = |x|$

x	−3	−1,2	0	3
y	3	1,2	0	3

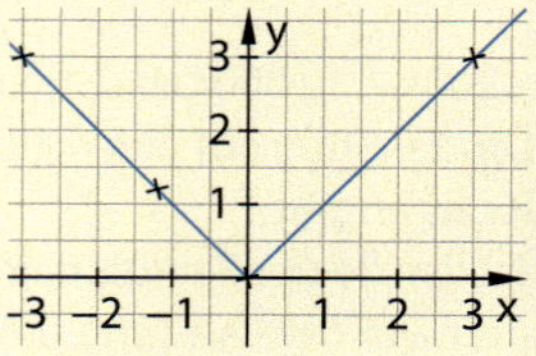

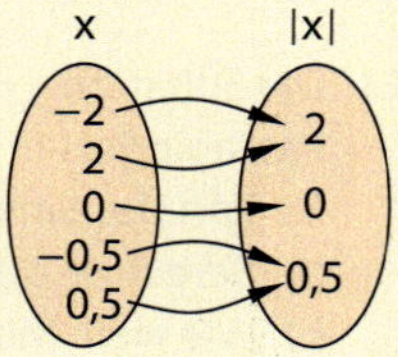

Lineare Funktionen

Funktionen mit Gleichungen der Form **y = m · x + n** nennt man **lineare Funktionen.** Der Graph hat die **Steigung m** und schneidet die y-Achse im Punkt (0|n). Der Wert **n** wird deshalb auch **y-Achsenabschnitt** genannt. Die Steigung ist das Verhältnis der Änderung der Funktionswerte zur Änderung der x-Werte.

Den Graphen einer linearen Funktion kann man mithilfe des y-Achsenabschnitts n und der Steigung m zeichnen.

Zeichne den Graphen zu $y = \frac{3}{4}x - 2$.

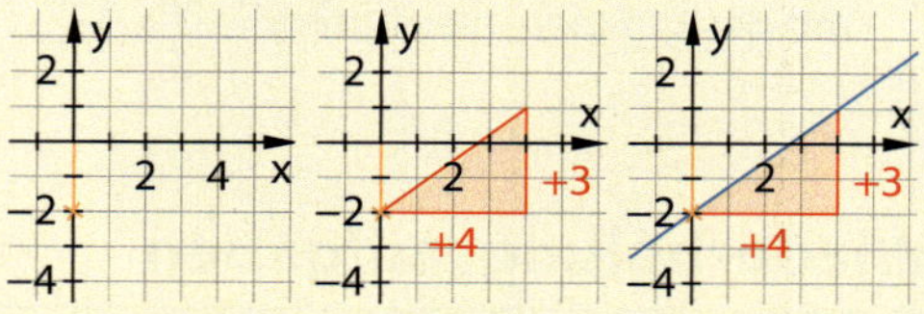

1. Schritt $n = -2$ | 2. Schritt $m = \frac{3}{4}$ | 3. Schritt

Sind zwei Punkte $P_1(x_1|y_1)$ und $P_2(x_2|y_2)$ auf dem Graphen einer linearen Funktion gegeben, so kann man die Steigung m wie folgt ermitteln: $m = \frac{y_2 - y_1}{x_2 - x_1}$.

Wenn $P_1(2|5)$ und $P_2(4|9)$ zwei Punkte einer linearen Funktion sind, gilt:

$$m = \frac{9-5}{4-2} = 2$$

Zum Beispiel liegt P_1 auf dem Graphen, also gilt $5 = 2 \cdot 2 + n$ und damit $n = 1$.
Funktionsgleichung: $y = 2x + 1$

Nullstellen einer Funktion

Einen x-Wert einer Funktion, für den der zugehörige Funktionswert 0 ist, nennt man **Nullstelle.**
Im Koordinatensystem kann man die Nullstelle am Schnittpunkt des Funktionsgraphen mit der x-Achse ablesen.

$y = -2x + 2$

Nullstelle: $x = 1$

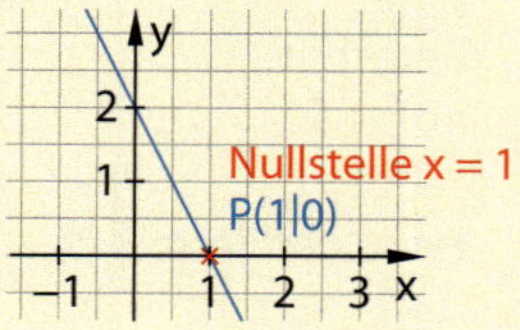

Exakt lassen sich Nullstellen der Funktion f durch Lösen der Gleichung f(x) = 0 bestimmen.

$$f(x) = -2x + 2 = 0 \quad |-2$$
$$-2x = -2 \quad |:(-2)$$
$$x = 1$$

4. Terme

Wer sicher mit Termen jonglieren kann, der hat ein gutes Fundament in der Mathematik.

Lösungen ↗ S. 249

Termwerte ermitteln

1. Berechne.

a) $3 \cdot (-7)$ b) $-3 - (-7)$ c) $-2 \cdot (-0{,}75)$ d) $-0{,}2 + (-2{,}8)$
e) $43 - 28 - 39$ f) $4 \cdot (-5) \cdot 8$ g) $-40 : 5$ h) $-36 : (-24)$

2. Verwende das Distributivgesetz (zum Ausklammern bzw. Klammern auflösen), um das Ergebnis zu berechnen.

a) $3 \cdot 17 - 3 \cdot 7$ b) $5 \cdot (-8) - 2 \cdot (-8)$ c) $(-4) \cdot 7{,}5 - (-4) \cdot (-2{,}5)$ d) $1{,}2 \cdot 3 - 1{,}2 \cdot 4$
e) $3 \cdot \left(\frac{1}{6} - 2\right)$ f) $6 \cdot \left(\frac{2}{3} - 5\right)$ g) $-12 \cdot \left(\frac{5}{6} - 4\right)$ h) $\left(7 - \frac{5}{8}\right) \cdot (-4)$

3. Bestimme den Wert des Terms.

a) $3a + 7a + 7$ für $a = 5$ b) $0{,}5x - 5y$ für $x = 4$ und $y = 2$
c) $(a + b) \cdot (a - b)$ für $a = 7$ und $b = 5$ d) $8y \cdot (3x + y)$ für $x = 0{,}5$ und $y = 0{,}25$

4. Berechne die Termwerte.

	a) $2x + 0{,}5$	b) $(0{,}5 - x) \cdot (-1)$	c) $x + x + x$	d) $x \cdot x \cdot x$	e) $(-1{,}5 + x) \cdot x$
$x = 1$					
$x = 2$					
$x = 3$					
$x = 4$					

5. Fülle im Heft alle Leerstellen des Rechenbaums. Gib auch den zu berechnenden Term an.

a)
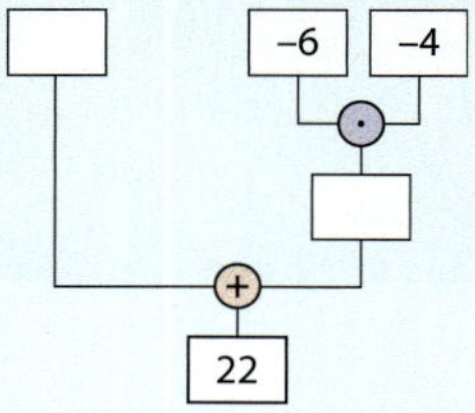

b)
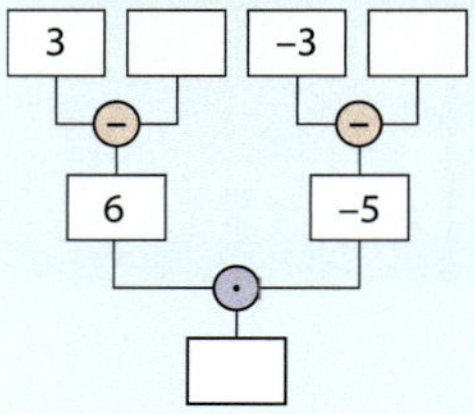

Terme vereinfachen

6. Fasse zusammen.

a) $x + x + 2x$ b) $4 + 3x - 7$ c) $a + 3 - 3a - 5{,}5$
d) $b - 2 - 2b + b - a$ e) $-4y + 3 + 0{,}2y + 0{,}5$ f) $-0{,}7 - 4x - x + 2 + 3{,}5x$

7. Vereinfache.

a) $2a \cdot 4$ b) $6x \cdot (-2)$ c) $8x \cdot \frac{3}{4}$ d) $-6b \cdot (-2)$ e) $24a : 4$ f) $-2x : (-2)$

8. Übertrage in dein Heft und ergänze sinnvoll.

a) $6a - 3 -$ ■ $= 2a - 3$ b) $5c \cdot$ ■ $= 15c$ c) $3 \cdot$ ■ $+$ ▲ $= 15c + 3$
d) ■ $- 5b + 5 +$ ▲ $= 2b + 2$ e) $\frac{2}{3}a \cdot$ ■ $= 4a$ f) $-39y :$ ■ $= 13y$

9. Vereinfache und berechne für $x = 3$ den Termwert.

a) $2x + 3 - x$ b) $x + 4 \cdot 5x - 21$ c) $x + 3x \cdot 2 - 6x$ d) $6x : 3 - 2$
e) $x \cdot x + 2x$ f) $x \cdot 3 - 3 + 2x$ g) $0{,}5x - 0{,}5 - \frac{1}{2}x$ h) $5 \cdot (-3) + 5x$

Flächeninhalt und Umfang von Figuren

10. Berechne den Umfang und den Flächeninhalt eines
a) Rechtecks mit den Seitenlängen a = 4 cm und b = 7 cm,
b) Quadrats mit der Seitenlänge a = 3 cm,
c) rechtwinkligen Dreiecks mit den Seitenlängen a = 5 cm, b = 4 cm, c = 3 cm und α = 90°.

11. Zeichne zwei verschiedene
a) Rechtecke mit einem Umfang von 16 cm,
b) rechtwinklige Dreiecke mit einem Flächeninhalt von 6 cm²,
c) Parallelogramme mit einem Flächeninhalt von 12 cm².

12. Übertrage die Figuren im Maßstab 1:2 in dein Heft und ermittle ihren
a) Flächeninhalt, b) Umfang.
Entnimm die erforderlichen Maße deiner Zeichnung.

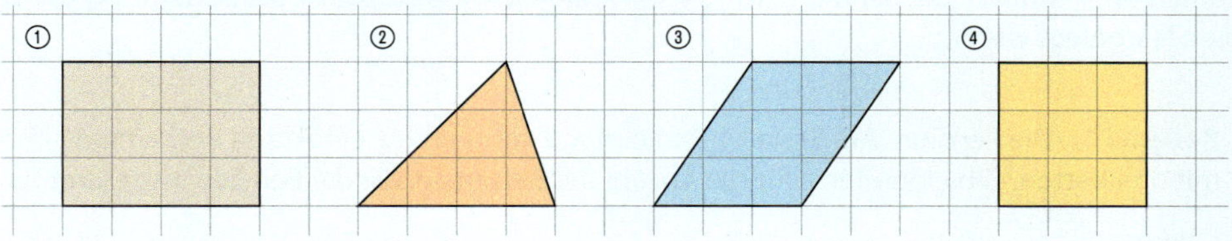

13. Berechne den Flächeninhalt
a) des Quadrats ABCD,
b) jedes farbigen Vierecks im Quadrat.

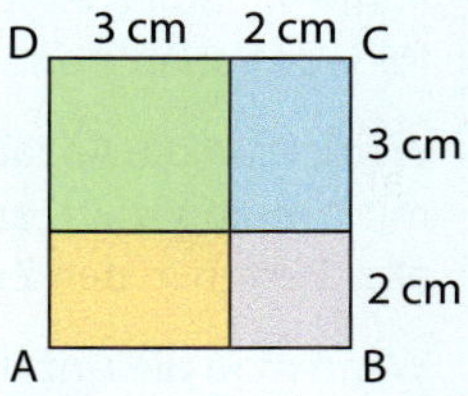

Vermischtes

14. Gib einen Term an, mit dem man den Flächeninhalt des gesamten Rechtecks ermitteln kann.

a)
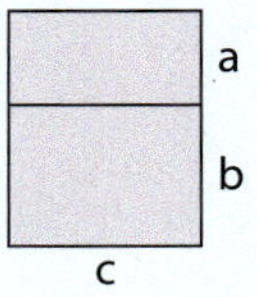

b)
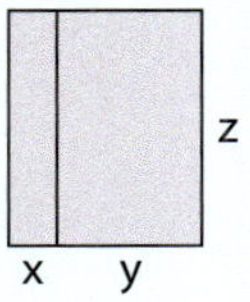

c)
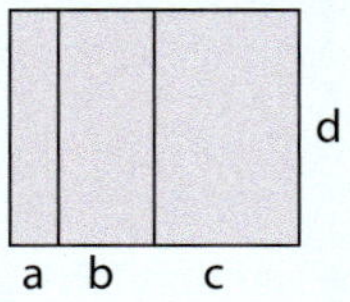

d)
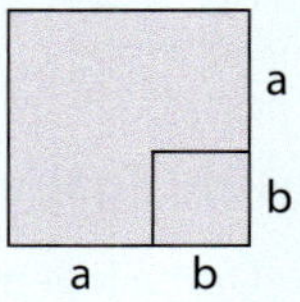

15. Gib einen Term zur Berechnung des Flächeninhalts der Figur an.

a)
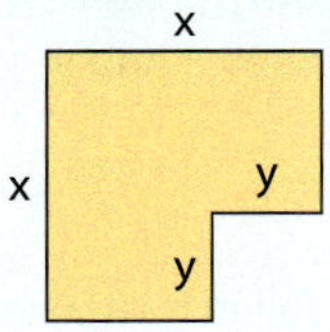

b)
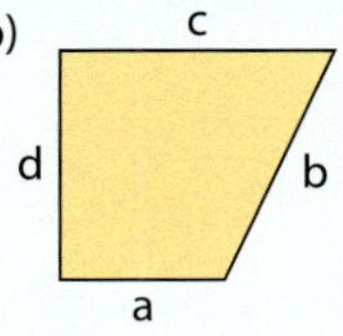

16. Übersetze den Text in einen Term und berechne den Termwert für x = 2.
a) Das Fünffache von x vermindert um das Dreifache von x.
b) Die Summe aus dem Dreifachen von x und 4 wird halbiert.

4.1 Terme mit mehreren Variablen aufstellen

■ Familie Sander besucht die Großeltern. Frau Sander zahlt den vollen Buspreis, die Kinder zahlen einen ermäßigten Preis. Erkläre, welcher Term den Gesamtpreis für die Busfahrt angibt.

① $a \cdot 2b$ ② $a + 2b$ ③ $a + a + b$

Wie sähe der Term aus, wenn Frau Sander wegen einer Behinderung 50 % Rabatt bekäme? ■

Mithilfe von Termen lassen sich Zusammenhänge aus der Mathematik oder aus dem Alltag kurz und übersichtlich darstellen. Die Variablen, die in den Termen vorkommen, stehen oft für Zahlen oder Größen. Bei der Benutzung von Variablen muss zunächst die Bedeutung der Variablen festgelegt werden.

Beispiel 1: Die Pension „Am Steintor“ hat einige Zimmer mit zwei Betten und einige Zimmer mit drei Betten. Gib einen Term für die Anzahl der Betten an, die die Pension insgesamt hat.

Lösung:

Führe Variablen ein und gib die Bedeutung für jede Variable an.

x: Anzahl der Zweibettzimmer
y: Anzahl der Dreibettzimmer

Wenn man die Anzahl der Zweibettzimmer mit 2 multipliziert, erhält man die Anzahl aller Betten in den Zweibettzimmern.

Anzahl der Betten in Zweibettzimmern: $2 \cdot x$

Wenn man die Anzahl der Dreibettzimmer mit 3 multipliziert, erhält man die Anzahl aller Betten in den Dreibettzimmern.

Anzahl der Betten in Dreibettzimmern: $3 \cdot y$

Die Anzahl der Betten der Pension erhält man durch Addition der Anzahl der Betten in den Zwei- und in den Dreibettzimmern.

Anzahl der insgesamt in der Pension „Am Steintor“ vorhandenen Betten: $2x + 3y$

Basisaufgaben

1. Ordne jedem Text den passenden Term zu.

A Anzahl von einzelnen Tennisbällen und Tennisbällen in 4er-Dosen

① $4 \cdot x \cdot y$

B Flächeninhalt von vier Rechtecken mit den Seitenlängen x und y

C Personenzahl einer Gruppe aus zwei Klassen und vier Begleitpersonen

② $4 \cdot (x + y)$

③ $x + 4 \cdot y$

④ $x + y + 4$

D Gewicht von vier vollen Kästen Sprudel und vier vollen Kästen Limo

2. In einem Kino haben die vorderen Reihen jeweils 30 Plätze, die hinteren Reihen jeweils 45 Plätze. Gib einen Term für die Gesamtzahl der Plätze im Kino an.
Gib auch die Bedeutung der Variablen im Term an.

3. Beschreibe mit einem Term.
a) Die Summe aus dem Dreifachen einer Zahl und dem Zweifachen einer anderen Zahl.
b) Das Elffache einer Zahl vermindert um das Vierfache einer zweiten Zahl.
c) Das Produkt aus dem Dreifachen einer Zahl und der Hälfte einer weiteren Zahl.
d) Das Fünffache der Summe zweier Zahlen.

4. a) Pia kauft bei einem Internet-Musikanbieter mehrere Alben zu 10 € und einzelne Songs zu 70 Cent. Gib einen Term für den Gesamtpreis und die Bedeutung der Variablen an.
b) Berechne, was Lukas und Celina bezahlen müssen.

Warenkorb Lukas ▼
3 Alben
5 Songs

Warenkorb Celina ▼
2 Alben
13 Songs

Weiterführende Aufgaben

5. a) Familie Brunner (zwei Erwachsene und ein Kind) geht ins Schwimmbad. Dort zahlen Kinder weniger als Erwachsene. Gib einen Term an, mit dem man den Eintrittspreis für Familie Brunner ermitteln kann.

b) Auch Familie Wolf (zwei Erwachsene und drei Kinder) besucht dieses Schwimmbad. Für Sohn Stefan muss Herr Wolf allerdings den Erwachsenenpreis bezahlen. Gib einen Term an, mit dem man den Eintrittspreis für Familie Wolf berechnen kann.
c) Was müssen Familie Brunner und Familie Wolf bezahlen, wenn der Preis für Erwachsene 5,50 € und für Kinder 2,50 € beträgt?

6. In einer Fabrik wird täglich die gleiche Anzahl von Flaschen hergestellt. Mit welchen Termen lässt sich berechnen, wie viele Flaschen an x Werktagen hergestellt werden?

① $a + x$ ② $a \cdot x$ ③ $a - x$ ④ $a : x$ ⑤ $x \cdot a$ ⑥ $\underbrace{a + a + a + \ldots + a}_{x \text{ Summanden}}$

Gib die Bedeutung der Variablen an.

7. Das Café Tropical ist bekannt für seine Fruchtcocktails. Ein Ananas-Mix besteht aus 300 mℓ Ananassaft und 100 mℓ Mangosaft, ein Mangomix aus 250 mℓ Mangosaft und 150 mℓ Ananassaft.
a) Stelle je einen Term auf für die Menge Ananassaft und die Menge Mangosaft, die für x Gläser Ananas-Mix und y Gläser Mangomix benötigt werden.
b) Die Tabelle zeigt, wie viele Cocktails am Wochenende durchschnittlich bestellt werden. Berechne für jeden Tag mit den Termen aus a) die benötigten Mengen an Ananassaft und Mangosaft. Gib sie in Liter an.

	Ananas-Mix	Mangomix
Freitag	40	50
Samstag	60	80
Sonntag	50	65

Hinweis zu 7:
Hier findest du die Lösungen in Liter.

8. Mit dem Term a · b können unterschiedliche Sachverhalte beschrieben werden. Übertrage die Tabelle in dein Heft und vervollständige sie.

a · b	a	b
Flächeninhalt eines Rechtecks	Länge einer Rechteckseite	
Preis für a Rosinenbrötchen		
Flächeninhalt eines Parallelogramms		
	Anzahl der Ecken eines regelmäßigen Vielecks	Länge einer Seite des regelmäßigen Vielecks
	Durchschnittsgeschwindigkeit eines Autos	Fahrzeit des Autos

9. Eine Jugendherberge hat drei Etagen. In jeder Etage gibt es die gleiche Anzahl an Zimmern.

a) Gib einen Term an, mit dem man die gesamte Anzahl an Zimmern berechnen kann.

b) Die Anzahl der Betten auf jeder Etage lässt sich mit dem Term 4a + 6b berechnen. Emilia behauptet: „Auf jeder Etage gibt es also 4 Zimmer mit a Betten und 6 Zimmer mit b Betten." Julian erwidert: „ Das stimmt nicht. Aus dem Term sieht man, dass die Jugendherberge nur Vier- und Sechsbettzimmer hat." Wer von beiden hat Recht?

10. Stolperstelle: In einer Rabatt-Aktion kosten Spiele im App Store 2,50 €; 1,50 € oder 50 Cent. Erkläre, welche der Terme zur Berechnung des Gesamtpreises nicht passen.

① 2,5a + 1,5b + 50c

② 2,5 € · x + 1,5 € · y + 0,5 € · z

③ x · (2,5 + 1,5 + 0,5)

④ 2,5t + 1,5m + 0,5b

11. Gib jeweils einen Term für den Umfang und den Flächeninhalt der Figur an.

a)

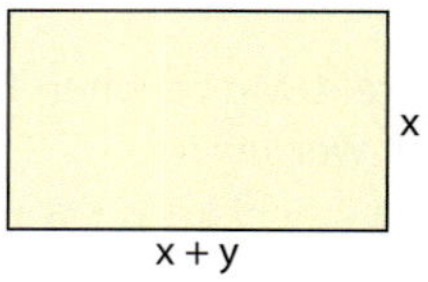

b)

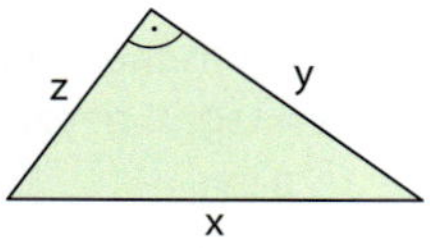

c)

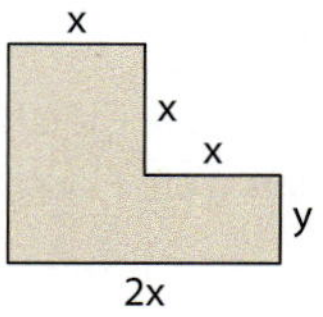

d)

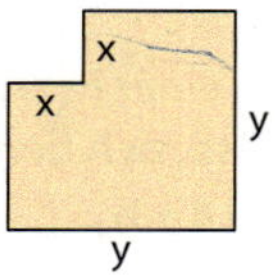

12. Übertrage die Figuren im Maßstab 1:2 in dein Heft.

a) Berechne die Länge der Mittellinie m und den Flächeninhalt A des Trapezes mit den Formeln $m = \frac{1}{2} \cdot (a + c)$ und $A = m \cdot h$.
a und c sind die parallelen Seiten des Trapezes, h ist seine Höhe.

b) Berechne den Flächeninhalt A des Drachenvierecks mit der Formel $A = \frac{1}{2} \cdot e \cdot f$. Dabei sind e und f die Diagonalen des Drachenvierecks.
Entnimm die erforderlichen Größen deiner Zeichnung.

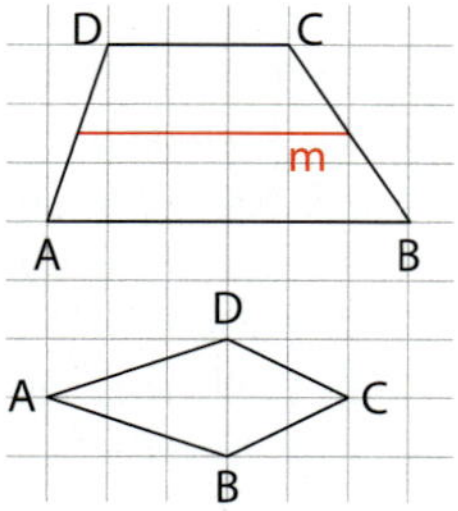

13. Ausblick: Für unterschiedliche x-Werte und y-Werte wurde der Wert eines Terms berechnet. Gib einen passenden Term an.

x	−1	0	1	3	3
y	−2	−1	1	2	4
Wert des Terms	−4	−1	3	8	10

4.2 Terme vereinfachen

■ Die TAXI-Leuchtreklame besteht aus gelben, blauen und grünen Leuchtstoffröhren. Gleichfarbige Röhren sind auch gleich lang. Welcher Term gibt die Gesamtlänge aller Leuchtstoffröhren an? Begründe.

① $x + x + y + y + z + z + z + z$

② $2x + 2y + 4z$ ③ $(x + y) + (2z + y) + 2z + x$

Berechne die Gesamtlänge:

Gelb: 80 cm; Blau: 85 cm; Grün: 40 cm ■

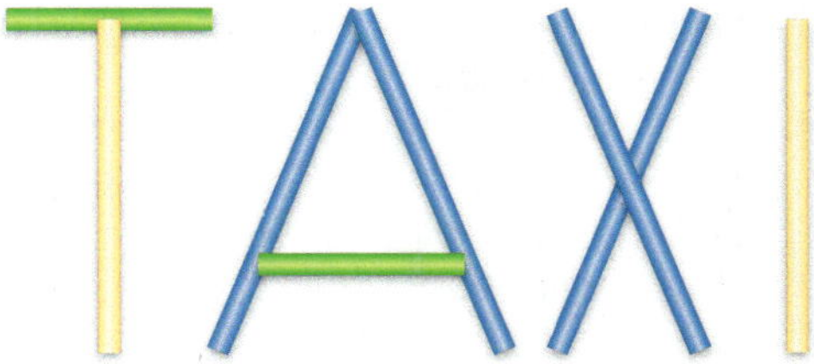

Addieren und Subtrahieren

Die Terme $4xy^2$ und $2xy^2$ unterscheiden sich nur durch die Koeffizienten vor den Variablen xy^2. Solche Terme nennt man **gleichartig**.

Gleichartige Terme kann man bei Addition oder Subtraktion durch die Anwendung des Distributivgesetzes zusammenfassen.

Beispiel: $4xy^2 + 2xy^2 = (4 + 2)xy^2 = 6xy^2$

Erinnere dich:
„Malpunkte" kann man bei Variablen oder Klammern weglassen, wenn dadurch keine Missverständnisse entstehen können. Dies gilt nicht, wenn du ein CAS verwendest.

Wissen: Terme zusammenfassen

Vielfache von gleichartigen Termen werden addiert oder subtrahiert, indem man ihre Koeffizienten addiert oder subtrahiert.

$2xy + 3xy = 5xy$ $\qquad$ $4ab - 6ab = -2ab$

Erinnere dich:
Distributivgesetz:
$c \cdot (a + b) = c \cdot a + c \cdot b$

Beispiel 1: Fasse zusammen.

a) $2x + 5x - 3y$ b) $3ab - ab + 3$ c) $3xy - 2xy^2 + 2xy + 3xy^2$

Lösung:

a) $2x$ und $5x$ sind gleichartige Terme und können zusammengefasst werden.

$2x + 5x - 3y = 7x - 3y$

b) $3ab$ und ab sind gleichartige Terme. Denke dir $3ab - 1ab$ und fasse zusammen.

$3ab - ab + 3 = 3ab - 1ab + 3$
$= 2ab + 3$

c) Additions- und Subtraktionsschritte dürfen beliebig vertauscht werden. Fasse dann $3xy + 2xy$ und ebenso $-2xy^2 + 3xy^2$ zusammen.

$3xy - 2xy^2 + 2xy + 3xy^2$
$= 3xy + 2xy - 2xy^2 + 3xy^2$
$= 5xy + xy^2$

Basisaufgaben

1. Fasse zusammen.

a) $2a + 2b - 3a$ b) $x + y + x + y + x$ c) $3a + 4b - a + b$

d) $3u + 2v - u - v - v$ e) $3a + 5b + 2a - 2$ f) $-5 + 2x - y - 2 + 9{,}5\,x$

2. Fasse zusammen.

a) $4xy - 5y + 3xy - 8y$ b) $5ab + 2a - 3ab + 3a$ c) $ax + bxy + 2x + by + 3ax$

d) $2ab^2 + 2a^2b - 3ab^2$ e) $3st^2 - st^2 + 2st$ f) $28mn + 8m - 8n + 15mn$

Hinweis zu 3 und 4:
Du kannst Faktoren in einem Produkt alphabetisch sortieren und gleiche Variablen zu einer Potenz zusammenfassen, z. B. $2ba = 2ab$ und $a \cdot a = a^2$.

3. Vereinfache – falls möglich.

a) $x + y + x$ b) $3st - ts$ c) $25a - 25b$ d) $3bc + 4c - 4cb$
e) $4xy + xy \cdot 2$ f) $x \cdot x - 7x^2$ g) $2a^2b + 3ab^2$ h) $a^2 - b^2 - c^2$

4. Markiere gleichartige Terme durch gleichartiges Unterstreichen und vereinfache.
Beispiel: $4xy - 3x^2 + xy - 2yx + 7x \cdot x = \underline{4xy} - 3x^2 \underline{+ xy} \underline{- 2yx} \underline{+ 7x \cdot x} = 3xy + 4x^2$

a) $2ab - 3ac - 4ab + 5ac$ b) $-7uv + 14rs + 18uv - rs + 12uv$
c) $a^2x - 2ab + 3a^2x - ba$ d) $4a^2b - 5ab^2 + 2a^2b + 28ab^2 - 14b^2a - 18a^2b$
e) $-27t + 27t^2 - 13t + 3t \cdot t$ f) $12xy - 4x^2 + 4x^2y + 7xy + 5yx + x \cdot x - 9x^2y$

Klammern auflösen

Hinweis:
Das Minuszeichen vor der Klammer kann als Multiplikation mit -1 aufgefasst werden.
$-1 \cdot x = -x$

Steht ein Pluszeichen vor einer Klammer, darf die Klammer bekanntlich weggelassen werden.

$3x + (y - 2x)$
$= 3x + y - 2x = x + y$

Steht ein Minuszeichen vor einer Klammer, spricht man auch von einer **Minusklammer**.
Beim Auflösen einer Minusklammer kehren sich alle Plus- und Minuszeichen in der Klammer um.

$3a - (-4b + c)$
$= 3a \quad +4b - c$

Wissen: Klammern auflösen
Steht ein Pluszeichen vor einer Klammer, so darf man die Klammer weglassen.

$$3x + (y - 2x) = 3x + y - 2x$$

Steht ein Minuszeichen vor einer Klammer, so lässt man das Minuszeichen und die Klammer weg und kehrt alle Plus- und Minuszeichen in der Klammer um.

$$a - (-b + c) = a + b - c$$

Beispiel 2: Löse die Klammer auf.
a) $x - (-y + z)$ b) $3a - (2b - c)$ c) $-3x - (-5y - 2z)$

Lösung:
a) $-y$ wird zu $+y$ und $+z$ wird zu $-z$. Lass das Minuszeichen vor der Klammer und die Klammer weg. $x - (-y + z) = x + y - z$

b) $2b$ bedeutet $+2b$ und wird zu $-2b$. $-c$ wird zu $+c$. Lass das Minuszeichen vor der Klammer und die Klammer weg. $3a - (2b - c) = 3a - 2b + c$

c) $-5y$ wird zu $+5y$ und $-2z$ wird zu $+2z$. Lass das Minuszeichen vor der Klammer und die Klammer weg. $-3x - (-5y - 2z) = -3x + 5y + 2z$

Basisaufgaben

5. Löse die Klammern auf und fasse zusammen.

a) $5u + (7v + 2u)$ b) $a + (-3a - b)$ c) $x - (2x + y)$ d) $5u - (6v + 3u)$
e) $-3x - (7y - 2x)$ f) $4a^2 - (a^2 + a)$ g) $2xy - (x + 2xy)$ h) $(a + b) - (2a - 2b)$

6. Schreibe als Term mit einer Klammer. Vereinfache ihn anschließend.

a) Subtrahiere von $12a$ die Summe $3a + 5$.
b) Addiere zu $-5x$ die Summe $x + 3y^2$.
c) Subtrahiere von -11 den Term $x + 4$.
d) Subtrahiere von $-12ab^2$ den Term $2a^2 - 3ab^2$.

7. Johan hat 20 € Guthaben für Musikdownloads geschenkt bekommen. Von dem Guthaben kauft er einige Titel zu 0,99 € und einige zu 1,29 €. Stelle einen Term für das Restguthaben auf.

8. Finde möglichst viele Paare von Termen, die äquivalent sind.

① $5b - 3a - (-2a + 3b)$	② $-2a$	③ $-3a - 3b - (-5a - 3b)$	④ $a - b$
⑤ $a + 2b + (a + 5b)$	⑥ $-2a + 7b$	⑦ $b + a$	⑧ $5a + 2b$
⑨ $2a + 5b$	⑩ $a - (-a)$	⑪ $-(-a + b)$	⑫ $18a + b + (-10a + 6b) - 6a$

Erinnere dich:
Jede Termumformung wandelt einen Term in einen äquivalenten Term um.

Multiplizieren

Man kann die Vorgehensweise beim Multiplizieren von Termen veranschaulichen, wenn man den Umfang und den Flächeninhalt eines Quadrats mit der Seitenlänge 3a berechnet.

Den Flächeninhalt berechnet man mit der Formel „Länge mal Breite".

Kommutativgesetz, Assoziativgesetz

$A = 3a \cdot 3a = 3 \cdot 3 \cdot a \cdot a = (3 \cdot 3) \cdot (a \cdot a) = 9a^2$

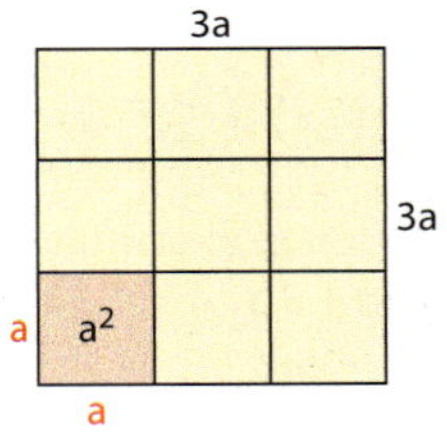

Wissen: Terme multiplizieren
Bei der Multiplkation von Termen werden die Koeffizienten multipliziert.
Die Variablen werden als Faktoren in alphabetischer Reihenfolge ergänzt.
Gleiche Variablen fasst man zu einer Potenz zusammen.

$3y \cdot 5x = 15xy$ $\quad$ $-2ab \cdot 6a = -12a^2b$

Beispiel 3: Vereinfache die Produkte.
a) $2a \cdot 7b$ $\quad$ b) $2xy \cdot x \cdot 3xy$ $\quad$ c) $-5u \cdot (-2u)$

Lösung:

a) Multipliziere alle Koeffizienten der Teilterme in dem Produkt. Variablen kannst du alphabetisch sortieren.
$2a \cdot 7b = (2 \cdot 7)ab = 14ab$

b) Gleiche Variablen in einem Produkt lassen sich zu Potenzen zusammenfassen.
$2xy \cdot x \cdot 3xy = 2 \cdot x \cdot y \cdot x \cdot 3 \cdot x \cdot y$
$= 2 \cdot 3 \cdot x \cdot x \cdot x \cdot y \cdot y$
$= 6x^3y^2$

c) Beachte, dass die Multiplikation zweier negativer Terme einen positiven Term ergibt.
$-5u \cdot (-2u) = -5 \cdot (-2) \cdot u \cdot u = 10u^2$

Basisaufgaben

9. Vereinfache, indem du die Zahlen multiplizierst.
Beispiel: $-2 \cdot 7ab = -14ab$

a) $3 \cdot 8x$ b) $15ab \cdot 2$ c) $-3 \cdot 8y$ d) $-2u \cdot 7$ e) $6 \cdot (-6s)$
f) $\frac{1}{3}a^2 \cdot \frac{1}{2}$ g) $-1 \cdot (-2uv)$ h) $9 \cdot (-bc^2)$ i) $-28 \cdot 0{,}2x$ j) $-5t^2 \cdot (-0{,}6)$

10. Vereinfache.

a) $5a \cdot 2b$ b) $-3b \cdot 9a$ c) $-4x \cdot (-5y)$ d) $-14s \cdot (-t)$ e) $-4v \cdot 0{,}6u$
f) $2x \cdot 2x$ g) $2ab \cdot 3a$ h) $0{,}5t \cdot (-4t)$ i) $-2ab \cdot (-b)$ j) $-8abc \cdot 0{,}3ac$

11. Vereinfache. Achte auf die Potenzen.

a) $7x^2 \cdot 6$ b) $-2b^2 \cdot 4a^2$ c) $3a \cdot 4a^2$ d) $-2x^2 \cdot (-xy)$ e) $0{,}1x \cdot 10xy^2$
f) $-9ab^2 \cdot 7bc$ g) $-a^2 \cdot (-1{,}4b^2)$ h) $0{,}3uv^3 \cdot (-3u)$ i) $-6a^2b \cdot (-ab^2)$ j) $16s^2t \cdot (-16st)$

12. Vereinfache das Produkt aus drei Termen.
Beispiel: $2x \cdot (-3y) \cdot 5xz = 2 \cdot (-3) \cdot 5 \cdot x \cdot y \cdot xz = -30x^2yz$

a) $3a \cdot 2 \cdot (-2b)$ b) $-4x \cdot 0{,}5x \cdot 3$ c) $-x \cdot (-x) \cdot 2y$ d) $-ab \cdot (-ab) \cdot (-ab)$
e) $a \cdot a^2 \cdot (-1)$ f) $b^2 \cdot (-3c) \cdot 10a$ g) $7s^2t \cdot (-2) \cdot 5t$ h) $-0{,}2yz \cdot 4x^2 \cdot (-2xy)$

Weiterführende Aufgaben

13. Übertrage in dein Heft und ersetze $\blacksquare$ sinnvoll durch einen Term.

a) $6a + \blacksquare + 3b = 7a + 3b$ b) $a^2 + ab + \blacksquare + b^2 = a^2 + 2ab + b^2$
c) $2ab + a \cdot \blacksquare = a^2 + 2ab$ d) $a - (\blacksquare + b) = -b$
e) $\blacksquare + (x^2 + 4xy) = xy + x^2$ f) $(0{,}1x + \blacksquare) + (\blacktriangle - 2y) = 0$

Hinweis zu 14:
Hier findest du die Lösungen.

14. Berechne geschickt den Wert des Terms für $a = 2$, $b = 3$ und $c = -2$.

a) $a + b + c - 2a$ b) $a \cdot b \cdot c + 2abc$ c) $2a + 2b - b + a + c$
d) $2a - (a - abc)$ e) $4a^2 - bc - 3a^2 + bc$ f) $b - (2a + b) - c$

15. Gib zu dem Term einen äquivalenten Term an, der mindestens aus drei Summanden besteht.

a) $9x$ b) $-6a + 3$ c) $12a - 15b$ d) $-8x - 4y$ e) x^2 f) $b - 6a^2$

16. Übertrage in dein Heft und ersetze $\blacksquare$ sinnvoll durch einen Term.

a) $3ab \cdot \blacksquare = 3a^2b$ b) $-7x^2y \cdot \blacksquare = 14x^2y^2$ c) $\blacksquare \cdot 3u = -9u^2v$ d) $2abc \cdot \blacksquare = 6a^2bc$

Erinnere dich:
Vorrangregeln
- zuerst Klammern berechnen
- Punktrechnung vor Strichrechnung
- Potenzrechnung vor Punktrechnung und Strichrechnung

17. Vereinfache. Beginne mit der Klammer.

a) $3 \cdot (4x - 2x)$ b) $12a - (7a - 5a)$ c) $8x : (2 \cdot 4)$ d) $-2y \cdot 7 - (y + 3y)$
e) $(2y \cdot 2)^2$ f) $x \cdot (x^2 + x^2)$ g) $(6a^3 - 3a^3) : (-3)$ h) $ab^2 + (ab)^2 + a^2b^2$

18. Vereinfache. Beachte die Regel „Punktrechnung geht vor Strichrechnung".

a) $2a \cdot 7b + 8ab$ b) $-3xy + 4x \cdot 5y$ c) $8b - 6b \cdot (-2)$ d) $8 + 2 \cdot a \cdot (-3)$
e) $4x^2 + 6x^2 \cdot 0{,}5y$ f) $2b^2 + 2b^2 : (-2)$ g) $5 \cdot (-x^2) + x \cdot 7x$ h) $a^2b - 2b \cdot (-2ab)$

19. Vereinfache so weit wie möglich.

a) $4xy - 3xy - 2xy$ b) $9a : (-3) + 3a$ c) $-2bc - b \cdot (-c)$ d) $-y \cdot (-4) - (-5y)$
e) $b^2 + (5b)^2$ f) $(7x - 5x)^2$ g) $(-x)^2y - x^2y$ h) $a^2 + a^2 \cdot b + b \cdot (-a)^2$

20. Stolperstelle: Finde die Fehler, erkläre und korrigiere sie.

a) $8x + 8y = 8xy$ b) $a^2b - ab = a$ c) $4x \cdot 5x = 20x$

d) $3 \cdot (4x) = 3 \cdot 4 + 3 \cdot x$ e) $a + a \cdot a = 2a \cdot a = 2a^2$ f) $14b - (8b + 7b) = 6b + 7b = 13b$

21. Gib einen Term an, der die Gesamtlänge aller Kanten des Körpers beschreibt, und vereinfache ihn so weit wie möglich.

a)

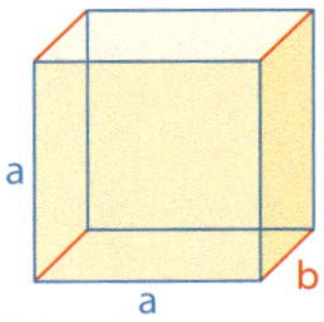

b)

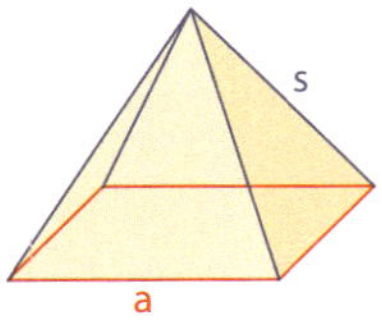

c)

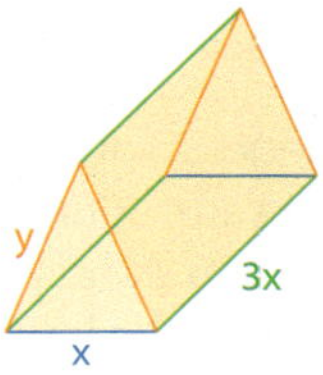

d)

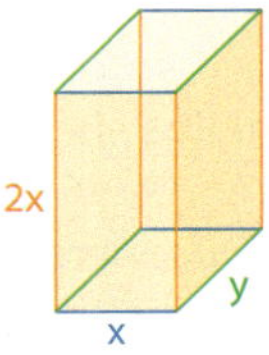

22. Eine Firma für Leuchtreklame soll grüne Kreuze in unterschiedlichen Größen herstellen, die am Rand beleuchtet sind.

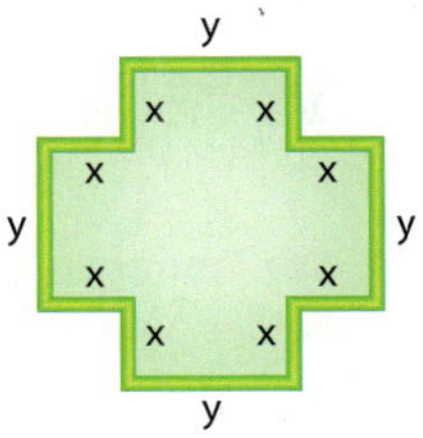

Anzahl	100	400	30	15	20
Länge x	1 m	50 cm	40 cm	0,8 m	$\frac{1}{2}$ m
Länge y	1 m	50 cm	30 cm	0,25 m	$\frac{1}{5}$ m

a) Berechne jeweils für ein Kreuz die Gesamtlänge der Beleuchtung am Rand.

b) Wie viel Meter Beleuchtung werden für alle Kreuze benötigt?

23. Diese Terme beschreiben den Flächeninhalt und den Umfang der Figuren. Ordne jeweils zu .

$12x$ $4x^2$ $4x + 8y$ $4x + y$ $6x^2$ $8xy$ $2x^2$ $8x$

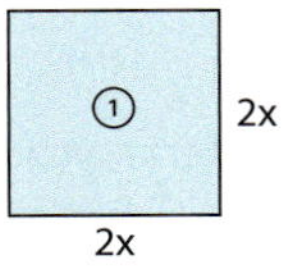

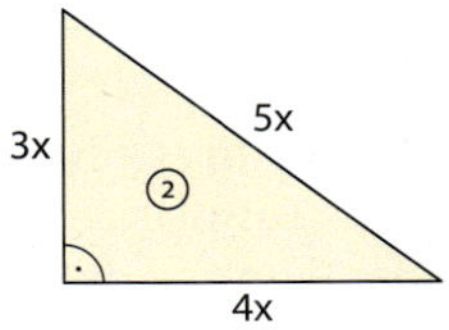

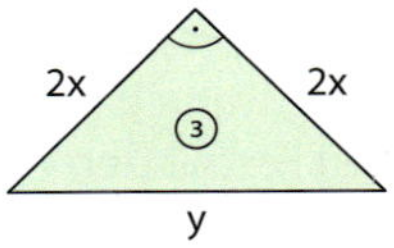

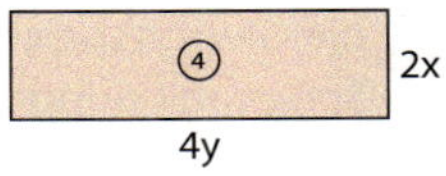

24. a) Wie ändert sich der Flächeninhalt eines Rechtecks, wenn man seine Länge a vervierfacht und die Breite b halbiert? Stelle einen Term auf.

b) Überprüfe dein Ergebnis aus a) für ein Rechteck mit 10 cm Länge und 6 cm Breite.

c) Wie ändert sich das Volumen eines Quaders, wenn man seine Länge a verdreifacht, die Breite b halbiert und die Höhe c vervierfacht? Stelle einen Term auf.

d) Prüfe dein Ergebnis aus c) für einen Quader mit 5 cm Länge, 4 cm Breite und 2 cm Höhe.

25. Klammern bei Potenzen:

a) Schreibe die Potenz ohne Klammern. Beispiel: $(-3a)^2 = -3a \cdot (-3a) = 9a^2$

① $(4a)^2$ ② $\left(\frac{1}{2}x\right)^2$ ③ $(-4b)^2$ ④ $(6xy)^2$ ⑤ $(-abc)^2$ ⑥ $(2x^2y)^2$

b) Sind die beiden Terme äquivalent? Begründe deine Antwort.

① x^2 und $(-x)^2$ ② $8 \cdot (2a)^2$ und $2 \cdot (4a)^2$ ③ $a \cdot (3b)^2$ und $b \cdot (3a)^2$

26. Terme durch Zahlen dividieren: Vereinfache, indem du die Zahlen dividierst.

Beispiel: $-6ab : 3 = (-6 : 3)\,ab = -2ab$

a) $8x : 2$ b) $75a : 15a$ c) $-21u : 7$ d) $12xy : 4$ e) $x : 0{,}5$

f) $54y^2 : (-6)$ g) $-12y : (-8)$ h) $-121x^2 : (-11)$ i) $ab^2 : (-2)$ j) $10a : (-100)$

Hinweis zu 20:
Du kannst Multiplikations- und Divisionsschritte vertauschen.
Beispiel:
$4x : 3 \cdot 9y = 4x \cdot 9y : 3$

27. Vereinfache.

a) $8 \cdot 3x : 4$ b) $6a \cdot (-b) : 2$ c) $-20x : 5 \cdot 2x$ d) $y \cdot (-y) : (-1)$ e) $4ab : (-4) \cdot a$
e) $5a^2 : 10 \cdot (-2)$ f) $s^2 : 8 \cdot 16s$ g) $18x \cdot 7y : (-6)$ h) $3b : (-9) \cdot 6bc$ j) $-2ab \cdot (-a^2) : (-4)$

28. Vereinfache so weit wie möglich. Beachte die Vorrangregeln.

a) $5ab + b \cdot (-3a) - b \cdot 6a$ b) $-8s : 4 + 2 \cdot (-s) + s \cdot 2s$ c) $x(y - 2y) - (2x - x) \cdot y$
d) $-x \cdot 2x - x^2 + x \cdot (-2x)$ e) $\frac{3}{4}a + \frac{1}{3}a \cdot \left(a - \frac{1}{2}a\right)$ f) $x^2 \cdot \left(-\frac{1}{5}\right) + \left(x - \frac{1}{5}x\right) \cdot (-x)$

29. Schreibe als Term. Überlege, ob du Klammern setzen musst.

a) Addiere 7 zum Produkt aus –3 und a.
b) Quadriere die Summe von x und y.
c) Multipliziere die Differenz von b und c mit der Summe der beiden Variablen.
d) Subtrahiere das Produkt von a und dem Quadrat von b vom Quotienten aus a und -4.

30. Gib den Term mit Worten an wie in Aufgabe 29.

a) $(a + b) \cdot (-8)$ b) $4x + y^2$ c) $6a^2 : 5 + b$ d) $y - (x - 6)^2$

31. Der Eintrag in einem Feld ergibt sich aus der Summe der beiden Felder unterhalb des Feldes. Vervollständige die Additionsmauer im Heft.

a)

	4b		
a + b	3b		6a

b)

x	2 + x	2 – x	y

c)

2x			
	x + y		
	4y		
		–3y	

32. Eine Festplatte hat die Speicherkapazität x. Für n Festplatten der gleichen Größe gibt der Term $n \cdot x$ die Gesamtspeicherkapazität eines Servers an. Wie verändert sich die Gesamtspeicherkapazität, wenn der Server mit doppelt so vielen Festplatten bestückt wird und alle Festplatten die anderthalbfache Menge an Daten speichern können? Stelle für die neue Gesamtkapazität einen Term auf.

33. Konrad addiert jeweils drei Zahlen in Folge: 3 + 4 +5; 12 + 13 + 14; 104 + 105 + 106. Er stellt fest, dass das Ergebnis immer durch 3 teilbar ist.

a) Prüfe an eigenen Beispielen, ob deine Ergebnisse ebenfalls durch 3 teilbar sind.
b) „Bei jeder Summe von drei aufeinanderfolgenden natürlichen Zahlen ist das Ergebnis immer durch 3 teilbar."
Überprüfe diesen Satz. Stelle dazu einen Term für die Summe von drei aufeinanderfolgenden natürlichen Zahlen auf und vereinfache ihn.

34. Ausblick: Finde alle Terme, die äquivalent sind.

① $\frac{1}{2}x \cdot \frac{1}{2}y$ ② $\frac{1}{2}x + \frac{1}{2}x \cdot \frac{1}{4}y$ ③ $x\left(\frac{1}{2}y\right)^2$ ④ $\frac{xy}{4}$

⑤ $\left[\frac{y}{2} - \left(-\frac{y}{2}\right)\right] \cdot \left(-\frac{x}{4}\right)$ ⑥ $-x^2y^2 - \frac{1}{4} \cdot (-xy) + (xy)^2$ ⑦ $\frac{x}{2} \cdot \frac{y}{2}$

Terme mit einem CAS darstellen

■ „Denke dir eine Zahl. Addiere 5 zu der gedachten Zahl. Verdopple das Ergebnis und subtrahiere davon die gedachte Zahl. Nenne mir dein Ergebnis und ich sage dir, welche Zahl du dir ausgedacht hast."
Wie kann man die gedachte Zahl bestimmen? Erkläre mit der Eingabe und der Ausgabe, die das CAS anzeigt. ■

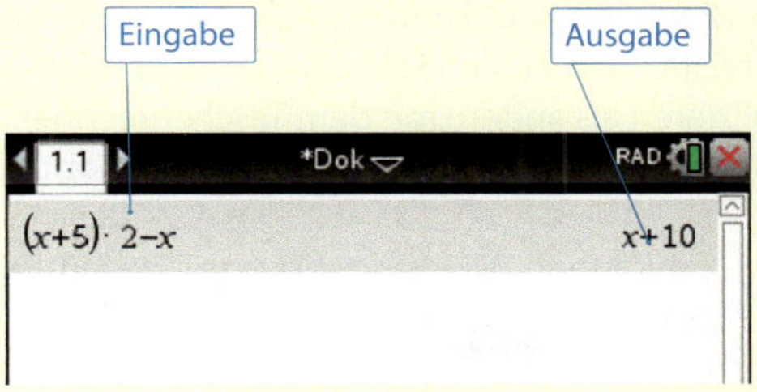

Terme lassen sich in ein Computer Algebra System (CAS) eingeben. Manche Terme vereinfacht das CAS automatisch. Ein CAS kann auch zur Kontrolle von handschriftlichen Lösungen dienen.

Beispiel 1:
a) Vereinfache den Term $b + a^2 + b - 5a^2 - 3a$ handschriftlich.
b) Kontrolliere das Ergebnis mit einem CAS.

Lösung:
a) Fasse gleichartige Terme zusammen.

$$b + a^2 + b - 5a^2 - 3a = b + b + a^2 - 5a^2 - 3a = 2b - 4a^2 - 3a$$

b) Beim Rechnen mit einem CAS wird der Term automatisch vereinfacht. Im Ergebnis werden die Variablen nach Potenzen und alphabetisch geordnet.

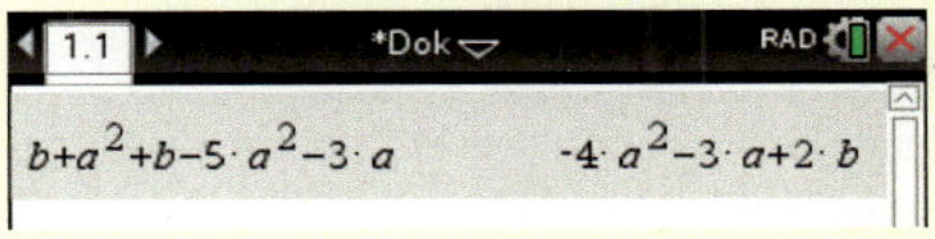

Aufgaben

1. Vereinfache den Term handschriftlich und kontrolliere dein Ergebnis mit einem CAS.
   a) $5x^2 + 3\cdot x\cdot x - y\cdot y\cdot y - 2y^3$
   b) $2s - p^2 + 2p^2 - 3p + \frac{s}{2} - p^2$
   c) $\frac{1}{3}y + \frac{x}{2} - 2 + \frac{7}{4}y + \frac{6}{5}x - \frac{13}{4}$
   d) $3a + \frac{a}{3} - a^3 + 2 - 3\cdot\left(a + \frac{a}{9} - \frac{a^3}{3}\right)$

2. Was passiert, wenn du bei der Eingabe in ein CAS den Malpunkt weglässt?
   Erkläre die Eingaben und die Umformungen, die das CAS vorgenommen hat. Probiere aus, was bei ähnlichen Termen passiert. Präsentiere deine Erkenntnisse in einem Vortrag.

Tipp zu 2:
Verwende diese Terme:
$x\cdot y\cdot x\cdot y$
$xy\cdot yx$
$2x + 3x$
$x2 + x3$

Tipps zum Vorbereiten einer Präsentation findest du auf den Methodenkarten 8K und 18L.

3. Finde einen Term, der in der Eingabe in ein CAS nur die vier Buchstaben a, n, n, a – verbunden mit Rechenoperationen – enthält, und als Ausgabe das angegebene Ergebnis hat.
   a) $2\cdot a + 2\cdot n$
   b) $2\cdot n$
   c) $2\cdot a - 2\cdot n$
   d) an^2
   e) anna
   f) n + ana
   g) $2\cdot an$
   h) an + na
   i) nana

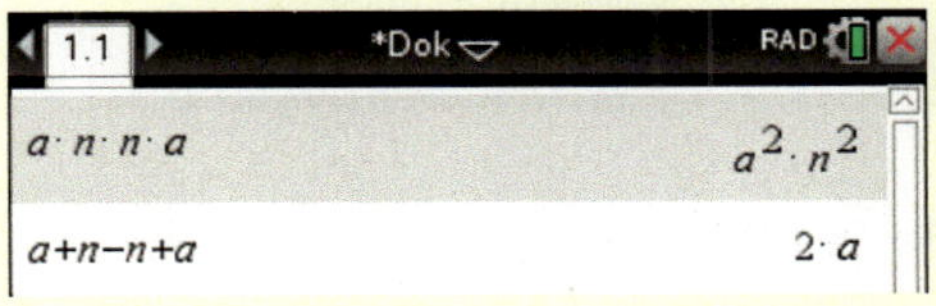

4.3 Ausmultiplizieren einer Klammer

■ „Rechenmalte" kann manche zwei- und dreistelligen Zahlen schneller im Kopf multiplizieren als andere mit dem Taschenrechner.

a) Rechne selbst möglichst schnell im Kopf.
① $101 \cdot 36$ ② $105 \cdot 12$ ③ $99 \cdot 28$

b) Zahira sagt: „Malte wendet das Distributivgesetz an." Erläutere, was sie meint. ■

Gesucht ist der Flächeninhalt des gesamten gelblichen Rechtecks. Man kann mit den gegebenen Größen a, b und c zwei Terme aufstellen.

1. Möglichkeit:

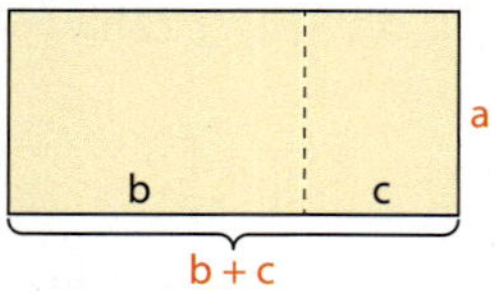

Der Flächeninhalt ergibt sich aus dem Produkt der Seitenlängen a und b + c:
$A = a \cdot (b+c)$

2. Möglichkeit:

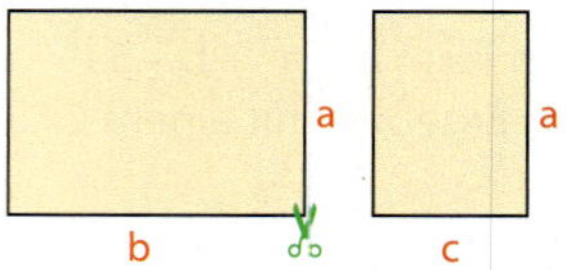

Addiert man den Flächeninhalt der beiden kleinen Rechtecke, so erhält man:
$A = a \cdot b + a \cdot c$

Beide Terme geben den Flächeninhalt des gesamten gelblichen Rechtecks an, sie sind also äquivalent.
Daher gilt: $a \cdot (b+c) = a \cdot b + a \cdot c$

Wissen: Ausmultiplizieren
Bei einem Produkt aus einem Faktor und einer Summe (oder Differenz) kann man die Klammer nach dem Distributivgesetz auflösen.

$a \cdot (b + c) = a \cdot b + a \cdot c$ $a \cdot (b - c) = a \cdot b - a \cdot c$

Beispiel 1: Multipliziere aus.
a) $3x \cdot (4y + 2z)$ b) $-2a \cdot (2a - 3b)$

Lösung:
a) Multipliziere 3x mit jedem Summanden in der Klammer.

$3x \cdot (4y + 2z)$
$= 3x \cdot 4y + 3x \cdot 2z$
$= 12xy + 6xz$

b) Beachte hier die Minuszeichen:
„–" mal „+" ergibt „–".
„–„ mal „–" ergibt "+".

$-2a \cdot (2a - 3b)$
$= -2a \cdot 2a - (-2a) \cdot 3b$
$= -4a^2 + 6ab$

Basisaufgaben

1. Multipliziere aus.

a) $2 \cdot (a + b)$	b) $-5 \cdot (2 + x)$	c) $(x + 3) \cdot 8$	d) $(4 - a) \cdot (-2)$
e) $x \cdot (3 + y)$	f) $s \cdot (10 - r)$	g) $(-a + c) \cdot b$	h) $-x \cdot (-a - b)$

2. Multipliziere aus.

a) $2a \cdot (b - c)$ b) $4 \cdot (3x + 5y)$ c) $(4x - 5) \cdot (-7)$ d) $(3 - y) \cdot 8x$

e) $x \cdot (x + 5y)$ f) $6r \cdot (5r - 4)$ g) $-5a \cdot (3a - 2)$ h) $(7c + 3k) \cdot 5ck$

i) $-5a \cdot (3b + 2c)$ j) $(-b + 6) \cdot (-bc)$ k) $ab \cdot (a + 2b)$ l) $-9xy \cdot (x - 0{,}5)$

Erinnere dich:
In Produkten kann man gleiche Variablen zu Potenzen zusammenfassen: $a \cdot a = a^2$

3. Multipliziere aus. Achte auf die Potenzen.

a) $6(a - b^2)$ b) $(1 - x^2) \cdot (-1)$ c) $a^2(b + c)$ d) $(x^2 - 5x) \cdot 2y$

e) $x(x^2 + x)$ f) $3x(x - 5y^2)$ g) $(a^2 - b^2) \cdot ab$ h) $-3x^2(-2xy^2 + 6y)$

Erinnere dich:
Den Malpunkt vor einer Klammer kann man weg lassen.
$6 \cdot (a - b) = 6(a - b)$

4. Schreibe als Term und multipliziere ihn aus.

a) Multipliziere das Zweifache einer Zahl mit der Summe aus dem Sechsfachen dieser Zahl und der Zahl Fünf.

b) Multipliziere die Differenz aus Fünfzehn und dem Vierfachen einer Zahl mit dem Fünffachen einer anderen Zahl.

c) Multipliziere das Achtfache einer Zahl mit der Differenz aus dem Quadrat dieser Zahl und der Hälfte einer anderen Zahl.

Weiterführende Aufgaben

5. Löse die Klammer auf und vereinfache.

a) $0{,}5 \cdot (a + 2b)$ b) $x \cdot (\frac{1}{2}x + y)$ c) $2a \cdot (0{,}1 - 2c)$ d) $0{,}2x \cdot (0{,}2x + 0{,}2y)$

e) $(\frac{1}{2}x + \frac{1}{4}y) \cdot 8$ f) $4 \cdot (\frac{y}{2} + \frac{x}{4})$ g) $-\frac{x}{2} \cdot (2x + \frac{1}{4})$ h) $(-\frac{3}{4}a + 3) \cdot \frac{1}{3}a$

6. Übertrage die Tabelle ins Heft. Multipliziere die Terme in der linken Spalte mit den Termen in der oberen Zeile und trage die Ergebnisse ein.

·	5x – 6	–6 + 7a	–1 – 10x	0,5x – 2,5y
–1				
4x				
–2xy				

7. **Stolperstelle:** Alle Terme sind äquivalent bis auf einen. Begründe, welcher Term nicht passt.

a) $-2(a - b)$ | $-2a - 2b$ | $-2a + 2b$ | $2(b - a)$

b) $(x + 1) \cdot 2$ | $2(x + 1)$ | $2x + 1$ | $2x + 2$

c) $3x \cdot 3y$ | $3(x \cdot y)$ | $3xy$ | $3x \cdot y$

d) $5a(2 + a)$ | $5a(a + 2)$ | $10a + 5a$ | $5a^2 + 10a$

8. Am Samstag ist ein Konzert ausverkauft, am Sonntag gibt es noch Restkarten. Mit welchen Termen kann man die gesamten Einnahmen berechnen, wenn eine Karte 25 € kostet? Begründe deine Wahl.

① $x + y \cdot 25$ ② $25 \cdot (x + y)$ ③ $25x + 25y$ ④ $25 + xy$ ⑤ $(x + y) \cdot 25$

Tipp zu 9b:
Schreibe zum Zahlenrätsel einen Term auf und vereinfache ihn.

9. Lea stellt folgende Aufgabe: „Denke dir eine natürliche Zahl, multipliziere sie mit 5 und addiere 2. Zum Vierfachen des Ergebnisses addiere 3 und zum Schluss multipliziere das Ganze noch mit 5. Sage mir das Ergebnis, dann nenne ich dir die gedachte Zahl."

a) Führe die Rechnung nacheinander für 13, 20 und 237 aus. Wie kommt Lea auf die gedachte Zahl?
b) Begründe, dass das Verfahren immer funktioniert.

10. Jan sagt zu Kim: „Denke dir eine Zahl, subtrahiere davon 3, multipliziere die Differenz mit 5 und addiere zu diesem Produkt 15. Sag mir dein Ergebnis, ich sag dir deine gedachte Zahl."
a) Wie kommt Jan auf die Zahl, die sich Kim gedacht hat?
b) Denkt euch selbst solche Zahlenrätsel aus und lasst sie von eurem Nachbarn lösen.

CAS **11.** Der Befehl *expand (Entwickle)* führt dazu, dass ein CAS Klammern auflöst.
Löse die Klammern erst handschriftlich auf. Kontrolliere dann mit einem CAS. Gibt es Unterschiede in der Darstellung der handschriftlichen Lösung und der CAS-Lösung?

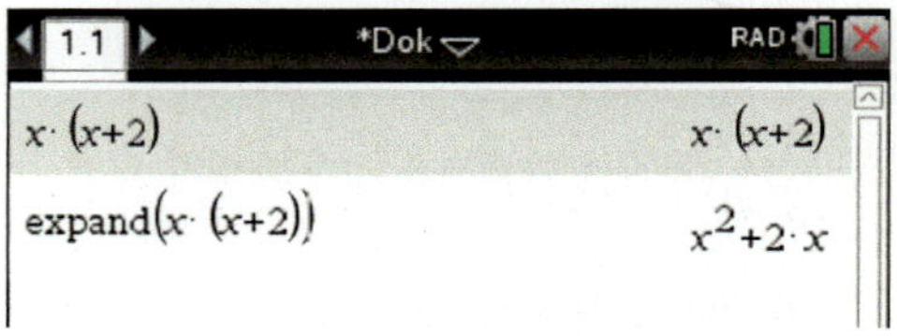

a) $y \cdot (2 + x)$ b) $a \cdot (4 \cdot b + a)$ c) $(2 \cdot b + 6 \cdot a \cdot c) \cdot a$ d) $\frac{3}{2} \cdot a \cdot \left(5 \cdot a + \frac{12}{21} \cdot b\right)$

12. Setze $a = x$; $b = x + 1$ und $c = 2x$ ein. Löse die Klammern auf und vereinfache.
a) $a \cdot b$ b) $b \cdot c$ c) $a \cdot c$ d) $a \cdot b + b \cdot c$

13. Löse alle Klammern auf. Fasse danach so weit wie möglich zusammen.
a) $2(x + y) - 7y - 4x$
b) $3(-u + v) + 5(-v + u)$
c) $13a + 7(a + 2b) - 4b$
d) $x(2 - y) + 5x + xy$
e) $-x(-3 - z) + 4(-x + 3z)$
f) $4a(8a - 12b) + (-7b + 13a) \cdot 3b$
g) $4s\left(\frac{3}{2}t - 5s\right) + \frac{3}{5}(-7s + 3t)$
h) $6x(11y - 10x) - 12y(3x - 6) + 15xy$

14. Klammer auflösen bei der Division:
a) Löse die Klammer auf, indem du das Distributivgesetz für die Division anwendest.

Beispiel: $(8x^2 + 6x) : 2 = 8x^2 : 2 + 6x : 2 = 4x^2 + 3x$
① $(12x + 9) : 3$ ② $(25a + 10b) : 5$ ③ $(-8y^2 + 2) : (-2)$ ④ $(52u - 26uv) : (-13)$
⑤ $(2a - 4a^2) : 2$ ⑥ $(-24x^2 - 4x) : (-4)$ ⑦ $(0{,}5x - 1{,}5x^3) : 0{,}5$ ⑧ $(6xy^2 - 3y) : 6$

b) Begründe, warum das Distributivgesetz gilt und für ① bis ⑧ angewendet werden kann, nicht aber für $(12xy + 9xz) : 3x$.

15. Stelle einen Term zur Berechnung auf und vereinfache ihn so weit wie möglich.
a) für den Umfang der Figur
b) für den Flächeninhalt der Figur

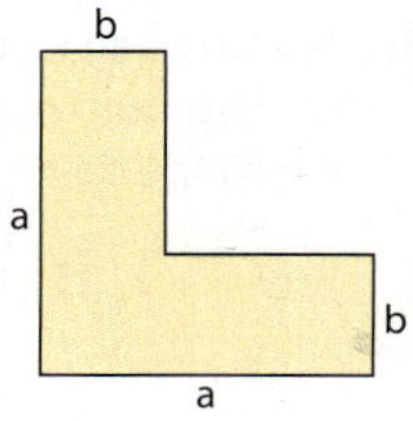

16. Klammern mit mehr als zwei Summanden: Löse die Klammern auf.

Beispiel: $2a \cdot (a + 3b - 6c) = 2a \cdot a + 2a \cdot 3b - 2a \cdot 6c = 2a^2 + 6ab - 12ac$

a) $2 \cdot (12x - 25y + 17z)$ b) $3a \cdot (14a + 3b - 7c)$ c) $-2x \cdot (7x - 12y + 14)$
d) $(4r - 5s + 6t) \cdot 7t$ e) $(-13a + 4b - 12c) \cdot 5b$ f) $-4x \cdot (-14x^2 + 7y - 9z)$

17. Finde äquivalente Terme und schreibe sie in dein Heft. Begründe deine Wahl.

$5(7y + 3z)$ | $-63yz + 108y^2$ | $6xy + 12x + 15x^2$ | $35y + 15z$ | $64xz - 56xy$ | $8x(8z - 7y)$ | $(-3x) \cdot (-2y - 4 - 5x)$ | $(-9y) \cdot (7z - 12y)$ | $65xy - 91x^2y$ | $(5 - 7x) \cdot 13xy$

18. Löse die Gleichung möglichst geschickt und gib die Lösung an.

a) $75 = 3(2x + 7)$ b) $28 = (3x + 7) \cdot 2 - 10$
c) $2r - 10 = 2(r + r)$ d) $8(x + 3) = 5(2x + 2)$
e) $4(2a - 3) = 3(1 - a) + 7$ f) $4(3 + m) = 5m - 2(m + 5)$
g) $3(2 - 4t) - 2(8t + 5) = 10$ h) $(-2) \cdot (2a + 5) - 2 = 7(6 - 4a)$

Hinweis zu 18:
Hier findest du die Lösungen.

2 9 −5 2,25 −22 7 4 −0,5

19. Phillip schneidet im Unterricht mehrere Rechtecke mit einem Umfang von 60 cm aus.
① Beim ersten Rechteck ist eine Seite 22 cm länger als die andere.
② Beim zweiten Rechteck ist eine Seite 10 cm länger als die andere.
③ Beim dritten Rechteck ist eine Seite 6 cm kürzer als die andere.
④ Beim vierten Rechteck ist eine Seite doppelt so lang wie die andere.
Stelle für jedes Rechteck eine Gleichung auf, mit der man die Seitenlängen berechnen kann. Wie lang sind jeweils die Seiten?

● **20.** Hannas Hausaufgaben sind voller Tintenflecken. Hilf ihr und schreibe die Aufgaben in deinem Heft wieder vollständig auf.

a) $4(5x - ■) = 20x - 8y$ b) $(7a + 4b) \cdot ■ = 56a + 32b$
c) $(9st - ■) \cdot 5s = 45s^2t - 60s^2$ d) $(■ - 2t) \cdot 12 = -48n - 24t$
e) $■ \cdot (8x + ■) = 32x + 12y$ f) $11r \cdot (■ + ■) = 44sr + 77rt$
g) $6v \cdot (-■ + 4u) = -42wv + ■$ h) $■ (■ - 3x ■ 8y) = 45xy - 27x^2y + 72xy^2$

● **21.** Löse die Gleichung und gib die Lösungsmenge an.

a) $x(x - 6) = x^2 - 12$ b) $10(a^2 - 1) = -5(1 - 2a^2)$
c) $2x(x + 1) = (2x - 2) \cdot x + 4x$ d) $x \cdot (x - 2) = 0$

● **22. Ausblick:** Man kann das Volumen der Körper als Summe und als Differenz darstellen.

a) Zerlege beide Köper in Quader. Stelle das Volumen der Körper als Summe dar.
b) Ergänze beide Körper zu einem Quader. Stelle das Volumen der Körper als Differenz dar.
c) Zeige, dass die Terme aus a) und b) äquivalent sind.

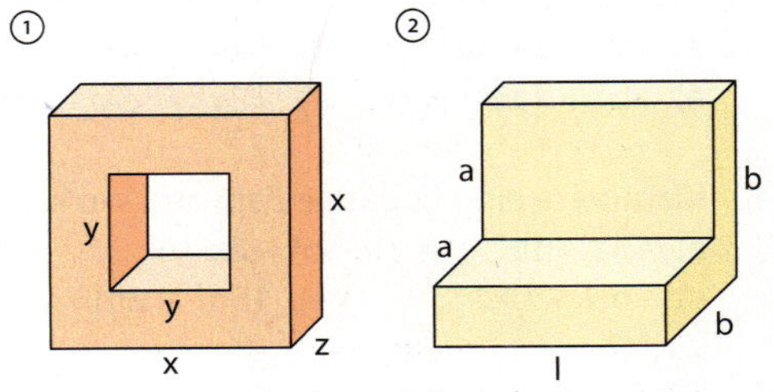

4.4 Ausklammern

„Frau Herschel möchte nachzählen, ob alle 24 Schüler der Klasse das Geld für das Workbook und die Englischlektüre bezahlt haben. Während Frau Herschel in den Taschenrechner $24 \cdot 11{,}50 + 24 \cdot 8{,}50$ eingibt, sagt Sarah: „Es müssten insgesamt 480 € sein!" Wie hat Sarah so schnell im Kopf gerechnet?

Wissen: Ausklammern gemeinsamer Faktoren
Bei einer Summe (oder Differenz) von Produkten kann man gemeinsame Faktoren nach dem Distributivgesetz ausklammern.

$a \cdot b + a \cdot c = a \cdot (b + c)$ $\qquad$ $a \cdot b - a \cdot c = a \cdot (b - c)$

Beispiel 1: Klammere gemeinsame Faktoren des Terms aus.
a) $6x + 4y$ $\qquad$ b) $6xy - 9x^2$

Lösung:
a) Ein gemeinsamer Faktor von 6x und 4y ist 2, denn $6x = 2 \cdot 3x$ und $4y = 2 \cdot 2y$.

$6x + 4y = 2 \cdot 3x + 2 \cdot 2y = 2 \cdot (3x + 2y)$

b) „Zerlegt" man alle Produkte, kann man nach gemeinsamen Faktoren suchen.

$6xy - 9x^2 = 2 \cdot 3 \cdot x \cdot y - 3 \cdot 3 \cdot x \cdot x = 3x \cdot 2y - 3x \cdot 3x = 3x \cdot (2y - 3x)$

Basisaufgaben

1. Klammere die größtmögliche Zahl aus.

a) $2a + 4$ b) $15t + 55s$ c) $24n + 54m$ d) $81u - 9v$
e) $42x - 35y$ f) $84r + 108s$ g) $60a + 75b$ h) $-54u + 162v$

2. Finde einen gemeinsamen Faktor und klammere ihn aus.

a) $8ab + 7a$ b) $12s - 17st$ c) $13uv - 24u$ d) $9xy + 14yz$
e) $23bc - 51ac$ f) $-29rt - 31rs$ g) $83a^2b + 14ac$ h) $-47yz^2 + 88x^2z$

3. Zerlege in Faktoren, unterstreiche gleiche Faktoren mit gleicher Farbe und klammere sie aus. Kontrolliere dein Ergebnis durch Ausmultiplizieren.

Beispiel: $18xy - 12x = 3 \cdot 6 \cdot x \cdot y - 2 \cdot 6 \cdot x = 6x(3y - 2)$ $\qquad$ Probe: $6x(3y - 2) = 18xy - 12x$

a) $7uv - 14uw$ b) $6xy + 12y$ c) $24uv - 36vw$ d) $-15ab + 5abc$
e) $ab^2 + 3ab$ f) $28y^2 - 35y$ g) $20x^2y - 60y^2z$ h) $-69s^2t + 48st$

Hinweis zu 4:
Hier findest du die negativen Zahlen.

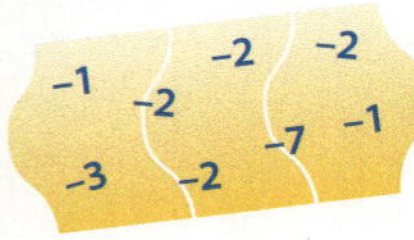

4. Klammere eine negative Zahl aus. Wo kann man nur −1 ausklammern?

a) $-4a - 6b$ b) $-2x + 4$ c) $-14u + 21t$ d) $-x^2 + y^2$
e) $-6rt + 14s$ f) $15n - 12m$ g) $-2p^2 - 20$ h) $-2a + 7b$

5. Klammere aus, sodass der Term in der Klammer möglichst einfach wird. Vergleiche dein Ergebnis mit deinem Nachbarn.

a) $-5ab - 5a$ b) $-21ab - 84b^2$ c) $\frac{2}{5}x + \frac{1}{5}x^2y$ d) $-0{,}1rs + 0{,}3r$

Weiterführende Aufgaben

6. Klammere alle gemeinsamen Faktoren aus. Multipliziere zur Kontrolle wieder aus.
a) $6x^2 + 18y$ b) $b^2c - bc$ c) $ab + ac$ d) $24x - 48y$
e) $8x + 8y$ f) $mn^3 - xn^2$ g) $6x^3 - 7x$ h) $9s - 6t$

7. Klammere möglichst viele Faktoren aus.
a) $x^2y + 2x$ b) $54p^2 - 27pq^2$ c) $8x^2 - 2x^2y$ d) $-a^2b^2 + ab^2$
e) $7ab + 7a^3$ f) $-16m^3 - 32m^2$ g) $x^2y - x^3y^2$ h) $2abc^2 - 4a^2b^3c$

Hinweis zu 7:
Manchmal kannst du Terme mit Potenzen ausklammern.

8. Klammere alle gemeinsamen Faktoren aus.
a) $3ab - 12ac + 15ab$ b) $9st + rt - 15t$ c) $-x + 2xy - 3xz$
d) $120a^2b - 270b^2 - 150ab^2$ e) $-12x^2yz + 16xz - 8xy^2$ f) $6x^3 + 9x^2y - 12y^3$

9. Stolperstelle: Erläutere die Fehler, die Ina gemacht hat, und korrigiere sie.
a) $-2x - 6 = -2(x - 3)$ b) $3x + 12y = 3(x + 12y)$ c) $3ab + b = 3b(a + 1)$
d) $6x^2y - 2x = 2x(3y - 1)$ e) $8xy + 8xz + 8x = 8x(y + z)$ f) $2ab - 2ac + 6 = 2a(b - c + 3)$

● **10.** Hier verdecken Tintenflecke Aufgabenteile. Vervollständige die Aufgabe im Heft.
a) $36x - 24xy = 12x(■ - 2■)$ b) $6y - ■ + ■ = 2y(3 - y + y^2)$
c) $■bc - ■ = -ac(-ab + c)$ d) $-4a - ■ + 8■ = ■(-a - 5 + 2b)$
e) $-5xy + 5■y^2 = ■y(-■ + x^2y)$ f) $-■b + ab - b^2 = (7b - ■ + b^2) \cdot (-■)$

11. Schreibe als Term und forme diesen dann in ein Produkt um.
a) Addiere das Zehnfache einer Zahl und das Achtfache einer anderen Zahl.
b) Subtrahiere das Sechsfache einer Zahl von dem Neunfachen einer anderen Zahl.
c) Addiere zum Fünffachen einer Zahl die Hälfte der Zahl und subtrahiere davon die Zahl.

CAS **12.** a) Prüfe an eigenen Beispielen, wann ein CAS wie in der ersten Zeile gemeinsame Faktoren automatisch ausklammert.
b) In der zweiten Zeile wird der Befehl *factor (Faktorisiere)* angewendet, um gemeinsame Faktoren auszuklammern. Vergleiche das handschriftliche Ausklammern bei $18xy - 2x^2y$ mit der CAS-Lösung von factor($18xy - 2x^2y$).

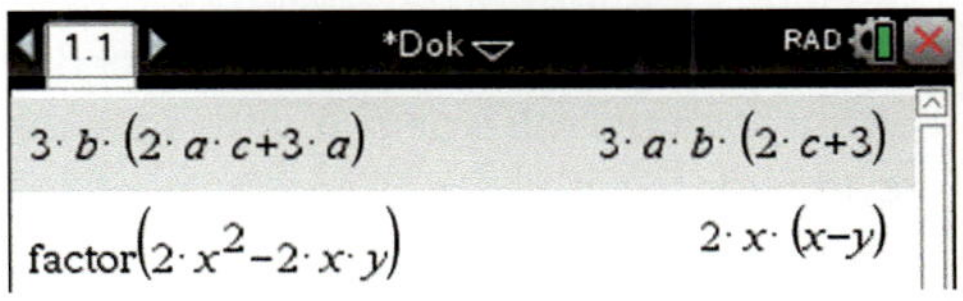

13. Prüfe, ob hier so weit wie möglich ausgeklammert wurde. Falls nicht, hole dies nach.
a) $18x^2 - 30x^3 = 6x(3x - 10x^2)$ b) $10b^2 - 10ab + 16a^2b = 2b(5b - 5a + 8a^2)$
c) $-ab^2 - a^2b = ab(-b - a)$ d) $8xy^2 + 14xy^3 - 22y^3 = y^2(8x + 14xy - 22y)$

● **14.** Wie würdest du den Term vereinfachen? Vergleiche mit deinem Nachbarn.
a) $8a \cdot 2b + 8a^2 - 8ab$ b) $14xy - 21y + 7xy$ c) $-3rs + 6sr - rs$
d) $2b \cdot a^2 - 4a^2 - 8a \cdot ab$ e) $\frac{1}{4}x^2y + \frac{1}{2}x^2 + \frac{1}{4}yx^2$ f) $-\frac{1}{2}x \cdot \frac{2}{3}x + x^2 \cdot \frac{1}{3}x + \frac{1}{3}x^2$

● **15. Ausblick:** „Die Summe einer Zahl und deren Quadratzahl ist immer eine gerade Zahl."
a) Prüfe diese Behauptung für verschiedene natürliche Zahlen: $1 + 1^2, 2 + 2^2, 3 + 3^2, \ldots$
b) Vereinfache den Term $n + n^2$ durch Ausklammern. Begründe mithilfe des Terms, dass die Behauptung stimmt. Unterscheide dabei die beiden Fälle, dass n gerade ist oder dass n ungerade ist. Was folgt dann jeweils für $(1 + n)$?

4.5 Ausmultiplizieren von zwei Klammern

■ Zum Auflösen der beiden Klammern bei $(x + 2) \cdot (x + 1)$ wurde ein Zwischenschritt durchgeführt. Gib an, wofür in der zweiten Zeile die Variable a steht. Zeige, dass das Ergebnis $x^2 + 3x + 2$ ist, wenn man a in $a \cdot x + a \cdot 1$ wieder ersetzt. ■

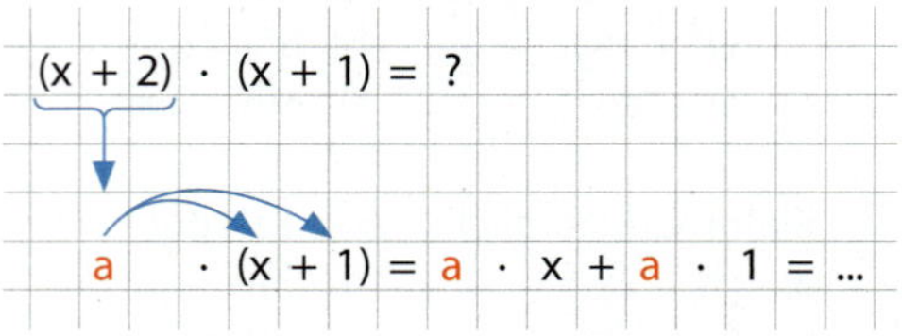

Gesucht ist der Flächeninhalt des gesamten gelblichen Rechtecks. Man kann mit den gegebenen Größen a, b, c und d zwei Terme aufstellen.

1. Möglichkeit:

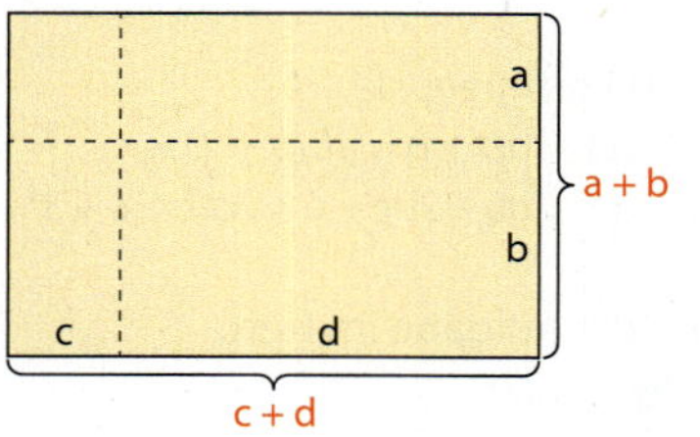

Der Flächeninhalt ergibt sich aus dem Produkt der Seitenlängen a + b und c + d:
$A = (a + b) \cdot (c + d)$

2. Möglichkeit:

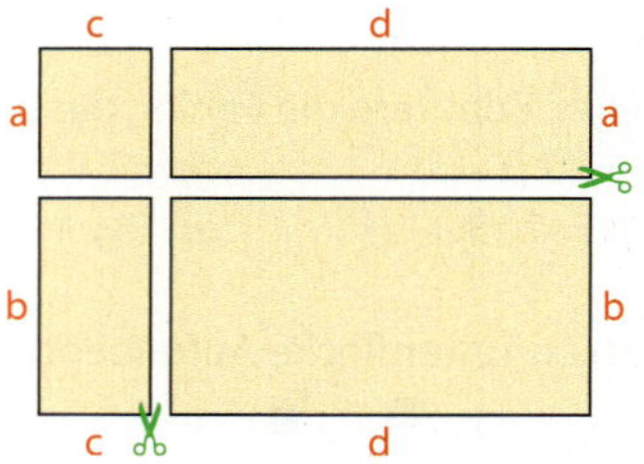

Addiert man den Flächeninhalt der vier kleinen Rechtecke, so erhält man:
$A = a \cdot c + a \cdot d + b \cdot c + b \cdot d$

Beide Terme geben den Flächeninhalt des gesamten gelblichen Rechtecks an, sie sind also äquivalent.
Daher gilt: $(a + b) \cdot (c + d) = a \cdot c + a \cdot d + b \cdot c + b \cdot d$

Hinweis:
Die Formel lässt sich auch durch zweifaches Anwenden des Distributivgesetzes zeigen:
$(a + b) \cdot (c + d)$
$= a \cdot (c + d) + b \cdot (c + d)$
$= a \cdot c + a \cdot d + b \cdot c + b \cdot d$

Wissen: Ausmultiplizieren von zwei Klammern
Zwei Summen (oder Differenzen) werden multipliziert, indem man jeden Summanden der ersten Klammer mit jedem Summanden der zweiten Klammer multipliziert und die Produkte addiert.

$$(a + b) \cdot (c + d) = a \cdot c + a \cdot d + b \cdot c + b \cdot d$$

Tipp:
Gehe schrittweise vor: Zeichne einen Pfeil ein und schreibe das entsprechende Produkt auf.

Beispiel 1: Multipliziere $(4x + 2) \cdot (3 - x)$ aus und fasse zusammen.

Lösung:
Zeichne die Pfeile ein, damit du beim Ausmultiplizieren kein Produkt vergisst.
Fasse gleichartige Terme zusammen.

$$\begin{aligned}(4x + 2) \cdot (3 - x) &= 4x \cdot 3 - 4x \cdot x + 2 \cdot 3 - 2 \cdot x \\ &= 12x - 4x^2 + 6 - 2x \\ &= 10x - 4x^2 + 6\end{aligned}$$

Basisaufgaben

1. Multipliziere die Klammern aus.

a) $(a + 8) \cdot (3 + b)$ b) $(4 - x) \cdot (y + 8)$ c) $(2 - p) \cdot (q - 4)$
d) $(a - b) \cdot (c - d)$ e) $(r + s) \cdot (t - r)$ f) $(-x + y) \cdot (x - z)$

2. Multipliziere die Klammern aus.

a) $(r + 8s) \cdot (8t + 8)$ b) $(6 + 4s) \cdot (2t + 4)$ c) $(a + 6d) \cdot (-4 + 9b)$
d) $(10b + a) \cdot (3 - b)$ e) $(5 - 2y) \cdot (2x - y)$ f) $(-8r - 5t) \cdot (-11t - 9s)$

3. Multipliziere die Klammern aus und vereinfache so weit wie möglich.

a) $(x + 2) \cdot (x + 3)$ b) $(b - 1) \cdot (b + 2)$ c) $(c - 3) \cdot (c - 4)$

d) $(3 + 2d) \cdot (2d + 2)$ e) $(x + y) \cdot (4y + x)$ f) $(6u - v) \cdot (-12u - 5v)$

g) $(5 - a^2) \cdot (ab^2 + 6)$ h) $(1 - 3x) \cdot (x - 2x^2)$ i) $(x^2y - x) \cdot (4 - xy)$

4. Schreibe als Term, multipliziere aus und fasse zusammen.

a) Multipliziere den Vorgänger einer Zahl mit dem Nachfolger dieser Zahl.

b) Bilde das Produkt aus der Summe zweier Zahlen und der Differenz der gleichen Zahlen.

Weiterführende Aufgaben

5. Multipliziere die Klammern aus und vereinfache so weit wie möglich.

a) $(0{,}5bc + 2a)(2ab - 0{,}5c)$ b) $\left(\frac{x}{2} + 15\right)(x - 20)$ c) $\left(r - \frac{1}{2}s\right)\left(\frac{2}{3}r + s\right)$

d) $\left(\frac{2}{5}c + \frac{1}{4}a\right)\left(-\frac{1}{2} + 2b\right)$ e) $\left(\frac{1}{3}x - \frac{2}{5}y\right)\left(\frac{1}{3}x + \frac{2}{5}y\right)$ f) $\left(\frac{1}{4}x^2 + \frac{3}{7}y\right)(28x - 7y^2)$

6. Übertrage die Tabelle ins Heft. Multipliziere die Terme in der linken Spalte mit denen in der oberen Zeile, vereinfache und trage die Ergebnisse ein.

·	$x + 1$	$-5 + 4x$	$2x - y$	$-x^2 - 3x$
$x - 2$				
$-x - 3y$				

7. Klammern kann man auch mithilfe einer **Multiplikationstabelle** ausmultiplizieren.

Beispiel: $(x - 2) \cdot (2x - y) = 2x^2 - xy - 4x + 2y$

Tabelle:

	$2x$	$-y$
x	$2x^2$	$-xy$
-2	$-4x$	$2y$

a) Schreibe auf, welche Summen jeweils miteinander multipliziert werden sollen. Ergänze dann die Tabelle in deinem Heft und berechne das Ergebnis.

①

	$4b$	3
$2a$		
-8		

②

	x	$-2y$
$-3x$		
$5y$		

③

	b^2	$2ab$
ab		
$-6a$		

b) Erläutere an einem eigenen Beispiel, welche Vorteile es hat, mit einer Multiplikationstabelle zu rechnen.

8. **Stolperstelle:** Erläutere, welche Fehler gemacht wurden, und korrigiere sie.

a) $(6a + 8)(4b - 9a) = 24ab - 72a$ b) $(x - 3)(y - 2) = xy - 2x - 3y - 6$

9. **Klammern mit mehr als zwei Summanden:** Multipliziere aus.

Beispiel: $(a + b)(x + y + z) = ax + ay + az + bx + by + bz$

a) $(a + b)(4 + c + d)$ b) $(3 - 2b)(5a + 4 - 3c)$ c) $(-4x + 7y)(4z - 9x - 7y)$

10. Setze $a = x + 1$; $b = 2x - 1$ und $c = x + 2$ ein. Löse die Klammern auf und vereinfache soweit wie möglich.

a) $a \cdot b$ b) $a \cdot c$ c) $b \cdot c$ d) $a \cdot a$

e) $a \cdot b + a \cdot c$ f) $a \cdot b + b \cdot c$ g) $a \cdot b - a \cdot c + b \cdot c$ h) $a \cdot a - b \cdot b + c \cdot c$

CAS **11.** Der Befehl *expand (Entwickle)* wird durch den Befehl *factor (Faktorisiere)* wieder rückgängig gemacht. Zeige, dass im Beispiel rechts der Eingabeterm in der ersten Zeile äquivalent zum Ausgabeterm in der zweiten Zeile ist.

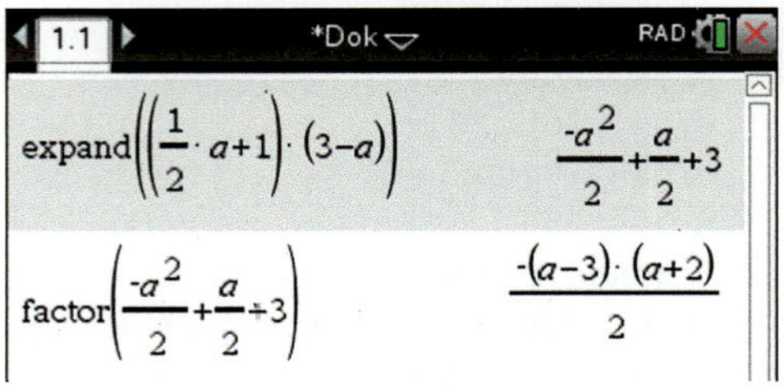

12. a) Überlege, welcher Flächeninhalt in der Figur jeweils mit dem Term berechnet werden kann.
① $(a + b) \cdot (c - d)$
② $a \cdot c - a \cdot d + b \cdot c - b \cdot d$

b) Zeige rechnerisch, dass die beiden Terme aus a) äquivalent sind.

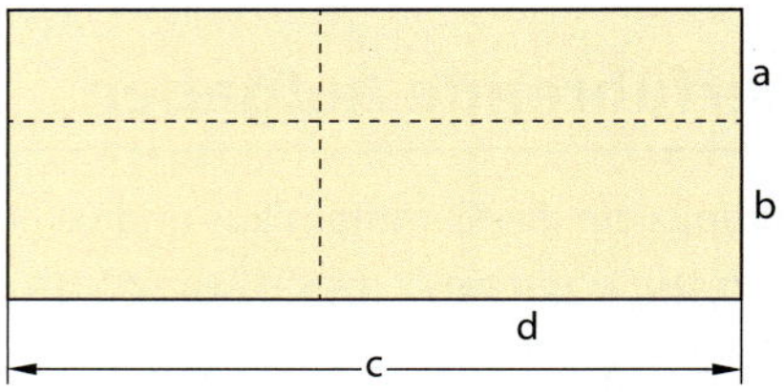

13. Bei einer rechteckigen Fläche ist die eine Seite doppelt so lang wie die andere. Die kürzere Seite wird um einen Meter verlängert und die längere Seite um einen Meter verkürzt.
a) Wie ändern sich der Umfang und der Flächeninhalt? Stelle jeweils einen Term auf und vereinfache ihn.
b) Welche Maße muss die ursprüngliche Fläche haben, damit Umfang und Flächeninhalt gleich bleiben?

Hinweis zu 14:
Hier findest du die verdeckten Aufgabenteile.

● **14.** Hier verdecken Tintenflecke Aufgabenteile. Vervollständige die Aufgaben im Heft.

a) $(2u-4)(3v \bullet u) = 6uv + 2u^2 - \bullet - 4u$
b) $(\bullet + 6)(7x + \bullet) = 14x^2 + 6x + 42x + 18$
c) $(\frac{1}{4}a + b)(4a + \bullet b) = a^2 + 2ab + \bullet + \bullet$
d) $(\frac{2}{3}a + \bullet)(\bullet a + \frac{2}{3}b) = \frac{2}{9}a^2 + \frac{4}{9}ab + \bullet + \frac{2}{9}b^2$

● **15.** Herr Thies ist auf der Suche nach einem Schrebergarten. Im Kleingartenverein Wiesengrund werden ihm ein quadratisches und ein rechteckiges Grundstück mit gleichem Umfang angeboten. Herr Thies möchte ein möglichst großes Grundstück.

a) Gehe von einem quadratischen Grundstück mit der Seitenlänge a aus. Wenn man die Länge einer Seite um x vergrößert, ensteht ein Rechteck. Welche Länge und Breite hat das Rechteck, wenn der Umfang gleich bleibt?
b) Stelle einen Term für den Flächeninhalt des rechteckigen Grundstücks aus a) auf und multipliziere ihn aus. Erläutere mithilfe des Terms, für welches Grundstück sich Herr Thies entscheiden sollte.

● **16.** Löse die Klammern auf und fasse so weit wie möglich zusammen.

a) $(a-b)(c-d) + c(a+b)$
b) $(x+y)(x-y) - (y+x)(y-x)$
c) $a(a+b) - (a^2+b)(a-b)$
d) $2(x+1)\cdot(-3) - 2(5+x)(2x-4)$
e) $\frac{1}{2}(a-2)\cdot(-a) + \left(1-\frac{a^2}{2}\right)(a-1)$
f) $\left(\frac{1}{2}xy + x\right)\left(y+\frac{1}{2}\right) - (y^2+1)\left(\frac{1}{2}+x\right)$

● **17.** **Ausblick:** Löse die Klammern auf und vereinfache den Term.

a) $(a+1)\cdot(b+2)\cdot(c+3)$
b) $(-x-1)\cdot(-x-2)\cdot(-x-3)$
c) $(8s+15)\cdot(3t^2+5r)\cdot(4r-6s)$
d) $(4x+3)\cdot(y-8z)\cdot(9-8x)$

4.6 Binomische Formeln

■ Karo sagt: „Quadratzahlen brauche ich mir nicht zu merken. Ich kenne einen Trick, mit dem ich Quadratzahlen schnell im Kopf ausrechnen kann." Berechne wie Karo die Quadratzahlen 15^2, 16^2, 21^2 und 33^2. ■

$11^2 = (10+1)^2 = 100 + 20 + 1 \approx 121$

$12^2 = (10+2)^2 = 100 + 40 + 4 \approx 144$

$13^2 = (10+3)^2 = 100 + 60 + 9 \approx 169$

$14^2 = (10+4)^2 = 100 + 80 + 16 \approx 196$

Gesucht ist der Flächeninhalt des gesamten gelblichen Quadrats. Man kann mit den gegebenen Größen a und b zwei Terme aufstellen.

1. Möglichkeit:

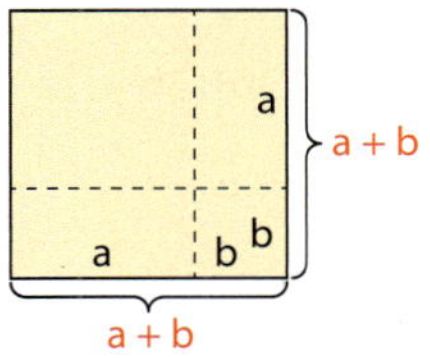

2. Möglichkeit:

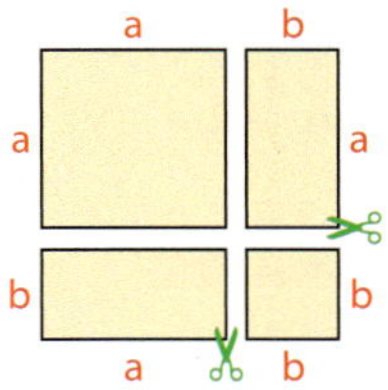

Der Flächeninhalt des gesamten gelblichen Quadrats ergibt sich aus dem Quadrat der Seitenlänge $a + b$:
$A = (a + b)^2$

Addiert man die Flächeninhalte der kleinen Quadrate und Rechtecke, so erhält man:
$A = a^2 + ab + ab + b^2 = a^2 + 2ab + b^2$

Beide Terme geben den Flächeninhalt des gelblichen Quadrats an, sie sind also äquivalent.
Daher gilt: $(a + b)^2 = a^2 + 2ab + b^2$

Wissen: Binomische Formeln
Für alle rationale Zahlen a und b gilt:
1. Binomische Formel: $(a + b)^2 = a^2 + 2ab + b^2$
2. Binomische Formel: $(a - b)^2 = a^2 - 2ab + b^2$
3. Binomische Formel: $(a + b) \cdot (a - b) = a^2 - b^2$

Hinweis:
Zweigliedrige Terme wie $a + b$ bezeichnet man als **Binom**.

Die binomischen Formeln lassen sich auch durch Ausmultiplizieren zeigen:

$(a + b)^2 = (a + b) \cdot (a + b)$
$= a^2 + ab + ba + b^2$
$= a^2 + 2ab + b^2$

$(a - b)^2 = (a - b) \cdot (a - b)$
$= a^2 - ab - ba + b^2$
$= a^2 - 2ab + b^2$

$(a + b) \cdot (a - b)$
$= a^2 - ab + ba - b^2$
$= a^2 - b^2$

Ausmultiplizieren

Beispiel 1: Multipliziere aus.
a) $(x + 3)^2$
b) $(s - 2)^2$
c) $(x + 2) \cdot (x - 2)$

Lösung:
a) $(x + 3)^2$ hat die Form $(a + b)^2$.
Wende die 1. binomische Formel an.

$(x+3)^2 = x^2 + 2 \cdot x \cdot 3 + 3^2 = x^2 + 6x + 9$
$(a+b)^2 = a^2 + 2\ a\ b + b^2$

b) $(s - 2)^2$ hat die Form $(a - b)^2$.
Wende die 2. binomische Formel an.

$(s-2)^2 = s^2 - 2 \cdot s \cdot 2 + 2^2 = s^2 - 4s + 4$
$(a-b)^2 = a^2 - 2 \cdot a \cdot b + b^2$

c) $(x+2) \cdot (x-2)$ hat die Form $(a+b) \cdot (a-b)$.
Wende die 3. binomische Formel an.

$(x+2) \cdot (x-2) = x^2 - 2^2 = x^2 - 4$
$(a+b) \cdot (a-b) = a^2 - b^2$

Basisaufgaben

1. Schreibe die binomischen Formeln mit Symbolen. Unterlege bei jeder Aufgabe die Formel und deine Rechnung mit denselben Farben oder Symbolen.

Beispiel:
$(■ + ●)^2 = ■^2 + 2 ■ ● + ●^2$
$(2 + 3b)^2 = 2^2 + 2 \cdot 2 \cdot 3b + (3b)^2 = \ldots$

a) $(x+4)^2$ b) $(u+v)^2$ c) $(2x+3)^2$ d) $(-7+7m)^2$
e) $(x-1)^2$ f) $(d-e)^2$ g) $(3ab-b)^2$ h) $(-2m-2n)^2$
i) $(x+2)\cdot(x-2)$ j) $(c-b)\cdot(c+b)$ k) $(-1+2s)\cdot(-1-2s)$ l) $(ab-4)\cdot(4+ab)$

2. Multipliziere mit den binomischen Formeln aus.
a) $(a+5)^2$ b) $(x-3)^2$ c) $(x+4)(x-4)$ d) $(x+y)^2$
e) $(y-x)^2$ f) $(v+w)(v-w)$ g) $(-2+x)^2$ h) $(12s+t)^2$
i) $(-b-7)^2$ j) $(5a-1)^2$ k) $(-1+a)(-1-a)$ l) $(r+2s)(r-2s)$
m) $(ab+6)^2$ n) $(-2xy+y)^2$ o) $(2n-3m)^2$ p) $(2a-3b)(3b+2a)$

Faktorisieren einer Summe

Beim Ausklammern entsteht aus einer Summe (oder einer Differenz) ein Produkt. Umgekehrt nennt man das Umformen einer Summe in ein Produkt **faktorisieren**.

Beispiel 2: Schreibe als Produkt.
a) u^2+4u+4 b) u^2-6u+9 c) x^2-9

Lösung:

a) Bringe den Term in die Form $a^2+2ab+b^2$ und wende die 1. binomische Formel von rechts nach links an.

$u^2+4u+4 = u^2+2\cdot u\cdot 2+2^2 = (u+2)^2$
$a^2+2\;a\;\;b+b^2 = (a+b)^2$

b) Bringe den Term in die Form $a^2-2ab+b^2$ und wende die 2. binomische Formel von rechts nach links an.

$u^2-6u+9 = u^2-2\cdot u\cdot 3+3^2 = (u-3)^2$
$a^2-2\cdot a\cdot b+b^2 = (a-b)^2$

c) x^2-9 hat die Form a^2-b^2. Wende die 3. binomische Formel von rechts nach links an.

$x^2-9 = x^2-3^2 = (x+3)\cdot(x-3)$
$a^2-b^2 = (a+b)\cdot(a-b)$

Basisaufgaben

3. Schreibe die binomischen Formeln mit Symbolen und Farben wie in Aufgabe 1. Unterlege bei jeder Aufgabe die Formel und deine Rechnung ebenso.

Beispiel:
$16a^2-16a+4$
$= (4\cdot a)^2-2\cdot 2\cdot 4a+2^2 = (4a-2)^2$

a) $v^2+2vw+w^2$ b) x^2+4x+4 c) $4u^2+8uv+4v^2$ d) $r^2s^2+6rst+9t^2$
e) $v^2-2vw+w^2$ f) u^2-4u+4 g) $9e^2-24ef+16f^2$ h) $-2xy+1+x^2y^2$
i) $25-x^2$ j) $4y^2-9$ k) $-y^2+x^2$ l) $9a^2-b^2c^2$

4. Wende die binomischen Formeln an und schreibe als Produkt.
a) $x^2+2xy+y^2$ b) $x^2-2xy+y^2$ c) s^2-t^2 d) $t^2+14t+49$
e) $x^2-10x+25$ f) $1-y^2$ g) $v^2w^2+4vw+4$ h) $256-9s^2$
i) $100+b^2+20b$ j) x^2y^2-4 k) $a^2b^2-8ab+16$ l) $8a+4+4a^2$

Weiterführende Aufgaben

5. Übertrage die Tabelle in dein Heft. Fülle aus wie im Beispiel.

Produkt	Summe bzw. Differenz	verwendete binomische Formel
$(a+2)^2$	$a^2 + 4a + 4$	1. binomische Formel
	$25d^2 - 36e^2$	
$(-x+y)^2$		
	$64r^2 + 112rs + 49s^2$	
	$-\frac{1}{5}uv + \frac{9}{4}u^2 - \frac{2}{5}uv + \frac{v^2}{25}$	
$(-m-n)^2$		

6. Wende die binomischen Formeln an.

a) $(0{,}1x + 0{,}5)^2$ b) $\left(\frac{1}{4}x + \frac{2}{3}y\right)^2$ c) $x^2 + 1{,}6x + 0{,}64$ d) $\frac{1}{9}a^2 + \frac{1}{3}ab + \frac{1}{4}b^2$

e) $(1 - 0{,}2x)^2$ f) $\left(\frac{1}{2}ab - \frac{4}{5}c\right)^2$ g) $\frac{1}{4}b^2 - \frac{1}{2}bc + \frac{1}{4}c^2$ h) $-\frac{1}{2}xy + \frac{1}{16} + x^2y^2$

i) $\left(\frac{1}{3}x + \frac{1}{5}\right) \cdot \left(\frac{1}{3}x - \frac{1}{5}\right)$ j) $\left(-bc - \frac{2}{3}\right)\left(\frac{2}{3} - bc\right)$ k) $\frac{1}{64} - t^2$ l) $-0{,}16 + 0{,}01a^2$

7. **Stolperstelle:** Korrigiere und erkläre, worin mögliche Fehler bestehen.

a) $(x+3)^2 = x^2 + 3x + 9$ b) $(2a+2)^2 = 2a^2 + 8a + 4$

c) $(2w - 2v)^2 = 2w^2 - 8wv + 2v^2$ d) $(s-2)^2 = s - 4s - 4$

e) $(2t+3) \cdot (2t-3) = 2t^2 - 9$ f) $9x^2 - 4y^2 = (9x + 4y) \cdot (9x - 4y)$

8. Übertrage in dein Heft und ergänze fehlende Terme.

a) $(2 + ■)^2 = ▲ + 8t + 4t^2$ b) $(■ + 3h)^2 = 16 + ▲h + ●h^2$

c) $(5 - ■)^2 = ▲ - 20t + 4t^2$ d) $(x+8) \cdot (x - ■) = ■ - 64$

e) $\left(\frac{1}{2} - ■\right)^2 = \frac{1}{4} - ▲a + a^2$ f) $\left(\frac{1}{3}a + ■\right) \cdot \left(■ - \frac{3}{5}b\right) = ■ - 0{,}36b^2$

9. Vereinfache die Terme. Verwende dazu die 1., die 2. oder die 3. binomische Formel.

a) $(2a+b)^2 + (a+b)(a-b)$ b) $(5w - 7v)^2 - (w + 3v)(w - 3v)$

c) $s^2 - t^2 - (-s-t)(-s+t)$ d) $(4x+y)^2 + (6x - 8y)^2 + (x+2y)(x-2y)$

e) $(1-3a)(1+3a) - (-2)(2a-3)^2$ f) $\left(\frac{1}{3}m + \frac{1}{9}n\right)^2 - \frac{3}{2}\left(\frac{2}{3}m + \frac{1}{9}n\right)\left(\frac{2}{3}m - \frac{1}{9}n\right)$

10. Ermittle, für welche Zahlen x die Gleichung erfüllt ist.

a) $(x+1)(x-1) + x = x^2$ b) $x^2 + 4x = (x+2)(x-2)$

c) $(2x-1)(2x+1) = (2x+1)^2 - 18$ d) $288 + (x+12)(x-12) = (x-8)^2$

e) $(x+9)^2 = (x+9)(x-9) + 17x$ f) $\left(2 - \frac{1}{2}x\right)\left(2 + \frac{1}{2}x\right) = 3\left(\frac{1}{2}x + 1\right)^2 - x^2$

Hinweis zu 10:
Hier findest du die Lösungen.

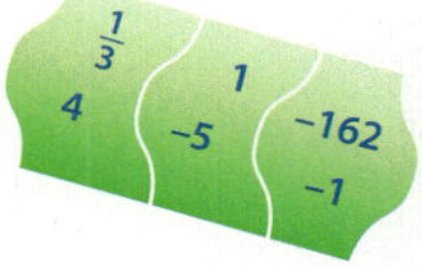

11. Gesucht ist der Flächeninhalt des gelblichen Quadrates. Stelle zwei Terme mit den Variablen a und b auf und leite die 2. binomische Formel her:

1. Term:
Quadrat der Seitenlängen

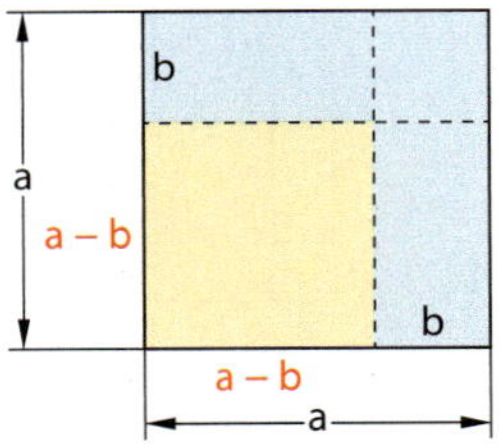

2. Term:
Flächeninhalt des ganzen Quadrats minus Flächeninhalt der blauen Flächen.

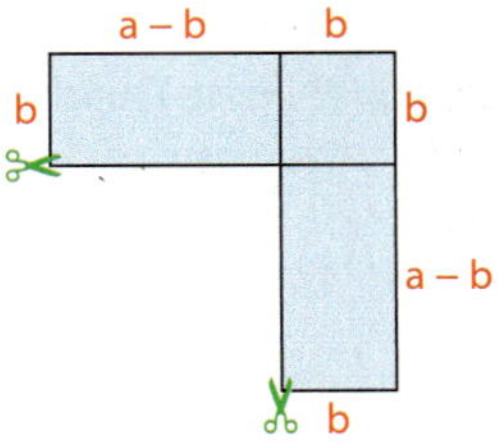

12. Rechts ist die Zerlegung einer Figur dargestellt: Aus einem Quadrat mit der Seitenlänge a wurde ein kleines Quadrat mit der Seitenlänge b ausgeschnitten. Leite die 3. binomische Formel mithilfe dieser Zerlegung und über den Flächeninhalt der gelblichen Fläche her.

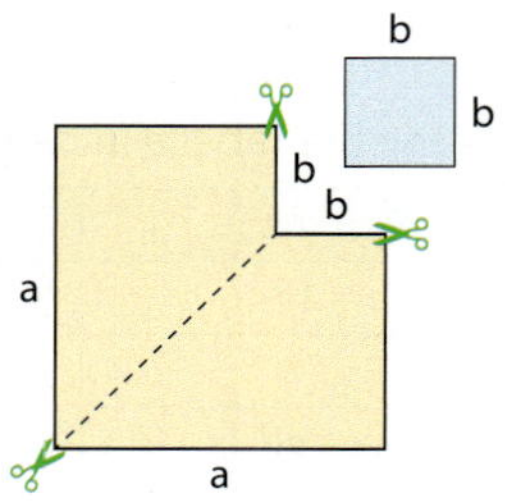

13. Veranschauliche den Term zeichnerisch.
a) $(4 - x) \cdot (2 + x)$ b) $x^2 - 4$ c) $2 \cdot a + 2 \cdot 4 - 2 \cdot c$

14. Zeige, dass für das Volumen und den Oberflächeninhalt des Quaders gilt:
$V = x^3 - x$ und $O = 6x^2 - 2$

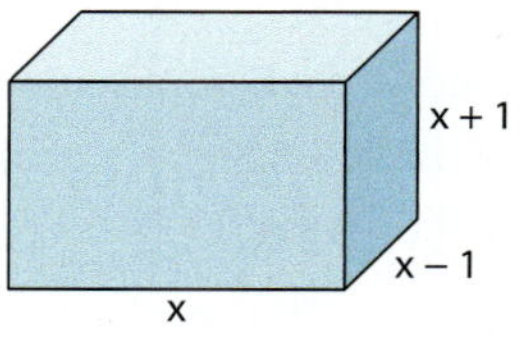

15. Quadratische Ergänzung:
Der Term $x^2 + 4x + 5$ lässt sich nicht faktorisieren.
Man kann folgendermaßen rechnen:
$x^2 + 4x + 4 - 4 + 5$ | Ergänze + 4 – 4
$= x^2 + 4x + 4 + 1$ | 1. Binomische Formel
$= (x + 2)^2 + 1$

a) Schreibe wie im Beispiel rechts einen Teil des Terms als Produkt.
① $x^2 - 8x + 13$ ② $4y^2 + 4y - 1$ ③ $\frac{1}{4}x^2 - 5x - 10$ ④ $9x^2 - 6xy + 2y^2$

b) Erkläre, warum man das Verfahren quadratische Ergänzung nennt.

16. Pedro behauptet: „Wenn ich eine natürliche Zahl quadriere, dann ist das Ergebnis immer um 1 größer, als wenn ich die beiden Nachbarzahlen multipliziere. Zum Beispiel ist $5^2 = 25$ und $4 \cdot 6 = 24$."
a) Überprüfe Pedros Behauptung für die Zahlen 9, 2, 12 und 100.
b) Zeige, dass Pedro Recht hat, indem du die natürliche Zahl mit n bezeichnest und mit Termen rechnest.

17. Begründe, dass dieses Zahlenrätsel stets funktioniert: Denke dir eine Zahl. Quadriere die Zahl und subtrahiere 1. Dividiere das Ergebnis durch die Zahl, die um 1 kleiner ist als die gedachte Zahl. Das Ergebnis ist um 1 größer als die gedachte Zahl.

● **18.** Ein Rechteck und ein Quadrat haben den gleichen Flächeninhalt. Die eine Seite des Rechtecks ist um 6 cm länger als die andere. Die Seiten des Quadrats sind um 2 cm länger als die kürzere Rechteckseite. Stelle eine Gleichung auf und ermittle die Seitenlängen des Rechtecks und des Quadrats.

● **19. Ausblick:** Dreigliedrige Terme der Form a + b + c nennt man **Trinome**.
a) Nutze das rechts abgebildete Quadrat, um eine „trinomische" Formel für $(a + b + c)^2$ zu entwickeln.
b) Berechne $(x + 2y + 3z)^2$.
c) Schreibe als Produkt: $4u^2 + 9v^2 + 16w^2 + 12uv + 16uw + 24vw$.

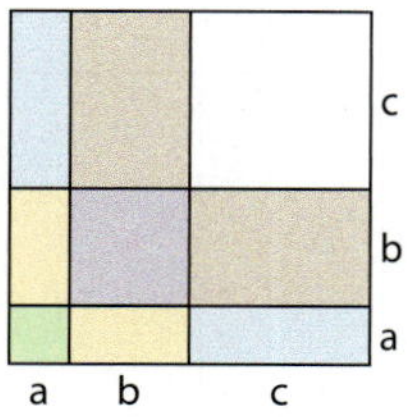

Pascal'sches Dreieck

■ Enna hat sich viel mit der 3. binomischen Formel beschäftigt. Dabei ist ihr etwas aufgefallen. Sie notiert einige Zeilen auf einem Blatt Papier (siehe rechts).
Vervollständige die letzte Zeile und überprüfe dein Ergebnis durch Ausmultiplizieren.
Beschreibe, nach welcher Regel sich Terme der Form $a^n - b^n$ mit natürlichen Exponenten n als Produkt schreiben lassen. ■

$$a^2 - b^2 = (a - b) \cdot (a + b)$$
$$a^3 - b^3 = (a - b) \cdot (a^2 + ab + b^2)$$
$$a^4 - b^4 = (a - b) \cdot (a^3 + a^2b + ab^2 + b^3)$$
$$a^5 - b^5 = (a - b) \cdot (a^4 + a^3b + a^2b^2 + ab^3 + b^4$$
$$a^6 - b^6 = (a - b) \cdot (a^5 + \ldots$$

Es gibt ein Zahlendreieck, das nach dem französischen Mathematiker und Philosophen Blaire Pascal benannt ist. Obwohl es schon lange bekannt war, trägt es seinen Namen, da Pascal weitreichende mathematische Entdeckungen an diesem Zahlendreieck machte.

Blaise Pascal lebte im 17. Jahrhundert.

Wissen: Pascal'sches Dreieck

0. Zeile: 1
1. Zeile: 1 + 1
2. Zeile: 1 2 + 1
3. Zeile: 1 3 3 + 1
4. Zeile: 1 4 6 4 1
5. Zeile: 1 5 10 10 5 1
6. Zeile: 1 6 15 20 … … 1

- An der Spitze des Dreiecks steht die Zahl 1.
- In der ersten Zeile darunter steht zweimal die Zahl 1.
- Jede weitere Zeile beginnt und endet ebenfalls mit der Zahl 1. Dazwischen stehen immer die Summen aus den beiden schräg darüber stehenden Zahlen.

In der 2. Zeile des Pascal'schen Dreiecks stehen die Zahlen 1, 2 und 1. Das sind genau die Koeffizienten der Summanden beim Ausmultiplizieren von $(a + b)^2$.

$$(a + b)^2 = (a + b) \cdot (a + b)$$
$$= 1 \cdot a^2 + 2 \cdot ab + 1 \cdot b^2$$

Beachte, dass in den Summanden die Potenzen von a absteigend und die Potenzen von b aufsteigend geordnet sind.

1
1 1
1 2 1
1 3 3 1
1 4 6 4 1

In der 3. Zeile des Pascal'schen Dreiecks stehen die Zahlen 1, 3, 3 und 1. Das sind genau die Koeffizienten der Summanden beim Ausmultiplizieren von $(a + b)^3$.

$$(a + b)^3 = (a + b)^2 \cdot (a + b)$$
$$= (a^2 + 2ab + b^2) \cdot (a + b)$$
$$= 1 \cdot a^3 + 3 \cdot a^2b + 3 \cdot ab^2 + 1 \cdot b^2$$

Beachte, dass in den Summanden die Potenzen von a absteigend und die Potenzen von b aufsteigend geordnet sind.

1
1 1
1 2 1
1 3 3 1
1 4 6 4 1

Allgemein kommen beim Ausmultiplizieren von $(a + b)^n$ die folgenden Potenzen vor:
$a^n, a^{n-1}b^1, a^{n-2}b^2, \ldots, ab^{n-1}, b^n$. Die Koeffizienten lassen sich aus der n-ten Zeile des Pascal'schen Dreiecks ablesen.

Beispiel 1: Berechne $(a + b)^4$.

Lösung:

Verwende die Einträge der 4. Zeile des Pascal'schen Dreiecks, um die Koeffizienten der Summanden von $(a + b)^4$ abzulesen.

1
1 1
1 2 1
1 3 3 1
1 4 6 4 1
1 5 10 10 5 1

Es kommen die Potenzen a^4, a^3b, a^2b^2, ab^3 und b^4 vor.

Sortiere in den Summanden die Potenzen von a in absteigender Reihenfolge (a^4, a^3, a^2, a) und die Potenzen von b in aufsteigender Reihenfolge (b, b^2, b^3, b^4).

Ergänze nun die Koeffizienten.

$(a + b)^4$

$= \square a^4 + \square a^3b + \square a^2b^2 + \square ab^3 + \square b^4$

$= 1a^4 + 4a^3b + 6a^2b^2 + 4ab^3 + 1b^4$

Aufgaben

1. Berechne mithilfe des Pascal'sches Dreiecks.

a) $(x + 4)^4$ b) $(a + b)^5$ c) $(2a + 1)^5$ d) $(x + y)^6$

e) $(3a + b)^3$ f) $(x + 2y)^4$ g) $(0{,}5a + 2b)^5$ h) $(a + b)^7$

2. Zeichne ein Pascal'sches Dreieck mit 10 Zeilen.

a) Bestimme die Symmetrieeigenschaft des Pascal'schen Dreiecks.

b) In der dritten Diagonale des Pascal'schen Dreiecks stehen die Zahlen 1, 3, 6, 10, 15… Beschreibe, wie diese Zahlenfolge gebildet wird. Gibt es weitere Zahlenfolgen im Pascal'schen Dreieck?

c) Addiere in jeder Zeile alle Einträge des Pascal'schen Dreiecks. Stelle eine Regel für die Summe in der jeweils nächsten Zeile auf.

d) Berechne die Potenzen 11^1, 11^2, 11^3, 11^4 und 11^5 und vergleiche sie mit den Einträgen des Pascal'schen Dreiecks.

3. Die Einträge des Pascal'schen Dreiecks werden nicht nur verwendet, um Potenzen von Binomen der Form $(a + b)$ zu berechnen.

a) Berechne $(a - b)^2$ und $(a - b)^3$ und vergleiche die Koeffizienten mit der 2. und 3. Zeile des Pascal'schen Dreiecks.

b) Stelle eine Regel auf, mit der man die Einträge des Pascal'schen Dreiecks auch verwenden kann, um Potenzen des Binoms $(a - b)$ zu berechnen.

c) Berechne $(a - b)^6$.

①

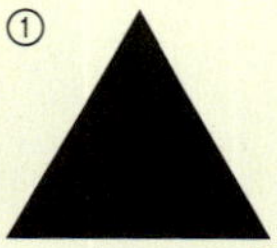

②

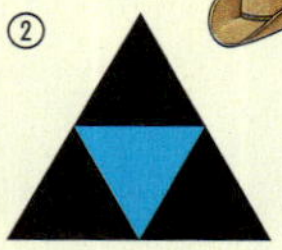

③

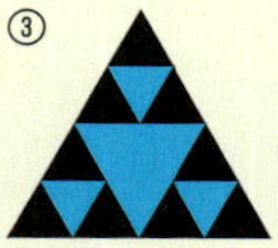

4. Forschungsauftrag: Ein weiteres bekanntes Dreieck ist das nach dem polnischen Mathematiker Waclaw Sierpinski benannte **Sierpinski-Dreieck**. So zeichnest du es:
① Zeichne ein beliebiges Dreieck. ② Verbinde die Mittelpunkte der drei Seiten. Das Dreieck wird in vier kongruente Teildreiecke zerlegt. ③ Färbe das mittlere der vier Teildreiecke (hier blau). Wende die Schritte ② und ③ auf die drei nicht gefärbten Teildreiecke an.

a) Zeichne ein Sierpinski-Dreieck in dein Heft, indem du die Konstruktion auf die immer kleiner werdenden Dreiecke anwendest.

b) Recherchiere nach Zusammenhängen zwischen dem Sierpinski-Dreieck und dem Pascal'schen Dreieck.

4.7 Vermischte Aufgaben

1. Beschreibe durch einen Term. Gib die Bedeutung der Variablen und den Grundbereich an.
a) Die Anzahl der Fenster eines Hauses, wenn es in jeder Etage gleich viele Fenster gibt.
b) Der Eintrittspreis für eine Familie, wenn Kinder 4,00 € und Erwachsene 5,50 € bezahlen müssen.
c) Die Anzahl der Plätze, wenn es Dreier-, Vierer- und Fünfergruppentische gibt.
d) Die Anzahl der Personen in einer Klasse, die aus Mädchen, Jungen und Lehrern besteht.

2. In der Pizzeria Luigi kann man sich seine Pizza selbst zusammenstellen.

Zahlen Sie 3,50 € für Boden, Tomatensauce und Käse und wählen Sie Ihre Zutaten selbst. Für jede Zutat der Kategorie A zahlen Sie 0,50 € extra, für jede Zutat der Kategorie B 1,50 € extra.

Kategorie A: Ananas, Paprika, Pilze, Peperoni, Schinken, Salami, Zwiebeln, Oliven, Mais, frische Tomaten

Kategorie B: Mozzarella, Krabben, Brokkoli, Putenbrust, Gyros, Thunfisch

a) Stelle einen Term auf, mit dem man den Preis einer beliebigen Pizza berechnen kann.
b) Eine Pizza kostet 7,00 €. Nenne mindestens zwei Möglichkeiten für ihren Belag.

3. Gib für die beiden Figuren einen möglichst einfachen Term an, mit dem man
a) den Umfang,
b) den Flächeninhalt
ermitteln kann.

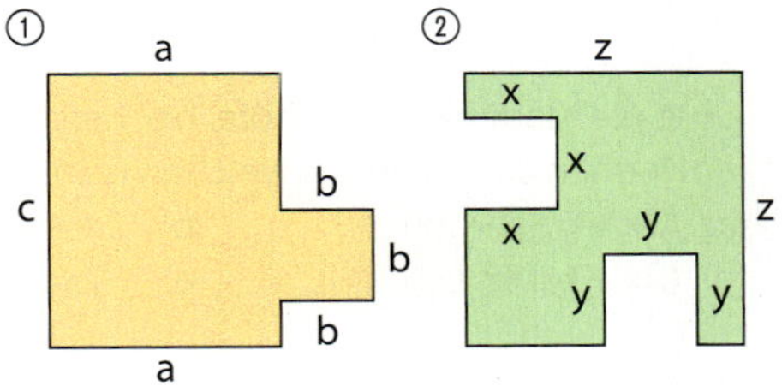

4. Um eine Pferdekoppel der Länge x und Breite y soll ein Weg der Breite z angelegt werden. Bestimme den Term, der den Flächeninhalt des Weges beschreibt, auf zwei unterschiedliche Weisen.

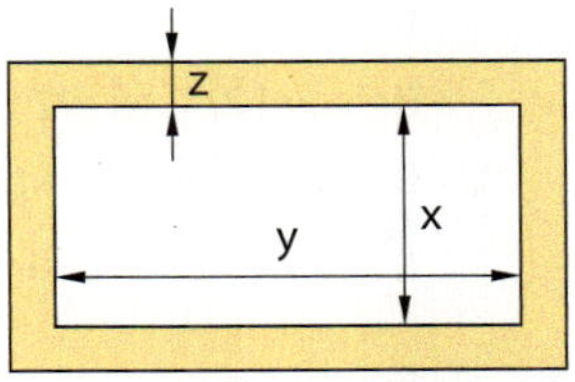

5. Übertrage die Tabelle ins Heft. Multipliziere die Terme in der linken Spalte mit denen in der oberen Zeile, vereinfache und trage die Ergebnisse ein.

·	x − 6	−x + 6	−6 − x	0,5x − 6y
x − 6				
4x + 6				
−6 − x				
0,5x − 6y				

6. Gegeben ist ein Quadrat mit der Seitenlänge a.

Das Quadrat wird an beiden Seiten um 2 cm verlängert. Stelle den Term für den neuen Flächeninhalt auf.

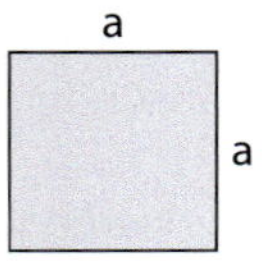

Eine Seite des Quadrats wird um 7 cm verlängert, die andere Seite um 3 cm verkürzt. Gib einen Term für den Inhalt der neuen Fläche an und multipliziere ihn aus.

Wie wurden die Seitenlängen des Quadrats verändert, wenn der neue Flächeninhalt $A = a^2 + 8a + 15$ beträgt?

Gegeben ist der Term $(a + 4) \cdot (a - 4)$. Veranschauliche den Term zeichnerisch und gib an, welche Werte a dabei annehmen kann.

Die eine Seite des Quadrats wird verdoppelt, die andere Seite wird um die Hälfte der Seitenlänge a verlängert. Gib einen möglichst einfachen Term für den Inhalt der neuen Fläche an.

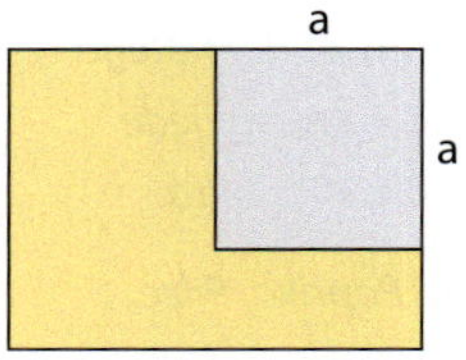

7. Eine quadratische Fläche mit 3 cm Seitenlänge soll verkleinert oder vergrößert werden. Zeichne die neue Fläche. Stelle einen Term für den neuen Flächeninhalt auf und multipliziere ihn aus.

a) Zwei gegenüberliegende Seiten werden um die Länge x vergrößert, die anderen Seiten werden um die Länge x verkleinert $(0 < x < 3)$.
b) Alle Seiten werden um die Länge x verkleinert $(0 < x < 3)$.
c) Zwei gegenüberliegende Seiten werden um das Doppelte von x vergrößert.
d) Alle Seiten werden um das 0,5-fache der Länge x vergrößert.

Hinweis zu 8:
Manchmal hilft das Umstellen der Terme in den Klammern.

8. Löse die Klammern auf. Prüfe, bei welchen Aufgaben man die binomischen Formeln anwenden kann und bei welchen nicht.

a) $(2x + 6)(6 + 2x)$ b) $(2x + 6)(2x - 6)$ c) $(2x - 6)(6 - 2x)$
d) $(2x + 6)(6x + 2)$ e) $(-2x - 6)(-6 - 2x)$ f) $(2x - 6)(-6 + 2x)$

9. a) Erläutere, wie in den beiden Beispielen gerechnet wurde.

Beispiel 1: $51^2 = (50 + 1)^2 = 50^2 + 2 \cdot 50 \cdot 1 + 1^2 = 2500 + 100 + 1 = 2601$

Beispiel 2: $18 \cdot 22 = (20 - 2) \cdot (20 + 2) = 20^2 - 2^2 = 400 - 4 = 396$

b) Berechne geschickt. Orientiere dich an den beiden Beispielen aus a).

$29 \cdot 31$ 81^2 $45 \cdot 55$ 38^2 52^2 $1{,}9 \cdot 2{,}1$ $96 \cdot 104$

10. a) Berechne die Differenz benachbarter Quadratzahlen.

$2^2 - 1^2 =$ ▪ $3^2 - 2^2 =$ ▪ $4^2 - 3^2 =$ ▪ $5^2 - 4^2 =$ ▪ …

Welche Regelmäßigkeit stellst du fest?

b) Begründe die Regelmäßigkeit, indem du die Variable n verwendest und mit Termen rechnest.

11. Begründe, dass dieses Zahlenrätsel stets funktioniert: Denke dir eine Zahl. Subtrahiere 1 und quadriere das Ergebnis. Addiere dazu das Doppelte der ausgedachten Zahl. Ziehe von diesem Ergebnis 1 ab. Das Ergebnis ist das Quadrat der gedachten Zahl.

12. Finde äquivalente Terme. Begründe mithilfe der binomischen Formeln.

① $(3x+1)^2$
⑤ $(2+a)(a+2)$
⑨ $100-10c+0{,}25c^2$
⑬ x^2+6x+9
② $(2a-2)^2$
⑥ $4a^2-8a+4$
⑭ $9x^2+6x+1$
③ a^2+4a+4
⑦ $100c^2-16$
⑩ $(10c+4)(10c-4)$
⑮ $(10-0{,}5c)^2$
④ $(x+3)^2$
⑧ $16c^2-8c+1$
⑪ $9-4x^2$
⑫ $(4c-1)(-1+4c)$
⑯ $(3+2x)(3-2x)$

13. Löse die Klammern auf und fasse so weit wie möglich zusammen.
a) $(a+b)^2-(a-b)^2$
b) $3x^2\cdot(-x^2)+(3x^3-7)\cdot x$
c) $-4y(8y-xy+y^3-6y)$
d) $(2+a^2)(a^2+6a)$
e) $(5+x^2)^2$
f) $(3a+b^2)(3a-b^2)$

14. Ergänze ■ so, dass sich die Summe mithilfe der binomischen Formeln als Produkt schreiben lässt.
a) $x-2xy+$ ■
b) y^2+14y+ ■
c) $d-10cd+$ ■
d) $16u^2+8uv+$ ■
e) $t-26t+$ ■
f) $6{,}25h^2-5hi+$ ■

15. Schreibe die Summe als Produkt, sodass sich ein möglichst einfacher Term ergibt.
a) $9m-18mn+9n$
b) $12a^2-3$
c) $60h^2+60hp+15p^2$
d) $ka+kb+a+b$
e) $3xy+3xz+2y+2z$
f) $a^2b^2+b^2c^2-2acb^2$

16. Klammere als gemeinsamen Faktor eine Summe oder Differenz aus.
a) $3x(z+r)+5y(z+r)$
b) $12a^2(2x+y)-ab^2(2x+y)$
c) $3(a+3)-b(3+a)$
d) $4a(b-c)-7(-c+b)$
e) $z(x+y)+2(-x-y)$
f) $4e(b-c)+9(c-b)$

17. Binomische Formeln kann man auch für höhere Binompotenzen aufstellen. Nutze den rechts abgebildeten Würfel, um eine Formel zu entwickeln, mit der man den Term $(a+b)^3$ schnell ausmultiplizieren kann. Erkläre, wie du vorgegangen bist.

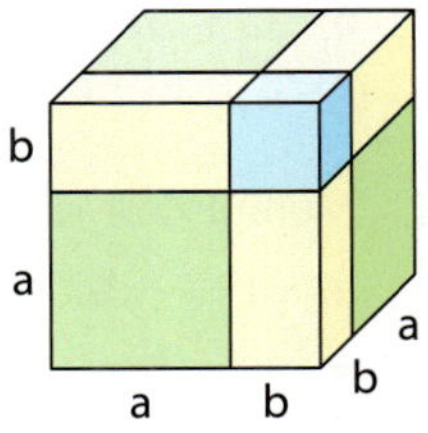

18. Bringe die Rechenschritte in die richtige Reihenfolge und erkläre, welche Rechenoperationen in den einzelnen Schritten durchgeführt wurden.
$2[(3-a)^2+2]\cdot[(3-a)^2-2]=\ldots$

a) $154-216a+108a^2-24a^3+2a^4$
b) $2\cdot[(9-6a+a^2)(9-6a+a^2)-2^2]$
c) $2\cdot[[(3-a)^2]^2-2^2]$
d) $2\cdot[(81-54a+9a^2-54a+36a^2-6a^3+9a^2-6a^3+a^4)-4]$
e) $2\cdot[[9-6a+a^2]^2-2^2]$
f) $2\cdot[77-108a+54a^2-12a^3+a^4]$
g) $2\cdot[(9-6a+a^2)(9-6a+a^2)-4]$
h) $2\cdot[(81-108a+54a^2-12a^3+a^4)-4]$
i) $2\cdot[81-108a+54a^2-12a^3+a^4-4]$

Prüfe dein neues Fundament

Lösungen ↗ S. 250

1. Ein Bahnunternehmen kombiniert seine Züge aus Wagen, die entweder ausschließlich Plätze der ersten oder der zweiten Klasse enthalten. Ein Wagen der ersten Wagenklasse hat 60 Plätze, ein Wagen der zweiten Wagenklasse hat 90 Plätze. Gib einen Term an, mit dem man die Anzahl der Sitzplätze in einem Zug ermitteln kann.

2. Gib jeweils einen Term an, mit dem man
a) den Umfang der Figuren,
b) den Flächeninhalt der Figuren ermitteln kann.

①
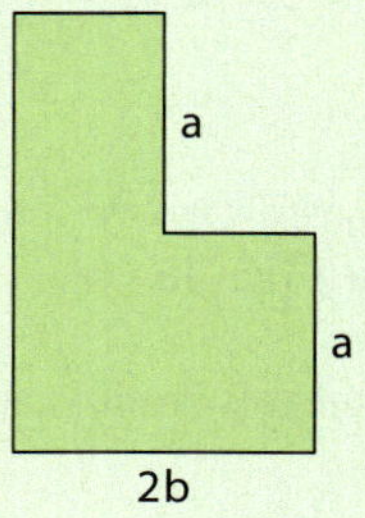

②
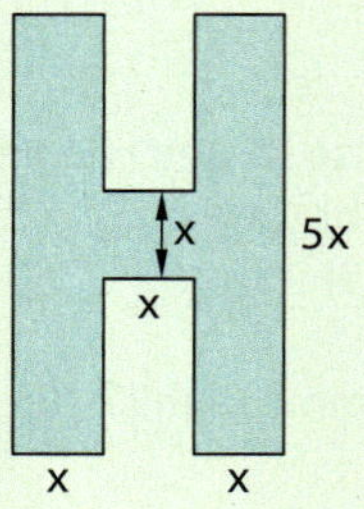

③
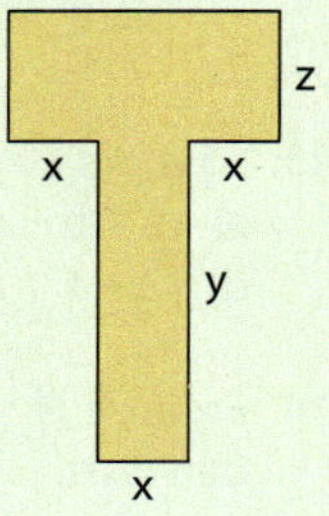

3. Fasse zusammen.

a) $2a + b + a - 5b$	b) $2m + n + m + n$	c) $10r^2 + 3s + r^2 + s$	d) $4xy^2 + x^2y - 3xy^2$
e) $5x + (6y - 4x)$	f) $b - (2a + 2b)$	g) $a^2 - (a^2 - a)$	h) $-3xy - (-2x^2 + xy)$

4. Vereinfache.

a) $14 \cdot 3x$	b) $2r \cdot 5 \cdot 3r$	c) $-4u \cdot (-4)$	d) $\frac{1}{2}x \cdot \frac{1}{4}y$
e) $-0{,}2xy^2 \cdot 10x$	f) $8st^2 : 4$	g) $(-3x)^2$	h) $a : 2 \cdot b\,(2a^2)$

5. Berechne für $a = 3$ und $b = 2$ den Wert des Terms. Vereinfache zuerst – falls möglich.

a) $3a + 2b - a$	b) $4a - 2b + a - b$	c) $ab + ab \cdot (-6)$	d) $5a \cdot \frac{1}{2}b \cdot b$
e) $2 \cdot (-a) + b + b^2$	f) $a\,(9b + 6b : 3)$	g) $b - b \cdot (a^2 + a^2)$	h) $ab - (ab)^2 \cdot (-1)$

6. Multipliziere die Klammern aus.

a) $3\,(2a - 2b)$	b) $(5 + 4x) \cdot 7$	c) $\frac{1}{2}(2a - 10)$	d) $(3 - x) \cdot (-1)$
e) $-2m\,(5m - 2n)$	f) $2x\,(4x - 2y + 3z)$	g) $3a\,(0{,}2a - 0{,}3b)$	h) $\left(\frac{2}{5}x - \frac{1}{3}y\right) \cdot 15xy$

7. Klammere alle gemeinsamen Faktoren aus.

a) $6x + 6y$	b) $2uv + 16uw$	c) $9uvw - 3vw$	d) $28m - 7n$
e) $10ab - 5b + 10b$	f) $0{,}3a + 1{,}5b + 3{,}6c$	g) $x^2y^2z + xy$	h) $x^2yz + xz - x^2y$

8. Multipliziere die Klammern aus und vereinfache so weit wie möglich.

a) $(x + 1)(x + 2)$	b) $(a + b)(4 - b)$	c) $\left(-\frac{1}{2} - y\right)(8x + 2)$	d) $(-2r + 3s)(r - 4)$

9. Stelle einen Term für den Flächeninhalt der Figur auf und vereinfache diesen.

a)
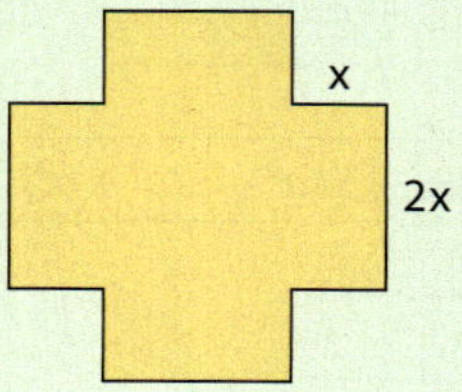

b)
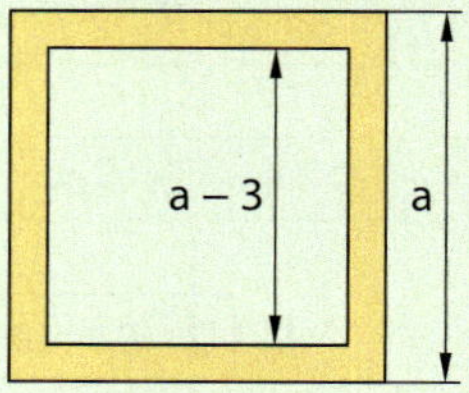

10. Finde Terme, die äquivalent sind. Einige Terme bleiben übrig.

$(a+2)^2$ | $5a^2$ | $2a\cdot(-2a)$ | $(2+a^2+2a)\cdot 2$ | a^2+5a | $a(4+a+1)$ | a^2+2a+4 | $4+a^2+4a$ | $(1-2a)(1+2a)-1$

11. Wende die 1. binomische Formel an. Multipliziere aus oder schreibe als Produkt.

a) $(3+u)^2$ b) $(5a+1)^2$ c) $(3x+2y)^2$ d) $\left(\frac{1}{3}x+\frac{2}{5}y\right)^2$

e) $x^2+8x+16$ f) $25u^2+20uv+4v^2$ g) $\frac{1}{4}+y+y^2$ h) $\frac{1}{64}a^2+\frac{1}{12}ab+\frac{1}{9}b^2$

12. Wende die 2. binomische Formel an. Multipliziere aus oder schreibe als Produkt.

a) $(x-7)^2$ b) $(3b-1)^2$ c) $(-0{,}1u-0{,}5v)^2$ d) $\left(\frac{1}{4}x-\frac{1}{2}y\right)^2$

e) x^2-6x+9 f) $25a^2-10ab+b^2$ g) $\frac{1}{9}x^2-\frac{4}{3}x+4$ h) $\frac{1}{16}-\frac{9}{2}u+81u^2$

13. Wende die 3. binomische Formel an. Multipliziere aus oder schreibe als Produkt.

a) $(x+5)(x-5)$ b) $(2-3y)(2+3y)$ c) $\left(\frac{1}{3}a-\frac{3}{2}\right)\left(\frac{1}{3}a+\frac{3}{2}\right)$ d) $\left(-\frac{1}{4}+a\right)\left(\frac{1}{4}+a\right)$

e) a^2-9 f) $4x^2-y^2$ g) $-16x^2+100$ h) $-\frac{25}{9}a^2+\frac{16}{25}b^2$

14. Löse alle Klammern auf und fasse so weit wie möglich zusammen.

a) $6(a+2b)+4a\cdot(-2)$ b) $2x(3x+4y-7)+(x+y-xy)\cdot 8$

c) $(u+2v)^2-(u^2+2v^2)$ d) $(x^2-x+5)\cdot x+(x+1)^2$

e) $-a(3b-a)-(a+b)(a-b)$ f) $xy-0{,}25y^2+\left(\frac{1}{2}y-2x\right)^2+yx+x\cdot(-4x)$

Wiederholungsaufgaben

1. Wenn es 5 Uhr ist, bilden der Stundenzeiger und der Minutenzeiger einen stumpfen Winkel.

a) Gib die Größe dieses Winkels in Grad an.

b) Gib ebenso die Winkel zwischen den beiden Zeigern zu den Uhrzeiten 3 Uhr, 8 Uhr und 11 Uhr an.

2. Zeichne ein Säulendiagramm für die Niederschlagsmenge (in mm gemessen) in Wittstock/Dosse im Jahr 2014.

Jan.	Febr.	März	April	Mai	Juni	Juni	Aug.	Sept.	Okt.	Nov.	Dez.
39	41	33	18	100	61	21	28	75	68	62	61

3. Bei einer Tombola für ein Schulfest verkaufen zwei Klassen Lose. Dabei befinden sich unter den 400 Losen der Klasse 8a insgesamt 170 Gewinnlose, unter den 350 Losen der Klasse 8b insgesamt 140 Gewinnlose. Beide Klassen werben mit dem Spruch: „Bei uns gibt es mehr Gewinnlose!“ Was meinst du dazu?

4. Berechne.

a) $126\cdot 0{,}783$ b) $0{,}024\cdot 405$

5. Konstruiere ein Dreieck mit den Maßen $a=3\,cm$, $b=5\,cm$ sowie $c=4\,cm$ und miss anschließend die Größe der drei Innenwinkel.

Zusammenfassung

Terme vereinfachen

Bei der Vereinfachung von Termen nutzt man die **Rechengesetze und Vorrangregeln** für rationale Zahlen.

Vielfache von **gleichartigen Termen** werden **addiert oder subtrahiert**, indem man ihre Koeffizienten addiert oder subtrahiert.

$2x + 2xy - 4x + 3 + xy = 2x - 4x + 2xy + xy + 3$
$= -2x + 3xy + 3$

Steht ein **Pluszeichen vor einer Klammer**, so darf man die Klammer weglassen.

$4x + (y - 2) = 4x + y - 2$

Steht ein **Minuszeichen vor einer Klammer**, so lässt man das Minuszeichen und die Klammer weg und kehrt alle Plus- und Minuszeichen in der Klammer um.

$4x - (y - 2) = 4x - y + 2$
$3a - (-b + 4) = 3a + b - 4$

Bei der **Multiplikation** von Termen werden die Koeffizienten multipliziert. Die Variablen werden als Faktoren in alphabetischer Reihenfolge ergänzt. Gleiche Variablen fasst man zu einer **Potenz** zusammen.

$4a \cdot 3c \cdot 2b = 4 \cdot 3 \cdot 2 \cdot a \cdot c \cdot b = 24abc$
$3a \cdot (-2b) \cdot a = 3 \cdot (-2) \cdot a \cdot b \cdot a = -6a^2b$

Ausmultiplizieren und Ausklammern

Nach dem Distributivgesetz kann man bei einem Produkt aus einem Faktor und einer Summe (Differenz) **die Klammer auflösen.**

$a \cdot (b + c) = a \cdot b + a \cdot c$

$a \cdot (2a + b) = a \cdot 2a + a \cdot b = 2a^2 + ab$

Umgekehrt kann man bei einer Summe (Differenz) von Produkten **gemeinsame Faktoren ausklammern.**

$a \cdot b + a \cdot c = a \cdot (b + c)$

$6x + 3xy = 3x \cdot 2 + 3x \cdot y = 3x \cdot (2 + y)$

Zwei Summen werden multipliziert, indem man jeden Summanden der ersten Klammer mit jedem Summanden der zweiten Klammer multipliziert und die Produkte addiert.

$(a + b) \cdot (c + d) = a \cdot c + a \cdot d + b \cdot c + b \cdot d$

$(3 + 2x) \cdot (x + y) = 3 \cdot x + 3 \cdot y + 2x \cdot x + 2x \cdot y$
$= 3x + 3y + 2x^2 + 2xy$

Binomische Formeln

Die binomischen Formeln sind Sonderfälle beim Multiplizieren von zwei Summen.

Die 1. binomische Formel:
$(a + b)^2 = a^2 + 2 \cdot a \cdot b + b^2$

$(x + 3y)^2 = x^2 + 2 \cdot x \cdot 3y + (3y)^2$
$= x^2 + 6xy + 9y^2$

Die 2. binomische Formel:
$(a - b)^2 = a^2 - 2 \cdot a \cdot b + b^2$

$(5x - y)^2 = (5x)^2 - 2 \cdot 5x \cdot y + y^2$
$= 25x^2 - 10xy + y^2$

Die 3. binomische Formel:
$(a - b) \cdot (a + b) = a^2 - b^2$

$(2x - 3y) \cdot (2x + 3y) = (2x)^2 - (3y)^2$
$= 4x^2 - 9y^2$

5. Lineare Gleichungssysteme

Wie bei Waagschalen bleiben die Seiten einer Gleichung im Gleichgewicht, wenn man auf beiden Seiten gleich viel hinzufügt oder entfernt.

Lösungen ↗ S. 251

Termwerte ermitteln

1. Berechne den Wert des Terms für $a = -2$.
a) $a - 7$ b) $2a + 1{,}7$ c) $3 - (4 + a)$ d) $\frac{6a}{3} - 4$
e) $3 \cdot \frac{8}{a}$ f) $a - 3 \cdot a$ g) $-4a + a$ h) $a^2 - a$

2. Überprüfe ohne Taschenrechner. Korrigiere, falls erforderlich.
a) $4 + 5 \cdot 7 = 63$ b) $-2 \cdot (3 - 18) = -30$ c) $\frac{5 + 135}{5} = 136$ d) $2 - (17 + 19) = 4$

3. Gib – falls möglich – mindestens eine Zahl an, die man für die Variable einsetzen kann, sodass der Wert des Terms größer als null (kleiner als null, gleich null) ist.
a) $x + 3$ b) $a - 4$ c) $-4a$ d) x^2

TR **4.** Berechne mit einem Taschenrechner. Gib zunächst einen Überschlag an.
a) $-4{,}73 - 5{,}24 : 2{,}2$ b) $-123 : (-23{,}47 - 18{,}93)$ c) $\frac{2{,}73 - 5{,}98}{2{,}42}$ d) $17{,}7 : (3{,}72 + 6{,}78)$

5. Setze für x die Zahl 1,5 ein und berechne y. Verdopple den Wert von x und berechne erneut.
a) $y = 3x$ b) $y = \frac{3}{x}$ c) $y = x \cdot x$ d) $y = -2x - 2$

Gleichungen lösen – Formeln umstellen

6. Löse die Gleichung.
a) $3x + 5 = 20$ b) $2x + 1 = x + 2$ c) $3x - 4 = 2x + 4$ d) $3(x + 4) = 2x + 6$
e) $\frac{x}{2} = \frac{3}{4}$ f) $5(x + 3) = -3x - 1$ g) $-2(x + 4) = 2x - 8$ h) $-\frac{1}{2}(2x - 8) = 2(x + 2)$

7. Stelle die Formel nach der in Klammern stehenden Variablen um.
a) $A = a \cdot b$ [b] b) $u = 4a$ [a] c) $A = \frac{c \cdot h_c}{2}$ [h_c] d) $\alpha + \beta + \gamma = 180°$ [γ]
e) $u = 2a + b$ [a] f) $V = G \cdot h$ [G] g) $y = k \cdot x$ [k] h) $y = k \cdot \frac{1}{x}$ [x]

8. Stelle die Gleichung einmal nach x und einmal nach y um.
a) $x + y = 7$ b) $-2x = 6y$ c) $-x + y + 3 = 0$ d) $3(x + y) = 18$

9. Frau Friedrich, Frau Blum und Herr Müller haben im Lotto gemeinsam 21 000 € gewonnen. Sie beschließen aufgrund des unterschiedlichen Einsatzes den Gewinn wie folgt gerecht aufzuteilen: Frau Friedrich bekommt doppelt so viel Geld wie Frau Blum und Herr Müller bekommt halb so viel Geld wie Frau Blum.
Wie viel Geld erhält jeder?

10. Aus einem Märchen: „Ein Kaufmann hatte vier Söhne. Er vererbte dem ersten Sohn $\frac{1}{4}$, dem zweiten $\frac{1}{5}$, dem dritten Sohn $\frac{1}{6}$ seines Vermögens. Der vierte Sohn erhielt die noch verbleibenden 92 Gulden. Wie groß war das Vermögen des Kaufmanns?"

Lineare Funktionen

11. Stelle die Graphen der Funktionen mit den Funktionsgleichungen $f(x) = x + 2$ und $g(x) = 0{,}5x + 3$ in einem Koordinatensystem dar.

12. Welcher Graph gehört zu welcher Funktionsgleichung? Begründe deine Antwort.

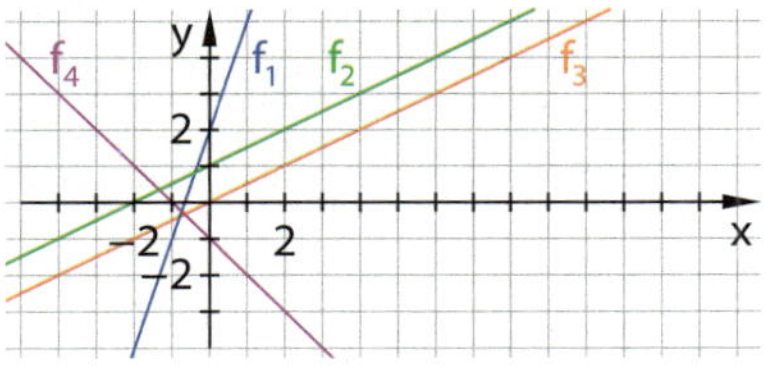

① $y = 0{,}5x$
② $y = 3x + 2$
③ $y = 0{,}5x + 1$
④ $y = -x - 1$

13. Zeichne den Graphen der linearen Funktion mit der angegebenen Steigung m und dem y-Achsenabschnitt n.

a) $m = 1;\ n = 2$ b) $m = -2;\ n = 5$ c) $m = 3;\ n = 0{,}5$ d) $m = \frac{4}{5};\ n = -1{,}75$

14. Benenne jeweils die Gemeinsamkeiten und die Unterschiede der vier Graphen. Stelle anschließend Funktionsgleichungen für jeden Graphen auf.

①
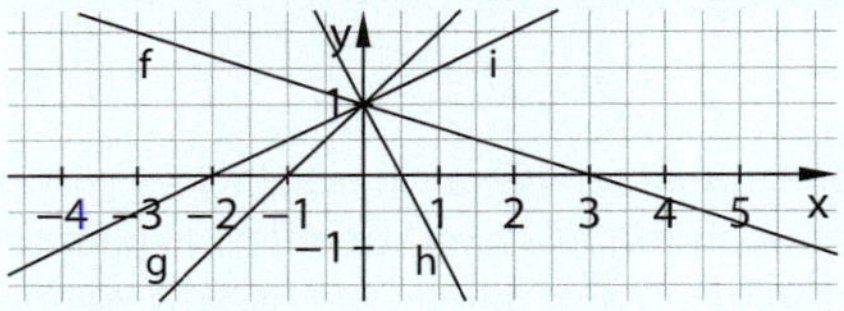

②
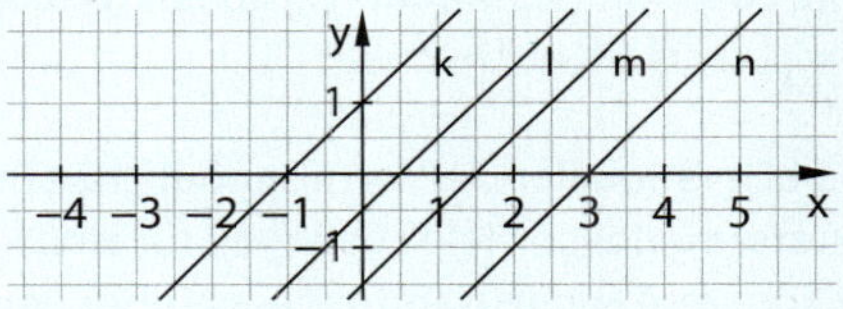

15. Eine 9 cm lange Kerze brennt gleichmäßig ab. Nach 40 Minuten ist sie noch 7 cm lang.

a) Gib an, welche der Gleichungen den Zusammenhang zwischen Brennzeit x (in min) und der Länge der Kerze y (in cm) beschreiben.

① $y = 9 - \frac{1}{40}x$ ② $y = 9 - 20x$ ③ $y = 9 - \frac{1}{20}x$ ④ $y = -0{,}05x + 9$

b) Nach wie viel Minuten ist die Kerze vollständig abgebrannt?

16. Übertrage die Tabelle in dein Heft und vervollständige sie.

x	−1	0	1	2	3
y = x + 1		1			

x	−1	0	1	2	3
y = 2x − 1			1		

Vermischtes

17. Überprüfe. Korrigiere, falls erforderlich.

a) $2x + 3 = 5x + 2 \quad | -3$
$2x = 5x + 2$

b) $3x = 6x + 9 \quad | :3$
$x = 2x + 9$

c) $5x + 2 = 2x - 3 \quad | -2x$
$3x + 2 = -3$

d) $x + 4 = 3 \quad | -4$
$x = -1$

18. Die Kantenlänge eines Würfels wird verdoppelt. Wie ändert sich sein Oberflächeninhalt?

19. Herr und Frau Blum fuhren getrennt von ihrer Wohnung mit dem Taxi zum Bahnhof. Herr Blum bezahlte für die Taxifahrt um 5:30 Uhr 20,70 €.

a) Gib an, wie viele Kilometer Herr Blum mit dem Taxi fuhr.

b) Wie viel zahlte Frau Blum um 8:00 Uhr?

TAXI VON *A* nach *B*

Grundpreis	2,50 €
Unter 10 km Tagtarif 06:00 - 22:00 Uhr	1,50 €
Unter 10 km Nachttarif 22:00 - 06:00 Uhr	1,60 €
Über 10 km Tagtarif 06:00 - 22:00 Uhr	1,40 €
Über 10 km Nachttarif 22:00 - 06:00 Uhr	1,50 €

5.1 Lineare Gleichungen mit zwei Variablen

■ Die C-Jugend eines Fußballvereins plant eine Wochenendfahrt. Im Hostel gibt es 3-Bett- und 4-Bett-Zimmer. Welche Zimmer müssen für die 28 Jungen gebucht werden, wenn kein Bett leer bleiben soll? Gib alle Möglichkeiten an. ■

„Das Doppelte einer Zahl vermindert um eine andere Zahl ergibt 6." Diesen Sachverhalt kann man mit der Gleichung $2x - y = 6$ beschreiben. Eine Lösung dieser Gleichung besteht aus zwei Zahlen, einer Zahl für x und einer Zahl für y. Lösungspaare sind zum Beispiel $x = 4$ und $y = 2$ (denn $2 \cdot 4 - 2 = 6$), $x = 1{,}5$ und $y = -3$ oder $x = 100$ und $y = 194$.

Hinweis:
Ist kein Grundbereich angegeben, so ist der Grundbereich $G = \mathbb{Q} \times \mathbb{Q}$, die Menge aller Zahlenpaare aus rationalen Zahlen.

Wissen: Lineare Gleichung mit zwei Variablen
Eine Gleichung der Form $a \cdot x + b \cdot y = c$ mit den Variablen x und y (für rationale Zahlen a, b, c; $a, b \neq 0$) nennt man **lineare Gleichung mit zwei Variablen**. Die Lösungen sind stets Wertepaare $(x|y)$ aus dem Grundbereich.
Alle Lösungen zusammen ergeben die Lösungsmenge L der Gleichung.
$L = \{(x|y) \mid a \cdot x + b \cdot y = c\}$

Sind alle rationalen Zahlen als mögliche Lösungen zugelassen (Grundbereich $G = \mathbb{Q} \times \mathbb{Q}$), gibt es stets unendlich viele Lösungen für eine lineare Gleichung mit zwei Variablen. Häufig schränkt der konkrete Sachzusammenhang aber den Grundbereich und damit die Lösungsmenge ein.

Beispiel 1: 18 Ruderer wollen für eine gemeinsame Bootstour Ruderboote ausleihen. Es stehen Vierer- und Dreierboote zur Verfügung.
a) Beschreibe den Sachverhalt mit einer linearen Gleichung mit zwei Variablen.
b) Gib alle Möglichkeiten für die Auswahl solcher Boote an, wenn kein Platz frei bleiben soll.

Lösung:

a) Schreibe auf, wofür die Variablen x und y stehen. Für x und y kommen nur natürliche Zahlen in Frage.
Stelle eine Gleichung auf.

x: Anzahl der Boote mit vier Plätzen
y: Anzahl der Boote mit drei Plätzen
Grundbereich: $G = \mathbb{N} \times \mathbb{N}$
$4x + 3y = 18$

b) **Lösungen durch Probieren finden:**
Setze für x einen sinnvollen Wert ein. Ermittle dann einen Wert für y, sodass die Gleichung erfüllt ist.

$(3|2)$ ist eine Lösung der Gleichung, denn $4 \cdot 3 + 3 \cdot 2 = 18$.

Lösungen systematisch finden:
Du kannst Lösungen auch systematisch finden, indem du die Gleichung nach y umstellst.
Hier sind für x nur Werte bis 4 sinnvoll, da bei 5 Viererbooten zwei Plätze frei bleiben würden.

$$
\begin{aligned}
4x + 3y &= 18 \quad &|-4x\\
3y &= 18 - 4x \quad &|:3\\
y &= 6 - \tfrac{4}{3}x \;\text{ oder }\; y = -\tfrac{4}{3}x + 6
\end{aligned}
$$

Setze für x die Zahlen 0; 1; 2; 3 und 4 ein und berechne die zugehörigen y-Werte.

Für $x = 0$: $y = -\frac{4}{3} \cdot 0 + 6 = 6$.
Für $x = 1$, $x = 2$ und $x = 4$ ergeben sich für y keine natürlichen Zahlen.
Für $x = 3$: $y = -\frac{4}{3} \cdot 3 + 6 = 2$.
Die Ruderer können 6 Dreier und keinen Vierer oder 3 Vierer und 2 Dreier ausleihen.

Basisaufgaben

1. Prüfe, ob das angegebene Wertepaar eine Lösung der Gleichung $4x - 3y = 6$ ist.
   a) $(3|2)$ b) $(-3|-2)$ c) $(1{,}8|0{,}4)$ d) $(0{,}5|-1{,}5)$

2. Nora und ihre Freundinnen kaufen für 6 € Kekse und Chips. Eine Packung Kekse kostet 1,60 €, eine Packung Chips 1,40 €.
   a) Notiere eine passende lineare Gleichung und gib die Bedeutung der Variablen an.
   b) Bestimme die Grundmenge, also die Werte, welche für x und y sinnvoll sind.
   c) Prüfe, ob $(1|3)$ ein Lösung ist.

3. Eva bezahlt ihren Einkauf von 9,50 € nur mit 50-Cent-Münzen und 2-Euro-Münzen.
   a) Beschreibe den Sachverhalt mit einer linearen Gleichung mit zwei Variablen.
   b) Mit wie viel 50-Cent-Münzen und mit wie viel 2-Euro-Münzen könnte Eva ihren Einkauf bezahlt haben? Gib alle Möglichkeiten an. Vergleiche deine Lösungen mit deinem Nachbarn.

4. a) Welche Gleichung gehört zu welchem Sachverhalt? Welche Bedeutung haben die Variablen x und y jeweils im Sachverhalt?

$x - y = 8$	Die Quersumme einer zweistelligen Zahl ist 8.	$2x + 2y = 8$
Ein Rechteck hat einen Umfang von 8 cm.	$x + y = 8$	Die Differenz zweier dreistelliger Zahlen beträgt 8.

   b) Gib zu jedem Sachverhalt aus a) zwei mögliche Lösungen an.

5. Beschreibe den Sachverhalt mit einer linearen Gleichung mit zwei Variablen und gib jeweils zwei mögliche Lösungen an.
   a) Katrin ist doppelt so alt wie Eileen.
   b) Das arithmetische Mittel zweier Zahlen ist 6.
   c) Eine kleine Jugendherberge verfügt über 60 Betten in Zwei- und Vierbettzimmern.
   d) In einem Kuchenteig ist dreimal so viel Mehl wie Zucker.
   e) Anna ist 33 cm größer als Hanna.

Hinweis zu 5:
Bei Sachverhalten mit Größen kann man in der Rechnung zur Vereinfachung die Maßeinheiten weglassen.

6. Stelle zuerst die Gleichungen nach y um. Wähle einen Wert für x. Bestimme den zugehörigen y-Wert. Gib für jede Gleichung drei Lösungspaare an.
   a) $8x + 2y = 6$ b) $-12x + 6y = -15$ c) $11 - y = -0{,}9x$ d) $\frac{1}{6} - \frac{1}{3}x = -\frac{1}{2}y$

Lineare Gleichungen grafisch lösen

Wenn man die Gleichung $4x + 2y = 16$ nach y umstellt, erhält man die Gleichung $y = -2x + 8$. Diese Gleichung kann man als Funktionsgleichung auffassen. Der Graph dieser Funktion ist eine Gerade. Auf dieser Geraden liegen alle Lösungen der linearen Gleichung $4x + 2y = 16$, zum Beispiel $x = 1$ und $y = 6$ oder $x = 3$ und $y = 2$.

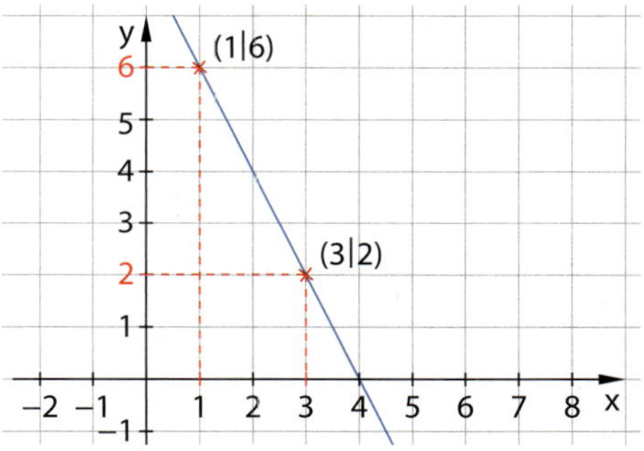

Hinweis:
Nicht jeder Punkt auf der Geraden muss auch eine Lösung der Gleichung (bzw. genauer des Sachverhalts) sein.

Wissen: Lineare Gleichungen grafisch lösen
Jede lineare Gleichung kann als Graph in einem Koordinatensystem dargestellt werden. Der Graph ist eine Gerade. Die Lösungen der linearen Gleichung liegen auf der Geraden.

Beispiel 2: Gegeben ist die lineare Gleichung $8x + 4y = 12$.
a) Zeichne in ein Koordinatensystem eine Gerade, auf der die Lösungen der Gleichung liegen.
b) Lies aus deiner Zeichnung drei Lösungen ab.

Lösung:
a) Stelle die Gleichung nach y um.

$$\begin{aligned} 8x + 4y &= 12 \quad &| -8x \\ 4y &= -8x + 12 \quad &| :4 \\ y &= -2x + 3 \end{aligned}$$

$y = -2x + 3$ kannst du als Funktionsgleichung auffassen. Zeichne mithilfe der Steigung $m = -2$ und des y-Achsenabschnitts $b = 3$ die zugehörige Gerade in ein Koordinatensystem.

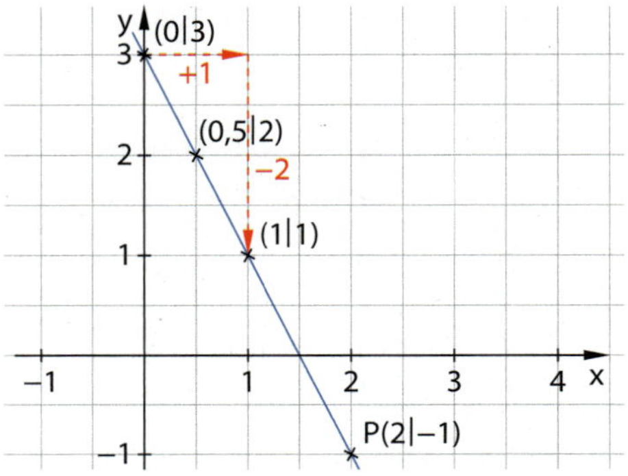

b) Jedes Wertepaar kann am Graphen abgelesen werden.
Zum Wert $x = 0{,}5$ gehört $y = 2$;
zum Wert $x = 1$ gehört $y = 1$;
zum Wert $x = 0$ gehört $y = 3$.

Lösungen sind z. B.:
(0,5|2); (1|1); (0|3)

Basisaufgaben

7. Zeichne in ein Koordinatensystem eine Gerade, auf der die Lösungen der linearen Gleichung liegen. Bestimme aus der Zeichnung drei Lösungen der Gleichung.
a) $2x + y = 5$ b) $-x + y = 4$ c) $y - 4 = 2x$ d) $-4x = 1{,}5 + y$

8. Auf den abgebildeten Geraden liegen die Lösungen der linearen Gleichungen:
① $x - y = 1$
② $4x + 2y = 6$
③ $-3x + y = -3$
a) Welche lineare Gleichung passt zu welcher Geraden? Begründe.
b) Zu welcher Gleichung gehört die Lösung (1|0)?
c) Zu welcher Gleichung gehört die Lösung (1|1)?

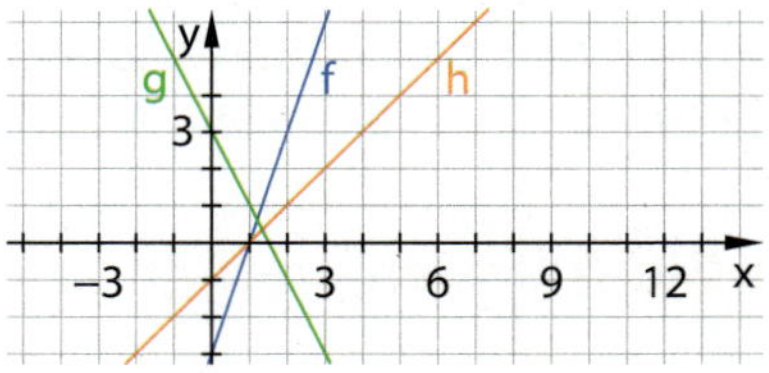

9. Zeichne in ein Koordinatensystem eine Gerade, auf der die Lösungen der linearen Gleichung liegen. Lies aus der Zeichnung drei Lösungen ab. Lasse deinen Nachbarn deine Lösung anhand seiner Zeichnung überprüfen.
a) $4x + 2y = 16$ b) $2y - 4x = 8$ c) $3y - 6x = 9$ d) $4x + 3y = 2$

Weiterführende Aufgaben

10. Zeichne in ein Koordinatensystem eine Gerade, auf der die Lösungen der linearen Gleichung liegen, und vervollständige die Lösungen im Heft.

a) $x + y = 5$ Lösungen: (3|■); (0|■); (■|−0,5)

b) $-3x + y = 4$ Lösungen: (0|■); (■|0); ($\frac{1}{3}$|■)

c) $2x + 3y = 21$ Lösungen: (■|0); (0|■); (44|■)

11. Betrachte folgende Sachverhalte.

① Paula kauft für 4,50 € Hefte zu 0,45 € und Blöcke zu 0,90 €.

② Die Summe aus einer Zahl und dem Doppelten einer anderen Zahl ergibt 12.

③ Kay hat 35 Cent in seiner Hosentasche, und zwar 5-Cent- und 10-Cent-Münzen.

a) Beschreibe jeden Sachverhalt durch eine Gleichung mit zwei Variablen.

b) Gib jeweils drei Lösungen an.

c) Zeichne jeweils eine Gerade, auf der die Lösungen der Gleichung liegen.

d) Für welche Sachverhalte sind negative Werte für x oder y möglich?

e) Gib für jeden Sachverhalt den Grundbereich an.

12. Eine Lösung einer linearen Gleichung ist (5|6). Gib eine Gleichung dazu an.

13. Stolperstelle: Überprüfe die Schülerlösungen und berichtige gegebenenfalls.

a) Anna ist halb so alt wie ihr Bruder Paul, der in diesem Schuljahr am Schiller-Gymnasium Abitur macht. Frank behauptet, dass Anna dann 6 Jahre und Paul 12 Jahre alt ist.

b) Leon sollte folgende Aufgabe lösen: Ein Heft kostet 1,99 €, ein Stift 1,82 €. Wie viele Hefte und wie viele Stifte wurden bei einem Gesamtpreis von 4,72 € gekauft? Leon sagt: „Ich habe die Lösung gefunden: $h \cdot 1{,}99 + s \cdot 1{,}82 = 4{,}72$, das gilt für h = 1 und s = 1,5."

c) Tolga sollte folgende Aufgabe lösen: Aysha kauft auf dem Wochenmarkt Äpfel und Birnen für insgesamt 5,50 €, dabei kostet 1 kg Äpfel 1,50 € und 1 kg Birnen 2 €. Tolga hat folgende Lösungsmenge angegeben: $L = \left\{(5|-1); (1|2); \left(3\middle|\frac{1}{2}\right); \left(0\middle|\frac{11}{4}\right)\right\}$.

14. Die folgende Aufgabe stammt von Leonhard Euler, einem bedeutenden Schweizer Mathematiker des 18. Jahrhunderts. „Ein Amtmann kauft Pferde und Ochsen für insgesamt 1770 Taler. Er zahlt für ein Pferd 31 Taler, für einen Ochsen aber 21 Taler. Wie viele Pferde und wie viele Ochsen können es gewesen sein?"

Leonhard Euler (1707–1783)

Hinweis zu 14:
Drei der fünf Wertepaare in der Batterie sind Lösungen.

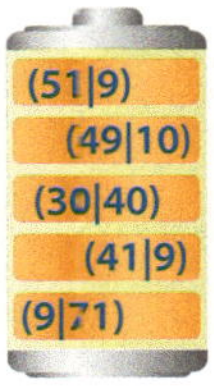

15. Eine 6 cm lange weiße und eine 9 cm lange rote Kerze werden gleichzeitig angezündet. Die rote Kerze brennt in einer Stunde 1 cm und die weiße Kerze 0,5 cm ab.

a) Ordne die Gleichungen $y = -0{,}5x + 6$ und $y = -x + 9$ den beiden Sachverhalten richtig zu und gib die Bedeutung der Variablen an.

b) Zeichne für jede der Gleichungen eine Gerade in ein Koordinatensystem.

c) Nach wie viel Stunden ist die rote Kerze abgebrannt?

● **16. Sonderfälle a = 0 oder b = 0:**

a) Zeichne den Graphen zur Gleichung $0x + y = 1$. Beschreibe die Lage des Graphen.

b) Gegeben ist die Gleichung $x + 0y = 1$. Eine solche Gleichung ist keine Funktionsgleichung. Zeichne die Lösungspaare in ein Koordinatensystem. Beschreibe die Lage.

● **17. Ausblick:** Betrachte die Gleichungen ① $y - x = 0$ und ② $y + x = 4$.

a) Gib ein Wertepaar an, dass eine Lösung der Gleichung ① ist.

b) Gib ein Wertepaar an, dass eine Lösung der Gleichung ② ist.

c) Gib ein Wertepaar an, dass eine Lösung der Gleichungen ① und ② ist.

5.2 Lineare Gleichungssysteme

■ Timo will Annika zum Geburtstag eine Rikscha-Fahrt schenken. Das erste Angebot lautet: 10 € Grundgebühr und 7 € pro angefangene Viertelstunde. Der zweite Fahrer bietet: 13 € Grundgebühr und 6 € pro angefangene Viertelstunde.
Bei welcher Fahrzeit kosten beide Angebote gleich viel? ■

Bei Aufgaben dieser Art lassen sich zwei Gleichungen mit zwei Variablen aufstellen. Das nennt man ein lineares Gleichungssystem. Die Lösung ist ein Wertepaar (oder mehrere Wertepaare), das sowohl Lösung der ersten als auch Lösung der zweiten Gleichung ist.

Hinweis:
Oft werden die Gleichungen eines linearen Gleichungssystems auch durch Nummern wie I und II gekennzeichnet.

Wissen: Lineares Gleichungssystem
Wenn ein Sachverhalt durch zwei lineare Gleichungen mit zwei Variablen beschrieben wird, zu denen eine gemeinsame Lösung gesucht ist, so spricht man von einem **linearen Gleichungssystem mit zwei Variablen**. Zur Kennzeichnung, dass die beiden Gleichungen zusammen gehören, schreibt man:

$$\left| \begin{array}{l} a \cdot x + b \cdot y = c \\ d \cdot x + e \cdot y = f \end{array} \right|$$ für rationale Zahlen a, b, c, d, e, f.

Die Lösung eines Gleichungssystems ist ein Wertepaar $(x|y)$ aus dem Grundbereich G, welches Lösung beider Gleichungen ist.

Beispiel 1: Vater und Sohn sind zusammen 64 Jahre alt. Der Altersunterschied beträgt 22 Jahre. Stelle ein passendes Gleichungssystems mit zwei Gleichungen auf und finde durch Probieren eine Lösung.

Lösung:

Führe Variablen ein und stelle dann ein Gleichungssystem auf.
x: Alter des Vaters in Jahren
y: Alter des Sohnes in Jahren

Die erste Gleichung beschreibt das Gesamtalter.
$x + y = 64$

Die zweite Gleichung beschreibt den Altersunterschied.
$x - y = 22$

Gleichungssystem:
$$\left| \begin{array}{l} x + y = 64 \\ x - y = 22 \end{array} \right|$$

Durch Probieren lässt sich die Lösung finden.
Der Vater ist 43 Jahre, der Sohn 21 Jahre alt.

Basisaufgaben

1. Die erste Zahl ist doppelt so groß wie die zweite. Subtrahiert man die zweite Zahl von 8, so erhält man die erste Zahl. Gib ein passendes Gleichungssystem mit zwei Gleichungen an. Finde eine Lösung des Zahlenrätsels durch Probieren.

2. Überprüfe durch Einsetzen jeweils die angegebene Lösung.
a) $\left| \begin{array}{l} x + 2y = 7 \\ 2x + 2y = 8 \end{array} \right|$ Lösung: $(1|3)$
b) $\left| \begin{array}{l} x - 4y = 0 \\ y = 0{,}5x - 1 \end{array} \right|$ Lösung: $(4|1)$
c) $\left| \begin{array}{l} 2a + 5b = 11 \\ -2a + 3b = 5 \end{array} \right|$ Lösung: $(0{,}5|2)$
d) $\left| \begin{array}{l} \frac{3}{4}x + \frac{1}{4}y = 5 \\ \frac{7}{11}x - \frac{2}{3}y = -\frac{4}{33} \end{array} \right|$ Lösung: $(4|8)$

3. Die eine Seite eines Rechtecks ist 2,8 cm länger als die andere. Der Umfang des Rechtecks beträgt 22 cm. Stelle ein passendes lineares Gleichungssystem auf. Finde eine Lösung.

Grafisches Lösen

Für eine lineare Gleichung mit zwei Variablen entsprechen die Lösungen jeder einzelnen Gleichung Punkten auf einer Geraden. Zu einem linearen Gleichungssystem gehören zwei Geraden. Der Schnittpunkt der beiden Geraden gibt die gemeinsame Lösung für beide Gleichungen an, also die Lösung des linearen Gleichungssystems.

Beispiel 2: Löse das lineare Gleichungssystem grafisch. $\begin{vmatrix} -x + y = 1 \\ 2x + y = 4 \end{vmatrix}$

Lösung:

Bringe beide Gleichungen in die Form $y = mx + b$.

$\begin{vmatrix} -x + y = 1 \\ 2x + y = 4 \end{vmatrix}$ umgestellt: $\begin{vmatrix} y = x + 1 \\ y = -2x + 4 \end{vmatrix}$

Hinweis: Mithilfe von Äquivalenzumformungen kann man Gleichungen in die Form y = … bringen.

Diese Gleichungen lassen sich als Funktionsgleichungen linearer Funktionen auffassen. Zeichne deren Graphen in ein Koordinatensystem ein.

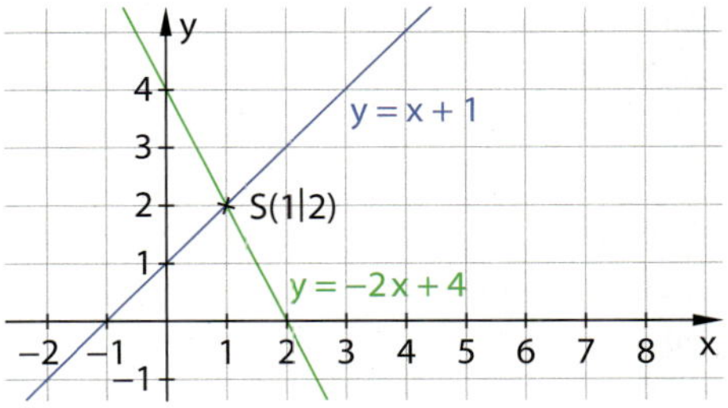

Der Schnittpunkt der Geraden S(1|2) entspricht der Lösung des linearen Gleichungssystems. Die Lösung ist daher das Wertepaar (1|2).

Setze zur Probe die Lösung $x = 1$ und $y = 2$ in beide Gleichungen ein und gib die Lösungsmenge an.

Probe: $\begin{vmatrix} -1 + 2 = 1 \\ 2 \cdot 1 + 2 = 4 \end{vmatrix}$

$L = \{(1|2)\}$

Da sich zwei Geraden entweder genau in einem Punkt schneiden, parallel zueinander sind oder identisch sind, kann ein Gleichungssystem eine, keine oder unendlich viele Lösungen haben. Die Lösungen werden zur **Lösungsmenge L** zusammengefasst.

Wissen: Grafisches Lösen eines linearen Gleichungssystems

Die Lösung eines linearen Gleichungssystems entspricht dem Schnittpunkt der zugehörigen Geraden. Es kann drei Fälle geben. Die Lösungsmenge…

Hinweis: Ist kein Grundbereich angegeben, so ist der Grundbereich $G = \mathbb{Q} \times \mathbb{Q}$, die Menge aller Zahlenpaare aus rationalen Zahlen.

hat **ein Element**, wenn die Geraden sich schneiden,

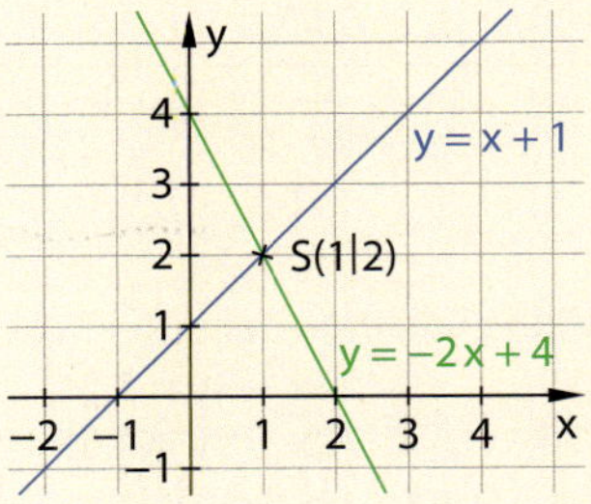

$L = \{(1|2)\}$

ist **leer**, wenn die Geraden parallel liegen,

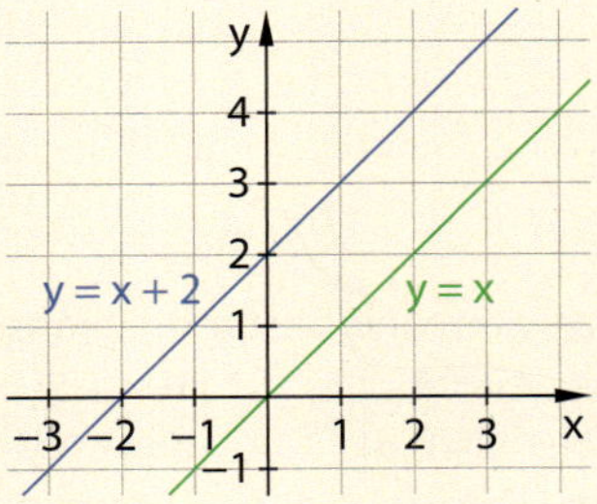

$L = \{\}$

hat **unendlich viele Elemente**, wenn die Geraden übereinander liegen.

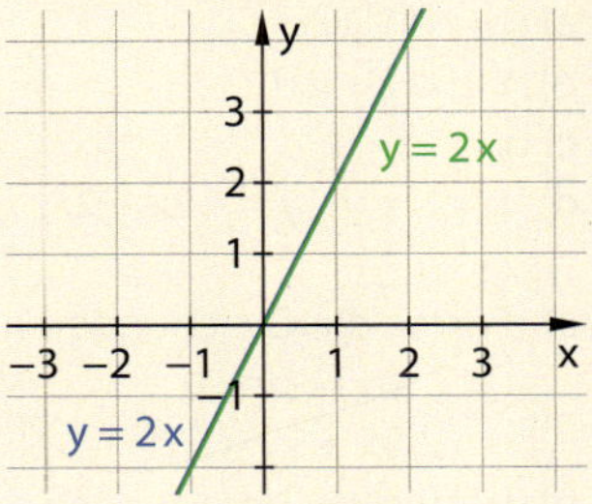

$L = \{(x|y) | y = 2x\}$

Basisaufgaben

4. Überprüfe grafisch die angegebene Lösung und korrigiere, wenn nötig.

a) $\left|\begin{array}{l} y = 2x - 1 \\ y = -3x + 4 \end{array}\right|$ $L = \{(1|0)\}$

b) $\left|\begin{array}{l} y = -x + 2 \\ y = -3x - 4 \end{array}\right|$ $L = \{(-3|5)\}$

c) $\left|\begin{array}{l} -3x + y = 5{,}5 \\ -2x + y = 3{,}5 \end{array}\right|$ $L = \{(-2|-1)\}$

d) $\left|\begin{array}{l} 1{,}5 = \frac{1}{2}x - y \\ 3{,}5 = x - y \end{array}\right|$ $L = \{(4|0{,}5)\}$

5. Löse das lineare Gleichungssystem grafisch. Gib die Lösungsmenge an.

a) $\left|\begin{array}{l} y = x - 1 \\ y = -3x + 3 \end{array}\right|$

b) $\left|\begin{array}{l} y = -x + 7 \\ y = 3x - 3 \end{array}\right|$

c) $\left|\begin{array}{r} 1{,}5x + y = 5{,}5 \\ 2x + y = 2 \end{array}\right|$

d) $\left|\begin{array}{l} 1 = \frac{1}{2} - y \\ 3 = x - y \end{array}\right|$

Hinweis zu 6:
Hier findest du die x- und y-Werte der Lösungen.

6. Löse das lineare Gleichungssystem grafisch und führe eine Probe durch. Alle Lösungen sind ganzzahlig.

a) $\left|\begin{array}{r} 3x + y = 7 \\ 2x + 2y = 6 \end{array}\right|$

b) $\left|\begin{array}{l} -5y = 15 - 10x \\ 3y - 3x = 0 \end{array}\right|$

c) $\left|\begin{array}{l} 8x + 4y = 0 \\ 6y = 3x - 30 \end{array}\right|$

d) $\left|\begin{array}{r} -4x + 8y = -24 \\ -7x - 28y = 126 \end{array}\right|$

7. Entscheide, welche Koordinatenachse du für jede Variable verwendest. Zeichne ein Koordinatensystem mit geeigneter Einteilung. Löse das lineare Gleichungssystem grafisch. Überprüfe dein Ergebnis durch eine Probe.

a) $\left|\begin{array}{l} s = 120t \\ s = 85t + 30 \end{array}\right|$

b) $\left|\begin{array}{l} s = 30t + 15 \\ s = 100t + 10 \end{array}\right|$

c) $\left|\begin{array}{l} 3a + 2b = 2 \\ 2a + 3b = 5{,}5 \end{array}\right|$

d) $\left|\begin{array}{l} 2p - q = -\frac{1}{4} \\ -p - 2q = 2 \end{array}\right|$

Hinweis zu 8:
Es können verschiedene lineare Gleichungssysteme angegeben werden.

8. Gib ein lineares Gleichungssystem mit zwei Variablen an, das zu der Zeichnung passt. Gib auch die Lösungsmenge an. Vergleicht eure Ergebnisse in der Klasse.

a)

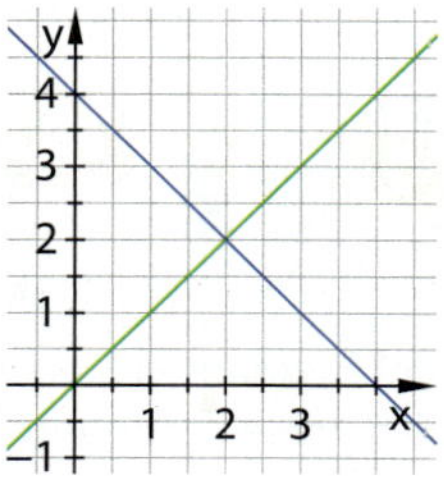

b)

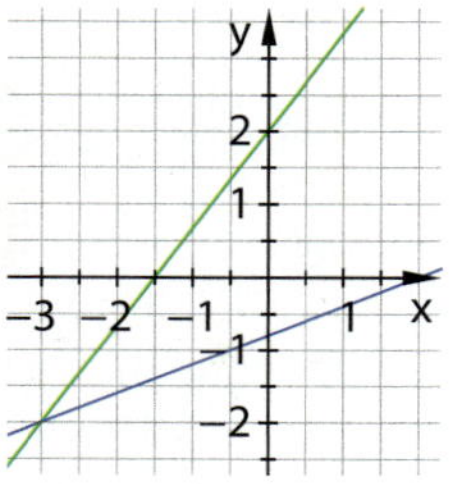

c)

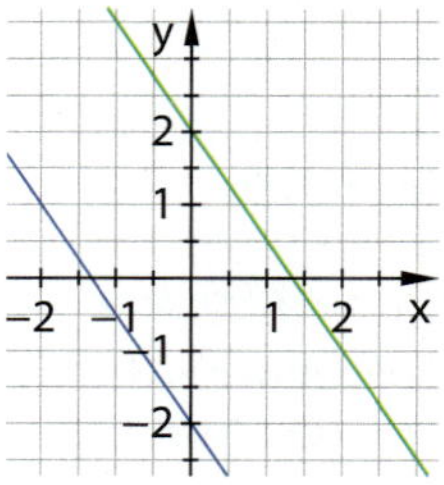

d)

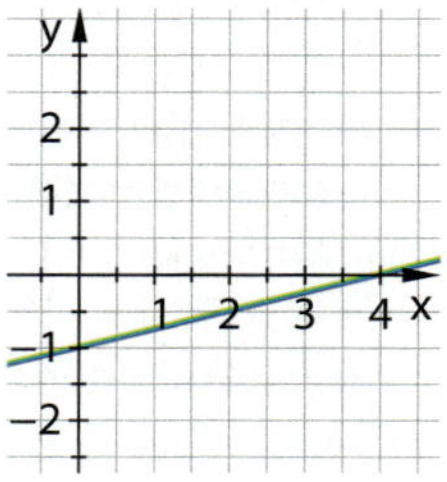

9. Löse das Gleichungssystem zuerst grafisch und begründe dann, dass es sich bei der Lösung nur um eine Näherungslösung handelt.

$$\left|\begin{array}{r} x + y = 3 \\ -0{,}3x + y = 1{,}5 \end{array}\right|$$

10. Gib zur Gleichung $3x + y = 4$ eine zweite Gleichung mit zwei Variablen an, sodass das lineare Gleichungssystem folgende Lösungsmenge hat.

a) $L = \{(1|1)\}$

b) $L = \{(2|-2)\}$

c) $L = \{\ \}$

d) $L = \{(x|y) \mid y = -2x + 2\}$

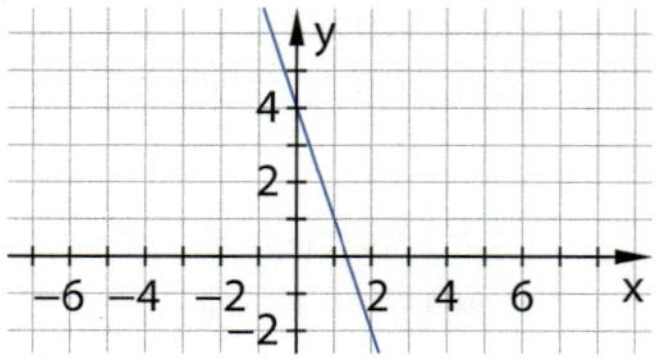

11. a) Forme die Gleichungen nach y um und bestimme grafisch eine Lösung.

① $\left|\begin{array}{r} 6x - 3y = 0 \\ 10x + 2y = 12 \end{array}\right|$

② $\left|\begin{array}{r} 4x - 4y = 4 \\ 2x + y = 0{,}8 \end{array}\right|$

③ $\left|\begin{array}{r} 10x + 5y = 15 \\ 8x + 4y = 16 \end{array}\right|$

④ $\left|\begin{array}{r} 24x + 3y = 1{,}5 \\ 72x + 9y = 4{,}5 \end{array}\right|$

b) Hättest du bereits nach dem Umformen nach y entscheiden können, ob die Gleichungssysteme ① bis ④ eine, keine oder unendlich viele Lösungen haben? Begründe deine Antwort.

Weiterführende Aufgaben

12. Stolperstelle: Lukas behauptet, das Gleichungssystem

$$\left| \begin{array}{l} -3x + 5y = 5 \\ -x + 2y = -4 \end{array} \right|$$

hat keine Lösung. Seine Zeichnung für die grafische Lösung ist rechts abgebildet.
Begründe, warum Lukas nicht Recht hat.

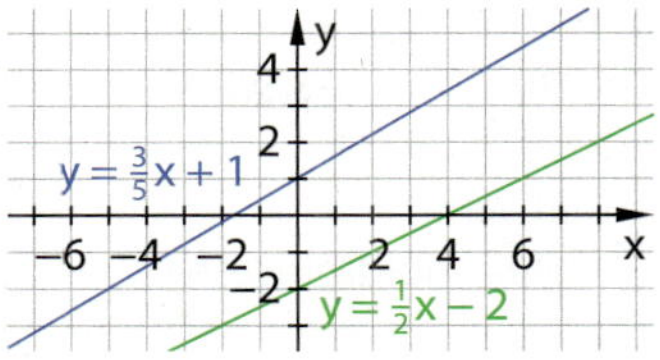

13. In eine Kaffeerösterei werden die beiden Kaffeesorten Arabica (100 g zu 1,70 €) und Robusta (100 g zu 1,50 €) in verschiedenen Mischungsverhältnissen angeboten.
a) Wie viel Gramm von jeder der beiden Kaffeesorten sind in einer Mischung zu einem Preis von 1,55 € pro 100 g?
b) Wie viel Gramm von jeder der beiden Kaffeesorten sind in einer Mischung zu einem Preis von 1,65 € pro 100 g?

14. Ein Parallelogramm hat einen Umfang von 26 cm. Die eine Seite ist 3 cm länger als die andere. Wie lang sind die Seiten des Parallelogramms?

15. Sarah hat in einem Buch die folgende Aufgabe gefunden:
Im Land der Drachenreiter leben 42 Drachen. Alle zusammen haben 106 Flügel. Es gibt Drachen mit 2 Flügeln und Drachen mit 4 Flügeln. Wie viele gibt es von jeder Sorte?
a) Löse die Aufgabe.
b) Sarah hat als Lösungen 10,5 und 31,5 angegeben, Benni 13 und 20. Erläutere, was an ihren Lösungen falsch ist.

● **16.** Gib ein lineares Gleichungssystem an, das die angegebene Lösung hat.
Formuliere anschließend jeweils eine passende Textaufgabe zu dem linearen Gleichungssystem.
a) $L = \{(1|2)\}$ b) $L = \{(4|2,5)\}$ c) $L = \{(10|25)\}$ d) $L = \{(9,2|3,1)\}$

CAS GTR **17.** Löse das lineare Gleichungssystem grafisch mit einem CAS oder einem GTR.

a) $\left| \begin{array}{r} -x = -y \\ -7x - 14y = 7 \end{array} \right|$ b) $\left| \begin{array}{l} 65x + 13y - 2 = 11 \\ 12 - 8y = 40x \end{array} \right|$ c) $\left| \begin{array}{l} 6x + 3 = 12y - 3 \\ 4y - 2x = 2 \end{array} \right|$ d) $\left| \begin{array}{l} \frac{1}{2}y + 2x = 1 \\ 0{,}8x + 1 = 0{,}8y - 0{,}6 \end{array} \right|$

18. Vergleiche die Preisangebote der beiden Internetanbieter.

	Hypernet	Befree
Verbindungsaufbau	39 Cent	19 Cent
pro Minute	1,6 Cent	2,2 Cent

a) Bei welchen Verbindungsdauern ist Hypernet günstiger?
b) Ein dritter Anbieter möchte den Preis für eine Flatrate festlegen. Welchen Preis würdest du empfehlen?

● **19. Ausblick:** Addiert man zu einer Zahl eine zweite Zahl, so erhält man 41. Subtrahiert man das Fünffache der zweiten Zahl vom Zehnfachen der ersten Zahl, so erhält man 141.
Wie lauten die beiden Zahlen? Stelle ein lineares Gleichungssystem auf und löse es grafisch. Führe eine Probe durch und begründe, warum diese eventuell nicht stimmt.

5.3 Gleichsetzungs- und Einsetzungsverfahren

■ In jedem Kästchen befindet sich die gleiche Anzahl von Goldmünzen, ebenso in jedem Säckchen. Beide Gleichungen sollen erfüllt sein.
Wie viele Goldmünzen sind in einem Kästchen, wie viele in einem Säckchen? ■

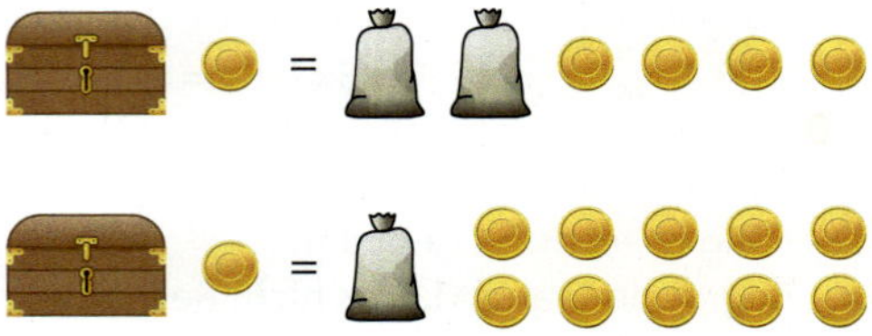

Gleichsetzungsverfahren

Mit dem grafischen Lösungsverfahren kann man häufig nur eine **Näherungslösung** eines linearen Gleichungssystems bestimmen. Mit rechnerischen Verfahren lässt sich die exakte Lösung berechnen.

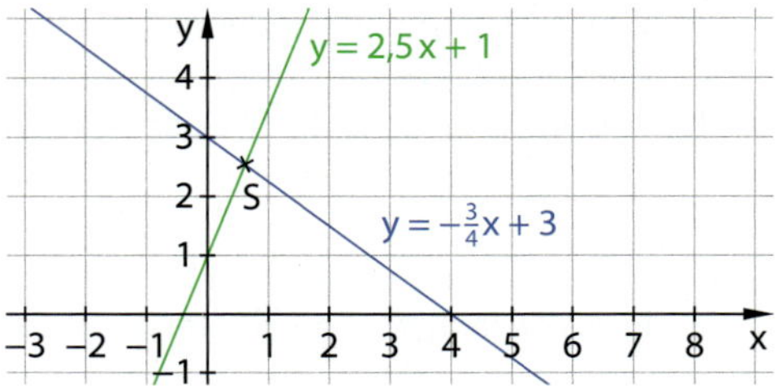

Wissen: Gleichsetzungsverfahren
Ein lineares Gleichungssystem mit zwei Variablen kann man rechnerisch lösen, indem man beide Gleichungen nach einer Variablen umstellt und dann die beiden erhaltenen Terme gleichsetzt.

Beispiel 1: Löse das lineare Gleichungssystem mit dem Gleichsetzungsverfahren und führe dann eine Probe durch.

$$\left|\begin{array}{l} 3x + y = 5 \\ 2x + y = 4 \end{array}\right|$$

Lösung:

Hinweis:
Du kannst die Gleichungen nach x oder nach y auflösen.

① Entscheide zunächst, nach welcher Variablen sich die Gleichungen einfacher umstellen lassen. Hier bietet es sich an, die Gleichungen nach y umzustellen.

$$\left|\begin{array}{l} 3x + y = 5 \\ 2x + y = 4 \end{array}\right| \quad \begin{array}{l} |-3x \\ |-2x \end{array}$$

$$\left|\begin{array}{l} y = 5 - 3x \\ y = 4 - 2x \end{array}\right|$$

② Setze die Terme auf den beiden rechten Seiten des Gleichungssystems $5 - 3x$ und $4 - 2x$ gleich. Du erhältst eine neue Gleichung mit nur einer Variablen und kannst den Wert für x berechnen.

Gleichsetzen: $5 - 3x = 4 - 2x \quad | +3x$
$5 = 4 + x \quad | -4$
$1 = x$

Hinweis:
Wähle bei ③ die umgestellte Gleichung, mit der sich der Wert für y leichter berechnen lässt.

③ Setze $x = 1$ in eine der beiden umgestellten Gleichungen ein und berechne den Wert für y.

$x = 1$ einsetzen in: $y = 5 - 3x$:
$y = 5 - 3 \cdot 1 = 2$

④ Probe: Setze die Lösung für x und y in beide Ausgangsgleichungen ein und überprüfe, ob beide Gleichungen erfüllt sind.

$3 \cdot 1 + 2 = 5$ ✓
$2 \cdot 1 + 2 = 4$ ✓

⑤ Gib die Lösungsmenge an.

$L = \{(1|2)\}$

Basisaufgaben

1. Löse das Gleichungssystem mit dem Gleichsetzungsverfahren. Führe eine Probe durch.

a) $\left|\begin{array}{l} y = 10x - 4 \\ y = 15x + 6 \end{array}\right|$ b) $\left|\begin{array}{l} y = 2x - 6 \\ y = x + 6 \end{array}\right|$ c) $\left|\begin{array}{l} a = 4b - 1 \\ a = 8b + 6 \end{array}\right|$ d) $\left|\begin{array}{l} 6y = x - 7 \\ 6y = 6x + 6 \end{array}\right|$

Tipp zu 1d:
Wenn in beiden Gleichungen auf einer der beiden Seiten derselbe Term steht, kannst du auch die Terme auf den anderen Seiten gleichsetzen:
$|6y = \ldots|$
$|6y = \ldots|$

2. Löse mit dem Gleichsetzungsverfahren. Führe eine Probe durch.

a) $\left|\begin{array}{l} x + y = 10 \\ x - y = 0 \end{array}\right|$ b) $\left|\begin{array}{l} 8p = 4q - 1 \\ 4p = -4p + 2q \end{array}\right|$ c) $\left|\begin{array}{l} y = 3x + 7 \\ 6x - 2 = y \end{array}\right|$ d) $\left|\begin{array}{l} 9x = 5 + y \\ 9x = 4 + y \end{array}\right|$

3. Berechne die Lösung mit dem Gleichsetzungsverfahren. Führe eine Probe durch.

a) $\left|\begin{array}{l} 5y + 1 = 2x - 2 \\ 5y + 1 = -4x + 22 \end{array}\right|$ b) $\left|\begin{array}{l} 15a + b = 6 \\ 16a + b = 6b + a \end{array}\right|$ c) $\left|\begin{array}{r} 14x - y = 6 \\ -16x + y = 4 \end{array}\right|$ d) $\left|\begin{array}{r} -4y + 2x = 6 \\ 2y = 2x - 6 \end{array}\right|$

e) $\left|\begin{array}{r} a - 6b = 14 \\ 6a + 4b = 24 \end{array}\right|$ f) $\left|\begin{array}{l} 3u - 2v = 2v - 4 \\ 3u - 3v = 2 \end{array}\right|$ g) $\left|\begin{array}{l} -9{,}5s + t = s - t \\ s - t = 5 - 9{,}5s \end{array}\right|$ h) $\left|\begin{array}{l} \frac{1}{2}a - 2 = \frac{1}{9}b + 2 \\ \frac{2}{5}a + 1 = \frac{1}{9}b + 4 \end{array}\right|$

Einsetzungsverfahren

In diesem Gleichungssystem ist das Umstellen der ersten Gleichung nach y etwas aufwändig.

$$\left|\begin{array}{r} 2x + 5y = 34 \\ y = x + 4 \end{array}\right|$$

Es ist einfacher, den Term $x + 4$ aus der zweiten Gleichung $y = x + 4$ in die erste Gleichung einzusetzen. So erhält man die Gleichung $2x + 5 \cdot (x + 4) = 34$.
Dies darf man tun, da nach der zweiten Gleichung die Terme y und $x + 4$ gleichwertig sind.

Wissen: Einsetzungsverfahren
Ein lineares Gleichungssystem mit zwei Variablen kann man rechnerisch lösen, indem man eine der Gleichungen nach einer Variablen umstellt und dann den erhaltenen Term in die andere Gleichung einsetzt.

Beispiel 2: Löse das lineare Gleichungssystem mit dem Einsetzungsverfahren. Führe anschließend eine Probe durch.

$$\left|\begin{array}{r} y + 7 = 5x - 2 \\ 4x + 3y = -8 \end{array}\right|$$

Lösung:

① Entscheide, welche der Gleichungen sich leichter nach x oder y umstellen lassen. Die erste Gleichung lässt sich einfach nach y umstellen.

$$\left|\begin{array}{r} y + 7 = 5x - 2 \\ 4x + 3y = -8 \end{array}\right| \quad |-7$$

$$\left|\begin{array}{r} y = 5x - 9 \\ 4x + 3y = -8 \end{array}\right|$$

② Setze in der zweiten Gleichung für y den Term $5x - 9$ ein. Du erhältst eine neue Gleichung mit nur einer Variablen und kannst den Wert für x berechnen.

$$\begin{array}{rl} 4x + 3(5x - 9) = -8 & |\ \text{Ausmultiplizieren} \\ 4x + 15x - 27 = -8 & |+27 \\ 19x = 19 & |:19 \\ x = 1 & \end{array}$$

Erinnere dich:
Nach dem Distributivgesetz gilt:
$3 \cdot (5x - 9) = 15x - 27$

③ Setze $x = 1$ in eine der beiden Gleichungen ein und berechne y.

$x = 1$ einsetzen in: $y = 5x - 9$:
$y = 5 \cdot 1 - 9 = -4$

④ Probe: Setze die Lösung in beide Ausgangsgleichungen ein und prüfe, ob beide Gleichungen erfüllt sind.

$x = 1$ und $y = -4$ einsetzen:
$-4 + 7 = 5 \cdot 1 - 2$ $\quad$ $4 \cdot 1 + 3 \cdot (-4) = -8$
$3 = 3$ ✓ $\quad$ $-8 = -8$ ✓

⑤ Gib die Lösungsmenge an.

$L = \{(1|-4)\}$

Basisaufgaben

Hinweis zu 4:
Hier findest du die Werte der Variablen.

4. Stelle jeweils eine der Gleichungen um und löse mit dem Einsetzungsverfahren. Führe anschließend eine Probe durch.

a) $\left|\begin{aligned} 2x + 2y &= 38 \\ y &= 4x + 4 \end{aligned}\right|$ b) $\left|\begin{aligned} 8r + s &= 6 \\ s &= 24 + 10r \end{aligned}\right|$ c) $\left|\begin{aligned} 6a - 4b &= -38 \\ a &= b - 8 \end{aligned}\right|$ d) $\left|\begin{aligned} x - y &= 2 \\ 5x - y &= 10 \end{aligned}\right|$

5. Löse das lineare Gleichungssystem mit dem Einsetzungsverfahren. Führe eine Probe durch.

a) $\left|\begin{aligned} a + b &= 5 \\ -2a - 3b &= -5 \end{aligned}\right|$ b) $\left|\begin{aligned} 8x &= 4y - 2 \\ 6y &= 3x - 30 \end{aligned}\right|$ c) $\left|\begin{aligned} 3y &= 6x + 30 \\ 2y &= 14x - 10 \end{aligned}\right|$ d) $\left|\begin{aligned} 3x + 2y &= 6 \\ 3y &= 6x + 16 \end{aligned}\right|$

Tipp zu 6 c:
Du musst nicht immer für eine Variable einen Term einsetzen: Du kannst auch für einen Term wie 5y einen Term einsetzen.

6. Berechne die Lösung mit dem Einsetzungsverfahren. Führe eine Probe durch.

a) $\left|\begin{aligned} 20x + 2y &= -6 \\ 80 &= 10y - 10x \end{aligned}\right|$ b) $\left|\begin{aligned} a + b &= 5 \\ -2a - 3b &= -5 \end{aligned}\right|$ c) $\left|\begin{aligned} -5x + 5y &= -5 \\ 5y &= 7x + 7 \end{aligned}\right|$ d) $\left|\begin{aligned} \tfrac{1}{2}a + b &= 14 \\ 2a - \tfrac{1}{5}b &= 14 \end{aligned}\right|$

e) $\left|\begin{aligned} -6x + 32y &= 0 \\ 32x - 24y &= -30 \end{aligned}\right|$ f) $\left|\begin{aligned} \tfrac{1}{10}x + 27 &= \tfrac{1}{2}y - \tfrac{7}{2} \\ 5x &= -10 - 0{,}25y \end{aligned}\right|$ g) $\left|\begin{aligned} 4u + \tfrac{1}{3}t &= -3 \\ -2u + t &= 5 \end{aligned}\right|$ h) $\left|\begin{aligned} 4a + 4b &= -568 \\ 0{,}2b + 7 &= 0{,}5a - 6 \end{aligned}\right|$

Weiterführende Aufgaben

7. Der Umfang eines Rechtecks beträgt 30 cm. Die eine Seite des Rechtecks ist 3 cm kürzer als die andere. Bestimme die Seitenlängen des Rechtecks und gib seinen Flächeninhalt an.

8. Begründe, ob zum Lösen des linearen Gleichungssystems die Anwendung des Gleichsetzungs- oder des Einsetzungsverfahrens günstiger ist. Bestimme dann die Lösung.

a) $\left|\begin{aligned} 6x + 2y &= 8 \\ y &= 5x \end{aligned}\right|$ b) $\left|\begin{aligned} 2x &= 6y - 16 \\ 2x &= 2y + 18 \end{aligned}\right|$ c) $\left|\begin{aligned} 3a - 4b &= 6 \\ 10a + 20b &= -40 \end{aligned}\right|$ d) $\left|\begin{aligned} 4{,}5a + 1 &= 10y \\ 10y &= 2a - 0{,}5 \end{aligned}\right|$

9. Die erste Gleichung eines linearen Gleichungssystems ist $3x = 2y - 6$. Gib eine zweite Gleichung an, sodass das Gleichungssystem besonders leicht mit dem

a) Gleichsetzungsverfahren b) Einsetzungsverfahren

zu lösen ist. Beschreibe jeweils deinen Lösungsweg.

10. Stolperstelle: Finde die Fehler und löse die Gleichungssysteme anschließend korrekt.

a)
$\left|\begin{aligned} x &= 2y + 7 \\ y &= 3x - 8 \end{aligned}\right|$
$\left|\begin{aligned} x &= 2y + 7 \\ 2y + 7 &= 3x - 8 \end{aligned}\right|$
$\left|\begin{aligned} x &= 2y + 7 \\ 2y + 15 &= 3x \end{aligned}\right|$
keine Lösung

b)
$\left|\begin{aligned} 2a + 4b &= 18 \\ a &= 3b - 2 \end{aligned}\right|$
$\left|\begin{aligned} 2 \cdot 3b - 2 + 4b &= 18 \\ a &= 3b - 2 \end{aligned}\right|$
$\left|\begin{aligned} 10b &= 20 \\ a &= 3b - 2 \end{aligned}\right|$
$\left|\begin{aligned} b &= 2 \\ a &= 4 \end{aligned}\right|$

c)
$\left|\begin{aligned} 3x &= y + 4 \\ 3x - 2y &= 10 \end{aligned}\right|$
$\left|\begin{aligned} 3x &= y + 4 \\ 3(y + 4) - 2y &= 10 \end{aligned}\right|$
$\left|\begin{aligned} 3x &= y + 4 \\ y + 12 &= 10 \end{aligned}\right|$
$\left|\begin{aligned} x &= \tfrac{2}{3} \\ y &= -2 \end{aligned}\right|$

11. Löse die Zahlenrätsel.

a) Die Summe zweier Zahlen ist 30. Das Zweifache der Differenz dieser Zahlen beträgt 40.
b) Die Quersumme einer zweistelligen Zahl ist 12 und die Differenz beider Ziffern ergibt 6.
c) Ein Drittel der ersten Ziffer ergibt das Doppelte der zweiten Ziffer. Das Doppelte der Quersumme der zweistelligen Zahl ergibt 14.

12. Robert und Paul benötigen für den Kunstunterricht Ölfarben, die sie sich bei demselben Online-Händler besorgen wollen. Robert hat 3 Ölfarben in den Warenkorb gelegt. Inklusive Versandkosten muss er 11,55 € bezahlen. Paul hat 5 Ölfarben in seinem Warenkorb und zahlt dafür mit Versandkosten 17,25 €.
Bestimme den Einzelpreis der Ölfarben und die Versandkostenpauschale.

13. Bei einem Blumenhändler kostet eine Gerbera 1,60 € und eine Rose 1,00 €. Pia kauft einen Strauß bestehend aus Gerbera und Rosen. Sie erzählt ihrer Freundin: „Der Strauß besteht aus acht Blumen und kostet 10,10 €."
Kann Pias Aussage stimmen?

14. Aus einem Rätselbuch:

> Jeder Zwerg isst zwei, jeder Räuber isst vier Hühner. Jeder Zwerg trinkt zwei, jeder Räuber trinkt fünf Flaschen Honigtrunk. Bei diesem Mahl werden insgesamt 116 Hühner und 137 Flaschen Honigtrunk gegessen und getrunken. Wie viele Zwerge und Räuber nehmen an dem Mahl teil?

15. Ein Rechteck hat einen Umfang von 28 cm. Verkürzt man die längere Seite um 1 cm und verlängert die kürzere Seite um 2 cm, so entsteht ein Rechteck, dessen Flächeninhalt um 8 cm^2 größer ist als der Flächeninhalt des ursprünglichen Rechtecks.
Wie lang sind die beiden Seiten des ursprünglichen Rechtecks?

● **16.** 1000 Liter Orangenfruchtsaftgetränk mit einem Fruchtanteil von 6 % sollen durch Zugabe von Direktsaft mit 100 % Fruchtanteil als Fruchtnektar verkauft werden. Dafür muss der Fruchtanteil mindestens 25 % betragen.

a) Wie viel Liter Direktsaft benötigt man dafür?

b) Wenn statt des Direktsaftes nur ein Saft mit einem Fruchtanteil von 30 % zur Verfügung steht, wie viel Liter werden dann davon benötigt?

● **17. Ausblick:** Frau Peter möchte mit dem Taxi zum 28 km entfernten Flughafen fahren. Sie weiß, dass eine 10 km lange Fahrt 19,80 € und eine 4 km lange Fahrt 9,60 € kostet.

a) Wie teuer ist die Fahrt zum Flughafen?

b) Frau Peters überlegt, ob es nicht günstiger ist, wenn sie sich mit dem Taxi zum Bahnhof bringen lässt und dann mit dem Zug zum Flughafen fährt. Das Zugticket kostet 10,20 €. Wie weit darf der Bahnhof entfernt sein, damit dies günstiger wird?

Hinweis zu 17:
In einem Taxi zahlt man einen Grundbetrag und einen Betrag pro Kilometer.

5.4 Additionsverfahren

■ Wie hoch ist der Eintrittspreis für 5 Kinder und 3 Erwachsene?
Sophie sagt: „Das geht leicht. Ich notiere das Gleichungssystem:

$$\left| \begin{array}{l} 2x + 2y = 18 \\ 3x + 1y = 15 \end{array} \right|$$

Dann kann ich den Preis für ein Kind und einen Erwachsenen berechnen."
Jonas sagt: „Ich glaube, es geht noch schneller."
Er markiert in Sophies Gleichungssystem die Zahlen so:

$$\left| \begin{array}{l} 2x + 2y = 18 \\ 3x + 1y = 15 \end{array} \right|$$

Wie könnte Jonas den Preis für 5 Kinder und 3 Erwachsene berechnen? ■

Wenn bei einem linearen Gleichungssystem das Umstellen nach x oder y sehr mühselig ist oder komplizierte Terme entstehen, kann man das Additionsverfahren nutzen.

Gegeben ist das folgende lineare Gleichungssystem:

$$\left| \begin{array}{l} 2x + 2y = 2 \\ 3x - 2y = 8 \end{array} \right|$$

Die beiden Gleichungen kann man sich als Waagen vorstellen, die sich im Gleichgewicht befinden (Bild 1 und 2).

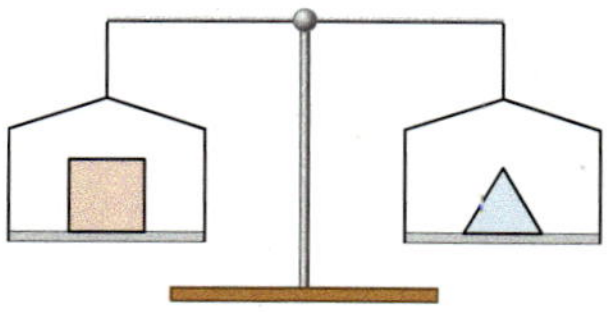
Bild 1

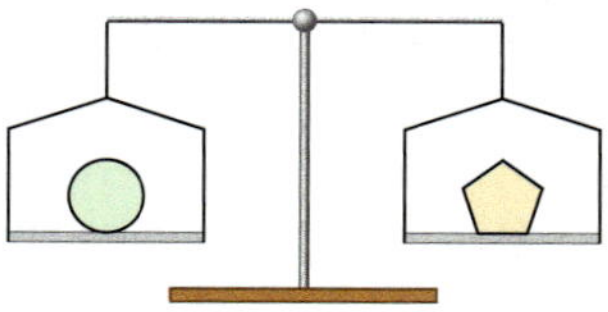
Bild 2

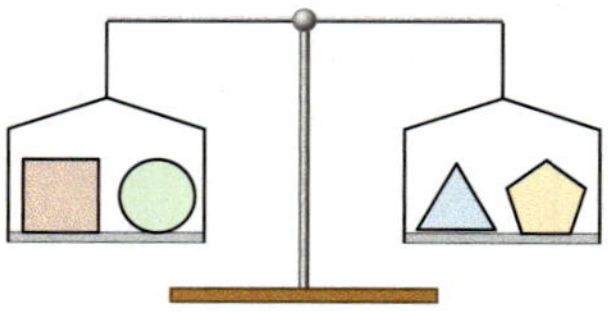
Bild 3

Legt man die Dinge der linken Waagschale und die der rechten Waagschale jeweils zusammen, so bleibt die Waage im Gleichgewicht (Bild 3). Das Gleiche gilt für die Gleichungen des Gleichungssystems: Die Summe der beiden Terme auf der linken Seite und die Summe der Terme auf der rechten Seite ist gleich: $2x + 2y + 3x - 2y = 2 + 8$, zusammengefasst: $5x = 10$.
So erhält man eine Gleichung mit nur einer Variablen und kann $x = 2$ berechnen. Eingesetzt in eine der Gleichung erhält man $2 \cdot 2 + 2y = 2$, also $y = -1$; $L = \{(2|-1)\}$.

Damit man das Additionsverfahren anwenden kann, muss man häufig eine oder beide Gleichungen geschickt umformen. Zum Beispiel bei folgendem linearen Gleichungssystem:

$\left| \begin{array}{l} 4x - 2y = 2 \\ 3x + y = 4 \end{array} \right|$ dividiert man die erste Gleichung durch 2, so ergibt sich $\left| \begin{array}{l} 2x - y = 1 \\ 3x + y = 4 \end{array} \right|$

Nun fällt beim Addieren der beiden Gleichungen die Variable y heraus und x lässt sich berechnen und anschließend y.

Wissen: Additionsverfahren
Ein lineares Gleichungssystem mit zwei Variablen kann man rechnerisch lösen, indem man die Gleichungen so umformt, dass man beim Addieren der Gleichungen eine neue Gleichung mit nur einer Variablen erhält.

Beispiel 1: Berechne die Lösung mit dem Additionsverfahren. Führe eine Probe durch.

$$\left| \begin{array}{l} 3x + 2y = 12 \\ 2x + 3y = 13 \end{array} \right|$$

Lösung:

① Multipliziere die erste Gleichung mit 3 und die zweite mit −2, dann sind die Faktoren der Variable y Gegenzahlen.

$$\left| \begin{array}{l} 3x + 2y = 12 \\ 2x + 3y = 13 \end{array} \right| \begin{array}{l} | \cdot 3 \\ | \cdot (-2) \end{array}$$

$$\left| \begin{array}{r} 9x + 6y = 36 \\ -4x - 6y = -26 \end{array} \right| \; +$$

② Die mit 3 bzw. −2 multiplizierten Gleichungen werden addiert.

Addieren: $5x = 10 \quad |:5$

$x = 2$

③ Berechne x und setze das Ergebnis x = 2 in eine der beiden Gleichungen ein und berechne den Wert für y.

x = 2 einsetzen: $3 \cdot 2 + 2y = 12 \quad |-6$

$2y = 6 \quad |:2$

$y = 3$

④ Setze zur Probe die Lösung in beide Ausgangsgleichungen ein und prüfe, ob beide Gleichungen erfüllt sind.

Probe: $3 \cdot 2 + 2 \cdot 3 = 6 + 6 = 12$ ✓

$2 \cdot 2 + 3 \cdot 3 = 4 + 9 = 13$ ✓

⑤ Gib die Lösungsmensmenge an.

$L = \{(2|3)\}$

Hinweis:
Die Gleichungen, die noch nicht umgeformt sind, werden auch Ausgangsgleichungen genannt.

Basisaufgaben

1. a) Mit welcher der Zahlen auf den Karten würdest du die Gleichungen multiplizieren, um das Additionsverfahren anzuwenden? Begründe deine Wahl.

① $\left| \begin{array}{r} 3x + 7y = 15 \\ -6x + 3y = 21 \end{array} \right|$ Karten: 6, 0,5, −3, −7, 2, 3

② $\left| \begin{array}{l} 3x - 4y = -4 \\ 5x - 3y = 8 \end{array} \right|$ Karten: 5, −3, 4, 2, −4, 3

b) Berechne die Lösung von ① und ②. Führe eine Probe durch.

2. Beim Addieren der beiden Gleichungen fällt eine Variable weg. Berechne die Lösung mit dem Additionsverfahren. Führe eine Probe durch.

a) $\left| \begin{array}{l} 3x - 2y = -12 \\ 2x + 2y = 2 \end{array} \right|$ b) $\left| \begin{array}{l} 3x - 4y = 0 \\ 2x + 4y = 20 \end{array} \right|$ c) $\left| \begin{array}{r} 3x + 6y = 9 \\ -3x + 8y = 5 \end{array} \right|$ d) $\left| \begin{array}{l} 2a + 2b = 2 \\ -a - 2b = -2 \end{array} \right|$

3. Forme eine Gleichung um und berechne die Lösung mit dem Additionsverfahren.

a) $\left| \begin{array}{l} 3x - 3y = 18 \\ -9x + 6y = 0 \end{array} \right|$ b) $\left| \begin{array}{l} 2x + 5y = -1 \\ 2x + 4y = 1 \end{array} \right|$ c) $\left| \begin{array}{l} 6p - 3q = 30 \\ 2p - 1{,}5q = 10 \end{array} \right|$ d) $\left| \begin{array}{r} 3a - 2b = 8 \\ 2a - b = 6 \end{array} \right|$

e) $\left| \begin{array}{r} 7s + 2t = 26 \\ -2s - 7t = -46 \end{array} \right|$ f) $\left| \begin{array}{l} 15y - 2x = 25 \\ 4x - 31y = -49 \end{array} \right|$ g) $\left| \begin{array}{l} 2x + 11 = 3y - 2 \\ 4y - 4x = 20 \end{array} \right|$ h) $\left| \begin{array}{l} 3m - \frac{1}{5}n = 4 \\ \frac{1}{2}m + \frac{1}{10}n = 1 \end{array} \right|$

4. Gib zur Gleichung $3x - 2y = -6$ eine zweite Gleichung an, sodass sich das Gleichungssystem mit dem Additionsverfahren gut lösen lässt. Beschreibe deinen Lösungsweg.

5. Forme eine oder beide Gleichungen durch Multiplikation oder Division geschickt um und berechne die Lösung mit dem Additionsverfahren. Führe anschließend eine Probe durch.

a) $\left| \begin{array}{l} 3x + 9y = 3 \\ -x + 7y = -11 \end{array} \right|$ b) $\left| \begin{array}{r} 27x - 9y = 63 \\ 2x + 3y = 12 \end{array} \right|$ c) $\left| \begin{array}{l} \frac{3}{2}x - \frac{1}{2}y = 5 \\ 3x + y = 14 \end{array} \right|$ d) $\left| \begin{array}{r} 23a - 7b = -25 \\ -21a + 14b = 0 \end{array} \right|$

e) $\left| \begin{array}{l} \frac{3}{5}x + y = \frac{1}{5} \\ \frac{1}{3}x + \frac{2}{3}y = -3 \end{array} \right|$ f) $\left| \begin{array}{l} \frac{2}{3}u + \frac{1}{3}v = 5 + \frac{1}{6}v \\ 5u + \frac{1}{2}v = -3 \end{array} \right|$ g) $\left| \begin{array}{l} \frac{3}{2}x + \frac{5}{4}y + 2 = \frac{25}{4} \\ 3x + \frac{1}{3} = -3y + 10 \end{array} \right|$ h) $\left| \begin{array}{l} 0{,}3m = -0{,}54 + 0{,}6n \\ 0{,}5m + 0{,}2n = 0{,}7 \end{array} \right|$

Tipp zu 3 b:
Du kannst die beiden Gleichungen auch subtrahieren, sodass die Variable x entfällt.

$$\left| \begin{array}{l} 2x + \ldots = \ldots \\ 2x + \ldots = \ldots \end{array} \right| \; -$$

Hinweis zu 5:
Hier findest du die Werte der Variablen zu sechs der Aufgaben.

Weiterführende Aufgaben

6. a) Lara sagt: „Wenn ich von dem Doppelten meines Alters das Alter meiner Schwester abziehe, erhalte ich 22. Meine Schwester und ich sind zusammen 20 Jahre alt.“ Wie alt ist Lara und wie alt ist ihre Schwester?

b) Martha ist 24 Jahre älter als ihre Tochter. In 8 Jahren wird sie doppelt so alt sein wie sie. Wie alt sind Mutter und Tochter?

7. **Stolperstelle:** Anne, Timo und Kim sollen ein lineares Gleichungssystem mit dem Additionsverfahren lösen.

a) Prüfe, ob die Lösungsansätze richtig sind. Überlege, ob man geschickter rechnen kann.

Anne

$$\begin{vmatrix} 3x + 2y = -1 \\ x - 3y = 7 \end{vmatrix} \quad \begin{matrix} \\ | \cdot (-3) \end{matrix}$$

$$\begin{vmatrix} 3x + 2y = -1 \\ -3x + 9y = 7 \end{vmatrix} \quad +$$

Timo

$$\begin{vmatrix} 9a + 12b = 12 \\ 6a + 6b = 9 \end{vmatrix} \quad \begin{matrix} | \cdot 6 \\ | \cdot 9 \end{matrix}$$

$$\begin{vmatrix} 54a + 72b = 72 \\ 54a + 54b = 81 \end{vmatrix} \quad -$$

Kim

$$\begin{vmatrix} 6x + 9y = 15 \\ 2x + 23y = -15 \end{vmatrix} \quad \begin{matrix} \\ | \cdot (-3) \end{matrix}$$

$$\begin{vmatrix} 6x + 9y = 15 \\ -6x - 69y = 45 \end{vmatrix} \quad +$$

b) Löse die drei Gleichungssysteme mit dem Additionsverfahren.

8. Formuliere eine Textaufgabe, die dein Nachbar mit einem linearen Gleichungssystem lösen kann. Löse deine Aufgabe selbst und vergleicht eure Lösungen untereinander.

9. Direktsaft hat einen Fruchtanteil von 100 %, ein Fruchtnektar hat einen Fruchtanteil von 25 %. Wie viel Liter Direktsaft und wie viel Liter Fruchtnektar müssen gemischt werden, um 10 Liter Apfelfruchtsaftgetränk mit 30 % Fruchtanteil zu erhalten?

10. Die Stromrechnung enthält einen monatlichen Grundpreis von 6,68 € und einen Arbeitspreis pro verbrauchter Kilowattstunde (kWh). Bei Familie Kienapfel ergab das einen Gesamtbetrag von 480,16 € im letzten Jahr. Familie Schulz hat 200 kWh weniger verbraucht, ihr Gesamtbetrag war 448,16 €. Bestimme den Arbeitspreis.

11. Ein Sportboot und ein Tanker fahren auf dem Nord-Ostsee-Kanal aufeinander zu. Das Sportboot fährt mit einer Höchstgeschwindigkeit von $13\,\frac{km}{h}$. Der Tanker hat besondere Auflagen und darf nur mit der erlaubten Geschwindigkeit von $4\,\frac{km}{h}$ fahren. Beide Schiffe sind noch 21 km voneinander entfernt. Wie viel Zeit vergeht, bis die Schiffe einander passieren?

12. **Ausblick:** Mara kauft 3 Rosinenbrötchen und 5 Sesamstangen für 5,55 €, Tom kauft 3 Rosinenbrötchen und 2 Mohnhörnchen für 3,50 €, Leonie nimmt 4 Mohnhörnchen für 3,40 €.

a) Prüfe, ob das lineare Gleichungssystem zur Situation passt:

$$\begin{vmatrix} 3r + 5s & & = 5{,}55 \\ 3r & + 2m & = 3{,}50 \\ & 4m & = 3{,}40 \end{vmatrix}$$

b) Bestimme den Preis für ein Rosinenbrötchen, eine Sesamstange und ein Mohnhörnchen.

c) Bestimme die Preise, wenn Leonie statt der 4 Mohnhörnchen nur 2 Mohnhörnchen und dazu 5 Sesamstangen für 5,45 € gekauft hätte.

d) Bestimme die Preise, wenn Leonie statt der 4 Mohnhörnchen 6 Rosinenbrötchen und 4 Mohnhörnchen für 7 € gekauft hätte.

5.5 Eine, keine oder unendlich viele Lösungen

■ Lena löst ein lineares Gleichungssystem rechnerisch. Bei der Gleichung $0x + 0y = 2$ kommt sie ins Grübeln. Moritz hat die Idee, das Gleichungssystem grafisch zu lösen. Welche Lösung ergibt sich damit? ■

$$\begin{vmatrix} x + 2y = 4 \\ -x - 2y = -2 \end{vmatrix} \quad +$$

$$\begin{vmatrix} x + 2y = 4 \\ 0x + 0y = 2 \end{vmatrix}$$

Vom grafischen Lösen linearer Gleichungssysteme ist bekannt, dass ein Gleichungssystem **genau eine Lösung**, **unendlich viele Lösungen** oder **keine Lösung** haben kann. Auch beim rechnerischen Lösen linearer Gleichungssysteme treten diese Fälle auf: Die Lösungsmenge kann leer sein, unendlich viele Elemente oder genau ein Element enthalten.

Beispiel 1: Lineare Gleichungssysteme, die keine Lösung haben

Löse das lineare Gleichungssystem. $\begin{vmatrix} y = x + 2 \\ -1 = y - x \end{vmatrix}$

Lösung:

Zur Berechnung der Lösung bietet sich das Einsetzungsverfahren an. $\begin{vmatrix} y = x + 2 \\ -1 = y - x \end{vmatrix}$ | y = x + 2 einsetzen

Setze in der zweiten Gleichung für y den Term x + 2 ein. $\begin{vmatrix} y = x + 2 \\ -1 = x + 2 - x \end{vmatrix}$

Du erhältst die falsche Aussage $-1 = 2$ und findest kein Wertepaar $(x|y)$, das beide Gleichungen erfüllt. $\begin{vmatrix} y = x + 2 \\ -1 = 2 \end{vmatrix}$ Das Gleichungssystem hat keine Lösung; $L = \{\}$

Wenn man beide Gleichungen nach y umstellt und die zugehörigen Geraden zeichnet, so verlaufen die beiden Geraden parallel zueinander. Es gibt keine gemeinsamen Punkte.

$y = x + 2$
$y = x - 1$

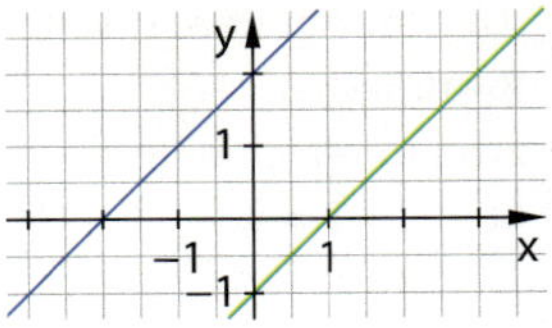

Hinweis:
Die Funktionsgleichungen
$y = x + 2$
$y = x - 1$
haben beide die gleiche Steigung $m = 1$, aber verschiedene y-Achsenabschnitte.

Beispiel 2: Lineare Gleichungssysteme, die unendlich viele Lösungen haben

Löse das lineare Gleichungssystem. $\begin{vmatrix} 4x + 6y = 12 \\ -4x - 6y = -12 \end{vmatrix}$

Lösung:

Zur Lösungsberechnung bietet sich das Additionsverfahren an. $\begin{vmatrix} 4x + 6y = 12 \\ -4x - 6y = -12 \end{vmatrix}$ +

Es führt zur wahren Aussage $0 = 0$. Alle Wertepaare, die die eine Gleichung erfüllen, erfüllen auch die andere Gleichung. Addieren: $0 + 0 = 0$ Das Gleichungssystem hat unendlich viele Lösungen; $L = \{(x|y) \mid 4x + 6y = 12\}$.

Wenn man beide Gleichungen nach y umstellt und die zugehörigen Geraden zeichnet, so liegen die Geraden aufeinander.

$y = -\frac{2}{3}x + 2$
$y = -\frac{2}{3}x + 2$

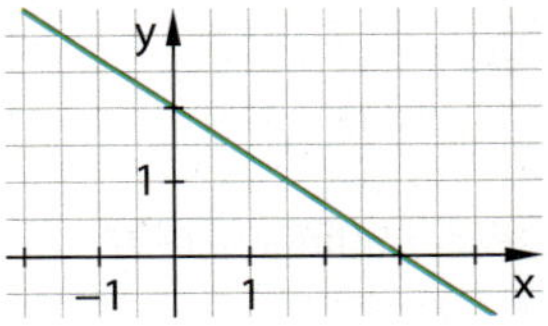

Wissen: Sonderfälle beim Lösen linearer Gleichungssysteme
Führt das Lösen eines linearen Gleichungssystems
- zu einer falschen Aussage (z. B. $-1 = 2$), so hat das Gleichungssystem **keine Lösung**. Die Lösungsmenge ist leer: $L = \{\}$
- zu einer wahren Aussage (z. B. $0 = 0$), so hat das Gleichungssystem **unendlich viele Lösungen**. Die Lösungsmenge besteht aus allen Wertepaaren, die eine (und damit beide) Gleichungen erfüllen: $L = \{(x|y) \mid y = mx + n\}$

Basisaufgaben

1. Zeige, dass das lineare Gleichungssystem die vorgegebene Lösungsmenge hat.

a) $\left|\begin{array}{l} y = 2x + 6 \\ 9 = 6x - 3y \end{array}\right|$ $L = \{\}$

b) $\left|\begin{array}{r} a = 13 - 2b \\ -1 = -2a - 4b \end{array}\right|$ $L = \{\}$

c) $\left|\begin{array}{l} x + y = 2 \\ x - y = -2 \end{array}\right|$ $L = \{(0|2)\}$

d) $\left|\begin{array}{r} 4x = 2y \\ 4(x + y) = 6y \end{array}\right|$ $L = \{(x|y) \mid y = 2x\}$

2. Löse das lineare Gleichungssystem. Gib – falls möglich – drei verschiedene Lösungen an.

a) $\left|\begin{array}{l} 2x - y = -3 \\ -4x + 2y = 6 \end{array}\right|$
b) $\left|\begin{array}{l} 2a + 2 = b - 2 \\ \frac{1}{2}b - a = 2 \end{array}\right|$
c) $\left|\begin{array}{l} s = t - 2 \\ t = s \end{array}\right|$
d) $\left|\begin{array}{l} 2p = q \\ p - 4q = 0 \end{array}\right|$

3. Nimm begründet Stellung zu Noras Behauptungen: „Drei Brötchen und fünf Hörnchen kosten zusammen 6,60 €. Wenn ich zusätzlich weiß, dass

a) 4 Brötchen und 6 Hörnchen zusammen 7,80 € kosten, dann kostet ein Hörnchen 1,50 €."

b) 6 Brötchen und 10 Hörnchen zusammen 12,20 € kosten, dann kann ich den Preis nicht bestimmen."

4. Bestimme die Lösungsmenge rechnerisch oder grafisch. Gib bei unendlich vielen Lösungen zwei unterschiedliche Lösungen an.

a) $\left|\begin{array}{r} 2x + 3 = y \\ x + y = 0 \end{array}\right|$
b) $\left|\begin{array}{r} a - b = 1 \\ 2a - 2 = 2b \end{array}\right|$
c) $\left|\begin{array}{l} y = \frac{1}{2}x + 2 \\ 2y - \frac{1}{2}x = 1 + y \end{array}\right|$
d) $\left|\begin{array}{r} 2t - s = -3 \\ -4t + 2s = 6 \end{array}\right|$

5. Bilde aus zwei der Gleichungen ein Gleichungssystem, das

a) die Lösung $x = 1$ und $y = 2$ hat,

b) keine Lösung hat,

c) unendlich viele Lösungen hat.

$x + y = 5$ | $x = 2y - 3$ | $\frac{1}{2}x = -\frac{1}{2}y + 2{,}5$ | $x - y = -1$ | $2x + 2y = 8$

6. Gib jeweils eine zweite Gleichung mit denselben beiden Variablen so an, dass das Gleichungssystem genau eine Lösung (unendlich viele Lösungen, keine Lösung) hat. Gib deine Gleichungssysteme deinem Nachbarn zum Lösen. Stimmt die Anzahl der Lösungen?

a) $x + y = 3$ b) $2a + b = 3$ c) $4p = 3q - 5$ d) $2(2x + 3) = -(5 - 2y)$

7. Michael meint, er könne allein durch „scharfes Hinsehen" erkennen, dass das Gleichungssystem ① keine Lösung hat, das Gleichungssystem ② unendlich viele Lösungen hat und das Gleichungssystem ③ genau eine Lösung hat. Ist das möglich? Begründe.

① $\left|\begin{array}{l} y = 4x - 2 \\ y = 4x + 2 \end{array}\right|$
② $\left|\begin{array}{r} y = x + 4 \\ 2y = 2x + 8 \end{array}\right|$
③ $\left|\begin{array}{l} y = -2x - 2 \\ y = 2x + 2 \end{array}\right|$

8. Löse das lineare Gleichungssystem rechnerisch. Überprüfe dein Ergebnis grafisch.

a) $\left|\begin{array}{l} y = 2x + 1 \\ 2y - 4x = -2 \end{array}\right|$
b) $\left|\begin{array}{l} y = 2x + 4 \\ -2 - x + y = x + 2 \end{array}\right|$
c) $\left|\begin{array}{r} 0{,}6x + 0{,}3y = 0{,}1 \\ 2y - 1 + y = -6x \end{array}\right|$
d) $\left|\begin{array}{r} 2x + y = 2 \\ -2x - y = 2 \end{array}\right|$

Weiterführende Aufgaben

9. Auf einem Bauernhof leben Hühner und Schafe. Sie haben zusammen 14 Köpfe und 18 Füße. Wie viele Hühner und Schafe sind es?
Sina behauptet: $L = \{(4{,}5 \mid 9{,}5)\}$.
Überprüfe ihre Lösung.

10. Michael hat Hefte und Schulbücher in seiner Tasche, zusammen sind es heute 16 Stück. Wie viele Hefte hat er heute dabei und wie viele Bücher, wenn es

a) gestern bei halb so vielen Büchern insgesamt 13 Stück waren?
b) gestern insgesamt 32 Stück bei doppelt so vielen Büchern und Heften waren?
c) gestern insgesamt 14 Stück bei halb so vielen Büchern und Heften waren?

11. Stolperstelle: Eva hat folgende Gleichungssysteme gelöst. Kontrolliere die Lösungen.

a) $\left|\begin{array}{l} -3x - y = 5 \\ 3x + y = -5 \end{array}\right|$
Bei der Addition der Gleichungen erhält man $0 = 0$. Das Gleichungssystem hat keine Lösung, $L = \{\ \}$.

b) $\left|\begin{array}{l} y + 2x = 2 \\ y - 2x = 2 \end{array}\right|$
$y + 2x \neq y - 2x$
Das Gleichungssystem hat keine Lösung, $L = \{\ \}$.

c) $\left|\begin{array}{l} y = -x + 4 \\ x + y = 4 \end{array}\right|$
$\left|\begin{array}{l} y = -x + 4 \\ 4 = 4 \end{array}\right|$
Lösung: $L = \{-1{,}5\}$.

12. Eine 6 cm lange, dicke weiße Kerze und eine 30 cm lange, dünne rote Kerze werden gleichzeitig angezündet. Die rote Kerze brennt in einer Stunde 2 cm ab, die weiße Kerze brennt in einer Stunde 0,5 cm ab.
Nach wie vielen Stunden sind beide Kerzen gleich lang?

a) Stelle ein lineares Gleichungssystem dazu auf und löse es.
b) Beurteile deine Lösung in diesem Sachzusammenhang.

13. Löse das lineare Gleichungssystem und gib möglichst ohne viele Umformungsschritte an, wie viele Lösungen es gibt.

a) $\left|\begin{array}{l} 8y - 4x = 15 \\ 4y - 2x = 7{,}5 \end{array}\right|$
b) $\left|\begin{array}{l} 9x - 2y = 0 \\ 9x = 2y \end{array}\right|$
c) $\left|\begin{array}{l} 3x + y = 7 \\ y = -4x + 8 \end{array}\right|$
d) $\left|\begin{array}{l} 5x + \frac{1}{2}y = 3 \\ y = 7 - 10x \end{array}\right|$
e) $\left|\begin{array}{r} 5x - \frac{1}{2}y = \frac{1}{3} \\ 29x - 3y = 0 \end{array}\right|$
f) $\left|\begin{array}{r} 4x = -5{,}25 \\ -3y = 1 \end{array}\right|$

14. Zeichne in ein Koordinatensystem zwei geeignete Geraden und erstelle damit ein lineares Gleichungssystem, das a) eine, b) keine, c) unendlich viele Lösungen hat.

15. Jeder in der Gruppe notiert drei lineare Gleichungssysteme, von denen mindestens zwei keine oder unendlich viele Lösungen haben. Gebt eure Aufgaben einer anderen Gruppe. Bearbeitet die Aufgaben reihum und schreibt jeweils dazu, wie viel Zeit für die Bestimmung der Lösung benötigt wurde. Wenn jeder alle Aufgaben gelöst hat, vergleicht die Zeiten.

● **16. Ausblick:** Ersetze, falls möglich, a so durch eine Zahl, dass das Gleichungssystem ① genau eine Lösung hat, ② unendlich viele Lösungen hat, ③ keine Lösung hat.

a) $\left|\begin{array}{l} y = ax + 3 \\ y = 3x + 3 \end{array}\right|$
b) $\left|\begin{array}{l} y = 2x + a \\ y = 2x + 4 \end{array}\right|$
c) $\left|\begin{array}{l} y = 2x + 1 \\ y = ax + 2 \end{array}\right|$

Lineare Gleichungssysteme mit einem CAS lösen

■ Wie viel kosten ein Croissant und eine Tasse Kaffee?

„2 Croissant, ein Kaffee, das sind 4,20 €, bitte."

„3 Croissant und 2 Kaffee, das macht 6,90 €."

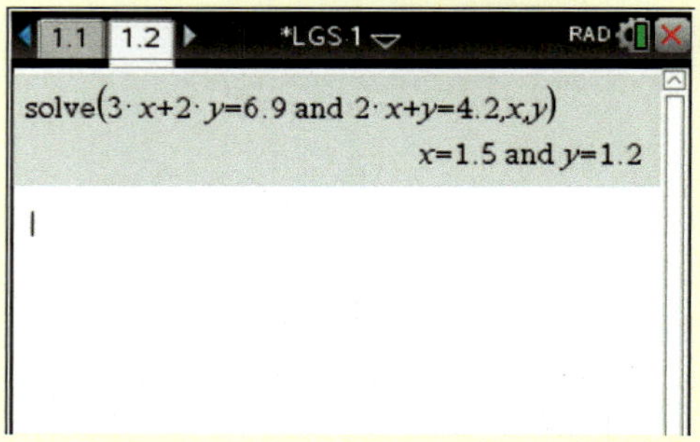

Prüfe, ob Malte mit seinem CAS richtig gerechnet hat. Erkläre seine Eingabe und die Ausgabe des CAS. ■

Mit einem CAS oder einem GTR kann man lineare Gleichungssysteme nicht nur grafisch, sondern auch rechnerisch lösen. Dazu gibt es mehrere Möglichkeiten. Zum Beispiel kann man den Befehl ***solve*** nutzen.

Beispiel 1: Löse das Gleichungssystem mit einem CAS. $\left|\begin{array}{l} 2x - 6y = 8 \\ 3x - 6y = 9 \end{array}\right|$

Rufe im Menue *Algebra* oder *Calculator* den Befehl *Löse* oder *solve* auf. Definiere die Anzahl der Gleichungen und die Variablennamen.

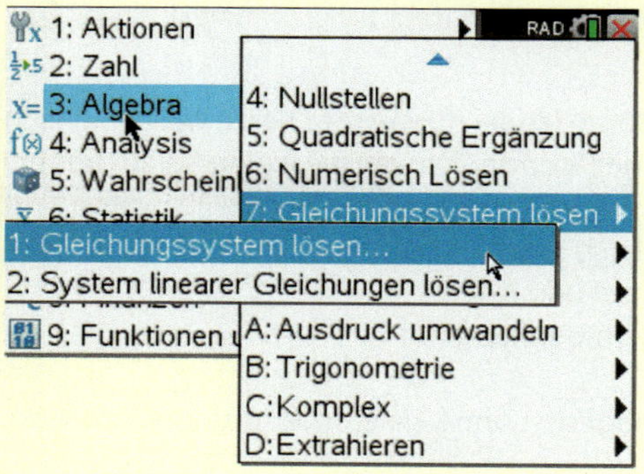

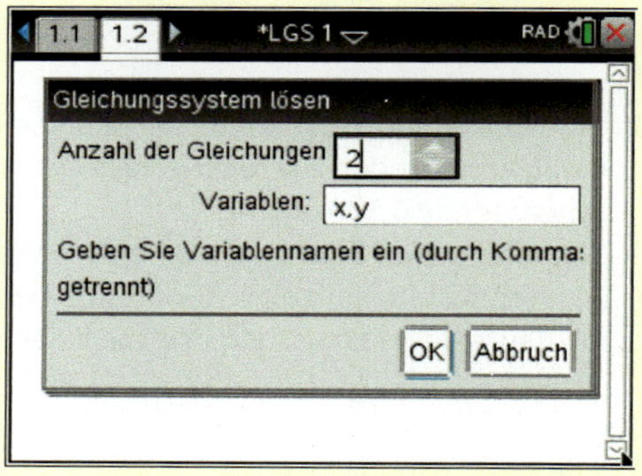

Gib die Gleichungen ein.

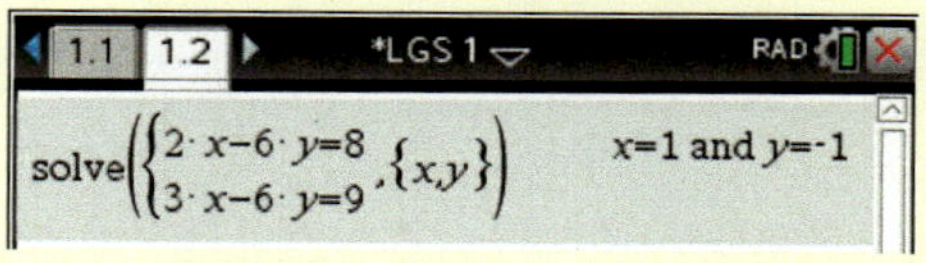

Hinweis:
Man kann die Gleichungen auch durch „and" verbinden:
solve$(2 \cdot x - 6 \cdot y = 8$ and $3 \cdot x - 6 \cdot y = 9, x, y)$

Beispiel 2:

a) Berechne die Lösung des linearen Gleichungssystems handschriftlich. $\left|\begin{array}{l} x + y = 4 \\ 2x + 2y = 8 \end{array}\right|$

b) Berechne das lineare Gleichungssystem aus a) mit einem CAS und erkläre die Ausgabe.

Lösung:

a) Offensichtlich erhält man die zweite Gleichung, wenn man die erste mit 2 multipliziert.

$$\left|\begin{array}{c} x + y = 4 \\ 2(x + y) = 2 \cdot 4 \end{array}\right|$$

$$\left|\begin{array}{l} x = 4 - y \\ x = 4 - y \end{array}\right|$$

Die Gleichung hat unendlich viele Lösungen.

$$L = \{(x|y) | x = 4 - y\}$$

b) Die Anzeige y = *c1* bedeutet, dass y eine beliebige rationale Zahl ist.
$x = -(c1 - 4)$ ist gleichbedeutend mit $x = -(y - 4)$ und ist damit dieselbe Lösung wie in a), denn:
$x = -(y - 4) = -y + 4 = 4 - y$

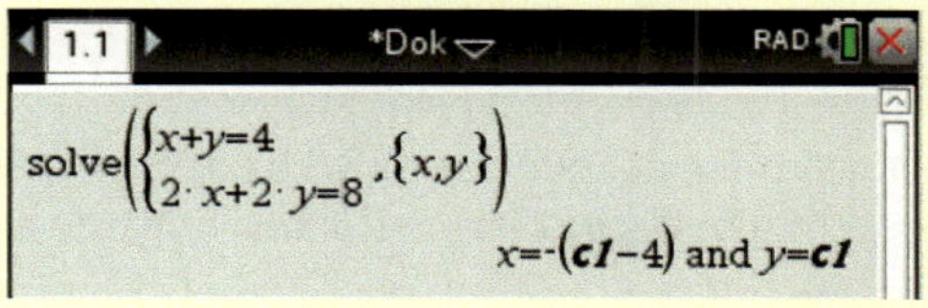

Hinweis:
Die Variablen **c1 (c2, c3, …)** werden **„Zählvariable"** genannt. Sie weisen auf unendlich viele Lösungen des linearen Gleichungssystems hin.

Aufgaben

1. Löse das Gleichungssystem mit einem CAS.

a) $\begin{vmatrix} y - 5 = 12x \\ 0{,}5y = -6x - 2{,}5 \end{vmatrix}$ b) $\begin{vmatrix} \frac{3}{5}s - t + 2 = 0 \\ -14s - 7t = 28 \end{vmatrix}$ c) $\begin{vmatrix} 33 - (2y - 2x) = 7y - 2x \\ 5x - 4y = -2(3x - y - 18) \end{vmatrix}$

2. Bestimme den Schnittpunkt S
a) näherungsweise durch Ablesen aus der Anzeige rechts,
b) durch Schnittpunktermittlung in der Anwendung *Graphen* oder *Graphs*,
c) als Lösung des Gleichungssystems mit dem Befehl *Löse* oder *solve*.

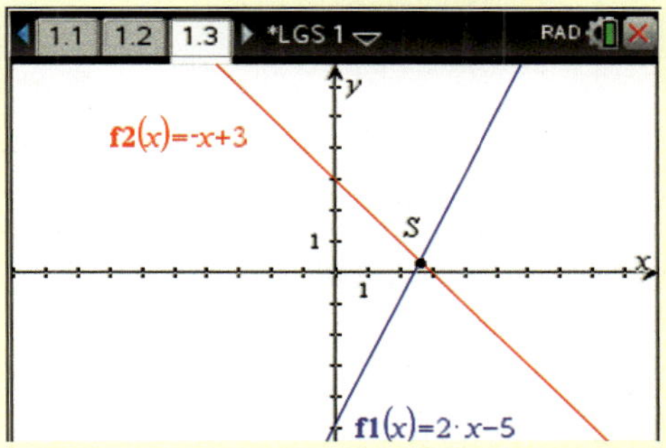

3. Gegeben ist das lineare Gleichungssystem $\begin{vmatrix} x + 6y = 9 \\ x + 2y = 3 \end{vmatrix}$.
a) Bestimme die Lösung handschriftlich.
b) Interpretiere die Anzeige des CAS.

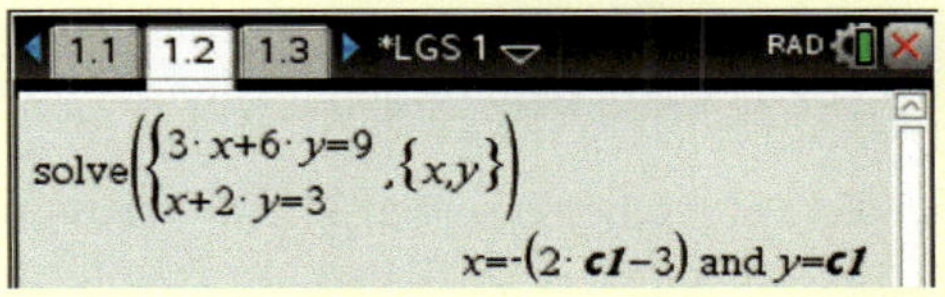

4. a) Begründe, dass die beiden Geraden $y = -x + 2$ und $y = -x - 3$ keinen Schnittpunkt haben.
b) Interpretiere die Anzeige, die dein CAS-Rechner liefert, wenn du das zugehörige lineare Gleichungssystem $\begin{vmatrix} y = -x + 2 \\ y = -x - 3 \end{vmatrix}$ mit dem Rechner löst.

5. a) Gib eine zweite Gleichung an, sodass $\begin{vmatrix} x - y = 1 \\ \end{vmatrix}$ unendlich viele Lösungen hat.
Gib die Lösungsmenge an und kontrolliere mit einem CAS.
b) Gib eine zweite Gleichung an, sodass $\begin{vmatrix} -2x + y = 4 \\ \end{vmatrix}$ keine Lösung hat.
Kontrolliere mit einem CAS.

6. Löse die beiden Gleichungssysteme $\begin{vmatrix} -x + y = 5 \\ -x + y = 1 \end{vmatrix}$ und $\begin{vmatrix} -0{,}999x + y = 5 \\ -x + y = 1 \end{vmatrix}$ mit einem CAS sowohl rechnerisch als auch grafisch. Vergleiche die Lösungen. Begründe, weshalb die kleine Änderung eines Koeffizienten solche drastischen Auswirkungen hat.

7. **Forschungsauftrag:** Gegeben sind lineare Gleichungssysteme mit mehr als zwei Gleichungen oder mehr als zwei Variablen. Ermittle ihre Lösung mit einem CAS. Beschreibe dein Vorgehen.

a) $\begin{vmatrix} x + y + 2z = 2 \\ 2x + y - 2z = 1 \\ -x - 3y - z = -2 \end{vmatrix}$ b) $\begin{vmatrix} x + y + 2z = 2 \\ 2x + y - 2z = 1 \end{vmatrix}$ c) $\begin{vmatrix} x - y + z = 1 \\ 2x - 2y + 2z = 2 \\ -x + y - z = 1 \end{vmatrix}$

5.6 Vermischte Aufgaben

1. Am Tag der offenen Tür verkauft die Klasse 8 d Süßigkeiten für ihre Klassenkasse. Sie mischen selbst kleine Tütchen mit je zwei verschiedenen Süßigkeiten.

Eine gemischte Tüte aus Schokotalern und Schokolinsen soll 2 € kosten und 15 Teile enthalten. Ein Schokotaler kostet 0,20 € und eine Schokolinse 0,10 €. Berechne, wie viele Schokolinsen und wie viele Schokotaler die Schüler in jede Tüte packen müssen.

Erfinde eine passende Situation zu dem Gleichungssystem und löse es dann mit einem Verfahren deiner Wahl.

$$\left| \begin{array}{r} x + y = 21 \\ 8x + 12y = 200 \end{array} \right|$$

In einer Pralinentüte sollen 21 Teile enthalten sein. $\frac{1}{3}$ der Pralinen sind Schokopralinen zu 0,30 € pro Stück, der Rest wird mit Marzipantalern zu 15 ct pro Stück aufgefüllt. Berechne den Preis, den die Schüler verlangen müssen, damit sie 1 € Gewinn pro Tüte erzielen.

Bei den Weingummitüten wollen die Schüler Smileys für 0,11 € pro Stück und Herzen für 0,16 € pro Stück mischen. Der Wert der Süßigkeiten in einer Tüte soll genau 2 € betragen. Ist dies möglich?

Hinweis zu 2:
Tipps für Präsentationen findest du auf den Methodenkarten 8L und 8K.

2. Erstelle ein Plakat zum Thema „Lineare Gleichungssysteme".

3. Gesucht sind zwei Zahlen. Addiert man zum Vierfachen einer Zahl das Doppelte einer anderen, so erhält man 158. Dagegen ergibt sich 6, wenn das Fünffache der ersten Zahl vom Produkt der zweiten Zahl mit drei subtrahiert wird.

4. Ein Vater schenkt seinen Söhnen Klaus und Ralf zu jedem Geburtstag eine Aktie. Beide Söhne sparen diese Aktien. Vor 2 Jahren hatte Klaus viermal so viele Aktien wie Ralf. In 4 Jahren wird er nur noch doppelt so viel haben. Wie alt sind Klaus und Ralf?

5. Berechne das Alter der Personen.
a) Leons Alter beträgt heute $\frac{1}{16}$ des Alters seines Opas. Vor zwei Jahren war sein Opa noch 31-mal so alt wie Leon.
b) Vor zwei Jahren war Frau Krämer 15-mal so alt wie ihre Tochter. In 6 Jahren wird sie nur noch 3,8-mal so alt sein.
c) Laura ist vier Jahre älter als ihr Bruder Emil. Zusammen sind sie heute $\frac{1}{4}$-mal so alt wie ihr Vater. In fünf Jahren wird der Vater nur noch $2\frac{1}{4}$-mal so alt sein wie beide zusammen.

6. Entscheide, ob es die Figuren mit den folgenden Eigenschaften geben kann.
a) Ein gleichschenkliges Dreieck hat einen Umfang von 8 cm. Seine Schenkel sind 6 cm länger als die Basis.
b) Der Umfang eines Rechtecks ist 12 cm länger als die längere Seite und 15 cm länger als die kürzere Seite.
c) Der Umfang eines Rechtecks beträgt 24 cm. Eine Seite ist 12 cm länger als die andere.

7. Familie Hirsch hat einen Telefonvertrag, bei dem pro Monat 17,95 € Grundgebühr und pro angefangene Minute 0,19 € Zusatzgebühr anfallen. Sie haben ein Angebot erhalten mit 19,95 € Grundgebühr und 0,09 € pro angefangene halbe Minute. Wie lange können sie im Monat telefonieren, ohne dass sich der Wechsel lohnt?

8. Das abgebildete Sechseck hat einen Umfang von 30 cm. Die Maßzahlen der Seitenlängen in Zentimeter sind natürliche Zahlen.

a) Gib eine Gleichung für den Umfang des Sechsecks an.

b) Gib eine Lösung der Gleichung an, die dem Sachverhalt entspricht.

c) Gib die größtmögliche Länge von a (bzw. b) an.

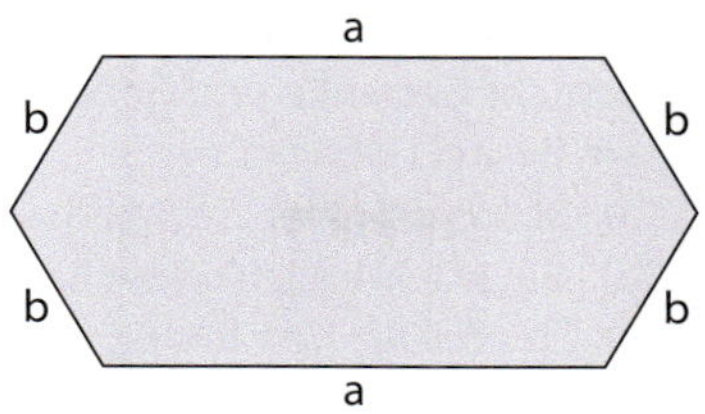

9. Bilde aus den Karten A bis E mehrere lineare Gleichungssysteme. Ordne jeder Lösungskarte eines dieser linearen Gleichungssysteme zu. Wie viele Lösungskarten müsste man ergänzen?

A: $3x - 4y = 20$

D: $-9x - 9y = 45$

3: $L = \{(0|-5)\}$

4: $L = \{(2|-1)\}$

2: $L = \{(-10|5)\}$

E: $-6 = 42 - 24x$

C: $3 + 6x + 12y = 3$

B: $2x + 1 = y + 6$

1: $L = \{(4|-2)\}$

10. Bestimme die Geradengleichungen.

a)

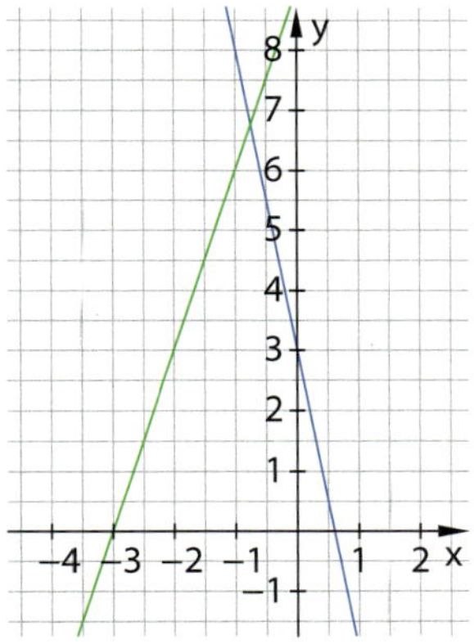

b)

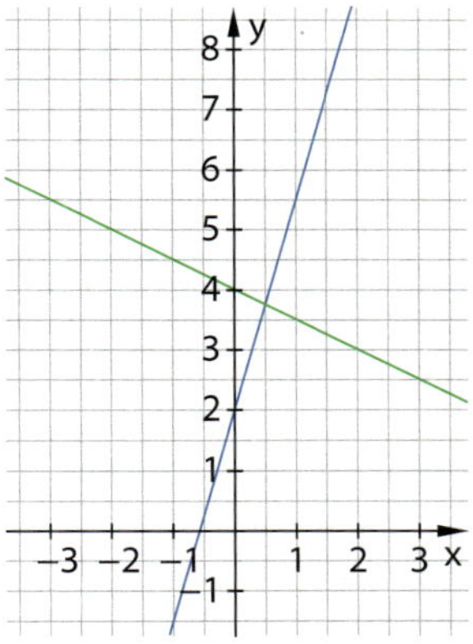

c)

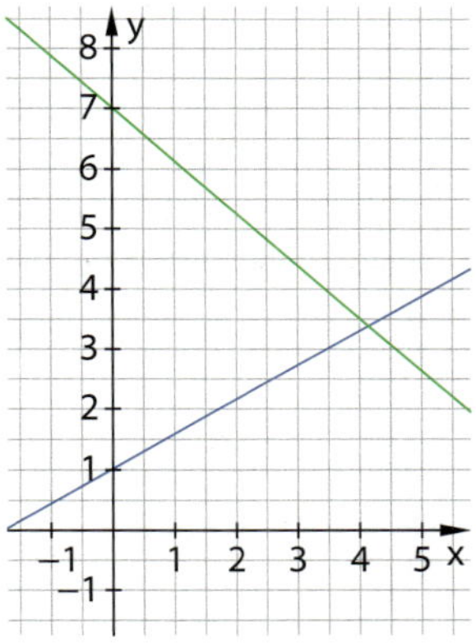

11. Es gibt Tüten mit Himbeer- und mit Zitronenbonbons. In jeder einzelnen Sorte ist immer die gleiche Anzahl an Bonbons enthalten. Nimmt man zwei Tüten Himbeerbonbons und drei Tüten Zitronenbonbons, dann hat man insgesamt 90 Bonbons. Nimmt man dagegen zwei Tüten Himbeerbonbons und fünf Tüten Zitronenbonbons, dann sind es zusammen 130 Bonbons. Wie viele Bonbons sind in den Tüten jeder Sorte enthalten?

12. Leonie und Lara wohnen 10 km voneinander entfernt. Sie fahren beide zur gleichen Zeit mit dem Fahrrad los, um sich zu treffen. Leonie fährt mit einer Geschwindigkeit von $13\,\frac{\text{km}}{\text{h}}$ und Lara mit einer Geschwindigkeit von $17\,\frac{\text{km}}{\text{h}}$. Berechne die Zeit, bis sich Lara und Leonie treffen, und berechne außerdem die Strecke, die Lara, und die Strecke, die Leonie zurückgelegt hat.

Hinweis zu 12:
$s = v \cdot t$
s: Strecke
v: Geschwindigkeit
t: Zeit

Prüfe dein neues Fundament

Lösungen ↗ S. 252

1. In der Klassenkasse der Klasse 7c befinden sich 40 €. Davon wollen die Schülerinnen und Schüler Getränke und Gebäck für ein Klassenfest kaufen. Ein Getränk kostet im Einkauf 1 €, ein Beutel Gebäck 2 €.
a) Beschreibe den Sachverhalt mit einer linearen Gleichung mit zwei Variablen.
b) Gib alle Möglichkeiten für den Einkauf an Getränken und Beuteln mit Gebäck an.
c) Überprüfe, ob (20|10); (10|20); (36|2) Lösungen sind.

2. Mara kauft vier Dinkelbrötchen und drei Roggenbrötchen für 4,65 €, Ronja zahlt für vier Roggenbrötchen und zwei Dinkelbrötchen 3,70 €.

a) Begründe, welche der linearen Gleichungssysteme zu dieser Situation passen.
① $\left|\begin{array}{l} 4d + 3s = 4{,}65 \\ 2d + 4s = 3{,}70 \end{array}\right|$ ② $\left|\begin{array}{l} 2d + 4s = 3{,}70 \\ 4d + 3s = 4{,}65 \end{array}\right|$ ③ $\left|\begin{array}{l} 4x + 3y = 4{,}65 \\ 2y + 4x = 3{,}70 \end{array}\right|$ ④ $\left|\begin{array}{l} 4x + 3y = 4{,}65 \\ 2x + 4y = 3{,}70 \end{array}\right|$
b) Begründe, dass $L = \{(1{,}35|-0{,}25)\}$ keine Lösung sein kann.

3. Zeichne in ein Koordinatensystem eine Gerade, auf der die Lösungen der linearen Gleichung liegen, und bestimme aus der Zeichnung drei Lösungen der Gleichung.
a) $2x + 2y = 4$ b) $9x - 6y = 12$ c) $-10x + 5y = 40$ d) $-0{,}5x + 0{,}25y = 0{,}75$

4. Gib ein Gleichungssystem mit zwei linearen Gleichungen an, das den folgenden Sachverhalt beschreibt: Addiert man zu einer Zahl das Doppelte einer anderen Zahl, so erhält man 5. Subtrahiert man vom Dreifachen der ersten Zahl die zweite Zahl, so erhält man 1.

5. Ermittle grafisch eine Lösung des linearen Gleichungssystems.
a) $\left|\begin{array}{r} -2x + y = 1 \\ x + y = 1 \end{array}\right|$ b) $\left|\begin{array}{r} -3x + y = -2 \\ x - y = -2 \end{array}\right|$ c) $\left|\begin{array}{l} -3x + y = 5 \\ 2x - 2y = -2 \end{array}\right|$ d) $\left|\begin{array}{l} -a + 2b = 1 \\ 5a - 3b = 2 \end{array}\right|$

6. Ermittle eine Lösung des linearen Gleichungssystems. Begründe, für welches Verfahren du dich entscheidest.
a) $\left|\begin{array}{l} y = 4x - 1 \\ y = 2x + 1 \end{array}\right|$ b) $\left|\begin{array}{r} 5y = 5x + 25 \\ -2y = 5x + 4 \end{array}\right|$ c) $\left|\begin{array}{r} -10x - 3y = 15 \\ 5x + 5y = 10 \end{array}\right|$ d) $\left|\begin{array}{r} 0{,}5x + y = 1{,}5 \\ 2x + 3y = 4 \end{array}\right|$
e) $\left|\begin{array}{r} x + y = 4 \\ y = 2x - 2 \end{array}\right|$ f) $\left|\begin{array}{l} x - 2y = 5 \\ 3x - y = 10 \end{array}\right|$ g) $\left|\begin{array}{r} 2x + y = 2 \\ -x + y = 5 \end{array}\right|$ h) $\left|\begin{array}{l} \frac{1}{3}a + b = 2 \\ a + \frac{1}{2}b = 6 \end{array}\right|$

7. Gib an, ob das Gleichungssystem eine, keine oder unendlich viele Lösungen hat.
a) $\left|\begin{array}{r} x + y = 1 \\ 2y - 2 = -2x \end{array}\right|$ b) $\left|\begin{array}{l} 3x + 2y = 4 \\ 6x + 4y = 16 \end{array}\right|$ c) $\left|\begin{array}{l} \frac{1}{5}x + \frac{1}{2}y = \frac{1}{3} \\ \frac{2}{10}x + \frac{3}{6}y = \frac{5}{20} \end{array}\right|$ d) $\left|\begin{array}{r} y = -0{,}2x + 1 \\ 0{,}5y = -0{,}1x + 0{,}5 \end{array}\right|$

8. Löse das lineare Gleichungssystem und führe eine Probe durch. Gib das gewählte Lösungsverfahren an und begründe, wieso du dich für dieses entschieden hast.
a) $\left|\begin{array}{r} x + y = 2 \\ 2x - y = 1 \end{array}\right|$ b) $\left|\begin{array}{l} 2x + 3y = 4 \\ 4x = 24 - 6y \end{array}\right|$ c) $\left|\begin{array}{l} u - 3v = 16 \\ v = 2u + 8 \end{array}\right|$ d) $\left|\begin{array}{l} \frac{1}{2}x + \frac{1}{3}y = \frac{1}{4} \\ y = -\frac{3}{2}x + 3 \end{array}\right|$
e) $\left|\begin{array}{r} x - 3y = 6 \\ 2x + 4y = 20 \end{array}\right|$ f) $\left|\begin{array}{r} 4a + b = 4 \\ 2a - 3b = -40 \end{array}\right|$ g) $\left|\begin{array}{l} 5y - 2x = 10 \\ y = \frac{2}{5}x + 2 \end{array}\right|$ h) $\left|\begin{array}{l} \frac{7}{6}x + 2y = 4 \\ \frac{1}{4}x + \frac{3}{2}y = -\frac{9}{2} \end{array}\right|$

9. Ein rechteckiges, 810 m^2 großes Grundstück wird von einem 122 m langen Zaun und einem 4 m breiten Tor begrenzt. Wie lang und wie breit ist das Grundstück?

10. Löse die Zahlenrätsel.
a) Die Summe zweier Zahlen ist 50, ihre Differenz ist 42.
b) Addiert man zum Produkt zweier Zahlen 14, so erhält man 150. Das 39-fache der ersten Zahl minus 12 ist 300.
c) Das 3-fache der Summe zweier Zahlen ist 69. Das Quadrat der Summe der beiden Zahlen ist 529.

11. Tobias hat eine 1,80 m lange Holzleiste. Er möchte daraus einen Bilderrahmen anfertigen, bei dem die längeren Seiten 1,5-mal so lang sind wie die kürzeren Seiten. Gib die Seitenlängen des Bilderrahmens an.

12. Familie Schmidts Stromrechnung betrug in diesem Monat 39,16 € bei einem Verbrauch von 203 kWh. Im letzten Monat waren es 49,40 € bei 267 kWh. Wie hoch ist die Grundgebühr und wie hoch der Preis pro kWh?

Wiederholungsaufgaben

1. Gib das Ergebnis in der vorgegebenen Maßeinheit an.
a) ein Drittel von 6 km in m
b) das Doppelte von 1 m^3 in ℓ
c) der zehnte Teil von 48,7 kg in t

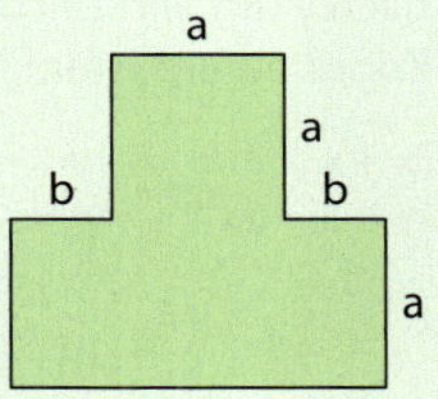

2. a) Stelle einen Term zur Berechnung des Umfangs der Figur auf.
b) Berechne den Umfang, wenn a = 12 cm und b = 7 cm sind.

3. Welche Brüche gehören zu den Punkten A, B, C und D?

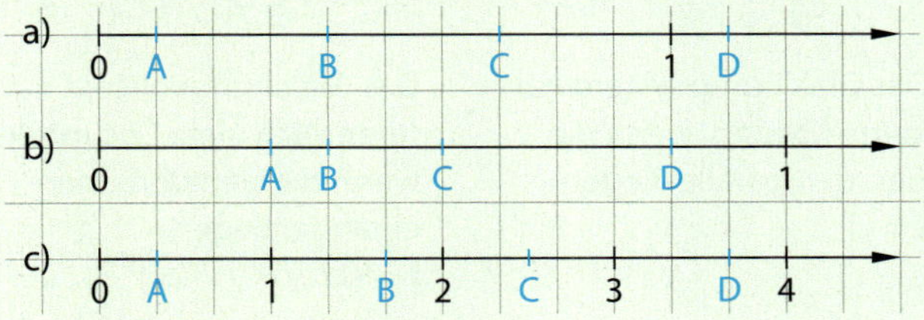

4. Die beiden Geraden g und h sind parallel. Gib die Größe der Winkel α_1 bis α_5 an.

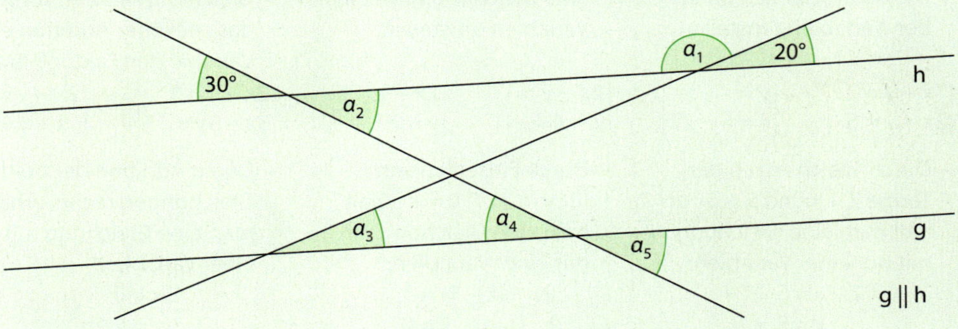

5. Berechne.
a) −4,5 + 5,4
b) −4,5 − 5,4
c) −4,5 · 5,4
d) −4,5 : 5,4

Lineare Gleichungen mit zwei Variablen

Jede Gleichung der Form $a \cdot x + b \cdot y = c$ nennt man **lineare Gleichung mit zwei Variablen** (a, b, c sind rationale Zahlen, $a, b \neq 0$).

Die Lösungen sind **Wertepaare (x|y)**.

In einem Koordinatensystem liegen die **Lösungen auf einer Geraden.**

$6x + 2y = 4$
Lösungen sind z. B.: $(-1|5)$; $(0|2)$

$6x + 2y = 4$ wird umgeformt zu $y = -3x + 2$.

Die Lösungen liegen auf dem Graphen von $y = -3x + 2$.
$L = \{(x|y) \mid y = -3x + 2\}$

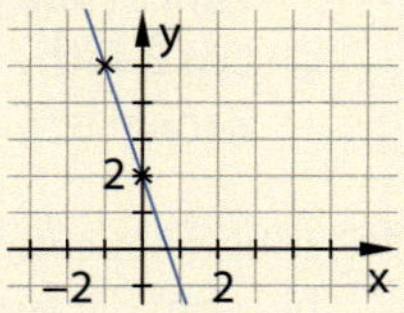

Lineares Gleichungssystem mit zwei Variablen

Zwei lineare Gleichungen mit zwei Variablen, zu denen eine gemeinsame Lösung gesucht ist, bilden ein **lineares Gleichungssystem.**

Jedes Wertepaar, das beide Gleichungen des Gleichungssystems zugleich erfüllt und zur Grundmenge gehört, ist eine Lösung dieses Gleichungssystems.

$$\left| \begin{array}{l} x + y = 7 \\ 2x + y = 10 \end{array} \right|$$

Lösungsmenge: $L = \{(3|4)\}$

Probe: $\left| \begin{array}{l} 3 + 4 = 7 \\ 2 \cdot 3 + 4 = 10 \end{array} \right|$

Grafisches Lösen eines linearen Gleichungssystems mit zwei Variablen

Zum **grafischen Lösen** eines linearen Gleichungssystems stellt man die beiden Gleichungen nach y um und zeichnet die Graphen der entsprechenden linearen Funktionen in ein Koordinatensystem. Die Lösung entspricht dem Schnittpunkt der beiden Graphen.

$\left| \begin{array}{l} x + y = 3 \\ y = 5 - 2x \end{array} \right| \rightarrow \left| \begin{array}{l} y = -x + 3 \\ y = -2x + 5 \end{array} \right|$

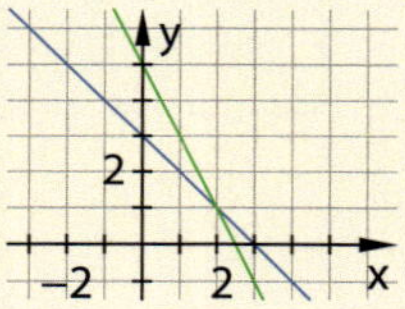

Das Gleichungssystem hat **genau eine Lösung**, wenn die Geraden sich schneiden.
$L = \{(2|1)\}$

$\left| \begin{array}{l} x + y = 5 \\ x = 2 - y \end{array} \right| \rightarrow \left| \begin{array}{l} y = -x + 5 \\ y = -x + 2 \end{array} \right|$

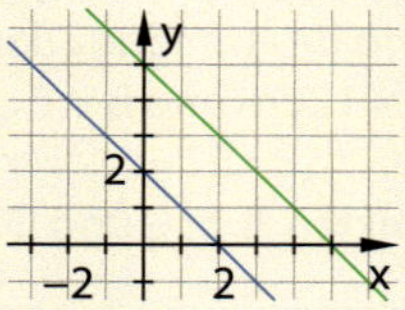

Das Gleichungssystem hat **keine Lösung**, wenn die Geraden parallel liegen.
$L = \{\}$

$\left| \begin{array}{l} y - 2x = 0 \\ 4x = 2y \end{array} \right| \rightarrow \left| \begin{array}{l} y = 2x \\ y = 2x \end{array} \right|$

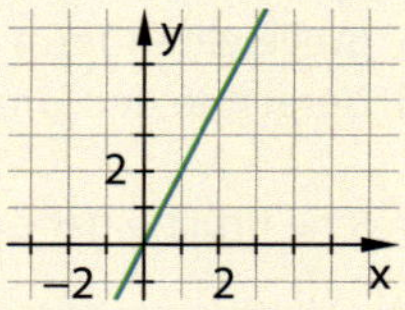

Das Gleichungssystem hat **unendlich viele Lösungen**, wenn die Geraden übereinander liegen.
$L = \{(x|y) \mid y = 2x\}$

Rechnerisches Lösen eines linearen Gleichungssystems mit zwei Variablen

Gleichsetzungsverfahren
- Gleichungen nach derselben Variablen umstellen.

$\left| \begin{array}{l} x + y = 2 \\ 2x + y = 5 \end{array} \right| \rightarrow \left| \begin{array}{l} y = 2 - x \\ y = 5 - 2x \end{array} \right|$

- Durch Gleichsetzen der Terme $2 - x$ und $5 - 2x$ erhält man eine Gleichung mit nur einer Variablen:

$$2 - x = 5 - 2x$$
$$x = 3$$

Einsetzungsverfahren
- Eine Gleichung nach einer Variablen umstellen.

$\left| \begin{array}{l} 2x - y = 1 \\ y - x = -1 \end{array} \right| \rightarrow \left| \begin{array}{l} 2x - y = 1 \\ y = x - 1 \end{array} \right|$

- Durch Einsetzen von $x - 1$ für y in $2x - y = 1$ erhält man eine Gleichung mit nur einer Variablen:

$$2x - (x - 1) = 1$$
$$x = 0$$

Additionsverfahren
- Gleichungen so umformen, dass bei ihrer Addition eine Variable den Faktor 0 hat.

$\left| \begin{array}{l} 2x - y = 1 \\ 3x + 3y = 15 \end{array} \right| \rightarrow \left| \begin{array}{l} 2x - y = 1 \\ x + y = 5 \end{array} \right|$

- Durch Addition der beiden Gleichungen rechts erhält man eine Gleichung mit nur einer Variablen:

$$3x = 6$$
$$x = 2$$

Durch Einsetzen in eine der Ausgangsgleichungen erhält man den Wert der anderen Variablen.

Lösungsmenge: $L = \{(3|-1)\}$ Lösungsmenge: $L = \{(0|-1)\}$ Lösungsmenge: $L = \{(2|3)\}$

6. Zufall und Wahrscheinlichkeit

Wie wahrscheinlich ist es, zweimal hintereinander eine Sechs zu würfeln?
Wie wahrscheinlich ist es, ein vierblättriges Glückskleeblatt zu finden? Ob man Glück haben wird, kann man nicht wissen, aber Wahrscheinlichkeiten kann man bestimmen.

Lösungen ↗ S. 254

Bruch-, Dezimalzahl- und Prozentschreibweise

1. Gib sowohl in Dezimalzahl- als auch in Prozentschreibweise an.
a) $\frac{1}{4}$ b) $\frac{3}{50}$ c) $\frac{17}{100}$ d) $\frac{12}{40}$ e) $\frac{3}{4}$ f) $\frac{19}{20}$

2. Schreibe als Bruch. Kürze das Ergebnis vollständig.
a) 0,1 b) 0,5 c) 0,125 d) 0,375 e) 0,75 f) 0,05

3. Gib als Bruch und als Dezimalzahl an.
a) 1 % b) 40 % c) 5 % d) 75 % e) 22 % f) 30 %

4. Übertrage die Tabelle ins Heft und fülle sie aus.

Prozentschreibweise	1 %				5 %		30 %		160 %
Bruch mit Nenner 100		$\frac{20}{100}$							
Bruch (gekürzt)				$\frac{4}{5}$				$\frac{5}{4}$	
Dezimalzahl			0,04			0,02			

5. Ordne der Größe nach. Beginne mit der kleinsten Zahl.
a) 0,5; 0,33; $\frac{7}{8}$; $\frac{7}{9}$ b) $\frac{1}{4}$; 0,7; 0,03; $\frac{4}{5}$; 1,01 c) $0{,}5^2$; 0,13; $\left(\frac{1}{2}\right)^3$; 0,1

Mit Brüchen und Dezimalzahlen rechnen

6. Rechne im Kopf.
a) $\frac{1}{6} \cdot \frac{5}{6}$ b) $\frac{2}{3} \cdot \frac{1}{3} \cdot \frac{2}{3}$ c) $26 \cdot \frac{1}{48}$ d) $\frac{3}{8} \cdot \frac{2}{7}$ e) $\frac{3}{4} \cdot 0{,}5$
f) $0{,}25 \cdot \frac{2}{5}$ g) $0{,}5 \cdot 0{,}5$ h) $7 \cdot 0{,}9$ i) $0{,}8 \cdot 0{,}02$ j) $0{,}4 \cdot 0{,}5 \cdot 0{,}6$

7. Gib das Ergebnis als Bruch und als Dezimalzahl (gerundet auf Hundertstel) an.
a) $\frac{1}{3} + \frac{1}{4}$ b) $\frac{5}{8} - \frac{1}{4}$ c) $\frac{2}{3} + \frac{5}{9}$ d) $\frac{1}{20} + \frac{1}{10} + \frac{2}{5}$ e) $0{,}25 + \frac{3}{8} - \frac{1}{4}$

8. Berechne.
a) $\frac{3}{4} \cdot \frac{2}{3} + \frac{2}{3} \cdot \frac{3}{4}$ b) $\frac{3}{8} \cdot \frac{5}{7} + \frac{5}{8} \cdot \frac{3}{7}$ c) $\frac{2}{3} \cdot \frac{3}{4} + \frac{3}{4} \cdot \frac{2}{3}$ d) $\frac{1}{6} \cdot \frac{3}{5} + \frac{3}{5} \cdot \frac{5}{6}$ e) $\frac{4}{7} \cdot \frac{7}{8} + \frac{7}{8} \cdot \frac{3}{7}$

Häufigkeiten und Mittelwerte

9. Frank hat 12 Freunde nach ihren Lieblingssportarten befragt.
a) Übertrage die Tabelle ins Heft und fülle sie aus.

Sportart	Anzahl	absolute Häufigkeit	relative Häufigkeit in Prozent
Fußball	~~IIII~~ I	6	
Handball	II		
Tischtennis	IIII		

b) Stelle die Häufigkeiten in einem Säulendiagramm dar.

10. Zensuren in einem Mathematiktest: 1, 3, 3, 3, 2, 2, 3, 3, 4, 2, 1, 3, 4, 4, 3, 3, 3, 2, 2, 1, 3
a) Gib das arithmetische Mittel, den Median und die Spannweite der Zensuren an.
b) Stelle die Anteile der Zensuren 1 bis 4 an allen Zensuren in einem Diagramm dar.

11. Das Kreisdiagramm zeigt die Befragungsergebnisse nach dem Alter der 24 Schülerinnen und Schüler in der Klasse 8b.

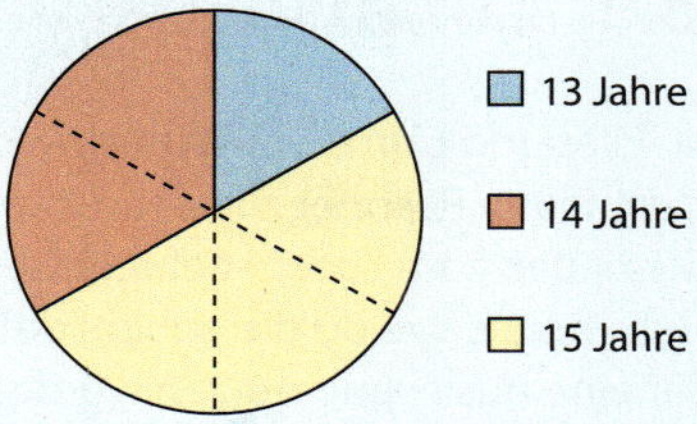

a) Gib das durchschnittliche Alter der Schülerinnen und Schüler der Klasse 8b an.

b) Ermittle, wie sich der Altersdurchschnitt der 8b ändert, wenn zwei Schüler mit 13 Jahren die Klasse verlassen und ein 16-jähriger Schüler hinzukommt.

c) Stelle die Daten in einem Säulendiagramm dar. Begründe, welche der Diagrammarten hier am besten geeignet ist.

12. 13 Jungen und 15 Mädchen einer Klasse 8 haben auf die Frage geantwortet, wie viele Kurznachrichten sie pro Tag verschicken.

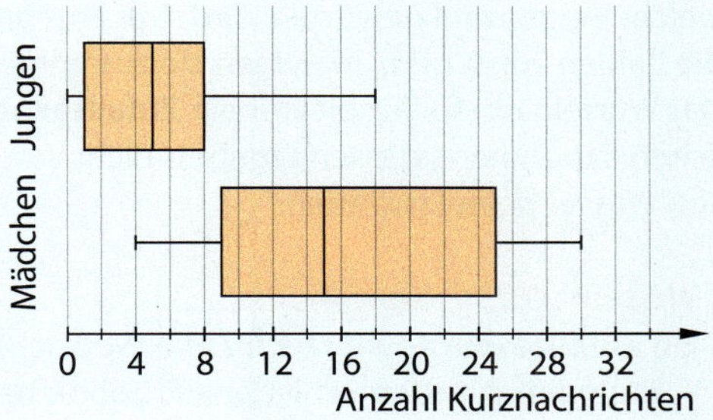

a) Gib sowohl für die Jungen als auch für die Mädchen die Kennwerte an.

b) Interpretiere beide Boxplots im Zusammenhang und bewerte die Extremwerte für beide Gruppen.

Vermischtes

13. Gib sechs Brüche an, die auf dem Zahlenstrahl zwischen $\frac{1}{8}$ und $\frac{5}{8}$ liegen.

14. Gib jeweils die Lösungsmenge der Gleichung zu den angegebenen Grundmengen an.

a) $y = \frac{x}{2}$; $G_1 = \{1; 2\} \times \{1; 2\}$; $G_2 = \{1; 2; 3; 4; 5; 6\} \times \{1; 2; 3; 4; 5; 6\}$; $G_3 = \mathbb{N} \times \mathbb{N}$

b) $b = 2a$; $G_1 = \{2; 4; 6; 8\} \times \{2; 4; 6; 8\}$; $G_2 = \{1; 2; 3; 4; 5; 6\} \times \{1; 2; 3; 4; 5; 6\}$; $G_3 = \mathbb{Q} \times \mathbb{Q}$

15. Ermittle, wie viele Möglichkeiten es gibt, über die Wege a, b, c, (1) und (2) von Station A über Station B nach Station C zu gelangen.

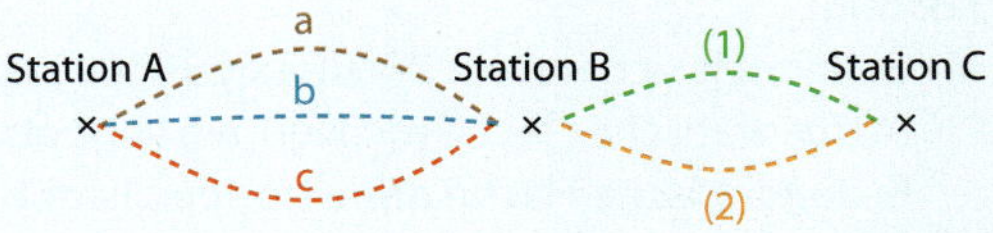

16. Die Blutgruppen 0, A, B und AB sind nicht überall gleich verteilt. Es gibt regionale Unterschiede. Die Tabelle enthält die Angaben für die Bundesrepublik Deutschland.

Blutgruppe	0	A	B	AB
Anteil	41 %	43 %	11 %	5 %

a) Stelle die Verteilung der Blutgruppen in einem Diagramm dar.

b) Berechne, wie viele von 500 zufällig ausgewählten Einwohnern Deutschlands bei jeder Blutgruppe zu erwarten sind.

17. Im statistischen Jahrbuch Deutschlands für 2014 ist folgende Aussage zu finden: „Jede fünfte Professur in Deutschland übt eine Frau aus."
Ermittle den prozentualen Anteil der Frauen an allen Professuren in Deutschland.

6.1 Zufallsexperimente und Wahrscheinlichkeit

■ Elias und Laura wollen auslosen, wer von ihnen den neuen Rechner zuerst ausprobieren darf. Sie haben zum Losen mehrere Gegenstände gesammelt. Beschreibe, wie du die abgebildeten Gegenstände für eine Auslosung nutzen würdest. ■

Zufallsexperimente

Beim Werfen eines Spielwürfels kann man nicht vorhersagen, welche Augenzahl gewürfelt wird. Das Ergebnis hängt vom Zufall ab. Mögliche Ergebnisse sind die Zahlen von 1 bis 6, man fasst sie zusammen zur **Ergebnismenge** $\Omega = \{1; 2; 3; 4; 5; 6\}$.
Das Würfeln ist ein Beispiel für ein **Zufallsexperiment** im Unterschied zum naturwissenschaftlichen Experiment, dessen Ergebnis nicht vom Zufall abhängt, wie z. B. die Siedetemperatur von Wasser beim Erwärmen.

Wissen: Zufallsexperiment
Ein **Zufallsexperiment** (auch Zufallsversuch) hat folgende Merkmale:
- Es sind mehrere verschiedene **Ergebnisse** (Versuchsausgänge) möglich.
- Die **Ergebnismenge** Ω mit allen möglichen Ergebnissen kann vor dem Experiment angegeben werden.
- Es lässt sich nicht mit Sicherheit voraussagen, welches Ergebnis eintreten wird.
- Das Experiment kann unter gleichen Bedingungen beliebig oft wiederholt werden.

Beispiel 1: Entscheide, ob ein Zufallsexperiment vorliegt. Begründe deine Entscheidung und gib gegebenenfalls die Ergebnismenge an.
a) Werfen des abgebildeten Lego-Bausteins.
b) Werfen einer einfarbigen Kugel.

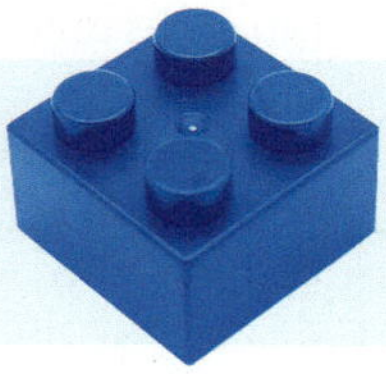

Lösung:
a) Es handelt sich um ein Zufallsexperiment, denn es sind mehrere Ergebnisse möglich:
A: quadratische Fläche mit Noppen liegt oben
B: quadratische Fläche ohne Noppen liegt oben
C: Seitenfläche liegt oben.
Es kann nicht vorhergesagt werden, welche Seite oben liegen wird. Der Versuch ist wiederholbar.
Ergebnismenge $\Omega = \{A; B; C\}$
b) Es gibt nur ein Ergebnis. Das Werfen dieser Kugel ist kein Zufallsexperiment.

Basisaufgaben

1. Entscheide, ob ein Zufallsexperiment vorliegt. Begründe deine Entscheidung und gib gegebenenfalls die Ergebnismenge an.
   a) Ein Glücksrad mit gelben, blauen und roten Feldern wird gedreht.
   b) Eine Eisenkugel geht im Wasser unter.
   c) Leon zieht aus einem Kartenspiel mit acht Karten eine Karte.
   d) Der nächste Sonntag ist schulfrei.
   e) Eine mit Marmelade bestrichene Brotscheibe fällt auf den Boden.

2. Nenne Beispiele für Zufallsexperimente und Beispiele für nicht zufällige Experimente.

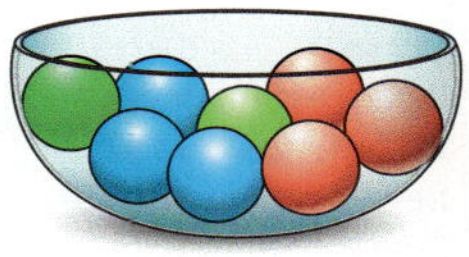

3. Aus der abgebildeten Schüssel werden mit verbundenen Augen einmal gleichzeitig drei Kugeln entnommen. Vervollständige die Ergebnismenge $\Omega = \{$(blau/blau/grün); ...$\}$.

Relative Häufigkeit und Wahrscheinlichkeit

Wird eine Reißzwecke geworfen, landet sie entweder auf dem Rücken oder sie bleibt seitlich liegen. Wie groß ist die Chance, dass die Reißzwecke auf dem Rücken landet?
Um dies zu untersuchen, wurde eine Reißzwecke 400-mal geworfen.

Anzahl der Würfe	20	50	100	200	300	400
absolute Häufigkeit von	2	28	43	77	123	153
relative Häufigkeit von	0,10	0,56	0,43	0,39	0,41	0,38

Die relative Häufigkeit scheint sich mit größer werdender Versuchsanzahl um einen festen Wert zu stabilisieren.
Obwohl es auch bei großer Versuchsanzahl keine Gewissheit darüber gibt, wie viele Reißzwecken auf dem Rücken landen, vermittelt die stabilisierte relative Häufigkeit eine Vorstellung von der Chance, wie oft die Reißzecken so liegen bleiben.
Ein solcher Wert wird genutzt, um für die Wahrscheinlichkeit eine Zahl festzulegen, die bei vielen Versuchsdurchführungen „möglichst wenig" von den relativen Häufigkeiten abweicht.

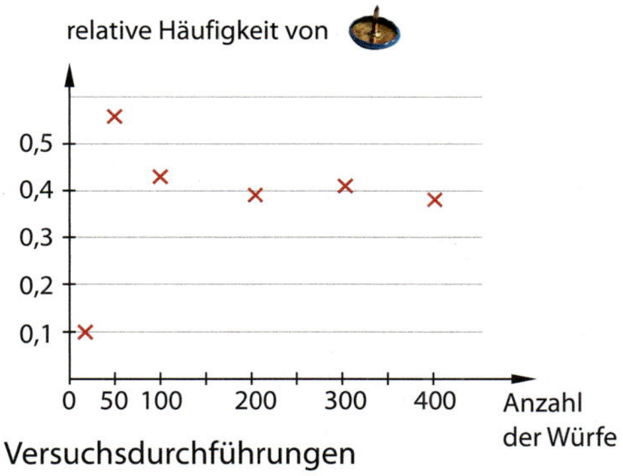

Für die Wahrscheinlichkeit, dass die Reißzwecke auf dem Rücken landet, kann man 0,4 = 40 % angeben. Man schreibt auch P („Rücken") = 0,4 = 40 %.

Hinweis:
P von probability [engl.] = Wahrscheinlichkeit

Wissen: Empirisches Gesetz der großen Zahlen – Wahrscheinlichkeit
Wird ein Zufallsexperiment sehr oft durchgeführt, so stabilisieren sich mit einer ausreichend hohen Anzahl von Versuchsdurchführungen die relativen Häufigkeiten der Ergebnisse um einen festen Wert p, der zwischen 0 und 1 liegt.
Dieser feste Wert p wird als **Wahrscheinlichkeit P (A) (sprich: P von A) des Ergebnisses A** bezeichnet.

Eine **stabilisierte relative Häufigkeit** eines Ergebnisses kann als **Schätzwert** für die **Wahrscheinlichkeit** verwendet werden.

Beispiel 2: Der Lego-Baustein wurde 300-mal geworfen. 143-mal landete der Baustein mit den Noppen nach oben. Schätze die Wahrscheinlichkeit dafür, dass beim Werfen des Steins die Seite mit den Noppen oben liegt.

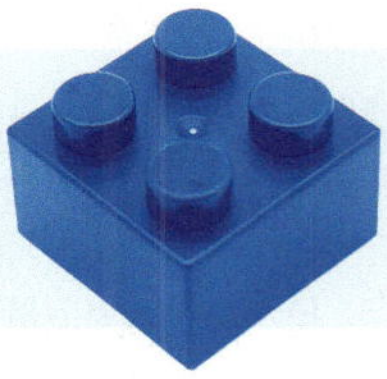

Lösung:
Bei 300 Würfen kannst du davon ausgehen, dass die relative Häufigkeit in der Nähe der Wahrscheinlichkeit liegt.

Relative Häufigkeit: $\frac{143}{300} \approx 0{,}477 \approx 0{,}48$
Schätzung für die Wahrscheinlichkeit:
P („Noppen oben") = 0,48 = 48 %

Hinweis:
Relative Häufigkeiten treffen Aussagen über bereits durchgeführte Zufallsexperimente. Wahrscheinlichkeiten treffen Aussagen über die Chancen in bevorstehenden Zufallsexperimenten.

Wissen: Schätzen von Häufigkeiten aufgrund von Wahrscheinlichkeiten
Die **Wahrscheinlichkeit** gibt an, welche **relative Häufigkeit** für ein Ergebnis bei vielen Versuchswiederholungen in etwa zu erwarten ist **(Prognose)**.

Beispiel 3: Bei der Herstellung von T-Shirts kommt es vor, dass ein T-Shirt Mängel aufweist. Eine Firma geht davon aus, dass die Wahrscheinlichkeit hierfür 2 % beträgt. Wie viele T-Shirts mit Mängeln wird es bei der Herstellung von 10 000 T-Shirts etwa geben?

Lösung:
Die relative Häufigkeit wird etwa der Wahrscheinlichkeit entsprechen.
Multipliziere für die absolute Häufigkeit die relative Häufigkeit mit der Gesamtzahl der T-Shirts.

Relative Häufigkeit:
$2\,\% = 0{,}02$
$0{,}02 \cdot 10\,000 = 200$
Bei der Herstellung von 10 000 T-Shirts werden etwa 200 T-Shirts Mängel haben.

Basisaufgaben

4. Wirf eine Münze 100-mal und zähle nach jeweils 20 Würfen die Anzahl für „Kopf". Berechne die relative Häufigkeit für 20, 40, 60, 80 und 100 Würfe und stelle die Ergebnisse in einem Liniendiagramm dar. Beurteile deine Ergebnisse.

5. Eine Reißzwecke wurde 200-mal geworfen und das Ergebnis „Reißzwecke auf dem Rücken" gezählt.

Anzahl der Würfe	20	40	60	80	100	120	140	160	180	200
Reißzwecke auf Rücken	8	12	15	22	31	41	52	56	61	68

a) Berechne die relativen Häufigkeiten und stelle sie in einem Liniendiagramm dar.
b) Schätze die Wahrscheinlichkeit dafür, dass die Reißzwecke auf dem Rücken landet.

6. Ein Kronkorken wird geworfen.
a) Gib die möglichen Ergebnisse an.
b) Wirf einen Kronkorken mindestens 50-mal. Schätze damit die Wahrscheinlichkeit für die Ergebnisse.

7. Ein Automobilclub hat ermittelt, dass bei einer Panne mit einer Wahrscheinlichkeit von ca. 38 % die Fahrzeugelektrik ausgefallen ist und mit einer Wahrscheinlichkeit von ca. 13 % ein Fehler der Zündanlage vorliegt. Im Jahr leistet der Club etwa 220 000-mal Pannenhilfe.
a) Berechne, bei wie vielen Pannen im nächsten Jahr die Fahrzeugelektrik voraussichtlich die Ursache sein wird.
b) Wie viele Pannen pro Woche mit einem Fehler der Zündanlage sind zu erwarten?

Weiterführende Aufgaben

8. Beim Werfen einer Münze liegt zu 50 % „Zahl" oben.
Es ist nun die Wahrscheinlichkeit dafür gesucht, dass beim Werfen zweier Münzen bei beiden „Zahl" oben liegt. Arbeitet zu zweit.
a) Gebt eine Vermutung über die gesuchte Wahrscheinlichkeit ab.
b) Führt diesen Vorgang mit zwei Münzen 50-mal durch und ermittelt einen Schätzwert für die gesuchte Wahrscheinlichkeit.

9. a) Erläutere, wie man am Diagramm den Effekt der Stabilisierung relativer Häufigkeiten bei einem Zufallsexperiment erkennen kann.
b) Beschreibe ein passendes Zufallsexperiment mit einem passenden Ergebnis.

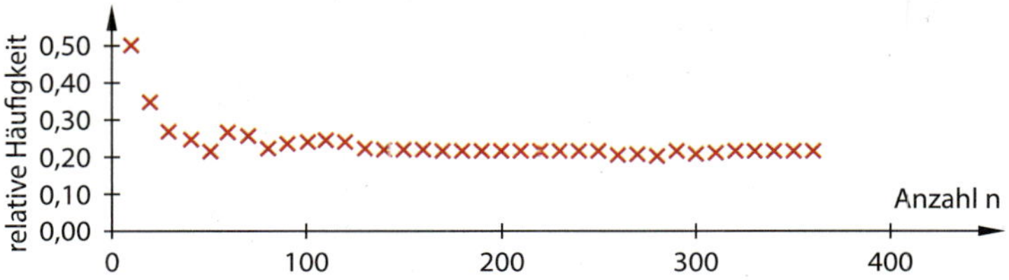

10. Stolperstelle: Jakob hat 20-mal einen Spielwürfel geworfen und dabei zehnmal die Augenzahl „Sechs" erhalten. Jakob behauptet: „Bei diesem Würfel ist die Wahrscheinlichkeit für eine Sechs $\frac{10}{20}$, also 50 %." Was meinst du dazu? Begründe.

11. Die besten Elfmeterschützen im Fußballverein sind Christian und Daniel. Christian trifft mit einer Wahrscheinlichkeit von 70 %, Daniel mit einer Wahrscheinlichkeit von 67 %.
a) Wie könnte man zu diesen Werten gekommen sein?
b) Beim Training schießt jeder 30 Elfmeter. Stelle eine Vermutung auf, wie oft Christian und Daniel dabei treffen.
c) In den Ligaspielen hat Christian die letzten beiden Elfmeter verschossen. Wer sollte deiner Meinung nach den nächsten Elfmeter schießen? Begründe.

12. Das Glücksrad wird 400-mal gedreht. Beim goldenen Feld gibt es einen Gewinn. Nach jeweils 50 Versuchen wird notiert, wie häufig es bis dahin einen Gewinn gab.

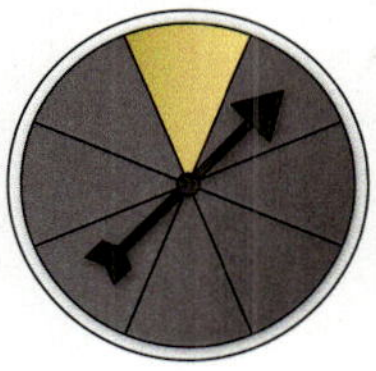

Anzahl der Versuche	50	100	150	200	250	300	350	400
Häufigkeit der Gewinne	9	14	18	21	24	35	42	48

a) Berechne jeweils die relativen Häufigkeiten und stelle sie in einem Liniendiagramm dar.
b) Jens meint: „Die relative Häufigkeit stabilisiert sich bei 12 %, also ist die Wahrscheinlichkeit für einen Gewinn genau 12 %." Susi sagt: „Das muss nicht stimmen, bei weiteren Versuchen könnte sich die relative Häufigkeit noch etwas ändern." Nimm dazu Stellung.
c) Till meint, dass die Wahrscheinlichkeit für einen Gewinn $\frac{1}{8}$ = 12,5 % beträgt. Wie könnte er darauf gekommen sein?

● **13.** Beim Werfen einer Münze beträgt die Wahrscheinlichkeit für „Kopf" 50 %. Welches der folgenden Ereignisse wird vermutlich am ehesten eintreten?
① Beim zehnmaligen Werfen einer Münze erhält man 7-mal „Kopf".
② Beim hundertmaligen Werfen einer Münze erhält man 70-mal „Kopf".
③ Beim tausendmaligen Werfen einer Münze erhält man 700-mal „Kopf".
Begründe deine Aussage mit dem empirischen Gesetz der großen Zahlen.

● **14. Ausblick:** In einem Beutel sind grüne, blaue, rote und gelbe Murmeln. Es wurde immer blind eine Murmel aus dem Beutel genommen und dann wieder zurückgelegt:
grün: 26-mal blau: 18-mal rot: 40-mal gelb: 16-mal
a) Berechne die relative Häufigkeit für jede Farbe.
b) Wie viele Murmeln von jeder Farbe könnten im Beutel sein, wenn es insgesamt 30 sind? Begründe deine Vermutung.

6.2 Eigenschaften der Wahrscheinlichkeit

■ Jonas will die Wahrscheinlichkeit für das Würfeln einer 6 ermitteln und würfelt dazu zehnmal jeweils mit zehn Würfeln gleichzeitig.
Leon meint, dass man keine Versuchsreihe braucht, da ja jede Augenzahl die gleiche Chance hat.
Wie groß ist die Wahrscheinlichkeit, eine 6 zu würfeln? Begründe deine Antwort. ■

Wahrscheinlichkeiten von Ergebnissen

Hinweis:
Wahrscheinlichkeiten geben Chancen in zukünftigen Zufallsexperimenten an. Diese sind unabhängig davon, welche Ergebnisse in der Vergangenheit aufgetreten sind.

Wissen: Wahrscheinlichkeit von Ergebnissen
Die **Wahrscheinlichkeit** eines Ergebnisses P (A) gibt die **Chance** an, mit der das Ergebnis in einem Zufallsexperiments auftritt. Sie liegt immer zwischen 0 und 1 (zwischen 0 % und 100 %).

Für alle möglichen Ergebnisse eines Zufallsexperiments ist die **Summe der Wahrscheinlichkeiten 1 (100 %).** $P(\Omega) = 1$

In manchen Fällen kann man Wahrscheinlichkeiten durch geometrische Überlegungen bestimmen. Beispielsweise hat beim Werfen einer Münze jede Seite die gleiche Chance, oben zu liegen, da die Form der Münze symmetrisch ist. Die Wahrscheinlichkeit ist für jede Seite der Münze 50 %. Man muss dazu nicht die relativen Häufigkeiten von vielen Wiederholungen des Zufallsexperiments betrachten.

Beispiel 1: Bestimme die Wahrscheinlichkeit, mit der beim Drehen der Zeiger auf der Farbe Rot (Blau; Grün; Gelb) stehen bleibt.

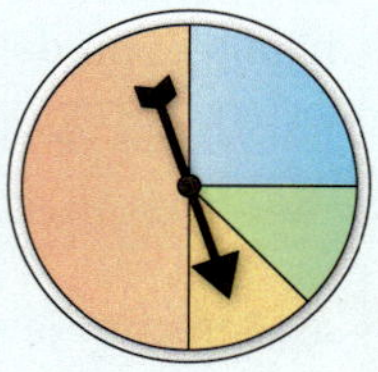

Lösung:

Da die Hälfte des Glücksrads rot ist, ist auch die Wahrscheinlichkeit für die Farbe Rot $\frac{1}{2}$.

P („rot") $= \frac{1}{2} = 50\,\%$

Bei jeder Farbe entspricht die Wahrscheinlichkeit dem Anteil an der Gesamtfläche.

P („blau") $= \frac{1}{4} = 25\,\%$

P („grün") $= \frac{1}{8} = 12{,}5\,\%$

P („gelb") $= \frac{1}{8} = 12{,}5\,\%$

Zur Kontrolle kannst du die Wahrscheinlichkeiten aller Ergebnisse addieren.

$50\,\% + 25\,\% + 12{,}5\,\% + 12{,}5\,\% = 100\,\%$

(oder $\frac{1}{2} + \frac{1}{4} + \frac{1}{8} + \frac{1}{8} = \frac{4}{8} + \frac{2}{8} + \frac{1}{8} + \frac{1}{8} = \frac{8}{8} = 1$)

Basisaufgaben

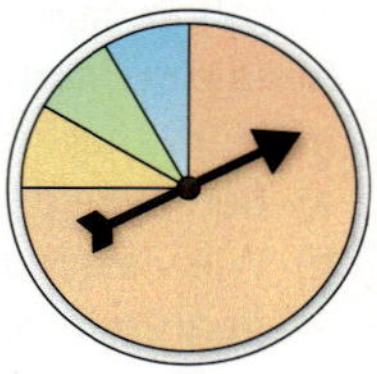

1. a) Wie groß ist die Wahrscheinlichkeit dafür, dass das Glücksrad auf der Farbe Gelb (Rot; Grün; Blau) zum Stehen kommt?
   b) Zeige, dass die Summe der Wahrscheinlichkeiten aus a) 100 % (bzw. 1) ist.

2. Beim Würfeln mit einem Spielwürfel hat jede Augenzahl die Wahrscheinlichkeit $\frac{1}{6}$. Erläutere dies. Du kannst dazu ein Körpernetz des Würfels zeichnen.

3. Eine regelmäßige dreiseitige Pyramide (ein Tetraeder) wird geworfen. Es zählt die Augenzahl oben (an der Spitze).

a) Mit welcher Wahrscheinlichkeit befindet sich die Zahl 4 oben?
b) Gib alle möglichen Ergebnisse und deren Wahrscheinlichkeiten an.

4. Es wird einmal mit einem Würfel gewürfelt, der das dargestellte Körpernetz hat. Betrachtet wird die Farbe, die oben liegt. Gib die möglichen Ergebnisse und deren Wahrscheinlichkeiten an.

a) 

b) 

c) 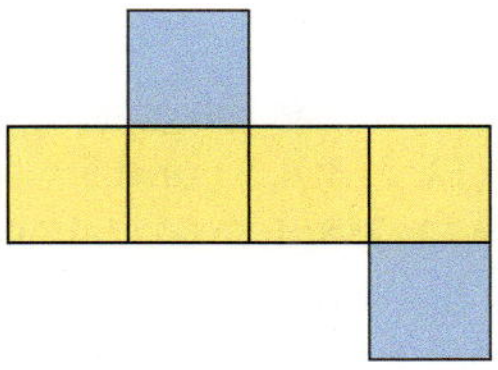

Wahrscheinlichkeit von Ereignissen

Wenn beim Würfeln nur interessiert, ob das Ergebnis ungerade ist, kann man die Ergebnisse zusammenfassen zu einem **Ereignis** $E = \{1; 3; 5\}$.
Für die Wahrscheinlichkeit des Ereignisses addiert man die Wahrscheinlichkeiten der einzelnen Ergebnisse:
$P(E) = P(1) + P(3) + P(5) = \frac{1}{6} + \frac{1}{6} + \frac{1}{6} = \frac{1}{2}$.

Hinweis:
Ein Ereignis kann auch nur ein Element umfassen, z. B. $E = \{1\}$.

Wissen: Zufallsexperimente und Wahrscheinlichkeit von Ereignissen – Summenregel
Die Wahrscheinlichkeit eines Ereignisses ist die Summe der Wahrscheinlichkeiten der zugehörigen Ergebnisse.

$$P(E) = P(A_1) + P(A_2) + \ldots + P(A_n) \quad \text{für } E = \{A_1; A_2; \ldots A_n\}$$

Basisaufgaben

5. Die Tabelle zeigt die Wahrscheinlichkeiten für die Anzahl der Anrufe in einem Callcenter.

Anzahl der Anrufe pro Minute	0	1	2	3	4	5	6 oder mehr
Wahrscheinlichkeit	12 %	25 %	27 %	19 %	10 %	4 %	3 %

Berechne die Wahrscheinlichkeit dafür, dass es pro Minute
a) keinen oder einen Anruf gibt,
b) ein bis drei Anrufe gibt,
c) höchstens 4 Anrufe gibt,
d) mehr als 4 Anrufe gibt.

6. Ein Dodekaeder-Würfel mit zwölf gleich großen Begrenzungsflächen, die mit den Zahlen von 1 bis 12 beschriftet sind, wird geworfen. Schreibe das angegebene Ereignis als Menge mit den zugehörigen Ergebnissen und berechne seine Wahrscheinlichkeit.

a) Die Augenzahl ist größer als 10.
b) Die Augenzahl ist gerade.
c) Die Augenzahl ist kleiner als 2.
d) Die Augenzahl ist eine Primzahl.
e) Die Augenzahl ist durch 3 oder durch 5 teilbar.

Gegenereignis

Alle Ergebnisse, die nicht zu einem Ereignis E gehören, bilden das **Gegenereignis**.
Jede Ergebnismenge kann man aufteilen in ein Ereignis und sein Gegenereignis.

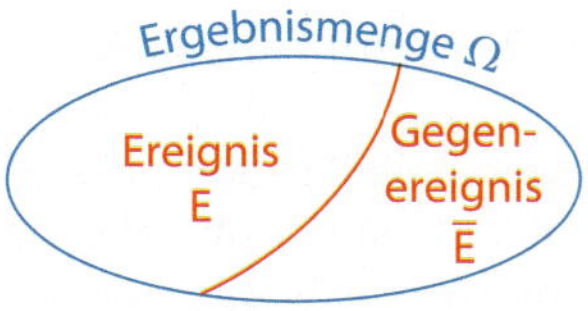

Wissen: Komplementärregel
Für jedes Ereignis E und sein Gegenereignis $\overline{E}$ gilt: $P(E) + P(\overline{E}) = 1$.

Beispiel 2: Bestimme die Wahrscheinlichkeit, eine kleinere Zahl als 6 zu würfeln.

Lösung:
Betrachte die Ereignisse K: „Zahl kleiner als 6 gewürfelt" und S: „Zahl 6 gewürfelt". Es gilt $K = \{1; 2; 3; 4, 5\}$ und $S = \{6\}$. Zusammen ergeben sie die gesamte Ergebnismenge $\Omega = \{1; 2; 3; 4; 5; 6\}$, daher sind sie Gegenereignisse, also $S = \overline{K}$.
Für die Wahrscheinlichkeiten gilt:
$P(K) + P(S) = P(K) + P(\overline{K}) = 1$, also $P(K) = 1 - P(\overline{K}) = 1 - \frac{1}{6} = \frac{5}{6}$.
Die Wahrscheinlichkeit dafür, eine kleinere Zahl als 6 zu würfeln, beträgt $\frac{5}{6} \approx 0{,}82$.

Basisaufgaben

7. Ein Spielwürfel wird geworfen. Bei ① – ④ sind Ereignisse E angegeben.
① E: Die Augenzahl ist gerade.
② E: Die Augenzahl ist durch 3 teilbar.
③ E: Die Augenzahl ist 6.
④ E: Die Augenzahl ist größer als 4.
a) Bestimme das Gegenereignis. Schreibe das Ereignis und das Gegenereignis jeweils als Menge mit den zugehörigen Ergebnissen.
b) Berechne die Wahrscheinlichkeiten des Ereignisses und des Gegenereignisses.

8. Das Glücksrad wird gedreht. Berechne die Wahrscheinlichkeit des angegebenen Ereignisses. Formuliere das Gegenereignis und berechne auch seine Wahrscheinlichkeit.
a) Der Zeiger bleibt auf „Rot" stehen.
b) Der Zeiger bleibt auf „Grün" oder „Gelb" stehen.
c) Der Zeiger bleibt nicht auf „Gelb" stehen.
d) Der Zeiger bleibt weder auf „Blau" noch auf „Grün" stehen.

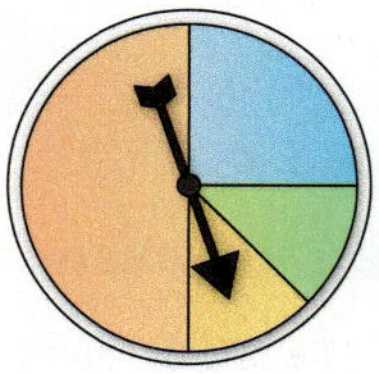

Weiterführende Aufgaben

9. Beim Netz eines Würfels sollen sich auf den Seitenflächen nur die Zahlen 1, 2 oder 3 befinden. Zeichne solch ein Netz so, dass sich folgende Wahrscheinlichkeit ergibt:
a) $\frac{1}{3}$ für das Würfeln einer 1
b) $\frac{2}{3}$ für das Würfeln einer 2
c) $\frac{2}{3}$ für das Würfeln einer 1 oder 2
d) 1 für das Würfeln einer 1 oder 3

10. Emilia muss beim Spiel „Mensch-ärgere-dich-nicht" eine 6 würfeln. Aber seit zehn Versuchen wartet sie vergeblich darauf. Sie sagt: „Beim nächsten Wurf ist die Wahrscheinlichkeit für eine 6 größer als $\frac{1}{6}$. Die Augenzahlen müssen sich ja ausgleichen."
Nimm dazu Stellung und begründe deine Meinung.

11. **Stolperstelle:** Sven behauptet, dass die Wahrscheinlichkeiten der drei Münzwurfserien gleich sind. Was meinst du? Begründe deine Aussage.
1. Serie: Kopf; Kopf; Kopf; Kopf; Kopf; Zahl; Zahl; Zahl; Zahl; Zahl
2. Serie: Kopf; Zahl; Kopf; Zahl; Kopf; Zahl; Kopf; Zahl; Kopf; Zahl
3. Serie: Zahl; Kopf; Zahl; Zahl; Zahl; Kopf; Zahl; Kopf; Kopf; Zahl

12. a) „Er hat eine 100-prozentige Torchance vergeben." Nimm zu der Aussage Stellung.
b) Gibt es eine Wahrscheinlichkeit von 0 %? Finde Beispiele.

13. Beim Werfen des abgebildeten Körpers kann die grüne oder die rote Seite oben liegen oder er kommt zum Stehen. Die Schülerinnen und Schüler der Klasse 7c sollten vor dem Werfen die Wahrscheinlichkeiten für jedes der drei möglichen Ergebnisse schätzen.

	grün oben	rot oben	steht
Miriam	45 %	45 %	30 %
Sven	0,5	0,35	0,15
Christina	0,25	0,25	0,5
Sophie	40 %	40 %	20 %
Yannick	$\frac{1}{3}$	$\frac{1}{3}$	$\frac{1}{3}$

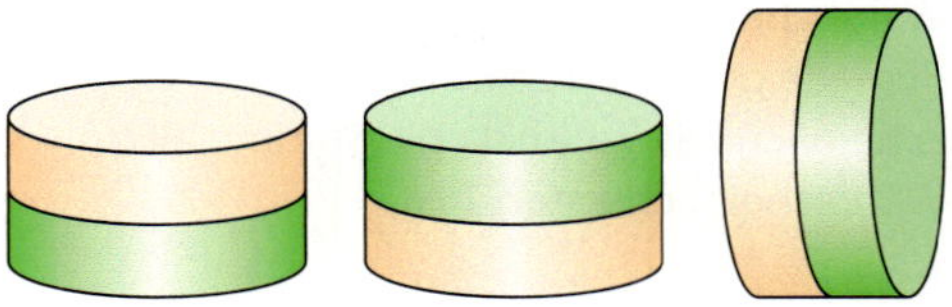

a) Beurteile die Schätzungen von Miriam, Sven, Christina, Sophie und Yannick.
b) Beim 50-maligen Werfen des Körpers lag 20-mal die rote, 22-mal die grüne Seite oben und 8-mal blieb er stehen. Welche Schätzung passt am besten zu diesem Ergebnis?
c) Wie schätzt du die Wahrscheinlichkeiten? Berücksichtige das Ergebnis aus b).

14. Mit einem der drei abgebildeten Glücksräder wurde ein Zufallsexperiment durchgeführt. Die Farben Rot, Blau, Grün und Gelb traten mit folgenden Häufigkeiten auf:

Rot	Blau	Grün	Gelb
46	22	50	24

a) Berechne die relative Häufigkeit für jede Farbe.
b) Welche der abgebildeten Glücksräder könnte zu diesem Zufallsexperiment gehören? Begründe deine Vermutung, indem du die Wahrscheinlichkeiten bestimmst.

● **15.** Zeichne Glücksräder mit den Farben Rot, Grün und Gelb, bei denen der Zeiger mit der Wahrscheinlichkeit von
a) 25 % auf „Rot", 25 % auf „Gelb" und 50 % auf „Grün" stehen bleibt,
b) 80 % nicht auf „Rot" stehen bleibt,
c) 70 % auf „Rot" oder „Grün" und mit der Wahrscheinlichkeit von 50 % auf „Grün" oder „Gelb" stehen bleibt.

Tipp zu 15 c:
Überlege zunächst, welcher Anteil des Glücksrads rot sein muss.

● **16.** **Ausblick:** Pia, Marie und Erik merken beim Spiel, dass plötzlich der Würfel verschwunden ist. Sie suchen ein anderes Zufallsgerät als Ersatzwürfel.
- Pia möchte drei Buchstabenplättchen mit den Buchstaben O, P und A in ein Säckchen legen und diese drei nacheinander herausziehen.
- Marie hat zwei unterschiedliche Münzen in der Tasche und will beide Münzen werfen.
- Erik hat einen quaderförmigen USB-Stick in der Hosentasche und will diesen werfen.

Untersuche für alle drei Fälle, ob es möglich ist, damit einen Würfel zu ersetzen, d. h., ein Zufallsgerät zu erzeugen, bei dem es sechs mögliche Ergebnisse gibt, die gleich wahrscheinlich sind.

6.3 Laplace-Wahrscheinlichkeit

■ Bei welchem Zufallsexperiment ist die Chance größer, die Farbe Blau zu erhalten – beim Drehen des Glücksrads oder beim zufälligen Ziehen einer Kugel aus der Schale? Begründe deine Meinung.
Gib auch die Wahrscheinlichkeiten an. ■

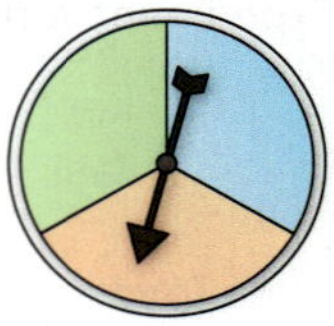

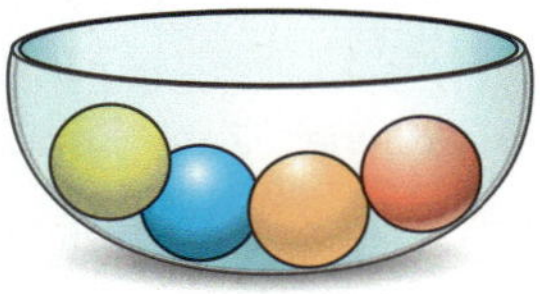

Laplace-Experimente

Zieht man aus 5 Karten zufällig eine Karte, ist für jede Karte die Chance und damit die Wahrscheinlichkeit gleich groß.
Für jede der 5 Karten muss dann die Wahrscheinlichkeit $\frac{1}{5}$ sein, da die Summe aller Wahrscheinlichkeiten 1 ist.

$\frac{1}{5} + \frac{1}{5} + \frac{1}{5} + \frac{1}{5} + \frac{1}{5} = 1$

Hinweis:

Der französische Mathematiker Pierre Simon de Laplace lebte von 1749 bis 1827.

Wissen: Laplace-Experiment
Ein Zufallsexperiment, bei dem alle Ergebnisse gleich wahrscheinlich sind, nennt man **Laplace-Experiment.**

Bei n möglichen Ergebnissen ist die **Wahrscheinlichkeit in einem Laplace-Experiment** für jedes Ergebnis $\frac{1}{n}$.

Beispiel 1: Handelt es sich um ein Laplace-Experiment? Begründe deine Entscheidung und bestimme die Wahrscheinlichkeiten in den Laplace-Experimenten.

a) Beim Lotto wird eine Kugel aus 49 Kugeln gezogen.

b) Der abgebildete Quader wird geworfen.

Lösung:

a) Die Ergebnisse 1, 2, 3, … 47, 48, 49 sind alle gleich wahrscheinlich, da die Kugeln alle dieselbe Größe und Beschaffenheit und dieselbe Masse haben. Es handelt sich also um ein Laplace-Experiment. Da es 49 Kugeln gibt, ist die Wahrscheinlichkeit für jede einzelne Zahl $\frac{1}{49}$.

b) Bei diesem „falschen Würfel" sind die Flächen unterschiedlich groß. Es ist wahrscheinlicher, dass der Quader auf einer größeren Fläche liegen bleibt und nicht auf einer kleineren Fläche. Die Augenzahlen haben also nicht alle die gleiche Wahrscheinlichkeit. Es handelt sich nicht um ein Laplace-Experiment. Die Wahrscheinlichkeiten für die Zahlen lassen sich nicht einfach angeben.

Basisaufgaben

1. Beurteile, ob ein Laplace-Experiment vorliegt. Gib zunächst die möglichen Ergebnisse an.
   a) Werfen eines Spielwürfels
   b) Schießen eines Elfmeters
   c) Durchführen einer Befragung nach der Anzahl der Kinder in einer Familie
   d) Einmaliges Drehen eines Glücksrads mit zehn gleich großen Sektoren

2. Zeichne ein Glücksrad, bei dem jedes Ergebnis die Wahrscheinlichkeit $\frac{1}{6}$ hat. Vergleicht die Glücksräder in eurer Klasse.

3. a) Handelt es sich um ein Laplace-Experiment? Begründe deine Entscheidung und bestimme die Wahrscheinlichkeit eines Ergebnisses bei den Laplace-Experimenten.
   ① Ziehung aus einer Lostrommel mit 200 Losen
   ② Werfen einer Münze
   ③ Drehen des abgebildeten Glücksrads
   ④ Wahl eines Klassensprechers aus den 24 Schülern einer Klasse
   ⑤ Geburt eines Jungen oder eines Mädchens
   b) Finde weitere Beispiele für Laplace-Experimente.

Wahrscheinlichkeiten berechnen

Das Werfen eines normalen Spielwürfels ist ein Laplace-Experiment.
Für jede Augenzahl ist die Wahrscheinlichkeit $\frac{1}{6}$.
Für die Wahrscheinlichkeit, dass die Augenzahl größer als 2 ist, gilt:

$$P(3) + P(4) + P(5) + P(6) = \frac{1}{6} + \frac{1}{6} + \frac{1}{6} + \frac{1}{6} = \frac{4}{6}$$

Anzahl der Augenzahlen, die größer als 2 sind.

Anzahl aller möglichen Augenzahlen

Wissen: Laplace-Regel
Bei Laplace-Experimenten gilt für die Wahrscheinlichkeit eines Ereignisses E:

$$P(E) = \frac{\text{Anzahl der Ergebnisse, die zum Ereignis gehören}}{\text{Anzahl aller möglichen Ergebnisse}}$$

Beispiel 2: Aus einer Urne mit 20 gleichartigen Kugeln, die von 1 bis 20 nummeriert sind, wird genau eine Kugel gezogen. Berechne die Wahrscheinlichkeit für folgende Ereignisse.
a) Die Zahl auf der Kugel ist durch 3 teilbar.
b) Die Zahl auf der Kugel ist nicht durch 5 teilbar.

Lösung:
Da alle Kugeln die gleiche Chance haben, gezogen zu werden, kann die Laplace-Regel angewendet werden. Die Anzahl aller möglichen Ergebnisse ist 20.

a) 6 von 20 Zahlen sind durch 3 teilbar (3, 6, 9, 12, 15 und 18).
P („Zahl ist durch 3 teilbar.“) $= \frac{6}{20} = 30\,\%$

b) Gehe geschickt vor: 4 von 20 Zahlen sind durch 5 teilbar (5, 10, 15 und 20).
Also sind umgekehrt 16 von 20 Zahlen nicht durch 5 teilbar.
P („Zahl ist nicht durch 5 teilbar.“) $= \frac{16}{20} = 80\,\%$

Basisaufgaben

4. Aus einer Lostrommel mit 300 Losen zieht Moritz ein Los.
a) Begründe, dass ein Laplace-Experiment vorliegt.
b) Unter den 300 Losen befinden sich 27 Gewinnlose.
Berechne die Wahrscheinlichkeit dafür, dass Moritz ein Gewinnlos zieht.

5. In einem Skat-Kartenspiel mit 32 Spielkarten gibt es vier Buben, vier Damen und vier Könige. Karo und Herz werden rote Karten genannt, Pik und Kreuz werden schwarze Karten genannt. Berechne die Wahrscheinlichkeit, mit der die angegebene Karte aus dem Kartenspiel gezogen wird.
a) Dame
b) Kreuz-Karte
c) schwarze Karte
d) Kreuz-König

6. Ein Spielwürfel wird einmal geworfen. Berechne die Wahrscheinlichkeit des Ereignisses.
a) Die Augenzahl ist 1 oder 2.
b) Die Augenzahl ist mindestens 2.
c) Die Augenzahl ist kleiner als 5.
d) Die Augenzahl ist höchstens 6.

Hinweis zu 7:
Gerundete Lösungen:

7. Aus allen Buchstaben des Wortes L A P L A C E E X P E R I M E N T wird zufällig ein Buchstabe ausgewählt. Berechne die Wahrscheinlichkeit dafür, dass der Buchstabe
a) ein C ist,
b) ein E ist,
c) ein Vokal ist,
d) ein Konsonant ist,
e) ein U ist,
f) kein A ist.

Weiterführende Aufgaben

8. Ermittle für das abgebildete Glücksrad die Wahrscheinlichkeit dafür, dass das angegebene Ereignis eintritt. Erläutere dein Vorgehen.
a) Der Zeiger bleibt auf einer ungeraden Zahl stehen.
b) Der Zeiger bleibt auf einem gelben Feld stehen.
c) Der Zeiger bleibt auf einer durch drei teilbaren Zahl stehen.
d) Der Zeiger bleibt nicht auf einem blauen Feld stehen.
e) Der Zeiger bleibt auf einem blauen oder einem grünen Feld stehen.

9. Bei einem Laplace-Experiment beträgt die Wahrscheinlichkeit für ein Ereignis $\frac{5}{8}$.
Gib ein Beispiel für ein Laplace-Experiment mit einem solchen Ereignis an.

10. Stolperstelle: Aus einer Tüte mit 5 roten, 3 gelben und 2 grünen Gummibärchen wird zufällig ein Gummibärchen ausgewählt. Wie groß ist die Wahrscheinlichkeit, ein grünes Gummibärchen auszuwählen?
Peer: „Das ist doch kein Laplace-Experiment, da die Wahrscheinlichkeit für ein rotes Gummibärchen viel größer ist als für ein grünes. Das muss man mit Versuchen bestimmen."
Was sagst du dazu?

11. a) Aus der Schale wird zufällig eine der Kugeln gezogen. Gib die Wahrscheinlichkeit dafür an, dass die Kugel
① blau, ② grün,
③ rot, ④ gelb ist.

b) Wie ändern sich die Wahrscheinlichkeiten für ① bis ④, wenn die Kugeln aus einer Schale mit doppelt so vielen Kugeln von jeder Farbe gezogen werden?

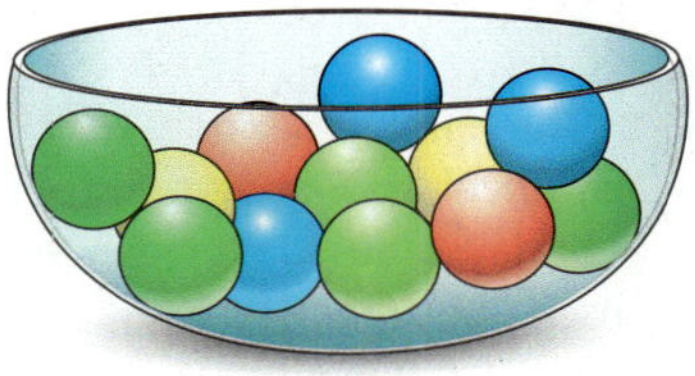

12. Begründe, ob es sich um ein Laplace-Experiment handelt und ob es sinnvoll ist, die Komplementärregel anzuwenden. Bestimme die Wahrscheinlichkeit des Ereignisses
R: Beim gleichzeitigen Ziehen zweier Kugeln aus der Schale, die oben bei Aufgabe 11 zu sehen ist, werden zwei rote Kugeln gezogen;
G: Beim gleichzeitigen Ziehen zweier Kugeln aus der Schale werden zwei Kugeln, die nicht gelb sind, gezogen.

13. In einem Gefäß befinden sich rote und schwarze Kugeln. Die Wahrscheinlichkeit dafür, dass eine rote Kugel gezogen wird, soll den angegebenen Wert haben. Gib mögliche Anzahlen für die roten und schwarzen Kugeln in dem Gefäß an.
a) 0,2 b) 50 % c) 0,01 d) $\frac{1}{3}$

14. Miriam würfelt mit zwei Würfeln und behauptet, dass man mit einer Wahrscheinlichkeit von 50 % einen Pasch erhält, da es nur die beiden Ergebnisse „Pasch“ und „Nicht-Pasch“ gibt. Was meinst du? Begründe deine Aussage.

Hinweis:
Beim Pasch haben beide Würfel gleiche Augenzahl.

● **15.** Die Klasse 8c hat eine Tabelle erstellt, wie früh die Schüler morgens aufstehen müssen, um pünktlich zur ersten Stunde in der Schule zu sein.

Zeit	6:00–6:30 Uhr	6:30–7:00 Uhr	7:00–7:30 Uhr
Häufigkeit	6	18	2

a) Erstelle zu den absoluten Häufigkeiten in der Tabelle ein Kreisdiagramm.
b) Wie groß ist die Wahrscheinlichkeit für einen zufällig bestimmten Schüler dieser Klasse, dass er vor halb sieben aufstehen muss?
c) Kann man auch eine Aussage darüber machen kann, wie groß die Wahrscheinlichkeit dafür ist, dass ein beliebiger Schüler der Schule vor halb sieben aufstehen muss?

● **16.** Aus den Ziffern 1, 2, 3 und 4 soll zufällig eine vierstellige Zahl gebildet werden, bei der jede Ziffer genau einmal vorkommt.
a) Wie viele verschiedene Ergebnisse sind möglich?
b) Bestimme die Wahrscheinlichkeiten für folgende Fälle:
① Die Zahl enthält eine 3. ② Die Zahl ist ungerade.
③ Die Zahl endet auf 4. ④ Die Zahl ist größer als 1400.

● **17.** **Ausblick:** Auf dem Tisch liegen zwei Würfel, deren Augensumme jeweils 100 beträgt.
Würfel A: 1; 7; 17; 21; 25; 29 Würfel B: 5; 11; 15; 19; 23; 27
Judith darf einen Würfel wählen, Alex erhält den anderen Würfel.
Beide würfeln einmal. Gewinner ist, wer die höhere Zahl gewürfelt hat.
a) Gib jeweils alle möglichen Ergebnisse an, die beim Würfeln auftreten können.
b) Welchen Würfel würdest du Judith empfehlen? Begründe.
c) Welche Zahlen müsste ein Würfel C (mit Augensumme 100) haben, der besser ist als einer der beiden vorhandenen Würfel, aber schlechter als der andere?

Simulation von Zufallsexperimenten

■ Über Funk gesendete Nachrichten bestehen aus einzelnen Signalen. Eine Funkstation geht davon aus, dass jedes sechste Signal falsch übertragen wird.
Es ist auch bekannt, dass eine Nachricht nicht mehr entschlüsselt werden kann, wenn mindestens 20 % der Signale fehlerhaft sind. Beschreibe, wie man Spielwürfel nutzen könnte, um die Wahrscheinlichkeit dafür, dass eine Nachricht aus zehn Signalen nicht mehr zu entschlüsseln ist, schätzen zu können. ■

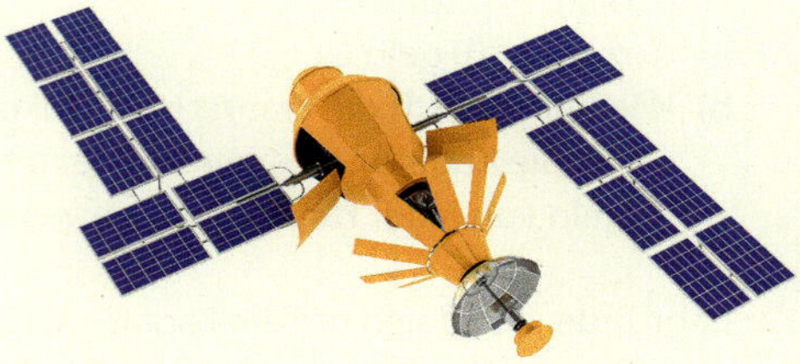

Bei vielen zufälligen Vorgängen können Wahrscheinlichkeiten nicht oder nur mit erheblichem Aufwand berechnet werden. Außerdem gibt es zufällige Vorgänge, die nur schwer oder gar nicht in der Realität durchgeführt werden können.
Es ist dann einfacher, die realen Vorgänge mit einem passenden Zufallsexperiment zu simulieren.

Hinweis:
Solche Zufallsgeräte müssen Vorgänge mit der geforderten Wahrscheinlichkeit simulieren können.

Wissen: Simulation von Zufallsexperimenten
Bei der Simulation wird ein Zufallsexperiment durch einen gleichwertigen Versuch, der einfacher durchführbar ist, nachgeahmt. Dabei verwendet man übliche Zufallsgeräte wie Würfel, Münzen, Glücksräder oder Spielkarten. Man kann auch Zufallszahlen von Taschenrechnern oder Computerprogrammen (Tabellenkalkulation) nutzen.

Hinweis:
Anleitungen zum Erzeugen von Zufallszahlen mit einem GTR oder einem Computer findest du auf der Methodenkarte 8l. Listen mit Zufallszahlen findest du im Anhang (S. 260).

Beispiele:

Wahrscheinlichkeit	kann simuliert werden durch
50 % für die Geburt eines Mädchens	„Kopf" bei Münzwurf
$\frac{1}{3}$ für einen Sitzplatz am Fenster	Augenzahl 1 oder 2 beim Werfen eines Spielwürfels
0,9 für die Pünktlichkeit der Bahn	9 Felder eines Glücksrads mit 10 gleich großen Feldern

Basisaufgaben

1. Beschreibe ein Experiment mit einem Zufallsgerät, mit dem der angegebene Vorgang simuliert werden kann.
   a) Schießen eines Elfmeters mit einer Trefferwahrscheinlichkeit von 0,7
   b) Teilnahme am Schulessen mit einer Wahrscheinlichkeit von 35 %

2. Entscheide, ob das angegebene Zufallsexperiment für eine Simulation des realen Vorgangs geeignet ist: Teilnahme am Lauftraining mit einer Teilnahmewahrscheinlichkeit von 80 %.
   a) Aus einem Gefäß mit 8 verschiedenfarbigen Kugeln wird zufällig eine Kugel entnommen.
   b) Beim Würfeln mit einem Spielwürfel wird ermittelt, ob genau eine der Zahlen 1, 2, 3 oder 4 geworfen wurde.
   c) Mit einer Tabellenkalkulation wird eine ganzzahlige Zufallszahl von 1 bis 10 erzeugt. Dann wird geprüft, ob diese Zahl kleiner oder gleich 8 ist.

3. Prüfe, ob sich mit einem Ikosaeder-Würfel („Zwanzigflächner") ein Laplace-Experiment mit zehn (vier, fünf, sechs, zwei) möglichen Ergebnissen simulieren lässt.

Wahrscheinlichkeiten durch Simulationen schätzen

Wissen: Wahrscheinlichkeiten durch Simulationen schätzen
Wird die Simulation eines Zufallsexperiments sehr häufig wiederholt, können die relativen Häufigkeiten als Schätzwerte für die Wahrscheinlichkeiten des ursprünglichen Experiments verwendet werden.

Beispiel 1: Modellierungskreislauf

Problem:
Ein Biathlet trifft beim Stehendschießen mit einer Wahrscheinlichkeit von 75 %. Er hat 5 Schuss für 5 Scheiben.
Wie hoch ist die Wahrscheinlichkeit für 5 Treffer?

Simulation (Modell):
Die 5 Schuss werden durch ein fünfmaliges Ziehen einer Figur simuliert. Das Ziehen einer roten Figur entspricht einem Treffer, denn P („rote Figur") = $\frac{3}{4}$ = 75 %. Gesucht ist also die Wahrscheinlichkeit für „5-mal rot".

Lösung im Modell bestimmen:
Wiederhole die Simulation möglichst oft und bestimme die relative Häufigkeit für „5-mal rot".
Sind bei 30 Wiederholungen der Simulation 7-mal alle 5 gezogenen Figuren rot, so ist die relative Häufigkeit: $\frac{7}{30} \approx 0{,}23 = 23\,\%$

Lösung interpretieren:
Die relative Häufigkeit ist eine Schätzwert für die Wahrscheinlichkeit des Problems.

Die Wahrscheinlichkeit dafür, dass der Biathlet alle 5 Scheiben trifft, ist etwa 23 %.

Basisaufgaben

4. Auf der Fahrt zur Arbeit muss Frau Anders fünf Ampeln überqueren, die offensichtlich nicht aufeinander abgestimmt sind.
Jede der Ampeln schaltet unabhängig von den anderen mit einer Wahrscheinlichkeit von 0,5 auf Grün.
Ermittle durch Simulation einen Schätzwert für die Wahrscheinlichkeit, dass alle fünf Ampeln bei einer Fahrt von Frau Anders auf Grün stehen.

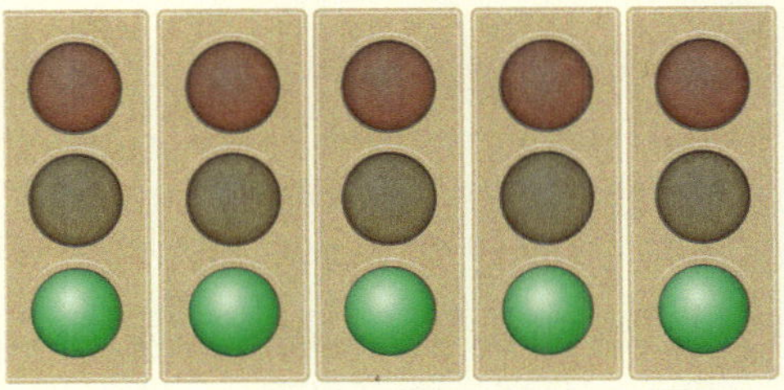

5. Bei einer Umfrage gaben $\frac{1}{3}$ der Befragten an, dass sie Taxifahrten auch mit ihrem Smartphone bezahlen würden. Beschreibe eine Simulation zur Ermittlung eines Schätzwertes für die Wahrscheinlichkeit, dass mindestens sechs von zehn Fahrgästen das Smartphone zum Bezahlen nutzen würden, falls das Umfrageergebnis stimmt.

6. Eine Mutter bringt ihren vier Kindern vier Geschenke mit. Jedes Kind soll ein Geschenk auswählen. Nimm an, dass diese Wahl rein zufällig erfolgt. Schätze mit einer Simulation die Wahrscheinlichkeit dafür, dass jedes Kind ein anderes Geschenk wählt, sodass es keinen Streit gibt.

Simulationen mit einer Tabellenkalkulation durchführen

Mit Tabellenkalkulationen lassen sich Zufallszahlen erzeugen und Simulationen durchführen. Da man eine Simulation ohne Zeitaufwand sehr oft wiederholen kann, erhält man schnell gute Schätzwerte für die Wahrscheinlichkeiten.

Hinweis:
Du kannst auch ein CAS verwenden. Dort kannst du auch mit Listen statt Tabellen arbeiten.
Teilweise werden englische Befehle verwendet:
Randint(0,1,500) für 500 zufällige ganze Zahlen von 0 bis 1 und *Countif* wie ZÄHLENWENN zur Prüfung.

Beispiel 2: Zwei Münzen werden gleichzeitig geworfen.
Gesucht ist die Wahrscheinlichkeit, dass genau eine der Münzen „Zahl" zeigt.
Ermittle einen Schätzwert für diese Wahrscheinlichkeit durch 500 Simulationen mit einer Tabellenkalkulation.

Lösung:
Das Werfen von „Zahl" kann durch die Zufallszahl 1, das Werfen von „Kopf" durch die Zufallszahl 0 simuliert werden. Die Formel „=ZUFALLSBEREICH (von;bis)" erzeugt eine zufällige ganze Zahl zwischen zwei Zahlen.

B2 =ZUFALLSBEREICH(0;1)

	A	B	C	D
1	Münze 1	Münze 2		
2	0	1		

Bilde die Summe der beiden Zufallszahlen. Ist sie 1, entspricht das dem Fall, dass genau eine der Münzen „Zahl" zeigt.

C2 =A2+B2

	A	B	C	D
1	Münze 1	Münze 2	Summe	
2	1	1	2	
3	0	0		

Kopiere die ersten drei Felder der 2. Zeile durch Ziehen an der rechten unteren Ecke bis zur Zeile 501.

Hinweis:
Mit der Taste <F9> können beliebig viele Neuberechnungen durchgeführt werden.

Nutze die Formel „=ZÄHLENWENN (von:bis;1)", um die Häufigkeit der 1 bei der Summe zu erhalten. Dividiere sie durch die Anzahl der Versuche, um die relative Häufigkeit zu bestimmen.

D2 =ZÄHLENWENN(C2:C501;1)/500

	A	B	C	D
1	Münze 1	Münze 2	Summe	relative Häufigkeit
2	0	0	0	0,498
3	1	1	2	
4	0	1	1	
5	1	1	2	
6	0	0	0	
7	1	1	2	

Als Schätzwert für die Wahrscheinlichkeit kannst du etwa 0,5 = 50 % angeben.

B1 =ZUFALLSBEREICH(1;12)

	A	B	C	D	E	F	G
1	1. Versuch	2	9	9	6	10	10

Basisaufgaben

TB **7.** Zwei Münzen werden gleichzeitig geworfen. Gesucht ist die Wahrscheinlichkeit dafür, dass genau zwei Münzen „Zahl" zeigen. Ermittle einen Schätzwert für diese Wahrscheinlichkeit durch Simulation mit einer Tabellenkalkulation.

TB **8.** Kai will wissen, wie wahrscheinlich es ist, bei zwei Würfen mit einem Spielwürfel zweimal hintereinander eine Sechs zu würfeln. Ermittle einen Schätzwert durch Simulation mit einer Tabellenkalkulation.

TB **9.** a) Simuliere das 1000-malige Drehen des Glücksrads mit einer Tabellenkalkulation.
b) Berechne für jede Farbe die relative Häufigkeit nach 100 und nach 1000 Simulationen.
c) Untersuche, ob die relativen Häufigkeiten bei 100 oder bei 1000 Versuchen stärker von den Wahrscheinlichkeiten abweichen.
Vergleicht die Ergebnisse in eurer Klasse.

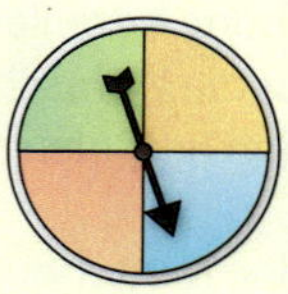

Weiterführende Aufgaben

10. Bei einem Spiel muss mit einem Oktaeder (Achtflächner) gewürfelt werden, um zufällig eine der Zahlen von 1 bis 8 zu erhalten. Der Oktaeder ist verschwunden, es sind aber zehn verschiedene Spielsteine, ein Kartenspiel und zwei Tetraeder mit Zahlen von 1 bis 4 vorhanden.
Beschreibe, wie man mit diesen Gegenständen das Würfeln mit dem Oktaeder simulieren kann.

11. Stolperstelle: Mats möchte eine Uhr kaufen, die er in einer Zeitschrift gesehen hat. Er hat bereits in drei Geschäften vergeblich nach der Uhr gefragt. Es gibt noch vier weitere Geschäfte in seiner Nähe. Um die Chance zu bestimmen, dass wenigstens eine dieser Geschäfte die Uhr hat, will er vier Münzen werfen. Was meinst du dazu?

12. Nach dem Wetterbericht beträgt die Wahrscheinlichkeit für Regen am Samstag 70 % und am Sonntag 60 %. Ermittle durch eine Simulation einen Schätzwert für die Wahrscheinlichkeit dafür, dass es an wenigstens einem der beiden Tage trocken bleibt.

TB **13.** a) Simuliere den tausendfachen Wurf eines Würfels mit einer Tabellenkalkulation.
b) Berechne nach 10, 100, 200, 500 und 1000 Versuchen die bis dahin zutreffende relative Häufigkeit für die Augenzahl 6 und stelle die Ergebnisse in einem Liniendiagramm dar.

● **14.** Eine Firma wirbt damit, dass in jeder sechsten Müsli-Packung eine Sammelfigur beiliegt. Es soll bestimmt werden, wie viele Packungen man durchschnittlich kaufen muss, bis man eine Figur bekommt.
a) Stelle zuerst eine Vermutung auf.
b) Führe eine Simulation mit einem Spielwürfel durch und ermittle damit einen Schätzwert für die durchschnittliche Anzahl an Packungen.

15. Wie groß ist die Wahrscheinlichkeit dafür, dass von sechs Schülern mindestens zwei im gleichen Monat Geburtstag haben?
a) Betrachte das Tabellenblatt und erläutere, wie dort die Geburtsmonatsfrage simuliert wird.
b) Erstelle selbst ein Tabellenblatt für 25 Versuche.
c) Erläutere, wie man damit einen Näherungswert für die gesuchte Wahrscheinlichkeit finden kann.

B1 fx =ZUFALLSBEREICH(1;12)

	A	B	C	D	E	F	G
1	1.Versuch	11	7	6	8	3	8
2	2.Versuch	9	4	2	7	12	11
3	3.Versuch	6	4	12	7	4	2
4	4.Versuch	8	2	3	3	4	2

● TB **16. Ausblick:** Beim Würfeln mit zwei Würfeln gibt es für die Augensummen 9 und 10 die beiden Möglichkeiten $4 + 5 = 9$ und $3 + 6 = 9$ sowie $6 + 4 = 10$ und $5 + 5 = 10$.
Miriam hat 100-mal gewürfelt und vermutet, dass die Augensumme 9 wahrscheinlicher ist.
a) Führe dieses Zufallsexperiment selbst durch und simuliere dann 1000 Versuche mit einer Tabellenkalkulation. Vergleiche deine Ergebnisse mit Miriams Vermutung.
b) Begründe, dass die Augensumme 9 eine höhere Wahrscheinlichkeit hat als die Augensumme 10.

6.4 Baumdiagramme

■ Ein Musikanbieter bietet Abos mit 3, 6 und 12 Monaten Laufzeit an. In jedem Abo gibt es die Optionen „Standard" und „Premium". Zwischen wie vielen Möglichkeiten kann man insgesamt wählen? ■

Stelle ein Spar-Menü zusammen: Zur Auswahl stehen Burger, Chicken Nuggets oder Curry-Wurst, als Beilagen Pommes oder Potato Wedges und ein Softdrink oder Smoothie.
Mit einem **Baumdiagramm** lassen sich alle Möglichkeiten für ein Menü darstellen:

1. Stufe: Hauptgericht

2. Stufe: Beilage

3. Stufe: Getränk

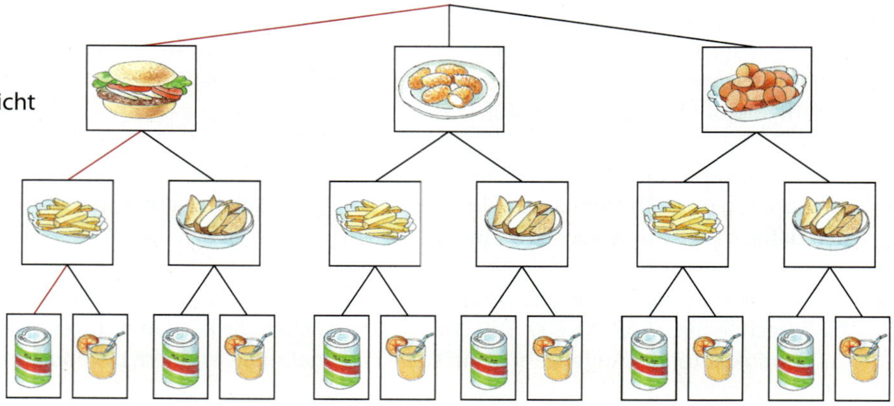

Jeder Menükombination entspricht ein **Pfad** durch den Baum, der oben an der „Wurzel" beginnt und bis nach unten durchläuft. Zum Beispiel steht der rote Pfad für die Menükombination Burger, Pommes und Softdrink.
Die Anzahl der unterschiedlichen Menüs erhält man, indem man die Möglichkeiten der einzelnen Stufen multipliziert. Es gibt $3 \cdot 2 \cdot 2 = 12$ Möglichkeiten, ein Menü zusammenzustellen.

(1. Stufe, 2. Stufe, 3. Stufe)

Wissen: Baumdiagramm – Zählprinzip
Ein Vorgang, aus dem sich unterschiedliche **Kombinationsmöglichkeiten** ergeben, kann oft gut in einem mehrstufigen **Baumdiagramm** dargestellt werden.
Die **Gesamtzahl der Möglichkeiten** entspricht der Anzahl der Pfade.
Die Gesamtzahl ist das Produkt aus den Anzahlen der Möglichkeiten auf jeder Stufe.

Beispiel 1: Mick, Ali und Sean wollen Elfmeterschießen üben. Wie viele Möglichkeiten gibt es, einen Schützen und einen Torwart zu bestimmen? Zeichne ein Baumdiagramm.

Lösung:
Es gibt 3 Möglichkeiten, einen Schützen zu bestimmen. Anschließend gibt es nur noch 2 Möglichkeiten für den Torwart, da der Schütze nicht gleichzeitig Torwart sein kann.

Multipliziere die Anzahl der Möglichkeiten in beiden Stufen, um die Anzahl aller Möglichkeiten zu erhalten.

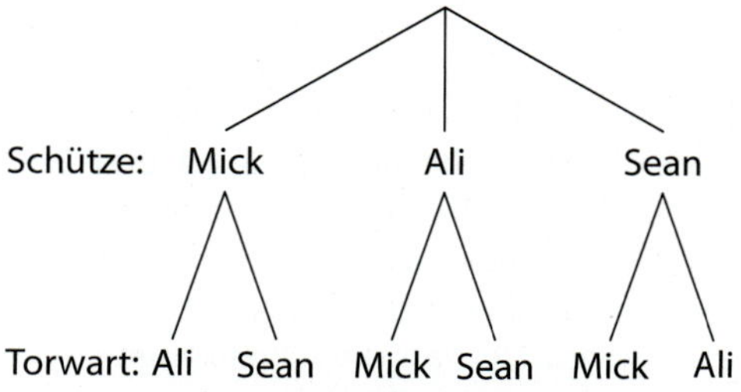

Es gibt $3 \cdot 2 = 6$ Möglichkeiten.

Basisaufgaben

1. Wie viele Möglichkeiten gibt es, aus vier T-Shirts und zwei Hosen auszuwählen?
   a) Stelle alle Möglichkeiten in einem Baumdiagramm dar.
   b) Bestimme die Anzahl der Kombinationsmöglichkeiten auch rechnerisch.
   c) Wie verändert sich die Anzahl der Möglichkeiten, wenn ein Hose dazu kommt?

2. Beim Werfen einer Münze kann diese „Kopf" oder „Zahl" zeigen. Eine Münze wird dreimal nacheinander geworfen.
   a) Zeichne ein dreistufiges Baumdiagramm mit allen Ergebnissen.
   b) Wie viele Möglichkeiten gibt es insgesamt?

3. Ole, Mia, Tom, Ben und Lea veranstalten ein Wettrennen. Stelle alle Möglichkeiten für die ersten beiden Plätze in einem Baumdiagramm dar. Wie viele Möglichkeiten gibt es?

Weiterführende Aufgaben

4. In einem Salsa-Kurs sind 12 Jungen und 14 Mädchen. Wie viele mögliche Tanzpaare (bestehend aus einem Jungen und einem Mädchen) gibt es?

5. **Stolperstelle:** In der Klasse 8c sollen aus 20 Schülern ein Schülersprecher und ein Stellvertreter gewählt werden. Lenny meint: „Für jeden Posten gibt es 20 mögliche Schüler. Insgesamt sind es also $20 \cdot 20 = 400$ Möglichkeiten." Erkläre, warum das nicht stimmt, und korrigiere.

6. Wie viele verschiedene dreistellige Zahlen lassen sich aus den Ziffern 1, 2, 3, 4 und 5 bilden,
   a) wenn jede Ziffer mehrfach vorkommen kann,
   b) wenn jede Ziffer nur einmal vorkommen darf?

7. Bei einem Musikfestival treten sechs Musikgruppen auf. Wie viele Möglichkeiten gibt es für die Reihenfolge, in der die Gruppen auftreten?

8. Anna hat für ihr Fahrrad ein vierstelliges Zahlenschloss mit den Ziffern von 0 bis 9.
   a) Wie viele verschiedene Zahlenkombinationen gibt es?
   b) Ein Fahrraddieb benötigt etwa zwei Sekunden, um eine Kombination zu prüfen. Wie lange dauert es, bis er alle Zahlenkombinationen ausprobiert hat?

9. In Phils Zimmer hängen vier Bilder. Er überlegt, die Bilder umzuhängen.
   a) Wie viele Möglichkeiten gibt es, die vier Bilder auf die vier Plätze zu verteilen?
   b) Wie ändert sich die Anzahl der Möglichkeiten, wenn Phil nur drei Bilder wieder aufhängt?

10. **Ausblick:** Bei einem Volleyball-Turnier soll jedes Team einmal gegen jedes andere Team spielen. Wie viele Spiele gibt es insgesamt, wenn sechs Teams (zehn Teams) teilnehmen?

Bananensuche

■ Der Affe hat Hunger und möchte sich Bananen holen, die auf den Inseln verteilt liegen. Es gelingt ihm immer dann, wenn das Würfelergebnis passt:
Die Differenz aus größerer und kleinerer Augenzahl ergibt die Zahl 0, 1, 2, 3, 4 bzw. 5, die Nummer einer Insel. ■

Zwei Würfel werfen:

Differenz: $5 - 2 = 3$
Der Affe kann eine Banane (●) von der Insel 3 nehmen.

Wissen: Spielregeln

Anzahl Spieler:
Spielt zu zweit oder zu dritt.

Material:
- Ihr benötigt zwei Spielwürfel.
- Jeder Spieler verwendet ein eigenes Spielfeld. Das Spielfeld findet ihr auf der Rückseite des Buches.
- Je Spieler werden 12 Chips, Münzen o. ä. benötigt. Sie stellen die Bananen dar.

Je Spieler:

Vorbereitung:
Jeder Spieler verteilt die 12 „Bananen" auf die Inseln seines Spielfelds. Wie die Bananen verteilt werden, kann frei gewählt werden.

Spielverlauf:
1. Der jüngste Spieler beginnt.
2. Er würfelt mit zwei Würfeln.
3. Dann bildet er die Differenz aus der größeren und der kleineren Augenzahl. Sind beide Augenzahlen gleich, ist die Differenz 0.
4. Liegen auf der Insel mit der entsprechenden Zahl Bananen, dann kann der Affe von dieser Insel eine Banane für den Affen wegnehmen. Liegt auf der Insel keine Banane, dann hat der Affe Pech …
5. Anschließend ist der nächste Spieler an der Reihe.
   Gewonnen hat der Spieler, der als Erster alle 12 Bananen von den Inseln seines Spielfelds eingesammelt hat.

Spielvariante 1: Merkwürdige Würfel
Es werden andere Würfel als normale Spielwürfel verwendet:
- zwei Tetraederwürfel
- ein Tetraederwürfel und ein normaler Spielwürfel
- zwei Streichholzschachteln, deren Flächen mit 1 bis 6 beschriftet sind.

Spielvariante 2: Würfelsumme
Beim Werfen zweier Würfel wird nicht die Differenz der Augenzahlen gebildet, sondern die Summe.

Beispiel 1: Rechts siehst du, wie Nico und Lara ihre Bananen verteilt haben. Wer hat die besseren Gewinnchancen? Begründe.

Nico: Lara:

Lösung:
Nico hat seine Bananen auf alle Inseln gleichmäßig verteilt. Er muss darauf warten, dass zweimal die Differenz 5 gewürfelt wird. Das passiert nur dann, wenn gleichzeitig eine 6 und eine 1 geworfen werden. Dies passiert aber nur relativ selten.
Lara weiß, dass die Differenz 1 häufiger auftritt als andere Differenzen. Deshalb hat sie viele Bananen auf der Insel 1 platziert.
Beide Spieler können gewinnen, aber Lara hat die besseren Gewinnchancen.

Aufgaben

1. Untersucht die Wahrscheinlichkeiten, mit denen die Differenzen beim Würfeln auftreten.

a) Würfelt 50-mal mit zwei normalen Würfeln und tragt die Ergebnisse in einer Tabelle ein.

Differenz	0	1	2	3	4	5
Strichliste						
Anzahl						
Anteil in %						

b) Beantwortet zur Auswertung die folgenden Fragen:
- Traten alle Differenzen mit der gleichen Häufigkeit auf?
- Welche Differenz trat am häufigsten (am seltensten) auf? Wie groß war ihr Anteil etwa?
- Ordnet die Differenzen nach der Häufigkeit ihres Auftretens.

c) Vergleicht die Ergebnisse in der Klasse. Was stellt ihr fest?

d) Berechnet die Wahrscheinlichkeiten für die Differenzen, zum Beispiel mithilfe eines Baumdiagramms.

2. Begründe, dass die Strategie, alle Bananen gleichmäßig zu verteilen, nicht optimal ist.

3. Welche Strategie hat die höheren Gewinnchancen?

A: Alle Bananen werden auf die Insel gesetzt, deren Zahl die größte Wahrscheinlichkeit hat.

B: Die Bananen werden entsprechend der berechneten Wahrscheinlichkeiten aus Aufgabe 1d auf die Inseln verteilt.

4. Arbeitet in kleinen Gruppen.

a) Testet Spielvariante 1. Beschreibt, wie sich der andere Würfel auf die Strategien auswirkt.

b) Entwerft ein passendes Spielfeld für die Spielvariante Würfelsumme.

6.5 Wahrscheinlichkeiten bei Baumdiagrammen

■ In einer Lostrommel liegen noch 5 Lose. Chris, Mia, Loreen, Paula und Karl dürfen ziehen, und alle wissen, dass noch genau 2 Gewinne enthalten sind. Chris und Mia ziehen zuerst und haben beide ein Gewinnlos. Jetzt beschweren sich die drei anderen und sagen: „Wir hatten ja gar keine Chance, den Gewinn zu ziehen." Was sagst du dazu? ■

Ein Zufallsexperiment, bei dem aus einer Lostrommel nacheinander mehrere Lose gezogen werden oder bei dem mehrfach gewürfelt wird, nennt man ein **mehrstufiges Zufallsexperiment**. Die Ergebnisse dieser Zufallsexperimente sind **zusammengesetzte Ergebnisse**, zum Beispiel beim Ziehen von 5 Losen (Gewinn | Niete | Gewinn | Niete | Niete) oder beim zweifachen Würfeln (3 | 5).

Pfadmultiplikationsregel

Besonders übersichtlich lassen sich mehrstufige Zufallsexperimente in einem **Baumdiagramm** darstellen. So kann man beispielsweise das zweifache Werfen einer Münze durch das abgebildete Baumdiagramm darstellen.

Zu jedem der Ergebnisse gehört ein **Pfad**. Der Pfad für das Ergebnis (Kopf | Kopf) ist blau gefärbt.

Alle Pfade bilden die Ergebnismenge $\Omega = \{(\text{Kopf}|\text{Kopf}); (\text{Kopf}|\text{Zahl}); (\text{Zahl}|\text{Kopf}); (\text{Zahl}|\text{Zahl})\}$

Beim 1. und beim 2. Wurf sind die Teilergebnisse „Kopf" oder „Zahl" mit einer Wahrscheinlichkeit von $\frac{1}{2}$ (50 %) möglich. Die Wahrscheinlichkeiten kann man jeweils an den Pfaden notieren.

Die Wahrscheinlichkeit für das zusammengesetzte Ergebnis (Kopf | Kopf) beträgt $\frac{1}{2}$ von $\frac{1}{2}$, also $\frac{1}{2} \cdot \frac{1}{2} = \frac{1}{4} = 25\,\%$.

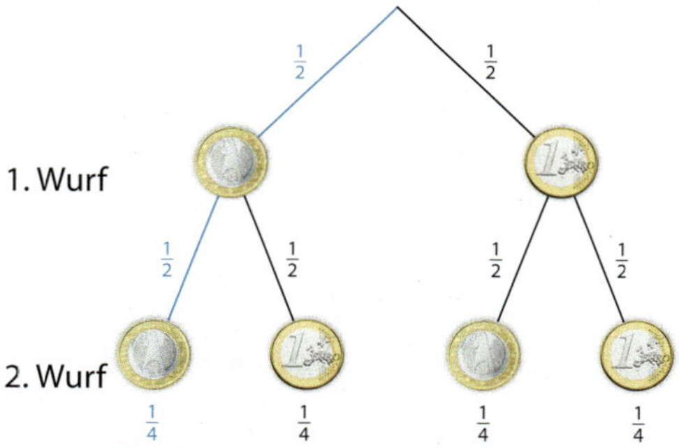

Ergebnis	Wahrscheinlichkeit
(Kopf | Kopf)	$\frac{1}{2} \cdot \frac{1}{2} = \frac{1}{4} = 25\,\%$
(Kopf | Zahl)	$\frac{1}{2} \cdot \frac{1}{2} = \frac{1}{4} = 25\,\%$
(Zahl | Kopf)	$\frac{1}{2} \cdot \frac{1}{2} = \frac{1}{4} = 25\,\%$
(Zahl | Zahl)	$\frac{1}{2} \cdot \frac{1}{2} = \frac{1}{4} = 25\,\%$

Wissen: Pfadmultiplikationsregel

Bei einem mehrstufigen Zufallsexperiment erhält man die **Wahrscheinlichkeit für ein zusammengesetztes Ergebnis**, indem man die Einzelwahrscheinlichkeiten längs des zugehörigen Pfades multipliziert.

Für mehrstufige Zufallsexperimente gilt:
- Die Wahrscheinlichkeiten der zusammengesetzten Ergebnisse am Ende der Pfade addieren sich zu 1 (100 %).
- Die Summe der Wahrscheinlichkeiten unter jeder Verzweigung ist 1 (100 %).

Beispiel 1: Das abgebildete Glücksrad wird zweimal gedreht.
Wie groß ist die Wahrscheinlichkeit dafür, dass man zweimal die Farbe Rosa erhält?
Erstelle ein Baumdiagramm und berechne die gesuchte Wahrscheinlichkeit.

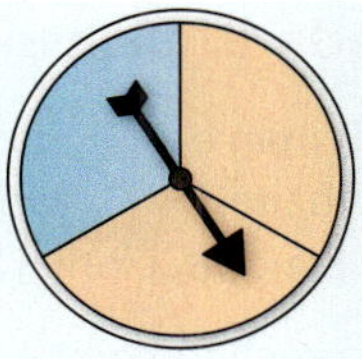

Lösung:
Die Wahrscheinlichkeit für die Farbe Rosa beträgt $\frac{2}{3}$ bei der ersten und $\frac{2}{3}$ bei der zweiten Drehung.

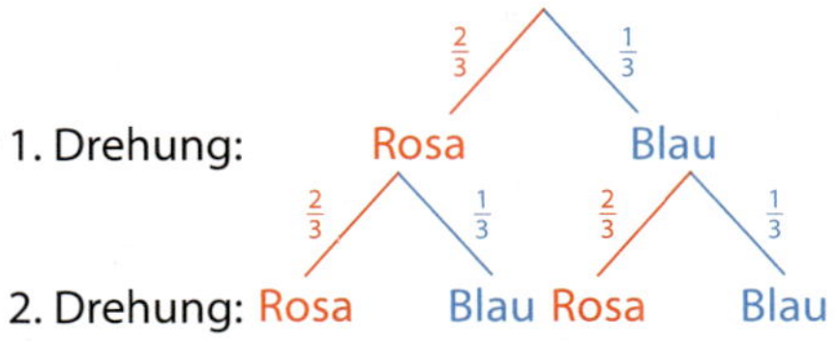

Multipliziere die Einzelwahrscheinlichkeiten, um die Wahrscheinlichkeit für zweimal Rosa zu erhalten.

$P(\text{Rosa} \mid \text{Rosa}) = \frac{2}{3} \cdot \frac{2}{3} = \frac{4}{9}$
Die Wahrscheinlichkeit zweimal die Farbe Rosa zu erhalten beträgt $\frac{4}{9} \approx 44\,\%$.

Basisaufgaben

1. Karla zieht zweimal hintereinander blind eine Kugel aus der abgebildeten Schale und legt sie wieder zurück.

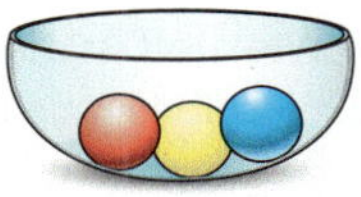

a) Erstelle ein passendes Baumdiagramm. Beschreibe mit eigenen Worten, was das zusammengesetzte Ergebnis (Gelb | Gelb) bedeutet.
b) Schreibe alle zusammengesetzten Ergebnisse auf, bei denen zuerst eine blaue Kugel gezogen wird.

2. Das abgebildete Glücksrad wird zweimal gedreht.

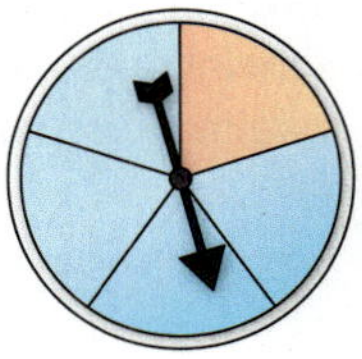

a) Zeichne das zugehörige Baumdiagramm und trage die Wahrscheinlichkeiten an den Pfaden ein.
b) Welche zusammengesetzten Ergebnisse sind möglich? Bestimme jeweils die Wahrscheinlichkeit.
c) Kontrolliere deine Rechnung, indem du prüfst, ob die Summe aller Wahrscheinlichkeiten 1 (100 %) ergibt.

3. Jannes trifft den Korb beim Basketball-Freiwurf mit einer Wahrscheinlichkeit von 0,6 und verfehlt ihn mit einer Wahrscheinlichkeit von 0,4. Er wirft dreimal.
a) Zeichne ein Baumdiagramm mit Wahrscheinlichkeiten.
b) Berechne die Wahrscheinlichkeit dafür, dass Jannes dreimal trifft.
c) Berechne die Wahrscheinlichkeit für das Ergebnis (Korb | Korb | kein Korb).

4. Die beiden Glücksräder werden gleichzeitig gedreht.

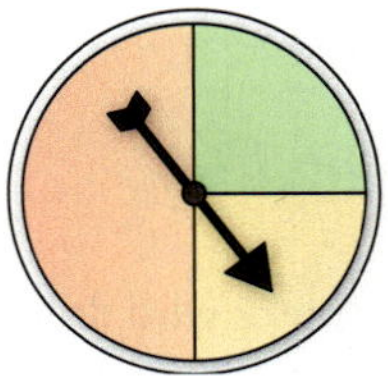

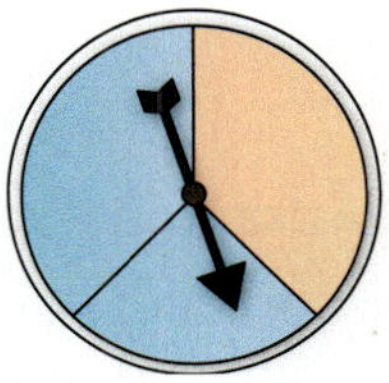

a) Zeichne ein Baumdiagramm mit der Farbe des linken Glücksrads als 1. Stufe und mit der Farbe des rechten Glücksrads als 2. Stufe. Trage die Wahrscheinlichkeiten ein.
b) Zeichne ein Baumdiagramm mit der Farbe des rechten Glücksrads als 1. Stufe und mit der Farbe des linken Glücksrads als 2. Stufe. Trage die Wahrscheinlichkeiten ein.
c) Bestimme die Wahrscheinlichkeit dafür, dass beide Glücksräder Rosa zeigen. Verwende einmal das Baumdiagramm in a) und einmal das in b). Vergleiche die Ergebnisse.

Pfadadditionsregel

Wirft man eine Münze zweimal, so gibt es zwei Möglichkeiten, einmal „Kopf" und einmal „Zahl" zu erhalten. Man wirft erst „Kopf" und dann „Zahl" oder umgekehrt: erst „Zahl", dann „Kopf". Das Ereignis „einmal Kopf, einmal Zahl" besteht aus zwei Ergebnissen.

Entsprechend gibt es zum Ereignis „einmal Kopf, einmal Zahl" auch zwei Pfade im Baumdiagramm.
Die Wahrscheinlichkeit für „einmal Kopf, einmal Zahl" ergibt sich als Summe der Wahrscheinlichkeiten der einzelnen Pfade.

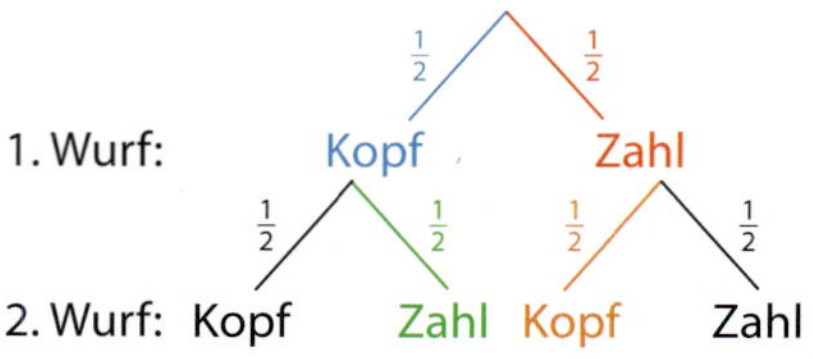

P („einmal Kopf, einmal Zahl") = P (Kopf | Zahl) + P (Zahl | Kopf) = $\frac{1}{2} \cdot \frac{1}{2} + \frac{1}{2} \cdot \frac{1}{2} = \frac{1}{4} + \frac{1}{4} = \frac{1}{2}$

Wissen: Pfadadditionsregel
Bei einem mehrstufigen Zufallsexperiment erhält man die **Wahrscheinlichkeit für ein Ereignis**, indem man die Wahrscheinlichkeiten der zugehörigen Pfade addiert.

Beispiel 2: Das abgebildete Glücksrad wird zweimal gedreht. Wie groß ist die Wahrscheinlichkeit, dass man zweimal dieselbe Farbe erhält?

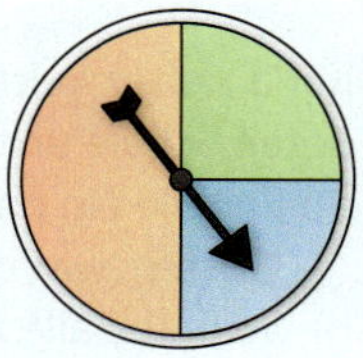

Lösung:
Es gibt drei Möglichkeiten: Zweimal erscheint Rosa, zweimal erscheint Grün oder zweimal erscheint Blau.

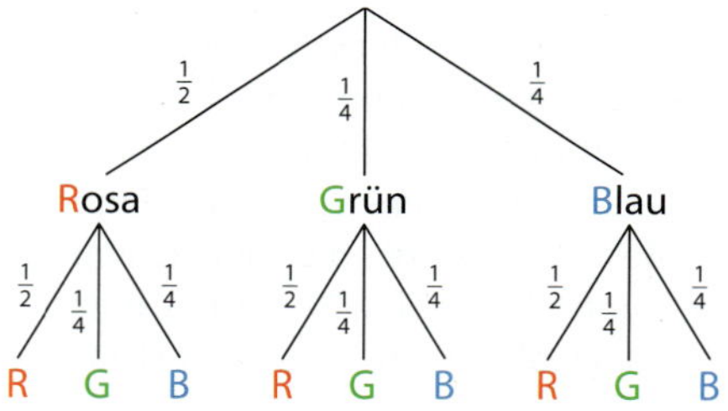

Die Wahrscheinlichkeiten für die einzelnen Pfade werden einzeln berechnet und dann addiert.

E: zweimal dieselbe Farbe
P (E) = P (R | R) + P (G | G) + P (B | B)
$= \frac{1}{2} \cdot \frac{1}{2} + \frac{1}{4} \cdot \frac{1}{4} + \frac{1}{4} \cdot \frac{1}{4}$
$= \frac{1}{4} + \frac{1}{16} + \frac{1}{16} = \frac{3}{8} = 37{,}5\,\%$

Die Wahrscheinlichkeit zweimal dieselbe Farbe zu erhalten beträgt $\frac{3}{8} = 37{,}5\,\%$.

Basisaufgaben

5. Das Glücksrad aus Beispiel 2 wird dreimal gedreht. Schreibe alle zusammengesetzten Ergebnisse auf, die zu dem genannten Ereignis gehören.
Beispiel: „Insgesamt zweimal Blau und einmal Grün" besteht aus den Ergebnissen
(Blau | Blau | Grün); (Blau | Grün | Blau); (Grün | Blau | Blau).

a) dreimal Blau
b) drei verschiedene Farben
c) keine Farbe mehrfach
d) insgesamt genau zweimal Grün

6. Philipps Spielzeugkiste ist voll von Plastikschrauben: 20 mit dem Durchmesser 6 mm, 40 mit dem Durchmesser 8 mm und 60 mit dem Durchmesser 10 mm. In einer anderen Kiste befindet sich jeweils dieselbe Anzahl von Muttern, die über die Schrauben von entsprechender Größe passen. Philipp entnimmt zufällig eine Schraube und eine Mutter. Berechne die Wahrscheinlichkeit dafür, dass beide zusammenpassen.

7. Die Wahrscheinlichkeit für eine Jungengeburt beträgt ca. 51,3 %. Mit welcher Wahrscheinlichkeit hat eine Familie mit drei Kindern genau zwei Söhne? Zeichne zunächst ein Baumdiagramm.

Baumdiagramme mit abhängigen Stufen

Beispiel 3: Aus einer Kiste mit fünf neuen und drei gebrauchten Tennisbällen werden nacheinander zwei Bälle entnommen. Wie groß ist die Wahrscheinlichkeit, dass ein gebrauchter und ein neuer Ball entnommen werden? Zeichne zunächst ein Baumdiagramm.

Lösung:
Du musst beim zweiten Zug berücksichtigen, dass der Ball nicht wieder zurückgelegt wird.

Es gibt zwei Fälle:

① Der zuerst gezogene Ball ist gebraucht. Dann gibt es noch 2 gebrauchte und 5 neue Bälle – insgesamt 7 Bälle – in der Kiste.

② Der zuerst gezogene Ball ist neu. Dann gibt es noch 3 gebrauchte und 4 neue Bälle – insgesamt 7 Bälle – in der Kiste.

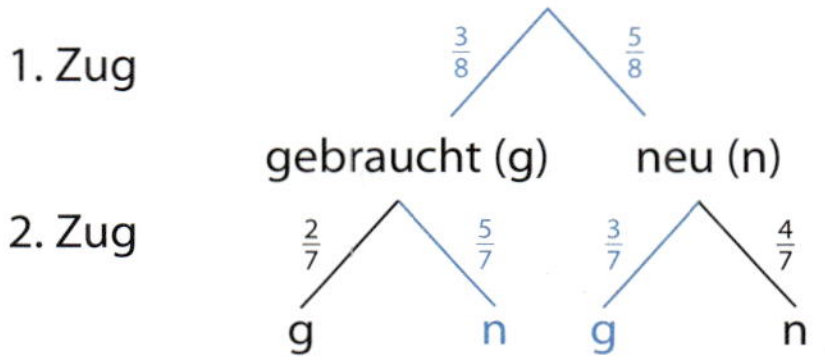

E: einmal gebraucht, einmal neu

$P(E) = P(g\,|\,n) + P(n\,|\,g)$

$= \frac{3}{8} \cdot \frac{5}{7} + \frac{5}{8} \cdot \frac{3}{7}$

$= \frac{15}{56} + \frac{15}{56} = \frac{15}{28} \approx 54\,\%$

Die Wahrscheinlichkeit einen gebrauchten und einen neuen Ball zu ziehen beträgt $\frac{15}{28} \approx 54\%$.

Hinweis:
Die Summe der Wahrscheinlichkeiten an jeder Verzweigung ist 1.

Basisaufgaben

8. In einem Gefäß liegen drei weiße und zwei schwarze Kugeln. Zwei Kugeln werden nacheinander zufällig entnommen.

a) Zeichne ein Baumdiagramm und berechne die Wahrscheinlichkeit dafür, dass zwei gleichfarbige Kugeln gezogen werden, wenn gezogene Kugeln ① zurückgelegt, ② nicht zurückgelegt werden.
b) Erkläre anschaulich, warum die Wahrscheinlichkeit in dem einen Fall größer ist.

9. In einem Behälter liegen 12 Glühlampen, darunter sind 3 defekte. Man entnimmt dem Behälter zwei Glühlampen. Zeichne ein Baumdiagramm und berechne die folgenden Wahrscheinlichkeiten.
a) Beide Glühlampen sind defekt.
b) Genau eine der beiden entnommenen Glühlampen ist defekt.
c) Beide Glühlampen funktionieren.

10. In der Klasse 8c sind 12 Jungen und 13 Mädchen. Zwei Schüler sollen aus der Klasse zufällig ausgewählt werden. Berechne die Wahrscheinlichkeit dafür, dass man einen Jungen und ein Mädchen wählt. Zeichne zunächst ein Baumdiagramm.

Weiterführende Aufgaben

11. Drei Karten mit den Ziffern 2, 3 und 7 werden gemischt. Eine Karte wird gezogen und auf den Tisch gelegt. Danach wird eine zweite Karte gezogen und rechts neben die erste Karte gelegt, sodass eine zweistellige Zahl entsteht.

a) Zeichne ein Baumdiagramm. Welche zweistelligen Zahlen können entstehen? Wie groß ist die Wahrscheinlichkeit dafür, dass die Zahl 37 zu sehen ist?

b) Berechne die Wahrscheinlichkeit dafür, dass die Zahl durch 9 teilbar ist.

12. Prinz Leo und Prinzessin Lea leben in einem fernen Land. Wenn die Prinzessin von ihrem Prinzen einen Brief erhält, schreibt sie mit einer Wahrscheinlichkeit von 70 % einen Antwortbrief. Und nur 80 % aller abgeschickten Briefe werden wirklich zugestellt, der Rest geht unterwegs verloren. Jetzt hat der Prinz ihr wieder einen Brief geschrieben. Mit welcher Wahrscheinlichkeit bekommt Prinz Leo eine Antwort von Lea?

13. Stolperstelle: Es gibt zwei Beutel Lose. In einem Beutel gibt es zwei Nieten und einen Gewinn. Im zweiten Beutel befinden sich drei Nieten und drei Gewinne. Es wird zufällig ein Beutel ausgewählt und aus diesem ein Los gezogen.
Niklas überlegt: „Insgesamt gibt es vier Gewinne und neun Lose. Die Wahrscheinlichkeit für einen Gewinn ist also $\frac{4}{9}$."
Überlege, ob Niklas Recht hat. Bestimme die Wahrscheinlichkeit, indem du ein zweistufiges Baumdiagramm zeichnest.

14. Ein Glücksrad mit den Farben Blau und Rot wird zweimal gedreht. Die zusammengesetzten Ergebnisse aus Blau und Rot haben folgende Wahrscheinlichkeiten:

Ergebnis	(Blau | Blau)	(Rot | Blau)	(Blau | Rot)	(Rot | Rot)
Wahrscheinlichkeit	$\frac{1}{16}$	$\frac{3}{16}$	$\frac{3}{16}$	$\frac{9}{16}$

a) Erstelle das zugehörige Baumdiagramm.

b) Zeichne ein passendes Glücksrad. Vergleiche es mit dem deines Nachbarn.

15. a) Übertrage das Baumdiagramm ins Heft und ergänze die fehlenden Wahrscheinlichkeiten.

b) Erfinde zum Baumdiagramm eine passende Aufgabenstellung und berechne die Lösung.

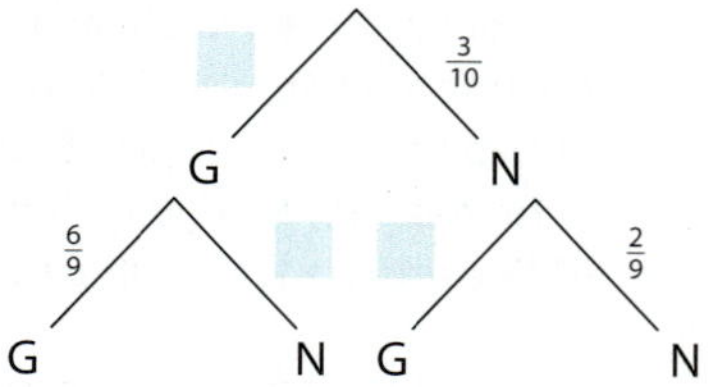

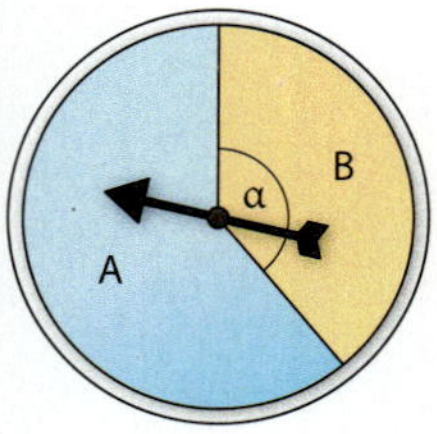

16. Bei einem Glücksrad mit zwei unterschiedlich gefärbten Sektoren A und B beträgt die Größe des Winkels $\alpha = 150°$. Berechne die Wahrscheinlichkeit dafür, dass bei zweimaligem Drehen unterschiedliche Sektoren angezeigt werden.

17. In der Klasse 8d sind 15 Jungen und 15 Mädchen. Zwei Fünftel der Klasse tragen Ohrringe. Thommy behauptet: „Die Wahrscheinlichkeit für ein Mädchen ist $\frac{1}{2}$, die Wahrscheinlichkeit, dass es Ohrringe trägt, $\frac{2}{5}$. Also ist insgesamt die Wahrscheinlichkeit, dass eine zufällige Person ein Mädchen mit Ohrringen ist, $\frac{1}{2} \cdot \frac{2}{5} = \frac{1}{5}$." Was meinst du dazu?

18. Ein Sportschütze trifft beim ersten Schuss mit einer Wahrscheinlichkeit von 0,8. War der erste Versuch ein Treffer, so trifft der Schütze beim zweiten Versuch mit der gleichen Wahrscheinlichkeit. Geht der erste Schuss daneben, dann verringert sich die Treffsicherheit beim zweiten Versuch um 10 % des ursprünglichen Wertes. Der Schütze schießt zweimal. Berechne die Wahrscheinlichkeit des folgenden Ereignisses: „Es wurde genau ein Treffer erzielt."

19. Sascha und Alexander sind für das Klassenbuch zuständig. Derjenige von beiden, der morgens zuerst in der Schule ist, bringt es vom Verwaltungsbereich in den Klassenraum. Für jeden von beiden gilt, dass er mit einer Wahrscheinlichkeit von 1 % zu spät kommt.

a) Berechne mithilfe eines Baumdiagramms die Wahrscheinlichkeit, dass das Klassenbuch an einem bestimmten Schultag nicht pünktlich im Klassenraum ist.

b) Überlege, ob das rechnerische Ergebnis auch dann zutrifft, wenn Sascha und Alex Zwillinge sind.

● **20.** Nimm Folgendes an: Scheint an einem Tag die Sonne, so scheint am nächsten Tag mit einer Wahrscheinlichkeit von 80 % auch die Sonne, andernfalls regnet es. Regnet es an einem Tag, so wiederholt sich am nächsten Tag mit einer Wahrscheinlichkeit von 50 % dieses Wetter, sonst scheint die Sonne.

a) Heute scheint die Sonne. Markus will übermorgen eine Gartenparty geben. Mit welcher Wahrscheinlichkeit hat er mit dem Wetter Glück?

b) Es regnet am Donnerstag. Mirjam will jetzt den Termin für ihre kurzfristig geplante Gartenparty festlegen. Kann sie eher für Samstag oder für Sonntag mit schönem Wetter rechnen?

● **21.** Bei einem Tennisturnier wird über drei Gewinnsätze gespielt. Bei einem Spiel gewinnt derjenige Spieler, der zuerst drei Sätze gewonnen hat.

a) Beim Endspiel der Herren kann man davon ausgehen, dass der Favorit jeden Satz mit einer Wahrscheinlichkeit von 60 % gewinnt. Wie groß ist die Wahrscheinlichkeit, dass der vermeintlich schwächere Spieler beim Endspiel siegt?

b) Beim Herren-Doppel treffen im Finale zwei gleich starke Teams aufeinander. Beim Stand von 2 : 1 muss die Partie abgebrochen werden und kann wegen schlechten Wetters nicht beendet werden. Wie soll die Siegprämie von 200 000 € aufgeteilt werden? Begründe deine Entscheidung, indem du die Gewinnwahrscheinlichkeiten betrachtest.

● **22. Ausblick:** 0,1 % der Bevölkerung hat eine bestimmte Allergie. Um festzustellen, ob man selbst davon betroffen ist, kann man einen Test machen. Der Test ist allerdings nicht fehlerfrei: Bei einem Prozent der Personen, die die Allergie nicht haben, zeigt der Test dennoch die Allergie an („falsch positiv"), umgekehrt hat der Test bei einem Prozent der Allergiker ein „falsch negatives" Ergebnis.

a) 100 000 Menschen machen einen Allergietest. Bestimme mit einem Baumdiagramm, welche zusammengesetzten Ergebnisse möglich sind und für wie viele der Getesteten diese Kombinationen jeweils zutreffen müssten.

b) Hannas Test ist „positiv", zeigt also die Allergie an. Bestimme mit dem Ergebnis aus a) die Wahrscheinlichkeit dafür, mit der sie tatsächlich Allergikerin ist.

6.6 Vermischte Aufgaben

1. Ein gewölbter Knopf wurde auf den Boden geworfen. Die Tabelle zeigt, wie oft der Knopf auf der nach außen gewölbten Seite landet.
Schätze die Wahrscheinlichkeit dafür, dass der Knopf auf der nach innen gewölbten Seite landet.

Anzahl der Würfe	50	100	150	200	300
absolute Häufigkeit	22	50	63	87	127

2. Für welchen der beiden Würfel würdest du dich entscheiden, um mit größtmöglicher Wahrscheinlichkeit beim Würfeln zu gewinnen?
a) Es erscheint eine gerade Zahl.
b) Es erscheint keine Primzahl.
c) Bei zwei Würfen kommt dieselbe Zahl.

„Sechsflächner"

„Achtflächner"

3. In Spielcasinos findet man Roulettetische. Auf roten und schwarzen Feldern sind die Zahlen von 1 bis 36 in Dreierreihen angeordnet. Die Zahl 0 ist auf einem grünen Feld zu finden. In jeder Runde wird per Zufall eine der Zahlen von 0 bis 36 ermittelt. Vorher legt jeder Spieler fest, welchen Geldbetrag er setzen will und welche Zahl wohl „fallen" wird. Berechne die Wahrscheinlichkeit, dass eine Zahl mit folgender Eigenschaft ermittelt wird:
a) Die Zahl befindet sich auf einem roten Feld.
b) Die Zahl befindet sich in der mittleren Zahlenreihe.
c) Die Zahl ist ungerade.
d) Die Zahl ist größer als 18.
e) Die Zahl ist durch 5 teilbar.

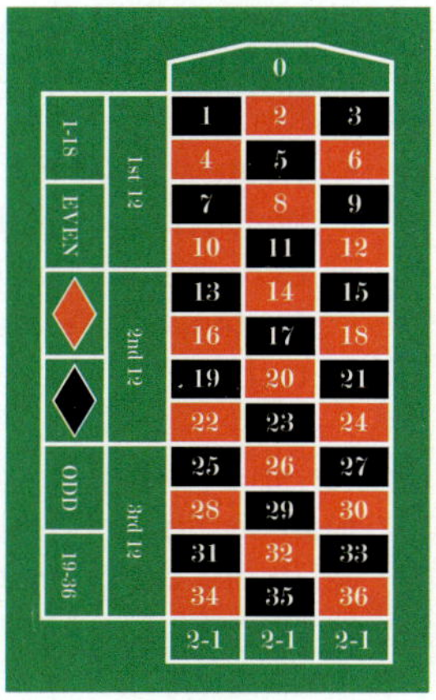

4. a) Erläutert, wie ihr überprüfen würdet, ob eine Münze fair ist (Wahrscheinlichkeit für „Kopf" und „Zahl" jeweils 50 %) oder nicht. Beschreibt dazu ein mögliches Experiment.
b) Führt dieses Experiment anschließend mit einer Münze durch.

5. Alkoholkonsum im Straßenverkehr erhöht die Unfallgefahr enorm. Nach Angaben des Statistischen Bundesamtes wird jeder vierte Autounfall unter Alkoholeinfluss durch junge Menschen zwischen 18 und 24 Jahren herbeigeführt.
Ermittle durch eine Simulation einen Schätzwert für die Wahrscheinlichkeit, dass mehr als die Hälfte von zehn unter Alkoholeinfluss entstehenden Unfällen von Menschen herbeigeführt wird, die älter als 24 Jahre sind.

6. Der Sicherheitscode vieler Handys besteht aus vier Ziffern (von 0000 bis 9999).
a) Begründe, dass es sich beim zufälligen Eintippen von vier Ziffern um ein Laplace-Experiment handelt und gib die Wahrscheinlichkeit dafür an, dass man den Code zufällig trifft.
b) Friederike weiß, dass in ihrem Sicherheitscode drei Fünfen und eine Eins enthalten sind. Sie hat allerdings vergessen, an welcher Stelle die Eins stand. Ermittle, wie groß ihre Chance ist, den Code mit einem Versuch zu finden.

7. Bestimme zuerst die Wahrscheinlichkeit des Gegenereignisses und dann die Wahrscheinlichkeit des Ereignisses. Eine zufällig aus der Schale entnommene Kugel ist

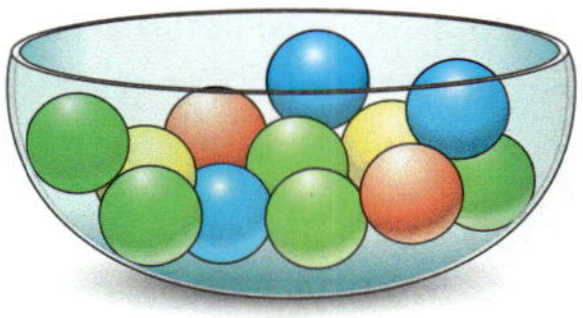

a) rot oder gelb oder grün,
b) grün oder blau,
c) nicht grün,
d) weder grün noch blau.

8. Einen Körper, der aus vier gleichseitigen Dreiecken besteht, nennt man Tetraeder. Beim Würfeln mit einem Tetraeder bleibt stets eine Spitze oben liegen. Es zählt die Augenzahl auf den Seitenflächen unten.

Wie wahrscheinlich ist es, bei zweimaligem Würfeln jeweils eine gerade Augenzahl zu werfen? Zeichne ein Baumdiagramm und berechne die Wahrscheinlichkeit.

Die Wahrscheinlichkeit für ein Ereignis beträgt $\frac{3}{16}$. Welches Ereignis könnte dieser Wahrscheinlichkeit zugrunde liegen?

Wie wahrscheinlich ist es, dass die Augensumme beim zweimaligen Würfeln durch 3 teilbar ist?

Das Ergebnis eines Wurfes mit zwei Tetraedern ist die Differenz der Augenzahlen. Hierbei gilt stets: größere minus kleinere Augenzahl. Stelle die möglichen Ergebnisse strukturiert (z. B. mithilfe einer Tabelle) dar und gib an, welche Differenz die größte Wahrscheinlichkeit hat.

9. Vivien fragt einen Passanten nach einer Straße. Der Passant ist zu 80 % ein Einheimischer. Während ein Einheimischer die Straße zu 80 % kennt, kennt eine andere Person sie nur zu 20 %. Bestimme die Wahrscheinlichkeiten für folgende Ereignisse.
a) Ein Einheimischer kennt die Straße nicht.
b) Der Passant ist ein Einheimischer, der die Straße nicht kennt.
c) Der Passant kennt die Straße nicht.

10. Alina hört die Playlist mit ihren vier Lieblingssongs. Da sie die Zufallswiedergabe eingestellt hat, werden die vier Titel in zufälliger Reihenfolge abgespielt.

a) Wie groß ist die Wahrscheinlichkeit, dass die Reihenfolge die gleiche ist wie beim Mal davor?
b) Wie ändert sich diese Wahrscheinlichkeit, wenn die Playlist nicht vier, sondern neun Titel enthält?

11. a) Bestimme die Wahrscheinlichkeit dafür, beim zweimaligen (viermaligen) Werfen eines Würfels wenigstens einmal eine Sechs zu würfeln.
b) Bestimme, wie oft man einen Würfel werfen muss, um mit einer Wahrscheinlichkeit von mindestens 80 % wenigstens einmal eine Sechs zu würfeln.

12. Tanja nimmt häufig per SMS an einem Gewinnspiel teil. Unter den Teilnehmern wird eine Person ausgelost, die 100 € erhält.
a) Nimm an, dass jedes Mal insgesamt 500 Personen an dem Gewinnspiel teilnehmen. Mit welcher Wahrscheinlichkeit ist Tanja die Gewinnerin?
b) Wie häufig wird Tanja etwa gewinnen, wenn sie 1000-mal teilnimmt?
c) Eine SMS kostet 50 Cent. Lohnt sich die Teilnahme auf Dauer finanziell? Begründe.

Prüfe dein neues Fundament

Lösungen ↗ S. 255

1. Handelt es sich um ein Zufallsexperiment? Begründe deine Meinung.

a) Jeder Schüler der Klasse 7c hat seinen Namen auf einen Zettel geschrieben. Die Zettel werden gemischt und ein Zettel wird gezogen.

b) Eis schmilzt, wenn es über 0 °C erwärmt wird.

2. Ein Spielwürfel wird 500-mal geworfen. Es wird gezählt, wie häufig die Augenzahl 1 fällt.

Anzahl der Würfe	50	100	200	300	400	500
absolute Häufigkeit einer Eins	6	17	36	50	65	82

a) Berechne die relativen Häufigkeiten und stelle sie in einem Diagramm dar.

b) Beschreibe den Verlauf der relativen Häufigkeit. Entspricht er deinen Erwartungen?

3. Die Qualitätskontrolle von DVDs ergab:

① Von 750 DVDs der Sorte X-Plus waren 12 fehlerhaft.

② Von 500 DVDs der Sorte Y-Minus waren 11 fehlerhaft.

③ Von 800 DVDs der Sorte Z-Super waren 14 fehlerhaft.

a) Berechne für jede Sorte die relative Häufigkeit der fehlerhaften DVDs.

b) Gib für jede Sorte einen Schätzwert für die Wahrscheinlichkeit eines Fehlers bei weiteren DVDs dieser Sorte an.

c) Berechne, wie viele fehlerhafte DVDs bei 10 000 Stück von jeder Sorte zu erwarten sind.

4. Bestimme für jede Farbe des Glücksrads die Wahrscheinlichkeit, mit der der Zeiger beim Drehen auf dieser Farbe stehen bleibt.

a)

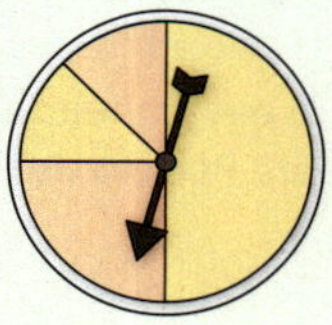

b)

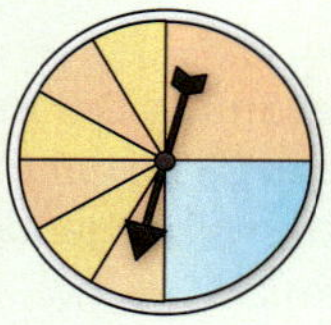

c)

5. Bente und Svenja drehen das Glücksrad. Bente gewinnt, wenn die gedrehte Zahl größer als 5 ist, und Svenja gewinnt, wenn die gedrehte Zahl kleiner als 5 ist. Wer hat die größeren Gewinnchancen? Begründe deine Antwort.

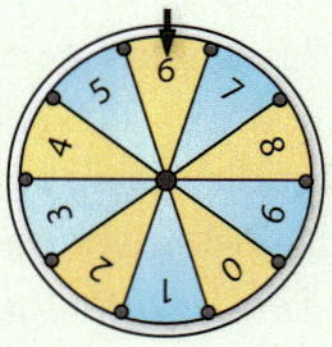

6. Handelt es sich um ein Laplace-Experiment? Begründe deine Entscheidung und bestimme bei den Laplace-Experimenten die Wahrscheinlichkeiten der möglichen Ergebnisse.

a) Es wird eine Karte aus einem Skat-Kartenspiel mit 32 Karten gezogen.

b) Eine Reißzwecke wird geworfen.

c) Es wird eine Kugel aus einer Kiste mit 3 weißen und 7 grünen Kugeln gezogen.

7. Aus der Schüssel wird mit verbundenen Augen eine Kugel gezogen. Berechne die Wahrscheinlichkeit dafür, dass

a) eine grüne Kugel gezogen wird,

b) keine grüne Kugel gezogen wird,

c) keine rote Kugel gezogen wird.

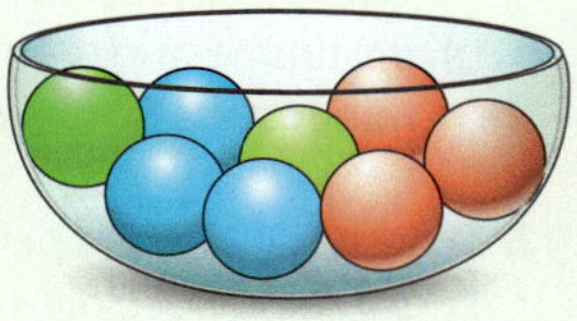

8. In einem Beutel sind 30 Kugeln, die von 1 bis 30 nummeriert sind. Es wird genau eine Kugel gezogen. Berechne die Wahrscheinlichkeit dafür, dass die Zahl auf der Kugel

a) durch 7 teilbar,

b) nicht durch 3 teilbar,

c) durch 2 und 3 teilbar ist.

9. In einer Schale liegen vier Kugeln mit den Ziffern von 1 bis 4. Es wird eine Kugel gezogen und deren Ziffer notiert. Von den restlichen Kugeln wird eine zweite gezogen und deren Ziffer hinter die erste Ziffer geschrieben.

a) Wie viele zweistellige Zahlen können dabei entstehen? Zeichne ein Baumdiagramm mit allen Möglichkeiten.
b) Begründe, ob es sich um ein Laplace-Experiment handelt.
c) Bestimme die Wahrscheinlichkeit für das Ereignis A: Die Zahl ist kleiner als 20.
d) Bestimme die Wahrscheinlichkeit für das Ereignis B: Die Zahl ist größer als 12.

10. In einem Gefäß befinden sich fünf gelbe und zwei rote Kugeln. Es werden nacheinander zufällig zwei Kugeln gezogen.
a) Vervollständige das Baumdiagramm im Heft.
b) Wird die erste gezogene Kugel wieder in das Gefäß zurückgelegt? Begründe.
c) Berechne die Wahrscheinlichkeit, dass beide Kugeln verschiedenfarbig sind.

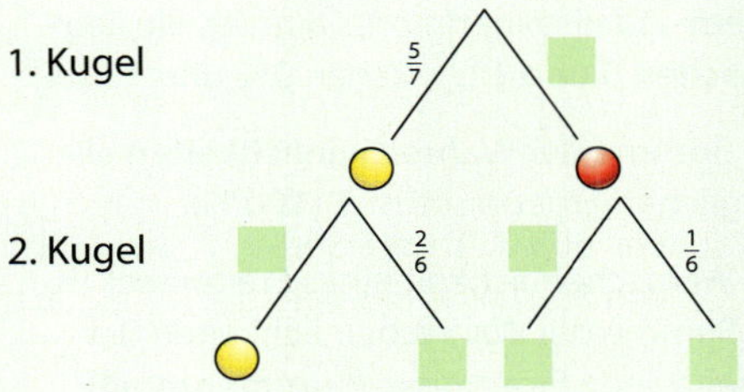

11. Eine Münze wird dreimal geworfen. Berechne die Wahrscheinlichkeiten für die folgenden Ereignisse. Erläutere, wie du vorgegangen bist.
a) Man erhält mehr als zweimal Zahl.
b) Man erhält mindestens einmal Zahl.
c) Man erhält höchstens zweimal Kopf.
d) Man erhält genau einmal Kopf.

12. Mira bearbeitet einen Multiple-Choice-Test mit vier Fragen. Bei jeder Frage gibt es drei Antwortmöglichkeiten, von denen genau eine richtig ist. Da Mira die Antworten nicht weiß, kreuzt sie bei jeder Frage zufällig eine Antwort an. Bestimme die Wahrscheinlichkeit dafür, dass Mira mindestens eine Frage falsch beantwortet.

Wiederholungsaufgaben

1. Übertrage ins Heft und ersetze ■ so, dass eine wahre Aussage entsteht: $4 \cdot (■ + 1) = 4$

2. a) Gib die Koordinaten der Eckpunkte des Dreiecks OAB und die der Mittelpunkte der Dreieckseiten an.
b) Ermittle den Flächeninhalt des Dreiecks für eine Kästchenlänge von 0,5 cm.
c) Gib die Funktionsgleichung der Geraden durch die Punkte A und B an.

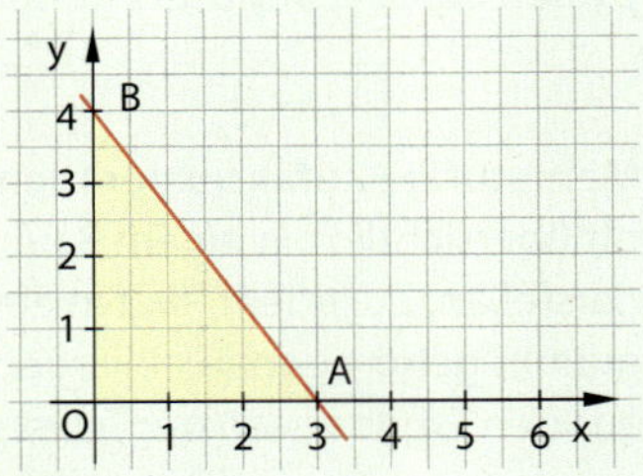

3. Peter erzählt seinem Freund: „In meiner Klasse sind 40 % Mädchen und 15 Jungen." Berechne, wie viele Mädchen in Peters Klasse sind.

4. Zeichne ein Rechteck mit den Seitenlängen 2 cm und 5 cm und färbe dann
a) 60 % der Fläche;
b) $\frac{1}{4}$ der Fläche.

5. Finde den Fehler und berichtige dann.
a) $\frac{2}{7} + \frac{3}{8} = \frac{5}{15}$
b) $\frac{4}{5} - \frac{1}{4} = \frac{3}{20}$
c) $\frac{8}{9} : \frac{2}{9} = \frac{4}{9}$
d) $5 \cdot \frac{2}{9} = \frac{10}{45}$

Zusammenfassung

Relative Häufigkeit und Wahrscheinlichkeit

Wird ein Zufallsexperiment sehr oft durchgeführt, so stabilisieren sich mit einer ausreichend hohen Anzahl von Versuchsdurchführungen die relativen Häufigkeiten eines Ergebnisses um einen festen Wert. Dieser Wert wird als **Wahrscheinlichkeit** des Ergebnisses bezeichnet.

Ein 2x2-Lego-Baustein wird 360-mal geworfen und untersucht, wie oft eine der vier Seitenflächen oben liegt.

Anzahl der Würfe	30	150	270	360
relative Häufigkeit	0,17	0,25	0,31	0,30

Die relative Häufigkeit stabilisiert sich bei 0,3.

Eigenschaften der Wahrscheinlichkeit

Die **Wahrscheinlichkeit** eines Ergebnisses gibt die **Chance** an, mit der das Ergebnis in einem Zufallsexperiments auftritt. Sie liegt **zwischen 0 und 1** (zwischen 0 % und 100 %).

Die **Summe der Wahrscheinlichkeiten** aller möglichen Ergebnisse ist **1 (100 %)**.

Die Wahrscheinlichkeit eines Ereignisses ist die Summe der Wahrscheinlichkeiten der zugehörigen Ergebnisse **(Summenregel)**.

P („rot") $= \frac{1}{2} = 50\,\%$

P („grün") $= \frac{1}{4} = 25\,\%$

P („gelb") $= \frac{1}{4} = 25\,\%$

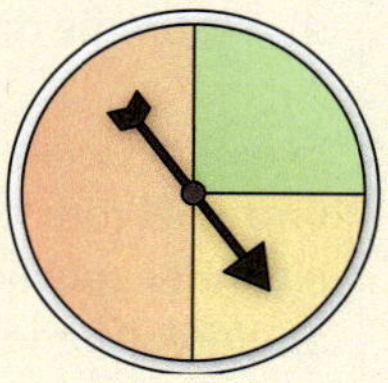

P („rot" oder „grün")
= P („rot") + P („grün")
= 50 % + 25 % = 75 %

Laplace-Experiment

Ein Zufallsexperiment, bei dem alle Ergebnisse die gleiche Wahrscheinlichkeit haben, heißt **Laplace-Experiment**. Bei n möglichen Ergebnissen ist die **Wahrscheinlichkeit für jedes einzelne Ergebnis $\frac{1}{n}$**.

Laplace-Regel:
Wahrscheinlichkeit eines Ereignisses E:

$$P(E) = \frac{\text{Anzahl der Ergebnisse, die zum Ereignis gehören}}{\text{Anzahl aller möglichen Ergebnisse}}$$

Das Werfen eines Spielwürfels ist ein Laplace-Experiment, da die Wahrscheinlichkeit für jede der 6 Augenzahlen gleich ist. Sie ist jeweils $\frac{1}{6}$.

E: gerade Augenzahl
E = {2; 4; 6}
$P(E) = \frac{3}{6} = \frac{1}{2} = 50\,\%$

Simulation

Eine Simulation ist die **Nachbildung** eines realen Objekts oder Vorgangs **als Modell**.

Beim Simulieren können geeignete **Zufallsgeräte** (**Würfel**, **Münzen**) sowie **Zufallszahlen eines Computers** genutzt werden.

Realer Vorgang: Beim Nutzen von Verkehrsmitteln beträgt die Wahrscheinlichkeit für das Nutzen eines Fahrrads etwa $\frac{1}{3}$.

Simulation: Beim Würfeln hat das Ereignis „Augenzahl 1 oder 2" die gleiche Wahrscheinlichkeit.

Mehrstufige Zufallsexperimente, Pfadregeln

Mehrstufige Zufallsexperimente kann man oft übersichtlich in einem Baumdiagramm darstellen. Zu jedem Pfad in einem Baumdiagramm gehört genau ein Ergebnis, das sich aus den Ergebnissen der Teilexperimente zusammensetzt.

Pfadmultiplikationsregel
Die **Wahrscheinlichkeit für ein Ergebnis** erhält man aus dem Produkt der Einzelwahrscheinlichkeiten des zugehörigen Pfades.

Pfadadditionsregel
Die **Wahrscheinlichkeit für ein Ereignis** erhält man, indem man die Wahrscheinlichkeiten der zugehörigen Pfade addiert.

Aus einer Urne mit drei schwarzen und zwei roten Kugeln werden zwei Kugeln gezogen:

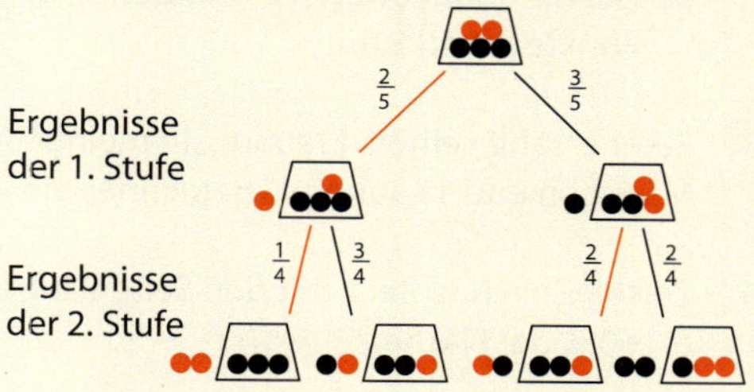

$P(\text{rot}\,|\,\text{rot}) = \frac{2}{5} \cdot \frac{1}{4} = \frac{1}{10} = 0{,}1 = 10\,\%$
E: Beide Kugeln sind verschiedenfarbig
$P(E) = P(\text{rot}\,|\,\text{schwarz}) + P(\text{schwarz}\,|\,\text{rot})$
$= \frac{2}{5} \cdot \frac{3}{4} + \frac{3}{5} \cdot \frac{2}{4} = \frac{3}{10} + \frac{3}{10} = \frac{6}{10} = 0{,}6 = 60\,\%$

7. Körper

Dieses Gebäude steht in der weißrussischen Stadt Witebsk. In der Architektur werden verschiedene geometrische Körper wie Quader, Prismen, Zylinder oder Pyramiden verwendet.

Dein Fundament

Lösungen
↗ S. 257

Volumen- und Flächeneinheiten

1. Rechne in die in Klammern angegebene Einheit um.
a) $3\,m^2$ (dm^2) b) $7890\,dm^3$ (m^3) c) 1 ha (a) d) $98908\,cm^2$ (m^2)
e) $559\,cm^3$ (ℓ) f) $0,3\,cm^2$ (mm^2) g) $0,07\,m^3$ (cm^3) h) 0,12 hℓ (ℓ)

2. a) Ordne alle Flächeninhaltsangaben der Größe nach.
b) Ordne alle Volumenangaben der Größe nach.

$2\,m^3$ | $2\,m^2$ | 0,5 ha | $17\,dm^3$ | 1 hℓ | $2153\,cm^2$ | $0,025\,dm^3$ | 1,5 a | 0,5 ℓ | $0,02\,m^2$

3. Berechne.
a) $3\,m^2 + 3\,dm^2$ b) $20\,m^2 + 1\,a$ c) $750\,dm^3 + 2,5\,m^3$ d) $4\,m^2 \cdot 5\,dm$

Berechnungen am Quader

Erinnere dich:
Das Volumen eines Quaders mit den Seitenlängen a, b und c lässt sich berechnen durch $V = a \cdot b \cdot c$.

4. Übertrage die Tabelle in dein Heft und vervollständige sie.

	Länge (des Quaders)	Breite (des Quaders)	Höhe (des Quaders)	gesamte Kantenlänge des Quaders	Volumen des Quaders	Oberflächeninhalt des Quaders
a)	1 cm	2 cm	3 cm			
b)	3 cm		3 cm		$27\,cm^3$	
c)		1 cm	1 cm			$12\,cm^2$
d)	4 m		5 m	42 m		

5. Ein Quader hat ein Volumen von $60\,cm^3$. Ermittle die Höhe des Quaders mit der angegebenen Grundfläche.

a)
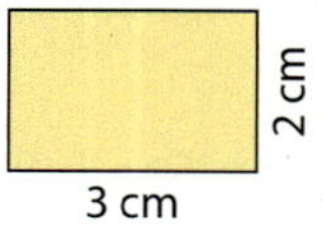

b)
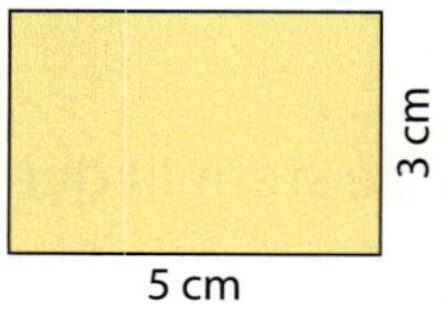

c)
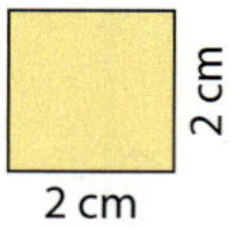

6. Gustav will für sein neues Aquarium (50 cm lang, 30 cm breit und 35 cm hoch) Fische kaufen. Ein Fisch der gewünschten Art benötigt im Aquarium etwa 2 ℓ Wasser als Lebensraum.
Ermittle, wie viele Fische dieser Art Gustav in seinem Aquarium maximal halten sollte, wenn das Wasser eine Höhe von 28 cm hat.

7. Gib die gesamte Kantenlänge eines Würfels mit einem Volumen von $1000\,cm^3$ an.

8. Stelle die Gleichung nach der in Klammern stehenden Variablen um.
a) $A = a \cdot b$ (b) b) $V = a \cdot b \cdot c$ (c) c) $u = 4 \cdot a$ (a)

Berechnungen am Kreis

9. Berechne Umfang und Flächeninhalt des Kreises mit dem angegebenen Radius bzw. Durchmesser. Runde die Ergebnisse auf Hundertstel.

a) r = 1 cm b) d = 4 cm c) r = 1,4 cm d) d = 2,6 cm

10. Berechne den Radius des Kreises mit den angegebenen Maßen. Runde die Ergebnisse auf Zehntel.

a) Umfang von 42 cm b) Flächeninhalt von 3,14 cm^2

11. Ein kegelförmig aufgeschütteter Sandhaufen hat einen Umfang von 14 m. Ermittle, wie viel Bodenfläche der Sandhaufen bedeckt. Runde auf Quadratmeter.

12. Berechne den Flächeninhalt und den Umfang der Figur. Runde auf Hundertstel.

a)
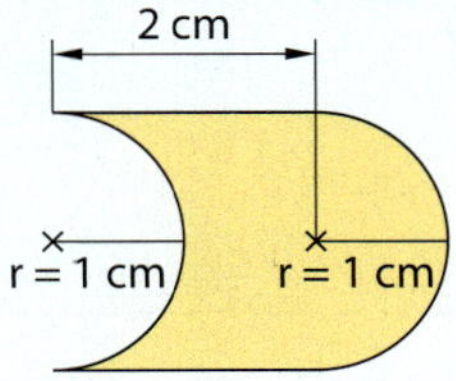

b)
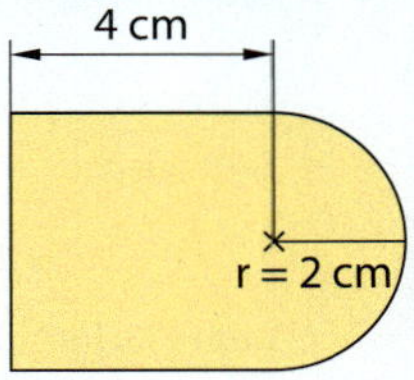

Vermischtes

13. Gib den Flächeninhalt der Figuren an. Entnimm die erforderlichen Maße der Zeichnung durch Messen.

a)
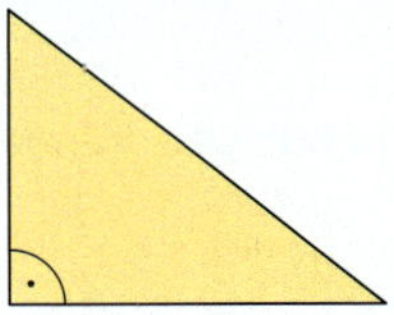

b)
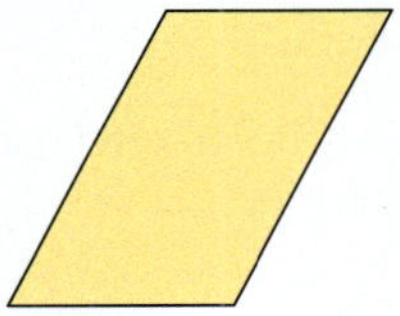

c)
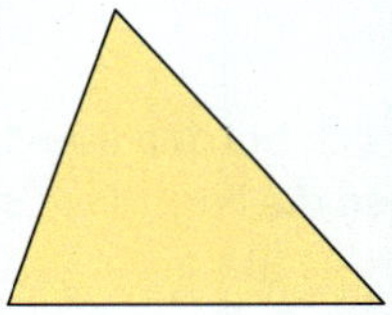

d)
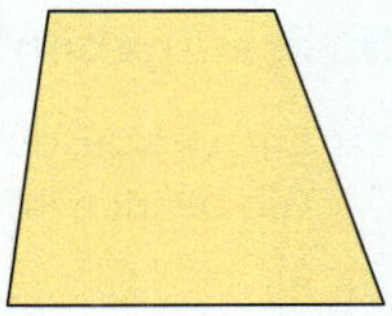

14. Übertrage in dein Heft und ergänze die Zeichnung zu einem Schrägbild eines Quaders bzw. eines Würfels.

a)
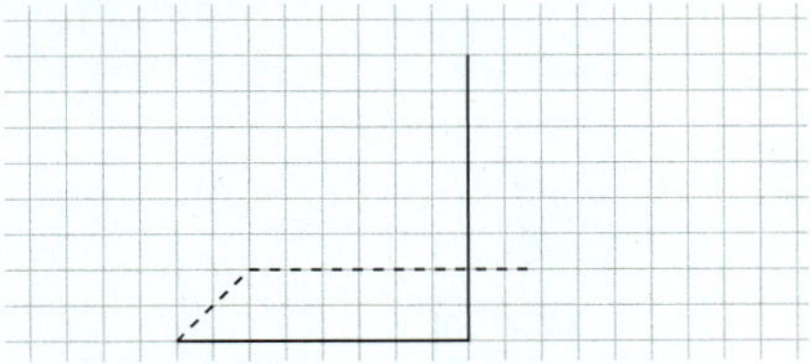

b)
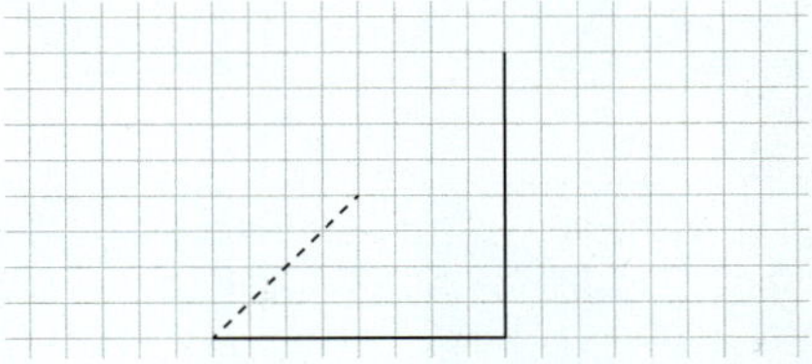

15. Übertrage in dein Heft und ergänze die Zeichnung zu einem Netz eines Würfels bzw. eines Quaders.

a)
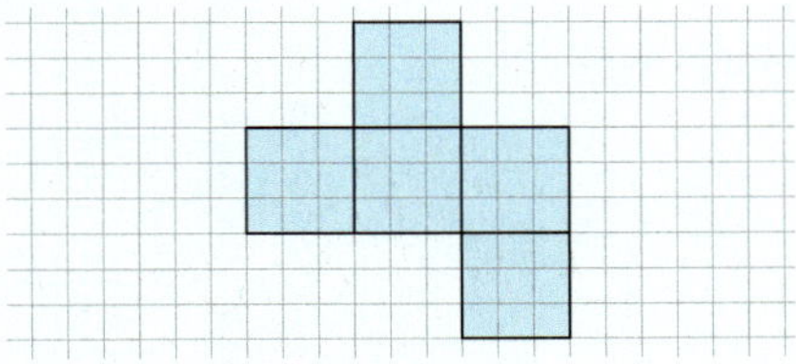

b)
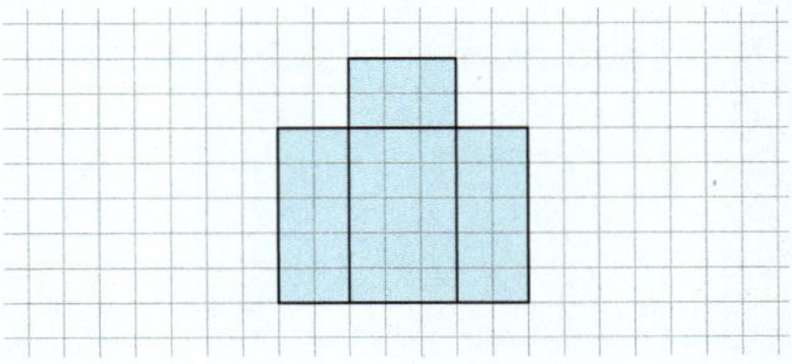

7.1 Prisma – Netz und Oberflächeninhalt

■ Mit der Knetmaschine können einfache Körper geformt werden. Dazu wird die Knetmaschine mit Knetmasse gefüllt und eine Form ausgewählt. Wenn der Hebel gedrückt wird, entstehen lange, geformte Körper.
Wie sehen die Körper aus, die so entstehen? Was haben alle Körper gemeinsam? Worin unterscheiden sie sich? ■

Erinnere dich:
Kongruent bedeutet deckungsgleich.

Hinweis:
Ein Prisma kann als Grundfläche also ein Quadrat, Rechteck, Dreieck oder ein beliebiges Vieleck haben. Seine Seitenflächen sind immer Rechtecke.

Wissen: Prisma
Ein Prisma ist ein Körper, der durch zwei zueinander kongruente und parallele Vielecke und rechteckige Seitenflächen begrenzt wird.

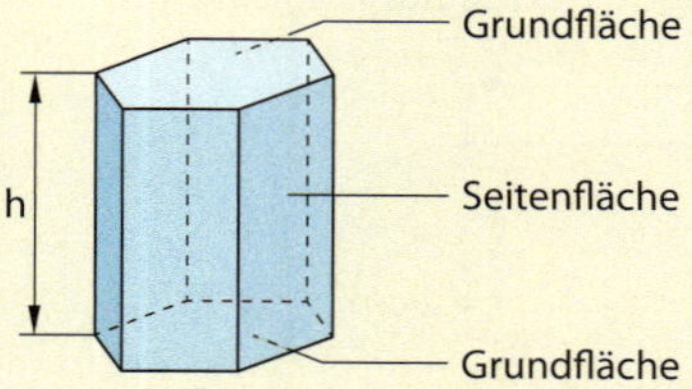

Prisma mit sechseckiger Grundfläche

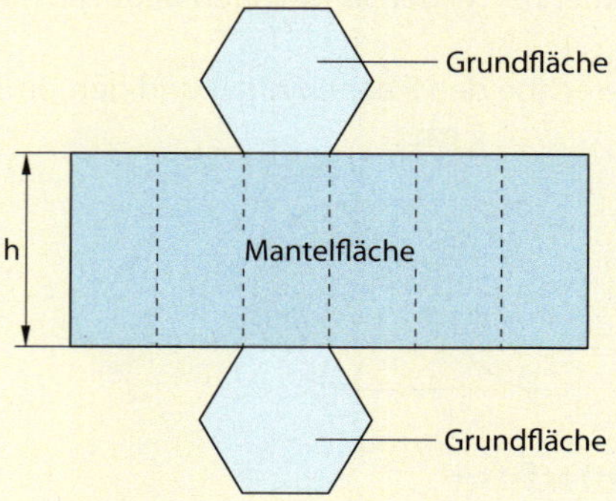

Netzdarstellung

Basisaufgaben

Hinweis zu 1:
Ein Prisma muss nicht auf der Grundfläche stehen.

1. Entscheide, ob es sich bei den abgebildeten Körpern um Prismen handelt. Begründe. Gib bei den Prismen die Form der Grundfläche an.

a) 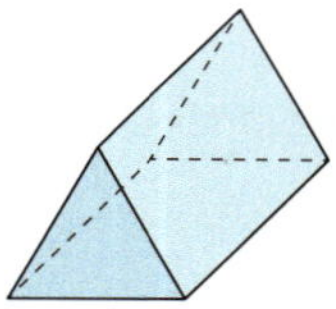
b) 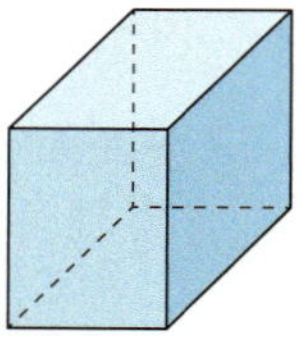
c) 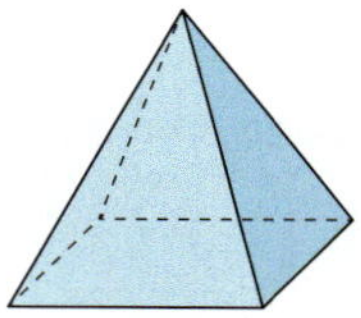
d) 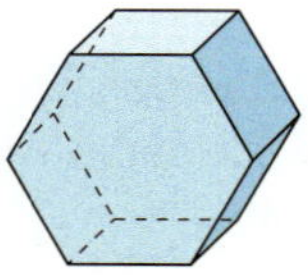
e) 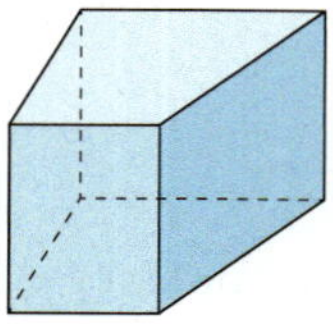
f) 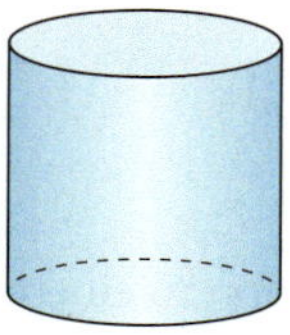
g) 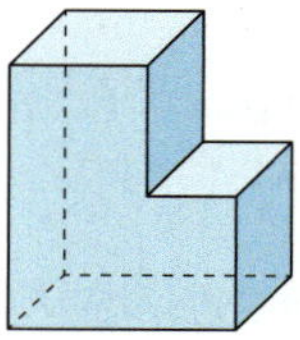
h) 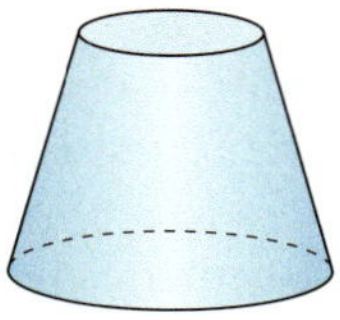

2. Begründe, ob man aus dem Netz ein Prisma bauen kann.

a) 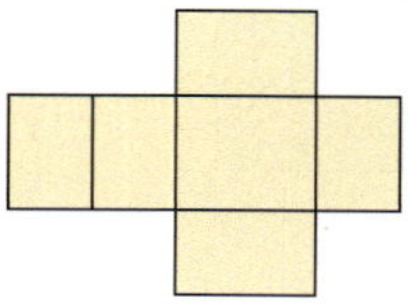
b) 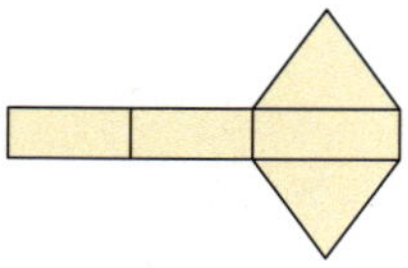
c) 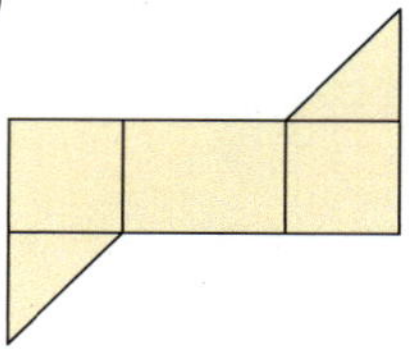
d) 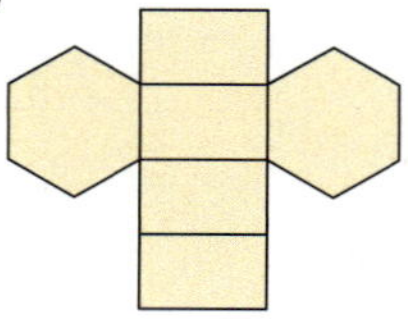

Netz und Oberflächeninhalt

Zu jedem Prisma lässt sich ein Bauplan, ein Netz zeichnen. Ein Netz besteht aus allen Begrenzungsflächen. Der Flächeninhalt eines solchen Netzes ist der Oberflächeninhalt des zugehörigen Prismas.

Wissen: Oberflächeninhalt eines Prismas

Der **Oberflächeninhalt O eines Prismas** wird berechnet, indem man den Grundflächeninhalt G und den Mantelflächeninhalt M ermittelt. Für den Oberflächeninhalt gilt:

$$O = 2 \cdot G + M$$

Beispiel 1:

a) Zeichne ein Netz des Prismas (Maße in cm).

b) Berechne den Oberflächeninhalt des Prismas.

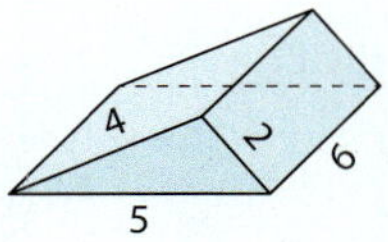

Lösung:

a) Zeichne zuerst die Mantelfläche. Die Maße der Mantelfläche ergeben sich aus der Höhe 6 cm und den drei Seitenlängen des Dreiecks, also 4 cm, 5 cm und 2 cm.

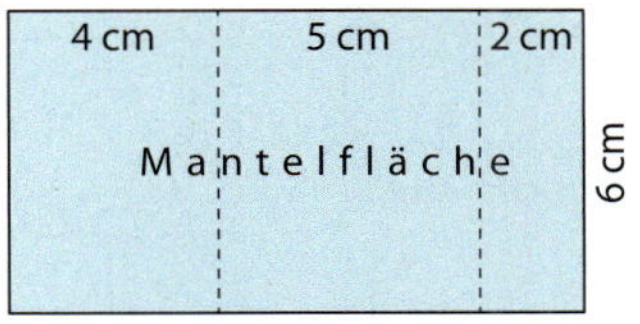

Ergänze dann die beiden Dreiecke der Grundflächen. Den fehlenden dritten Punkt der Dreiecke kannst du konstruieren, indem du die Länge der Seiten mit einem Zirkel abträgst. Der Schnittpunkt gibt jeweils den dritten Punkt an.

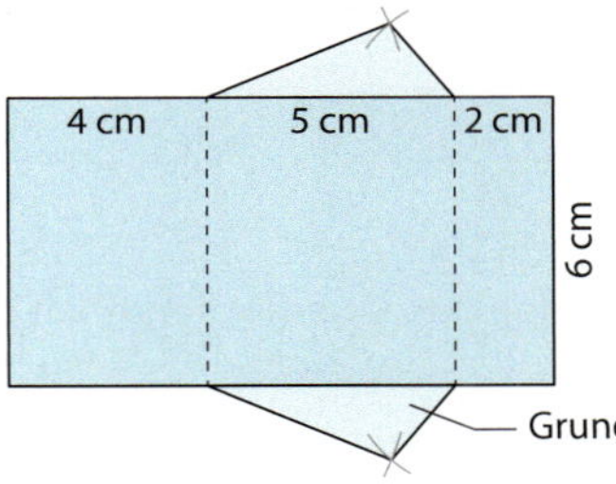

Hinweis:
Prüfe das Netz, indem du in deiner Vorstellung die Mantelfläche und die Grundflächen wieder zu einem Körper zusammensetzt.

b) Berechne zuerst den Mantelflächeninhalt und den Grundflächeninhalt.

Der Mantelflächeninhalt ergibt sich aus dem Flächeninhalt der rechteckigen Seitenflächen.

Mantelflächeninhalt:

$$M = 4\,\text{cm} \cdot 6\,\text{cm} + 5\,\text{cm} \cdot 6\,\text{cm} + 2\,\text{cm} \cdot 6\,\text{cm}$$
$$= (4\,\text{cm} + 5\,\text{cm} + 2\,\text{cm}) \cdot 6\,\text{cm}$$
$$= 66\,\text{cm}^2$$

Der Grundflächeninhalt ist der Inhalt des Dreiecks mit der Grundseite 5 cm und der Höhe 1,5 cm. Miss die Höhe mit deinem Geodreieck im Netz.

Grundflächeninhalt:

$$G \approx \frac{5\,\text{cm} \cdot 1{,}5\,\text{cm}}{2} = 3{,}75\,\text{cm}^2$$

Setze die Werte für G und M in $O_{\text{Prisma}} = 2 \cdot G + M$ ein.

Oberflächeninhalt:

$$O = 2 \cdot G + M$$
$$\approx 2 \cdot 3{,}75\,\text{cm}^2 + 66\,\text{cm}^2$$
$$= 73{,}5\,\text{cm}^2$$

Der Oberflächeninhalt des Prismas beträgt $73{,}5\,\text{cm}^2$.

Basisaufgaben

3. Begründe, ob man aus dem Netz ein Prisma bauen kann. Falls das möglich ist, übertrage die Figur in dein Heft und berechne den Oberflächeninhalt des Prismas.

a) 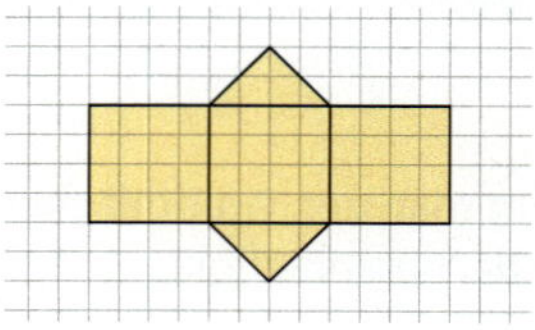

b) 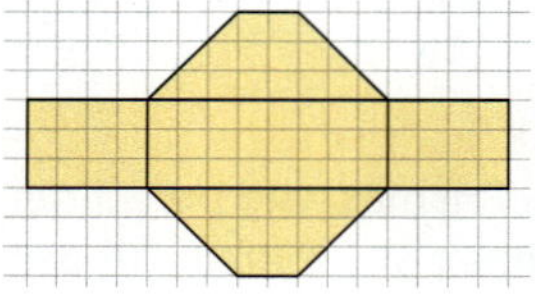

c) 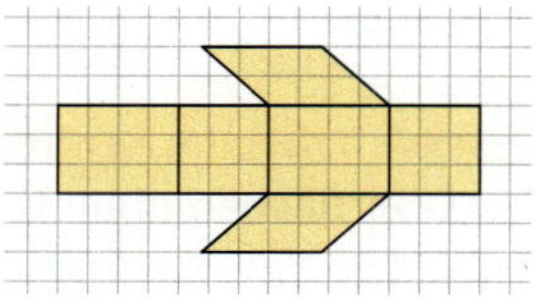

4. Zeichne ein Netz des Prismas und berechne den Oberflächeninhalt (Maße in cm).

a) Grundfläche

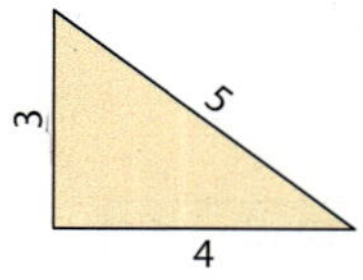

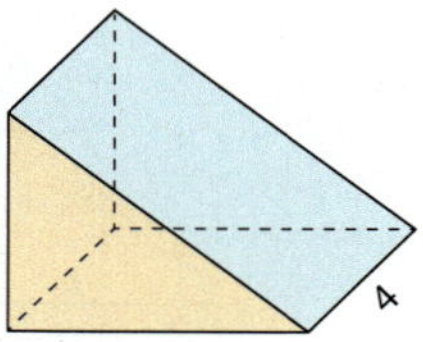

b) Grundfläche

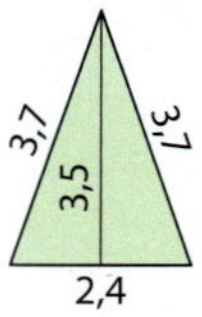

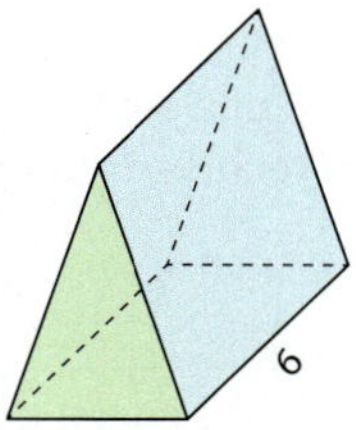

c) Grundfläche

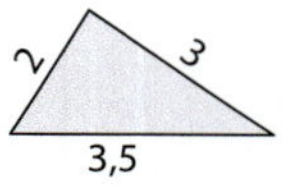

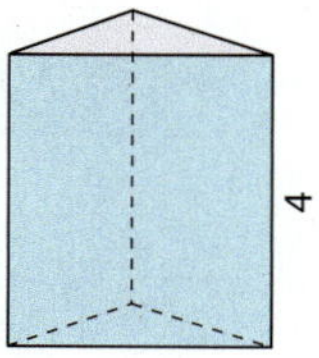

d) Grundfläche

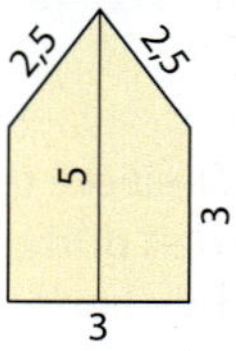

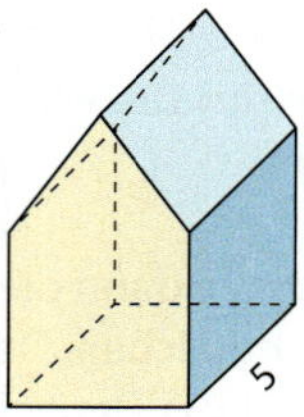

5. Berechne den Oberflächeninhalt des Prismas (Maße in cm).

a) 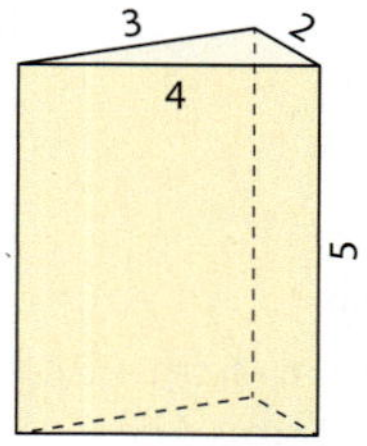

b) 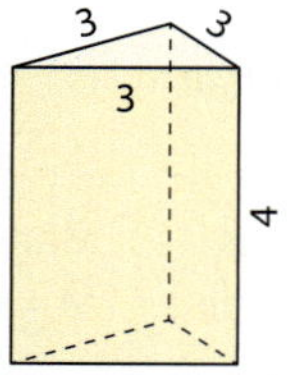

c) 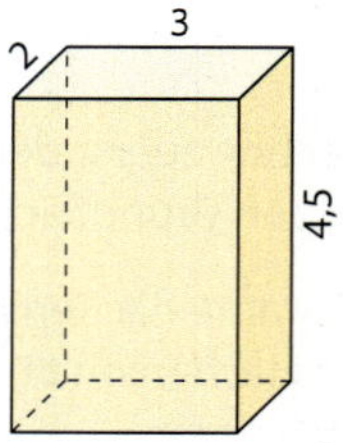

6. a) Lukas hat im Internet diese Formel für den Oberflächeninhalt eines Prismas gefunden: $O = 2G + u \cdot h$. Wofür stehen u und h?
Erkläre die Formel anhand einer eigenen Skizze, in denen du die Größen u und h einzeichnest.

b) Ein Prisma hat eine Grundfläche von $75\,cm^2$ und eine Höhe von 8 cm. Die Grundfläche hat einen Umfang von 20,5 cm. Berechne den Oberflächeninhalt.

7. Eine Touristeninformation hat als Treffpunkt für Führungen den Buchstaben I als markantes Wiedererkennungszeichen aufgestellt. Berechne, wie groß die Oberfläche des Buchstabens ist. Alle Maße sind in Metern angegeben.

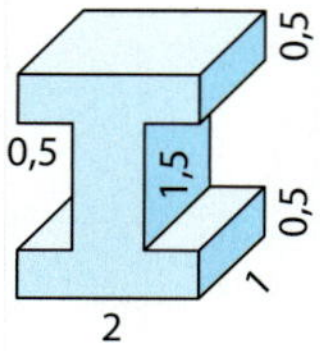

Weiterführende Aufgaben

8. **Stolperstelle:** Zu dem abgebildeten Netz eines Prismas soll der Oberflächeninhalt berechnet werden. Kontrolliere die Rechnungen und erkläre, welche Fehler gemacht wurden.

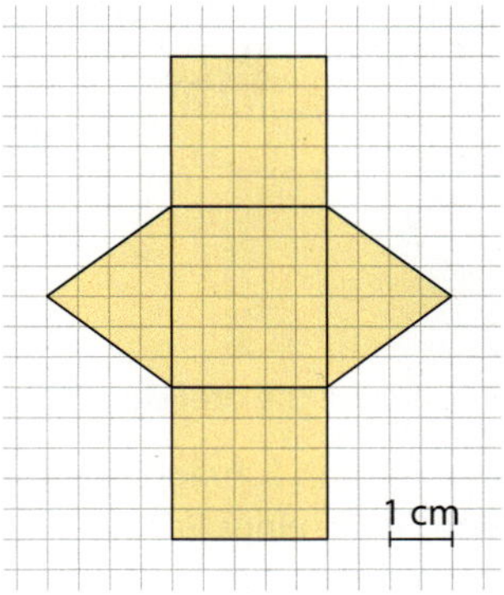

Clara:

$M = 2{,}5\,cm \cdot 2{,}5\,cm + 3\,cm \cdot 2{,}5\,cm + 2{,}5\,cm \cdot 2{,}5\,cm = 20\,cm^2$

$G = \frac{3\,cm \cdot 2\,cm}{2} = 3\,cm^2$

$O = 20\,cm^2 + 3\,cm^2 = 23\,cm^2$

Sven:

$M = 2{,}5\,cm \cdot (2{,}5\,cm + 3\,cm + 2{,}5\,cm) = 20\,cm^2$

$G = \frac{3\,cm \cdot 2{,}5\,cm}{2} = 3{,}75\,cm^2$

$O = 2 \cdot 3{,}75\,cm^2 + 20\,cm^2 = 27{,}5\,cm^2$

9. Ein Prisma ist 8 cm hoch und hat die dargestellte Grundfläche (Maße in cm). Berechne den Oberflächeninhalt des Prismas.

a)

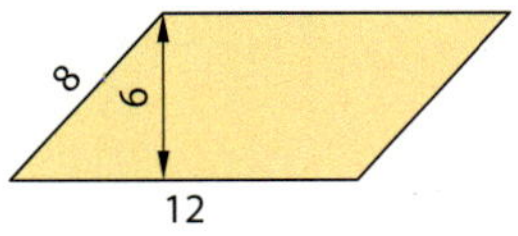

b)

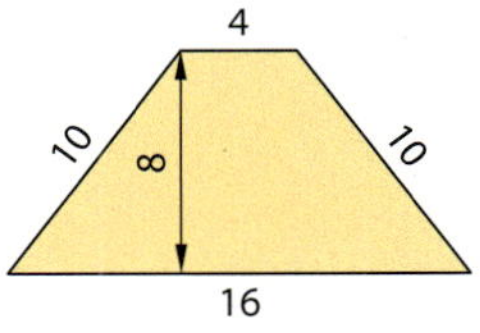

c)

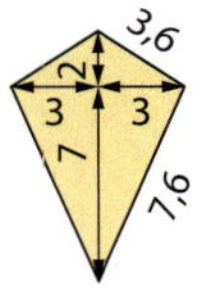

d)

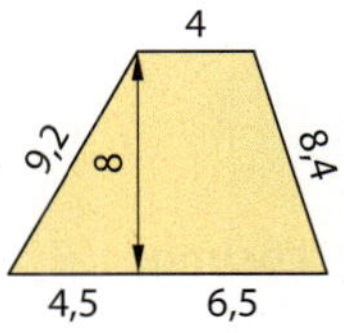

Hinweis zu 9:
Hier findest du die Lösungen in cm².

10. Entscheide, ob die Aussagen wahr oder falsch sind. Gib bei falschen Aussagen ein Gegenbeispiel an.
a) Ein Würfel ist ein Prisma.
b) Die Oberfläche eines Prismas setzt sich aus sechs Flächen zusammen.
c) Die beiden Grundflächen eines Prismas sind gleich groß.
d) Alle Seitenflächen eines Prismas sind gleich groß.
e) Die Seitenflächen eines Prismas sind rechteckig.
f) In einem Prisma gib es zwei Seitenflächen, die parallel sind.

● **11.**

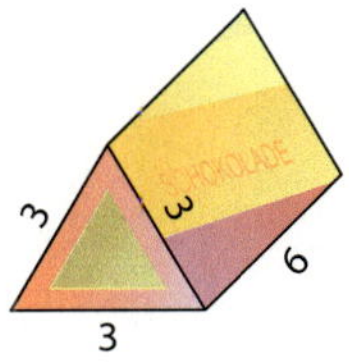

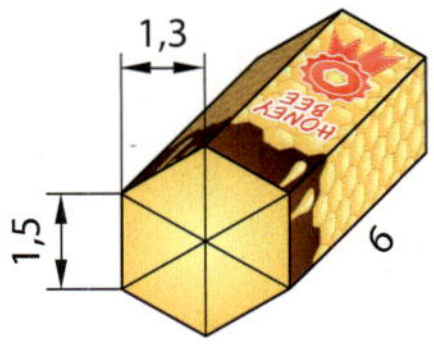

a) Zeichne ein Netz für die beiden Verpackungen.
b) Bestimme, wie viel Pappe für die Verpackungen benötigt wird.
c) Für die Klebelaschen und durch Verschnitt werden 12 % mehr Material benötigt. Berechne, wie viel Material benötigt wird.
d) Halte eine Präsentation über die Aufgabe und den Lösungsweg. Erkläre dabei, wie du auf den Lösungsweg gekommen bist.

Tipp zu 11:
Das Sechseck kann in sechs gleichseitige Dreiecke geteilt werden.

● **12.** **Ausblick:** Bestimme anhand einer Formel, wie sich der Oberflächeninhalt verändert, wenn
a) bei einem Würfel mit der Seitenlänge a die Seitenlänge verdoppelt wird,
b) bei einem Würfel mit der Seitenlänge a die Seitenlänge halbiert wird,
c) bei einem Quader mit den Seiten a, b und c alle Seitenlängen verdoppelt werden.

7.2 Schrägbild eines Prismas

■ Dies ist dasselbe Prisma aus verschiedenen Blickwinkeln:

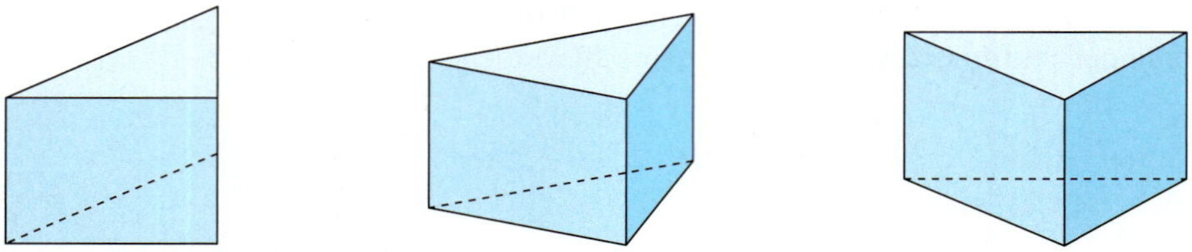

Vergleiche die drei Darstellungen. Was kannst du über die Grundfläche aussagen? ■

Mithilfe von Schrägbildern lassen sich räumliche Figuren auf Papier darstellen. Damit die Form und Größe eines Prismas gut wiedergegeben werden, gibt es Vereinbarungen zum Zeichnen von Schrägbildern.

Beispiel 1: Zeichne ein Schrägbild eines Prismas mit der dargestellten Grundfläche und der Höhe 2 cm.

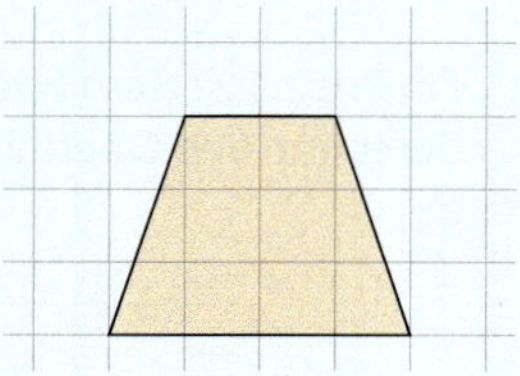

Lösung:
Vorbereitung: Übertrage das Viereck ins Heft. Zeichne von den oberen Eckpunkten senkrechte Strecken auf die Grundseite. Zeichne von dort verkürzte Strecken entlang den Kästchendiagonalen nach hinten: Ein Zentimeter entspricht einer Kästchendiagonale. Eine perspektivische Ansicht der Grundfläche erhältst du, indem du die neuen Eckpunkte verbindest.

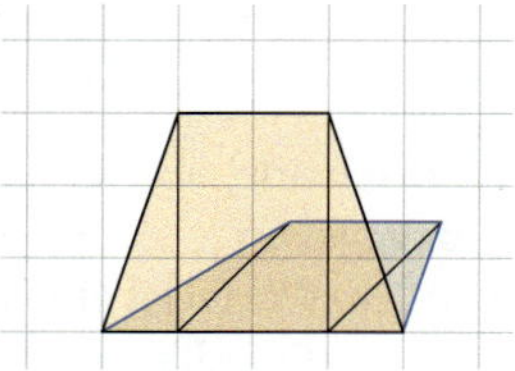

Übertrage die perspektivische Darstellung der Grundfläche als obere Grundfläche in eine neue Zeichnung.
Trage von den Eckpunkten nach unten senkrechte Kanten der Länge 2 cm ab. Zeichne zuletzt die untere Grundfläche ein. Verdeckte Kanten werden gestrichelt gezeichnet.

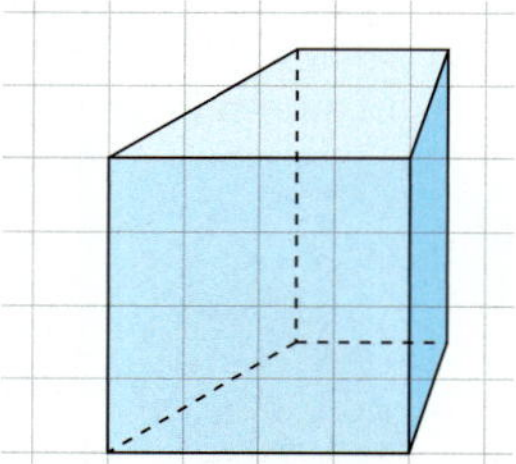

Hinweis:
Darstellung eines Quadrates mit einer Seitenlänge von 1 cm:

Basisaufgaben

1. Zeichne ein Schrägbild eines Prismas mit der Höhe 2 cm und mit der angegebenen Grundfläche.

a)

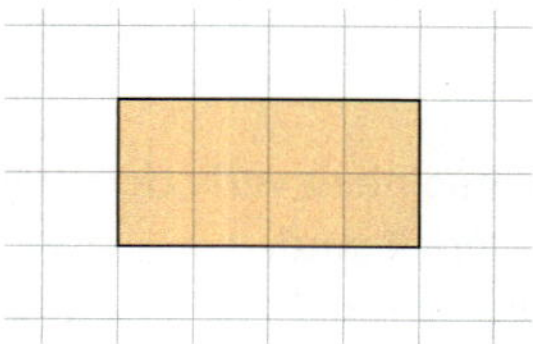

b)

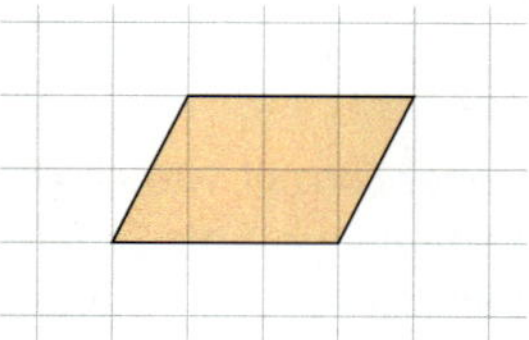

c)

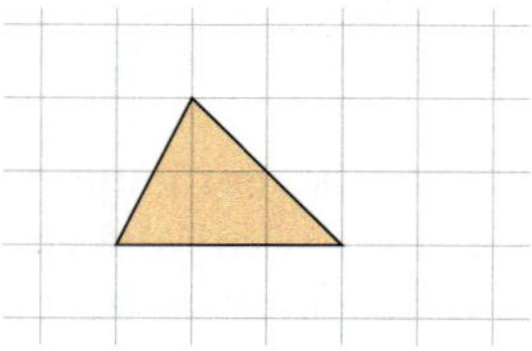

2. Zeichne ein Schrägbild eines Prismas mit der angegebenen Grundfläche und Höhe.

a)

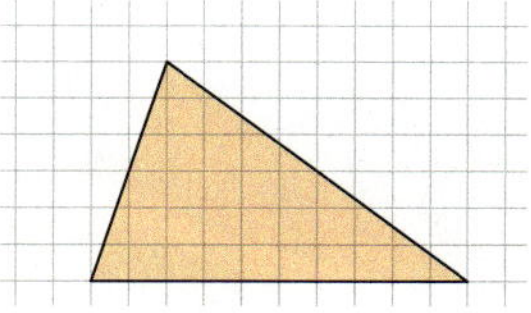

Höhe: 5 cm

b)

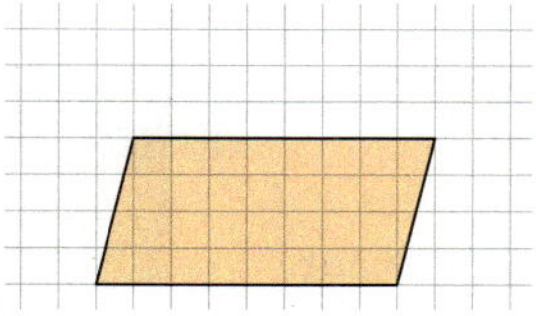

Höhe: 4 cm

c)

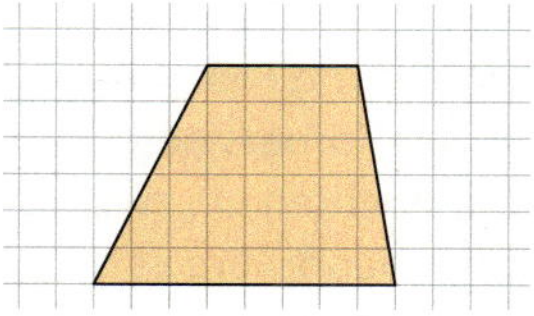

Höhe: 1 cm

Weiterführende Aufgaben

3. Das Prisma wurde aus einem Quader herausgeschnitten. Übertrage das Schrägbild in dein Heft und ergänze die abgeschnittenen Stücke, sodass wieder ein Quader entsteht.

a)

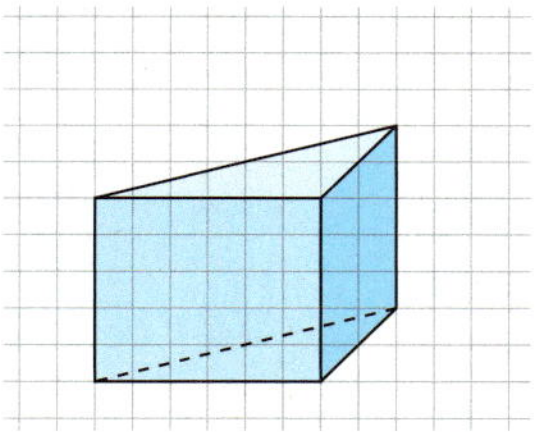

b)

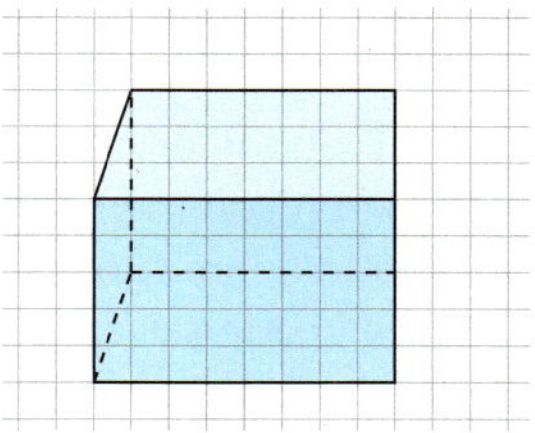

c)

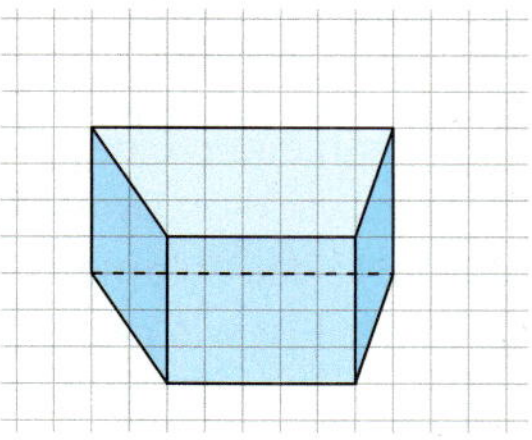

4. Zeichne die Grundfläche des Prismas mit den tatsächlichen Seitenlängen. Trage die Seitenlängen in deine Zeichnung ein.

a)

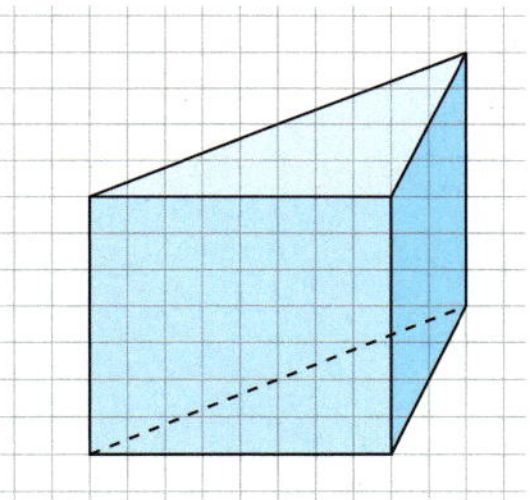

b)

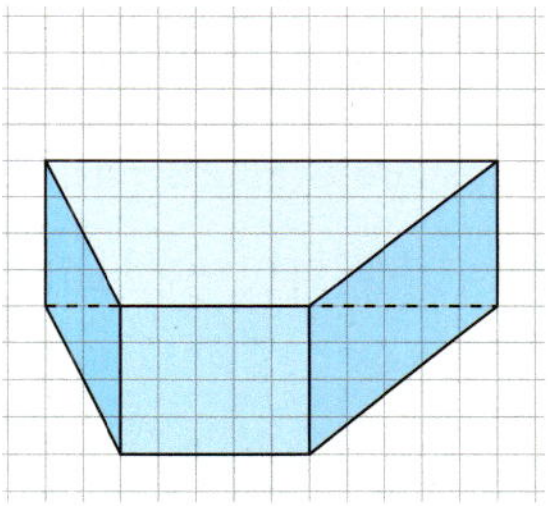

c)

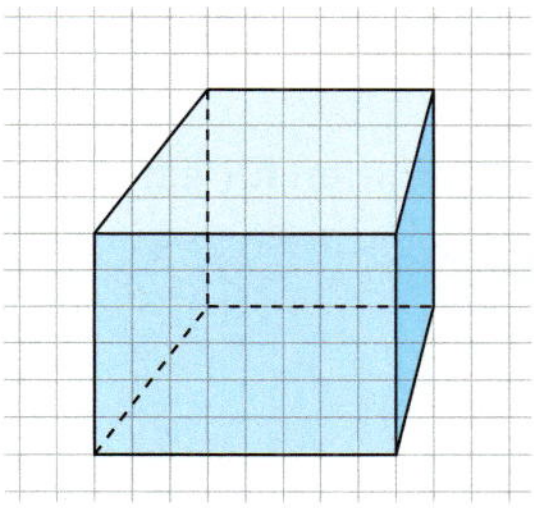

● 5. Zeichne in a) und b) ein liegendes Prisma. Übertrage dazu die Grundseite in dein Heft und zeichne die Höhe diagonal ein. Du kannst dich an dem Beispiel orientieren.

Beispiel:

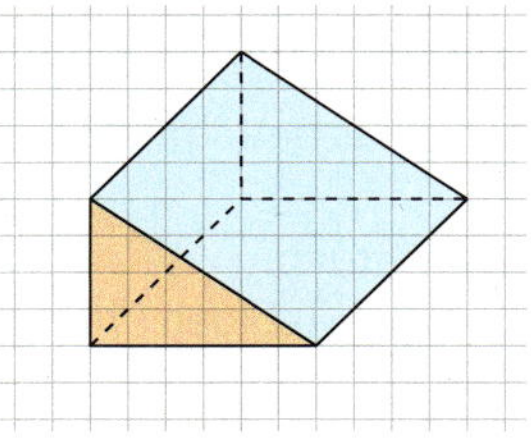

Schrägbild eines liegenden Prismas der Höhe 4 cm

a) Grundseite:

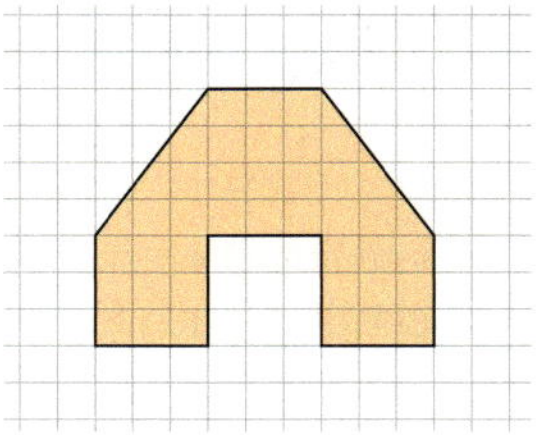

Höhe: 4 cm

b) Grundseite:

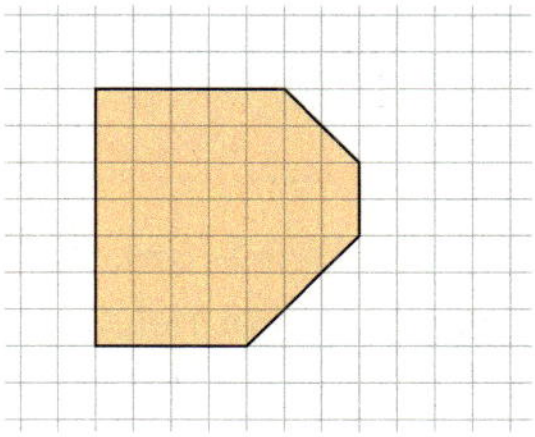

Höhe: 6 cm

● 6. **Ausblick:** Fotografiere unterschiedlich große Gegenstände, die die Form eines Prismas haben, jeweils aus unterschiedlichen Perspektiven so, dass du sie als Vorlage für ein Schrägbild verwenden kannst. Drucke die Fotos aus und zeichne die Kanten der jeweiligen Gegenstände auf dem Foto nach. Stelle auch die nicht sichtbaren Kanten dar. Vergleiche die so entstandenen Schrägbilder mit den Schrägbildern in diesem Teilkapitel.

7.3 Volumen eines Prismas

■ Daniel und Falk grübeln, wie sie das Volumen des Körpers berechnen können.
„Wir bräuchten ein zweites gleich großes Prisma. Dann wäre es ganz einfach“, schlägt Falk vor.
„Stimmt! Dann könnten wir die Körper zusammensetzen und mit der Formel …“
Welche Idee haben die beiden Jungen wohl?
Wie würdest du Daniels Antwort ergänzen? ■

Man berechnet das Volumen eines Quaders mit der Formel
$V = G \cdot h$ („Grundfläche mal Höhe“).

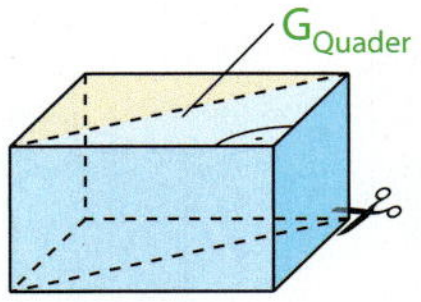

Zerlegt man einen Quader entlang der Diagonalen, so ergeben sich zwei rechtwinklige **Dreiecksprismen**, deren Volumen V_{Prisma} halb so groß ist wie das Volumen des Quaders und deren Grundfläche G_{Prisma} halb so groß ist wie die Grundfläche des Quaders. Deshalb gilt:

$$V_{Prisma} = \frac{1}{2} \cdot V_{Quader} = \underbrace{\frac{1}{2} \cdot G_{Quader}}_{} \cdot h = G_{Prisma} \cdot h$$

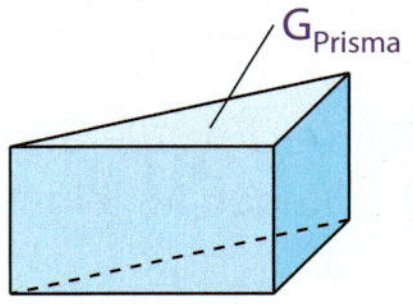

Das **Volumen für ein rechtwinkliges Dreiecksprisma** ist $V = G \cdot h$ („Grundfläche mal Höhe“).

Beispiel 1: Berechne das Volumen des rechtwinkligen Dreiecksprismas.

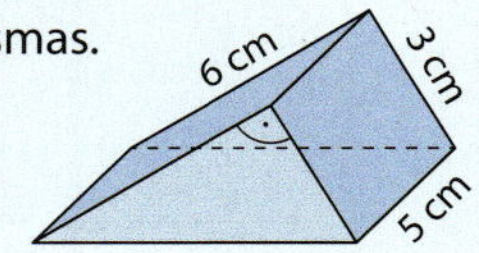

Erinnere dich:
Der Flächeninhalt eines rechtwinkligen Dreiecks mit den den rechten Winkel einschließenden Seiten a und b ist $\frac{a \cdot b}{2}$.

Lösung:
Die Grundfläche des Prismas ist ein rechtwinkliges Dreieck.

Multipliziere für das Volumen den Grundflächeninhalt mit der Höhe 5 cm.

Grundflächeninhalt:
$G_{Prisma} = \frac{6\,\text{cm} \cdot 3\,\text{cm}}{2} = \frac{18\,\text{cm}^2}{2} = 9\,\text{cm}^2$
Volumen:
$V_{Prisma} = G_{Prisma} \cdot h = 9\,\text{cm}^2 \cdot 5\,\text{cm} = 45\,\text{cm}^3$
Das Volumen des Prismas beträgt $45\,\text{cm}^3$.

Jedes beliebige Prisma kann in rechtwinklige Dreiecksprismen zerlegt werden.
Daher gilt die Formel „Grundfläche mal Höhe“ auch für das Volumen von beliebigen Prismen.

Hinweis:
G steht hier für G_{Prisma}.
Die Zerlegung ist nicht eindeutig.

Prisma

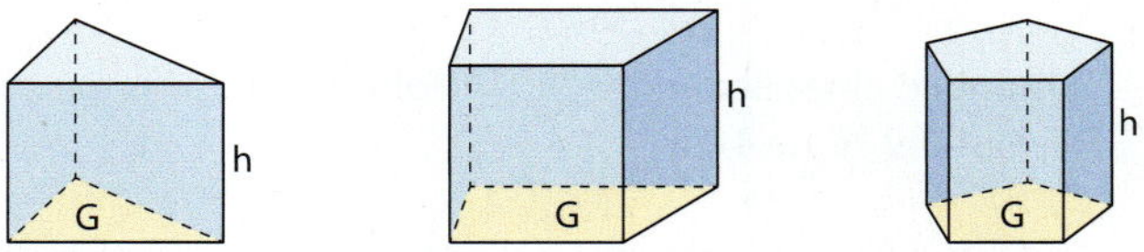

Grundfläche, zerlegt in rechtwinklige Dreiecke:

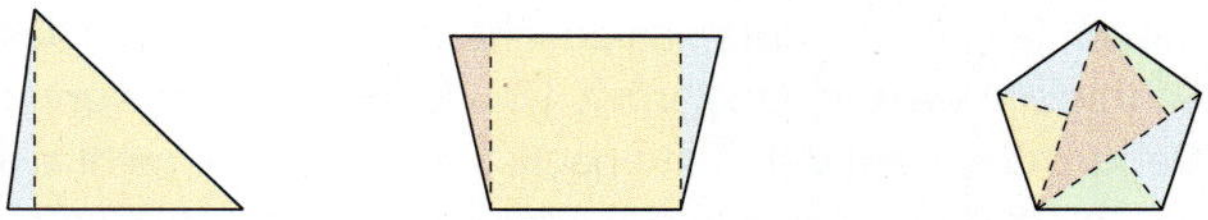

Wissen: Volumen eines Prismas

Das **Volumen eines Prismas** wird berechnet, indem man den Inhalt der Grundfläche G mit der Höhe h des Prismas multipliziert:

$$V = G \cdot h$$

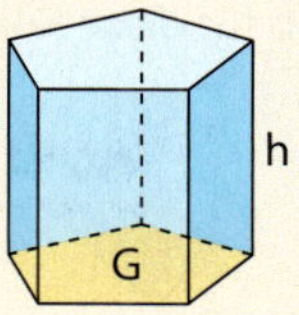

Beispiel 2: Berechne das Volumen des Prismas.

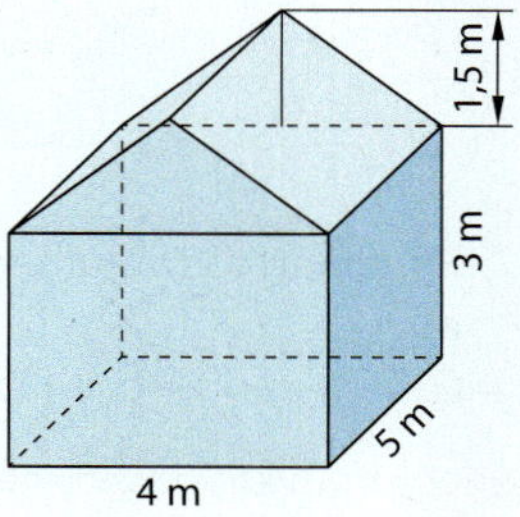

Lösung:

Die Grundfläche des Prismas besteht aus einem Rechteck (mit Länge und Breite) und einem Dreieck (mit Grundseite und Höhe).

Grundflächeninhalt G des Prismas:

$G = \frac{1}{2} \cdot g_{\text{Dreieck}} \cdot h_{\text{Dreieck}} + \text{Länge} \cdot \text{Breite}$

$= \frac{1}{2} \cdot 4\,\text{m} \cdot 1{,}5\,\text{m} + 4\,\text{m} \cdot 3\,\text{m}$

$= 3\,\text{m}^2 + 12\,\text{m}^2$

$= 15\,\text{m}^2$

Multipliziere für die Berechnung des Volumens den Grundflächeninhalt mit der Höhe.

Volumen:

$V = G \cdot h = 15\,\text{m}^2 \cdot 5\,\text{m} = 75\,\text{m}^3$

Das Volumen des Prismas beträgt 75 cm³.

Erinnere dich:
$A_{\text{Dreieck}} = \frac{1}{2} \cdot g \cdot h$,
g Grundseite des Dreiecks, h Höhe des Dreiecks.
Es gilt $\text{m}^2 \cdot \text{m} = \text{m}^3$.

Basisaufgaben

1. Berechne das Volumen des Prismas.

a)

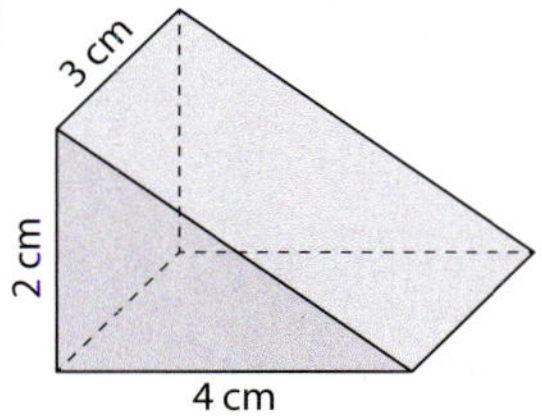

b)

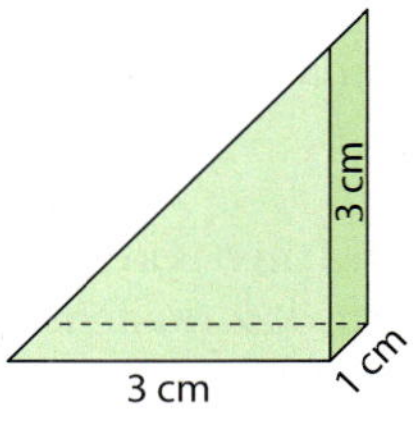

c)

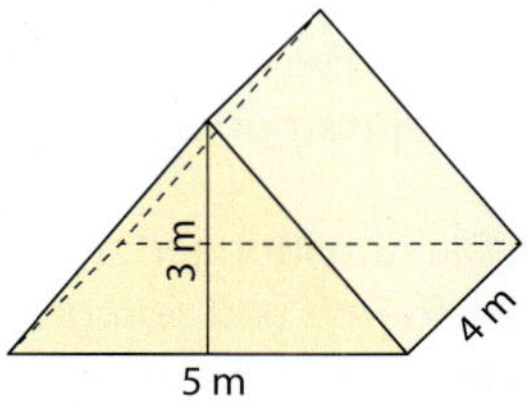

2. Berechne das Volumen des Dreiecksprismas.

	a)	b)	c)	d)	e)
Grundseite Dreieck	6 cm	7,5 m	1,6 dm	0,23 m	0,4 km
Höhe Dreieck	3 cm	4 m	4,8 dm	5 dm	125 m
Höhe Prisma	4 cm	9,4 m	5,3 dm	1,5 dm	1,75 m

Hinweis zu 2:
Die Lösungen zu a) bis c) findest du auf dem Ballon, zu d) und e) auf dem Korb (ohne Einheiten).

3. Ein 5 cm hohes Prisma hat ein gleichschenkliges Trapez mit den Maßen $a = 6{,}5$ cm, $c = 4{,}5$ cm und $h = 3$ cm als Grundfläche. Berechne das Volumen des Prismas. Vergleiche dein Ergebnis mit dem Ergebnis deines Nachbarn.

4. Entscheide, für welche der Körper die Formel $V = G \cdot h$ zur Berechnung des Volumens gilt. Gib für diese Körper die Form der Grundfläche an.

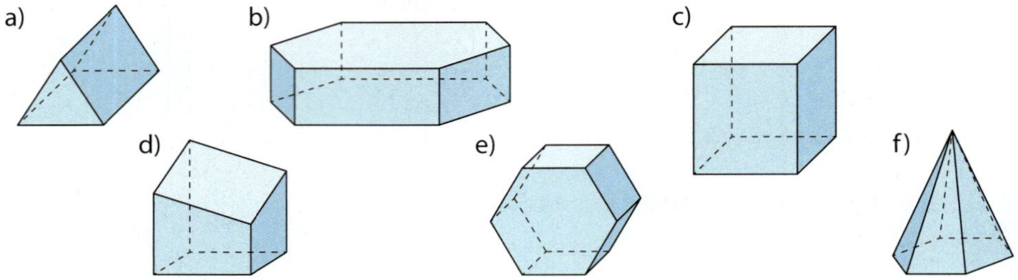

5. Berechne das Volumen des Prismas.

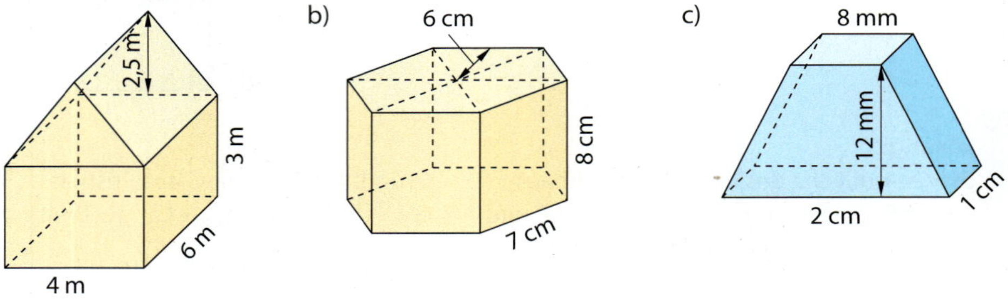

Hinweis zu 6:
Du kannst die Körper zerlegen oder ergänzen.

6. Aluminium-Profile gibt es in unterschiedlichen Ausführungen.

a) Ordne den abgebildeten Profilen eine passende Bezeichnung zu: „T-Profil", „Doppel-T-Profil", „U-Profil", „Winkel-Profil".

b) Berechne die Mengen Aluminium, die pro Meter für die Herstellung der Profile benötigt wird. Schätze zunächst, welches Profil den geringsten und welches den höchsten Materialeinsatz erfordert (Maße in mm).

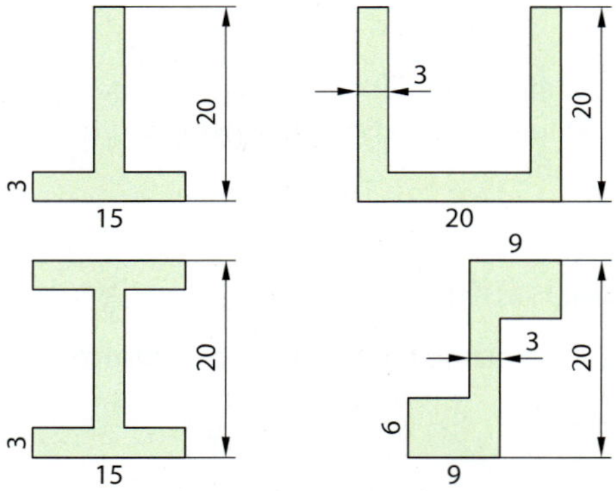

Hinweis zu 7:
Hier findest du die Volumina in cm^3.

7. Die Abbildungen zeigen die Grundflächen von 6 cm hohen Prismen. Zeichne die Formen in dein Heft und zerlege die Formen so, dass du den Flächeninhalt berechnen kannst. Berechne das Volumen der Prismen (Maße in cm).

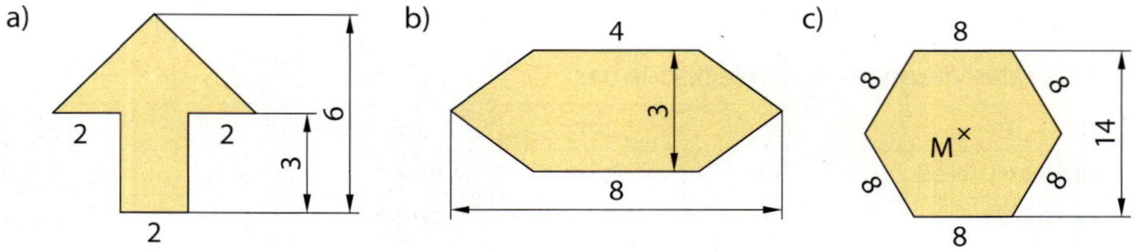

8. Für den Bau eines Schwimmbads muss ein Erdloch von 3 Meter Tiefe ausgehoben werden. Berechne mithilfe des Grundrisses das Volumen der Erde, die ausgebaggert werden muss.

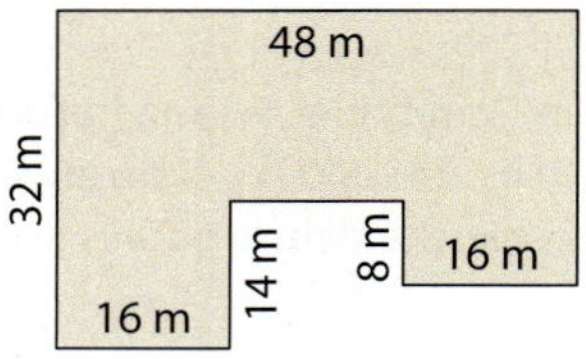

Weiterführende Aufgaben

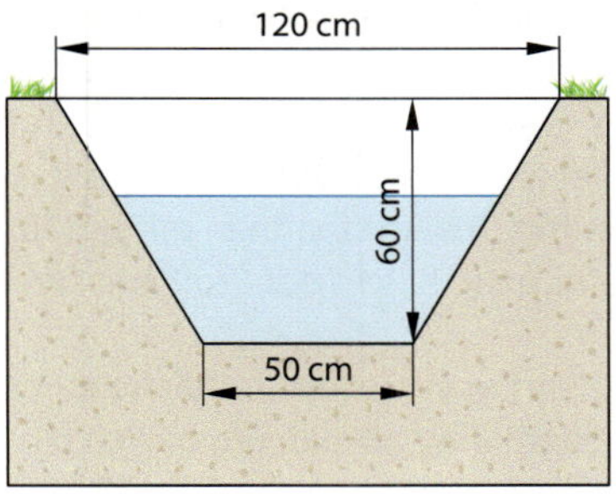

9. Bauer Hartmann legt um seine Felder einen Entwässerungsgraben an.
a) Berechne, wie viel Erde Bauer Hartmann für einen 100 m langen Graben ausheben muss.
b) Insgesamt wird ein 1,2 km langer Graben angelegt.
Wie viel Liter Wasser passen maximal in den gesamten Graben?

10. Stolperstelle: Erkläre, welche Fehler gemacht wurden, und korrigiere die Rechnung.
a) Ein Dreiecksprisma hat die Maße $g_{Dreieck} = 4\,cm$, $h_{Dreieck} = 2{,}5\,cm$ und $h_{Prisma} = 7\,cm$.

$V = 4\,cm \cdot 2{,}5\,cm \cdot 7\,cm = 70\,cm^3$

b) $V = G \cdot h$
$G = 9\,cm \cdot 6\,cm = 54\,cm^2$
$h = 4\,cm$
$V = 54\,cm^2 \cdot 4\,cm = 216\,cm^3$

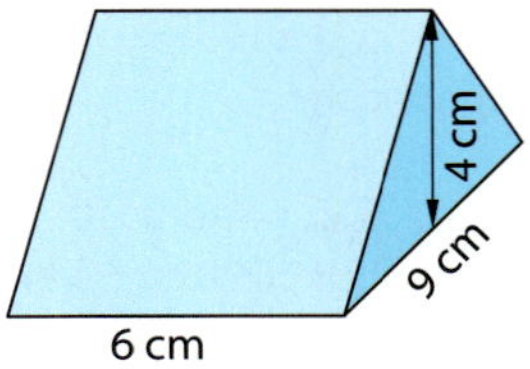

11. Betrachte verschiedene Prismen mit einem Volumen von $72\,cm^3$.
a) Die Grundfläche ist $12\,cm^2$ groß. Bestimme die Höhe des Prismas.
b) Das Prisma ist 8 cm hoch. Bestimme die Größe der Grundfläche.
c) Leite aus der Formel $V = G \cdot h$ je eine Formel zur Berechnung des Grundflächeninhalts und der Höhe des Prismas ab.

● **12.** Beantworte die Fragen. Begründe deine Antwort.
a) Wie verändert sich das Volumen eines Prismas, wenn seine Höhe verdoppelt (verdreifacht) wird und die Grundfläche sich nicht ändert?
b) Wie verändert sich die Grundfläche eines Prismas, wenn seine Höhe verkleinert wird, das Volumen sich aber nicht ändern soll?
c) Was kannst du über die Grundfläche zweier Prismen aussagen, die gleich hoch sind und das gleiche Volumen haben?

● **13. Ausblick:** Es gibt nicht nur gerade, sondern auch schiefe Prismen. Ein schiefes Prisma erhält man zum Beispiel, wenn man einen Zettelstapel am oberen Rand zunächst nach rechts und dann nach hinten drückt.

①  ②  ③ 

a) Der Zettelstapel in ① ist 4 cm hoch und hat eine quadratische Grundfläche mit 9 cm Seitenlänge. Berechne sein Volumen.
b) Bestimme das Volumen des Zettelstapels in ②.
c) Welche Form haben die Begrenzungsflächen des Zettelstapels in ③? Wie groß ist vermutlich sein Volumen? Informiere dich über das Prinzip von Cavalieri.

7.4 Zylinder – Netz und Oberflächeninhalt

■ Der Bielefelder Sparrenburg-Turm wird zum 125-jährigen Bestehen der Kreishandwerkskammer mit rotem Stoff verhüllt. Ein Stoffhändler stiftet drei Stoffbahnen mit je 250 m² Stoff. Der Turm ist 11 m hoch und 7 m breit. Reicht der Stoff aus, um den Turm zu verhüllen? ■

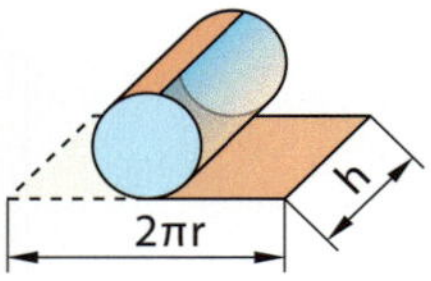

Wenn man die **Mantelfläche** eines Zylinders mit Farbe anmalt und auf einem Blatt abrollt, ergibt sich ein Rechteck. Länge und Breite der Rechteckseiten entsprechen dem Kreisumfang und der Höhe des Zylinders.

Wissen: Zylinder

Ein **Zylinder** ist ein Körper mit folgenden Eigenschaften:
1. Die Grundflächen sind Kreise.
2. Die beiden Grundflächen sind zueinander kongruent und parallel.

Hinweis:
Auch ein Zylindernetz ist ein zusammenhängendes Netz. Die Kreise sind in genau einem Punkt mit der Mantelfläche verbunden.

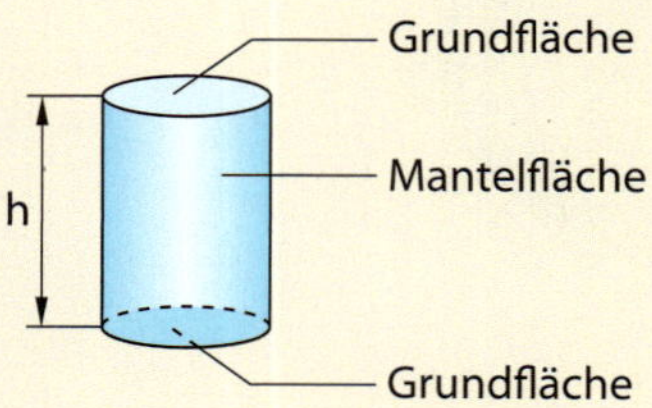

Zylinder

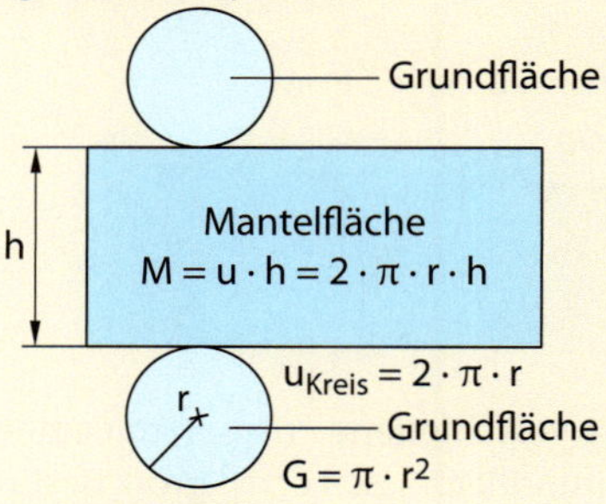

Netzdarstellung

Für den Oberflächeninhalt eines Zylinders gilt:

$$O = 2 \cdot G + M$$

Sind r der Radius der Grundfläche und h die Höhe des Zylinders, gilt:

$$O = 2 \cdot \pi \cdot r^2 + 2 \cdot \pi \cdot r \cdot h$$

Netz- und Oberflächeninhalt

Beispiel 1: Ein Zylinder hat eine Höhe von 8 cm. Die Grundfläche hat einen Radius von 4 cm.
a) Zeichne das Netz des Zylinders.
b) Berechne den Oberflächeninhalt.

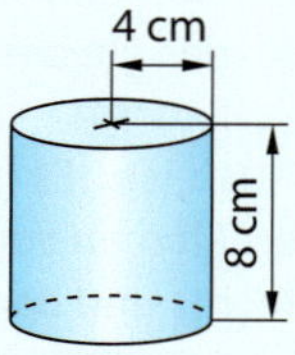

Lösung:
a) Zeichne zuerst die Mantelfläche mit der Höhe 8 cm. Die Breite entspricht dem Kreisumfang der Grundfläche.
Zeichne oben und unten an die Mantelfläche die Kreise von Grund- und Deckfläche. Der Mittelpunkt ergibt sich dadurch, dass du den Radius im rechten Winkel mit der Länge 4 cm abträgst.

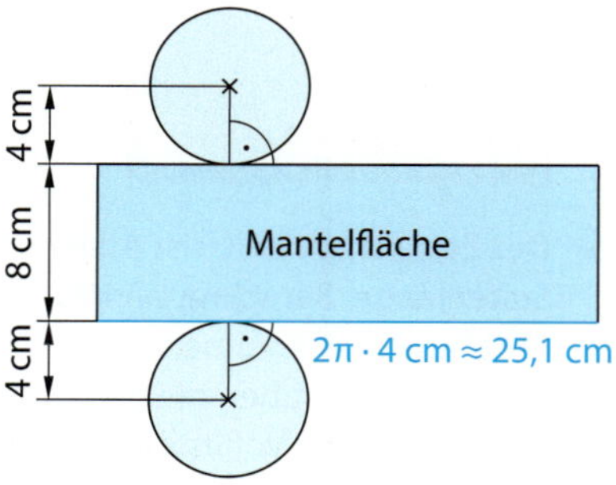

b) Der Oberflächeninhalt des Zylinders setzt sich aus dem Rechteck der Mantelfläche und den zwei Kreisen der Grundflächen zusammen.

Mantelflächeninhalt:
$M = 2\pi r \cdot h = 2\pi \cdot 4\,cm \cdot 8\,cm \approx 201\,cm^2$

Grundflächeninhalt:
$G = \pi r^2 = \pi \cdot (4\,cm)^2 \approx 50\,cm^2$

Oberflächeninhalt:
$O = 2 \cdot G + M \approx 2 \cdot 50\,cm^2 + 201\,cm^2 = 301\,cm^2$

Der Oberflächeninhalt des Zylinders beträgt $301\,cm^2$.

1. Berechne den Oberflächeninhalt eines Zylinders mit $G = 12{,}6\,cm^2$ und $M = 25{,}2\,cm^2$.

2. Zeichne ein Netz und berechne den Oberflächeninhalt des Zylinders.

a)

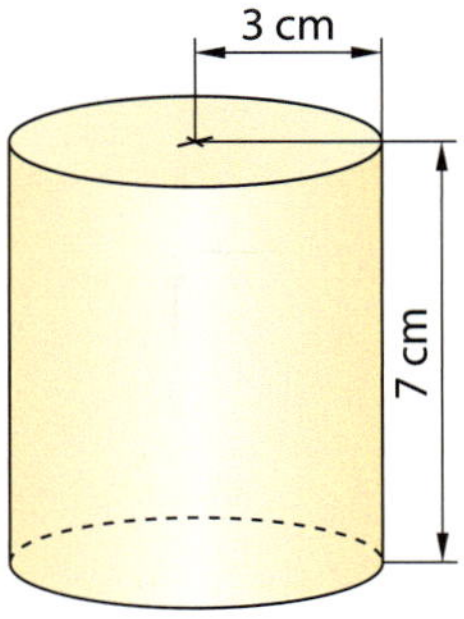

b)

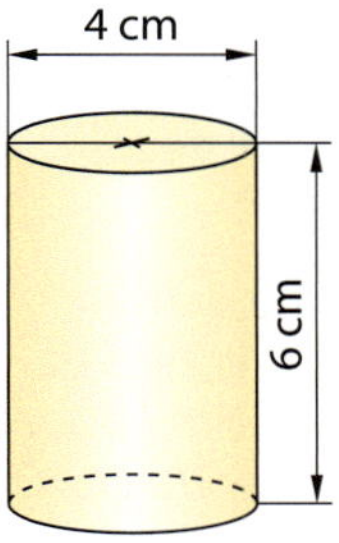

3. Zeichne ein Netz in einem geeigneten Maßstab und berechne den Oberflächeninhalt eines Zylinders mit h = 2,5 m, r = 0,5 m (h = 1 m, d = 36 cm).

Höhe berechnen

Beispiel 2: Ein Zylinder hat einen Oberflächeninhalt von $500\,cm^2$. Die Grundfläche hat einen Radius von 4 cm. Bestimme die Höhe des Zylinders.

Lösung:

Stelle die Formel $O = 2\pi r^2 + 2\pi r \cdot h$ nach h um.

$O = 2\pi r^2 + 2\pi r \cdot h \quad | -2\pi r^2$

$O - 2\pi r^2 = 2\pi r \cdot h \quad | :(2\pi r)$

$\frac{2\pi r^2}{2\pi r}$ lässt sich durch $2\pi r$ kürzen.

$\frac{O}{2\pi r} - \frac{2\pi r^2}{2\pi r} = h \quad |$ Kürzen

$h = \frac{O}{2\pi r} - r$

Setze dann $O = 500\,cm^2$ und $r = 4\,cm$ ein. Berechne. Gib das gerundete Ergebnis an.

$= \frac{500\,cm^2}{2\pi \cdot 4\,cm} - 4\,cm \approx 15{,}9\,cm$

Der Zylinder ist etwa 15,9 cm hoch.

Hinweis:
Bei Berechnungen ohne Taschenrechner kannst du 3,14 als Näherungswert für π verwenden.

Basisaufgaben

4. Berechne die Höhe des Zylinders mit den gegebenen Größen.
a) $O = 6300\,cm^2$; $r = 20\,cm$
b) $O = 829\,cm^2$; $r = 5\,cm$

5. Berechne die Höhe eines Zylinders mit $G = 113\,cm^2$, $M = 339\,cm^2$ und $r = 6\,cm$.

Radius näherungsweise bestimmen

Die Formel $O = 2\pi r^2 + 2\pi r \cdot h$ kann man nicht mit den bekannten Termumformungen nach r umstellen. Wenn der Oberflächeninhalt O und die Höhe h bekannt sind, lässt sich aber für den Radius eine Lösung mit einem Funktionenplotter oder einer Tabellenkalkulation finden.

Beispiel 3: Ein Zylinder hat einen Oberflächeninhalt von $1000\,cm^2$. Die Höhe ist 9 cm. Bestimme den Radius des Zylinders auf eine Nachkommastelle gerundet
a) mit einem Funktionenplotter, b) mit einer Tabellenkalkulation.

a) Setze die Höhe in die Formel für den Oberflächeninhalt O ein. Diese Gleichung lässt sich als Funktionsgleichung O(r) interpretieren, die für jeden Radius r den Oberflächeninhalt O für einen Zylinder mit der Höhe 9 cm berechnet. Plotte diese Funktion mit einem Funktionenplotter. Ersetze gegebenenfalls r durch die Variable x.

$O = 2\pi r^2 + 2\pi r \cdot 9 = 2\pi r^2 + 18\pi r$

$O(r) = 2\pi r^2 + 18\pi r$
Oder:
$O(x) = 2\pi x^2 + 18\pi x$

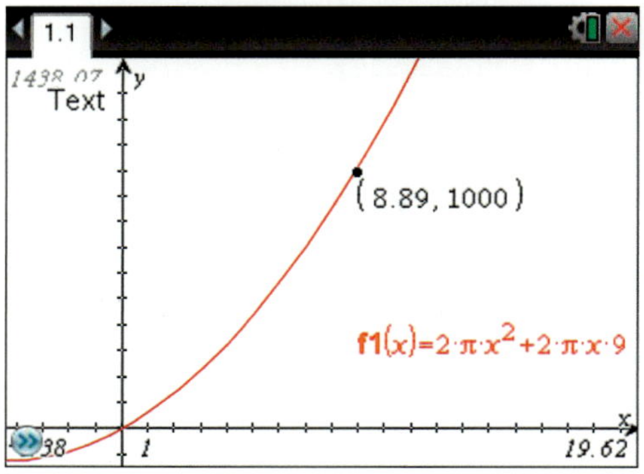

Gesucht ist der Radius für den Oberflächeninhalt $1000\,cm^2$. Verfolge dazu einzelne Punkte auf dem Graphen mit dem Befehl *Verfolgen* oder *TRACE*. Bestimme den x-Wert, an dem der y-Wert 1000 beträgt.
Bei x = 8,90 ist der y-Wert 1000. Also ist der Radius ungefähr 8,90 cm.

Hinweis:
Du kannst auch den Schnittpunkt mit der Geraden g mit g (x) = 1000 bestimmen.

b) Wähle verschiedene Werte für den Radius r in Spalte 1 und lasse dazu den Oberflächeninhalt in Spalte 2 berechnen.

Für r = 8,5 cm ergibt sich $O = 934{,}62\,cm^2$, für r = 9 cm ergibt sich $O = 1017{,}88\,cm^2$. Der Radius muss also zwischen 8,5 cm und 9 cm liegen.

Wähle nun weitere Werte zwischen 8,5 und 9, bis du dem gesuchten Wert für den Oberflächeninhalt $1000\,cm^2$ möglichst nah kommst.
Der Radius ist ungefähr 8,9 cm.

B8 fx =2*PI()*(A8)^2+18*PI()*A8

	A	B
1	Radius r in cm	Oberflächeninhalt O in cm^2 O=2πr^2+18π·r
2	8,0	854,51
3	8,5	934,62
4	9,0	1017,88
5	9,5	1104,27
6		
7	8,85	992,57
8	8,90	1000,97
9	8,95	1009,41

Basisaufgaben

TB CAS GTR **6.** Ermittle den Radius des Zylinders mit einem Funktionenplotter oder einer Tabellenkalkulation. Gib das Ergebnis auf eine Nachkommastelle genau an.
a) $O = 500\,cm^2$; h = 7 cm
b) $O = 800\,cm^2$; h = 50,6 cm

7. Ermittle den Durchmesser des Zylinders mit $G = 12{,}6\,cm^2$, $M = 25{,}2\,cm^2$ durch systematisches Probieren. Gib das Ergebnis auf eine Nachkommastelle genau an.

Weiterführende Aufgaben

8. Bestimme den Oberflächeninhalt des Zylinders. Entnimm die erforderlichen Maße der Netzdarstellung.

a)

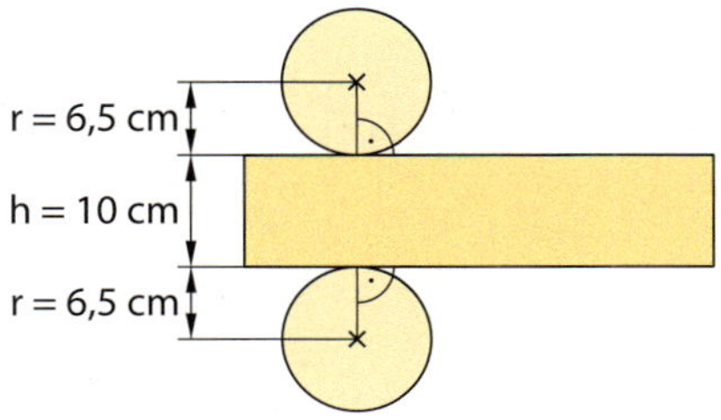

b)

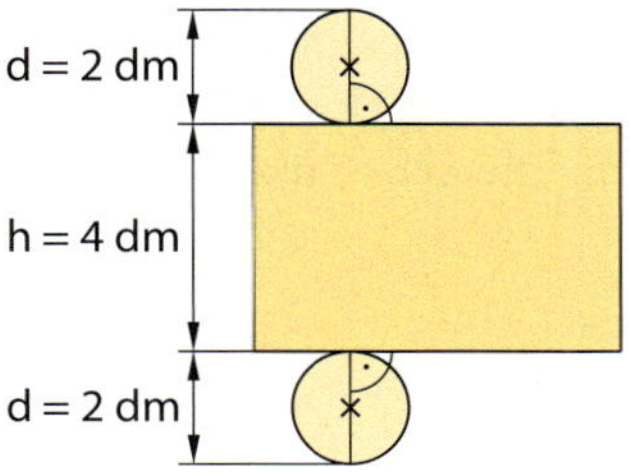

9. Bestimme den Oberflächeninhalt der zylinderförmigen Dose. Lies die erforderlichen Maße aus der Zeichnung ab.

a)

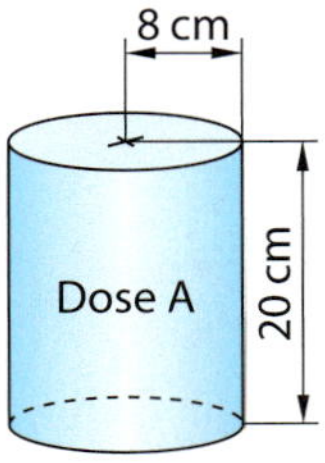

b)

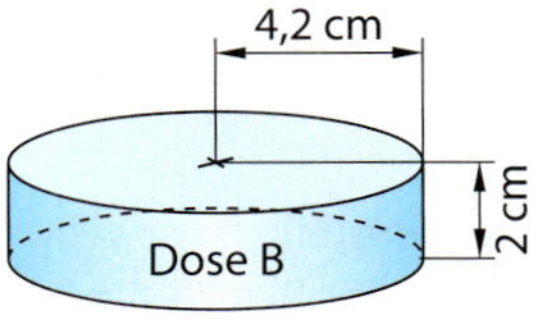

c)

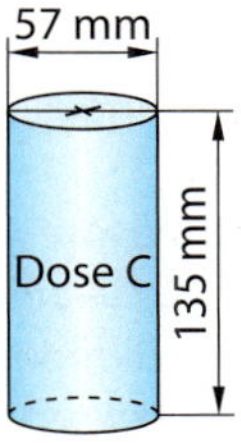

d) Suche in deinem Klassenzimmer oder in deiner Umwelt selbst nach zylinderförmigen Gegenständen. Bestimme deren Oberflächeninhalt.
Tauscht eure Gegenstände untereinander und vergleicht die Ergebnisse eurer Berechnungen.

10. Hendrik möchte eine zylinderförmige Schachtel farbig streichen. Die Schachtel ist 6 cm hoch und hat einen Durchmesser von 24 cm. Mit einer Tube Farbe kann man ungefähr 1 m^2 Fläche streichen. Reicht eine Farbtube zum Streichen der Schachtel?

11. Ein Zylinder hat einen Radius von 5 cm und ist 10 cm hoch.

a) Berechne den Oberflächeninhalt.

b) Beim Zylinder wird nun die Höhe verdoppelt. Überprüfe durch eine Rechnung, ob sich der Mantelflächeninhalt oder der Oberflächeninhalt auch verdoppelt.

c) Ein Zylinder hat einen Radius von 5 cm und einen Oberflächeninhalt von 500 cm^2. Bestimme die Höhe des Zylinders.

TB CAS GTR

12. Der Oberflächeninhalt eines Zylinders beträgt 2000 cm^2. Bestimme die gesuchte Größe. Nutze für die Bestimmung des Radius einen Funktionenplotter oder eine Tabellenkalkulation.

a) r = 7,4 cm; h = ■	b) r = 86 mm; h = ■	c) d = 0,22 m; h = ■
d) h = 1,7 dm; r = ■	e) h = 4,1 cm; r = ■	f) h = 89 mm; r = ■

13. Eine zylinderförmige Dose hat einen Oberflächeninhalt von 550 cm^2.

a) Die Grundfläche hat einen Radius von 6 cm. Berechne, wie hoch die Dose ist.

b) Die Grundfläche umfasst 150 cm^2. Bestimme den Radius der Grundfläche und die Höhe der Mantelfläche.

TB CAS

c) Die Dose ist 10 cm hoch. Bestimme näherungsweise den Radius der Grundfläche mit einem Funktionenplotter oder einer Tabellenkalkulation.

14. Stolperstelle: Finde die Fehler und notiere eine richtige Rechnung in deinem Heft.

a) Ein Zylinder ist 12 cm breit und 20 cm hoch. Berechne den Oberflächeninhalt.

$O = 2\pi r^2 + 2\pi r \cdot h =$

$2\pi \cdot 12^2 + 2\pi \cdot 12 \cdot 20 = 768\pi \approx 2412$

Der Oberflächeninhalt ist 2412 cm².

b) Ein Zylinder hat einen Durchmesser von 6 cm und einen Oberflächeninhalt von 800 cm². Berechne die Höhe.

$O = 2\pi r^2 + 2\pi r \cdot h$

$800 = 2\pi \cdot 3^2 + 2\pi \cdot 3 \cdot h$

$800 = 18\pi + 6\pi \cdot h \quad |:(18\pi)$

$14{,}15 = 6\pi \cdot h \quad |:(6\pi)$

$0{,}75 = h$

Der Zylinder ist 0,75 cm hoch.

15. Ein Baustellenfahrzeug mit Walze wird beim Straßenbau zur Verdichtung von Asphalt eingesetzt. Die Walze hat eine Breite von 1820 mm und einen Durchmesser von 1220 mm. Es wird ein 500 m langer Straßenabschnitt erneuert.

a) Berechne, wie viele Walzenumdrehungen für die Erneuerung notwendig sind.

b) Berechne die Fläche in Quadratmetern, die bei einer Umdrehung gewalzt wird.

● **16.** Eine Firma, die Konservendosen herstellt, hat zwei Vorschläge für die Maße einer Konservendose aus Blech entwickelt, die die gleiche Füllmenge von 425 mℓ fassen.

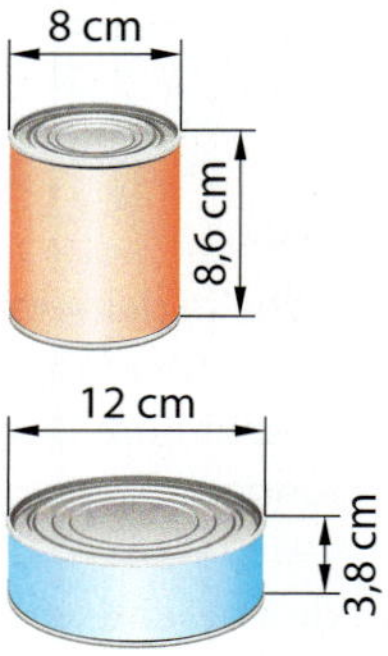

a) Entscheide, welche Dose aus Blech die Firma produzieren sollte. Bestimme dazu die Größe der rundherum aufgeklebten Papier-Etiketten und den Materialverbrauch an Blech für beide Varianten.

b) Für Testzwecke wird die Dose mit weniger Materialverbrauch produziert, wobei für den Rand und Verschnitt 14 % Blech pro Dose zusätzlich benötigt wird. Es stehen 20 m² Blech zur Verfügung.
Berechne, wie viele Dosen aus dem Blech hergestellt werden können.

Hinweis zu 16a:
Überlege auch, welche anderen Kriterien noch entscheidend sein könnten.

● **17.** Die Firma Becker vermietet 68 Litfaßsäulen. Die Säulen haben jeweils eine Höhe von 3,60 m und einen Umfang von 4 m. Ein DIN-A1-Plakat hat die Größe von einem halben Quadratmeter.

a) Bestimme die Größe der gesamten Werbefläche auf allen Litfaßsäulen zusammen.

b) Wie viele 594 mm breite und 841 mm hohe DIN-A1-Plakate passen maximal auf eine Litfaßsäule?

c) Für ein Popkonzert wird mit 50 Plakaten der Größe DIN-A1 geworben. 1 m² der Werbefläche kostet 70 € zuzüglich 19 % Mehrwertsteuer. Bestimme, wie teuer die Plakatwerbung für das Konzert wird.

Hinweis zu 17:
Plakatsäulen werden auch Litfaßsäulen genannt, weil sie vom Berliner Drucker Ernst Litfaß Ende des 19. Jahrhunderts erfunden wurden.

● **18. Ausblick:** Ein Ring wird komplett vergoldet. Die Innenseite des Rings hat einen Umfang von 59,5 mm. Der Ring ist 1 mm dick und 2,5 mm breit.

a) Erstelle eine Skizze des Rings und trage die Maße ein.

b) Bestimme, wie groß die Oberfläche ist, die vergoldet wird.

c) Stelle eine allgemeine Formel für den Oberflächeninhalt eines Rings mit dem Innenradius r_1 und dem Außenradius r_2 sowie der Breite b auf.

7.5 Schrägbild eines Zylinders

■ Lisa möchte einen zylinderförmigen Gegenstand malen. Sie betrachtet mehrere Fotos und überlegt, welche Darstellung am besten geeignet ist. Skizziere die Gegenstände und beurteile deine Darstellungen. ■

Wie andere Körper lassen sich auch Zylinder im Schrägbild darstellen. Für den räumlichen Eindruck entscheidend ist dabei die Darstellung der kreisförmigen Grundfläche.

Beispiel 1: Zeichne ein Schrägbild eines Zylinders mit r = 2 cm und h = 3 cm.

Lösung:
Verwende möglichst einen spitzen Bleistift und ein Lineal oder Geodreieck.

1. Zeichne den Durchmesser d = 4 cm als gestrichelte Hilfslinie ein.
2. Zeichne in der Mitte des Durchmessers durch den Mittelpunkt M senkrecht eine gestrichelte Hilfslinie von 2 cm, also mit der halben Länge des Durchmessers.
3. Verbinde die Endpunkte der Hilfslinien zu einem Oval. Das ist die perspektivische Ansicht der Deckfläche.
4. Zeichne nun die Höhe des Zylinders mit der Länge h = 3 cm ein – am Anfangs- und Endpunkt des Durchmessers.
5. Führe die Schritte 1.–3. für die zweite Grundfläche des Zylinders durch.

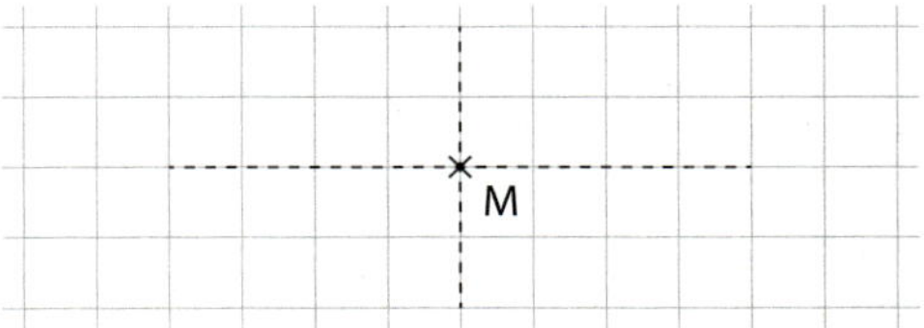

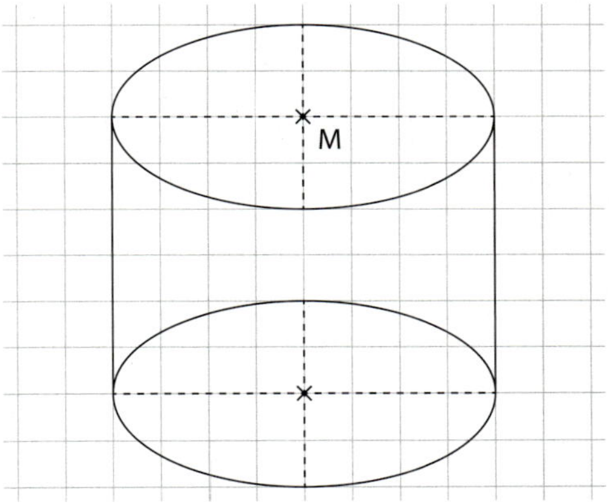

Hinweis:
Du kannst das Schrägbild auch mit einer dynamischen Geometrie-Software zeichnen.

Basisaufgaben

1. Zeichne ein Schrägbild eines Zylinders mit den angegebenen Maßen.
   a) r = 2 cm, h = 4,5 cm b) r = 2 cm, h = 2 cm c) r = 2,5 cm, h = 3,5 cm

2. Eine Litfaßsäule ist 360 cm hoch und hat einen Durchmesser von 1,27 m. Zeichne ein Schrägbild in einem geeigneten Maßstab.

Weiterführende Aufgaben

3. Zwei Zylinder mit $r_1 = 1$ m, $h_1 = 2$ m und $r_2 = 0{,}75$ m, $h_2 = 1{,}25$ m stehen so aufeinander, dass die Mittelpunkte der oberen Grundfläche des unteren und der unteren Grundfläche des oberen Zylinders übereinstimmen. Skizziere zunächst. Zeichne dann ein Schrägbild im Maßstab 1:50.

4. Stolperstelle: Jan hat ein paar Schrägbilder von Zylindern gezeichnet. Erläutere, welche Fehler er gemacht hat.

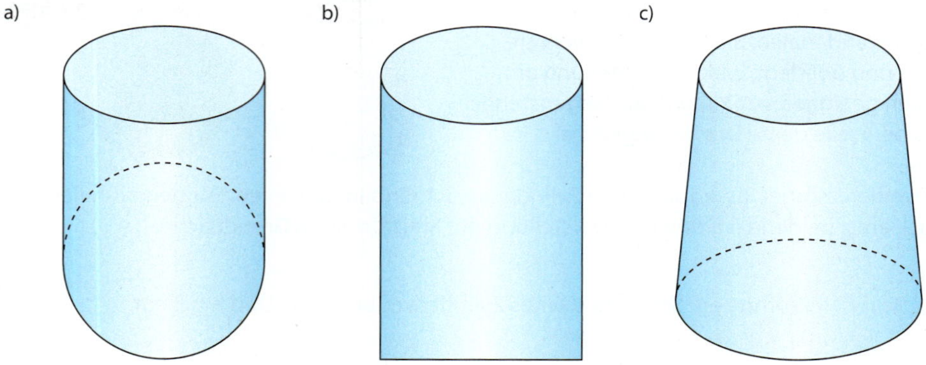

5. Zeichne zu dem Schrägbild ein Netz des Zylinders. Entnimm die erforderlichen Maße der Zeichnung.

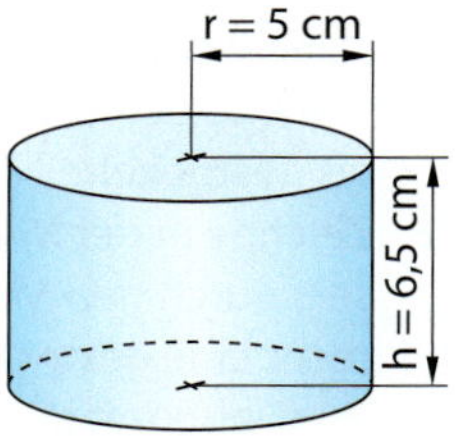

6. Zeichne einen Körper im Schrägbild, der aus mindestens einem Zylinder und einem Würfel oder Quader zusammengesetzt ist. Tausche deine Zeichnung mit einem Partner. Zeichne zu dieser neuen Zeichnung die Grundflächen und vervollständige das Netz so, dass du den im Schrägbild dargestellten Körper erhältst.

● **7.** Zeichne jeweils ein Schrägbild eines Zylinders, in den der dargestellte Körper hineingestellt werden könnte. Entnimm die erforderlichen Maße der Zeichnung.

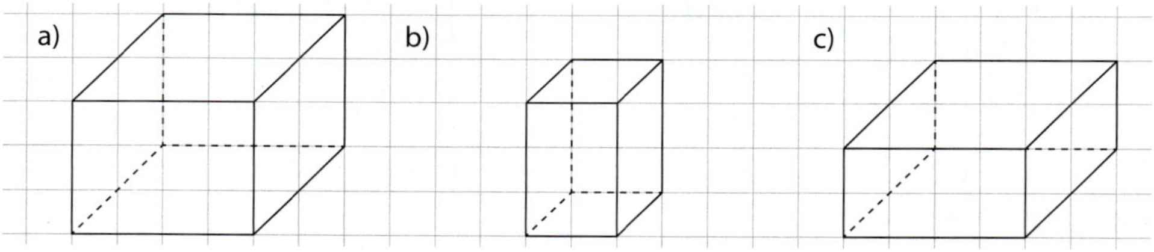

● **8.** Der Schiefe Turm von Pisa ist etwa 56 m hoch und hat einen äußeren Durchmesser von etwa 15,5 m. Zeichne ein Schrägbild des Turms im ursprünglichen Zustand, also aufrecht stehend, in einem geeigneten Maßstab.

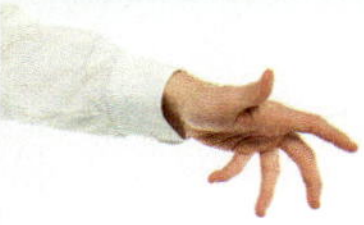

● **9.** Ein Zauberer lässt ein Kaninchen in seinem Zylinder verschwinden. Zeichne ein Schrägbild des Zylinders, aus dem die Ohren des Kaninchens noch herausschauen. Schätze die Maße des Hutes nach der Abbildung.

● **10. Ausblick:** Zwei Trinkwasserrohre können mit einem sogenannten T-Stück verbunden werden: Wie beim Buchstaben T zweigt das zweite Rohr senkrecht vom ersten ab.
Das T-Stück hat die Maße 25 × 25 × 25 mm.
Fertige eine Skizze dazu an.
Zeichne anschließend ein Schrägbild in einem geeigneten Maßstab.

7.6 Volumen eines Zylinders

■ Familie Meier hat im Garten ein rundes Schwimmbecken, das sie jeden Sommer mit Wasser füllen. Das Becken hat einen Durchmesser von 3 m und ist 1,2 m hoch. Die Familie füllt das Becken bis zu einer Höhe von 1,1 m mit Wasser.
Wie viel Wasser verbraucht Familie Meier für eine Füllung? Wie teuer ist eine Füllung, wenn ein Kubikmeter Wasser 5 Euro kostet? ■

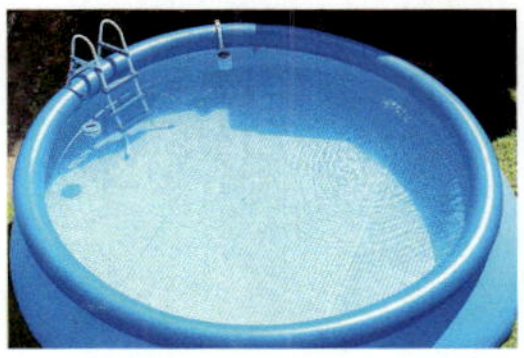

Das Volumen eines Zylinders kann man mit der Formel für das Volumen eines Quaders herleiten. Dazu teilt man den Zylinder in gleich große Tortenstücke. Ein Tortenstück wird noch zusätzlich halbiert. Dann werden die Tortenstücke auf einer annähernd rechteckigen Fläche neu zusammengesetzt, sodass die Form eines Quaders entsteht. Je schmaler die Torstenstücke werden, desto genauer nähert sich die Form einem Quader an.

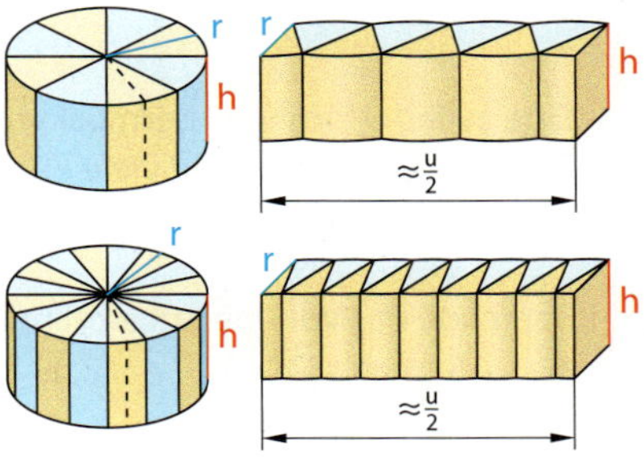

Für das Volumen des Quaders gilt: $V_{Quader} = \frac{u}{2} \cdot r \cdot h$

Setzt man für $u = 2\pi r$ ein, ergibt sich: $V_{Quader} = \frac{2\pi r}{2} \cdot r \cdot h = \pi r^2 \cdot h$

Da der Zylinder und der Quader gleich groß sind, gilt: $V_{Zylinder} = \pi r^2 \cdot h$

Wissen: Volumen eines Zylinders
Das **Volumen eines Zylinders** wird berechnet, indem man den Inhalt der Grundfläche G mit der Höhe h des Prismas multipliziert:

$$V = G \cdot h$$

Ist r der Radius der Grundfläche G, so gilt:

$$V = \pi r^2 \cdot h$$

Volumen berechnen

Beispiel 1: Berechne das Volumen des abgebildeten Zylinders.

a) 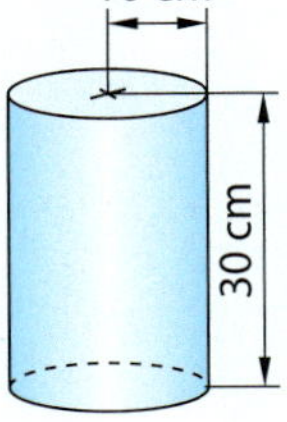

b) 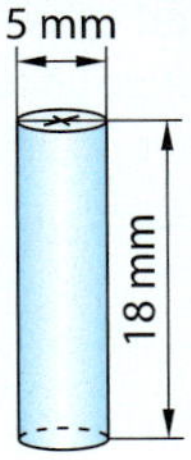

Lösung:

a) Setze r und h in die Formel für das Volumen ein.
$V = \pi r^2 \cdot h = \pi \cdot (10\,cm)^2 \cdot 30\,cm \approx 9425\,cm^3$
Das Volumen des Zylinders beträgt $9425\,cm^3$.

b) Berechne den Radius der kreisförmigen Grundfläche.
$r = \frac{d}{2} = \frac{5\,mm}{2} = 2{,}5\,mm$
Berechne anschließend das Volumen des Zylinders.
$V = \pi r^2 \cdot h = \pi \cdot (2{,}5\,mm)^2 \cdot 18\,mm \approx 353\,mm^3$
Das Volumen des Zylinders beträgt $353\,mm^3$.

Basisaufgaben

1. Berechne das Volumen des Zylinders.

a) 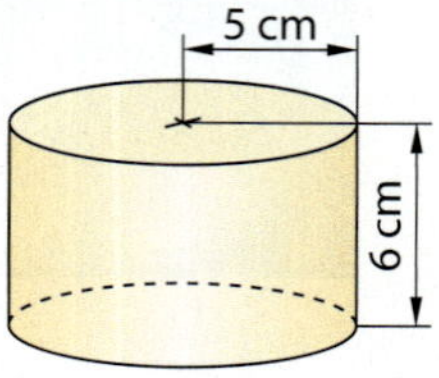

b) 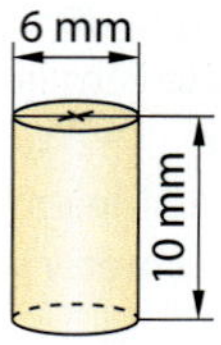

2. Eine zylinderförmige Thermoskanne hat einen Durchmesser von 70 mm innen und eine Füllhöhe von 18 cm. Wie viele Becher mit einem Durchmesser von d = 6 cm kann man damit 5 cm hoch füllen?

3. Berechne das Volumen des Zylinders aus den angegebenen Größen.
a) $r = 5\,\text{cm}$; $h = 20\,\text{cm}$ b) $r = 2{,}5\,\text{cm}$; $h = 2\,\text{cm}$ c) $d = 8\,\text{m}$; $h = 1{,}5\,\text{m}$

Höhe und Radius berechnen

Beispiel 2: Ein Zylinder hat ein Volumen von $V = 500\,\text{cm}^3$.
a) Die Grundfläche hat einen Radius von 3,5 cm. Bestimme die Höhe des Zylinders.
b) Der Zylinder ist 20 cm hoch. Bestimme den Radius der Grundfläche.

Lösung:

a) Stelle die Gleichung $V = \pi r^2 \cdot h$ nach h um.

$V = \pi r^2 \cdot h \quad | : (\pi r^2)$

$\frac{V}{\pi r^2} = h$

Setze die Größen $V = 500\,\text{cm}^3$ und $r = 3{,}5\,\text{cm}$ in die Formel ein. Berechne und runde das Ergebnis.

$h = \frac{500\,\text{cm}^3}{\pi \cdot (3{,}5\,\text{cm})^2} \approx 13\,\text{cm}$

Der Zylinder ist ungefähr 13 cm hoch.

b) Stelle die Gleichung nach r^2 um und setze die Größen $V = 500\,\text{cm}^3$ und $h = 20\,\text{cm}$ ein.

$V = \pi r^2 \cdot h \quad | : (\pi \cdot h)$

$\frac{V}{\pi \cdot h} = r^2$

$r^2 = \frac{500\,\text{cm}^3}{\pi \cdot 20\,\text{cm}} \quad |$ Kürzen

$r^2 = \frac{25\,\text{cm}^2}{\pi}$

Die Gleichung $r^2 = \frac{25\,\text{cm}^2}{\pi}$ hat zwei Lösungen, eine negative Lösung und eine positive Lösung. Nur die positive Lösung ist sinnvoll, weil Längen immer positiv sind. Daher kommt nur $r = \sqrt{\frac{25\,\text{cm}^2}{\pi}}$ als Lösung in Frage.

$r = \sqrt{\frac{25\,\text{cm}^2}{\pi}} \approx 2{,}8\,\text{cm}$

Der Radius ist ungefähr 2,8 cm.

Basisaufgaben

4. Ein Zylinder hat ein Volumen von $V = 200\,\text{cm}^3$.
a) Die Grundfläche hat einen Radius von 2 cm. Bestimme die Höhe des Zylinders.
b) Der Zylinder ist 10 cm hoch. Bestimme den Radius der Grundfläche.

5. Ein zylinderförmiger Turm hat ein Volumen von $45\,000\,\text{m}^3$ bei einem Durchmesser von 12,5 m. Bestimme die Höhe des Turms.

Weiterführende Aufgaben

6. Übertrage die Tabelle in dein Heft und fülle sie aus.

	a)	b)	c)	d)	e)	f)
Radius r	5 cm					3,2 cm
Durchmesser d		2,5 cm		1,1 m		
Höhe h	7,8 cm		8 cm	35 dm	10 cm	
Volumen V		6,25 cm^3	1200 cm^3		10 000 mm^3	7,18 cm^3

Hinweis zu 6:
Die gerundeten Lösungen zu a) bis c) findest du in der Blüte, zu d) bis f) in den Blättern (ohne Einheiten).

7. Erkläre, wie sich das Volumen eines Zylinders ändert, wenn
a) die Höhe h verdoppelt wird und der Radius r gleich bleibt,
b) die Höhe h gleich bleibt und der Radius r verdoppelt wird,
c) die Höhe h verdoppelt und der Radius r halbiert wird,
d) die Höhe h halbiert und der Radius r verdoppelt wird,
e) die Höhe h vervierfacht und der Radius r halbiert wird.

8. Gib drei verschiedene Maße für einen Zylinder mit einem Volumen von 1 m^3 an.

9. Eine zylinderförmige Regentonne hat einen Innendurchmesser von 82 cm und eine Höhe von 95 cm.
a) Berechne, wie viel Liter Wasser höchstens in die Tonne passen.
b) In der Tonne sind 300 ℓ Wasser. Bestimme, wie hoch das Wasser in der Tonne steht.
c) Nach einem Gewitter ist die Tonne zu 80 % gefüllt. Bestimme, wie hoch das Wasser in der Tonne steht.

Erinnere dich:
1 ℓ = 1 dm^3
1 mℓ = 1 cm^3

10. Getränkedosen werden in zwei verschieden Größen angeboten. Es gibt Dosen mit 330 mℓ und mit 500 mℓ Fassungsvermögen. Beide Varianten haben einen Durchmesser von 6,7 cm. Bestimme jeweils die Höhe der Dosen.

11. Stolperstelle: Finde die Fehler und korrigiere sie.
a) Paul berechnet das Volumen für den Zylinder folgendermaßen:

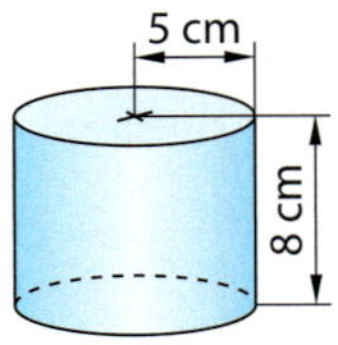

$V = \pi r^2 \cdot h$
$= \pi \cdot 5\,cm^2 \cdot 8\,cm$
$= \pi \cdot 40\,cm^3$
$\approx 125{,}66\,cm^3$

b) Verena berechnet für einen Zylinder mit dem Volumen V = 300 cm^3 und dem Radius r = 6 cm die Höhe mit der Formel $h = \frac{V}{\pi r^2}$. Sie tippt in den Taschenrechner

und erhält als Ergebnis 3437,74677.

12. Zwanzig zylinderförmige Waffelröllchen mit r = 1,8 cm und h = 5,8 cm sollen in zwei Schichten in eine quaderförmige Verpackung gelegt werden. Bestimme die Packungsgröße.

13. Eine zylinderförmige Verpackung enthält Pulver für 4 Liter Zitronentee. Sie ist 18 cm hoch und der Umfang beträgt 28 cm. Wie hoch müsste die Verpackung bei gleichbleibender Grundfläche sein, wenn sie das fertige Getränk enthielte?

14. Die Verbraucherzentrale Hamburg untersucht Produkte auf das Verhältnis von Fassungsvermögen und Verpackung. Falls die Größe der Verpackung um mehr als 30% von der Füllmenge abweicht, also eine größere Füllmenge durch die Verpackung vorgetäuscht wird, spricht man von einer Mogelpackung.

a) Finde heraus, bei welcher Verpackung es sich um eine Mogelpackung handelt, und begründe deine Entscheidung durch eine Rechnung.

b) Wie hoch dürfte die Verpackung höchstens sein, damit es sich nicht um eine Mogelpackung handelt?

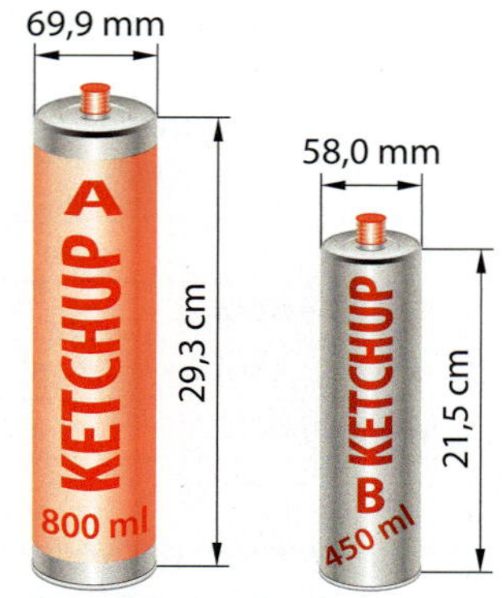

15. Die Bielefelder Sparrenburg hat einen 42 m tiefen und 1,5 m breiten zylinderförmigen Brunnen. In dem Brunnen steht das Wasser 5 m hoch. Ein Kubikmeter Wasser wiegt 1000 kg.

a) Berechne, wie viel Kubikmeter Wasser in dem Brunnen sind.

b) Bestimme das Gewicht des Wassers im Brunnen.

Hinweis zu 16:
Masse ist gleich Dichte mal Volumen.

16. Ein Hantelhersteller hat eine neue Kurzhantel aus Stahl entwickelt. Der Stahl hat eine Dichte von $7{,}85\,\frac{g}{cm^3}$. Die Maße der Hantel sind in der Abbildung dargestellt.

a) Berechne die Masse der Hantel.

b) Der Hersteller möchte eine weitere Hantel anbieten. Die Maße der beiden Scheiben sollen gleich bleiben. Die Länge der Stange wird verändert. Bestimme, wie lang die Stange sein muss, damit die Hantel genau 5 kg wiegt.

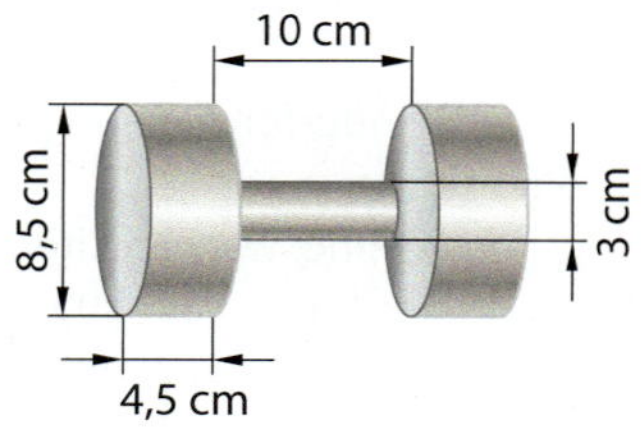

● **17.** Die Regenwassertanks sind jeweils aus verschiedenen Körpern zusammengesetzt. Löse die Aufgaben für die beiden Figuren.

a) Erkläre, wie du den Tank in Teilkörper zerlegen kannst.

b) Berechne, wie viel Liter Wasser im Tank sind, wenn der Tank komplett gefüllt ist.

c) Der Tank ist nur zu $\frac{2}{3}$ mit Wasser gefüllt. Bestimme, wie hoch das Wasser im Tank steht.

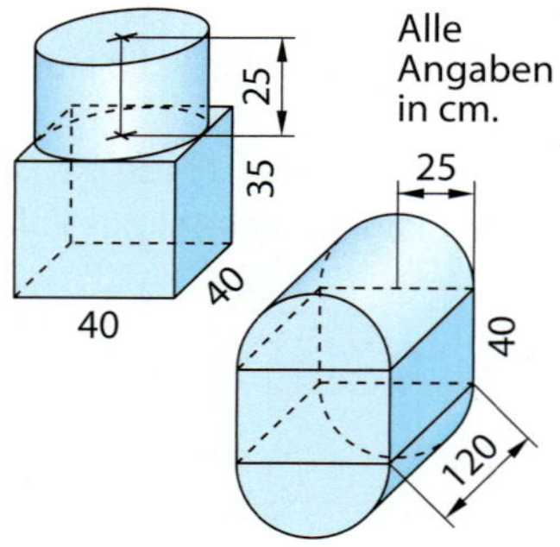

● **18. Ausblick:** Ein schräg abgeschnittener Zylinder hat zwei verschiedene Höhen. Die Höhe h_1 bezeichnet die Höhe an der höchsten Stelle und h_2 an der tiefsten Stelle. Das Volumen eines schräg abgeschnittenen Zylinders ist:
$V_{schräg} = \pi r^2 \cdot \frac{h_1 + h_2}{2}$

a) Berechne das Volumen eines schräg abgeschnittenen Zylinders mit $r = 2\,cm$, $h_1 = 8\,cm$ und $h_2 = 3\,cm$.

b) Berechne das Volumen eines herkömmlichen Zylinders mit $r = 2\,cm$ und $h = 11\,cm$. Vergleiche das Ergebnis mit dem Ergebnis aus a). Beschreibe, was dir auffällt.

c) Erkläre, warum für das Volumen eines schräg abgeschnittenen Zylinders die obige Formel gilt.

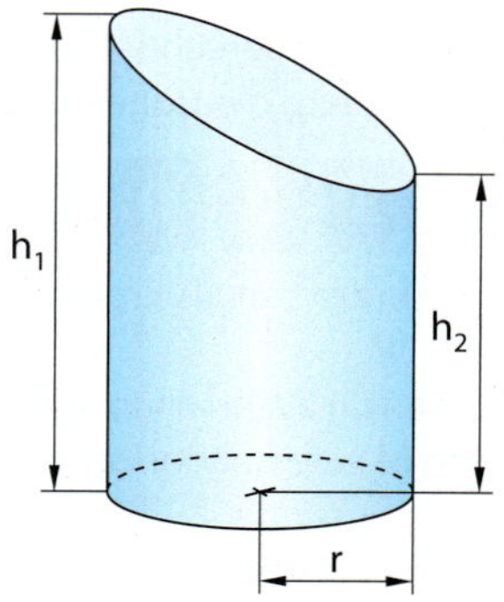

7.7 Satz des Pythagoras

■ Das weiße Dreieck in der Mitte ist rechtwinklig. Über jeder Dreiecksseite ist ein Quadrat gezeichnet. Untersuche den Zusammenhang zwischen den Flächeninhalten der drei Quadrate. ■

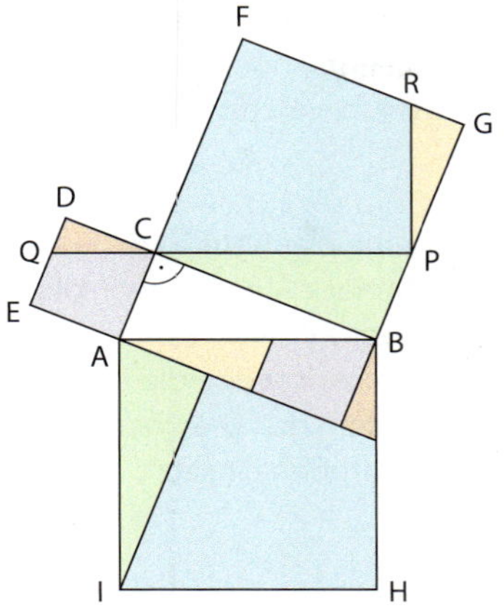

In einem rechtwinkligen Dreieck heißen die beiden Seiten, die den rechten Winkel einschließen **Katheten**. Die Seite, die dem rechten Winkel gegenüber liegt, heißt **Hypotenuse**.
Der Zusammenhang zwischen dem Flächeninhalt des **Quadrats über der Hypotenuse** und den Flächeninhalten der **Quadrate über den beiden Katheten** gilt für beliebige rechtwinklige Dreiecke und war griechischen Mathematikern bereits vor über 2600 Jahren bekannt. Der entsprechende mathematische Satz wurde nach dem griechischen Mathematiker **Pythagoras** von Samos benannt.

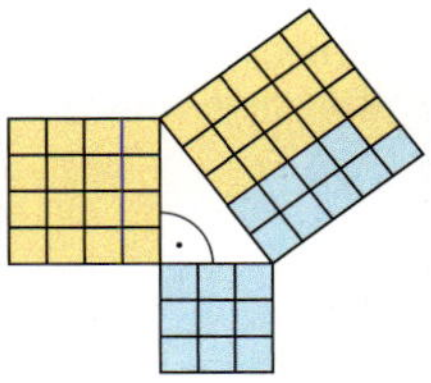

Wissen: Satz des Pythagoras
In jedem rechtwinkligen Dreieck haben die Quadrate über den Katheten zusammen denselben Flächeninhalt wie das Quadrat über der Hypotenuse.

Wenn $\gamma = 90°$ ist, so gilt $a^2 + b^2 = c^2$.

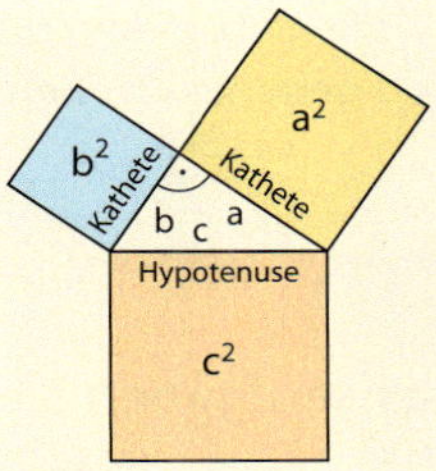

Pythagoras von Samos lebte ca. 570 bis ca. 500 v. Chr. Aus einer alten Keilschrifttafel im Britischen Museum in London geht hervor, dass bereits den Babyloniern vor über 3500 Jahren der Inhalt des nach Pythagoras benannten Satzes bekannt war.

Der Satz des Pythagoras lässt sich geometrisch beweisen:

Voraussetzung: Das Dreieck ABC hat einen rechten Winkel bei C.

Behauptung: $a^2 + b^2 = c^2$

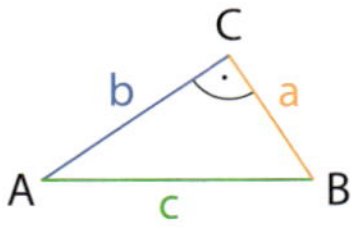

Beweis:
Das Quadrat mit der Seitenlänge c zusammen mit vier zum Ausgangsdreieck kongruente Dreiecken ABC lassen sich zum Quadrat UVWX zusammensetzen.
Das Quadrat UVWX hat die Seitenlänge a + b, also den Flächeninhalt $A = (a + b)^2$.

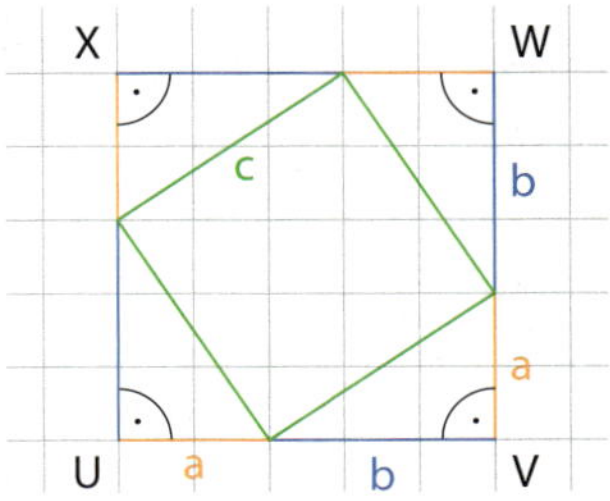

Andererseits ist der Flächeninhalt die Summe der Flächeninhalte der vier Dreiecke und des Quadrats: $A = 4 \cdot \frac{ab}{2} + c^2 = 2\,ab + c^2$

Beide Berechnungen des Flächeninhalts von UVWX müssen das gleiche ergeben, also:

$$
\begin{aligned}
(a + b)^2 &= 2ab + c^2 \quad &&| \text{ Klammern auflösen (1. binomische Formel)} \\
a^2 + 2ab + b^2 &= 2ab + c^2 \quad &&| -2ab \\
a^2 + b^2 &= c^2
\end{aligned}
$$

q.e.d.

Im rechtwinkligen Dreieck fehlende Seitenlängen berechnen

Beispiel 1: Ermittle die Länge der dritten Seite eines Dreiecks ABC mit $\gamma = 90°$ und den zwei gegebene Seitenlängen.

a) $a = 15\,cm$, $b = 8\,cm$ b) $a = 6\,cm$, $c = 10\,cm$

Lösung:

a) Erstelle eine Planfigur.
Da das Dreieck ABC rechtwinklig ist, gilt der Satz des Pythagoras.
Berechne schrittweise die Länge der Seite c, indem du für a und b die gegebenen Größen einsetzt.

$c^2 = a^2 + b^2$
$c^2 = (15\,cm)^2 + (8\,cm)^2$
$c^2 = 225\,cm^2 + 64\,cm^2$
$c^2 = 289\,cm^2$
$c = \sqrt{289\,cm^2}$
$c = 17\,cm$

Die Seite c des Dreiecks ABC ist 17 cm lang.

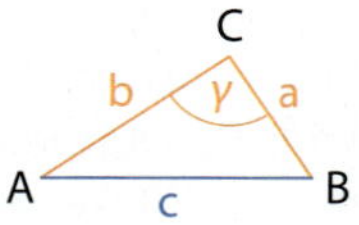

Hinweis:
Die Gleichung $c^2 = 289$ hat noch die Lösung $c = -17$. Da die Länge einer Dreiecksseite nicht negativ sein kann, entfällt diese Lösung.

b) Erstelle eine Planfigur.
Da das Dreieck ABC rechtwinklig ist, gilt der Satz des Pythagoras.
Stelle die Gleichung nach b^2 um.
Berechne schrittweise die Länge der Seite b, indem du für a und c die gegebenen Größen einsetzt.

$a^2 + b^2 = c^2 \quad | -a^2$
$b^2 = c^2 - a^2$
$b^2 = (10\,cm)^2 - (6\,cm)^2$
$b^2 = 100\,cm^2 - 36\,cm^2$
$b^2 = 64\,cm^2$
$b = \sqrt{64\,cm^2}$
$b = 8\,cm$

Die Seite b des Dreiecks ABC ist 8 cm lang.

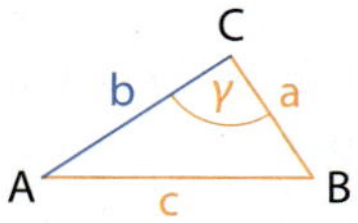

Basisaufgaben

1. Formuliere, falls möglich, für die Dreiecke eine Gleichung nach dem Satz des Pythagoras.

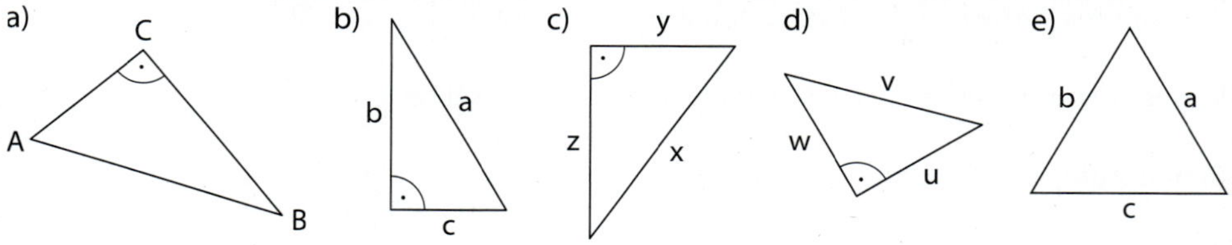

2. Berechne die fehlende Seitenlänge.

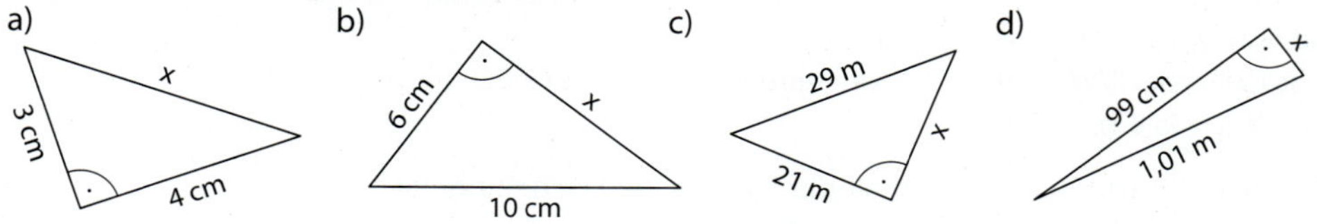

3. Berechne die dritte Seitenlänge des Dreiecks ABC.

a) $a = 3\,m$, $b = 4\,m$, $\gamma = 90°$ b) $a = 12\,cm$, $c = 20\,cm$, $\gamma = 90°$

c) $a = 6\,cm$, $b = 4{,}8\,cm$, $\alpha = 90°$ d) $a = 3\,dm$, $c = 1{,}6\,dm$, $\beta = 90°$

4. Wie hoch reicht eine 3,70 m lange Leiter, die an einer senkrechten Wand lehnt und am Boden 1,20 m von der Wand entfernt ist? Fertige eine Skizze an.

Weiterführende Aufgaben

5. a) Berechne die dritte Seitenlänge des Dreiecks ABC.
① $a = 5\,cm$, $c = 3\,cm$, $\alpha = 90°$ ② $a = 1{,}2\,cm$, $c = 1{,}6\,cm$, $\beta = 90°$
b) Im Dreieck ABC sei $a = 3\,cm$ und $b = 2\,cm$. Begründe, warum man c nicht ohne weitere Angaben bestimmen kann.

6. Berechne von den rechtwinkligen Dreiecken jeweils den Flächeninhalt und den Umfang.

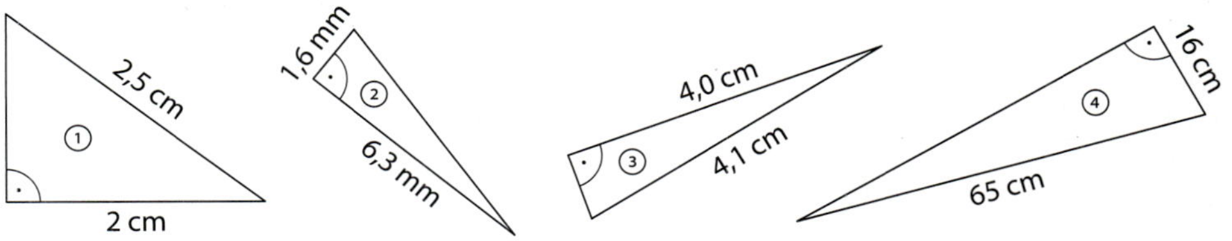

7. Übertrage die Tabelle in dein Heft. Vervollständige sie für ein Dreieck ABC mit $\beta = 90°$.

a	b	c	u	A
	3,4 m	3,0 m		
12 cm				96 cm²
4,8 m	6,0 m		14,4 m	

● **8.** Passt eine rechteckige Holzplatte (210 mm × 250 mm) für Franks Modelleisenbahn durch die Tür seines Zimmers? Die Tür ist 2,00 m hoch und 0,80 m breit.

● **9.** Eine Bahnstrecke überwindet horizontal auf einer Länge von 12 km einen Höhenunterschied von 220 m. Zur Vereinfachung wird angenommen, dass die Bahnstrecke durchgängig die gleiche Steigung hat. Überprüfe folgende Aussagen. Begründe deine Entscheidung.
a) Der Schienenstrang ist etwa 300 m länger als 12 km.
b) Der Schienenstrang ist 11,9 km lang.
c) Der Schienenstrang ist nur ca. 2 m länger als 12 km.

● **10.** Welche Quadratwurzel könnte mit der Länge der blau markierten Dreiecksseite (grün markierten Dreiecksseite) bestimmt werden (siehe Randspalte)?

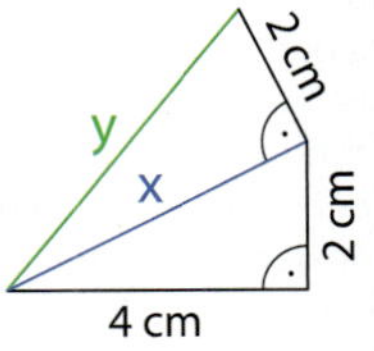

● **11.** Ermittle jeweils den Abstand des gegebenen Punktes vom Ursprung des Koordinatensystems.
P (3|4), Q (4|3), R (−4|−3), S (−3|4), T (6|8), U (0|4), V (−3|0), W (2|3)

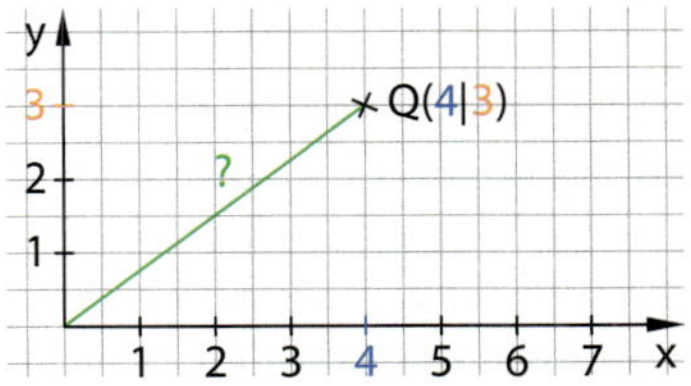

● **12.** Die Grundfläche eines geraden dreiseitigen Prismas ist ein rechtwinkliges Dreieck. Die Länge der einen Kathete beträgt 6,3 cm und die Länge der anderen Kathete 1,6 cm. Das Prisma ist 6,0 cm hoch. Ermittle den Oberflächeninhalt des Prismas.

● **13.** **Ausblick:** Die Pyramide ist 5 cm hoch und hat eine quadratische Grundfläche mit Seitenlänge 6 cm.
a) Ermittle die Höhe h_s der Seitendreiecke.
b) Berechne den Oberflächeninhalt der Pyramide.

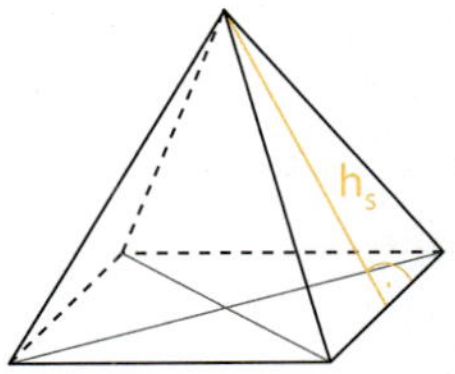

7.8 Pyramide – Netz und Oberflächeninhalt

■ Die Cheops-Pyramide hat eine quadratische Grundfläche mit einer Kantenlänge von etwa 230 m und eine Höhe von etwa 140 m. Der Künstler Christo ist dafür bekannt, große Bauwerke mit Stoff einzuhüllen. Wie viel Stoff würde er brauchen, um die Cheops-Pyramide zu verhüllen? ■

Pyramiden können ganz unterschiedliche Formen haben:

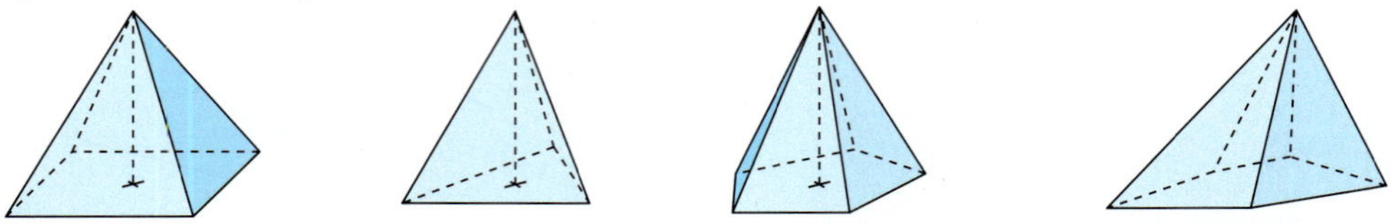

Wissen: Pyramide

Eine Pyramide ist ein Körper mit folgenden Eigenschaften:
- Die **Grundfläche G** ist ein beliebiges Vieleck.
- Die **Seitenflächen** sind Dreiecke. Sie bilden zusammen die **Mantelfläche** M.

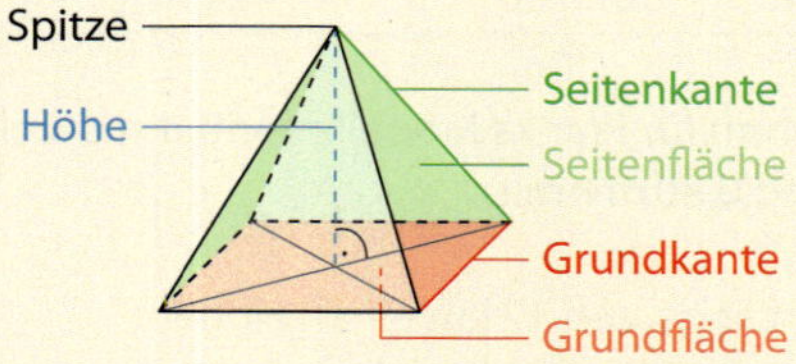

gerade Pyramide mit quadratischer Grundfläche

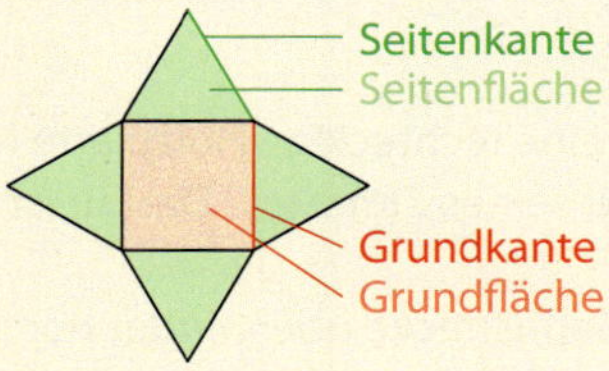

Netzdarstellung

Bei jeder Pyramide gilt für den Oberflächeninhalt O: $O = G + M$

Hinweis:
Bei einer geraden quadratischen Pyramide ist der Schnittpunkt der Diagonalen der Grundfläche zugleich der Fußpunkt des Lotes von der Spitze auf die Grundfläche.

Ist die Grundfläche ein punktsymmetrisches Vieleck und liegt die Spitze genau über dem Symmetriezentrum, so spricht man von einer **geraden** Pyramide.

Beispiel 1: Eine gerade Pyramide hat eine quadratische Grundfläche mit a = 6 cm und ist h = 5 cm hoch.
a) Zeichne ein Netz.
b) Berechne den Oberflächeninhalt.

Erinnere dich:
Bei der Berechnung von Längen ist nur die positive Lösung einer quadratischen Gleichung sinnvoll.

Lösung:

a) Fertige eine Skizze an. Die Höhe der Pyramide bildet mit ihrem Abstand von der Grundkante und h_s ein **rechtwinkliges Dreieck**. Die Länge der unteren Seite entspricht der halben Länge der Grundkante. Es genügt, die Höhe einer Seitenfläche zu ermitteln, denn alle Seitenflächen sind kongruent.

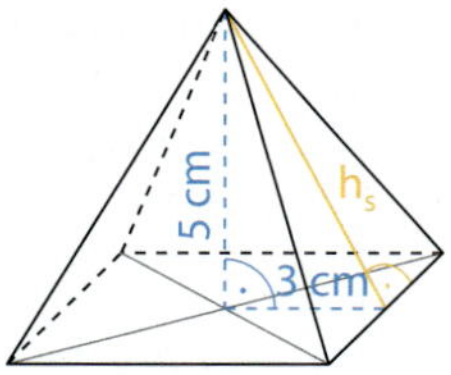

Nach dem Satz des Pythagoras gilt:
$h_a^2 = (3\,\text{cm})^2 + (5\,\text{cm})^2 = 34\,\text{cm}^2$
$h_s = \sqrt{34\,\text{cm}^2} \approx 5{,}8\,\text{cm}$

Zeichne die Grundfläche (1), dann die Seitenflächenhöhen h_s und verbinde ihre Spitzen mit den Eckpunkten der Grundfläche (2).

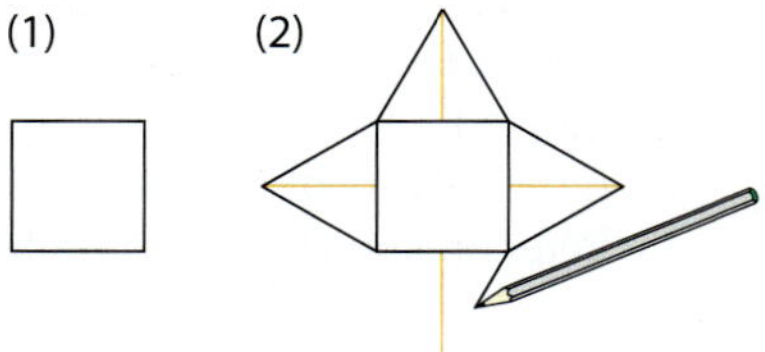

b) Die Oberfläche setzt sich aus der **Grundfläche** und den **Seitenflächen** zusammen. Da alle vier Seitenflächen kongruent sind, haben sie denselben Flächeninhalt A.

$O = G + M = G + 4 \cdot A$

Berechne den Grundflächeninhalt G.

$G = (6\,\text{cm})^2 = 36\,\text{cm}^2$

Berechne die Fläche A einer Seitenfläche.

$A = \frac{1}{2} \cdot h_s \cdot 6\,\text{cm} = \frac{5{,}8\,\text{cm} \cdot 6\,\text{cm}}{2} = 17{,}4\,\text{cm}^2$

Berechne den Oberflächeninhalt der Pyramide.

$O = G + 4 \cdot A = 36\,\text{cm}^2 + 4 \cdot 17{,}4\,\text{cm}^2$
$= 105{,}6\,\text{cm}^2$

Der Oberflächeninhalt der Pyramide beträgt 105,6 cm².

Basisaufgaben

1. Zeichne das Netz einer geraden quadratischen Pyramide mit einer Grundkantenlänge von 4 cm und mit einer Seitenflächenhöhe h_s von 3 cm. Zeichne das Netz eines Würfels mit Kantenlänge 4 cm und vergleiche die Oberflächeninhalte der beiden Körper.

2. Eine gerade Pyramide hat eine quadratische Grundfläche mit a = 10 cm und die Höhe h = 14 cm. Berechne ihren Oberflächeninhalt.

3. Zeichne zu der geraden Pyramide mit Grundfläche G und Höhe h ein Netz und berechne ihren Oberflächeninhalt.
   a) G ist ein Quadrat mit a = 2 cm; h = 3 cm.
   b) G ist ein Quadrat mit a = 3 cm; h = 4 cm.
   c) G ist ein Rechteck mit a = 3 cm und b = 4 cm; h = 5 cm.

4. Ein Hausdach hat die Form einer Pyramide: Die Grundfläche ist ein Quadrat mit Kantenlänge 10 m. Die Höhe beträgt 5 m. Um 1 m² Dach mit Ziegeln auszulegen, benötigt man 24 Ziegel. Wie viele Ziegel braucht man, um das Dach vollständig auszulegen?

Weiterführende Aufgaben

5. Handelt es sich jeweils um Netze von Pyramiden? Begründe deine Antwort.

a)
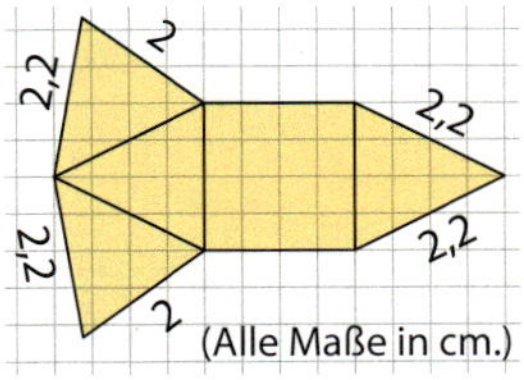

b)
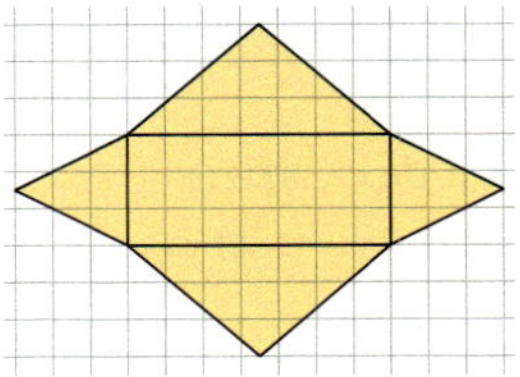

c)
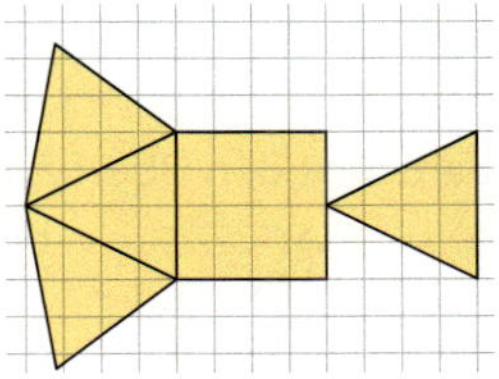

6. **Stolperstelle:**
   a) Handelt es sich bei der Abbildung um das Netz einer Pyramide? Begründe deine Antwort.
   b) Eine gerade quadratische Pyramide hat eine Grundfläche mit a = 12 m. Wie hoch muss die Höhe der Seitenfläche mindestens sein?

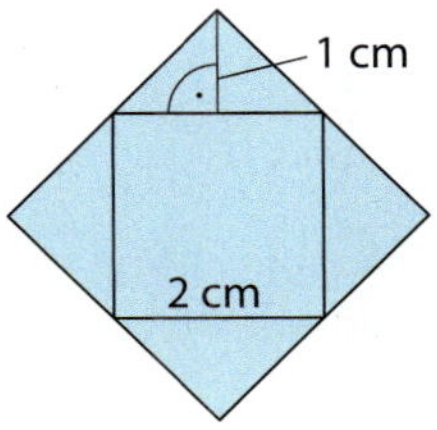

Hinweis zu 7:
Suche ein geeignetes rechtwinkliges Dreieck, um die Seitenhöhe h_s und die Höhe h der Pyramide zu berechnen.

7. Berechne den Oberflächeninhalt der geraden Pyramide mit der Grundflächen G und der Höhe h.
   a) G ist ein Quadrat mit a = 2,5 cm und die Seitenkantenlänge beträgt 4 cm.
   b) G ist ein Quadrat mit a = 3,5 cm und die Seitenkantenlänge beträgt 5 cm.

8. Ermittle die Höhe der Seitenflächen der geraden Pyramide aus den bekannten Größen.
   a) O = 108 cm³; G ist ein Quadrat mit a = 6 cm.
   b) O = 189 m³; G ist ein Quadrat mit a = 7 m.
   c) O = 1 450 cm³; G ist ein Rechteck mit a = 10 cm; b = 20 cm und einer Höhe der Seitenfläche über b von 40 cm.

9. a) Stelle eine gerade Pyramide her, deren Grundfläche ein Quadrat mit a = 5 cm ist und deren Höhe h = 6 cm beträgt (verwende dazu z. B. Zeichenkarton). Notiere eine Anleitung zum Basteln dieser Pyramide.
   c) Erstelle mithilfe von dünnen Pappstreifen oder Holzstäbchen und Kleber oder Knetmasse ein Kantenmodell der Pyramide. Beschreibe dein Vorgehen.

10. a) Berechne die Gesamtkantenlänge einer geraden quadratischen Pyramide mit a = 8 cm und h = 15 cm.
    b) Gib eine Formel zur Berechnung der Gesamtkantenlänge einer beliebigen geraden quadratischen Pyramide an.

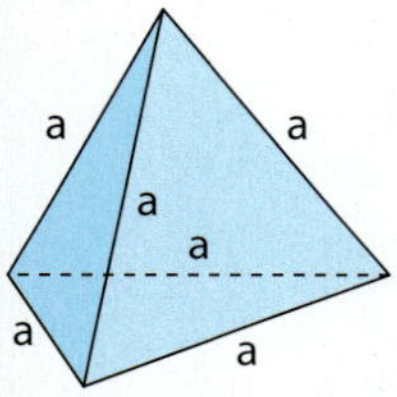

Ein regelmäßiger Tetraeder mit Kantenlänge a

● 11. Ein (regelmäßiger) Tetraeder ist eine Pyramide, deren Grundfläche ein gleichseitiges Dreieck ist und deren Seitenflächen zur Grundfläche kongruent sind.
   a) Zeichne ein Netz eines Tetraeders mit einer Kantenlänge von 3 cm.
   b) Ermittle eine Formel zur Berechnung des Oberflächeninhalts eines Tetraeders mit Kantenlänge a.

● 12. Der Haupteingang des Louvre in Paris ist eine gläserne quadratische Pyramide mit einer Grundkantenlänge von 35,42 m und einer Höhe von 21,65 m.
   a) Berechne die Oberfläche der Pyramide.
   b) Ein Kubikmeter Glas, aus dem die Glasflächen der Pyramide zusammengesetzt wurden, hat eine Masse von 2,2 t. Ermittle die Masse des verbauten Glases.

● 13. In einem Einkaufszentrum wurde der Eingang als quadratische Pyramide gestaltet. Die Grundkantenlänge beträgt 30 m, die Seitenkantenlänge 25 m. Nach einem Zeitungsbericht soll die Pyramide eine Glasfläche von 1500 m² haben. Überprüfe diese Behauptung.

● 14. Berechne den Oberflächeninhalt des Körpers.

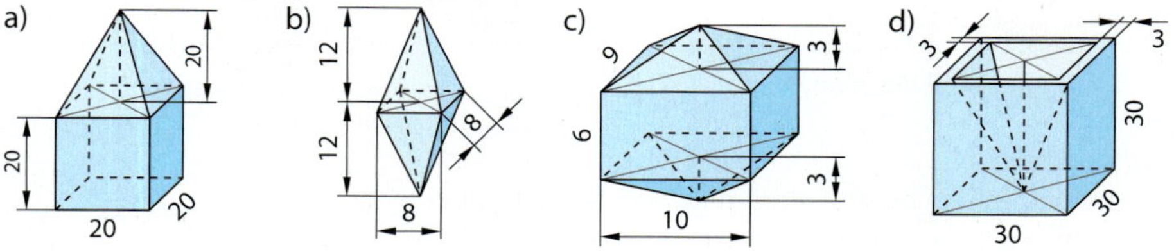

● 15. **Ausblick:** Von einer quadratischen Pyramide mit der Grundfläche 1 m² ist bekannt, dass sie einen Oberflächeninhalt von 3 m² hat. Bestimme die Höhe der Pyramide.

7.9 Schrägbild und Dreitafelprojektion

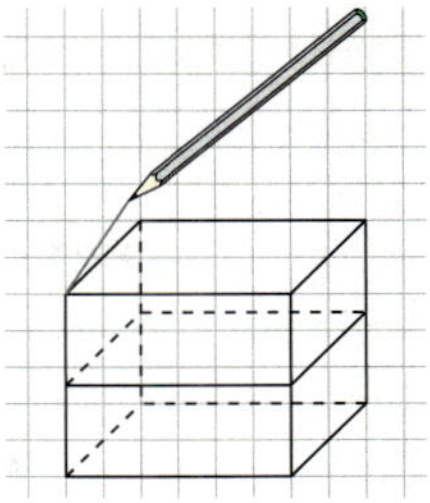

■ Tina möchte ein Schrägbild des Hauses zeichnen, in dem ihre Familie wohnt. Sie wählt einen Maßstab von 1 : 200. Das Erdgeschoss und das erste Stockwerk hat sie bereits aufgezeichnet, nun ist das Dach an der Reihe. Es hat die Form einer Pyramide, deren Grundfläche genau der Grundfläche des Hauses entspricht. Die Höhe beträgt 4 m. Wie lässt sich das Dach zeichnerisch darstellen? ■

Schrägbilder von Pyramiden

Wie andere Körper lassen sich auch Pyramiden im Schrägbild darstellen. Die nach hinten verlaufenden Kanten vermitteln einen räumlichen Eindruck.

Beispiel 1: Zeichne das Schrägbild einer geraden Pyramide mit einer Höhe von h = 3 cm und einer quadratischen Grundfläche mit a = 2 cm.

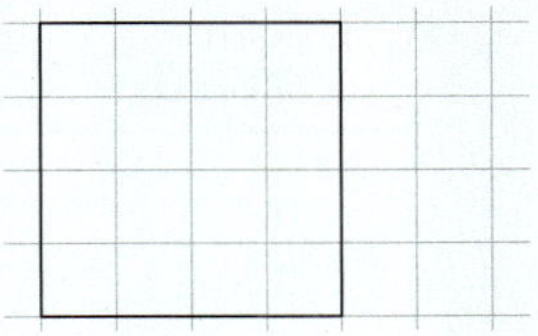

Lösung:

Zeichne die Grundfläche im Schrägbild: Zeichne eine Seite des Quadrates und zeichne an beiden Endpunkten eine verkürzte Strecke diagonal nach hinten (ein Zentimeter entspricht einer Kästchendiagonale), also 2 Kästchen. Verbinde die beiden Endpunkte dieser Strecken. Du erhältst eine perspektivische Ansicht der Grundfläche.

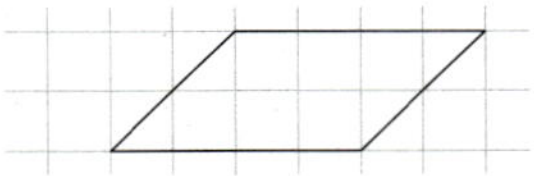

Übertrage die perspektivische Ansicht der Grundfläche in eine neue Zeichnung und strichele dabei Linien, die später nicht sichtbar sein werden. Der Schnittpunkt der Diagonalen der Grundfläche ist der Fußpunkt der Höhe. Zeichne die Höhe ein und verbinde ihre Spitze mit den Eckpunkten der Grundfläche.

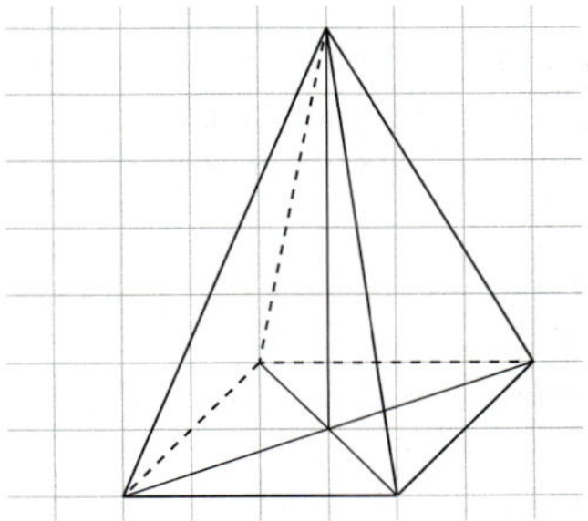

Hinweis:
Du kannst das Schrägbild auch mit einer dynamischen Geometrie-Software zeichnen.

Erinnere dich:
Bei geraden Pyramiden liegt die Spitze über dem Symmetriezentrum des Grundflächenvielecks.

Basisaufgaben

1. Zeichne das Schrägbild einer geraden Pyramide mit h = 4 cm und a = 6 cm.

2. Zeichne das Schrägbild einer geraden Pyramide mit einer Höhe von h = 5 cm und der dargestellten Grundfläche.

a) 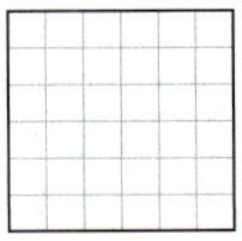

b) 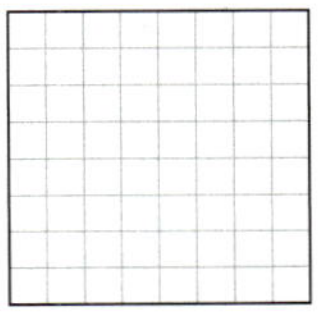

c) 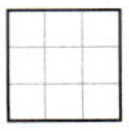

3. Erläutere, warum für schräg nach hinten verlaufende Grundseiten eine Kästchendiagonale für 1 cm gewählt wird.

Zwei- und Dreitafelprojektionen

Schrägbilder vermitteln einen Eindruck vom Aussehen eines geplanten Gebäudes. Architekten, Ingenieure und technische Zeichner möchten die Formen oft unmittelbar messen. Sie verwenden daher eine andere Darstellungsart.
Stelle dir vor: Ein Körper wird jeweils von vorne, von der Seite und von oben beleuchtet, sodass auf drei senkrecht aufeinander stehenden Tafeln Schattenbilder des Körpers entstehen. Klappt man die Tafeln auseinander, erhält man die Schattenprojektionen in ebener Form.

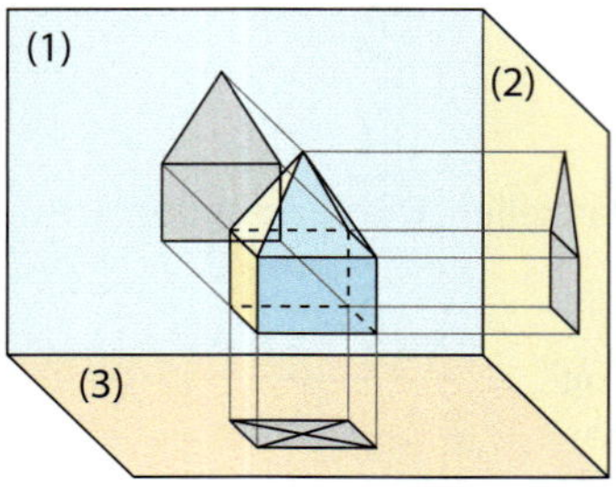

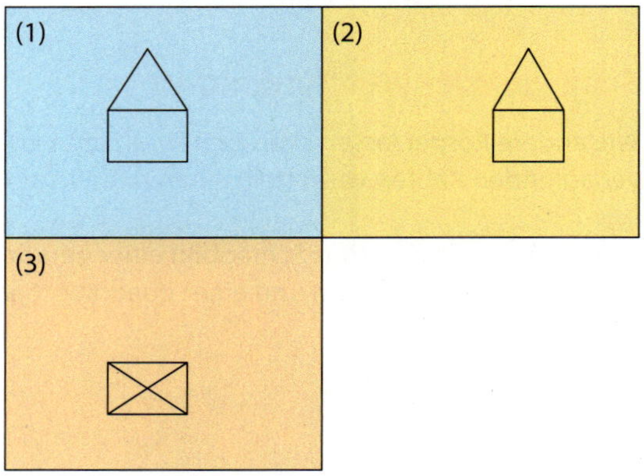

Die Sicht auf den Körper von vorne bezeichnet man als **Aufriss** (1), von der Seite als **Seitenriss** (2) und von oben als Grundriss (3). Diese Art der Darstellung heißt **„Dreitafelprojektion"**. Betrachtet man nur Aufriss und Grundriss, heißt sie **„Zweitafelprojektion"**.

Beispiel 2: Eine gerade Pyramide hat eine quadratische Grundfläche mit $a = 3\,cm$ und eine Höhe von $h = 1{,}5\,cm$.
Zeichne diese Pyramide im Auf- und Grundriss.

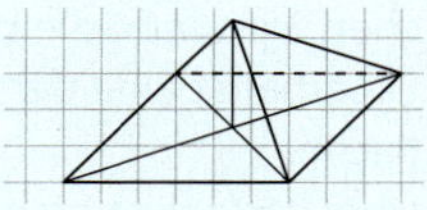

Lösung:
Aufriss: Von vorne sieht die Pyramide aus wie ein Dreieck mit Grundseite $a = 3\,cm$ und Höhe $h = 1{,}5\,cm$.

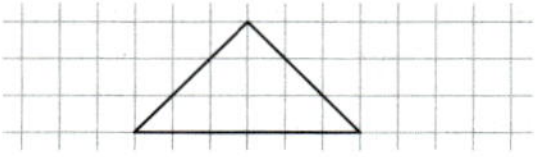

Grundriss: Senkrecht von oben sieht die Pyramide aus wie ein Quadrat mit der Kantenlänge 3 cm. Die Spitze der Pyramide lässt sich durch Einzeichnen der Diagonalen kennzeichnen.

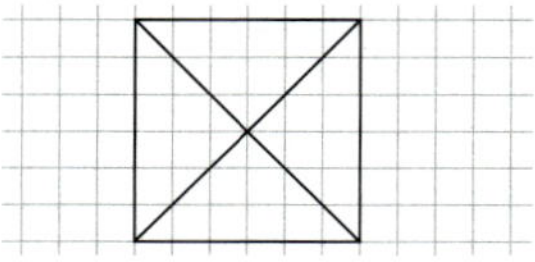

Basisaufgaben

4. Zeichne die Körper im Auf- und Grundriss. Entnimm die erforderlichen Maße der Zeichnung.

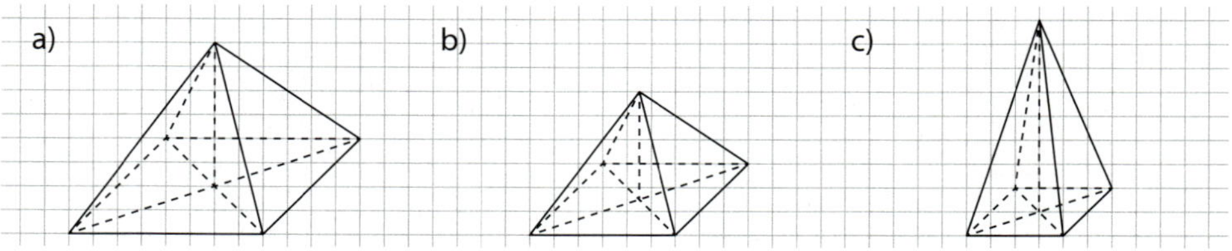

5. Zeichne die Grundflächen der Schrägbilder aus Aufgabe 4 ohne Verzerrung und ergänze sie zu einem Netz der jeweiligen Pyramide.

Weiterführende Aufgaben

6. **Stolperstelle:** Beschreibe die Fehler in den Schrägbildern der geraden Pyramide mit quadratischer Grundfläche.

a) 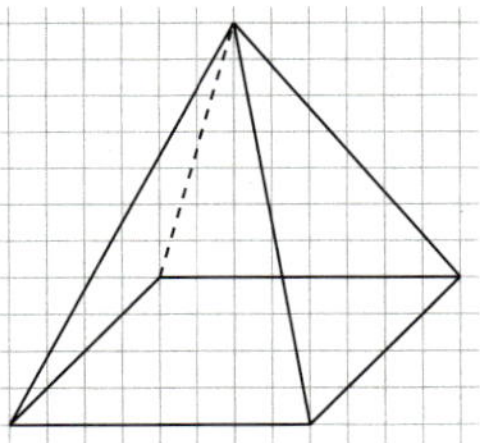

b) 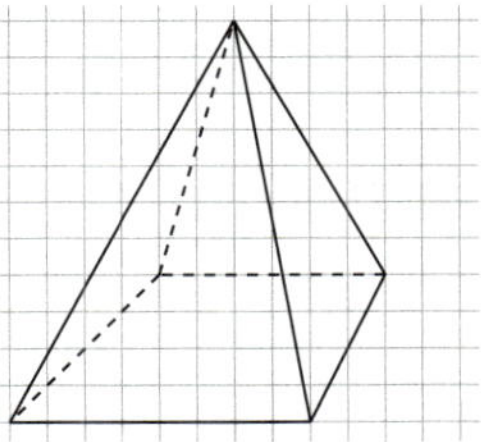

c) 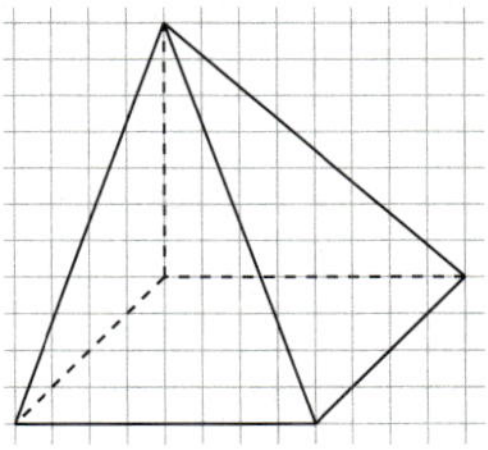

7. Zeichne ein Schrägbild der geraden quadratischen Pyramiden mit den folgenden Maßen.
a) $a = 3\,\text{cm}$, $h = 5\,\text{cm}$
b) $a = 4\,\text{cm}$, Seitenflächenhöhe $h_s = 3\,\text{cm}$

8. Übertrage die Dreitafelprojektionen in dein Heft. Ergänze gegebenenfalls einen passenden Aufriss bzw. Grundriss so, wie du dir den jeweiligen Körper vorstellst. Zeichne auch ein Schrägbild der Körper.

a) 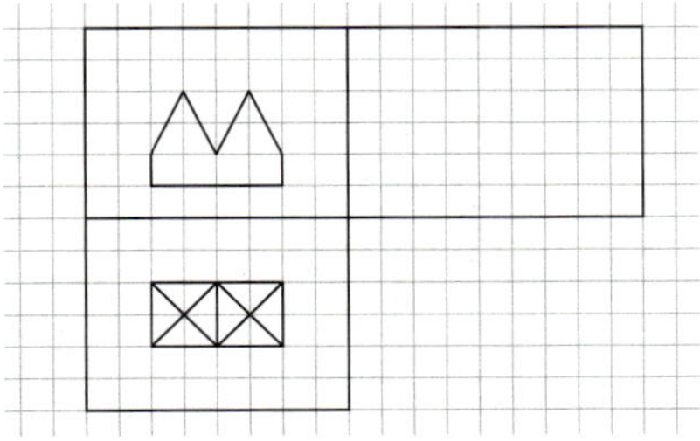

b) 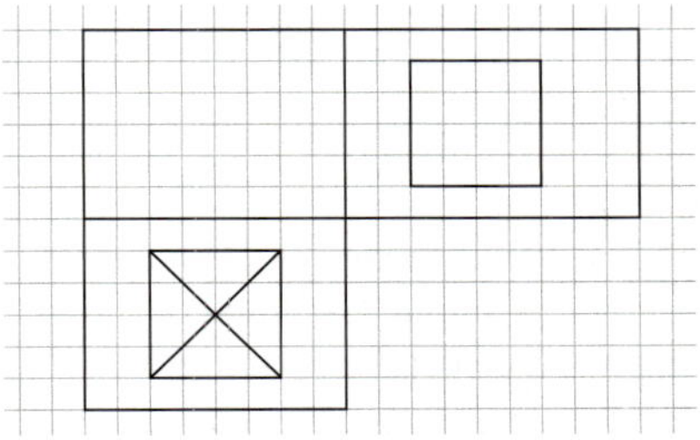

9. Zeichne den Körper im Auf- und Grundriss (entnimm die erforderlichen Maße der Zeichnung).

a) 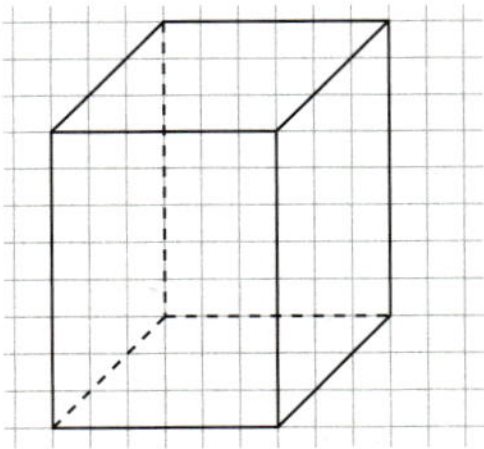

b) 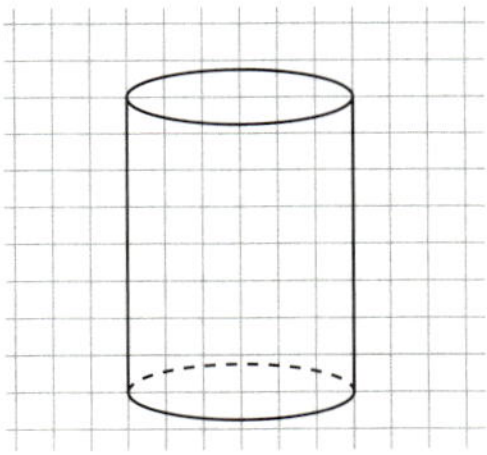

c) 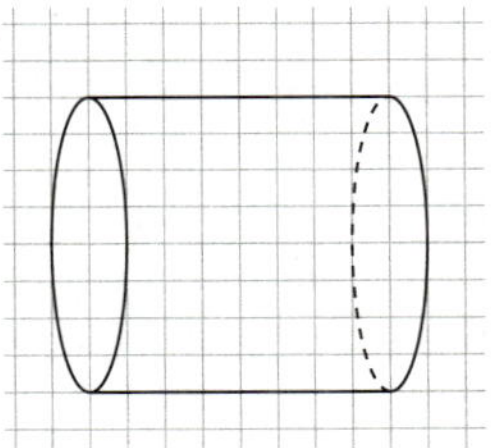

● 10. Zeichne aus Würfeln, Quadern, Pyramiden, … zusammengesetzte Körper im Schrägbild (z. B. Gebäude). Tausche deine Zeichnung mit einem Partner. Fertige von der Zeichnung, die du erhältst, eine Zweitafelprojektion an.

● 11. **Ausblick:** Zeichne eine Dreitafelprojektion des Körpers. Entnimm die Maße der Zeichnung.

a) 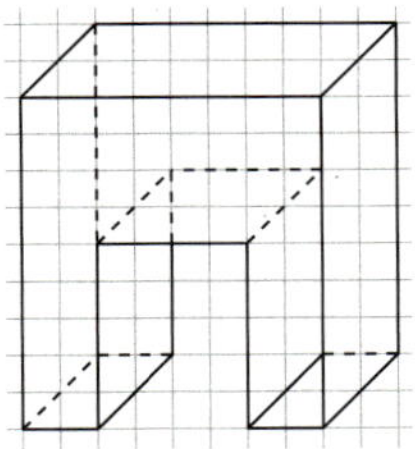

b) 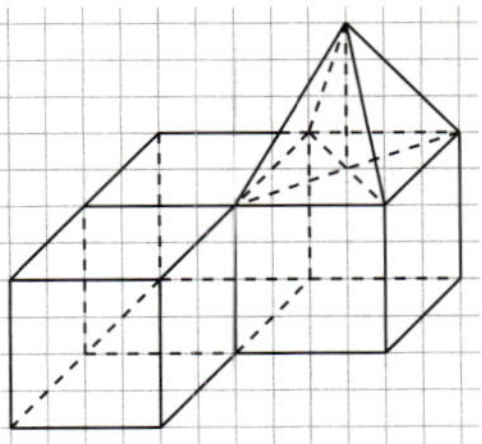

7.10 Volumen einer Pyramide

Ralf hält sechs Schokopyramiden zu einem Würfel mit 3 cm Kantenlänge zusammen. Wie viel Gramm Schokolade sind in jeder Schokoladenpyramide?
(Hinweis: Die Dichte von Schokolade beträgt etwa $1{,}3\,\frac{g}{cm^3}$)

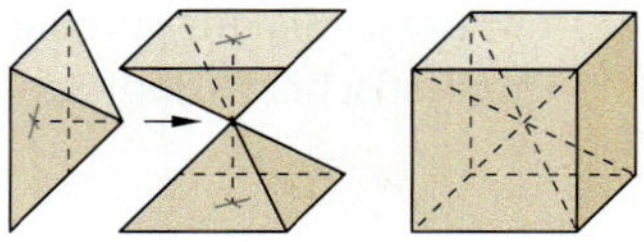

Sechs quadratische Pyramiden, deren Höhe halb so lang ist wie die Grundkante a, lassen sich zu einem Würfel zusammensetzen. Das Volumen des Würfels beträgt $V_{Würfel} = a^3$. Daher gilt für das Volumen der Pyramide $V_{Pyramide} = \frac{1}{6} \cdot V_{Würfel} = \frac{1}{6} a^3$. Außerdem gilt $h = \frac{a}{2}$, also $a = 2 \cdot h$ und $G = a^2$. Also gilt:

$$V_{Pyramide} = \frac{1}{6} a^3 = a^2 \cdot \frac{1}{6} a = a^2 \cdot \frac{1}{6} \cdot 2 \cdot h = a^2 \cdot \frac{h}{3} = \frac{1}{3} \cdot a^2 \cdot h = \frac{1}{3} \cdot G \cdot h.$$

Es lässt sich beweisen, dass diese Volumenformel auch für beliebige Pyramiden gilt.

Wissen: Volumen einer Pyramide
Bei jeder Pyramide mit Grundfläche G und Höhe h gilt für das Volumen V:

$$V = \frac{1}{3} \cdot G \cdot h$$

Beispiel 1: Berechne das Volumen einer geraden Pyramide mit einer quadratischen Grundfläche mit a = 7 cm und einer Höhe von h = 9 cm.

Lösung:
Berechne mit a zunächst die Grundfläche G.
Setze den Flächeninhalt von G und die Höhe h in die Formel für das Volumen ein.

$G = a^2 = (7\,cm)^2 = 49\,cm^2$
$V = \frac{1}{3} \cdot G \cdot h = \frac{1}{3} \cdot 49\,cm^2 \cdot 9\,cm = 147\,cm^3$
Die Pyramide hat ein Volumen von $147\,cm^3$.

Basisaufgaben

1. Berechne das Volumen der Pyramide mit der quadratischen Grundfläche G und der Höhe h.
   a) G ist ein Quadrat mit a = 9 cm; h = 10 cm
   b) $G = 5{,}76\,m^2$; h = 230 cm

2. Berechne das Volumen der quadratischen Pyramide aus den gegebenen Größen.
   a) G ist ein Quadrat mit einer Diagonalenlänge von $d = \sqrt{50}$ cm; h = 7 cm.
   b) Die Höhe ist doppelt so groß wie eine Grundkantenlänge; $G = 0{,}49\,m^2$.

Die Höhe von Pyramiden berechnen

Wie beim Zylinder kann man bei einer Pyramide aus dem Volumen die Höhe berechnen.

Beispiel 2: Eine gerade quadratische Pyramide hat ein Volumen von $25\,cm^3$ und eine Grundkantenlänge von a = 5 cm. Ermittle die Länge der Höhe der Pyramide.

Lösung:
Berechne die Grundfläche.

$G = a^2 = (5\,cm)^2 = 25\,cm^2$

Setze die bekannten Größen $V = 25\,cm^3$ und $G = 25\,cm^2$ in die Volumenformel ein. Forme nach h um.

$$V = \frac{1}{3} \cdot G \cdot h$$
$$25\,cm^3 = \frac{1}{3} \cdot 25\,cm^2 \cdot h \quad \Big| \cdot \frac{3}{25\,cm^2}$$
$$h = 3 \cdot \frac{25\,cm^3}{25\,cm^2} = 3\,cm$$

Die Höhe der Pyramide ist 3 cm lang.

Basisaufgabe

3. Ermittle die Höhe der geraden quadratischen Pyramide aus den gegebenen Größen.
   a) $V = 32\,cm^3$, G ist ein Quadrat mit a = 4 cm
   b) $V = 720\,dm^3$, G ist ein Quadrat mit a = 12 dm
   b) $V = 20\,m^3$; $G = 36\,cm^2$

Weiterführende Aufgaben

4. **Stolperstelle:** Piotre weiß, dass eine gerade quadratische Pyramide eine Grundfläche von $20\,cm^2$ und ein Volumen von 1 ℓ hat. Er soll die Höhe berechnen. Prüfe seine Rechnung, erläutere Fehler und korrigiere.

$V = 1\,l = 1\,dm^3 = 100\,cm^3,\ h = \frac{V}{3G},\ h = \frac{100\,cm^3}{3 \cdot 20\,cm^2} = 1{,}67\,cm$

Hinweis zu 5:
Ein regelmäßiger Tetraeder mit Kantenlänge a ist eine Pyramide mit gleichseitigen Dreiecken als Grund- und Seitenflächen.

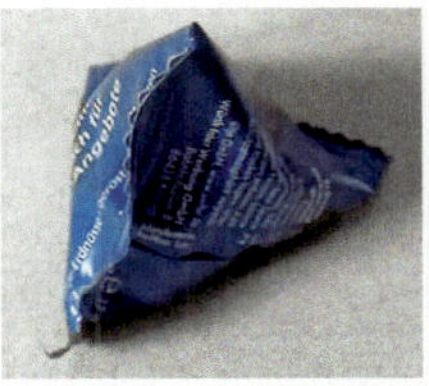

5. Manchmal haben Verpackungen die Form von Pyramiden.
   a) Eine Verpackung für Erdnüsse hat die Form eines Tetraeders mit einer Kantenlänge von 6 cm. Ermittle, wie viel Papier zur Herstellung der Verpackung benötigt wird und wie viele Erdnüsse in etwa enthalten sein dürften.
   b) Ein Teebeutel hat die Form eines Tetraeders mit einer Kantenlänge von 5 cm. Kann mehr Tee enthalten sein als in einem herkömmlichen Teebeutel, der für gewöhnlich in etwa maximal $10\,cm^3$ Tee enthält? Begründe deine Antwort.

6. Berechne das Volumen des Körpers.

a)
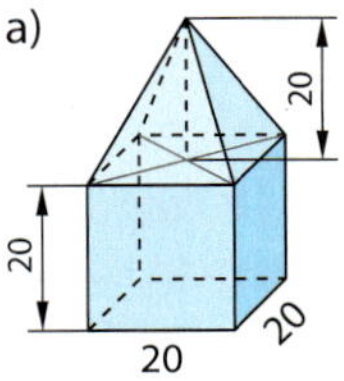

b)
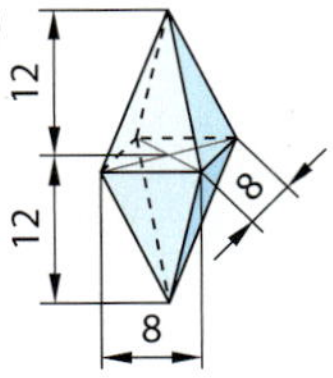

c)
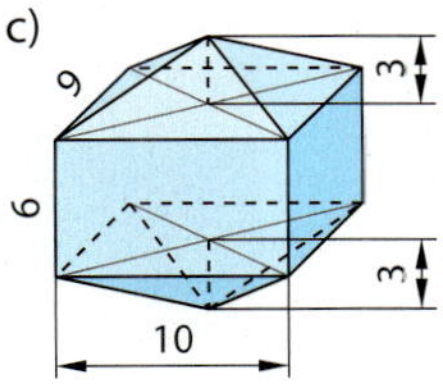

d)
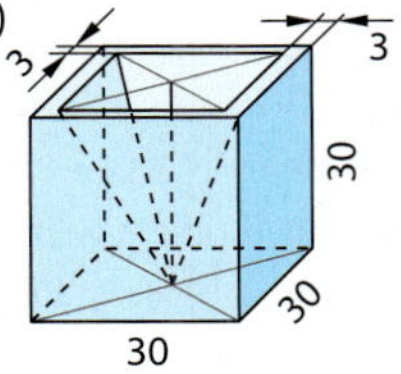

7. Susanne hat eine schiefe Pyramide mit rechteckiger Grundfläche gezeichnet. Zeichne ein Netz und berechne den Oberflächeninhalt sowie das Volumen.

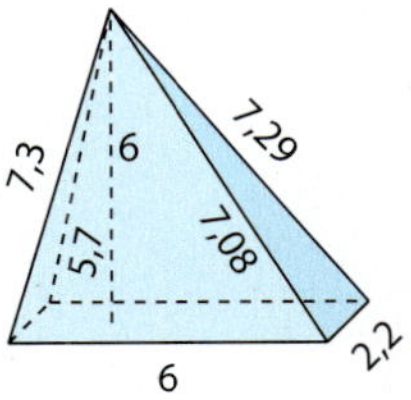

8. **Ausblick:** Schneidet man von einer Pyramide parallel zur Grundfläche eine kleinere Pyramide ab, so entsteht ein Pyramidenstumpf. Die Schnittfläche bezeichnet man als Deckfläche. Der Abstand zwischen Grund- und Deckfläche ist die Höhe h des Pyramidenstumpfes.
   a) Rechts ist ein Pyramidenstumpf mit einer quadratischen Grundfläche im Schrägbild und im Querschnitt dargestellt. Begründe mithilfe der Zeichnungen, dass für das Volumen eines Pyramidenstumpfes gilt:
   $V = \frac{1}{3} \cdot h \cdot (G + \sqrt{G \cdot G'} + G')$
   b) Berechne das Volumen eines quadratischen Pyramidenstumpfes mit einer Höhe von 4 cm. Die Grundkantenlänge beträgt 5 cm und die Kante der Deckfläche ist 2 cm lang. Wie hoch war die ursprüngliche Pyramide?

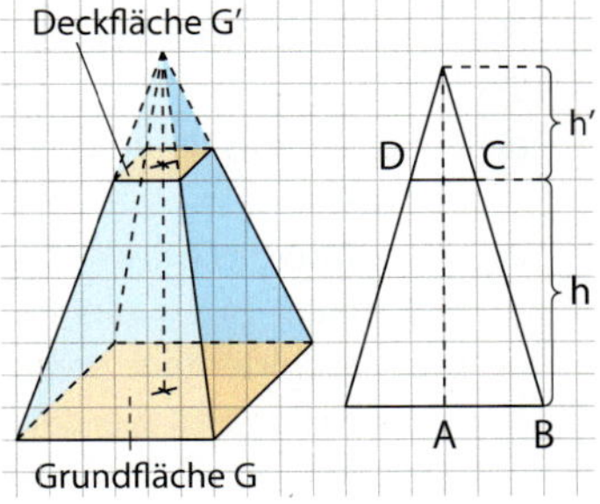

7.11 Vermischte Aufgaben

1. Familie Scholz hat sich als Ferienhaus ein Haus gekauft, das nur aus einem Dach besteht. Das Haus ist bis auf insgesamt sechs Glasfenster an der Front- und Rückseite komplett aus Holz.
Es ist 8 m hoch und 9 m lang. Die Fenster haben die Maße 1,5 m × 2 m.

a) Berechne das Volumen des Hauses.
b) Berechne, wie viel Quadratmeter Holz an den Außenwänden mit Holzschutzlasur behandelt werden müssen.
c) Bestimme, welcher Anteil der Außenwände aus Glas ist.

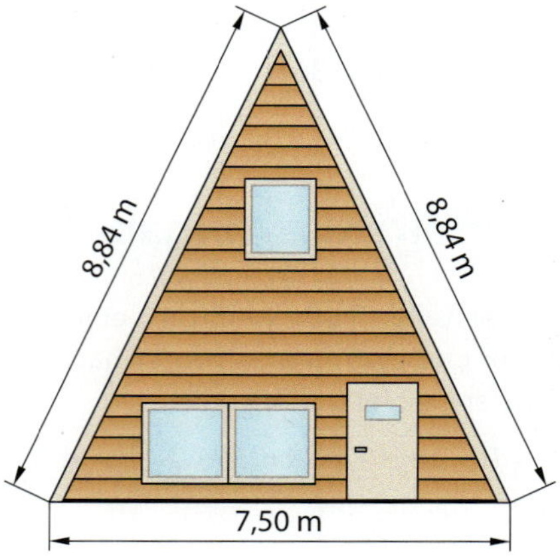

2. Die Grundfläche eines Schwimmbeckens hat die Form eines Rechtecks mit angesetztem Halbkreis. Die Maße des Rechtecks betragen 10 m × 5 m, der Halbkreis hat einen Durchmesser von 5 m. Das Becken ist 2 m tief.

Zeichne die Grundfläche des Beckens in einem geeigneten Maßstab.

Im Laufe eines Sommers verdunsten etwa 3000 Liter Wasser. Um wie viel cm würde der Wasserstand im Becken während des Sommers sinken, wenn kein Wasser nachläuft?

Während der Renovierungen im Winter wird das Becken von innen neu gestrichen. Es sind zwei Streichvorgänge notwendig. Wie viel Liter Farbe werden hierfür benötigt, wenn 6 Liter für 15 m^2 reichen?

Berechne das Volumen des Wassers im Becken, wenn das Becken bis 20 cm unterhalb des Beckenrands mit Wasser gefüllt ist.

3. Aus einem Quader wird ein Zylinder herausgeschnitten. Bestimme in Abhängigkeit von der Variablen x

a) den Oberflächeninhalt und das Volumen des Zylinders,
b) das Volumen des Körpers, der als Rest übrig bleibt.

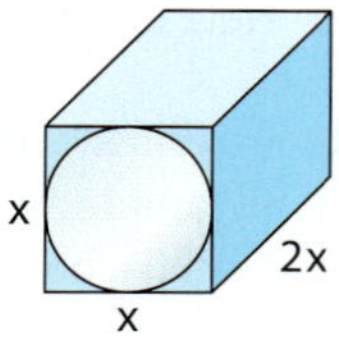

4. Ein Dreher produziert Maschinenteile aus Hartmetall nach den rechts abgebildeten Vorgaben.

a) Berechne das Volumen des Maschinenteils.
b) Bestimme das Gewicht, wenn 1 cm^3 Hartmetall 14,9 g wiegen.
c) Die Maschinenteile sollen lackiert werden. Für 1 m^2 werden 150 mℓ Lack benötigt. Wie viel mℓ Lack sind pro Werkstück notwendig?

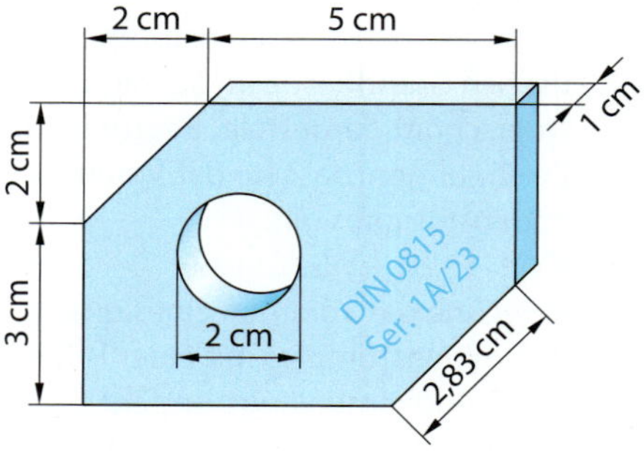

5. Gebäude wie dieses Tor bestehen aus verschiedenen geometrischen Körpern.
a) Gib an, welche Körper du auf diesem Foto siehst.
b) Erstelle ein Schrägbild des Tores.
c) Entwirf ein Netz des Tores, um damit ein Modell zu konstruieren. Du kannst dafür auch eine DGS verwenden.

6. Das abgebildete Gebäude hat die Form eines Zylinders.
a) Bestimme geeignete Werte für den Durchmesser und die Höhe der acht erkennbaren Stockwerke.
b) Wie viel umbauter Raum steht dort zur Verfügung?
c) Welche Kosten ergeben sich für die Reinigung der Fensterflächen, wenn der Fensterreiniger durchschnittlich eine Fläche von $4\,m^2$ in 10 min reinigt und sein Stundenlohn 9 € beträgt?

● **7.** Ein quaderförmiges Brot ist 30 cm lang und jeweils 10 cm breit und hoch.
a) Berechne das Volumen des Brotes.
b) Das Brot wird in 1,5 cm dicke Scheiben geschnitten und wie ein Turm aufgestellt. Dann werden die Scheiben seitlich verschoben, sodass sie auf einer Seite eine Treppe bilden. Was gilt für das Volumen?
c) Stelle dir vor, das Brot würde in immer dünnere Scheiben geschnitten, die wieder seitlich verschoben werden. Was gilt für das Volumen?
d) Informiere dich über das Prinzip des Cavalieri.

● **8.** CAS **Ausblick:** In Mexiko in Chichen Itza steht eine Stufenpyramide: Quadratische Platten mit gemeinsamem Diagonalenschnittpunkt und immer kleinerer Seitenlänge sind übereinander gebaut.
a) Berechne das Volumen einer Pyramide mit $a = 200\,m$, $h = 120\,m$.
b) Betrachte jetzt eine Stufenpyramide mit derselben Seitenlänge und Höhe. Die unterste Stufe oder Platte hat eine Seitenlänge von 200 m. Jede Platte hat eine Höhe von 20 m, es sind 6 Platten.
Arbeite mit einer DGS und zeichne für eine Pyramide mit $a = 200\,m$ und $h = 120\,m$ in einem geeigneten Maßstab nur die halbe Seitenansicht, also das Dreieck mit den Seitenlängen h, h_s und $\frac{a}{2}$ und dazu die Platten.
① Berechne das Volumen dieser Stufenpyramide.
② Wähle jetzt doppelt so viele Platten mit der halben Höhe und bestimme das Volumen der veränderten Pyramide.
③ Überlege, wie sich das Volumen verändert, wenn die Höhe der Platten immer wieder halbiert und ihre Anzahl verdoppelt würde.

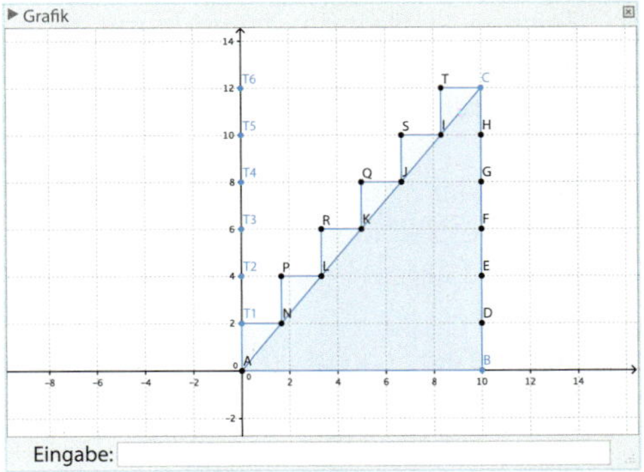

Lösungen ↗ S. 258

1. Welche der Körper sind Prismen? Begründe.

a) b) c) d) e)

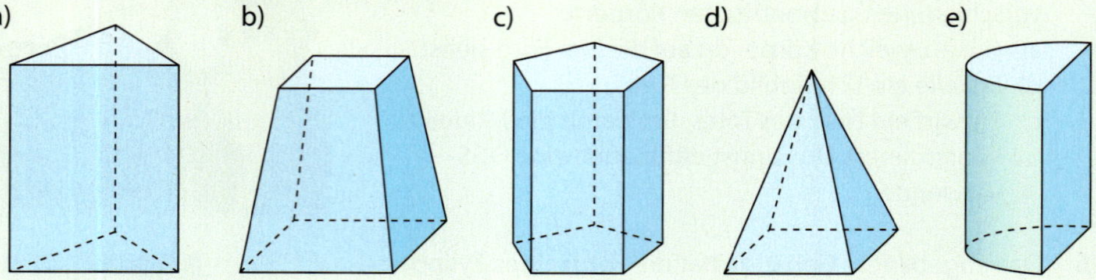

2. Zeichne ein Netz des Prismas und berechne den Oberflächeninhalt.

a) b) c)

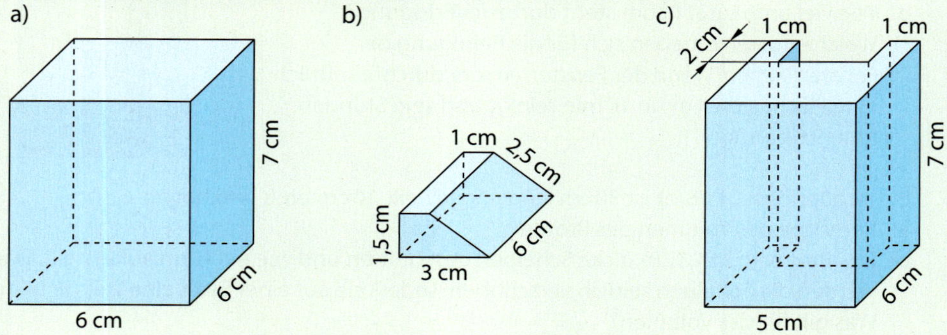

3. Berechne das Volumen des Prismas.

a) b) c)

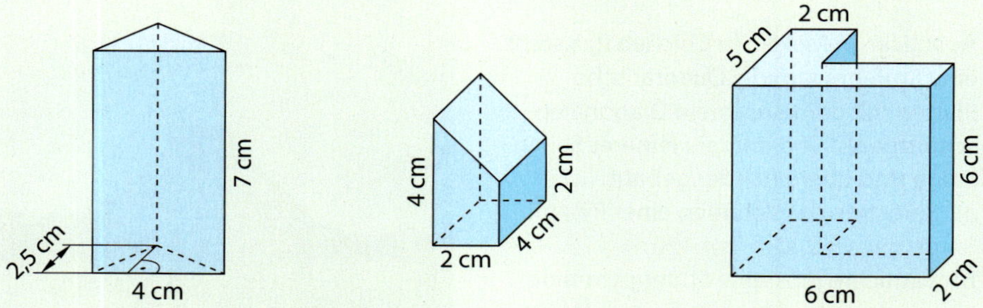

4. Zeichne ein Netz des Zylinders mit den gegebenen Maßen. Berechne dann den Oberflächeninhalt.

a) $r = 3\,cm$; $h = 4\,cm$ b) $r = 2{,}5\,cm$; $h = 3\,cm$ c) $r = 4\,cm$; $h = 2\,cm$

5. Von einem Zylinder ist der Oberflächeninhalt O und der Radius r bekannt. Berechne die Höhe des Zylinders.

a) $O = 2500\,cm^2$; $r = 10\,cm$ b) $O = 1345\,m^2$; $r = 3{,}5\,m$ c) $O = 392{,}7\,dm^2$; $r = 5\,dm$

6. Zeichne ein Schrägbild und berechne das Volumen des Zylinders mit den gegebenen Maßen.

a) $r = 3\,m$; $h = 7\,m$ b) $d = 12\,cm$; $h = 8\,cm$
c) $d = 7\,dm$; $h = 7\,dm$ d) $r = 45\,mm$; $h = 85\,mm$

7. Von einem Zylinder ist das Volumen V bekannt. Ermittle r bzw. h.

a) $V = 6\,cm^3$; $r = 1\,cm$ b) $V = 13\,000\,mm^3$; $r = 45\,mm$
c) $V = 14\,m^3$; $h = 3\,m$ d) $V = 10\,m^3$; $h = 10\,m$

8. In einer Werkstatt werden Teelichtständer aus Metall gegossen. Sie haben die Form von Zylindern. Die Teelichtständer haben unterschiedliche Höhen, aber alle den gleichen Radius von r = 2,5 cm.
a) Ein Teelichtständer hat eine Höhe von 12 cm. Berechne die Menge an Metall, die für seine Herstellung benötigt wird.
b) Für die Herstellung eines Teelichtständers steht eine Restmenge von 200 cm^3 an Metall zur Verfügung. Sollte dafür eine Gussform mit einer Höhe von 9 cm, 10 cm oder 11 cm verwendet werden? Begründe deine Antwort.

9. Eine gerade Pyramide ist 12 cm hoch und ihre quadratische Grundfläche hat eine Seitenlänge von 5 cm.
a) Zeichne ein Schrägbild und berechne ihr Volumen.
b) Zeichne ein Netz dieser Pyramide und berechne ihren Oberflächeninhalt.

10. Eine Kerze hat die Form einer geraden quadratischen Pyramide. Ihr Volumen beträgt 48 cm^3 und eine Grundkantenlänge ist 4 cm lang. Ermittle die Höhe der Kerze.

11. Die ägyptische Chephren-Pyramide hat eine quadratische Grundfläche mit 215 m Seitenlänge und eine Höhe von 143,5 m.
a) Berechne, für wie viel Quadratmeter man einen Schutzanstrich besorgen müsste.
b) Berechne den Prozentsatz ihres Volumens im Vergleich zur Cheops-Pyramide, deren quadratische Seitenfläche 230 m lang ist und die 146,6 m hoch ist.

Wiederholungsaufgaben

1. Konstruiere ein Dreieck mit a = 2,5 cm, b = 4 cm und $\gamma = 80°$. Miss anschließend die Größe der anderen Winkel sowie der Seite c.

2. Berechne ohne Taschenrechner.
a) $\sqrt{196}$ b) $\sqrt{19\,600}$ c) $\sqrt{1{,}96}$ d) $\sqrt{\frac{144}{196}}$

3. Runde die Zahlen auf die vorgegebene Rundungsstelle.
a) Zehner: 2324 b) Hundertstel: 3,999 c) Zehntel: 23,867

4. Die Schülerinnen und Schüler der Klasse 8b haben getestet, wie gut sie eine Minute schätzen können. Die Ergebnisse sind in der Tabelle notiert. Bestimme das arithmetische Mittel und den Median der Schätzwerte.

geschätzte Zeit (in s)	51	53	54	56	57	58	59	60	61	63	64	65
Anzahl	1	3	1	2	4	3	3	2	1	4	1	2

5. Ergänze in der Tabelle die gesuchten Größen, wenn das Kapital ein Jahr angelegt wurde.

Grundkapital	Zinssatz	Zinsen
150 €	3 %	
	4 %	10 €
350 €		14 €

Zusammenfassung

Prisma

Ein geometrischer Körper heißt (gerades) **Prisma**, wenn seine Seitenflächen Rechtecke und die **Grundflächen** parallele, kongruente Vielecke sind. Alle Seitenflächen zusammen bilden die **Mantelfläche**. Den Abstand zwischen den Grundflächen bezeichnet man als **Höhe** des Prismas.

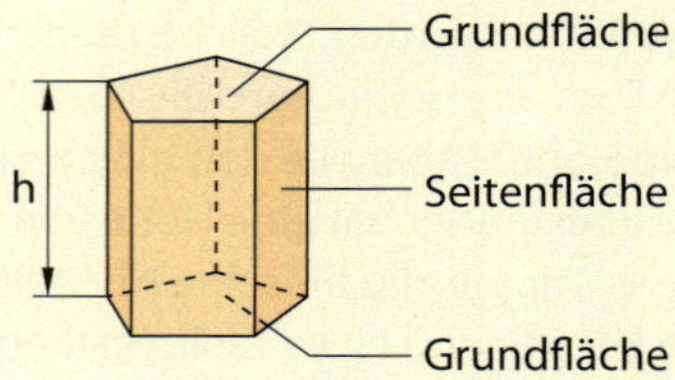

Zur Berechnung des **Oberflächeninhalts** benötigt man den Inhalt der Mantelfläche M und der Grundfläche G:

$O_{Prisma} = 2 \cdot G + M$

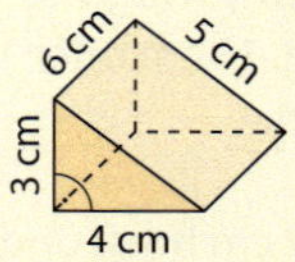

$M = (3\,cm + 4\,cm + 5\,cm) \cdot 6\,cm = 72\,cm^2$

$G = \frac{4\,cm \cdot 3\,cm}{2} = 6\,cm^2$

$O_{Prisma} = 2 \cdot G + M = 12\,cm^2 + 72\,cm^2 = 84\,cm^2$

Das **Volumen eines Prismas** wird berechnet, indem man den Inhalt der Grundfläche G mit der Höhe h des Prismas multipliziert:

$V_{Prisma} = G \cdot h$

$V_{Prisma} = G \cdot h = 6\,cm^2 \cdot 6\,cm = 36\,cm^3$

Zylinder

Ein geometrischer Körper heißt (gerader) **Zylinder**, wenn er begrenzt wird von zwei zueinander parallel liegenden, kongruenten Kreisflächen und von einer gekrümmten **Mantelfläche M**, deren Abwicklung in die Ebene ein Rechteck ist.
Den Abstand zwischen den Grundflächen G nennt man **Höhe h** des Zylinders.

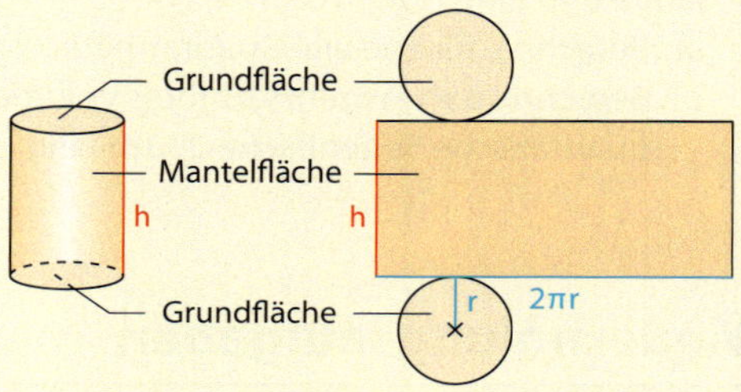

Für **Oberfläche** O und **Volumen** V eines Zylinders mit dem Radius r und der Höhe h gilt:

$O_{Zylinder} = 2 \cdot G + M = 2 \cdot \pi \cdot r^2 + 2 \cdot \pi \cdot r \cdot h$

$V_{Zylinder} = G \cdot h = \pi \cdot r^2 \cdot h$

Zylinder mit r = 3 cm, h = 2 cm:

$O_{Zylinder} = 2\pi r^2 + 2\pi r \cdot h$
$= 2\pi \cdot (3\,cm)^2 + 2\pi \cdot 3\,cm \cdot 2\,cm$
$\approx 56{,}5\,cm^2 + 37{,}7\,cm^2 = 94{,}2\,cm^2$

$V_{Zylinder} = \pi r^2 \cdot h$
$= \pi \cdot (3\,cm)^2 \cdot 2\,cm \approx 56{,}5\,cm^3$

Pyramide

Eine gerade **quadratische Pyramide** hat eine quadratische Grundfläche G und vier kongruente, gleichschenklige Dreiecke als Seitenflächen. Die Seitenflächen bilden zusammen die Mantelfläche M.
Für den **Oberflächeninhalt** gilt:

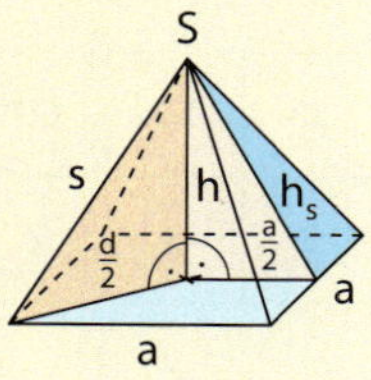

$O_{Pyramide} = G + M$

Für das Volumen gilt:

$V_{Pyramide} = \frac{1}{3} \cdot G \cdot h$

Pyramide mit h = 5 cm, a = 6 cm:

$O_{Pyramide} = a^2 + 4 \cdot (a \cdot h_s)$
$\approx 36\,cm^2 + 2 \cdot 6\,cm \cdot 5{,}83\,cm$
$\approx 105{,}97\,cm^2$

mit $h_s = \sqrt{\left(\frac{a}{2}\right)^2 + h^2} \approx 5{,}83\,cm$

$V_{Pyramide} = \frac{1}{3} \cdot G \cdot h$
$= \frac{1}{3} \cdot 36\,cm^2 \cdot 5\,cm$
$= 60\,cm^3$

8. Komplexe Aufgaben

Die folgenden Aufgaben verbinden Kapitel dieses Buches und methodische Kompetenzen.

Funktionsgleichung einer Geraden ermitteln

1. a) Bestimme die Funktionsgleichung mit den gegebenen Werten.
① Steigung $m = 1{,}5$; $g(2) = 0{,}5$ ② $h(3) = 4{,}5$; $h(7) = 3{,}2$

b) Neben der Form $f(x) = mx + b$ mit der Steigung m und dem y-Achsenabschnitt b gibt es noch weitere Geradengleichungen für lineare Funktionen.

> **Punkt-Steigungsform:** Sind von einer Geraden die Steigung m und ein Punkt $(x_1|f(x_1))$ bekannt, so gilt: $f(x) = m \cdot (x - x_1) + f(x_1)$
>
> **Zwei-Punkteform:** Sind von einer Geraden zwei Punkte $(x_1|f(x_1))$ und $(x_2|f(x_2))$ bekannt, so gilt: $f(x) = \frac{f(x_2) - f(x_1)}{x_2 - x_1} \cdot (x - x_1) + f(x_1)$

Bestimme die Funktionsgleichung von ① mithilfe der Punkt-Steigungsform. Bestimme die Funktionsgleichung von ② mit der Zwei-Punkteform. Vergleiche mit deinen Ergebnissen aus a).

c) Zeige, dass die Punkt-Steigungsform $f(x) = m \cdot (x - x_1) + f(x_1)$ gilt.
Setze dazu $(x_1|f(x_1))$ in $f(x) = mx + b$ ein und löse nach b auf.

d) Zeige, dass die Zwei-Punkteform $f(x) = \frac{f(x_2) - f(x_1)}{x_2 - x_1} \cdot (x - x_1) + f(x_1)$ gilt.
Nutze dazu die Formel zur Bestimmung der Steigung aus zwei beliebigen Punkten $(x_1|f(x_1))$ und $(x_2|f(x_2))$.

e) Wenn eine Gerade die Nullstelle a und den y-Achsenabschnitt b hat, dann kann man die Gerade auch mithilfe der sogenannten Achsenabschnittsform angeben: $\frac{x}{a} + \frac{y}{b} = 1$.
Zeige mithilfe der Zwei-Punkte-Form, dass die Achsenabschnittsform gilt.

Zahnradbahn

2. Vom Ort Grund in der Schweiz fahren Züge zur Kleinen Scheidegg, wobei sie eine Höhendifferenz von ca. 1200 m überwinden. Die Bergfahrt dauert etwa 30 Minuten. In den Zügen findet man im Führerstand die Angaben zur maximal erlaubten Geschwindigkeit, die von der Steilheit der Strecke und von der Fahrtrichtung abhängt (siehe Foto).
Die Steigung in Promille (‰) gibt an, um wie viele Meter sich die Höhe verändert, wenn die Entfernung waagerecht gemessen 1000 m betragen würde.

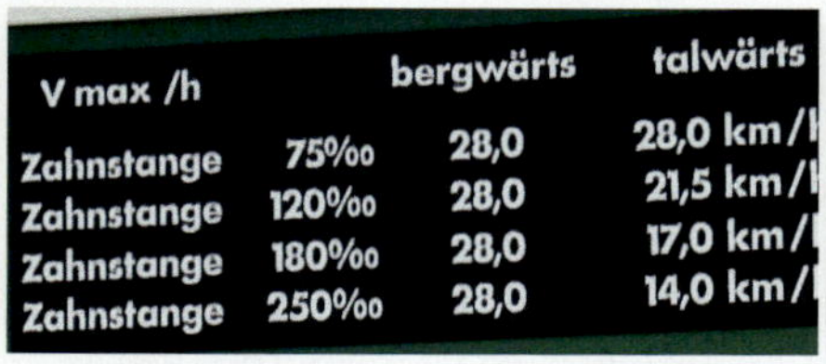

a) Zeichne ein Dreieck im Maßstab 1 : 10000, das eine Steigung von 75 Promille, und ein weiteres, das eine Steigung von 250 Promille zeigt. Miss jeweils den Steigungswinkel, also den Winkel zwischen der Horizontalen und der tatsächlich zurückgelegten Strecke.

b) Anhand der Zeichnungen aus a) kann man vermuten, dass die tatsächlich zurückgelegte Strecke sich um weniger als 5 % von der horizontal zurückgelegten Strecke unterscheidet. Zeige das durch eine Rechnung. Man kann also statt der tatsächlich zurückgelegten Strecke die horizontale Entfernung als gute Näherung nutzen.

c) Nimm an, dass der Zug mit der Maximalgeschwindigkeit bergauf fährt. Zeichne für diesen Sachverhalt das Streckenprofil vereinfacht als Dreieck. Wie groß ist der Steigungswinkel? Berechne auch die Steigung in Promille für diesen Fall.

Bewegungsdiagramme

Wenn man den Ort als Funktion der Zeit graphisch darstellt, so erhält man ein Bewegungsdiagramm. Die Steigung des Graphen im Bewegungsdiagramm gibt die Geschwindigkeit an. In den Aufgaben sollen nur durchschnittliche Geschwindigkeiten betrachtet werden und es wird angenommen, dass sich die Fahrzeuge konstant mit diesen Geschwindigkeiten bewegen. Dann verlaufen die Graphen im Diagramm geradlinig.

3. Familie Wittlich fährt gerne mit dem Wohnwagen zu einem 800 km entfernten Campingplatz. Herr Wittlich startet morgens um 6:00 Uhr und fährt mit einer durchschnittlichen Geschwindigkeit von 80 km/h. Seine Frau und die Kinder wollen nicht so lange im Auto sitzen, sie fahren mit ihrem Sportwagen um 9:00 Uhr mit einer Durchschnittsgeschwindigkeit von 130 km/h hinterher.

   a) Zeichne ein Koordinatensystem und zeichne die Bewegungen der Fahrzeuge ein. Trage auf der x-Achse die Zeit seit 6:00 Uhr in Stunden auf (1 cm entspricht 1 h) und auf der y-Achse die Entfernung von zu Hause (1 cm entspricht 100 km).
   b) Wo und wann holt Frau Wittlich ihren Mann ein? Wie lange muss sie am Ziel auf ihren Mann warten? Wie lange waren beide jeweils unterwegs?
   c) Bestimme rechnerisch, wann und wo sich Herr und Frau Wittlich unterwegs begegnen.
   d) Formuliere eine andere Aufgabe, zu der dasselbe Bewegungsdiagramm passen würde.

Tipp zu 3b:
Rechne die Geschwindigkeiten in Meter pro Minute um.

4. Johanna wohnt nördlich der Marienschule, Paula wohnt südlich der Marienschule. Beide kommen morgens mit ihrem Motorroller zur Schule. Johanna hat einige Ampeln auf dem Weg, sodass sie nur eine Durchschnittsgeschwindigkeit von 18 km/h schafft, Paula hingegen kann mit einer Durchschnittsgeschwindigkeit von 32 km/h fahren. Da beide 12 min unterwegs sind, fahren sie morgens zur gleichen Zeit los, damit an der Schule keiner auf den anderen warten muss.

   a) Ermittle graphisch, wie weit Johanna und Paula voneinander entfernt wohnen.
   Wähle auf der Zeitachse 1 cm für 1 min und auf der Ortsachse 1 cm für 500 m in der Realität.
   b) Überprüfe dein Ergebnis rechnerisch.

Bewegungen untersuchen

5. Bei einer Bewegung legt man eine Strecke s mit einer Geschwindigkeit v in einer gewissen Zeit t zurück. Ist die Geschwindigkeit konstant, so kann man für den in der Zeit t zurückgelegten Weg eine Funktionsgleichung angeben: $s(t) = v \cdot t + s_0$. Die graphische Darstellung zu dieser Gleichung nennt man Weg-Zeit-Diagramm.
   a) Vergleiche diesen Ausdruck mit der üblichen Geradengleichung. Begründe, dass in einem Weg-Zeit-Diagramm die Steigung des Graphen die Geschwindigkeit angibt. Gib eine sinnvolle Bedeutung für s_0 an.
   b) Untersuche das Weg-Zeit-Diagramm rechts
      ① Gib für alle sechs Abschnitte die Funktionsgleichung der passenden Geraden an und interpretiere sie in Bezug auf die Bewegung.
      ② Zeichne ein Geschwindigkeit-Zeit-Diagramm, das die Geschwindigkeit in jedem der sechs Abschnitte als Funktion der Zeit zeigt.

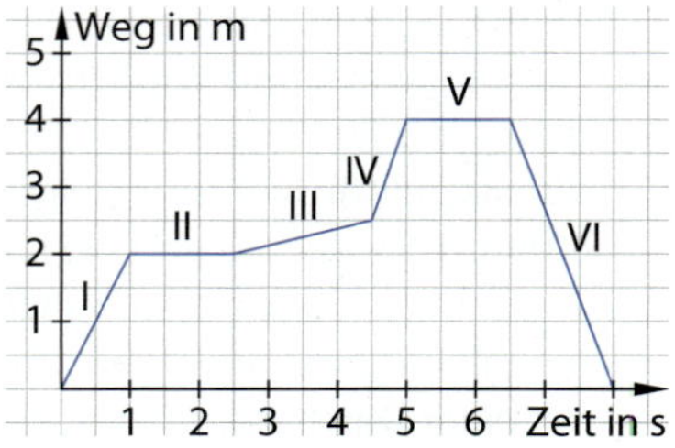

   c) In einem Geschwindigkeit-Zeit-Diagramm kann man den zurückgelegten Weg bestimmen, indem man den Flächeninhalt des Vielecks, das vom Graphen und der Zeitachse gebildet wird, bestimmt.
      ① Bestimme für die sechs Abschnitte des Geschwindigkeit-Zeit-Diagramms aus b) den Flächeninhalt. Berechne daraus den zurückgelegten Gesamtweg.
      ② Überprüfe dein Ergebnis mithilfe des Weg-Zeit-Diagramms.
   d) Das Diagramm rechts zeigt das Geschwindigkeit-Zeit-Diagramm für eine Fahrt mit dem ICE. Bestimme den zurückgelegten Weg.

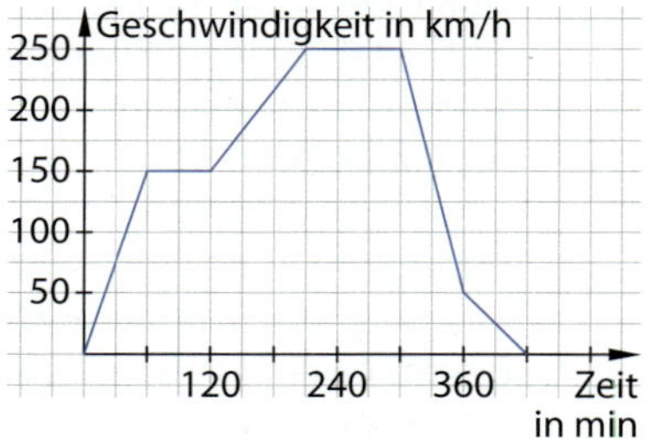

Spielereien mit Termen

6. Es gibt viele interessante Zusammenhänge in der Mathematik, die man mithilfe von Termen beschreiben und verstehen kann.
   a) Zeige folgende Aussage: Wenn man eine ungerade Zahl quadriert und das Ergebnis um 1 verringert, dann erhält man immer eine Zahl, die durch 4 teilbar ist.
   b) Es gilt zum Beispiel $4^2 - 3^2 = 7$; $13^2 - 12^2 = 25$. Man könnte vermuten, dass für zwei aufeinanderfolgende natürliche Zahlen gilt: Die Differenz aus dem Quadrat der größeren Zahl und dem Quadrat der kleineren Zahl ist gleich der Summe der beiden Zahlen. Notiere weitere Beispiele. Zeige dann allgemein, dass diese Besonderheit immer gilt.
   c) Für die Zahlen 35 und 14 gilt: Der Wert ihres Produktes ist das Zehnfache ihrer Summe. Bestimme allgemein Zahlenpaare $(a|b)$, für die diese Eigenschaft erfüllt ist.
   d) Will man 3,5 quadrieren, so kann man rechnen „3 mal 4" und setzt Komma 25 dahinter. Leite aus dieser Erkenntnis eine Behauptung ab und beweise sie.
   e) Multipliziert man zwei Zahlen zwischen 10 und 100, die dieselbe Zehnerziffer haben und deren Einer sich zu 10 ergänzen, so kann man das Ergebnis einfach bestimmen: Multipliziere die erste Zehnerziffer mit der um 1 erhöhten Zehnerziffer und schreibe den Wert des Produkts der Einerziffern dahinter. Notiere drei Beispiele. Zeige dann die Aussage.
   f) Wann wurde Alexander geboren, wenn er im Jahre n^2 den n-ten Geburtstag feiern kann? Betrachte nur Ergebnisse, die aus heutiger Sicht sinnvoll sind.

Endgeschwindigkeit im freien Fall

7. Galileo Galilei (1564–1642) erkannte 1590 die Gesetze des freien Falls: Alle Körper fallen im Vakuum unabhängig von ihrer Gestalt, Zusammensetzung und Gewicht gleich schnell. Das bedeutet, dass sie mit der gleichen Geschwindigkeit v am Boden auftreffen, wenn sie aus der gleichen Höhe h fallengelassen werden.
Es gilt auf der Erde die Faustformel $v = \sqrt{20 \cdot h}$, wobei h in Metern und v in Meter pro Sekunde angegeben wird.
Andreas hat im Rahmen seiner Facharbeit Messreihen durchgeführt. Für eine kleine Stahlkugel, die er im Treppenhaus der Schule fallen ließ, erhielt er folgende Messwerte:

h (in m)	1	1,5	2	2,5	3	3,5	4	5
v (in m/s)	4,43	5,42	6,26	7,00	7,67	8,29	8,86	9,90

a) Begründe, dass das Wertepaar (0|0) in die Messreihe passt.
b) Zeichne den Graphen, der die Geschwindigkeit als Funktion der Fallhöhe darstellt.
c) Trägt man v als Funktion von $\sqrt{h}$ auf, so erhält man eine proportionale Funktion. Begründe dies. Zeichne den Graphen der Funktion und bestimme die Steigung. Gib die Gleichung an, die die Messwerte beschreibt.

Additionsverfahren veranschaulicht

8. Das Gleichungssystem

$$\left| \begin{array}{l} 2x - y = 6 \\ -x - 4y = -12 \end{array} \right|$$

soll mit dem Additionsverfahren gelöst werden. Die graphischen Darstellungen rechts veranschaulichen die einzelnen Lösungsschritte.
a) Notiere zu jeder graphischen Darstellung den passenden Lösungschritt des Gleichungssystems. Begründe, dass sich die Lösung des linearen Gleichungssystems nicht ändert.
b) Stelle selbst ein lineares Gleichungssystem auf und veranschauliche die Lösungsschritte anhand von geeigneten graphischen Darstellungen. Zum Zeichnen der Graphen kannst du einen Funktionenplotter nutzen.

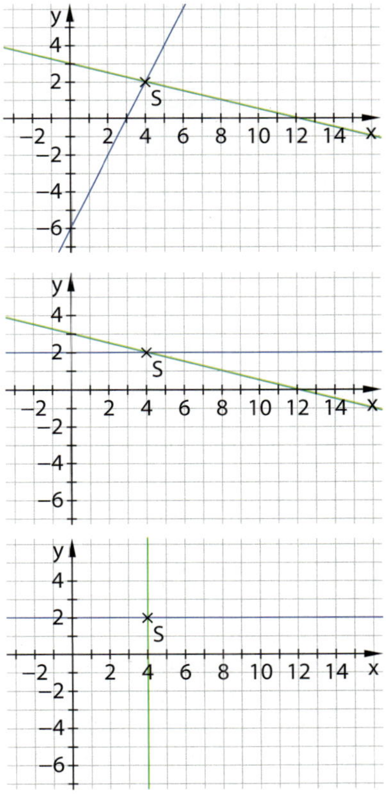

Wer wird Millionär?

9. Bei der Fernseh-Quizsendung „Wer Wird Millionär?“ muss ein Kandidat Fragen beantworten. Bei jeder Frage sind vier Antworten vorgegeben, von denen genau eine richtig ist. Beantwortet der Kandidat 15 Fragen richtig, gewinnt er 1 Million Euro. Beantwortet er eine Frage falsch, ist das Spiel für ihn zu Ende.

a) Bestimme die Wahrscheinlichkeit, die Million zu gewinnen, wenn der Kandidat bei jeder Frage die Antwort durch Werfen eines Tetraeders zufällig auswählt. Ist die Wahrscheinlichkeit größer oder kleiner als die Wahrscheinlichkeit 6 Richtige im Lotto 6 aus 49 zu haben?

b) Die Fragen im Fernseh-Quizz werden von Stufe zu Stufe schwerer. Ein Kandidat schafft mit seinem guten Allgemeinwissen und mithilfe der Joker die 16 000-€-Gewinn-Stufe. Berechne die Wahrscheinlichkeit für den Millionengewinn, wenn er für die nächsten fünf Fragen einen Tetraeder nutzt, um die richtige Antwort zu finden.

c) Ein Kandidat hat die 500-€-Gewinn-Stufe erreicht. Die 16 000 Euro schafft er nur, wenn er die nächsten 5 Fragen richtig beantwortet. Antwortet er einmal falsch, scheidet er aus und sein Gewinn fällt auf 500 Euro zurück. Bestimme die Wahrscheinlichkeit, dass sein Gewinn bei 500 Euro bleibt, wenn der Kandidat bei jeder Frage die Antwort zufällig mit dem Tetraeder wählt.

d) Die ersten 5 Fragen bis zur Stufe von 500 Euro sind ziemlich einfach. Bestimme die Wahrscheinlichkeit, dass ein Kandidat diese Stufe erreicht, wenn er die erste Frage zu 99 %, die zweite zu 98 % und die drei nächsten Fragen zu 97 %, 96 % bzw. 95 % richtig beantwortet.
Elena behauptet: „Im Schnitt beantwortet der Kandidat die Fragen zu 97 % richtig. Ich erhalte genau das gleiche Ergebnis, wenn ich davon ausgehe, dass er jede der 5 Fragen zu 97 % richtig beantwortet.“ Hat Elena Recht?

e) Bevor ein Kandidat am eigentlichen Quiz teilnehmen darf, muss er sich gegen vier andere Kandidaten durchsetzen. Hierbei muss er vier Begriffe, denen die Buchstaben A, B, C, D zugeordnet sind, schneller als die anderen in die richtige Reihenfolge bringen. Es gibt Kandidaten, die – um möglichst schnell zu sein – eine zufällige Reihenfolge der Buchstaben A, B, C, D wählen. Berechne die Wahrscheinlichkeit, dass diese zufällige Reihenfolge korrekt ist.

Zufallsquader

10. Mithilfe von drei Würfeln kann man Zufallsquader erzeugen:
Mit dem ersten Würfel wird die erste, mit dem zweiten die zweite und mit dem dritten die dritte Kantenlänge (in cm) erwürfelt.

a) Gib das kleinst- und das größtmögliche Volumen eines solchen Zufallquaders an.

b) Bestimme die Wahrscheinlichkeit dafür, dass ein Quader entsteht, dessen Volumen genau $2\,cm^3$ ($4\,cm^3$; $6\,cm^3$; $24\,cm^3$) beträgt.

c) Bestimme die Wahrscheinlichkeit dafür, dass das Volumen weniger als $10\,cm^3$ beträgt.

d) Bestimme die Wahrscheinlichkeit dafür, dass das Volumen höchstens $150\,cm^3$ beträgt.

Quader teilen

11. Ein Bogen Briefpapier hat das Format DIN A4. Diese besondere Größe entsteht dadurch, dass man ein rechteckiges Blatt mit Flächeninhalt 1 m^2 (DIN A0) viermal halbiert (siehe Abbildung). Die Papierbögen der DIN A-Formate sind ähnlich zueinander. Analog kann man auch bei Quadern vorgehen.

a) Ein Din A4-Blatt hat die Seitenlängen 210 mm und 297 mm. Berechne die Seitenlängen eines DIN A0-Blattes.

b) Dieses Vorgehen wird jetzt auf das Halbieren von Quadern übertragen. Ein Quader soll die Kantenlängen a, b, c haben, wobei $a < b < c$ gilt. Dieser Quader soll durch einen Schnitt parallel zu einer Seitenfläche so halbiert werden, dass zwei kongruente und zum Ausgangsquader ähnliche Teilquader entstehen.

① Bestimme das Verhältnis der Seitenlängen a : b : c des Ausgangsquaders, wenn zunächst a = 1 m beträgt. Berechne das Volumen des so entstandenen Quaders. Bestimme dann die Seitenlängen für den Fall an, dass der Ausgangsquader ein Volumen von 1 m^3 hat.

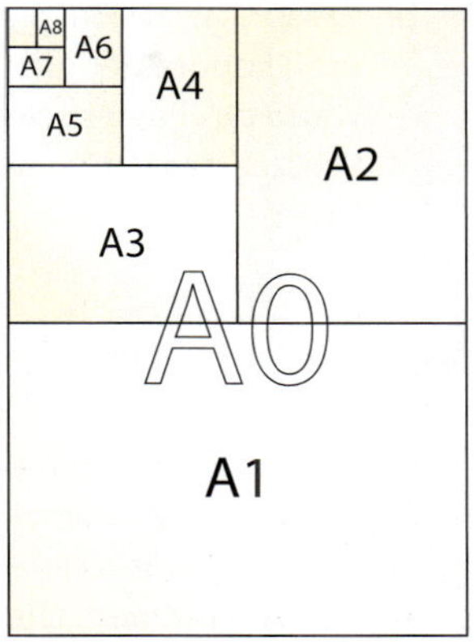

Hinweis zu 11 b:
Durch das Halbieren wird aus der längsten Kante die kürzeste und aus der mittleren die längste.

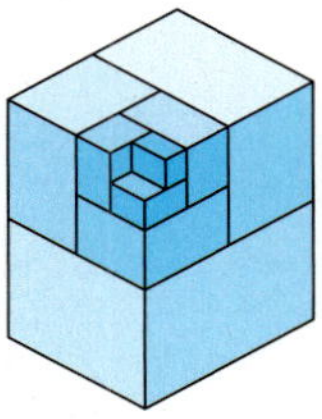

② Zeichne ein geeignetes Schrägbild, das den Sachverhalt veranschaulicht.

③ Veranschauliche den Sachverhalt mit einer Dreitafelprojektion.

④ Zeichne einen Graphen, der das Volumen eines bei diesem Prozess entstehenden Quaders (die Anzahl aller Quader) in Abhängigkeit von der Anzahl der beschriebenen Teilungen darstellt. Notiere jeweils die Funktionsgleichung.

Halbkreise

12. David behauptet, dass bei gleicher Länge der Strecke $\overline{AB}$ die Länge des großen blauen Halbkreises stets genau so groß wie die Länge der vier kleinen (gleich großen) blauen Halbkreise ist.

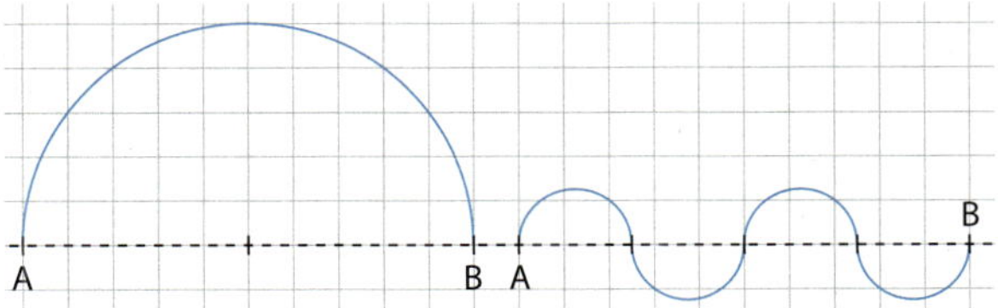

Er begründet das damit, dass er für $\overline{AB} = 8$ cm die Längen beider blauer Linien berechnet hat und die Ergebnisse nach dem Runden gleich sind.

a) Überprüfe die Behauptung von David.

b) Laura meint dazu: „Das kann bei diesem Beispiel Zufall sein. Man muss ja nachweisen, dass es für beliebige Längen der Strecke $\overline{AB}$ gilt."
Ermittle jeweils einen Term für die Länge der blauen Linien für $\overline{AB} = a$ cm.
Vergleiche die Terme. Was stellst du fest? Was hast du damit nachgewiesen?

c) Formuliere eine Vermutung über die Länge eines großen Halbkreises und über die Länge zehn kleiner (gleich großer) Halbkreise bei gleicher Länge der Strecke $\overline{AB}$.

d) Überprüfe deine Vermutung aus c) und weise sie gegebenfalls so wie in b) nach.

Löschwasser im Kölner Dom

13. Auf dem Dachboden des Kölner Doms steht ein großes Fass mit der Aufschrift „Löschwasser 950 Liter". Neben dem Fass steht Gianni. Er ist 8 Jahre alt.
    a) Schätze ab, welchen Durchmesser das Fass hat.
    b) Wenn Gianni sich in dem leeren Fass verstecken wollte, wie groß könnte der Abstand zwischen seinem Körper und der Wand des Fasses sein, wenn er aufrecht steht?
    c) Schätze das Volumen, das leer bleibt, wenn Gianni sich im Fass befindet.

Dosen im Karton

14. In dieser Aufgabe wird stets ein würfelförmiger Karton mit der Kantenlänge a betrachtet. In diesen Karton sollen identische, zylinderförmige Getränkedosen gepackt werden:
    eine Dose mit dem Durchmesser a und der Höhe a oder
    acht Dosen mit dem Durchmesser $\frac{a}{2}$ und der Höhe $\frac{a}{2}$ oder
    27 Dosen mit dem Durchmesser $\frac{a}{3}$ und der Höhe $\frac{a}{3}$ und so weiter.
    a) Fertige Skizzen an, die nur die Dosenböden und den Kartonboden zeigen.
    b) Untersuche, wie sich das Gesamtvolumen aller Dosen ändert, wenn man in den Karton 1, 8, 27, … , n^3 Dosen packt. Die Dicke des Dosenmaterials soll nicht berücksichtigt werden.
    c) Berechne, wie viel Prozent des Kartonvolumens jeweils leer sind.
    d) Untersuche, wie sich die Gesamtmantelfläche und die Gesamtoberfläche aller Zylinder im Karton ändert, wenn man den Karton mit 1, 8, 27, … , n^3 Dosen füllt.
    e) Nenne mögliche Gründe, warum kleine Dosen im Verhältnis zum Inhalt meist teurer sind als größere Dosen.

Experimente mit Gefäßen

Hinweis zu 15:
Das Volumen in Litern kann man mit Messbechern bestimmen.

15. Für diese Aufgabe benötigt ihr Gläser, Vasen oder andere Gefäße, die durchsichtig sind. Sie sollten unterschiedliche Formen haben. Teilt die Klasse in Gruppen auf. Jede Gruppe bekommt ein Gefäß.
    a) Zur Vorbereitung füllt ihr die Gefäße vollständig und bestimmt ihr Volumen. Dazu benötigt ihr einen Messbecher.
    b) Stellt euch vor, dass die Gefäße in 10 Schritten gefüllt werden. Bei jedem Schritt wird die gleiche Flüssigkeitsmenge eingefüllt. Zeichnet ein Streudiagramm, das den Füllvorgang wiedergibt: Auf der x-Achse tragt ihr die Anzahl der Schritte an und auf der y-Achse die Füllhöhe.
    c) Nun füllt ihr das Gefäß tatsächlich mit zehn gleich großen Flüssigkeitsportionen und messt nach jedem Schritt die Füllhöhe. Notiert das Ergebnis in einer Tabelle.
    d) Tragt diese Ergebnisse im Diagramm in einer anderen Farbe ein. Wie gut passen eure Schätzung und die Messung zusammen?
    e) Führt das Experiment mit einem anderen Gefäß nochmals durch. Ziel ist eine möglichst geringe Abweichung zwischen Schätzung und Messung.

9. Methoden

Der amerikanische Künstler John Pugh hat sich auf Trompe l'oeil-Wandmalerei spezialisiert: Diese lässt den Betrachter glauben, er sehe die Realität, nicht ein Kunstwerk. In seinem Werk „Kunst, das Leben imitierend, das die Kunst imitiert" (Acryl auf beschichteter Sperrholzplatte, 1996, 4 m × 6 m, artofjohnpugh.com) hat er den Titel so gelungen verwirklicht, dass sich ein Gast über die mangelnde Reaktion der lesenden Dame beschwert hat.

Die Methodenkarten helfen dir in typischen Unterrichtssituationen. Du darfst sie kopieren und ausschneiden um sie länger zu verwenden und durch eigene Notizen zu ergänzen.

Methodenkarte 8 A: ICH-DU-WIR

Im Mathematikunterricht arbeitest du an Aufgaben und stellst dich geistigen Herausforderungen. Dabei arbeitest du alleine, gemeinsam mit anderen Schülern oder mit der ganzen Klasse. Die ICH-DU-WIR-Methode kann dir helfen, Mathematik zu verstehen und auch schwierige Aufgaben zu bewältigen.

Und so geht es: Eine Aufgabe oder ein Problem wird in drei Phasen bearbeitet.

1. ICH-Phase: Denk alleine nach – findest du vielleicht sogar eine Lösung? Notiere deine Ideen. Es geht dabei noch nicht um Richtig oder Falsch; jeder Gedanke ist erlaubt und nützlich.
2. DU-Phase: Suche dir in der Klasse einen Partner oder eine kleine Gruppe, in der ihr eure Ideen austauschen könnt. Beim Vergleich eurer Ideen werdet ihr merken, was besonders gut funktioniert und was nicht. Vielleicht entwickelt ihr gemeinsam auch ganz andere Ansätze, auf die ihr alleine nicht gekommen wäret.
3. WIR-Phase: Meist gibt es viele Wege, um eine Aufgabe oder ein Problem zu lösen.
   In dieser Phase stellt ihr eure Ideen vor und sucht nach Lösungen. Am meisten lernst du jetzt, wenn du verschiedene Lösungswege sichtest und miteinander vergleichst.
   Je mehr Ansätze du gut kennst, desto leichter wird es dir beim nächsten Problem fallen, Ansätze zu finden.

Methodenkarte 8 B: Tipps zum Lösen von Problemen

Manche Aufgaben sind echte Herausforderungen. Wenn du bei Aufgaben mal keinen Ansatz findest, können dir die folgenden Tipps helfen, weiter zu kommen:

- *Formuliere das Problem mit eigenen Worten*. Kannst du deinen Mitschülern genau beschreiben, was vorausgesetzt wird und was gesucht ist?
- *Formuliere eine Frage*. Bei manchen Problemstellungen ist keine konkrete Frage angegeben. Formuliere selbst Fragen, die zielführend erscheinen.
- *Denke „quer"*. Was kannst du messen, was kannst du damit ausrechnen? Kannst du die Lösung raten oder schätzen?
- *Finde Beispiele*. Manchmal kannst du ein Problem nicht sofort vollständig lösen. Aber du findest einzelne Beispiele. Jedes Beispiel bringt dich der Lösung des Problems näher.
- *Stelle das Problem anders dar*. Hast du eine Rechnung gegeben, mach dir eine Skizze. Liegt ein Diagramm vor, lies Werte ab und erstelle eine Tabelle. Es gibt für jede Situation immer mehrere Darstellungen.
- *Überprüfe deine Lösung*. Auch wenn es seltsam klingt: Oft denkst du lange über ein Problem nach und findest plötzlich eine Lösung. Mach dir dann Notizen und überprüfe deine Lösung an der Ausgangsfrage.

Methodenkarte 8 C: Mind- und Concept-Maps erstellen

Wenn du für Klassenarbeiten lernst oder dir einen Überblick über ein Thema verschaffen möchtest, können dir Mind- oder Concept-Maps weiterhelfen. Und so erstellst du sie:

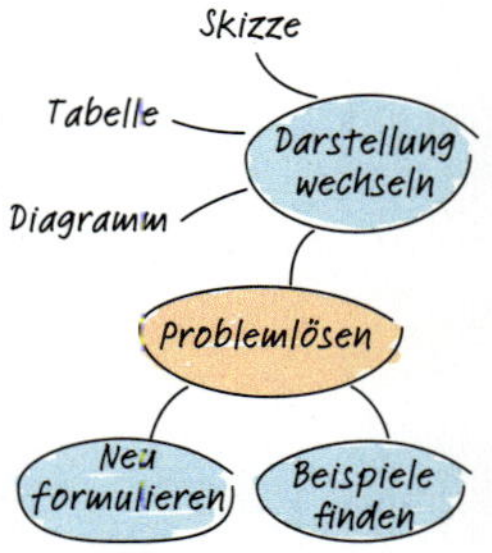

Methode 1 (Einzelarbeit):
- Schreibe das Thema oder die Fragestellung mit Bleistift in die Mitte auf ein quer liegendes Blatt.
- Ziehe vom Thema aus Striche nach außen. An ihren Enden notierst du alles, was dir zu diesem Thema wichtig erscheint.
- Wenn dir Unterpunkte einfallen oder Themen zusammengehören, kannst du weitere Äste nach außen mit diesen Unterpunkten oder Verbindungslinien zwischen Themen ergänzen. Natürlich kannst du mit einem Radiergummi auch Teile entfernen.

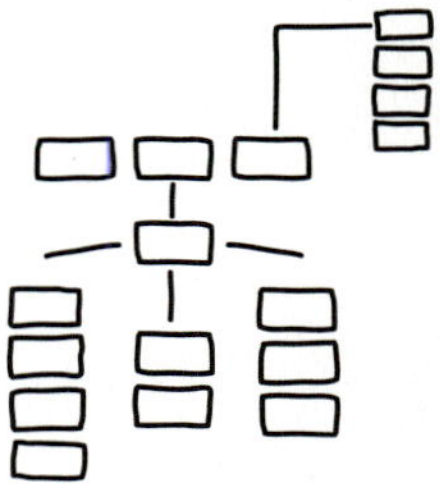

Methode 2 (Gruppenarbeit):
- Schreibt das Thema oder die Fragestellung auf eine Karte, die ihr an die Tafel hängt oder auf den Boden legt.
- Jeder notiert auf Kärtchen, was ihm zu dem Thema einfällt.
- Legt die Karten für jeden aus der Gruppe gut sichtbar aus und sortiert sie.
- Legt Kärtchen, die zu einer gemeinsamen Überschrift passen, zusammen. Notiert die Überschrift auf einer neuen Karte und zieht eine Verbindungslinie vom Thema dahin.
- Ordnet alle Kärtchen an. Wenn euch noch etwas einfällt, schreibt neue Karten. Wenn etwas wegfällt, entfernt die Karten.
- Schaut euch das Ergebnis nochmals an: Ist alles verständlich und lesbar geschrieben? Passen alle Überschriften und Verbindungslinien? Überlegt, wie ihr eure Übersicht präsentieren wollt.

Methodenkarte 8 D: Die Placemat-Methode

Eine schwierige Sach- oder Textaufgabe ist zu lösen. Jede Gruppe erhält einen großen Bogen Papier (DIN-A3). Jeweils zu Beginn einer Phase wird festgelegt, wie lange sie dauert, und die Zeit gemessen.

Phase 1: Jedes Gruppenmitglied schreibt in sein Feld gut lesbar erste Lösungsvorschläge mit Fragen und Ideen.

Phase 2: Die Lösungsvorschläge werden ausgetauscht, indem das Blatt nach und nach gedreht wird. Jeder liest jeweils das Feld eines anderen Gruppenmitglieds sorgfältig durch und versucht, alles zu verstehen.

Phase 3: Alle Lösungsvorschläge, Fragen und Ideen werden diskutiert und man einigt sich auf ein gemeinsames Ergebnis. (Siehe auch Tipps für die Gruppenarbeit auf Methodenkarte 5 D).

Abschließend präsentiert ein zufällig ausgewähltes Gruppenmitglied der Klasse das gemeinsame Ergebnis.

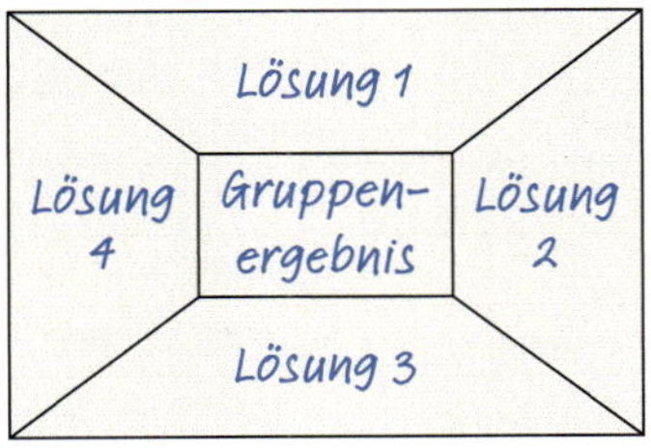

Methodenkarte 8 E: Die Gruppenpuzzle-Methode

Bei dieser Methode erarbeitet ihr arbeitsteilig Wissen und teilt es anschließend mit euren Mitschülern, sodass danach alle das gesamte Wissen anwenden können.

Phase 1: Bildung der Stammgruppen
Wie viele Teilgebiete des Themas sollen behandelt werden? So viele Mitglieder muss jede Stammgruppe mindestens haben. Jeder Stammgruppe wird eine Farbe zugeordnet. Als Experte für jedes der Teilgebiete wird (mindestens) ein Gruppenmitglied bestimmt.

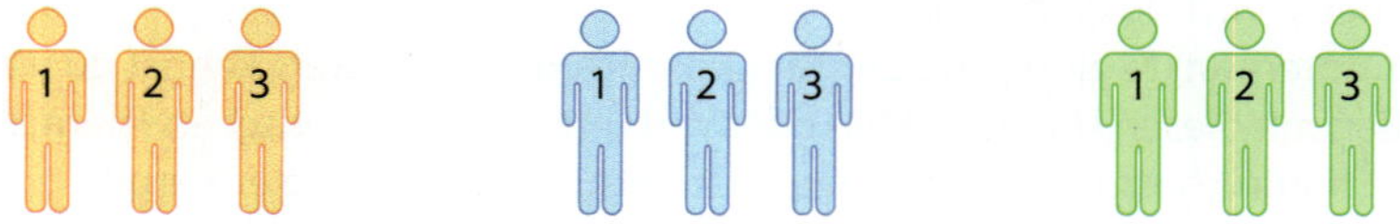

Phase 2: Ausbildung der Experten
Alle Experten eines Teilgebietes kommen aus den verschiedenen Stammgruppen zu einer Expertengruppe zusammen. Das Teilgebiet wird erarbeitet und die Präsentation vorbereitet.

Phase 3: Weitergabe des Expertenwissens
Jeder Experte geht zurück in seine Stammgruppe und trägt das Spezialwissen über sein Teilgebiet vor.

Methodenkarte 8 F: Formeln in Tabellenkalkulationen

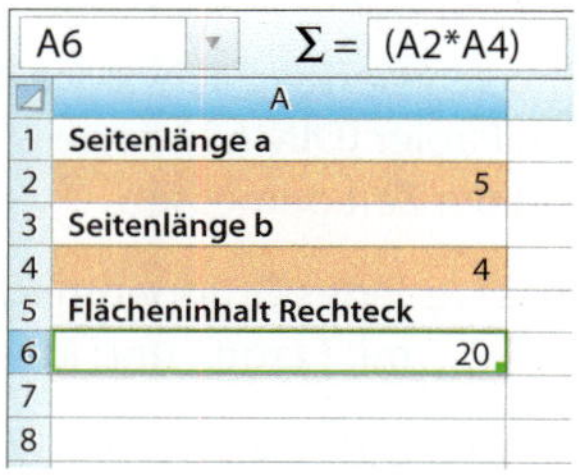

1. Öffne eine Tabellenkalkulation und erstelle ein neues Dokument.
2. Trage die Ausgangswerte der Berechnung in freie Zellen ein.
3. Zur besseren Übersicht kannst du die Zellen mit den Ausgangswerten farblich hinterlegen.
4. In eine freie Zelle trägst du nun die Formel ein. Eine Formel beginnt immer mit einem „=“.
5. Ein Verweis auf eine Zelle besteht aus dem Spaltenbuchstaben und der Zeilennummer, z. B. „B3“.
6. Soll ein Verweis auf eine Spalte oder Zeile auch nach dem Kopieren oder Verschieben bestehen bleiben, stellst du jeweils ein „$“ voran, z. B. „$B$3“.

Rechenoperation	Formel / Alternative	
Addition der Zellen A1 und B1	=A1+B1	
Addition der Zelle A1 und der Zahl 7	=A1+7	
Subtraktion der Zellen A1 und B1	=A1-B1	
Multiplikation der Zellen A1 und B1	=A1*B1	
Division der Zellen A1 und B1	=A1/B1	
Addition der Zellen A1 bis A20	=SUMME(A1:A20)	=SUM(A1:A20)
Zufallszahl zwischen 1 und 10 erzeugen	=ZUFALLSZAHL(1,10)	=RANDINT(1,10)

Methodenkarte 8 G: Funktionen plotten

Mit dem GTR

1. Wähle aus den Werkzeugen den Funktionenplotter (Graph) aus.
2. Gib den Funktionsterm in der Form f(x) = 3*x-1 oder y = 3*x-1 ein.
3. Bestätige die Eingabe und lasse den Graphen zeichnen (Draw).
4. Du kannst die Darstellung über die Fenstereinstellungen (Window) anpassen.
   a) Lege den Bereich fest, der angezeigt werden soll: Die Werte für „xmin" und „xmax" legen den Bereich auf der x-Achse fest, die Werte für „ymin" und „ymax" legen den Bereich auf der y-Achse fest.
   b) Lege die Skalierung (Scale) fest: Die Werte „xscl" und „yscl" legen die Unterteilung der Koordinatenachsen fest.

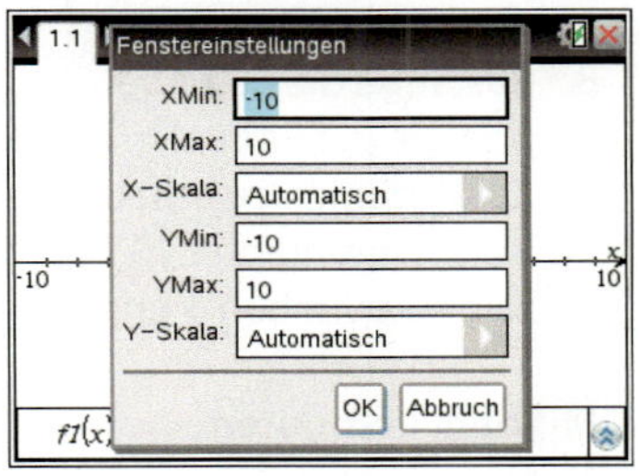

Mit dem Computer

1. Klicke in die Eingabezeile.
2. Gib den Funktionsterm in der Form f(x) = 3*x-1 oder y = 3*x-1 ein und bestätige die Eingabe.
3. Um einen bestimmten Ausschnitt zu betrachten, kannst du den dargestellten Bereich verschieben.

4. Mit dem Lupenwerkzeug kannst du hinein- und hinauszoomen.

Methodenkarte 8 H: Schnittpunkte in einem Plot bestimmen

Mit einem Funktionenplotter kannst du Schnittpunkte näherungsweise ablesen. Je näher du an den Schnittpunkt heranzoomst, desto genauer kannst du die Koordinaten des Schnittpunkts ablesen.

Ablesen mit dem GTR

1. Lege den dargestellten Bereich so fest, dass der gesuchte Schnittpunkt erkennbar ist.
2. Wähle die Funktion Spur (Trace).
3. Bewege den Cursor mit den Pfeiltasten zu dem gesuchten Schnittpunkt.
4. Lies die ungefähren Koordinaten des Schnittpunkts ab.

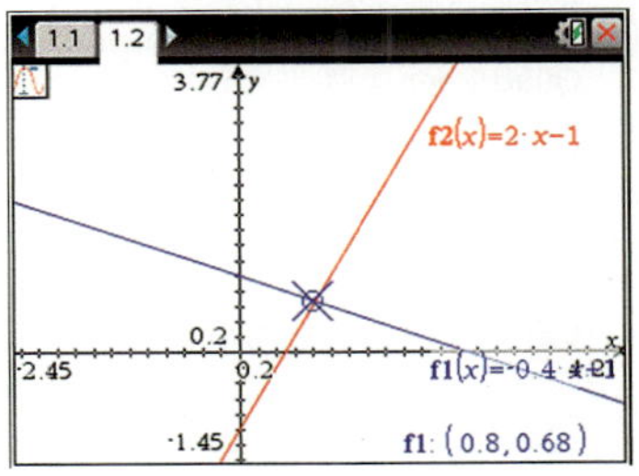

Konstruieren

Mit einer dynamischen Geometriesoftware oder einem GTR kannst du Schnittpunkte auch konstruieren.

1. Lege den dargestellten Bereich so fest, dass der gesuchte Schnittpunkt erkennbar ist.
2. Konstruiere den Schnittpunkt, indem du das Werkzeug „Schnittpunkt" wählst und die beiden Geraden anklickst. Klicke dann auf den Schnittpunkt und lies die Koordinaten ab.

Methodenkarte 8 I: Zufallszahlen erzeugen

Mit dem GTR

1. Lege ein neues Tabellendokument (Spreadsheet) an.
2. Trage in eine freie Zelle die Formel „=randint(1,10)“ ein, um eine ganze Zufallszahl zwischen 1 und 10 zu erzeugen.
3. Bestätige die Eingabe.
4. Kopiere die Formel in andere Zellen, um weitere Zufallszahlen zu erhalten, oder erzeuge mit dem Befehl „=randint(1,10,100)“ direkt 100 ganze Zufallszahlen zwischen 1 und 10.

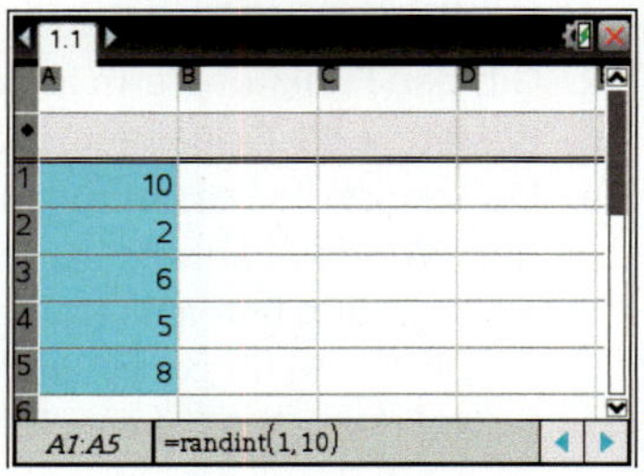

Mit dem Computer

1. Erstelle ein neues Dokument in einer Tabellenkalkulation.
2. Trage in eine freie Zelle die Formel „=ZUFALLSBEREICH(1,10)“ ein, um eine zufällige ganze Zahl zwischen 1 und 10 zu erzeugen.
3. Trage in eine freie Zelle die Formel „=ZUFALLSZAHL()“ ein, um eine zufällige Dezimalzahl zwischen 0 und 1 zu erzeugen.
4. Kopiere die Formel in andere Zellen, um weitere Zufallszahlen zu erhalten.

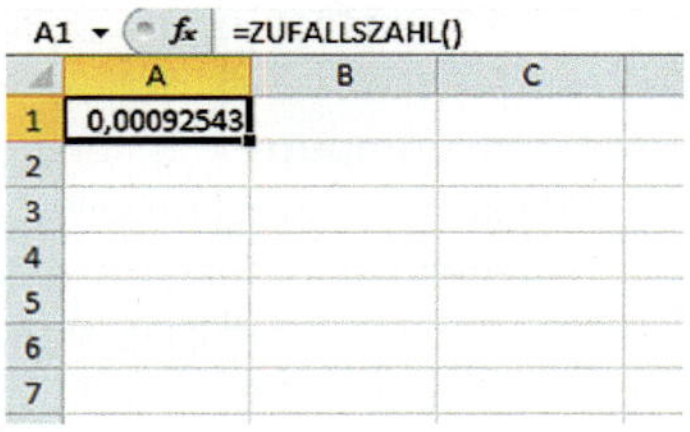

Methodenkarte 8 J: Allgemeine Funktionen eines Taschenrechners und GTR

Funktionen eines Taschenrechners:

Grundrechenarten Addition, Subtraktion, Multiplikation, Division	+ − × ÷
Bruch eingeben	(Bruch-Taste)
Quadrieren	x^2
Wurzel ziehen	√
Kreiszahl Pi	SHIFT + π

Weitere Funktionen eines grafikfähigen Taschenrechners (GTR):

Funktion	Texas Instruments	Casio
Funktionen plotten	Graphs	Graph
Tabellenkalkulation erstellen	Lists & Spreadsheet	Tab.Kalk.
Diagramme erstellen	Data & Statistics	Statistik
Dynamische Geometriesoftware	Geometry	Geometrie
Gleichungen lösen	Calculator + Menü 3: Algebra + Menü 2: System linearer Gleichungen lösen – oder: solve(Gleichungen mit „and“ verbunden,Variablen)	Gleichung + F1: Lin Gleichungssyst

Genaue Anleitungen zu deinem GTR findest du im Benutzerhandbuch.

Methodenkarte 8 K: Checkliste – Ergebnisse mit einer Präsentationssoftware vorstellen

1. Schritt: Bereitet zunächst den Inhalt der Präsentation vor. Gestaltet erst dann die Folien so, dass sie euren Vortrag gut unterstützen.

- Geht die Ergebnisse eurer Gruppenarbeit oder der Projektarbeit zusammen durch.
- Haltet Ergebnisse stichwortartig auf einem DIN A4 Blatt fest.
- Erstellt aussagekräftige Bilder oder Fotos.

2. Schritt: Legt den Ablauf für die Präsentation fest.

- Beginnt mit der Darstellung der Problemstellung oder der Aufgabe.
- Stellt euren Lösungsweg dar.
- Fasst eure Ergebnisse zusammen.
- Beantwortet Fragen am Schluss der Präsentation.

3. Schritt: Erstellt übersichtliche Folien.

- Stellt nicht zu viel Information auf einer Folie zusammen. Verwendet Stichworte.
- Hebt wichtige Aussagen hervor durch Formatierung (Schriftgröße, Fett) oder auch durch Animationen. Setzt nur wenige Animationen gezielt ein. Verwendet einen einheitlichen, dezenten Hintergrund und gut lesbare Schrift und nach Möglichkeit Bild statt Text.

4. Schritt: Probt die Präsentation. Notiert die Zeit.

- Lernt euren Text auswendig. Ihr könnt auch Karteikarten mit Stichpunkten verwenden.
- Überlegt euch, welche Fragen die Zuhörer stellen könnten und was ihr darauf antworten könnt. Wesentliche Fragen solltet ihr bereits in der Präsentation beantworten.
- Notiert Fragen, mit denen ihr prüfen könnt, ob eure Präsentation verstanden wurde.

Methodenkarte 8 L: Vorbereiten eines Referats

1. Informiere dich zu dem vorgegebenen Thema.
   - Bei Themen mit einem aktuellen Bezug prüfe die aktuelle Ausgabe der Tageszeitung.
   - Suche in deinem Schulbuch und anderen Büchern nach Informationen.
   - Frage deine Mathematiklehrerin oder deinen Mathematiklehrer nach weiterer Fachliteratur.
   - Recherchiere im Internet zu dem Thema. Prüfe bei Wiki-Einträgen auch die dort angegebenen Quellen.
2. Beschäftige dich eingehend mit dem Thema.
   - Falls es sich um ein Thema mit Anwendungsbezug handelt, kannst du anschauliche Beispiele zum Einstieg in dein Referat auswählen.
   - Löse einige Aufgaben zum Themengebiet, um die mathematischen Aspekte des Vortrags zu erfassen und um das Thema selbst sicher zu beherrschen.
3. Wähle die Form der Präsentation aus.
   - Ein Tafelvortrag ermöglicht es den Zuhörern, bei komplizierten Argumentationsketten besser zu folgen.
   - Durch eine Folie können Aspekte schnell im Überblick dargestellt werden.
   - Eine computergestützte Präsentation erlaubt das Einbinden weiterer Medien (Bild, Ton und Video)
   - Halte bei Folien oder computergestützten Präsentationen ein Handout bereit.
4. Für die Zuhörer ist es hilfreich, das vorstellte Thema durch Lösen entsprechender Aufgaben zu verinnerlichen. Bereite einige Beispielaufgaben mit Lösungen zur Kontrolle vor.

Methodenkarte 9 M: Thales-Kreis als eigenes Werkzeug in einer DGS erstellen

Mit einer DGS (Dynamischen Geometrie-Software) kannst du eigene Werkzeuge erstellen.

1. Zeichne eine Strecke zwischen zwei Punkten A und B ein.
2. Benutze das Werkzeug , um den Mittelpunkt C der Strecke zu bestimmen.
3. Trage mit dem Werkzeug  einen Kreis mit Mittelpunkt C ein, der durch die Punkte A und B verläuft. Dies ist der **Thaleskreis** zur Strecke AB.
4. Um nun ein eigenes Werkzeug zu erstellen, wählst du den Menüeintrag „Neues Werkzeug erstellen …".
5. Stelle nun ein, dass der Kreis in deiner Konstruktion das „Ausgabeobjekt" ist. Als „Eingabeobjekt" wählst du die Strecke $\overline{AB}$. Zuletzt gibst du deinem Werkzeug noch einen treffenden Namen. Ein neues Symbol erscheint in der Werkzeugleiste.

6. Teste dein neues Werkzeug. Zeichne eine neue Strecke ein. Wähle dein Werkzeug in der Symbolleiste aus und klicke auf die Strecke. Sofort erscheint der Thaleskreis. Vervollständige die Strecke zu einem Dreieck mit dem dritten Punkt auf dem Thaleskreis. Es ist dort immer rechtwinklig.

Methodenkarte 8 N: Einsatz einer Formelsammlung

Mit einer Formel kannst du Ergebnisse schneller berechnen, als wenn du jedes Mal erneut einen Lösungsweg überlegst. Formeln stehen in den Wissenskästen dieses Buchs, in einer gedruckten Formelsammlung oder in einer Formelsammlung im Internet.

Wissenskästen im Buch nutzen. Die wichtigsten Ergebnisse und Formeln werden in diesem Buch in Wissenskästen zusammengefasst. Suche im Inhaltsverzeichnis nach dem Themengebiet, zu dem du eine Formel benötigst, und halte nach Wissenskästen Ausschau.

Formelheft führen. Zusätzlich zu deinem Heft kannst du ein kleines Formelheft führen. Trage neue Formeln aus dem Unterricht in dieses Heft ein und verwende es, um bereits besprochene Formeln nachzuschlagen.

Formelsammlungen nutzen. Falls dir eine Formelsammlung zur Verfügung steht, mache dich mit dem Aufbau der Formelsammlung vertraut. Oft sind Formelsammlungen sehr umfangreich. Nutze das Inhaltsverzeichnis, um gezielt nach bestimmten Formeln zu suchen.

f(x)

10. Anhang

Lösungen zu
- Dein Fundament
- Prüfe dein neues Fundament

Tabellen mit Zufallszahlen
Stichwortverzeichnis
Bildnachweis

Lösungen

Lösungen zu Kapitel 1: Potenzen und Wurzeln

Dein Fundament (S. 8/9)

S. 8, 1.

a) 3,4 b) 0,36 c) 0,0033 d) 6
e) 3 f) 1,1 g) 0,3 h) 9
i) 1,18 j) 0,05 k) $\frac{1}{5}$ l) $\frac{2}{5}$
m) 1 n) $\frac{1}{6}$ o) $\frac{3}{8}$ p) $\frac{5}{6}$
q) 2 r) 3 s) 2 t) $\frac{8}{15}$

S. 8, 2.

a) $x = 10$ b) $x = \frac{1}{2}$ c) $x = 2$
d) $x = 0{,}2$ e) $x = \frac{2}{7}$

S. 8, 3.

a) 7,68 b) 0,097 c) 5,91 d) 0,6273

S. 8, 4.

a) 8,153 b) 16,195 c) 0,0588
d) 0,12528 e) 82,8

S. 8, 5.

a) $1000 = 10^3$ b) $10\,000 = 10^4$
c) $100\,000 = 10^5$ d) $1\,000\,000 = 10^6$

S. 8, 6.

a) 10^3 b) 10^5 c) 1 d) $10^2 = 100$
e) 10^3 f) 10^2 g) $10^3 - 10^2$

S. 8, 7.

a) $10^2 \cdot 10^3 = 10^5$ b) $10^3 : 10^2 = 10$
c) $10^3 + 10^2 < 10^5$ d) $10^4 - 10^2 > 10^2$

S. 8, 8.

a) 700 mm b) 23 000 t c) 420 s
d) 47 dm e) 80 000 mm f) 7 h
g) 10 000 000 mg h) 55 m

S. 8, 9.

a) 56 cm b) 14 500 kg c) 2875 mm
d) 1090 ct e) 40 g f) 30 150 m

S. 8, 10.

a) (Beispiele)
negative rationale Zahlen: –5; –4,3; –20
ganze Zahlen: –15; 0; 9
natürliche Zahlen: 0; 9; 17

b)

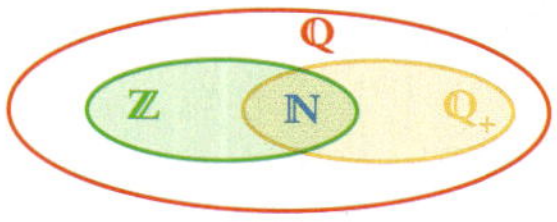

S. 8, 11.

a) natürliche Zahlen: 2; 4; 5
b) ganze Zahlen: –3; –1; 2, 4; 5
c) Primzahlen: 2; 5
d) rationale Zahlen: –3; –1,7; –1; $-\frac{2}{3}$; 0,5; $\frac{5}{8}$; 2; $3{,}\overline{3}$; 4; 5; 5,123 123…

S. 9, 12.

a) $9\,cm^2$ b) $0{,}25\,m^2$ c) $1{,}44\,km^2$
d) $1\,m^2$ e) $1{,}21\,dm^2$

S. 9, 13.

a) $8\,cm^3$ b) $64\,cm^3$ c) $0{,}008\,dm^3$
d) $1\,m^3$ e) $0{,}027\,cm^3$

S. 9, 14.

a) 5 cm b) 10 m c) 0,2 km
d) 12 dm e) 100 m

S. 9, 15.

a) 3 cm b) 0,4 m c) 10 m
d) 5 dm e) 0,1 m

S. 9, 16.

$121\,cm^2$

S. 9, 17.

$27\,cm^3$

S. 9, 18.

Die Seitenlängen des Rechtecks betragen 8 cm und 5 cm.

S. 9, 19.

a) $c \cdot (a + b)$ b) $z \cdot (x + y)$
c) $d \cdot (a + b + c)$ d) $(a + b)^2$

S. 9, 20.

a) $x^2 + y^3$ b) $a^3 b^3$ c) $s^3 + 2t$ d) $49a^2b^3$

S. 9, 21.

Lösungen sind:
a) 9; –9 b) 2 c) –3

S. 9, 22.

4 cm

S. 9, 23.

Die Behauptung ist falsch, denn 60 ist nicht durch 7, 8, 9 und 11 teilbar.

S. 9, 24.

Beispiele: a) 2; 3 (0,1; 0,2) b) 1 (2; 3) c) 0,1; 0,2 (2; 3)
d) 1; –1 (2; 3) e) 1 (4; 5) f) –1; –2 (2; 3)

Prüfe dein neues Fundament (S. 24/25)

S. 24, 1.

a) $2^4 = 16$ b) $4 \cdot 4 \cdot 4 = 64$
c) $(-3) \cdot (-3) \cdot (-3) \cdot (-3) \cdot (-3) = -243$
d) $(-1{,}5)^4 = \frac{81}{16}$ e) $0{,}3^3 = 0{,}027$
f) $\left(\frac{1}{2}\right)^4 = \frac{1}{16}$ g) $\frac{2}{3} \cdot \frac{2}{3} \cdot \frac{2}{3} \cdot \frac{2}{3} \cdot \frac{2}{3} \cdot \frac{2}{3} = \frac{64}{729}$
h) $5 \cdot 5 \cdot 5 \cdot 5 = 625$;
$(-0{,}8) \cdot (-0{,}8) \cdot (-0{,}8) \cdot (-0{,}8) = 0{,}4096$; $\frac{1}{6} \cdot \frac{1}{6} \cdot \frac{1}{6} \cdot \frac{1}{6} = \frac{1}{1296}$; $\left(-\frac{4}{3}\right) \cdot \left(-\frac{4}{3}\right) \cdot \left(-\frac{4}{3}\right) \cdot \left(-\frac{4}{3}\right) = \frac{256}{81}$

S. 24, 2.

a) 25 b) 0,16 c) 1 d) $\frac{1}{400}$
e) 0,09 f) 16 g) 2,25

S. 24, 3.

Anzahl der Teilflächen nach dem 7. Schritt: 128; nach dem 12. Schritt: 4096; nach dem 100. Schritt: $1{,}26 \cdot 10^{30}$
allgemein nach dem n. Schritt: 2^n.

S. 24, 4.

a) $0{,}1^3 < 0{,}5^2 < (-1)^2 < 1{,}5^2 < 5^2$
b) $(-1)^3 < \left(\frac{1}{2}\right)^3 < 0{,}5^2 < \left(\frac{3}{3}\right)^2 < (-2)^2$
c) $(-3)^3 < (-0{,}2)^3 < \frac{1}{5} < 0{,}9^2 < (-4)^2$

S. 24, 5.

a) 68 b) 77 c) 4900 d) 625
e) 108 f) −119,5 g) 90 h) 64 000

S. 24, 6.

a) $1{,}15 \cdot 10^4$
b) $14\,000\,000\,000 = 1{,}4 \cdot 10^{10}$
c) $27\,100\,000\,000\,000 = 2{,}71 \cdot 10^{13}$
d) $121\,800\,000\,000 = 1{,}218 \cdot 10^{11}$

S. 24, 7.

a) $1\,000\,000 = 1 \cdot 10^6$
b) 200 000 000
c) $910\,000\,000\,000 = 9{,}1 \cdot 10^{11}$
d) 200 000
e) 1120
f) 91 200 000

S. 24, 8.

a) 10^{-3} b) $8 \cdot 10^{-4}$ c) $1{,}5 \cdot 10^{-6}$
d) $3{,}08 \cdot 10^{-3}$ e) $1{,}23 \cdot 10^{-10}$

S. 24, 9.

a) 0,0012 b) 0,00039 c) 0,002
d) 0,000 006 3 e) 0,000 000 002 3

S. 24, 10.

$2{,}8 \cdot 10^3$; $4 \cdot 10^5$; $4{,}5 \cdot 10^5$; $3{,}84 \cdot 10^8$; $1{,}496 \cdot 10^{11}$; $5{,}97 \cdot 10^{21}$

S. 24, 11.

a) 9 b) $\frac{5}{8}$ c) 0,4
d) nicht definiert
e) 7 f) 600 g) 0,2

S. 25, 12.

8 m

S. 25, 13.

a) $x_1 = 13$; $x_2 = -13$ b) $x_1 = 3$; $x_2 = -3$
c) keine Lösung d) $x_1 = 7$; $x_2 = -7$
e) $x_1 = 5$; $x_2 = -5$

S. 25, 14.

a) 5 b) 2 c) 3 d) 4 e) 8

S. 25, 15.

a) 6; ≈ 6,083 b) 18; ≈ 17,804 c) 64; ≈ 63,945
d) 13; ≈ 13,038 e) 9; ≈ 8,944 f) 55; ≈ 54,772

S. 25, 16.

a) 6 und 7 b) −7 und −6 c) 4 und 5
d) 3 und 4 e) −3 und −2

S. 25, 17. (Beispiele)

a) 3,4 und 3,45 b) 1,6 und 1,7
c) 2,4 und 2,5 d) 450 und 500

S. 25, 18.

a) definiert
b) nicht definiert (Division durch Null nicht möglich)
c) definiert
d) nicht definiert (negativer Radikand)
e) definiert
f) nicht definiert (negativer Radikand)

S. 25, 19.

a) 4 b) – c) 10 d) 5
e) 200 f) 10 g) 70 h) 48
i) 50 j) 22

S. 25, 20.

a) 14 cm b) 19 cm

S. 25, 21.

a) rational, da die Zahl sich als Bruch aus $\frac{1333}{1000}$ darstellen lässt
b) rational, da die Zahl sich als Bruch aus $\frac{-22771}{99}$ darstellen lässt
c) irrational, da keine sich wiederholende Sequenz nach dem Komma auftritt
d) rational, da die Zahl sich als Bruch aus $\frac{1}{2}$ darstellen lässt
e) rational, da die Zahl sich als Bruch aus $\frac{16}{99}$ darstellen lässt

Wiederholungsaufgaben

S. 25, 1.

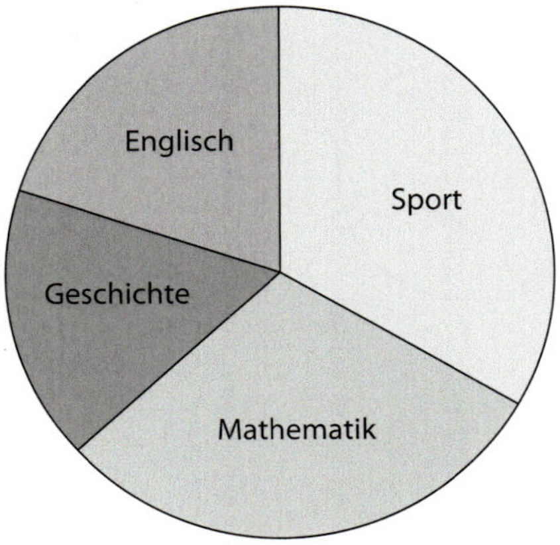

S. 25, 2.

um 25 %

S. 25, 3.

a) z. B. 6 cm lang und 10 cm breit (Maßstab 1 : 100)
b) 210 m^3

S. 25, 4.

Zeichne eine Strecke der Länge c = 5 cm, bezeichne die Endpunkte als A und B, trage an A den Winkel 38° ab und zeichne um B einen Kreis mit Radius der Länge 5 cm. Bezeichne den Schnittpunkt als C und zeichne das Dreieck ABC. a ≈ 3,1 cm

Lösungen zu Kapitel 2: Kreis

Dein Fundament (S. 28/29)

S. 28, 1.

	a)	b)	c)	d)
r	1,0 cm	0,5 cm	1,2 cm	1,5 cm
d	2,0 cm	1,0 cm	2,4 cm	3 cm

S. 28, 2.

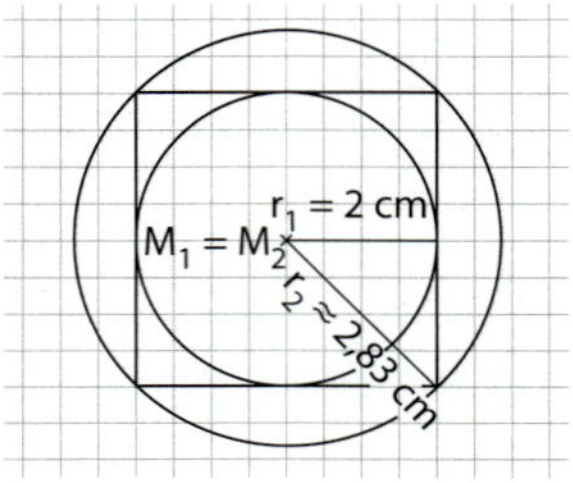

S. 28, 3.

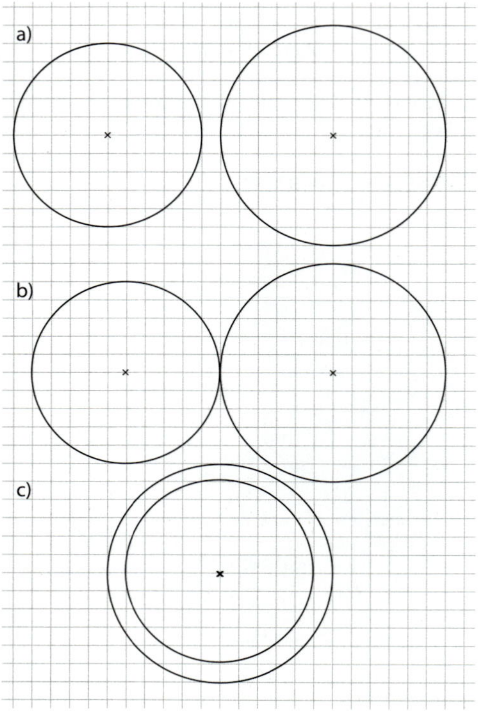

S. 28, 4.

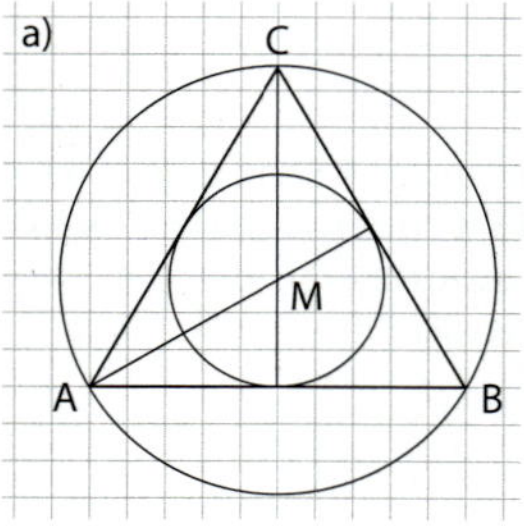

b) Die Mittelpunkte beider Kreise fallen zusammen.

c) Nur bei gleichseitigen Dreiecken fallen die Winkelhalbierenden und die Mittelsenkrechten zusammen, bei anderen Dreiecksarten nicht.

S. 28, 5.

a); b)

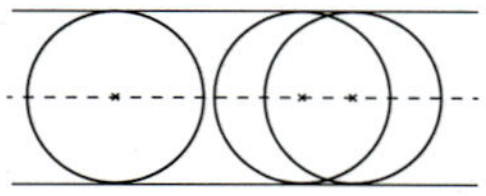

c) Die Mittelpunkte der Kreise liegen auf der Mittelparallelen der beiden Geraden.

S. 28, 6.

nein: a); c); e); h)
ja: b); d); f); g)

S. 28, 7.

a) $5\,cm^2 = 500\,mm^2$ b) $3{,}2\,m^2 = 32\,000\,cm^2$
c) $1\,ha = 1000\,m^2$ d) $2{,}3\,a = 230\,m^2$

S. 28, 8.

a) $48\,000\,mm^2$ b) $357\,000\,km^2$
c) $1\,dm^2$ d) 2 044 000 ha
e) 3: $29\,480\,000\,000\,m^2$

S. 28, 9.

a) 400-mal b) 4-mal c) 20-mal d) 10-mal

S. 29, 10.

a) $u = 11\,cm$; $A = 7{,}5\,cm^2$
b) $u = 4{,}4\,cm$; $A = 1{,}21\,cm^2$
c) $u = 12\,cm$; $A = 6\,cm^2$
d) $u = 11\,cm$; $A = 6\,cm^2$

S. 29, 11.

a) 48 dm
b) 1 cm und 30 cm; 2 cm und 15 cm; 5 cm und 6 cm

S. 29, 12.

a) $5\,cm^2$ b) $4\,cm^2$ c) $4\,cm^2$ d) $4\,cm^2$

S. 29, 13.

$4\,cm^2$

S. 29, 14.

a) 81 b) 121 c) 0,01 d) 1,21
e) 144 f) 0,49 g) 1,44 h) $\frac{4}{9}$

S. 29, 15.

a) 2 b) 5 c) 0,1 d) 0,9
e) 14 f) 2 g) 8 h) 0,3

S. 29, 16.

a) $x = \frac{y}{2}$ b) $x = \frac{z}{y}$ c) $x = 4r$ d) $x = \frac{5}{a}$

S. 29, 17.

a)

0,5	1	2	3	4
1,55	3,1	6,2	9,3	12,4

b)

1	1,5	2	3	5	7
3,14	4,71	6,28	9,42	15,7	21,98

S. 29, 18.

$d = 2r$

S. 29, 19.

a) $\frac{1}{4}$; ($\alpha = 90°$) b) $\frac{1}{8}$; ($\alpha = 45°$)
c) $\frac{3}{4}$; ($\alpha = 270°$) d) $\frac{3}{8}$; ($\alpha = 135°$)

Prüfe dein neues Fundament (S. 50/51)

S. 50, 1.

a)

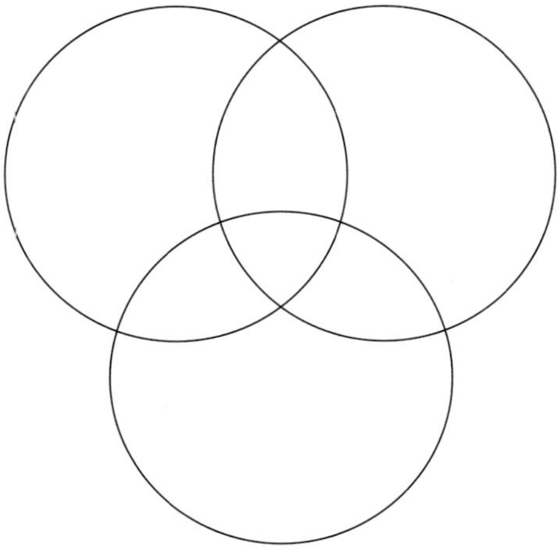

b)

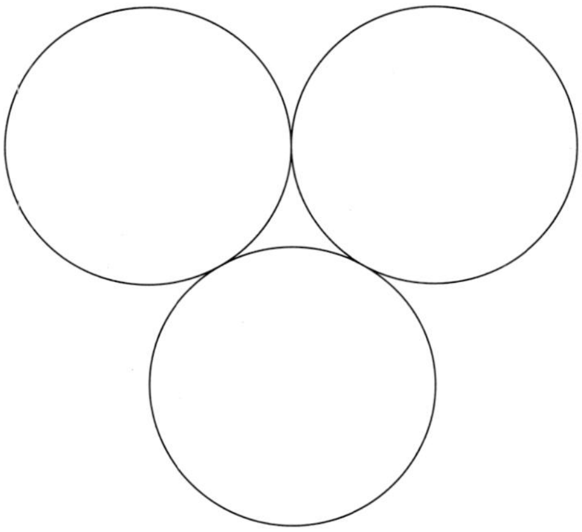

S. 50, 2.

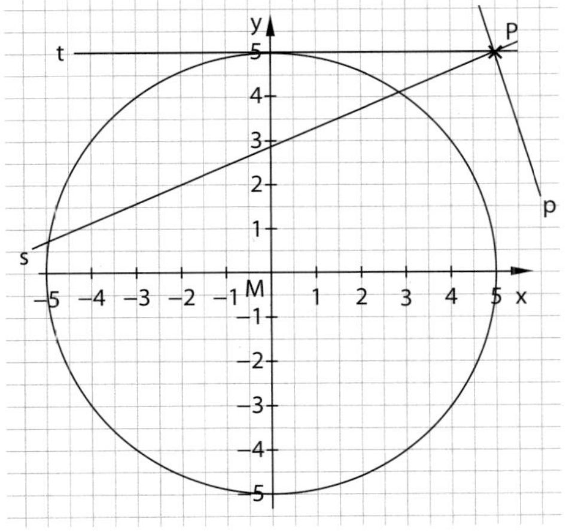

S. 50, 3.

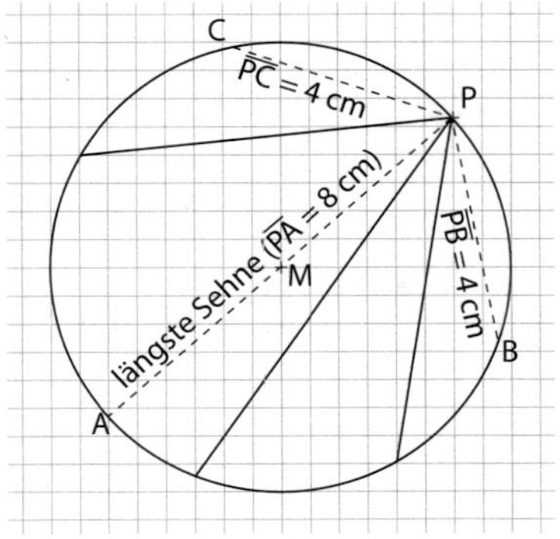

S. 50, 4.

a) $\alpha = 56°$; $\beta = 17°$
b) $\alpha = 30°$; $\beta = 30°$
c) $\alpha = 90°$; $\beta = 45°$; $\gamma = 45°$

S. 50, 5.

a) Zeichnen einer Strecke mit a = 2 cm und eines Strahls im Winkel 90° von einem Endpunkt der Strecke. Kreis mit Radius c = 3 cm um den anderen Endpunkt. Der Schnittpunkt von Kreis und Strahl ist der dritte Eckpunkt des Dreiecks.
b ≈ 2,2 cm
b) a ≈ 3,1 cm
c) b ≈ 1,7 cm
d) a ≈ 4,2 cm

S. 50, 6.

a) Zeichnen einer Strecke mit c = 4 cm und eines Strahls im Winkel 50° von einem Endpunkt der Strecke. Einzeichnen eines Thaleskreises über der Seite mit der Länge c. Der Schnittpunkt von Strahl und Kreis ist der dritte Eckpunkt des Dreiecks.
a ≈ 3 cm, b ≈ 2,6 cm
b) a ≈ 4,5 cm, b ≈ 3,9 cm
c) a ≈ 2,3 cm, b ≈ 3,9 cm
d) a ≈ 3,4 cm, b 4,9 cm

S. 50, 7.

a) 157,1 cm	b) 88,0 mm	c) 44,0 km	d) 17,6 km
e) 1,4 dm	f) 14,3 m	g) 0,3 km	h) 1,3 mm
i) 19,7 m	j) 1,0 km		

S. 50, 8.

Merkur: 15 325 km	Venus: 38 026 km
Erde: 40 074 km	Mars: 21 331 km
Jupiter: 449 197 km	Saturn: 378 675 km
Uranus: 160 592 km	Neptun: 155 597 km

S. 50, 9.

a) $A \approx 50\,cm^2$	b) $A \approx 190\,m^2$
c) $A \approx 3\,cm^2$	d) $A \approx 1772\,dm^2$
e) $A \approx 83{,}97\,km^2$	f) $A \approx 0{,}00001\,m^2$
g) $A \approx 0{,}003\,m^2$	h) $A \approx 9{,}4\,cm^2$
i) $A = \pi^3\,cm^2 \approx 31\,cm^2$	j) $A = \frac{\pi^3}{9}\,m^2 \approx 3{,}4\,m^2$

S. 51, 10.

Das Gebiet ist ca. $78{,}5\,km^2$ groß.

S. 51, 11.
a) 5,7 cm b) 3,9 cm c) 14,3 mm d) 10,7 m

S. 51, 12.
a) 51,1 mm b) 94,2 cm c) 130,4 dm d) 5,2 m

S. 51, 13.
a) $A_\alpha \approx 3{,}5\,cm^2$; $b_\alpha \approx 1{,}4\,cm$
b) $A_\alpha \approx 61\,mm^2$; $b_\alpha \approx 11\,mm$
c) $A_\alpha \approx 170\,dm^2$; $b_\alpha \approx 23\,dm$
d) $A_\alpha \approx 0{,}055\,km^2$; $b_\alpha \approx 0{,}44\,km$
e) $A_\alpha \approx 191\,cm^2$; $b_\alpha \approx 34{,}7\,cm$
f) $A_\alpha \approx 3{,}38\,km^2$; $b_\alpha \approx 5{,}32\,km$

S. 51, 14.
$6{,}3\,cm^2$

S. 51, 15.
$\approx 27{,}2\,cm^2$

Wiederholungsaufgaben

S. 51, 1.
a) Der Wasserstand betrug an beiden Tagen 260 cm.
b) niedrigster Pegelstand im April: 09. April
c) höchster Pegelstand im April: 19. April

S. 51, 2.
a) $100 \cdot 8 = 800$ b) $100 + 9 = 109$ c) $27 \cdot 10 = 270$

S. 51, 3.
a) 14 € b) 4 kg c) 55 m

S. 51, 4.
für 1: 3; für –1: 5; für 0 nicht definiert.

Lösungen zu Kapitel 3: Funktionen

Dein Fundament (S. 54/55)

S. 54, 1.
a) $x = \frac{1}{3}$ b) $x = -\frac{1}{2}$ c) $x_1 = 0$; $x_2 = 3$
d) $x_1 = -1$; $x_2 = 5$

S. 54, 2.
a) $x = -3$ b) $x = 2$ c) $x = 4$ d) $x = 4{,}5$

S. 54, 3.
x: Alter von Anja
$x + \frac{1}{2}x = 18$, also $x = 12$.
Anja ist 12 Jahre alt und Paul ist 6 Jahre alt.

S. 54, 4.
a) $3x + 6 = 15$; $x = 3$ b) $5x - 2x = 4x$; $x = 0$
c) $\frac{1}{2}x + \frac{1}{4}x = 9$; $x = 12$
d) $4x - 5x = -x$, jede Zahl erfüllt die Gleichung.

S. 54, 5.
a) *Monat → Sonnenscheindauer auf Mallorca (in h)*
b) Im Juli scheint die Sonne am längsten, im Oktober, November, Dezember und Januar am kürzesten.
c)

Monat	Jan.	Feb.	März	April
Sonnenschein-dauer (in h)	6	7	7	8

Monat	Mai	Juni	Juli	Aug.
Sonnenschein-dauer (in h)	8	9	10	9

Monat	Sep.	Okt.	Nov.	Dez.
Sonnenschein-dauer (in h)	7	6	6	6

S. 54, 6.
a) Die höchste Temperatur von 20 °C wurde gegen 15 Uhr gemessen, die niedrigste Temperatur von etwa 5 °C wurde kurz nach 4 Uhr gemessen.
b) Alle Temperaturen kann man nur ungefähr angeben.

Uhrzeit	0:00	1:00	2:00	3:00	4:00	5:00
Temperatur (in °C)	16,5	16	14	10	8	10,5

Uhrzeit	0:00	1:00	2:00	3:00	4:00	5:00
Temperatur (in °C)	12	13,5	15	16,5	17,5	18

Uhrzeit	0:00	1:00	2:00	3:00	4:00	5:00
Temperatur (in °C)	18,7	19	19,5	20	18	18

Uhrzeit	0:00	1:00	2:00	3:00	4:00	5:00
Temperatur (in °C)	17,5	17	16	14	14	14

S. 54, 7.

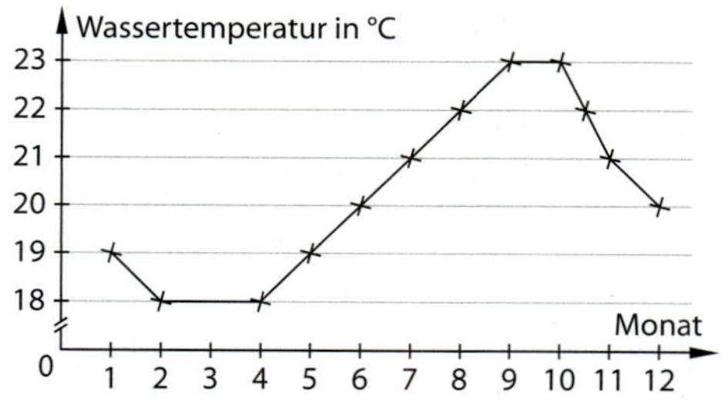

S. 54, 8.
$K = 39 + 0{,}23 \cdot (163 - 150) = 41{,}99$
Familie Blum muss 41,99 € bezahlen.

S. 55, 9.
a) proportionale Zuordnung
Proportionalitätsfaktor: 0,7

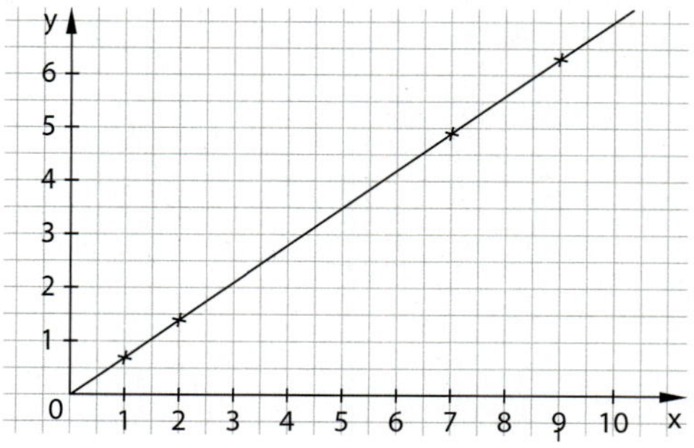

b) antiproportionale Zuordnung

c) Es liegt weder eine proportionale noch eine antiproportionale Zuordnung vor.

S. 55, 10.

a)

x	1	2	3	6	7	8
y	2	4	6	12	14	16

b)

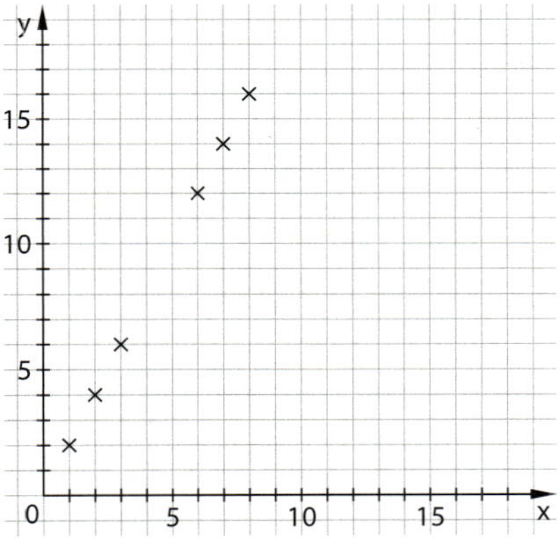

S. 55, 11.

a)

x	5	18	16	12
y	2,5	9	8	6

b)

x	5	8	9	12
y	14,4	9	8	6

S. 55, 12.

a) weder proportional noch antiproportional

b) weder proportional noch antipropotional (wegen des Grundpreises)

c) proportional

d) antiproportional

e) proportional

f) antiproportional

S. 55, 13.

$14 \cdot 32 = 16 \cdot x \Rightarrow x = 28$

Sie können täglich 28 € ausgeben.

S. 55, 14.

a)

Länge a	1 m	2 m	3 m	4 m	8 m	10 m	18 m
Breite b	36 m	18 m	12 m	9 m	4,5 m	3,6 m	2 m

b) $A = 36\,m^2$ c) a = 2,4 m d) a = 6 m

e)

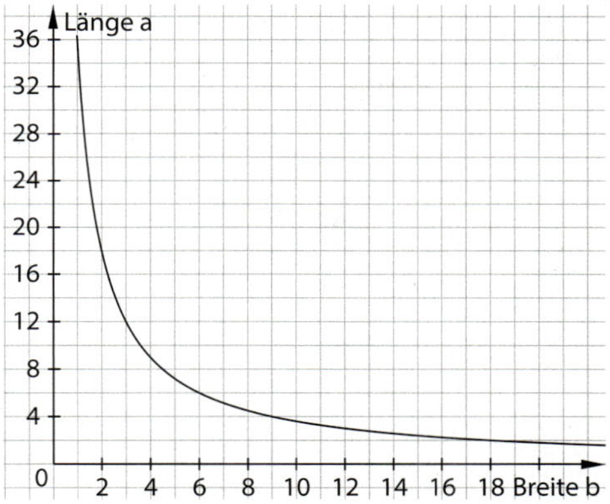

Vermischtes

S. 55, 15.

a) a = 3 b) a = −3 c) a = 6 d) $a = \frac{1}{3}$

e) a = −1 d) keine Zahl möglich

S. 55, 16.

Nach 6 Minuten: 80°C

Nach 9 Minuten: 110°C

S. 55, 17.

A: 1. Quadrant B: 2. Quadrant

C: y-Achse D: 4. Quadrant

E: x-Achse E: 3. Quadrant

Prüfe dein neues Fundament (S. 86/87)

S. 86, 1.

a) Nicht eindeutig, da mehrere Schüler die gleiche Höhe gesprungen sein können.

b) Eindeutig, einer Anzahl Eiskugeln ist nur ein Preis zugeordnet.

S. 86, 2.

a)

x	−2	−1	0	1	2	3	4
y = 1,5x + 1	−2	−0,5	1	2,5	4	5,5	7

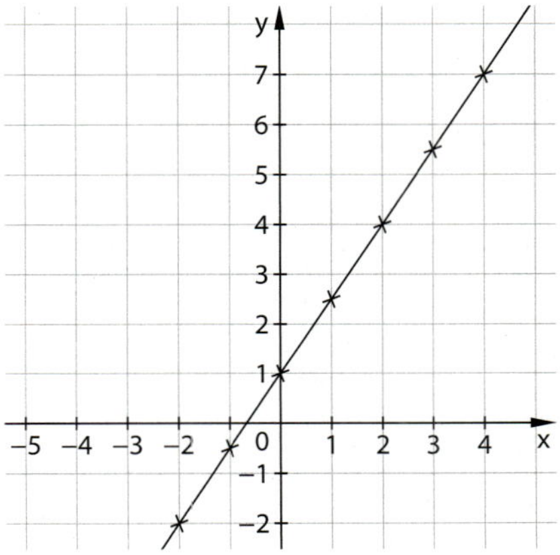

b)

x	−2	−1	0	1	2	3	4
y = −2x + 1	5	3	1	−1	−3	−5	−7

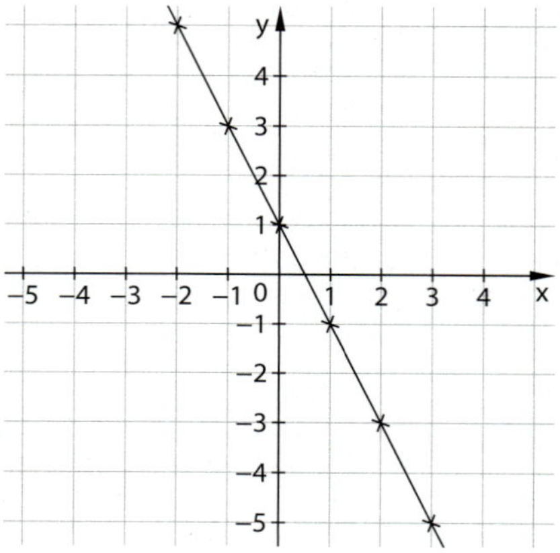

c)

x	−2	−1	0	1	2	3	4
y = 0,5x − 1	−2	−1,5	−1	−0,5	0	0,5	1

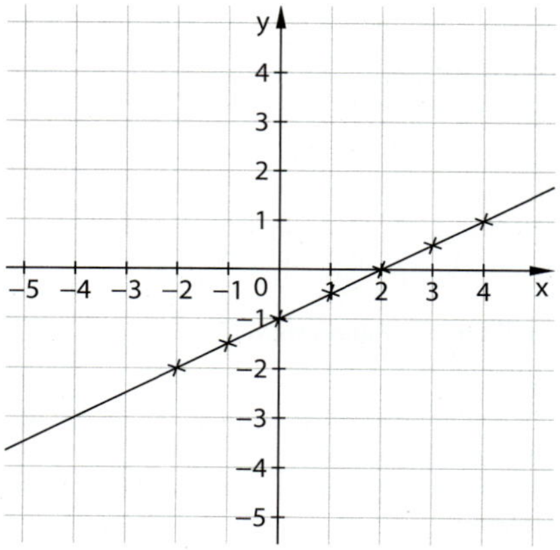

S. 86, 3.

a) $y = -2\mathbf{x}$ b) $y = x$ c) $y = 2\mathbf{x}$

S. 86, 4.

a)

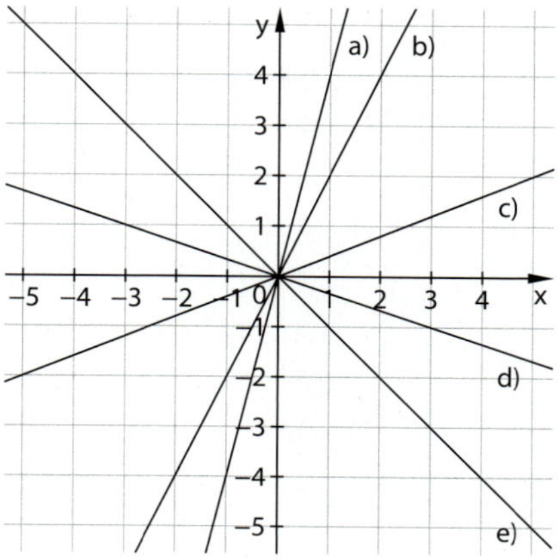

S. 86, 5.

a) Die Tabelle gibt Werte für das Auto mit einem Verbrauch von 8 Litern auf 100 km an.

b) Der Graph stellt die Werte für das Auto mit einem Verbrauch von 8 Litern auf 100 km dar.

S. 86, 6.

a)

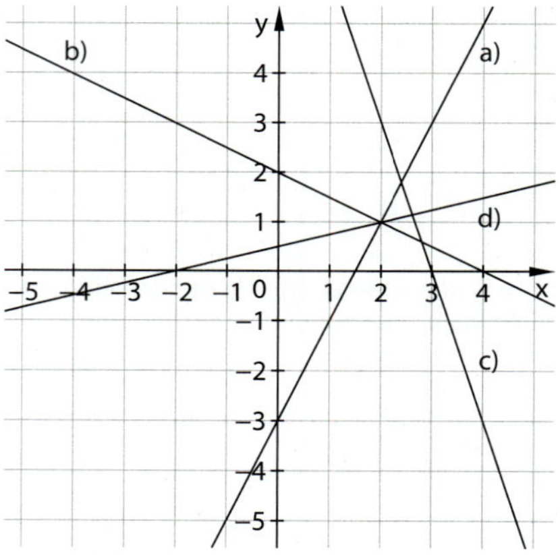

S. 86, 7.

a) $y = 0{,}5x - 1$ b) $y = -\frac{1}{3}x + 1$

c) $y = 1{,}25x + 1{,}5$

S. 86, 8.

a) $y = 0{,}5x + 3$ b) $y = \frac{5}{12}x - \frac{3}{2}$

c) $y = -\frac{8}{3}x - 1$ d) $y = -2{,}6x - 23$

S. 87, 9.

a)

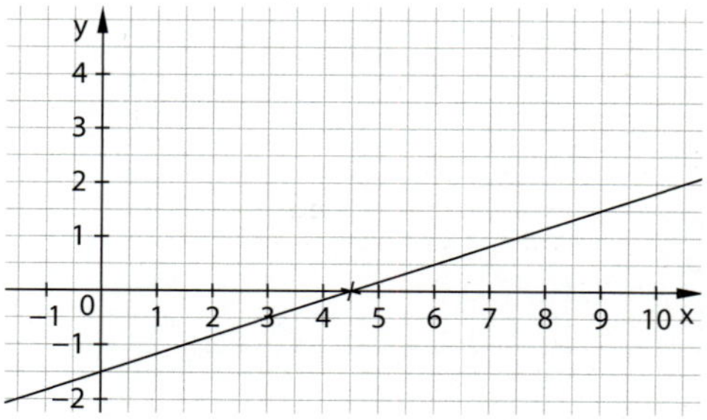

Nullstelle: x = 4,5

b)

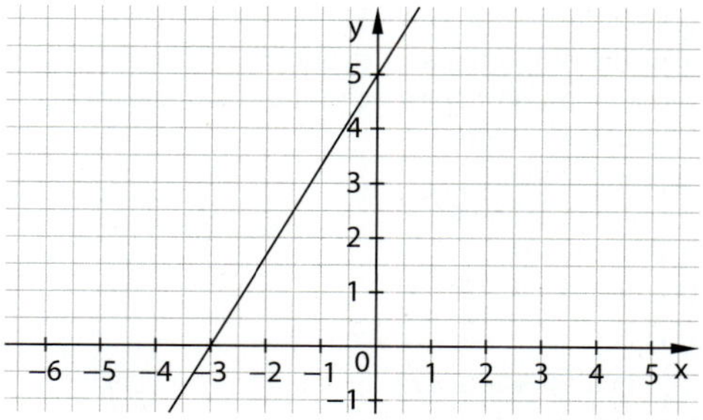

Nullstelle: x = −3

c)

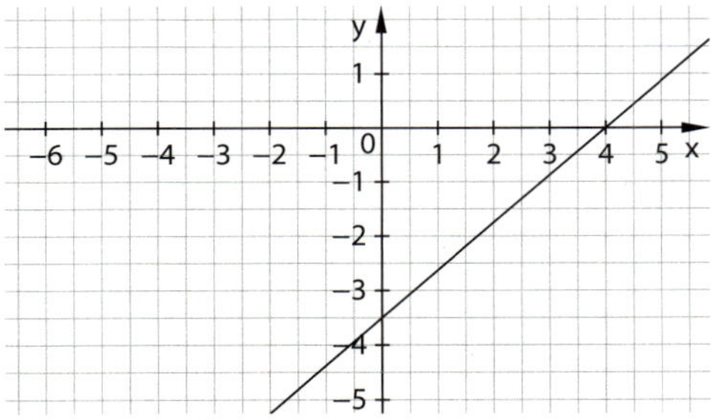

Nullstelle: $x = 4$

d)

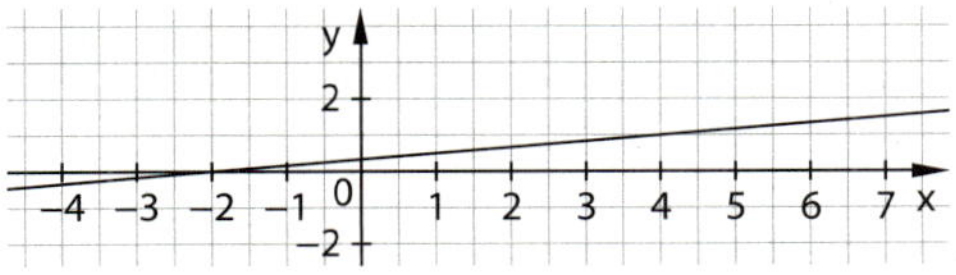

Nullstelle: $x = -2$

S. 87, 10.

a) $x = 3$ b) $x = 5$
c) $x = -2$ d) $x = 6$

S. 87, 11.

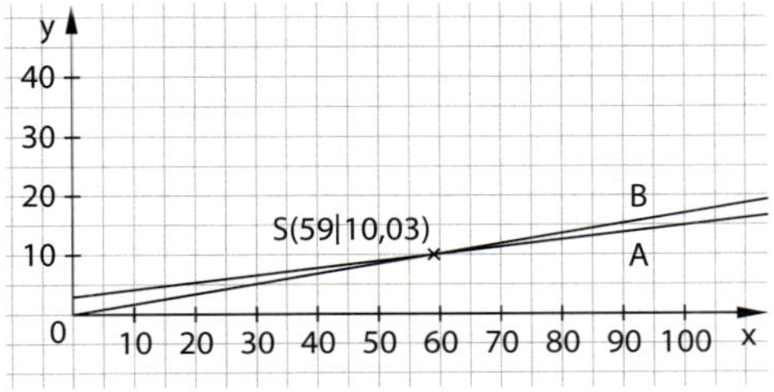

Bis 58 Abzüge ist Anbieter B günstiger, bei 59 Abzügen kostet es bei beiden Anbietern das Gleiche, ab 60 Abzügen ist Anbieter A günstiger.

S. 87, 12.

a) $x = 60$; die Höhe des Flugzeugs beträgt nach 60 min 0, dann ist es also gelandet.
(Zu Beginn befand sich das Flugzeug in 12 000 m Höhe, es sank 200 Meter pro Minute)
b) $1000 = -200\mathbf{x} + 12\,000 \Rightarrow x = 55$, d. h., 5 Minuten vor der Landung beträgt die Flugzeughöhe 1000 m.

S. 87, 13.

$0 = \frac{99}{100}x + \frac{100}{99} \Rightarrow x = -\frac{100}{99} : \frac{99}{100} \approx -1{,}020\,304\,051$

Wiederholungsaufgaben

S. 87, 1.

a) 43900 b) 108,0 c) 4,790

S. 87, 2.

Der gemessene Abstand entspricht in der Realität einer Luftlinie von 300 km.

S. 87, 3.

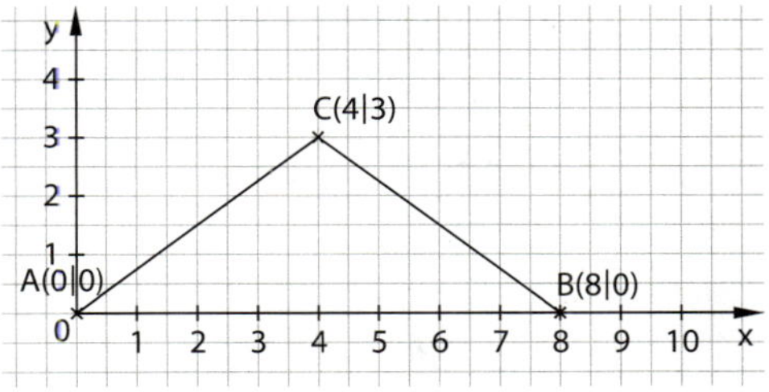

Flächeninhalt: $A = 12\ \text{cm}^2$
Umfang: $u = 18$ cm

S. 87, 4.

a) $\frac{43}{30}$ b) $\frac{7}{30}$ c) $\frac{1}{2}$ d) $\frac{25}{18}$

S. 87, 5.

$x + 10y - 2$

S. 87, 6.

Arithmetisches Mittel: 172 cm, Maximum: 183 cm, Minimum: 157 cm, Modalwert: 176 cm

S. 87, 7.

a) $x = 4$ b) $x = -\frac{4}{3}$ c) $x = \frac{2}{3}$ d) $x = -2$

Lösungen zu Kapitel 4: Terme

Dein Fundament (S. 90/91)

S. 90, 1.

a) –21 b) 4 c) 1,5 d) –3
e) –24 f) –160 g) –8 h) 1,5

S. 90, 2.

a) 30 b) –24 c) –40 d) –1,2
e) –5,5 f) –26 g) 38 h) –25,5

S. 90, 3.

a) 57 b) –8 c) 24 d) 3,5

S. 90, 4.

x	a)	b)	c)	d)	e)
1	2,5	0,5	3	1	–0,5
2	4,5	1,5	6	8	1
3	6,5	2,5	9	27	4,5
4	8,5	3,5	12	64	10

S. 90, 5.

a)

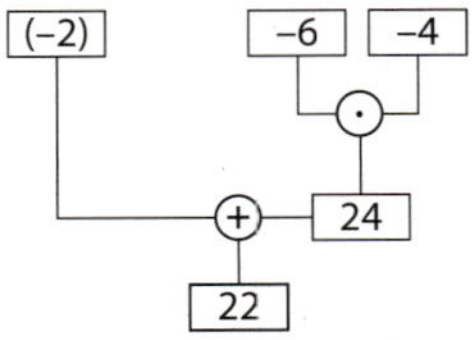

zu a) $(-2) + (-6) \cdot (-4)$

b)

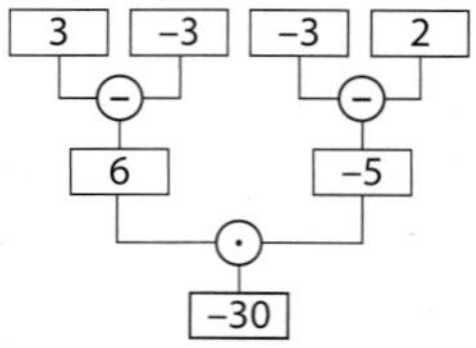

zu b) Berechne: $(3-(-3))\cdot(-3-2)$

S. 90, 6.
a) $4x$ b) $3x-3$ c) $-a-2{,}5$
d) -2 e) $3{,}5-3{,}8y$ f) $1{,}3-1{,}5x$

S. 90, 7.
a) $8a$ b) $-12x$ c) $6x$
d) $12b$ e) $6a$ f) x

S. 90, 8.
a) $6a-3-4a=2a-3$ b) $5c\cdot 3=15c$
c) $3\cdot 5c+3=15c+3$
d) $7b-5b+5+(-3)=2b+2$
e) $\frac{2}{3}a\cdot 6=4a$
f) $-39y:(-3)=13y$

S. 90, 9.
a) 6 b) 42 c) 3 d) 4
e) 15 f) 12 g) −0,5 h) 0

S. 91, 10.
a) $u=22\,cm$; $A=28\,m^2$ b) $u=12\,cm$; $A=9\,m^2$
c) $u=12\,cm$; $A=\frac{1}{2}bc=6\,m^2$

S. 91, 11.
a)

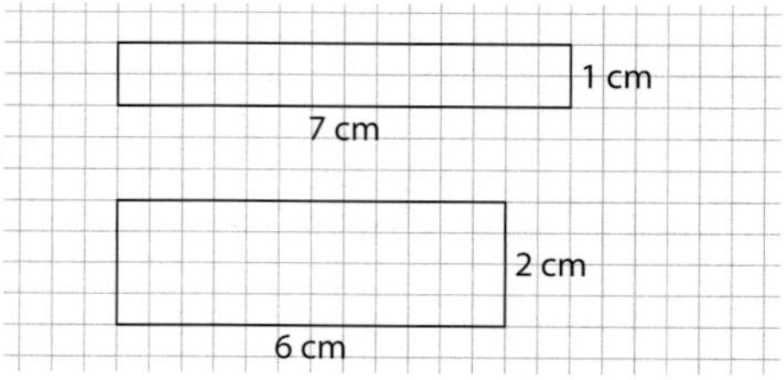

b)

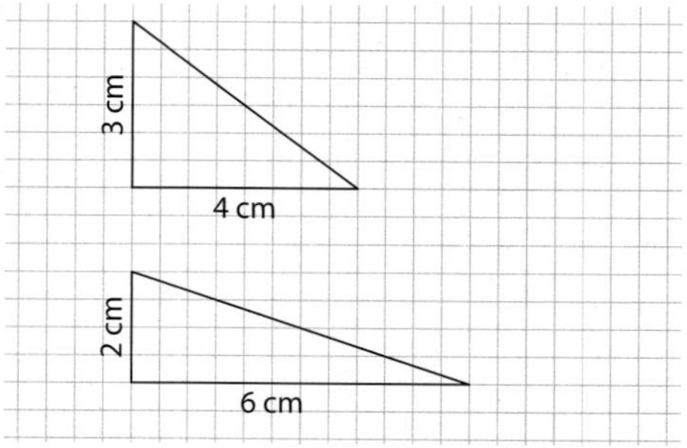

c)

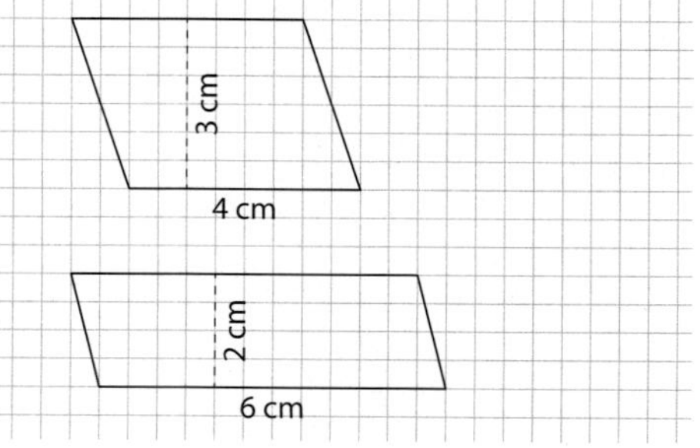

S. 91, 12.
a) ① $A=3\,cm^2$ ② $A=1{,}5\,cm^2$
③ $A=2{,}25\,cm^2$ ④ $A=2{,}25\,cm^2$
b) ① $u=7\,cm$ ② $u\approx 5{,}7\,cm$
③ $u\approx 6{,}6\,cm$ ④ $u=6\,cm$

S. 91, 13.
a) $A=(3\,cm+2\,cm)^2=25\,m^2$
b) grün: $A=9\,cm^2$; blau: $A=6\,cm^2$; gelb: $A=6\,cm^2$; lila: $A=4\,cm^2$

S. 91, 14.
a) $A=(a+b)\cdot c$ b) $A=(x+y)\cdot z$
c) $A=(a+b+c)\cdot d$ d) $A=(a+b)^2$

S. 91, 15.
a) $A=x^2-y^2$ oder $A=x\cdot(x-y)+y\cdot(x-y)$
b) $A=c\cdot d-\frac{1}{2}(c-a)\cdot d$ oder
$A=d\cdot a+\frac{1}{2}(c-a)\cdot d$

S. 91, 16.
a) $5x-3x$; 4 b) $\frac{3x+4}{2}$; 5

Prüfe dein neues Fundament (S. 120/121)

S. 120, 1.
x: Anzahl der Wagen der 1. Klasse
y: Anzahl der Wagen der 2. Klasse
Anzahl der Sitzplätze des Zuges: $60x+90y$

S. 120, 2.
a) ① $u=4a+4b$ ② $u=24x$ ③ $u=6x+2y+2z$
b) ① $A=3ab$ ② $A=11x^2$ ③ $A=xy+3xz$

S. 120, 3.
a) $3a-4b$ b) $3m+2n$ c) $11r^2+4s$ d) xy^2+x^2y
e) $x+6y$ f) $-2a-b$ g) a h) $2x^2-4xy$

S. 120, 4.
a) $42x$ b) $30r^2$ c) $16u$ d) $\frac{1}{8}xy$
e) $-2x^2y^2$ f) $2st^2$ g) $9x^2$ h) a^3b

S. 120, 5.
a) $2a+2b$; 10 b) $5a-3b$; 9 c) $-5ab$; −30
d) $\frac{5}{2}ab^2$; 30 e) $-2a+b+b^2$; 0 f) $11ab$; 66
g) $b-2a^2b$; −34 h) a^2b^2+ab; 42

S. 120, 6.
a) $6a-6b$ b) $35+28x$
c) $a-5$ d) $-3+x$
e) $-10m^2+4mn$ f) $8x^2-4xy+6xz$
g) $0{,}6a^2-0{,}9ab$ h) $6x^2y-5xy^2$

S. 120, 7.
a) $6(x+y)$ b) $2u(v+8w)$
c) $3vw(3u-1)$ d) $7(4m-n)$
e) $5b(2a-1+2)$ f) $0{,}3(a+5b+12c)$
g) $xy(xyz+1)$ h) $x(xyz+z-xy)$

S. 120, 8.
a) x^2+3x+2 b) $4a-ab+4b-b^2$
c) $-4x-1-8xy-2y$ d) $-2r^2+8r+3sr-12s$

S. 120, 9.
a) $A=(4x)^2-4\cdot x^2=12x^2$
b) $A=a^2-(a-3)^2=a^2-(a^2-6a+9)=6a-9$

S. 121, 10.
$(a + 2)^2 = 4 + a^2 + 4a$
$a(4 + a + 1) = a^2 + 5a$
$(1 - 2a)(1 + 2a) - 1 = 2a \cdot (-2a)$

S. 121, 11.
a) $9 + 6u + u^2$ b) $25a^2 + 10a + 1$
c) $9x^2 + 12xy + 4y^2$ d) $\frac{1}{9}x^2 + \frac{4}{15}xy + \frac{4}{25}y^2$
e) $(x + 4)^2$ f) $(5u + 2v)^2$
g) $\left(\frac{1}{2} + y\right)^2$ h) $\left(\frac{1}{8}a + \frac{1}{3}b\right)^2$

S. 121, 12.
a) $x^2 - 14x + 49$ b) $9b^2 - 6b + 1$
c) $0{,}01u^2 + 0{,}1uv + 0{,}25v^2$ d) $\frac{1}{16}x^2 - \frac{1}{4}xy + \frac{1}{4}y^2$
e) $(x - 3)^2$ f) $(5a - b)^2$
g) $\left(\frac{1}{3}x - 2\right)^2$ h) $\left(\frac{1}{4} - 9u\right)^2$

S. 121, 13.
a) $x^2 - 25$ b) $4 - 9y^2$
c) $\frac{1}{9}a^2 - \frac{9}{4}$ d) $-\frac{1}{16} + a^2$
e) $(a + 3) \cdot (a - 3)$ f) $(2x + y) \cdot (2x - y)$
g) $(10 + 4x) \cdot (10 - 4x)$ h) $\left(-\frac{5}{3}a + \frac{4}{5}b\right) \cdot \left(\frac{5}{3}a + \frac{4}{5}b\right)$

S. 121, 14.
a) $12b - 2a$ b) $6x^2 - 6x + 8y$ c) $4uv + 2v^2$
d) $x^3 + 7x + 1$ e) $-3ab + b^2$ f) 0

Wiederholungsaufgaben

S. 121, 1.
a) 150° b) 3 Uhr: 90°; 8 Uhr: 120°; 11 Uhr: 30°

S. 121, 2.

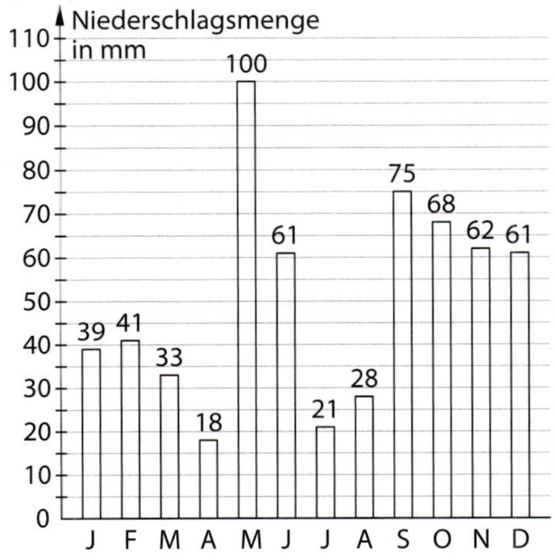

S. 121, 3.
Die Klasse 8a hat Recht: Sie hat sowohl die größere absolute Anzahl an Gewinnlosen (170 zu 140) als auch die bessere relative Anzahl (0,425 zu 0,4), also die besseren Gewinnchancen.

S. 121, 4.
a) 98,658 b) 9,72

S. 121, 5.

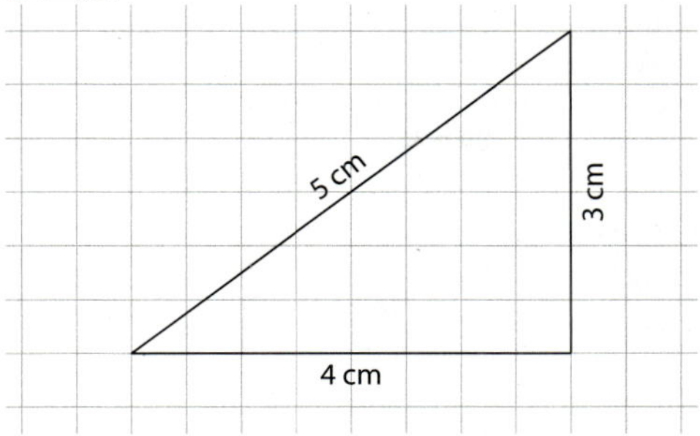

$\alpha \approx 36{,}87°$; $\beta = 90°$; $\gamma \approx 53{,}13°$

Lösungen zu Kapitel 5: Lineare Gleichungssysteme

Dein Fundament (S. 123/124)

S. 123, 1.
a) −9 b) −2,3 c) 1 d) −8
e) −12 f) 4 g) 6 h) 6

S. 123, 2.
a) falsch, 39 b) falsch, 30
c) falsch, 28 d) falsch, −34

S. 123, 3.
a) Term > 0: z. B. $x = 1$; Term < 0: z. B. $x = -4$;
Term = 0: $x = -3$
b) Term > 0: z. B. $a = 5$; Term < 0: z. B. $a = -1$;
Term = 0: $a = 4$
c) Term > 0: z. B. $a = -1$; Term < 0: z. B. $a = 1$;
Term = 0: $a = 0$
d) Term > 0: z. B. $x = 1$; Term < 0: unmöglich;
Term = 0: $x = 0$

S. 123, 4.
a) $-\frac{7823}{1100} \approx -7{,}11$ b) $\frac{615}{212} \approx 2{,}90$
c) $-\frac{325}{242} \approx -1{,}34$ d) $\frac{59}{35} \approx 1{,}69$

S. 123, 5.
a) $x = 1{,}5$: $y = 4{,}5$; $x = 3$: $y = 9$
b) $x = 1{,}5$: $y = 2$; $x = 3$: $y = 1$
c) $x = 1{,}5$: $y = 2{,}25$; $x = 3$: $y = 9$
d) $x = 1{,}5$: $y = -5$; $x = 3$: $y = -8$

S. 123, 6.
a) $x = 5$ b) $x = 1$ c) $x = 8$ d) $x = -6$
e) $x = \frac{3}{2}$ f) $x = -2$ g) $x = 0$ h) $x = 0$

S. 123, 7.
a) $b = \frac{A}{a}$ b) $a = \frac{u}{4}$
c) $h_c = \frac{2A}{c}$ d) $\gamma = 180° - \alpha - \beta$
e) $a = \frac{u - b}{2}$ f) $G = \frac{V}{h}$
g) $k = \frac{y}{x}$ h) $x = k \cdot \frac{1}{y}$

S. 123, 8.
a) $x = 7 - y$; $y = 7 - x$ b) $x = -3y$; $y = -\frac{1}{3}x$
c) $x = y + 3$; $y = x - 3$ d) $x = 6 - y$; $y = 6 - x$

S. 123, 9.
x: Anteil von Frau Blum in €
$x + 2x + \frac{1}{2}x = 21\,000$
Frau Blum: 6000 €; Frau Friedrich: 12 000 €;
Herr Müller: 3000 €

S. 123, 10.
x: Vermögen des Vaters in Gulden
$\frac{1}{4}x + \frac{1}{5}x + \frac{1}{6}x + 92 = x; x = 240$

S. 124, 11.

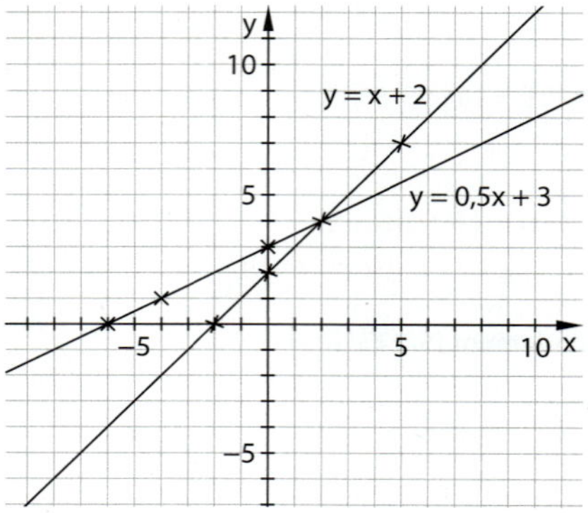

S. 124, 12.
①: f_3; ②: f_1; ③: f_2; ④: f_4

S. 124, 13.

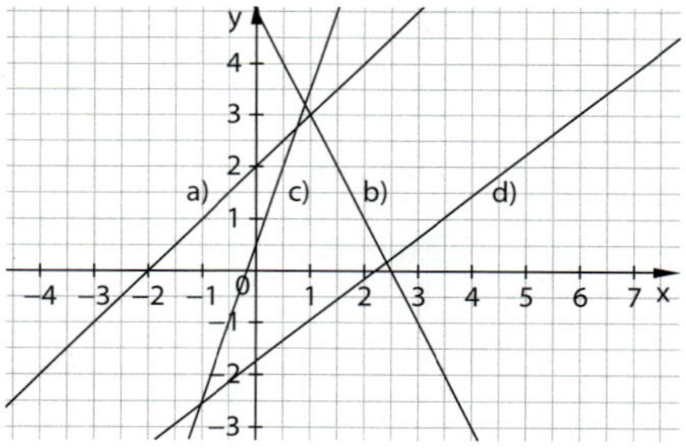

S. 124, 14.
① Der y-Achsenabschnitt ist gleich. $f(x) = -\frac{1}{3}x + 1$;
$g(x) = x + 1; h(x) = -2x + 1; i(x) = \frac{1}{2}x + 1$
② Alle Graphen haben die gleiche Steigung.
$k(x) = x + 1; l(x) = x - \frac{1}{2}$;
$m(x) = x - 1{,}5; n(x) = x - 3$

S. 124, 15.
a) ③ und ④ b) Nach 180 Minuten.

S. 124, 16.

x	−1	0	1	2	3
f(x) = x + 1	0	1	2	3	4

x	−1	0	1	2	3
g(x) = 2x − 1	−3	−1	1	3	5

Vermischtes

S. 124, 17.
a) fehlerhaft, richtig: $2x = 5x - 1$
b) fehlerhaft, richtig: $x = 2x + 3$
c) richtig d) richtig

S. 124, 18.
Der Oberflächeninhalt vervierfacht sich.

S. 124, 19.
a) Herr Blum fuhr etwa 13,8 km.
b) Frau Blum zahlte 19,32€.

Prüfe dein neues Fundament (148/149)

S. 148, 1.
a) x: Anzahl der gekauften Getränke ; y: Anzahl der Gebäckbeutel
$x \cdot 1€ + y \cdot 2€ = 40€$ (Falls das gesamte Geld ausgegeben wird.)

b)

x (Getränke)	0	2	4	6	8	10	12
y (Gebäckbeutel)	20	19	18	17	16	15	14

x (Getränke)	14	16	18	20	22	24	26
y (Gebäckbeutel)	13	12	11	10	9	8	7

x (Getränke)	28	30	32	34	36	38	40
y (Gebäckbeutel)	6	5	4	3	2	1	0

c)
(20|10) ist eine Lösung, da $20€ \cdot 1€ + 10 \cdot € \cdot 2€ = 40€$
(10|20) ist keine Lösung, da $10 \cdot 1€ + 20 \cdot 2€ = 50€ \neq 40€$
(36|2) ist eine Lösung, da $36 \cdot 1€ + 2 \cdot 2€ = 40€$

S. 148, 2.
a)
1) Passt zu dieser Situation
2) Passt zu dieser Situation
3) Passt nicht zu dieser Situation, da die Variablen nicht übereinstimmen
4) Passt zu dieser Situation

b) L kann keine Lösungsmenge sein, da der Preis eines Brötchens nicht negativ sein kann.
Lösung: {(0,75|0,55)}

S. 148, 3.
a)

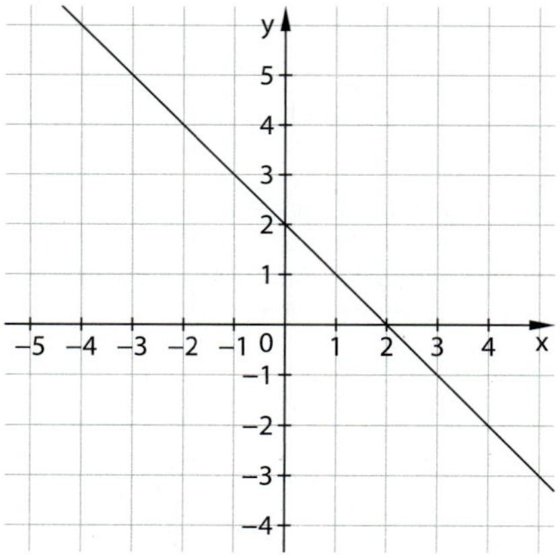

Drei mögliche Lösungen:
x = 0; y = 2
x = 2; y = 0
x = 1; y = 1

b)
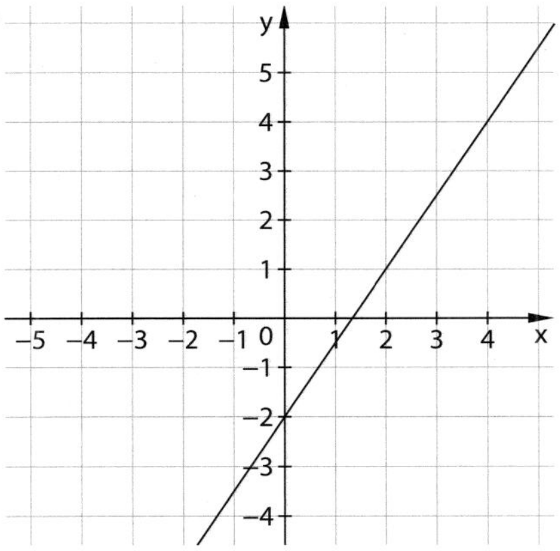

Drei mögliche Lösungen:
x = 0; y = −2
x = 2; y = 1
x = 4; y = 4

c)
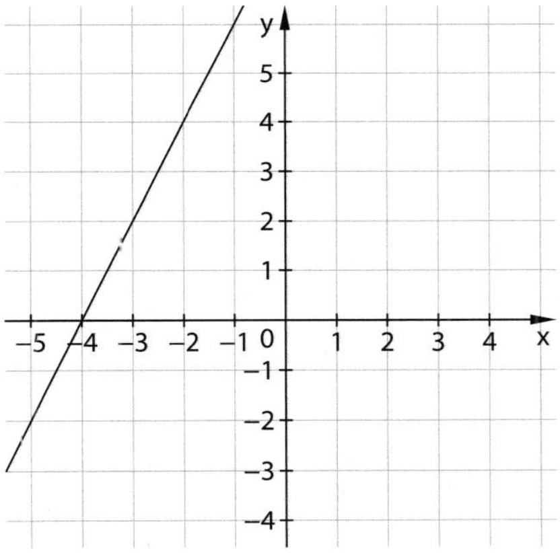

Drei mögliche Lösungen:
x = −2, y = 4
x = −3, y = 2
x = −4; y = 0

d)
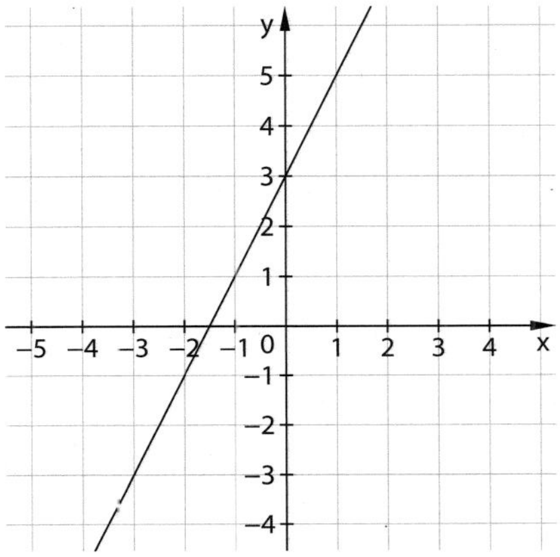

Drei mögliche Lösungen:
x = 0; y = 3
x = −1; y = 1
x = −2; y = −1

S. 148, 4.

$$\left| \begin{array}{l} x + 2y = 5 \\ 3x - y = 1 \end{array} \right|$$

S. 148, 5.

a)
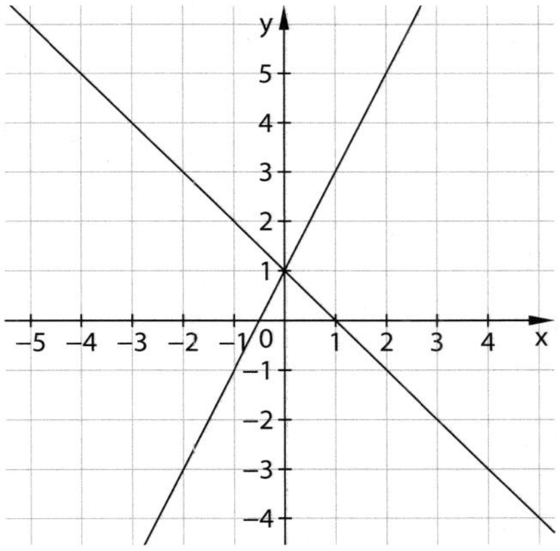

x = 0; y = 1

b)
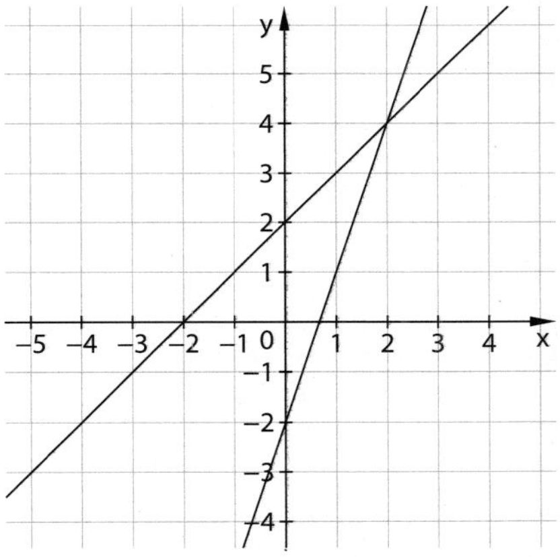

x = 2; y = 4

c)
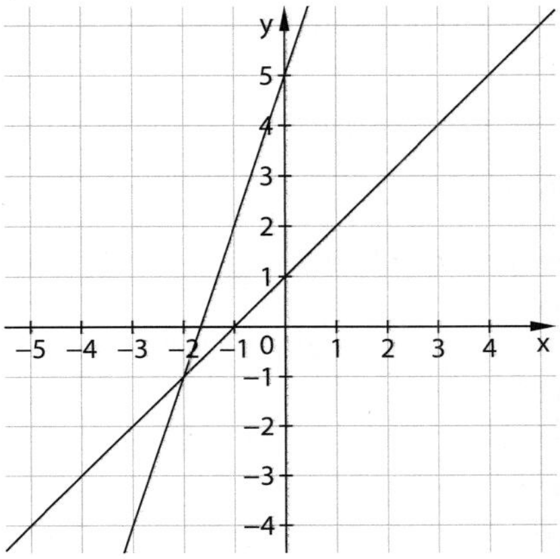

x = −2, y = −1

Lösungen

d)

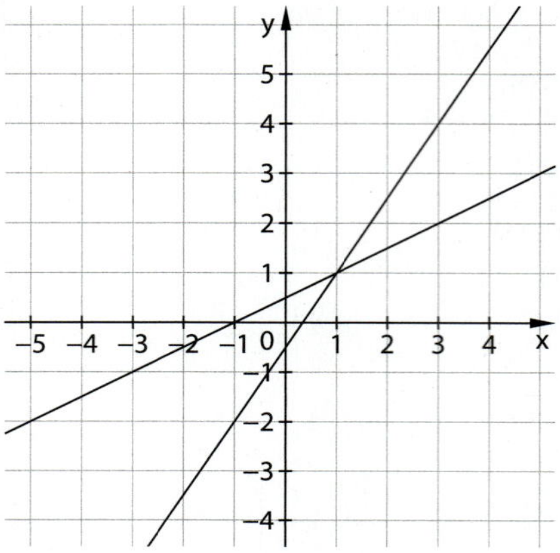

a = 1; b = 1

S. 148, 6.
a) x = 1; y = 3
b) x = −2; y = 3
c) x = −3; y = 5
d) x = −1; y = 2
e) x = 2; y = 2
f) x = 3; y = −1
g) x = −1; y = 4
h) a = 6; b = 0

S. 148, 7.
a) unendlich viele
b) keine
c) keine
d) unendlich viele

S. 148, 8.
a) x = 1; y = 1
b) keine Lösung
c) u = −8; v = −8
d) keine Lösung
e) x = 8,4; y = 0,8
f) a = −2; b = 12
g) unendlich viele
h) x = 12; y = −5

S. 148, 9.
Das Grundstück ist 45 m mal 18 m groß.

S. 149, 10.
a) Die beiden Zahlen lauten 46 und 4.
b) Die beiden Zahlen lauten 8 und 17.
c) Alle Zahlen x und y, deren Summe 23 ist.
Also $L = \{(x|y) \mid x + y = 23\}$.

S. 149, 11.
$2 \cdot a + 2 \cdot 1{,}5 \cdot a = 1{,}8$; $a = 0{,}36$m

S. 149, 12.
$x \cdot 203 + y = 39{,}16$
$x \cdot 267 + y = 49{,}40$

Lösen des linearen Gleichungssystems ergibt eine Grundgebühr von 6,68€ und einen Preis pro kWh von 0,16€.

Wiederholungsaufgaben

S. 149, 1.
a) 2000 m
b) 2000 l
c) 0,00487 t

S. 149, 2.
a) u = 6a + 4b
b) u = 100 cm

S. 149, 3.
a) A: $\frac{1}{10}$; B: $\frac{4}{10} = \frac{2}{5}$; C: $\frac{7}{10}$; D: $\frac{11}{10} = 1\frac{1}{10}$
b) A: $\frac{3}{12} = \frac{1}{4}$; B: $\frac{4}{12} = \frac{1}{3}$; C: $\frac{6}{12} = \frac{1}{2}$; D: $\frac{10}{12} = \frac{5}{6}$
c) A: $\frac{1}{3}$; B: $\frac{5}{3} = 1\frac{2}{3}$; C: $\frac{5}{2} = 2\frac{1}{2}$; D: $\frac{11}{3} = 3\frac{2}{3}$

S. 149, 4.
$\alpha_1 = 160°$; $\alpha_2 = 30°$; $\alpha_3 = 20°$; $\alpha_4 = 30°$; $\alpha_5 = 30°$

S. 149, 5.
a) 0,9
b) −9,9
c) −24,3
d) $-\frac{5}{6}$

Kapitel 6: Zufall und Wahrscheinlichkeit

Dein Fundament (S. 152/153)

S. 152, 1.
a) 0,25 (25%)
b) 0,06 (6%)
c) 0,17 (17%)
d) 0,3 (30%)
e) 0,75 (75%)
f) 0,95 (95%)

S. 152, 2.
a) $\frac{1}{10}$
b) $\frac{5}{10} = \frac{1}{2}$
c) $\frac{125}{1000} = \frac{1}{8}$
d) $\frac{375}{1000} = \frac{3}{8}$
e) $\frac{75}{100} = \frac{3}{4}$
f) $\frac{5}{100} = \frac{1}{20}$

S. 152, 3.
a) $\frac{1}{100} = 0{,}01$
b) $\frac{40}{100} = 0{,}4$
c) $\frac{5}{100} = 0{,}05$
d) $\frac{75}{100} = 0{,}75$
e) $\frac{22}{100} = 0{,}22$
f) $\frac{30}{100} = 0{,}3$

S. 152, 4.

Prozentschreibweise	1 %	20 %	4 %	80 %	5 %
Bruch (Nenner 100)	$\frac{1}{100}$	$\frac{20}{100}$	$\frac{4}{100}$	$\frac{8}{100}$	$\frac{5}{100}$
Bruch (gekürzt)	$\frac{1}{100}$	$\frac{1}{5}$	$\frac{1}{25}$	$\frac{4}{5}$	$\frac{1}{20}$
Dezimalbruch	0,01	0,2	0,04	0,8	0,5

Prozentschreibweise	2 %	30 %	125 %	160 %
Bruch (Nenner 100)	$\frac{2}{100}$	$\frac{30}{100}$	$\frac{125}{100}$	$\frac{160}{100}$
Bruch (gekürzt)	$\frac{1}{50}$	$\frac{3}{10}$	$\frac{5}{4}$	$\frac{8}{5}$
Dezimalbruch	0,02	0,3	1,25	1,6

S. 152, 5.
a) $0{,}33 < 0{,}5 < \frac{7}{9} < \frac{7}{8}$
b) $0{,}03 < \frac{1}{4} < 0{,}7 < \frac{4}{5} < 1{,}01$
c) $0{,}1 < \left(\frac{1}{2}\right)^3 < 0{,}13 < 0{,}5^2$

S. 152, 6.
a) $\frac{5}{36}$
b) $\frac{4}{27}$
c) $\frac{26}{48} = \frac{13}{24}$
d) $\frac{6}{56} = \frac{3}{28}$
e) $\frac{3}{8}$
f) $\frac{1}{10}$
g) 0,25
h) 6,3
i) 0,016
j) 0,12

S. 152, 7.
a) $\frac{7}{12} \approx 0{,}58$
b) $\frac{3}{8} \approx 0{,}38$
c) $\frac{11}{9} \approx 1{,}22$
d) $\frac{11}{20} = 0{,}55$
e) $\frac{3}{8} \approx 0{,}38$

S. 152, 8.
a) 1
b) $\frac{15}{28}$
c) 1
d) $\frac{3}{5}$
e) $\frac{7}{8}$

S. 152, 9.

a)

Sportart	Anzahl	Häufigkeit	Anteil in %
Fußball	$\Large\cancel{||||}$ |	6	50
Handball	||	2	≈ 16,7
Tischtennis	||||	4	≈ 33,3

b)

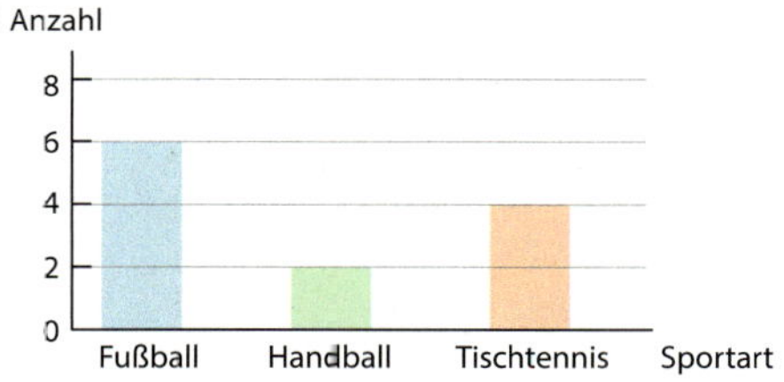

S. 152, 10.

a) arithmetisches Mittel: ≈ 2,62
Median: 3
Spannweite: 3

b)

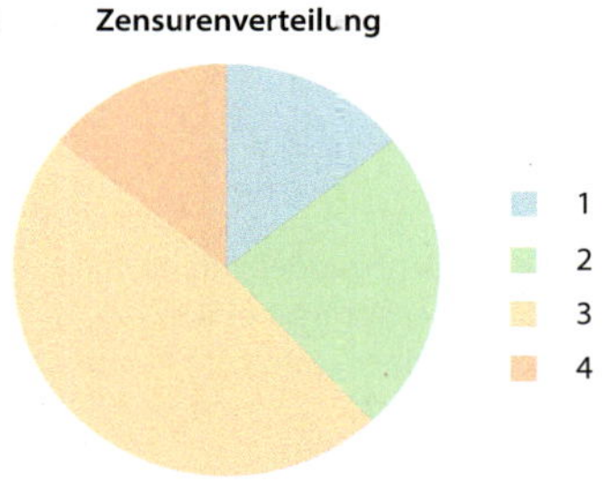

S. 153, 11.

a) $\frac{4 \cdot 13 + 8 \cdot 14 + 12 \cdot 15}{24} \approx 14{,}3$

b) $\frac{2 \cdot 13 + 8 \cdot 14 + 12 \cdot 15 + 1 \cdot 16}{23} \approx 14{,}5$

Der Altersdurchschnitt steigt um etwa 1,4 %.

c)

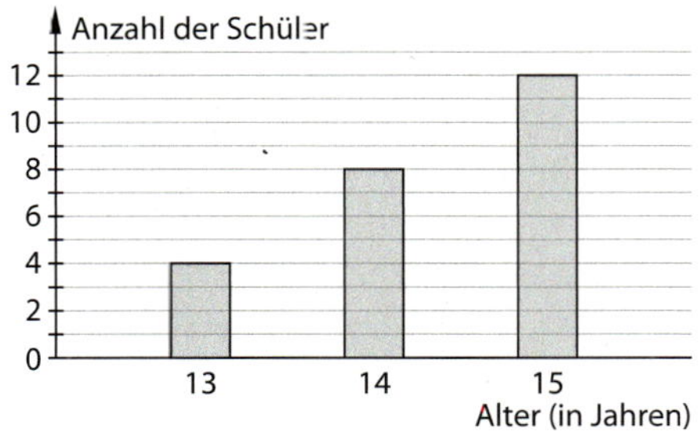

Beim Säulendiagramm kann man die Anzahl der Schüler schneller ablesen.

Seite 153, 12.

a)

	Jungen	Mädchen
Min.	0	4
Max.	8	30
Spannw.	17	16

a)

	Jungen	Mädchen
u. Q.	1	9
Median	5	15
o. Q.	8	25
Ausreißer	10	keine

b) Mädchen versenden mehr SMS als Jungen. Außer einem Ausreißer bei den Jungen liegen alle unterhalb des Medians der Mädchen. Die Spannweite der Mädchen ist größer.

Seite 153, 13.

Individuell, mögliche Lösungen wären $\frac{1}{2}, \frac{1}{4}, \frac{3}{8}, \frac{3}{16}, \frac{5}{16}, \frac{7}{16}, \frac{9}{16}$ usw.

Seite 153, 14.

a) $L_1 = \{(2|1)\}$, $L_2 = \{(2|1); (4|2); (6|3)\}$,
$L_3 = \{(x|y)|x = 2y \text{ und } x, y \in \mathbb{N}\}$

b) $L_1 = \{(2|4);(4|8)\}$, $L_2 = \{(1|2);(2|4);(3|6)\}$,
$L_3 = \{(a|b) \mid b = 2a \text{ und } a, b \in \mathbb{Q}\}$

S. 153, 15.

$3 \cdot 2 = 6$ Möglichkeiten

S. 153, 16.

a)

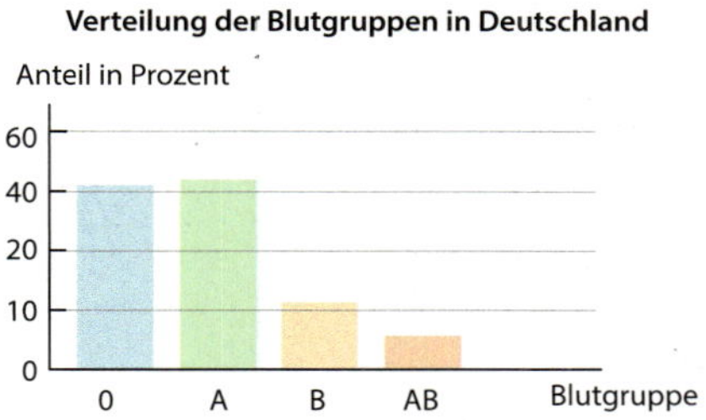

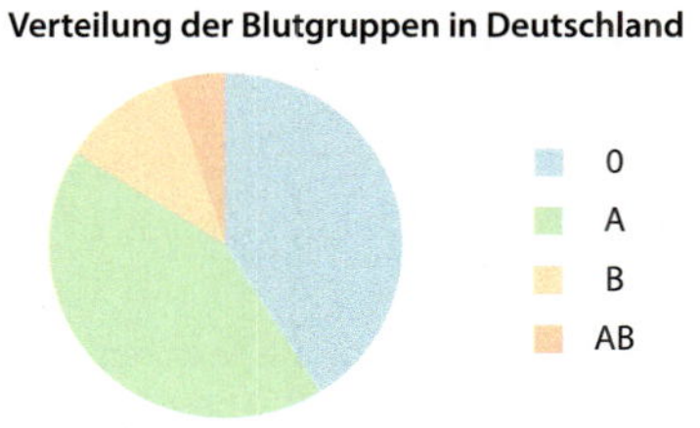

b)

Blutgruppe	0	A	B	AB
Anzahl	≈ 205	≈ 215	≈ 55	≈ 25

S. 153, 17.

20 % aller Professuren in Deutschland sind an Frauen vergeben.

Prüfe dein neues Fundament (S. 182/183)

S. 182, 1.

a) Zufallsexperiment, denn es ist nicht vorhersehbar, welcher der möglichen Namen auf dem gezogenen Zettel steht.

b) Kein Zufallsexperiment, denn es gibt nur ein einziges Ergebnis

S. 182, 2.

a)

Anzahl der Würfe	50	100	200	300	400	500
absolute Häufigkeit einer Eins	6	17	36	50	65	82
relative Häufigkeit (gerundet)	0,12	0,17	0,18	0,17	0,16	0,16

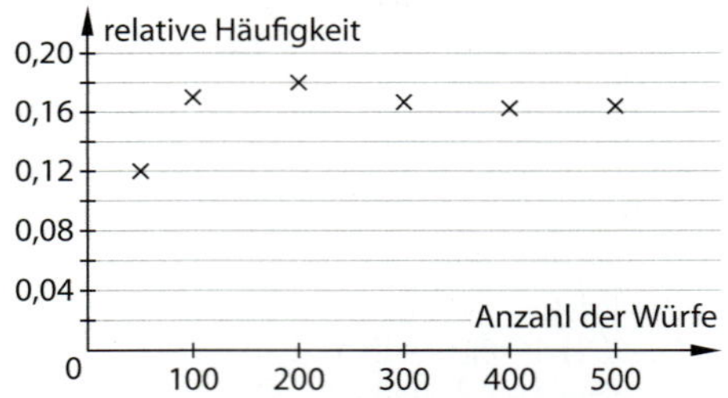

b) Die Werte für die relative Häufigkeit nähern sich dem Wert $\frac{1}{6}$ an.

S. 182, 3.

a) ①: $\frac{12 \cdot 100}{750} = 1{,}6$ ②: $\frac{11 \cdot 100}{500} = 2{,}2$
③: $\frac{14 \cdot 100}{800} = 1{,}75$

b) ①: $P \approx 1{,}6\,\%$ ②: $P \approx 2{,}2\,\%$
③: $P \approx 1{,}75\,\%$

c) ①: $10\,000 \cdot 0{,}016 = 160$
②: $10\,000 \cdot 0{,}022 = 220$
③: $10\,000 \cdot 0{,}0175 = 175$

S. 182, 4.

	a)	b)	c)
Gelb	$\frac{5}{8}$	$\frac{1}{4}$	$\frac{1}{2}$
Orange	$\frac{3}{8}$	$\frac{1}{2}$	$\frac{1}{4}$
Blau	0	$\frac{1}{4}$	$\frac{1}{4}$

S. 182, 5.
Das Glücksrad hat zehn gleich große Sektoren, die mit den Zahlen 0, 1, 2, 3, 4, 5, 6, 7, 8, 9 beschriftet sind.
Es sind vier Zahlen größer als 5: 6, 7, 8, 9
Es sind fünf Zahlen kleiner als 5: 0, 1, 2, 3, 4
Jeder Sektor hat die gleiche Chance erdreht zu werden. Somit beträgt die Gewinnwahrscheinlichkeit für Ben $\frac{4}{10}$ und für Svenja $\frac{5}{10}$.
Svenja hat also die größeren Gewinnchancen.

S. 182, 6.
a) Ja – alle Karten sind gleichwahrscheinlich.
b) Nein – Ergebnisse sind nicht gleichwahrscheinlich.
c) Nein – wenn es um die Farbe der Kugel geht.

S. 182, 7.
a) $\frac{2}{8} = 25\,\%$ b) $1 - \frac{2}{8} = 75\,\%$ c) $\frac{5}{8} = 62{,}5\,\%$

S. 182, 8.
a) $\frac{4}{30} = \frac{2}{15}$ b) $\frac{2}{3}$ c) $\frac{5}{30} = \frac{1}{6}$

S. 183, 9.
a) Es gibt $4 \cdot 3 = 12$ verschiedene zweistellige Zahlen, die entstehen können.

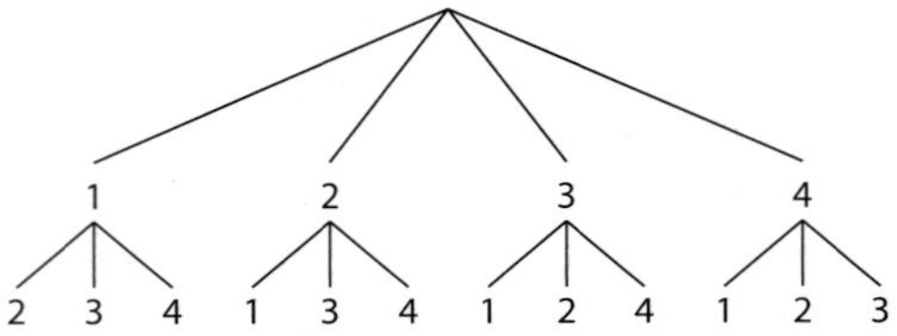

b) Ja, denn alle Kugeln sind gleichwahrscheinlich.
c) $P(A) = \frac{3}{12} = \frac{1}{4} = 25\,\%$
d) $P(B) = \frac{11}{12} \approx 92\,\%$

S. 183, 10.
a)

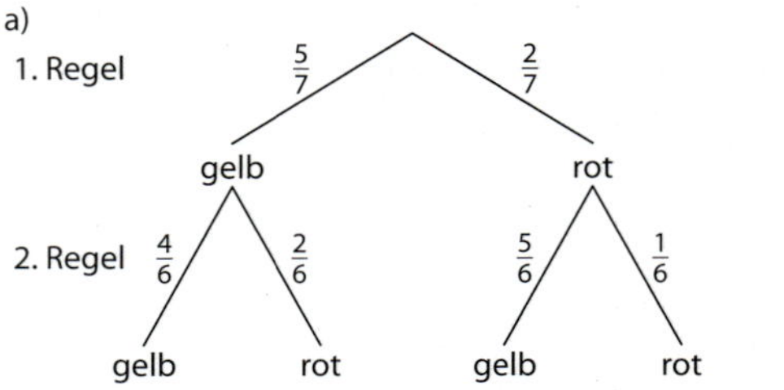

b) Nein, die Kugel wird nicht wieder zurück gelegt. Der Nenner wird bei der Wahrscheinlichkeit im 2. Durchgang um eins kleiner - also gibt es eine um eine Kugel kleinere Grundgesamtheit.
c) P(zwei verschiedenfarbige Kugeln) =
$\frac{5}{7} \cdot \frac{2}{6} + \frac{2}{7} \cdot \frac{5}{6} = \frac{10}{21} \approx 0{,}476 = 47{,}6\,\%$

S. 183, 11.
a) „mehr als zweimal Zahl" bedeutet „dreimal Zahl":
$\frac{1}{8} = 12{,}5\,\%$
b) „mindestens einmal Zahl" ist das Gegenereignis zu „dreimal Kopf": $1 - \frac{1}{8} = \frac{7}{8} = 87{,}5\,\%$
c) „höchstens zweimal Kopf" bedeutet „mindestens einmal Zahl": $\frac{7}{8} = 87{,}5\,\%$
d) $\frac{3}{8} = 37{,}5\,\%$

S. 183, 12.
P(mindestens eine Frage falsch) = 1 - P(alle Antworten korrekt) $= 1 - \frac{1}{81} = \frac{80}{81} \approx 0{,}9877 = 98{,}77\,\%$
Mit einer Wahrscheinlichkeit von 98,77% beantwortet Mira mindestens eine Frage falsch.

Wiederholungsaufgaben

S. 183, 1.
Lösung: 0

S. 183, 2.
a) $O(0|0)$, $A(3|0)$, $B(0|4)$,
$M_{OA}(1{,}5|0)$, $M_{OB}(0|2)$, $M_{AB}(1{,}5|2)$
b) $A = 6\text{ cm}^2$ c) $y = -1{,}5x + 4$

S. 183, 3.
In der Klasse sind 10 Mädchen.

S. 183, 4.
a)
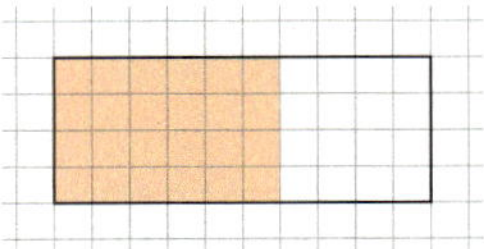

b)
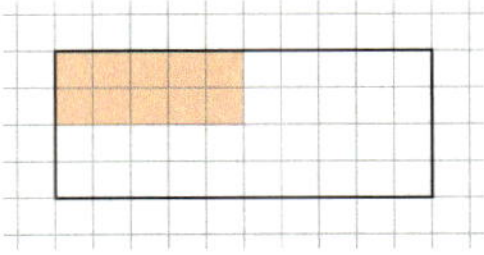

S. 183, 5.
a) $\frac{37}{56}$ (Brüche wurden nicht gleichnamig gemacht.)
b) $\frac{11}{20}$ (Zähler wurden nicht erweitert.)
c) 4 (Es wurden nur die Zähler dividiert.)
d) $\frac{10}{9}$ (Nenner darf nicht mit 5 multipliziert werden.)

Kapitel 7: Körper

Dein Fundament (S. 186/187)

S. 186, 1.
a) $300\,dm^2$ b) $7{,}89\,m^3$
c) 100 a d) $9{,}8908\,m^2$
e) 0,559 ℓ f) $30\,mm^2$
g) $70\,000\,cm^3$ h) 12 ℓ

S. 186, 2.
a) $0{,}02\,m^2 < 2153\,cm^2 < 2\,m^2 < 1{,}5\,a < 0{,}5\,ha$
b) $0{,}025\,dm^3 < 0{,}5\,ℓ < 17\,dm^3 < 1\,hℓ < 2\,m^3$

S. 186, 3.
a) $3{,}03\,m^2 = 303\,dm^2$ b) $120\,m^2 = 1{,}2\,a$
c) $3{,}25\,m^3 = 3250\,dm^3$ d) $2\,m^3$

S. 186, 4.

		a)	b)	c)	d)
Länge	**des Quaders**	1 cm	3 cm	2,5 cm	4 m
Breite		2 cm	3 cm	1 cm	1,5 m
Höhe		3 cm	3 cm	1 cm	5 m
gesamte Kantenlänge des Quaders		24 cm	36 cm	18 cm	42 m
Volumen des Quaders		$6\,cm^3$	$27\,cm^3$	$2{,}5\,cm^3$	$30\,m^3$
Oberflächeninhalt des Quaders		$22\,cm^2$	$54\,cm^2$	$12\,cm^2$	$67\,m^2$

S. 186, 5.
a) 10 cm b) 4 cm c) 15 cm

S. 186, 6.
$V_{Wasser} = 50\,cm \cdot 30\,cm \cdot 28\,cm = 42\,000\,cm^3$
$= 42\,dm^3 = 42\,ℓ$
$n = \frac{42\,ℓ}{2\,ℓ} = 21$, Gustav kann in diesem Aquarium maximal 21 Fische halten.

S. 186, 7.
Kantenlänge a = 10 cm.
Ein Würfel hat 12 Kanten. Die Gesamtkantenlänge beträgt also $12 \cdot 10\,cm = 120\,cm$.

S. 186, 8.
a) $b = \frac{A}{a}$ b) $c = \frac{V}{a \cdot b}$ c) $a = \frac{u}{4}$

S. 187, 9.
a) $u \approx 6{,}28\,cm$; $A \approx 3{,}14\,cm^2$
b) $r = 2\,cm$; $u \approx 12{,}57\,cm$; $A \approx 12{,}57\,cm^2$
c) $u \approx 8{,}80\,cm$; $A \approx 6{,}16\,cm^2$
d) $r = 1{,}3\,cm$; $u \approx 8{,}17\,cm$; $A \approx 5{,}31\,cm^2$

S. 187, 10.
a) $r \approx 6{,}7\,cm$
b) $r \approx 1\,cm$

S. 187, 11.
„Kegelform" bedeutet, dass die Grundfläche ein Kreis ist.
$r \approx 2{,}23\,m$; $A \approx 16\,m^2$

S. 187, 12.
a) Setzt man den rechten Halbkreis in die linke Lücke, entsteht ein Quadrat.
$A = 4\,cm^2$; $u \approx 10{,}28\,cm$
b) Die Figur besteht aus einem Quadrat und einem Halbkreis.
$A \approx 22{,}28\,cm^2$; $u \approx 18{,}28\,cm$

S. 187, 13.
a) $A = \frac{1}{2} \cdot 2\,cm \cdot 2{,}5\,cm = 2{,}5\,cm^2$
b) $A = 2\,cm \cdot 1{,}5\,cm = 3\,cm^2$
c) $A = \frac{1}{2} \cdot 2\,cm \cdot 2{,}5\,cm = 2{,}5\,cm^2$
d) $A = \frac{1{,}5\,cm\,+\,2{,}5\,cm}{2} \cdot 2\,cm = 4\,cm^2$

S. 187, 14.
a)
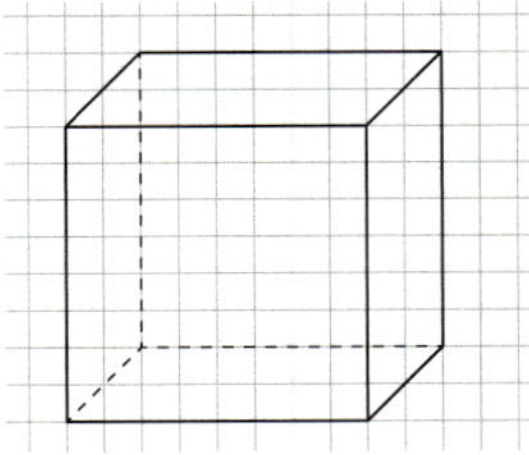

b)
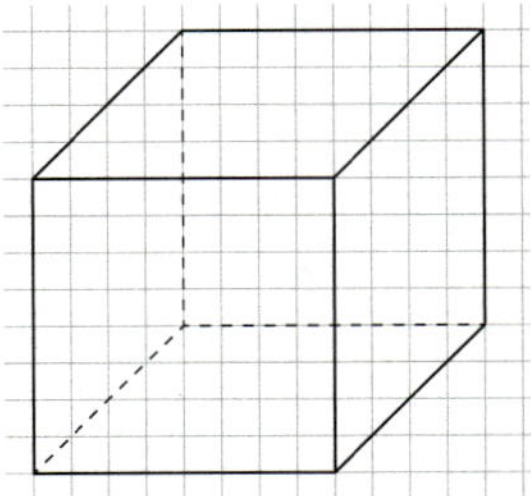

S. 187, 15.
a)
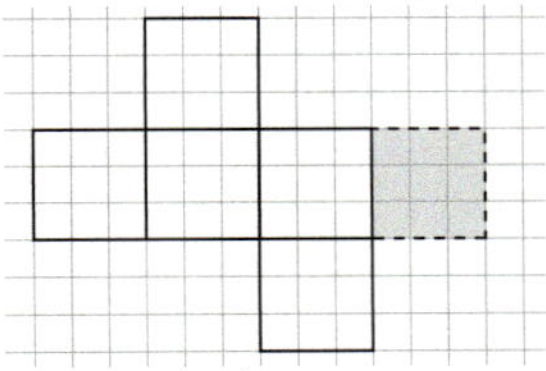

b)

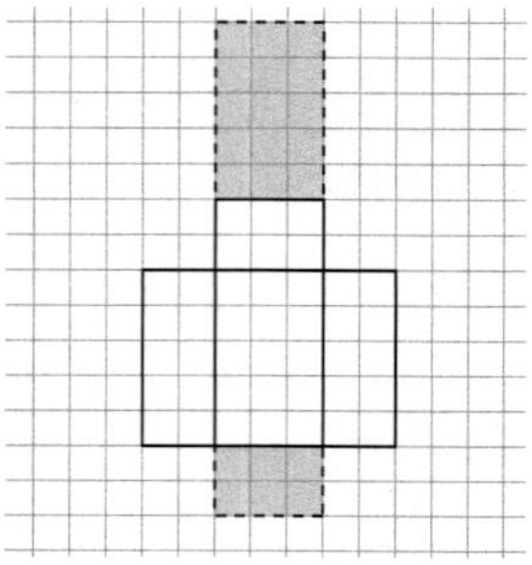

Prüfe dein neues Fundament (S. 222/223)

S. 222, 1.

a) Prisma
b) kein Prisma
c) Prisma
d) kein Prisma
e) kein Prisma (halber Zylinder)

S. 222, 2.

a)

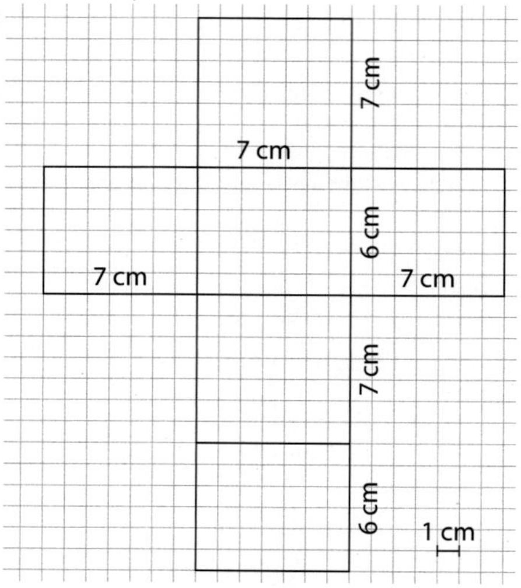

$O = 6\,\text{cm} \cdot (2 \cdot 7\,\text{cm} + 2 \cdot 6\,\text{cm}) + 2 \cdot 7\,\text{cm} \cdot 6\,\text{cm}$
$= 240\,\text{cm}^2$

b)

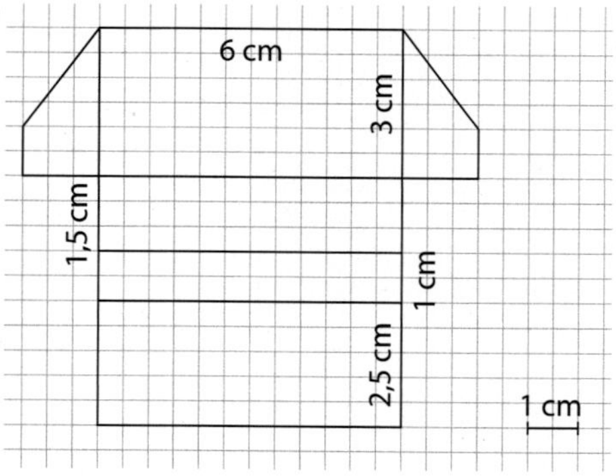

Grundfläche: $G = 1{,}5\,\text{cm} \cdot 1\,\text{cm} + \frac{1}{2} \cdot 2\,\text{cm} \cdot 1{,}5\,\text{cm}$
$= 1{,}5\,\text{cm}^2 + 1{,}5\,\text{cm}^2 = 3\,\text{cm}^2$
$O = 8\,\text{cm} \cdot 6\,\text{cm} + 2 \cdot G$
$= 54\,\text{cm}^2$

c)

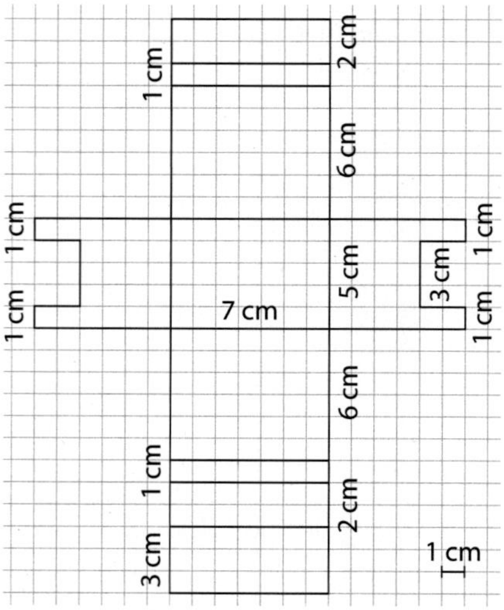

Grundfläche: $G = 4\,\text{cm} \cdot 5\,\text{cm} + 2 \cdot 2\,\text{cm} \cdot 1\,\text{cm}$
$= 24\,\text{cm}^2$
$O = 7\,\text{cm} \cdot (2\,\text{cm} + 1\,\text{cm} + 6\,\text{cm} + 5\,\text{cm} + 6\,\text{cm} + 1\,\text{cm}$
$+ 2\,\text{cm} + 3\,\text{cm}) + 2 \cdot G = 230\,\text{cm}^2$

S. 222, 3.

a) $V = \frac{1}{2} \cdot 4\,\text{cm} \cdot 2{,}5\,\text{cm} \cdot 7\,\text{cm} = 35\,\text{cm}^3$

b) $V = \left(2\,\text{cm} \cdot 2\,\text{cm} + \frac{1}{2} \cdot 2\,\text{cm} \cdot 2\,\text{cm}\right) \cdot 4\,\text{cm} = 24\,\text{cm}^3$

c) $V = 6\,\text{cm} \cdot (2\,\text{cm} \cdot 6\,\text{cm} + 3\,\text{cm} \cdot 2\,\text{cm}) = 108\,\text{cm}^3$

S. 222, 4.

a)

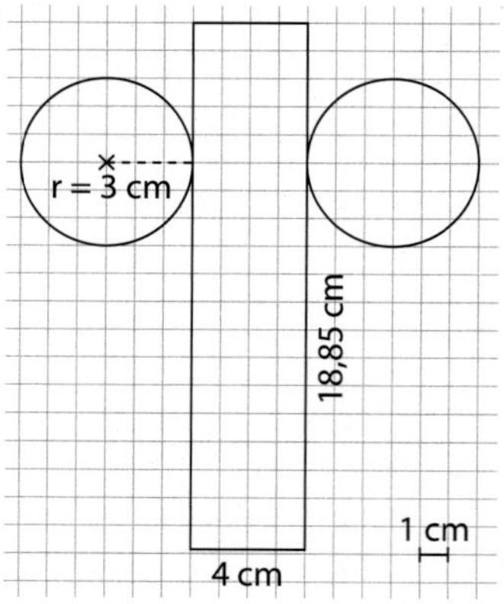

$O = 4\,\text{cm} \cdot 2 \cdot \pi \cdot 3\,\text{cm} + 2 \cdot \pi \cdot (3\,\text{cm})^2 \approx 131{,}95\,\text{cm}^2$

b)

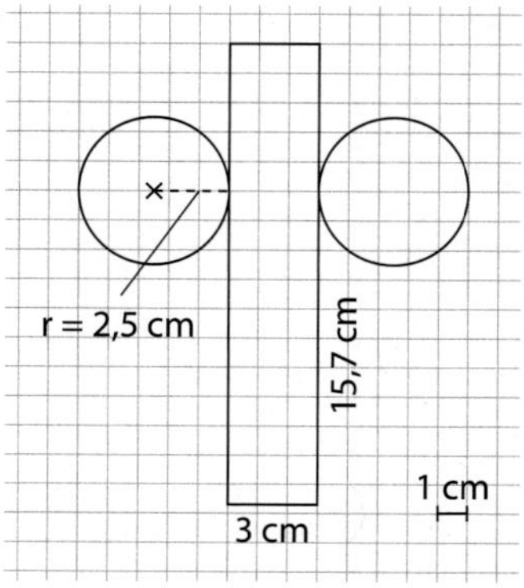

$O = 3\,\text{cm} \cdot 2 \cdot \pi \cdot 2{,}5\,\text{cm} + 2 \cdot \pi \cdot (2{,}5\,\text{cm})^2 \approx 86{,}39\,\text{cm}^2$

c)
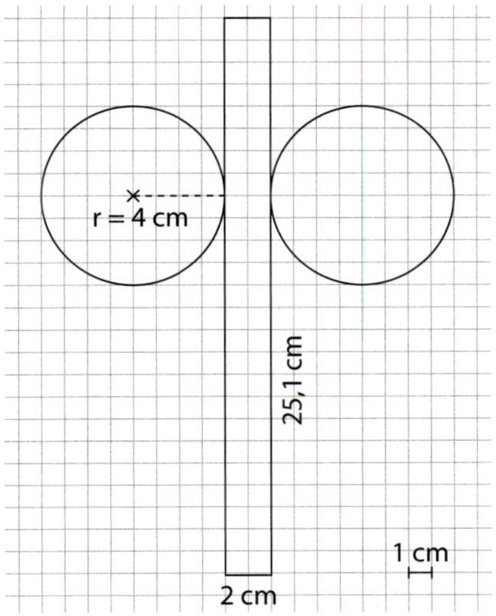

$O = 2\,cm \cdot 2 \cdot \pi \cdot 4\,cm + 2 \cdot \pi \cdot (4\,cm)^2 \approx 150{,}80\,cm^2$

S. 222, 5.
a) $h \approx 29{,}79\,cm$
b) $h \approx 57{,}66\,m$
c) $h \approx 7{,}5\,dm$

S. 222, 6.
a) $V \approx 197{,}92\,m^3$
b) $V \approx 904{,}78\,cm^3$
c) $V \approx 269{,}39\,dm^3$
d) $V \approx 540{,}75\,cm^3$

S. 222, 7.
a) $h \approx 1{,}9\,cm$ b) $h \approx 2{,}043\,mm$
c) $r \approx 1{,}22\,m$ d) $r \approx 0{,}56\,m$

S. 223, 8.
a) $V = \pi \cdot (2{,}5\,cm)^2 \cdot 12\,cm \approx 235{,}62\,cm^3$
Man benötigt etwa $236\,cm^3$ Material.

b) $h = \frac{200\,cm^3}{\pi \cdot (2{,}5\,cm)^2} \approx 10{,}2\,cm$
Das Material reicht noch für einen Teelichtständer mit 9 oder 10 cm Höhe. Bei 10 cm Höhe bleibt weniger Material übrig.

S. 223, 9.
a)
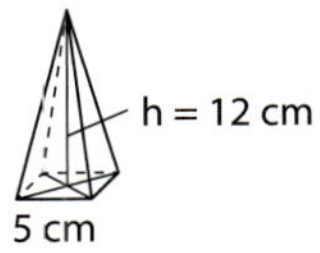

$V = 100\,cm^3$

b)
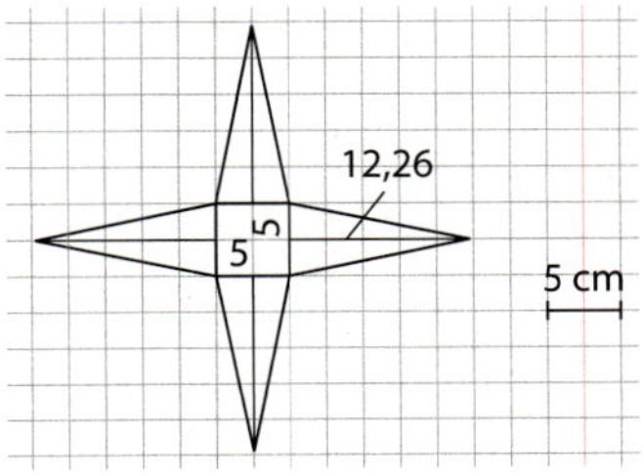

$O \approx 270{,}2\,cm^2$

S. 223, 10.
$h = 9\,cm$

S. 223, 11.
a) Seitenflächeninhalt = $179{,}3\,m^2$
b) $V_{Chephren} = 2\,211\,095{,}7\,m^3$, $V_{Cheops} = 2\,583\,283{,}3\,m^3$
Das Volumen der Chephren-Pyramide beträgt ungefähr 86 % der Cheops-Pyramide.

Wiederholungsaufgaben

S. 223, 1.
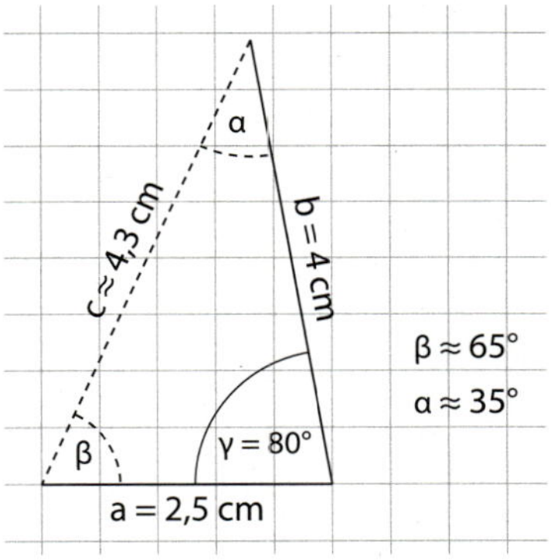

$\beta \approx 65°$
$\alpha \approx 35°$

S. 223, 2.
a) 14 b) 140 c) 1,4 d) $\frac{6}{7}$

S. 223, 3.
a) 2320 b) 4,00 c) 23,9

S. 223, 4.
arithmetisches Mittel: ca. 58,59; Median: 58

S. 223, 5.

Grundkapital	Zinssatz	Zinsen
150 €	3 %	4,50 €
250 €	4 %	10 €
350 €	4 %	14 €

Zufallszahlen

Tabelle mit Zufallszahlen 0 und 1

1	0	1	1	0	0	1	0	0	1	1	0	0	0	1	1	1	0	0	0	1	0	0	1
2	0	1	1	1	0	1	0	1	1	0	1	0	1	1	0	1	1	0	1	1	1	0	0
3	0	1	0	0	1	0	0	1	0	1	0	0	1	0	1	1	0	0	1	0	0	0	0
4	0	1	0	0	0	1	0	0	0	1	0	1	1	1	1	1	0	1	0	0	1	1	0
5	0	0	1	1	0	1	0	0	1	0	0	1	0	1	1	1	0	1	1	0	0	1	0
6	1	0	0	1	0	0	0	0	0	1	1	0	0	0	1	1	0	0	0	0	0	0	1
7	0	0	0	1	0	1	0	0	0	1	1	0	0	1	1	1	1	0	1	0	0	1	1
8	1	0	0	1	0	1	0	0	0	1	0	1	1	1	1	0	1	1	1	1	0	1	0
9	1	0	1	1	1	0	0	1	1	0	0	1	0	0	0	0	1	1	0	1	1	1	1
10	0	0	1	0	1	0	1	0	0	1	1	0	0	1	0	1	0	1	0	0	0	1	1
11	0	0	0	0	0	0	1	0	1	1	1	1	0	1	0	1	0	1	0	0	1	1	0
12	1	1	1	0	0	0	1	0	1	0	1	0	0	1	0	1	1	1	1	0	0	0	0
13	0	1	1	1	1	0	1	1	0	0	0	1	1	1	1	0	0	0	0	0	0	1	0
14	1	0	1	0	1	0	0	1	0	1	1	0	0	0	0	0	1	0	1	0	1	0	0
15	0	0	0	0	1	0	1	1	1	1	1	1	0	0	1	1	1	0	0	0	1	1	1
16	0	0	0	1	1	0	1	0	1	1	1	1	0	1	1	0	1	1	0	1	1	0	0
17	0	1	0	0	0	0	0	1	1	0	0	0	1	0	1	0	1	0	1	0	0	1	1
18	1	0	0	1	1	1	0	0	1	1	1	1	0	0	0	0	1	1	0	0	1	0	0
19	0	0	1	1	1	1	0	0	0	1	1	1	1	0	0	0	1	0	1	1	1	0	0
20	0	0	0	1	1	0	1	0	0	0	1	1	0	0	1	1	0	0	0	1	1	0	0
21	1	0	0	0	1	0	0	0	1	1	1	0	1	1	0	1	1	1	0	0	0	1	0
22	0	0	0	1	1	0	1	1	0	0	0	1	0	1	1	1	0	1	1	1	0	0	0
23	0	1	0	0	0	0	1	0	1	0	0	1	1	0	0	0	0	0	0	0	0	1	1
24	0	1	1	0	1	0	1	1	1	1	1	1	1	0	1	0	0	0	1	0	1	0	0
25	1	0	1	0	1	1	1	1	1	0	1	1	1	1	1	1	1	1	0	0	0	0	1

Tabelle mit Zufallszahlen 1 bis 4

1	4	1	1	2	2	4	2	3	4	1	4	3	2	4	2	1	2	1	1	2	4	4	2
2	2	4	2	3	3	3	1	4	2	3	2	1	2	4	1	3	1	3	4	4	4	3	4
3	1	3	4	1	4	3	4	4	2	4	2	3	4	4	4	4	1	4	1	3	2	2	3
4	3	1	3	1	1	2	4	3	1	1	3	4	2	4	2	2	4	2	4	1	3	1	1
5	1	4	3	4	1	4	2	3	1	1	3	1	1	3	4	4	1	2	1	2	1	4	3
6	2	3	1	1	3	2	3	1	3	1	4	4	2	2	3	4	1	2	2	2	4	1	1
7	1	4	4	2	1	4	2	2	4	1	1	3	3	2	1	1	2	2	4	2	1	3	1
8	3	3	1	4	4	3	1	1	4	4	4	4	3	3	1	4	1	1	3	1	4	3	1
9	3	4	2	2	4	2	3	2	2	2	4	3	1	2	4	4	2	1	3	3	2	4	4
10	4	3	1	1	3	1	3	3	1	4	1	4	2	1	4	4	3	3	4	1	2	4	1
11	4	2	3	1	1	2	4	3	2	1	2	1	4	1	2	3	3	2	3	1	1	3	1
12	1	4	3	2	2	2	3	3	1	2	3	1	2	1	1	4	3	3	2	4	2	4	2
13	4	2	3	1	4	1	4	4	2	4	2	4	2	1	2	4	4	2	1	4	4	1	4
14	2	1	1	1	2	1	1	2	2	3	1	4	2	3	1	3	1	3	4	3	1	2	1
15	3	3	4	4	2	3	4	2	2	1	3	4	1	4	3	2	3	1	4	3	4	3	4

Tabelle mit Zufallszahlen 1 bis 6

1	4	2	2	4	6	4	4	2	5	5	3	6	5	2	1	1	3	5	6	5	4	1	2
2	2	4	6	2	1	1	2	1	2	2	3	6	1	4	2	2	6	1	5	1	5	6	4
3	4	2	4	1	4	2	3	1	6	3	1	3	6	1	3	1	6	4	1	6	3	6	4
4	2	5	6	2	3	4	1	6	5	6	5	5	2	4	3	5	6	1	2	1	3	2	5
5	2	4	1	5	4	6	3	5	2	5	2	4	6	4	4	3	3	4	6	6	6	2	2
6	5	3	5	2	6	2	4	6	2	3	4	1	2	2	1	1	6	1	1	3	1	5	5
7	6	2	1	3	6	4	4	5	1	2	5	1	2	5	2	5	4	2	3	2	4	4	4
8	6	6	6	4	6	4	2	4	2	1	6	5	5	1	6	5	2	1	5	4	2	6	3
9	6	5	3	2	5	4	5	5	4	1	1	2	6	1	6	1	3	3	2	2	3	5	4
10	2	5	3	4	4	6	6	5	2	3	3	1	1	3	3	1	4	6	2	5	2	2	4
11	3	1	4	4	2	2	1	3	6	3	4	5	1	4	2	6	1	6	6	5	2	5	1
12	4	2	5	5	4	2	3	1	5	2	3	5	5	1	4	3	2	2	1	3	4	3	3
13	3	1	4	3	4	1	2	5	2	6	4	3	1	3	3	6	2	2	5	6	6	5	3
14	5	2	2	6	3	6	1	3	4	5	2	1	2	1	3	2	5	2	2	2	2	6	1
15	6	1	2	5	1	2	3	3	5	6	5	6	6	3	1	6	2	6	4	3	5	6	6
16	3	2	1	6	4	3	3	1	1	6	3	4	5	2	5	6	2	5	4	1	6	4	6
17	2	4	3	4	2	2	3	4	5	3	3	4	2	5	6	3	1	1	4	1	5	2	3
18	4	4	2	3	5	3	2	2	1	4	5	5	6	3	3	4	5	5	3	4	3	1	2
19	6	5	5	6	6	3	3	2	1	2	6	2	3	3	4	6	1	1	1	2	4	5	1
20	6	2	3	4	4	2	4	1	1	4	2	3	2	2	1	1	1	2	2	2	4	4	2
21	5	1	1	1	5	4	2	2	6	1	4	2	1	5	4	5	4	2	2	5	3	4	2
22	5	3	1	6	6	4	2	2	2	2	1	2	3	1	3	2	6	5	6	4	3	4	6
23	5	3	3	1	2	2	4	3	1	2	5	1	2	4	4	2	1	5	2	6	2	5	4
24	3	2	1	4	1	5	1	2	1	2	5	6	3	4	1	1	4	1	6	6	5	4	5
25	3	5	1	1	2	4	2	3	3	3	6	1	2	3	3	5	3	6	4	1	1	2	4

Tabelle mit Zufallszahlen 1 bis 12

1	1	5	11	4	10	9	2	12	7	5	9	5	10	5	3	6	6
2	10	5	6	8	10	10	5	7	11	11	4	2	9	8	12	10	11
3	1	10	3	11	12	5	6	1	12	5	12	4	5	8	1	2	10
4	5	1	6	2	9	9	10	9	4	11	1	10	9	6	1	7	8
5	2	6	6	9	2	4	7	11	1	10	1	12	10	2	3	8	11
6	7	2	6	11	9	2	5	10	6	8	10	7	10	4	8	3	5
7	9	2	3	10	9	1	1	11	9	6	9	4	7	9	2	9	1
8	2	10	4	5	12	5	1	1	5	3	6	6	10	7	6	4	8
9	10	1	6	10	10	7	10	2	10	12	4	7	11	8	2	7	6
10	5	11	2	9	11	8	8	6	1	10	1	6	3	9	4	12	10
11	9	9	3	7	2	2	11	7	7	3	4	4	11	1	8	5	8
12	8	8	3	2	11	3	12	8	11	5	12	11	6	6	11	11	8
13	2	1	6	1	10	9	10	11	8	3	11	6	2	5	1	4	6
14	9	4	10	4	3	7	12	6	12	10	6	12	9	4	8	11	3
15	6	12	10	12	5	7	6	8	7	10	8	1	5	12	8	3	6

Stichwortverzeichnis

Bildquellenverzeichnis

Cover: picture alliance/dpa | **7** Fotolia/nikonomad | **10** Maya Brandl, Berlin | **12** Maya Brandl, Berlin | **15** Mauritius images/Alamy | **16** Shutterstock/Igor Zh., o. | **16** Shutterstock/Alexander Zam, u. | **21** iStockphoto/John Tomaselli | **23** Shutterstock/Monkey Business Images | **24** Ralf Benölken, Münster, o. | **24** Shutterstock/3Dsculptor, u. | **27** Shutterstock/Vitalliy | **38** PRILL Mediendesign | **42** Fotolia/Manfred Ruckszio | **43** Fotolia/Zonda | **46** Fotolia/kavolis | **48** Fotolia/Dron | **49** Fotolia/Photocreo Bednarek | **53** Shutterstock/Samara | **55** Fotolia/Oleksandr Shevchenko | **59** Fotolia/iconshow | **60** Colourbox/Colourbox.com | **61** Shutterstock/iko, l. | **61** Fotolia/Makuba, m. l.| **61** Shutterstock/Chrisbm, m. r. | **61** Fotolia/digitalstock, r. | **62** Fotolia/Schlierner | **63** akg-images/John Hios | **68** Shutterstock/Delmas Lehman | **69** Shutterstock | **70** Fotolia/brodehl | **73** Shutterstock/Teresa Kasprzycka | **74** Fotolia/Heike Jestram | **78** Fotolia/Turi | **79** Shutterstock/worradirek | **81** Fotolia/Gudellaphoto, o. | **81** Fotolia/Marco Speranza | **82** Fotolia/Gerhard Bittner | **83** Fotolia/grafikplusfoto | **84** Fotolia/hansmuench | **85** Fotolia/Buesi | **86** Fotolia/unpict | **89** Shutterstock/ChameleonsEye | **92** Fotoalia/Petair | **93** Shutterstock/YanLev, o. | **93** Fotolia/Marla, u. | **97** Fotolia/Sergey Nivens | **100** Shutterstock/Kjetil Kolbjornsrud | **104** Shutterstock/Hasloo Group Production Studio | **115** Gerlinde Keller, München | **123** Shutterstock/Cristal Tann | **124** Shutterstock/Robert Kneschke | **126** Shutterstock/Monkey Business Images | **129** Gerlinde Keller, München | **130** Fotolia/irinafuks | **137** Fotolia/cynoclub, o. | **137** Shutterstock/Anna Kucherova, m. | **137** Shutterstock/William Perugini, u. | **140** Fotolia/Markus Mainka | **143** Shutterstock/MicroWorks | **146** Shutterstock/dinozzaver | **147** Shutterstock/ostill | **148** Fotolia/ikonoklast_hh | **151** Fotolia/AKI's Palette | **153** Fotolia/Erwin Wodicka | **154** Fotolia/tang90246, o. l. | **154** Fotolia/M. Schuppich, o. r. | **154** Fotolia/galich Studio, m. | **155** Shutterstock/TakeStockPhotography, o. | **155** Fotolia/galich Studio, u. | **156** Fotolia/lucato, m | **156** Fotolia/Taffi, u. | **157** Fotolia/alsoush | **159** Fotolia/Grum_l, o. l. | **159** Fotolia/tang90246, o. r. | **159** Fotolia/Grum_l, u. | **162** Fotolia/taddle, o. | **162** Keller, Gerlinde, m. l. | **162** picture alliance/dpa, u. l. | **163** Fotolia/tang90246 | **164** Stephanie Charlotte Benner, | Berlin, o. | **165** Fotolia, Marco Schwarz | **166** Fotolia/Timo Kohlbacher, o. | **166** Fotolia/Grum_l, u. | **167** Fotolia/ohenze, o. | **167** Fotolia/LaCatrina, u. | **168** Fotolia/Taffi | **169** Fotolia/Christos Georghiou m. | **169** Fotolia/Grum_l o.| **169** Colourbox/Colourbox.com, m. | **170** Fotolia/Syda Productions | **171** Deutsche Bank, o. | **171** Shutterstock/Fotyma-Fotyma, u. | **172** Cornelsen Schulverlage GmbH, Berlin | **174** Deutsche Bundesbank | **179** Fotolia/ARochau, o. | **179** Shutterstock/Amma Cat, u. | **180** Shutterstock/Zyphyrus, o. | **180** Corbis/Image Source m. l. | **180** Mauritius Images/Alamy m. r. | **180** Fotolia/Grum_l, u. | **181** Shutterstock/MilanB, o. | **181** Fotolia/Wouter Tolenaars, u. | **185** Ralf Benölken, Münster | **186** Fotolia/Andrey Armyagov | **194** Shutterstock/HomeStudio | **197** Stephanie Charlotte Benner, Berlin | **198** Barbara Franke, Bielefeld | **202** Mauritius images/Manfred Bail | **203** pixelrobot/Michael Burrell, o. l. | **203** Fotolia/Stocksnapper, o. m. | **203** Fotolia/lightgirl | **204** Fotolia/darioracane, l. | **204** Fotolia/Aleksander Kaczmarek, u. | **205** Fotolia/lorhelm | **212** Fotolia/demerzel21 | **214** Shutterstock/Nikonaft | **219** Ralf Benölken, Münster | **220** F1 online/Imagebroker RM | **221** Maya Brandl, Berlin, o. | **221** Fotolia/laguna35, m. | **221** Fotolia/Daniel Fleck, u. | **225** Fotolia/savalan | **226** Dr. Ulrich Rasbach, Ansbach, r., m. , l. | **227** Shutterstock/llaslo, o. | **227** Shutterstock/Goodluz, u. | **230** Shutterstock/MilanB, o. | **230** Shutterstock/ConstantinosZ, u. | **232** Dr. Ulrich Rasbach, Ansbach | **232** Maya Brandl, Berlin | **233** artofjohnpugh.com | **241** Photoshot

Im Material wurde der TI-30 X Plus MultiView verwendet. Das Produkt ist eingetragenes Warenzeichen von Texas Instruments.